PIAGET

CB128456

ULRICH MÜLLER, JEREMY I. M. CARPENDALE & LESLIE SMITH (ORGS.)

PIAGET

EDITORA
IDEIAS & LETRAS

Diretor Editorial
Márcio Fabri

Conselho Editorial
Bruno Alves Coelho
Edvaldo M. Araújo
Marco Lucas Tomaz
Orlando A. Silva Cassiano

Coordenação Editorial
Valério Alves de Castro

Preparação
Andresa Mariana

Revisão
Daniel de Vasconcelos Andrade

Diagramação e capa
Danielly de Jesus Teles
Airton Felix Silva Souza

Tradução
Saulo Krieger

Coleção Companions & Companions

Título original: *The Cambridge Companion to Piaget.*
© Copyright by Cambridge University Press,
The Edinburgh Building, Shaftesbury Road
Cambridge, CB2 2RU, United Kingdom.
ISBN: 978-0521-89858-4/ 978-0521-72719-8 (pbk.)

Todos os direitos em língua portuguesa, para o Brasil, reservados à Editora Ideias & Letras, 2025.

1ª impressão

EDITORA IDEIAS & LETRAS

Rua Oliveira Alves, 164
Ipiranga – São Paulo/SP
Cep: 04210-060
Televendas: 0800 777 6004
vendas@ideiaseletras.com.br
www.ideiaseletras.com.br

Dados Internacionais de Catalogação na Publicação (CIP) de acordo com o ISBD

P581 Piaget / organizado por Ulrich Müller...[et al.] ; traduzido por Saulo Krieger. – São Paulo : Ideias & Letras, 2025.

576 p. : 16cm x 23cm. – (Companions & Companions)

Tradução de: *The Cambridge Companion to Piaget*
Inclui bibliografia e índice.
ISBN: 978-65-87295-86-2

1. Psicologia. 2. Piaget. 3. Aprendizado. I. Müller, Ulrich. II. Smith, Leslie. III. Carpendale, Jeremy I. M. IV. Krieger, Saulo. V. Título. VI. Série.

2025-313 CDD 150
CDU 159.9

Elaborado por Odilio Hilario Moreira Junior - CRB-8/9949

Índices para catálogo sistemático:

1. Psicologia 150
2. Psicologia 159.9

Sumário

Sobre os autores

MARYLÈNE BENNOUR – Archives Jean Piaget, Genebra, Suíça.

MAXIMILIAN B. BIBOK – Departamento de Psicologia, Universidade Simon Fraser, Canadá.

TREVOR BOND – Faculdade de Estudos em Educação e Central de Programas de Graduação, Instituto de Educação de Hong Kong, China.

JAN BOOM – Departamento de Psicologia do Desenvolvimento, Universidade de Utrecht, Holanda.

ROBERT L. CAMPBELL – Departamento de Psicologia, Universidade Clemson, Estados Unidos.

JEREMY I. M. CARPENDALE – Departamento de Psicologia, Universidade Simon Fraser, Canadá.

MICHEL FERRARI – Instituto de Estudos em Educação de Ontário, Universidade de Toronto, Canadá.

KURT W. FISCHER – Escola de Pós-Graduação em Educação, Universidade Harvard, Estados Unidos.

STUART I. HAMMOND – Departamento de Psicologia, Universidade Simon Fraser, Canadá.

YEH HSUEH – Faculdade de Educação, Universidade de Memphis, Estados Unidos.

THOMAS KESSELRING – Instituto de Filosofia, Universidade de Berna, Suíça.

RICHARD F. KITCHENER – Departamento de Filosofia, Universidade do Estado do Colorado, Estados Unidos.

JOHN G. MESSERLY – Departamento de Filosofia, Faculdade da Comunidade de Austin, Estados Unidos.

DAVID MOSHMAN – Psicologia Educacional, Universidade de Nebraska, Estados Unidos.

ULRICH MÜLLER – Departamento de Psicologia, Universidade de Victoria, Canadá.

L. TODD ROSE – Centro de Tecnologia Especial Aplicada (CAST, Center for Applied Special Technology), Wakefield, Mass., Estados Unidos.

LESLIE SMITH – Professor emérito da Universidade Lancaster e pesquisador freelancer, Lake District, Reino Unido.

BRYAN W. SOKOL – Departamento de Psicologia, Universidade de Saint Louis, Estados Unidos.

ANASTASIA TRYPHON – Faculdade de Psicologia e Ciências Educacionais, Universidade de Genebra, Suíça.

JACQUES VONÈCHE – Faculdade de Psicologia e Ciências Educacionais, Universidade de Genebra, Suíça.

I Introdução: visão geral

Ulrich Müller, Jeremy I. M. Carpendale e Leslie Smith

Esta introdução possui três partes. Na primeira delas, comentamos sobre a relevância da epistemologia para a psicologia e vice-versa. Nesse contexto, em linhas breves elaboramos o arcabouço epistemológico de Piaget, tratamos de algumas concepções equivocadas frequentes que surgem de uma interpretação excessivamente psicológica de sua teoria e introduzimos os diferentes capítulos deste volume. Na segunda parte, Leslie Smith traz uma biografia sucinta do pensador. A terceira parte, também de autoria de Leslie Smith, salienta uma série de problemas com que vão se deparar os leitores das traduções para o inglês da obra de Piaget.

Introdução I. O contexto das elaborações teóricas de Piaget

A recepção da obra de Piaget e a reação dele para com esse reconhecimento traz consigo um interessante enigma. Por um lado, Piaget é amplamente reconhecido em razão de sua obra sobre psicologia infantil. Por exemplo, num texto sobre ele publicado em meio a uma série de artigos que sintetizam a obra de eminentes psicólogos do desenvolvimento, Harry Beilin (1992, p. 191) escreveu o seguinte: "Ninguém impactou a psicologia do desenvolvimento mais do que Jean Piaget (1896-1980). Desde as suas primeiras publicações nos anos 1920 até o momento de sua morte, a influência que ele exerceu foi extraordinária. Sua teoria quanto ao escopo e profundidade não conhece rivais na psicologia do desenvolvimento. O número de experimentos conduzidos por Piaget e seus colegas até o presente não foi tabulado, mas segue inigualável na história da psicologia do desenvolvimento". Por outro lado, Piaget expressou sentimentos mistos sobre a recepção de sua obra. Por exemplo, próximo do final de sua carreira, Piaget (Bringuier, 1977/1980, p. 54) teceu o seguinte comentário sobre o reconhecimento de seu trabalho: "Claro que me deixa satisfeito. Mas é algo bem catastrófico quando vejo como sou compreendido".

Aqui vamos propor que uma das razões pelas quais Piaget não se sentiu bem compreendido está em que tanto psicólogos quanto filósofos de modo geral deixaram de apreender que no cerne do programa de pesquisa de Piaget reside um modo único de integrar pesquisa e epistemologia empíricas. Os psicólogos, o mais das vezes, ignoraram a epistemologia, isto é, o arcabouço teórico que impulsiona a obra de Piaget. Os filósofos, por outro lado, dispensaram a relevância do trabalho empírico de Piaget para as questões epistemológicas, uma vez que "questões filosóficas e psicológicas... são diferentes entre si, e... não há motivos para crer que questões filosóficas possam ser respondidas apelando-se à evidência empírica ou vice-versa" (Hamlyn, 1971, p. 19).

Epistemologia e psicologia

Em seu prefácio a um comentário importante sobre a sua obra, Piaget (1963, p. viii) observou que seus intérpretes tenderam a apostar no lado empírico de seu trabalho, sem suficientemente atentar à fundamentação epistemológica de sua abordagem. Uma razão para a recepção unilateral de sua obra por psicólogos pode ser uma incapacidade de considerar a relevância dos postulados em que as teorias se baseiam, e incapacidade também de considerar a necessidade de neles se basearem. Contudo, como observou Piaget (1970/1983, p. 105), não é possível estudar a psicologia do desenvolvimento humano sem recorrer a suposições epistemológicas que tenham de ser abordadas no próprio estudo, por exemplo, suposições sobre as relações entre mente e mundo, e sobre funcionamento biológico e psicológico.

Um resultado dessa falta de apreciação da relevância da epistemologia para o estudo da psicologia e para o desenvolvimento psicológico está em que as suposições epistemológicas, não raro, se mantêm tácitas. Na prática, isso redunda em muitos psicólogos basearem suas teorias em pressupostos advindos da tradição empirista (Piaget, 1970/1972a, p. 10). De acordo com Piaget, a ideia central do empirismo é a de que "a função de mecanismos cognitivos esteja em se submeter à realidade, reproduzindo seus aspectos da maneira mais estreita possível, de modo que possam gerar uma reprodução que difira o mínimo possível da realidade externa" (Piaget e Inhelder, 1969/1976, p. 24). Em essência, o empirismo explica nosso conhecimento do mundo em termos da experiência sensível e do entrejogo causal de associações (Piaget, 1965/1972, p. 53-56). Em psicologia contemporânea, o arcabouço funcionalista leva em frente o legado da tradição empirista. A ideia central do funcionalismo é a de que estados mentais (isto é, crenças, desejos) são determinados por suas relações causais com outros estados mentais, por seus estímulos sensoriais e dados comportamentais. De acordo com o arcabouço funcionalista, os estados mentais funcionam como mediadores entre estímulos e resultados.

Piaget propôs que esses pressupostos empiristas seriam conceitualmente deficientes, não apresentando consistência com descobertas empíricas (Piaget e Inhelder, 1969/1976). De acordo com Piaget, a ideia de que o conhecimento consiste numa cópia da realidade é deficiente porque não haveria meios de avaliar a precisão de tais cópias, que afinal não podem ser diretamente comparadas com a própria realidade: "Para fazer uma cópia, temos de conhecer o modelo que estamos copiando, mas, de acordo com essa teoria do conhecimento, o único meio de conhecer o modelo é copiando-o, até ficarmos presos a um círculo, incapazes mesmo de saber se a nossa cópia do modelo é similar ao modelo ou não. Segundo o meu modo de pensar, conhecer um objeto não significa copiá-lo – significa agir sobre ele" (Piaget, 1970, p. 15; ver Piaget e Inhelder, 1966/1971, p. 385-386). Note-se que essa objeção se aplica com igual força a qualquer teoria da mente que se baseie inteiramente na representação – um compromisso ubíquo na psicologia moderna –, uma vez que aquele que conhece só pode averiguar o grau de adequação entre uma representação e a realidade recorrendo a outra representação, nunca à realidade (ver Bickhard, 1993, 1999, 2009).

Ao modo de uma visão alternativa a essa interpretação passiva do conhecimento, Piaget (1970/1983, p. 104) propôs que, "para conhecer objetos, o sujeito tem de agir sobre eles e, por essa razão, transformá-los". A visão construtivista de Piaget implica que o conhecimento não preexiste no mundo para ser imposto às crianças, tampouco existe já inatamente pré-preparado nelas. Consequentemente, essa versão do construtivismo é incompatível com o nativismo, via de regra considerado como padrão alternativo ao empirismo. Nesse contexto, a distinção por Piaget entre propriedades particulares de um organismo e propriedades gerais de uma organização é relevante. As propriedades particulares de um organismo (por exemplo, a cor dos olhos) devem-se à transmissão hereditária. As propriedades gerais de organização (por exemplo, habilidades de classificação) devem-se a alguma outra coisa: "Amebas, esponjas, peixes e mamíferos transmitem todas as suas características, e aí se tem uma transmissão verdadeiramente hereditária; mas elas transmitem também, de igual maneira, as propriedades mais gerais da vida em virtude de sua organização, e isso não é transmissão no mesmo sentido. [É por isso que] a cada passo da transmissão hereditária, uma organização *viva* encontra-se presente como a condição necessária para transmissões particulares, porque ela determina as *atividades* provenientes daquela transmissão" (Piaget, 1967/1971, p. 323, *tradução [para o inglês] com emenda*).

A terceira via de Piaget (ou seja, uma alternativa ao empirismo e ao nativismo) é a de que o conhecimento se desenvolve por meio das ações da criança no mundo. Adicionalmente a isso, o conhecimento encontra-se sempre atrelado a um arcabouço particular (ver Capítulo 3 neste volume), caso paradigmático do qual são as estruturas que emergem à medida que qualquer sujeito cognoscente interage com o mundo. De modo mais específico, a relação entre sujeito e mundo é caracterizada pelos processos funcionais de assimilação e acomodação. No âmbito psicológico, a assimilação capta o direcionamento intrínseco da consciência e se refere à incorporação de novos elementos a esquemas já existentes – e esquemas são totalidades organizadas compostas de afeto, sensação, movimento motor, percepção –, com isso, conferindo sentido a esses elementos (Piaget, 1975/1985, p. 16); por exemplo, ao apreender um brinquedo novo, esse brinquedo é assimilado pela criança ao esquema de apreensão, e com isso atinge o sentido funcional de ser "palpável". A acomodação se refere à modificação de esquemas existentes para que sejam levados em conta aspectos particulares do novo objeto ou da nova situação (por exemplo, no mesmo ato assimilatório, o esquema de apreensão pré-existente precisa ser modificado para tomar pé do novo brinquedo). No contexto das funções de assimilação e acomodação, as estruturas assumem uma função dinâmica num duplo sentido. Em primeiro lugar, as estruturas não existem independentemente de uma atividade estruturante: "A assimilação é, com isso, o próprio funcionamento do sistema do qual a organização é o aspecto estrutural" (Piaget, 1936/1953, p. 410). Em segundo lugar, as estruturas se modificam como resultado da interação do sujeito com o mundo: toda gênese se origina de uma estrutura e resulta em outra estrutura, e, inversamente, toda estrutura tem uma gênese (Piaget, 1964/1967).

Duas questões seguem-se daí: a primeira, quais estruturas são de fato construídas pela mente? A segunda, qual o processo que permite que isso aconteça?

Quanto à primeira questão, influenciada pelo grupo Bourbaki de matemáticos (ver Aczel, 2007), entre 1940 e 1965 Piaget (1970, p. 23) identificou três estruturas cognitivas que caracterizam o pensamento das crianças em diferentes momentos de desenvolvimento. A sua evidência durante esse período foi obtida com o intuito de descobrir se essas estruturas são de fato construídas. Piaget interpretou essa evidência como uma confirmação de que esse é o caso. Mas existem qualificações importantes, que comumente são desconsideradas em comentários. (a) Para os pesquisadores, a verificação da base de evidência dessas três estruturas é uma questão empírica: "O sujeito médio conhece a sua própria inteligência apenas à medida que ela desempenha alguma coisa, já que as estruturas operativas lhe escapam, assim como quase todos os mecanismos que afetam seu comportamento, e, mais ainda, o seu organismo. Por conseguinte, se essas estruturas existem, cabe ao observador avaliá-las e analisá-las" (Piaget, 1973,

p. 46, *tradução [para o inglês] com emenda*). Desse modo, a questão-chave versa sobre se essas três estruturas podem ser identificadas em momentos do desenvolvimento, e não se todo e qualquer aspecto da vida mental de uma criança pode ser descrito nesses termos. (b) Para a questão "existem estágios gerais?", Piaget deu a resposta clara e específica "não". Se um estágio geral é tal que inclui "ao mesmo tempo, para um dado nível, a totalidade dos aspectos orgânicos, mentais e sociais do desenvolvimento... [então] não há estágios gerais. [Em vez disso], nos vários campos neurológico, mental e social, vemos um entrelaçamento de processos de desenvolvimento que são evidentemente interrelacionados, mas em medidas diferentes ou de acordo com ritmos temporais múltiplos, não havendo razão pela qual esses processos devam se constituir numa totalidade estrutural única em cada nível" (Piaget, 1960, p. 14-15). Para Piaget, não é o caso de que em qualquer nível de desenvolvimento se tenha uma estrutura única para toda ação e pensamento, emoção, vontade e todo o restante do psiquismo humano. Em vez disso, existem várias instâncias funcionais dessas estruturas formais a caracterizar o pensamento em todo o desenvolvimento humano. (c) Piaget proporcionou descrições formais das estruturas cognitivas por ele identificadas, mas em diferentes momentos de sua carreira ele empregou modelos formais alternativos (ver Capítulo 10 deste volume; ver também Piaget e Garcia, 1987/1991), e tem se debatido que sua contribuição mais importante foi a compreensão do papel das operações (isto é, os processos operativos de coordenação de ações e pensamentos), em vez dos modelos lógicos particulares por ele empregados (Apostel, 1982).

Quanto à segunda questão, durante todo o percurso piagetiano, e em especial no período 1965-1980, constituiu-se no problema central da obra do pensador. Note-se que em ampla medida ele foi *in toto* ignorado pela maior parte das obras anglo-saxônicas em psicologia. A pesquisa de Piaget sobre esse processo dinâmico também foi negligenciada. Uma reivindicação chave de seu construtivismo é a de que as estruturas cognitivas têm sempre um processo a propiciar a sua construção. Por isso, é um erro crucial desatrelar uma estrutura de seu processo formativo, como se tem em alguns comentários críticos sobre a posição de Piaget. Diversos capítulos deste livro (Capítulos 3, 4, 5, 6, 9, 14, 17) encontram-se voltados ao processo de construção.

Uma razão crucial para os mal-entendidos que comumente envolvem a teoria de Piaget, mal-entendidos também para se negligenciar o cerne epistemológico da teoria do pensador, parece ser a de que o arcabouço epistemológico a guiar a pesquisa contemporânea seja fundamentalmente diferente do arcabouço epistemológico de Piaget. Para ele, uma estrutura não é um dispositivo interno de mediação acionado por informações recebidas; uma estrutura é, em vez disso, a atividade doadora de formas sempre intencionalmente direcionada ao mundo. As operações que Piaget descreve são ações internalizadas e coordenadas com relações ricas em implicações e significados, ou seja, são uma "implicação entre os sentidos de ações" (Piaget, 2004/2006, p. 5). Na verdade, sua posição é persistente e evidente em seu primeiro livro sobre a infância: "Todo ato de inteligência pressupõe um sistema de implicações mútuas e sentidos interconectados" (Piaget, 1936/1953, p. 7; ver Mays, 1987, p. 235).

Trabalhando no escopo de um arcabouço empirista, contudo, psicólogos do desenvolvimento contemporâneos têm desconstruído o conceito piagetiano de estrutura como dispositivo funcional, isto é, como "um constructo hipotético relacionado a um desempenho observável ao modo de um antecedente em relação a um consequente" (Chapman, 1987, p. 289). Isso nos leva a uma interpretação comum das noções, por Piaget, de estágio e estrutura. De acordo com essa concepção comum ou "recebida" da teoria de Piaget, os estágios são pensados como estruturas globais que definem o pensamento de uma criança. Tão logo uma criança tenha desenvolvido uma estrutura de raciocínio operacional concreto, ela deve ser capaz de usá-la para resolver todas as tarefas nesse domínio (para fontes dessa interpretação, ver Chapman, 1988; Lourenço e Machado, 1996). Por conseguinte, uma vez que uma criança tenha entrado em determinado estágio, como o estágio operacional concreto, definido mediante a realização de tarefas de raciocínio operacional concreto, de tal criança se esperaria que realizasse tais tarefas uma vez que demandam as "mesmas" estruturas de raciocínio. Dessa interpretação segue-se uma predição de homogeneidade e sincronia no desenvolvimento. Contudo, a evidência abundante de um *décalage* [descompasso] horizontal, ou de uma inconsistência no raciocínio, claramente não se ajusta a essa predição. Um exemplo clássico de assincronia no desenvolvimento é o de que as crianças desenvolvem o sentido de conservação primeiro para quantidade, depois para peso e então para volume (Piaget e Inhelder, 1941/1974). Com base nessa interpretação, o *décalage* horizontal tem sido visto como uma dificuldade empírica importante para a teoria de Piaget, e chega-se a considerá-lo como pondo em dúvida até mesmo o arcabouço estruturalista de sua teoria (Siegel e Brainerd, 1978).

Contudo, Piaget jamais reivindicou que estágios sejam caracterizados por homogeneidade ou sincronia de desenvolvimento, e, na verdade, em muitas passagens o pensador marcou posição oposta, qual seja, a de que se deveria esperar uma variabilidade (Piaget, 1960; ver Chapman, 1988). Além disso, a ideia de *décalage* horizontal é inteiramente consistente com o postulado fundador de Piaget, devendo ser esperada com base nele, postulado este que é o de que o pensamento se origina na ação, do que se segue que as formas do pensar devem ser, antes de mais nada, específicas em relação a contexto e conteúdo. Isso significa que a forma do pensamento não pode ser separada de seu conteúdo, e embora estruturas a envolver diferente conteúdo, como comprimento e peso, possam ter a mesma forma lógica, elas se desenvolvem de maneira independente e num sentido funcional mediante a atividade da criança com essas diferentes áreas de conteúdo. Recorrendo à analogia entre níveis de desenvolvimento e linhas de contorno que descrevem a altitude num mapa (Smith, 2002a), Reinhold Messner escalou os 14 montes do mundo com mais de 8 mil metros de altura. Mas ele não vive nos 8 mil metros de contorno. Contornos são níveis de altitude física de coisas como os montes da Terra; não são níveis de terreno. Os níveis de desenvolvimento são níveis de construção intelectual; não são níveis de conhecedores. Assim, "embora questões envolvendo homogeneidade-heterogeneidade e sincronia-assincronia sejam importantes por si sós, elas são irrelevantes para a testagem das implicações empíricas da teoria de Piaget, uma vez que a própria teoria levou em conta a assincronia do desenvolvimento" (Lourenço e Machado, 1996, p. 152).

Piaget usou a estrutura para caracterizar "as propriedades morfológicas de um certo tipo de raciocínio" (Chapman, 1987, p. 289). As diferentes interpretações do conceito de estrutura contêm importantes ramificações teóricas e metodológicas: "É provável que os funcionalistas busquem os antecedentes causais ou funcionais de desempenhos cognitivos particulares, mas os formalistas estão mais propensos a mostrar interesse pelas propriedades formais" (p. 289). As propriedades formais que Piaget queria descrever eram formas de pensamento, isto é, os diferentes modos com que as crianças abordam o mesmo tipo de problema. Em outras palavras, tem-se aí o que é comum a todas as crianças num patamar específico de desenvolvimento – é o que Piaget referia como "o sujeito epistêmico". Suas funções "se destinariam a estudar o desenvolvimento epistêmico de certos conceitos na infância, e não a determinar o nível cognitivo de qualquer criança ou grupo de crianças em particular" (Sinclair, 1982, p. 180).

Esse equívoco das noções de Piaget de estágio e estrutura está relacionado a outro equívoco interpretativo sobre a teoria de desenvolvimento cognitivo desse pensador, a saber, o de que períodos determinados em que as crianças adquirem conceitos são criteriais para um nível particular de pensamento (por exemplo, Gelman e Baillargeon, 1983; Halford, 1989). De acordo com Piaget (1956, p. 34), contudo, "os estágios podem ser caracterizados numa dada população de maneira cronológica, porém essa cronologia é extremamente variável". É por isso que, na abordagem de Piaget, "a idade é um indicador, mas não um critério de nível de desenvolvimento" (Smith, 1991, p. 77). O critério é definido em termos das operações coordenadas ou da estrutura requerida pela tarefa que é usada para avaliar determinado nível de pensamento. Assim, "se uma criança resolve uma tarefa antes do que é referido pelo protocolo [isto é, pela pesquisa piagetiana], nenhum dano conceitual sério é infligido à teoria" (Lourenço e Machado, 1996, p. 147). Além disso, central para a posição de Piaget era a sequência de surgimento de diferentes formas de pensamento, bem como os mecanismos envolvidos em transições de nível, e não a idade em que se dá o referido surgimento.

Os psicólogos não veem a necessidade de se trabalhar com as complexas ideias de Piaget sobre equilibração e processos aparentados, a não ser que primeiramente reconheçam as falhas, ou ao menos os postulados não defendidos, na visão de conhecimento que eles dão como certa. Uma vez que os psicólogos geralmente tomam o conhecimento como algo não problemático, a complexidade da teoria piagetiana parece simplesmente supérflua. As teorias do desenvolvimento cognitivo, contudo, baseiam-se necessariamente em pressupostos sobre a natureza do conhecimento. De que outra maneira pode o conhecimento verdadeiro ser delimitado em relação à crença verdadeira, e ambos em relação a seus usurpadores, como são a concepção equivocada, a "falsa memória", o pseudo-raciocínio e a má compreensão? Essa questão é fundamental e notavelmente complexa para mentes adultas – disso dão testemunho os problemas perenes do relativismo e do ceticismo. Além disso, uma abordagem adequada do desenvolvimento cognitivo tem de enfrentar essa questão pela perspectiva da criança em desenvolvimento, da infância à idade adulta. É exatamente essa abordagem que Piaget se dispõe a apresentar.

Epistemologia genética

Piaget chamou a sua resposta de epistemologia genética, e o objetivo por trás dela é "explicar o conhecimento, em particular o conhecimento científico, com base em sua história, sua sociogênese e em especial as origens psicológicas das noções e operações em que se baseia" (Piaget, 1970, p. 1). Tradicionalmente, a epistemologia tem sido um ramo da filosofia preocupado com a natureza, escopo e validade do conhecimento. Para Piaget, a epistemologia já não é a única salvaguarda da filosofia; pelo contrário, ele preconizou o uso e a relevância de métodos empíricos na abordagem de questões epistemológicas.

Uma razão para uma abordagem desenvolvimental do conhecimento está em o desenvolvimento em si não ser um processo estático, e sim dinâmico. Para Piaget, esteve em questão o que de fato esse processo é, e para isso demandava-se tanto evidências quanto uma teoria epistemológica.

Nesse contexto, é de maneira aprovativa que Piaget (1970/1972a, p. 2) cita o filósofo neokantiano Natorp (1910, p. 14-15):

> Como Kant, iniciemos com a existência efetiva de conhecimento, buscando a base a partir daí. Mas o que é a existência, uma vez que, como sabemos, o conhecimento está em constante evolução? Progressão, método é tudo... consequentemente, a existência do conhecimento não pode ser compreendida, exceto se o for como *in fieri* [ou seja, a ser feito, em processo; *nossa observação*]. Esse *in fieri* por si só é o fato. Qualquer entidade (ou objeto) que o conhecimento procure cristalizar tem de novamente se dissolver na corrente de desenvolvimento. É na última fase desse desenvolvimento, e somente aí, que temos o direito de dizer: "isto é (um fato)". O que podemos e devemos buscar, então, é a lei que subjaz a esse processo.

Mas se a evolução frequente é constitutiva do conhecimento científico, conforme testemunhado nas ciências naturais e humanas, e mesmo em lógica e matemática (Piaget, 1950, 1965/1972, 1970/1972a, 1970/1972), o estudo das condições de possibilidade do conhecimento tem de incluir o desenvolvimento do conhecimento. O estudo do desenvolvimento do conhecimento, por sua vez, é da alçada das ciências empíricas.

A análise epistemológica do desenvolvimento do conhecimento pode se dar ao longo de duas vias: a histórico-crítica e a psicogenética:

> Claramente, então, mais cedo ou mais tarde a análise epistemológica terá de assumir uma dimensão histórica ou histórico-crítica, a história da ciência sendo uma ferramenta indispensável para uma compreensão filosófica da ciência. A questão é se a história envolve uma pré-história. Porém, há uma completa ausência de documentação sobre a formação de conceitos no caso do homem pré-histórico, pois muito embora tenhamos conhecimento de suas técnicas, carecemos de suficiente informação complementar sobre as funções cognitivas deste. Por essa razão, o único trajeto aberto para nós segue o exemplo de biólogos que suplementam o seu escasso estoque de conhecimento filogenético recorrendo à embriogênese: no caso

da psicologia, isso significa estudar a ontogênese mental da criança em cada um dos estágios (Piaget, 1970/1972b, p. 11).

Além disso, os métodos empíricos são relevantes por outra razão: todas as epistemologias fazem afirmações ou contêm pressupostos sobre o processo de aquisição de conhecimento. Por exemplo, enquanto o empirismo clássico enfatizou a importância dos dados dos sentidos e da associação, já o racionalismo enfatiza a atividade do intelecto. Com isso, "todas as epistemologias suscitam questões de fato e com isso implicitamente adotam posições epistemológicas" (Piaget, 1970/1972a, p. 4-5), mas carecem de métodos efetivos para responder a essas questões (Piaget, 1970, p. 7). Para responder a essas questões factuais, "descobertas psicológicas tornam-se relevantes e devem ser levadas em conta" (Piaget, 1970, p. 8).

A epistemologia genética é, fundamentalmente, uma iniciativa interdisciplinar. Ela recorre ao conhecimento especializado das ciências individuais e à ajuda de lógicos, matemáticos e ciberneticistas em níveis de modelagem e formalização de conhecimento e de processos de crescimento (Piaget, 1970/1972a, p. 6). A ênfase de Piaget na colaboração interdisciplinar reflete a sua crença na interdependência das diferentes ciências – interdependência que Piaget concebeu não como ordenamento linear, mas como sistema cíclico (ver Brown, 2003):

> Com isso, o homem não pode compreender o universo a não ser pela lógica e pela matemática, produtos de sua própria mente; mas ele só pode compreender como construiu a matemática e a lógica se a si próprio se estudar psicológica e biologicamente, ou, em outras palavras, como uma função de todo o universo. Este é o verdadeiro sentido do círculo das ciências: ao fim e ao cabo, conduz à concepção de unidade por meio da interdependência entre as várias ciências, de modo tal que disciplinas de lados opostos desse ordenamento cíclico mantêm relações recíprocas entre si (Piaget, 1970/1972a, p. 83).

Uma vez que as diferentes ciências constituem um sistema cíclico e não um ordenamento linear, conceitos de um nível mais elevado (por exemplo, o conceito biológico de vida) não podem ser reduzidos aos de um nível inferior (por exemplo, os processos físico-químicos). De acordo com Piaget, a coordenação de dois níveis diferentes conduz a um enriquecimento e transformação do nível inferior (Piaget, 1970/1972b, p. 92-93).

Essa súmula realçou apenas os aspectos-chaves da epistemologia genética de Piaget. Um tratamento mais sistemático de diversos aspectos desse tópico poderá ser encontrado ao longo de todo este volume. Seja como for, nossa introdução deve bastar para deixar claro que a epistemologia genética de Piaget tem um foco interdependente em princípios epistemológicos e na evidência psicológica em uma e a mesma abordagem, com isso garantindo a sua singularidade à medida que não é redutível nem à epistemologia nem à psicologia, nem separadamente nem em conjunto.

Organização do volume

O objetivo deste volume é proporcionar uma introdução abrangente a aspectos-chaves da obra de Piaget, uma introdução que seja acessível a alunos de graduação de nível avançado. Considerando que Piaget foi um autor prolífico, cujo período de publicação se estende por mais de 60 anos (com volumes póstumos e artigos ainda sendo publicados), a cobertura de aspectos da obra do pensador teve de ser seletiva. Para uma leitura mais aprofundada, há muitas e excelentes monografias sobre Piaget disponíveis em inglês, cujo foco pode estar na obra teórica (por exemplo, Kitchener, 1986; Smith, 1993, 2002b), em seus trabalhos empíricos (Ginsburg e Opper, 1988) ou em ambos (Chapman, 1988; Vuyk, 1981).

Este volume ressalta os aspectos teóricos ou epistemológicos da obra de Piaget e elabora as relações entre pesquisa empírica e questões epistemológicas. A epistemologia genética de Piaget é abrangente e ambiciosa, à medida que trata das relações entre, por um lado, a psicologia e a biologia, e, por outro, a psicologia e a sociologia; a "biologia" e a "sociologia" de Piaget são discutidas em capítulos separados. Diversos capítulos evidenciam as contribuições do pensador sobre processos de desenvolvimento, tópico particularmente saliente em seus escritos tardios (isto é, os da década de 1970). Particularmente relevante para os debates atuais em neurociência cognitiva e afetiva é a conceitualização, por Piaget, de afetividade, consciência e moralidade. Como observam os autores desses capítulos, os debates atuais nessas áreas se beneficiariam da assimilação dos escritos piagetianos sobre esses tópicos. Por fim, este volume inclui dois capítulos que, apresentando reformulações da teoria de Piaget, preservam seus pontos fortes, ao mesmo tempo que sugerem modificações a dar conta de suas fraquezas.

Nosso volume se inicia no Capítulo 2 com um exame de diversas correntes da filosofia, psicologia e biologia europeias que, se hoje podem ser amplamente desconhecidas, influenciaram o pensamento de Piaget. O contexto sociocultural ou *Zeitgeist* e os acontecimentos históricos indubitavelmente deixaram a sua marca na obra do pensador. Marylène Bennour e Jacques Vonèche trazem diversos exemplos de como o contexto sociocultural e intelectual influenciou na formação das ideias de Piaget. Eles investigam essas influências em cada uma das quatro diferentes estações da vida de Piaget: Neuchâtel, onde ele nasceu e passou a adolescência; Zurique, onde estudou, com Bleuler, entre outros, e assistiu a palestras de Jung; em Paris, onde trabalhou como pesquisador assistente de Simon e travou contato com Janet (e por meio de Janet, com escritos de Baldwin); e finalmente Genebra, onde trabalhou a maior parte da vida, primeiramente na universidade, mais tarde criando o Centro Internacional de Epistemologia Genética. O capítulo mostra como a miríade de influências é absorvida na própria obra de Piaget e revela que, quando confrontada com ideias conflitantes, a originalidade do pensador consistia em encontrar uma terceira via (ou *tertium quid*) que reconciliasse essas visões conflitantes de um modo novo e engenhoso.

O Capítulo 3 trata da epistemologia genética de Piaget. Nesse contexto, o termo "genética" não faz referência a algo como genes, e, para realçar a diferença, Leslie Smith caracteriza a obra do pensador suíço como uma epistemologia do desenvolvimento a lidar com dois aspectos do desenvolvimento humano a apontar para direções aparentemente contrárias. Uma delas remete às origens biológicas, isto é, à sua gênese empírica. A outra, à constituição válida, isto é, à legitimação normativa pela qual um conhecimento sólido é delimitado em relação a equivalentes falsos. O que está em questão, basicamente, é o instrumento intelectual que de fato torna isso possível pela perspectiva daquele que conhece. A epistemologia como ramo da filosofia lida com a validade de nosso conhecimento, e a psicologia como ciência empírica, com as origens empíricas de nosso conhecimento. De acordo com Piaget, nem uma nem outra bastariam para abordar de maneira apropriada a questão fundamental. Um princípio-chave aí é o de que as normas são empiricamente investigáveis como fatos normativos em cada um dos níveis, desde o berço até o túmulo. De início, as normas estão implícitas nas ações de um agente, tornando-se explícitas como razões para ações em sua realização consciente como normas em uso. Essa análise inclui implicações características a uma série de desafios que a ela se apresentam.

No Capítulo 4, John Messerly sintetiza os escritos de Piaget em biologia e a sua teoria da evolução como um processo auto-organizador e construtivo. Para Piaget (1967/1971, p. 354), os processos cognitivos são o resultado de uma contínua evolução, e a autorregulação cognitiva emprega os sistemas gerais de autorregulação orgânica passíveis de ser encontrados em todos os níveis – morfogenético, fisiológico e nervoso/neural. Além disso, Piaget (por exemplo, 1970/1972b, p. 52-58) propôs que a relação entre organismo biológico e ambiente suscita os mesmos tipos de problemas, tendo descoberto os mesmos tipos de respostas que a relação entre mente e mundo. É por isso que a sua epistemologia precisa se voltar à relação entre o organismo e o ambiente em diferentes níveis. As primeiras pesquisas biológicas de Piaget levaram-no a desenvolver uma teoria peculiar sobre a evolução biológica, que ele estendeu do mundo orgânico ao mundo psicológico, e isso lhe permitiu vincular adaptação biológica e intelectual. Essa teoria – que não é nem lamarckiana nem darwinista – baseia-se na ideia de uma "fenocópia" e levou Piaget a cada vez mais enfatizar o papel do comportamento como um instrumental a impulsionar a evolução a um só tempo biológica e psicológica. Piaget tinha consciência de que a sua teoria da evolução era pouco ortodoxa, chegando a chamá-la de "hipótese arriscada". O capítulo realiza uma série de críticas à teoria da evolução por Piaget e conclui que este tinha a evolução por um processo auto-organizador e construtivo.

No Capítulo 5, Richard Kitchener apresenta e avalia a teoria sociológica de Piaget. De modo geral, Piaget acreditava ter dado pouca atenção à dimensão social do desenvolvimento. Na verdade, muitos psicólogos consideraram a teoria de Piaget como prototipicamente individualista. Kitchener contrapõe-se a essa afirmação demonstrando que a sociologia ou a psicologia social desempenhou um papel importante no programa de pesquisa mais amplo de Piaget. De fato, conforme o capítulo desenvolve, em momentos bastante diferentes de seu percurso Piaget propôs três teorias diferentes acerca da natureza da influência social sobre o desenvolvimento cognitivo. Contudo, Piaget jamais integrou plenamente essas diferentes abordagens, deixando a sua teoria sociológica, na melhor das hipóteses, incompleta. O capítulo conclui com o esboço de uma possível síntese dessas diferentes abordagens do social.

No Capítulo 6, Jan Boom analisa o constructo central de Piaget, a equilibração, este que o pensador via como aspecto fundamental de todo o desenvolvimento cognitivo. Para Piaget, a equilibração é um processo que aperfeiçoa as estruturas existentes na construção constante de novos conhecimentos. Três de seus aspectos são: (a) a tendência de sistemas vivos a se modificar ao se manter; (b) os processos de aprendizado restringidos por obstáculos e lacunas a ser sobrepujados por níveis de equilíbrio serialmente melhores; (c) a melhoria do conhecimento graças a processos de abstração e reflexão por parte do sujeito epistêmico. Quaisquer que sejam as visões assumidas sobre as interpretações de Piaget, posições alternativas encontram-se aparentemente em estados piores, e isso inclui modelos em teoria dos sistemas dinâmicos, conexionismo e neurociência do desenvolvimento. No momento, uma alternativa convincente à abordagem de Piaget está à espera de formulação.

De acordo com Piaget, o conhecimento não consiste nem em estruturas pré-formadas e inatas, nem em estruturas passivamente absorvidas a partir do ambiente. Em vez disso, o conhecimento precisa ser construído. Os processos de construção foram um interesse de Piaget em todo o seu percurso, tornando-se o foco principal de seu pensamento durante o último período (1965-1980). Robert Campbell, no Capítulo

7, discorre sobre três importantes processos de construção que receberam considerável atenção na obra tardia de Piaget: abstração reflexionante, generalização e dialética. Esse capítulo explica o papel de cada um desses processos na construção de um novo conhecimento e reflete sobre suas interrelações. Piaget não consumou a tarefa de sintetizar esses diferentes processos construtivos num sistema abrangente. A obra tardia do pensador tem recebido pouca atenção, e isso injustamente, já que é repleta de ideias e resultados empíricos, fascinantes cada qual à sua maneira.

No Capítulo 8, Trevor Bond e Anastasia Tryphon sintetizam o método usado por Piaget em suas obras psicológicas. Piaget empregou os termos "clínico" (1926/1960) e "crítico" (1924/1947) para se referir a seu método. O método crítico consiste essencialmente numa combinação entre observação, experimentação e trocas verbais, e ao longo de toda a investigação o pesquisador continuamente adapta suas questões às respostas do participante com uma visão voltada à averiguação da natureza e do grau de sua validade pela perspectiva daquele que conhece. Bond e Tryphon seguem os primórdios do método de Piaget até a adaptação, pelo pensador, em Paris, do teste de inteligência de Cyril Burt; além disso, documentam o modo como colaboradores de Piaget, em especial Bärbel Inhelder, contribuíram para o refinamento do método. Uma comparação detalhada entre um protocolo de pesquisa não publicado, produzido por um pesquisador assistente, e um protocolo publicado, revela diversos aspectos do método crítico que não foram bem apreendidos na versão publicada. A conclusão central desse capítulo é a de que o método de Piaget encontra-se fundado na epistemologia dele próprio e está destinado a pôr a nu a validade dos mecanismos operacionais de pensamento. Além disso, os dados gerados pelo método crítico têm estado sujeitos a rigorosas análises quantitativas, e modernos métodos psicométricos têm conferido forte apoio à teoria do desenvolvimento de Piaget.

No Capítulo 9, Ulrich Müller examina a obra de Piaget sobre o desenvolvimento cognitivo infantil – este que ele chamou de inteligência sensório-motora. A inteligência sensório-motora é uma inteligência prática que envolve ciclos de percepção-ação, com base nos quais as crianças interagem com o mundo. Para Piaget, a inteligência sensório-motora fornece uma ponte entre funcionamento biológico – que ela prolonga – e pensamento racional – em que ela se desenvolve. Após discutir o lugar do funcionamento sensório-motor no contexto do arcabouço epistemológico de Piaget, o capítulo sintetiza os subestágios da inteligência sensório-motora, ilustra como esses subestágios se manifestam no conhecimento prático do mundo físico pelas crianças, e analisa o porquê de o desenvolvimento sensório-motor preparar e dispor os alicerces para o surgimento do pensamento simbólico. A seção final desse capítulo avalia algumas críticas que têm sido dirigidas à teoria piagetiana da inteligência sensório-motora.

Uma visão geral da obra empírica de Piaget sobre o desenvolvimento cognitivo das crianças tem prosseguimento no Capítulo 10, de autoria de Maximilian Bibok, Ulrich Müller e Jeremy Carpendale. Esse capítulo passa em revista a obra de Piaget desde o surgimento do pensamento simbólico até o término do estágio operatório concreto, no final da infância. Na década de 1960, Piaget (Piaget, Grize, Szeminska e Vinh Bang, 1968/1977; Piaget, Henriques e Ascher, 1990/1992) adotou o conceito matemático de morfismos para caracterizar as propriedades formais da organização cognitiva infantil. O capítulo faz ver que os morfismos proporcionam um modo elegante de descrever as diferentes formas de pensamento na infância e as transições entre elas. Os diferentes níveis de pensamento são ilustrados nas áreas de conservação, de raciocínio transitivo, classificação e número. Sob essa interpretação, a teoria piagetiana do desenvolvimento cognitivo resiste bastante bem às críticas que frequentes vezes lhe são dirigidas. Ao mesmo tempo, reconhece-se que as diversas abordagens por Piaget proporcionaram diferentes conceitualizações do desenvolvimento cognitivo na infância, as quais ele jamais integrou plenamente.

No Capítulo 11, David Moshman debruça-se sobre a abordagem por Piaget das operações formais, tipo de raciocínio que emerge na adolescência. Moshman inicia com a abordagem original pelo pensador do raciocínio formal tal como apresentada na década de 1920 (Piaget, 1924/1928). As seções seguintes examinam a pesquisa relatada em *O desenvolvimento do pensamento lógico da infância à adolescência* (Inhelder e Piaget, 1955/1958).

O capítulo sintetiza os principais traços do pensamento operatório formal, bem como as implicações do surgimento das operações formais para a personalidade adolescente. A seção final desse capítulo é um exame crítico da abordagem piagetiana das operações formais, com uma referência específica aos modos pelos quais o exame pode ser ampliado.

A teoria piagetiana do desenvolvimento moral é o tema do Capítulo 12, de autoria de Jeremy Carpendale. Consistente com seu arcabouço epistemológico mais amplo, Piaget criticou tanto as abordagens individualistas quanto as coletivistas da moralidade. Em detrimento dessas, o pensador propôs uma terceira via de reflexão sobre a moralidade e o desenvolvimento desta: a moralidade surge no âmbito das relações entre as pessoas. Isso faz atentar à natureza das relações sociais. Piaget esboçou dois tipos gerais de relações, que têm como base a coação ou a cooperação, muito embora qualquer relação real consista num certo misto de uma e outra. As relações de coação, conforme se tem exemplificado por relações autoritárias de pais para com filhos, baseiam-se em respeito e autoridade unilaterais. Essas relações dão origem a uma moralidade de coação – à concepção de moralidade tal como considerada pelas abordagens de socialização. Segundo a perspectiva de Piaget, no entanto, esse tipo de moralidade encontra-se incompleto, já que redunda em conformidade sem entendimento. Por contraste, as relações de cooperação entre iguais, conforme exemplificado pelas relações entre pares, baseiam-se em respeito mútuo e implicam a obrigação de se explicar a posição de um indivíduo e a de ouvir as de outros. Relações desse tipo são bastante indicadas para que se chegue a um entendimento mútuo e ao desenvolvimento do conhecimento em geral, e a um entendimento moral e social em particular. Carpendale conclui que a abordagem de Piaget ao desenvolvimento moral é essencial para a discussão em curso, uma vez que o seu problema central de como as crianças vêm a construir e respeitar as normas morais encontra-se ausente dos debates atuais.

As concepções de Piaget sobre o desenvolvimento da consciência e problemas epistemológicos relacionados são explicadas no Capítulo 13, de Michel Ferrari. Ferrari examina as concepções de Piaget sobre dois problemas epistemológicos fundamentais, centrais a qualquer teoria da consciência: (1) o problema geral da relação sujeito-objeto em qualquer tipo de conhecimento e (2) o problema específico da relação físico-mental no âmbito do sujeito cognoscente. Piaget adota uma modalidade única de interacionismo interno, que se desenvolve ao longo da vida, para abordar a primeira questão, e uma forma sofisticada de paralelismo que recorre à cibernética e estruturalismo, para abordar a segunda. De modo geral, Piaget tinha em vista um eventual monismo integrativo, que coordena informações das neurociências e das ciências cognitivas, ao mesmo tempo que fornece convincentes razões pelas quais tal monismo pode existir sempre unicamente em teoria. Embora a abordagem desses problemas por Piaget não os solucionasse, o exame que ele faz dos problemas – e a sugerida coordenação entre filosofia, psicologia, cibernética e neurociência – propõe uma cooperação de fertilização cruzada entre essas disciplinas, cooperação esta que certamente é uma das mais promissoras direções para o estudo científico e para a compreensão da consciência.

O Capítulo 14, de Bryan Sokol e Stuart Hammond, versa sobre a teoria piagetiana da afetividade. Ao contrário do que por vezes se alega, a teoria de Piaget não ignora a dimensão afetiva da vida psicológica. Todavia, o capítulo propõe que o pensador teria sustentado uma posição um tanto ambivalente em relação à afetividade e que, de modo geral, a teoria piagetiana da afetividade manteve-se escassamente elaborada. Os autores descrevem os estágios do desenvolvimento afetivo propostos por Piaget numa série de conferências (1953-1954) que, ministradas na Sorbonne, hoje se encontram publicadas como *Inteligência e afetividade* (1981). Piaget sustentou que os estágios de desenvolvimento afetivo traçariam um paralelo com seus bem conhecidos estágios de desenvolvimento cognitivo, mas alerta que "a comparação entre estados afetivos e atos de inteligência não pode ser levada longe demais" (1954/1981, p. 15). O capítulo conclui com a sugestão de que o arcabouço teórico da teoria da ação é bastante apropriado à elaboração mais aprofundada das ideias de desenvolvimento afetivo por Piaget.

O modelo educacional de Piaget, que inclui a sua pedagogia, isto é, sua teoria do ensino, é apresentado no Capítulo 15, de autoria de Leslie

Smith. Embora na década de 1960 o nome de Piaget tenha sido associado à noção de períodos e estágios e, pior, ao adiamento do ensino até que as crianças estivessem "prontas", o capítulo se dispõe a mostrar como e por que esse modelo incluía o princípio central de que o ensino deveria ser direcionado ao aprendizado para além das atuais habilidades das crianças. Além disso, Piaget acreditava que, isentas de coerção autoritária, as crianças deveriam ter a oportunidade de construir por sua vez e por si mesmas – e possivelmente de maneiras novas – o conhecimento e os valores de sua cultura. Com base nessa interpretação, a concepção de Piaget demanda que os professores percebam que a interação social entre crianças desempenha um papel essencial no desenvolvimento da autonomia individual. Esse papel da autonomia individual é apresentado no contexto da execução de tarefas em matemática por crianças. Além disso, o capítulo propõe que a obra de Inhelder e Piaget sobre crianças e adolescentes traz implicações para o aprendizado em sala de aula. O trabalho de intervenção no contexto das ciências e da matemática nos ensinos secundário e primário é apresentado como evidência empírica reprodutível dessas implicações.

No Capítulo 16, Yeh Hsueh examina a recepção da obra de Piaget nos Estados Unidos entre 1925 e 1971. Ele divide a sua revisão da história em três períodos: início dos anos 1920 a 1939, 1940 a 1955 e 1956 a 1971. O primeiro período é caracterizado por diversas revisões das primeiras contribuições de Piaget, que também ensejaram pesquisas empíricas. Durante esse período, a Universidade Harvard concedeu ao pensador o seu primeiro doutorado honorário; o interessante é que o diploma não era em psicologia, mas no reconhecimento de suas contribuições para a promoção da compreensão da aprendizagem social numa sociedade em mutação. No segundo período, o interesse pela obra de Piaget se esvaneceu, em parte em razão do ambiente behaviorista de então na América do Norte. Diversos fatores, o menor dos quais não foi a revolução cognitiva, conduziram a uma redescoberta de Piaget em fins da década de 1950, com a obra do pensador tendo alcançado o auge do reconhecimento nos anos 1970. Em toda a sua extensão, o capítulo mostra como o ambiente social, político e econômico nos Estados Unidos influenciou a recepção da obra de Piaget.

No Capítulo 17, Thomas Kesselring mostra a proximidade da epistemologia de Piaget com as filosofias de Kant e Hegel. De maneira semelhante a Hegel, Piaget levantou a questão sobre as regularidades no desenvolvimento cognitivo; similarmente a Kant, preocupou-se com a gênese do conhecimento necessário. Nesse contexto, Kesselring proporciona uma reconstrução da teoria dos estágios de Piaget. Para Piaget, "os estágios são *um instrumento indispensável para a análise do processo formativo*" (1977, p. 817, *itálico no original*). A teoria dos estágios de Piaget, contudo, tem sido objeto de inúmeras críticas. Nesse capítulo, essas objeções são sintetizadas e avaliadas. Para dar conta dessas críticas, o autor sugere uma reinterpretação da teoria dos estágios de Piaget. De acordo com essa proposta, o desenvolvimento é caracterizado pela construção de matrizes cada vez mais complexas, e estas, por sua vez, geram padrões de ação e pensamento específicos de níveis particulares de desenvolvimento. Essa reinterpretação conduz a uma reconstrução da teoria dos estágios de Piaget e aos processos de desenvolvimento envolvidos na transição de um estágio para o outro, com isso proporcionando respostas a questões hegelianas e kantianas.

Por fim, no Capítulo 18, Todd Rose e Kurt Fischer apresentam teorias neopiagetianas. Essas teorias surgem como respostas a uma interpretação da abordagem por Piaget de estágios como sendo estáticos por natureza. Pela perspectiva dessa interpretação, a variabilidade em formas de raciocínio empregadas pela mesma criança é um problema importante para a posição de Piaget. Essa variabilidade de raciocínio vem a ser central à discussão de Rose e Fischer. Em seu debate, eles enfatizam a estrutura psicológica como organização dinâmica e discutem fatores associados à variabilidade no raciocínio. Por seu próprio mérito, a teoria neopiagetiana pode ser avaliada em termos de sua contribuição para a compreensão do desenvolvimento cognitivo.

Os capítulos deste volume foram escritos num humor mais crítico do que apologético. Cada um deles avalia e discute problemas da teoria de Piaget. Ao mesmo tempo, os autores defendem que a teoria de Piaget proporciona o ponto inicial e a fundamentação para reformulações profundas de sua própria teoria, as quais podem levar a melhores soluções para problemas com que Piaget travou embates. Nesse sentido, esperamos manter vivas as ideias do pensador, em vez de torná-las "relíquias mortas" (Chandler, 1999, p. x), e promover a busca de um *tertium quid* [terceiro elemento não identificado] que sintetize a teoria de Piaget e teorias que a ela se oponham:

> É minha convicção, ilusória ou não – e somente o futuro mostrará qual parte é verdadeira e qual é simples obstinação presunçosa –, a de que desenhei um esqueleto geral bastante claro, porém cheio de lacunas de um tipo que, ao preenchê-las, o indivíduo é levado a diferenciar suas conexões, de várias maneiras, sem que ao mesmo tempo tenha de alterar as linhas principais do sistema. A história das ciências experimentais abunda em exemplos instrutivos a esse respeito. Quando uma teoria sucede a outra, a impressão inicial é a de que a nova contradiz a antiga e a elimina, enquanto uma investigação subsequente leva a dela reter mais do que se previa. Minha ambição secreta é a de que as hipóteses que se poderiam opor às minhas próprias por fim serão vistas não como a contradizê-las, mas como resultantes de um processo normal de diferenciação (Piaget em Bringuier, 1977/1980, p. 144).

Introdução II. Jean Piaget: de menino a homem

LESLIE SMITH

Jean Piaget nasceu em 9 de agosto de 1896, em Neuchâtel, e faleceu em 16 de setembro de 1980, em Genebra. Sua obra é internacionalmente aclamada, estando ele na 4ª posição como psicólogo e na 77ª como cientista do ranking mundial. O contexto histórico dos feitos de Piaget é examinado no Capítulo 2, e uma análise de sua recepção, sobretudo nos Estados Unidos, encontra-se no Capítulo 16 (deste volume). O que aqui se segue é uma breve visão geral, desde a formação inicial do pensador ainda garoto, em Neuchâtel, até suas obras de juventude, em Genebra.

Neuchâtel, "cidade pequena e ordeira" (Vidal, 1994), é um cantão francófono da Suíça, próximo das montanhas do Jura, mas é também um meio onde "valores culturais e religiosos estão em frequente conflito" (Barrelet e Perret-Clermont, 2008, p. xii). As irmãs mais novas de Jean eram Madeleine e Marthe. O pai, Arthur Piaget, era professor de história na universidade local, conhecido pelo compromisso com o estudo sistemático e com a independência crítica (de Tribolet, 2008, p. 27; Vidal, 1994, p. 13). "Ele me ensinou", diz-nos Piaget (1952, p. 237), "o valor do trabalho sistemático, mesmo nas pequenas questões", para acrescentar com tristeza que, quando garoto, seu trabalho manifestava-se profusamente em cadernos de notas como "Nossos pássaros", o que atraiu o comentário do pai dizendo que aquilo parecia uma lista de compras. A mãe, Rebeca Jackson, foi a primeira mulher eleita para o conselho escolar de Neuchâtel (Vidal, 1994, p. 15). Conhecida por suas concepções socialistas e pacifistas, sua influência sobre o filho acabou por levar ao comprometimento de Piaget (1915) com o sufrágio universal feminino.[1] Piaget (1952, p. 238) nos conta que sua mãe era uma mulher inteligente e essencialmente boa, mas com um temperamento neurótico que dificultava a vida em família, opinião que mais tarde foi confirmada por Marthe (Vidal, 1994, p. 14). Isso exerceu impacto direto no fato de eu "ter passado a renunciar às brincadeiras em favor do trabalho sério desde muito cedo". O trabalho não tardou a render frutos, e Piaget (1952, p. 238) foi "lançado", como ele observa:

- teve sua primeira publicação em jornal com a idade de 10 anos (Piaget, 1907), e a ela se seguiram mais cerca de 30 publicações, antes de ele proceder à sua "viragem psicológica" (Archives Piaget, 1989);
- nomeação como "fâmulo" de Paul Godet, diretor do Museu de História Natural (Piaget, 1952, p. 238);
- afiliação, em 1910, ao clube local, Amigos da Natureza, onde foi considerado "professor de concologia". Seu primeiro discurso versou

1 Na Suíça, o sufrágio universal para as mulheres em âmbito federal foi conquistado apenas em 1971.

sobre as evidências, segundo Godet, de moluscos exclusivos do Lago Neuchâtel (Vidal, 1994, p. 24, 44);

• secretário, em 1911, do Comitê Toad, seu trabalho era invariavelmente reconhecido como "perfeito" em conteúdo, estilo e duração (p. 45);

• correspondência com o diretor do Museu de História Natural em Genebra, para o qual aos 16 anos recebeu um convite de curadoria. Ainda que hoje seja internacionalmente reconhecido como "profissional maduro em taxonomia malacológica", Piaget declinou do convite (p. 36);

• assíduas contribuições para as sessões do clube, combinando seriedade e paródia; note-se que seu apelido irreverente, Tardieu, era uma derivação de Tardy, o Caracol (Vidal, 1994, p. 44-46).

Observa-se aqui duas coisas. Uma delas é a origem pessoal do interesse de Piaget pela biologia, evidenciado nesses primeiros feitos. A outra é uma minuta do clube, de 1915: o objetivo dos amigos *não* era "filosofar..., mas observar" (Vidal, 1994, p. 46). Isso não foi algo que se perdeu no Piaget adulto (1965/1972, p. 76), cuja obra veio a ser uma "filosofia científica".

Em sua educação formal, "Jean Piaget foi um pupilo extraordinário, com especial talento para o trabalho intelectual" (Schaller-Jeanneret, 2008, p. 37). Seu ensino primário iniciou-se em 1904, sem educação preparatória em jardim de infância, e prosseguiu com a educação secundária no Collège Latin, em 1907, concomitantemente à sua ação e realizações fora dos muros da escola. Em 1912, aos 17 anos, transferiu-se para o ginásio, onde realizou um percurso acadêmico preparatório para a universidade. Esse percurso incluiu a filosofia, que Piaget estudou da seguinte forma (Schaller-Jeanneret, 2008, p. 43):

> 1913-1914: Psicologia, fatos da consciência. Análise psicológica do juízo. As emoções. A vontade. Reflexões.
> 1914-1915: Descartes: *Discurso do método*. Lógica de Aristóteles (termos, proposições, silogismos); elementos da lógica moderna; princípios e métodos da ciência.

Esse percurso como tal é interessante de três maneiras. Pela primeira, o professor de filosofia de Piaget na escola foi Arnold Reymond (1908), cuja tese de doutorado em lógica e matemática abrangia a obra de Gottlob Frege, que em fins do século XIX fundou a lógica moderna. É provável que Piaget tenha sido introduzido à "nova lógica" enquanto ainda na escola (Smith, 1999a, 1999b). Pela segunda maneira, Reymond tornou-se professor de filosofia na Universidade de Neuchâtel, onde Piaget estudou de 1915 a 1918. Evidentemente que Piaget não era conhecido como aluno participativo durante seus primeiros semestres (Schaer, 2008, p. 51). Sem dúvida que isso se deve a seus interesses serem mais amplos que os objetos em ciência que ele registrava, a incluir zoologia, embriologia, geologia, química, física e matemática, nesta em especial a teoria de grupos (Piaget, 1952, p. 242). Crucial foi o fato de Piaget ter combinado a sua formação em ciências com um envolvimento regular em classes de filosofia (Bessire e Béguelin, 2008, p. 65), incluindo a de Reymond. Um de seus textos, aliás, suscitou o premonitório comentário desse último, dizendo "o que você (Piaget) chamou de passagem do nominalismo para o realismo é o que há de mais original em seu artigo" (Vidal, 1994, p. 86). Foi um comentário astuto sobre duas respostas padrão ao problema filosófico dos universais, considerando-se o modo como foi desenvolvido no primeiro livro de Piaget (1918), que, favorável ao construtivismo, é incompatível com ambas as respostas (Smith, 2009). Em 1918, Piaget obteve a sua licença – isto é, seu diploma de graduação – em ciências naturais. Seu rendimento foi avaliado como "excepcional", tendo obtido a nota máxima tanto nos exames orais quanto nos escritos, em botânica, paleontologia e zoologia, e nota quase máxima no exame oral em anatomia e fisiologia humanas (Schaer, 2008, p. 52). Isso se fez seguir, no mesmo ano, pela obtenção do grau de doutor em ciências – isto é, seu PhD –, com um trabalho sobre moluscos do cantão de Valais (Piaget, 1921a; Schaer, 2008, p. 52). E pela terceira maneira o percurso é interessante, uma vez que, em 1925 e em sucessão a Reymond, Piaget foi nomeado professor de filosofia da ciência e de psicologia na Universidade de Neuchâtel, com isso podendo alimentar na academia seus interesses comuns por filosofia e ciência (Piaget, 1925). Nesses interesses comuns reside o que Piaget (1952, p. 239) chamou de "uma série de crises", problemas pessoais e intelectuais de grande magnitude.

Em 1912, Piaget estava concluindo um curso de ensino religioso, reconhecendo plenamente que os compromissos de seus pai e mãe seriam polos opostos – a mãe nutria um compromisso devoto com a fé protestante; o pai estava comprometido com um criticismo honesto, à revelia de religião. Foi de forma dolorosa que Piaget sentiu o empuxo de ambos. Se isso não era algo único, era significativo. As crenças teológicas do próprio Piaget levaram-no a se afiliar à Associação dos Estudantes Cristãos da Suíça, o que teve duas consequências. Uma delas consistiu nas reuniões com a Sociedade Filosófica Suíça, entre cujos membros estavam Pierre Bovet e Arnold Reymond – ambos influentes na mudança de rumo da carreira de Piaget entre 1912 e 1918. A outra consequência foi posterior, um texto sobre psicologia e epistemologia do desenvolvimento (Piaget, 1923). Mas o problema pessoal constituiu-se num problema intelectual que, indo aos fundamentos, veio a ser referido como "a reconciliação entre ciência e fé" (Piaget, 1918, p. 21). Onde estará a verdade, quando duas disciplinas colidem? Para uma protestante devota, a resposta tinha de incluir uma verdade religiosa; para o seu pai, a verdade dependia do uso de métodos sistemáticos e públicos. Piaget não foi o único a enfrentar o problema geral das relações entre ciência e religião, o qual hoje continua não resolvido (Plantinga, 2007).[2] Piaget (1952, p. 240) nos conta que o conflito veio à tona num feriado passado com seu padrinho no Lago de Annecy. Foi-lhe mostrado um exemplar de um famoso livro de Bergson (1911), o que o levou a comentar: "Pela primeira vez eu via a filosofia discutida por alguém que não fosse teólogo; foi um choque formidável, devo admitir". Piaget realizara uma impressionante constatação. Por um lado, as ideias biológicas exigiam uma boa fundamentação, cuja sustentação inevitavelmente conduzia à filosofia. Por outro, ele (1952, p. 239) percebeu que precisava de alguma "proteção

2 Disputas entre biólogos sobre a posição da religião e da biologia estão em curso, com Gould (2001) argumentando em favor de sua compatibilidade, Dawkins (2006), de sua incompatibilidade.

contra o demônio da filosofia" (1952, p. 239) – as ideias centrais de uma ciência empírica demandavam boas evidências, e a filosofia não estava em condições de proporcionar evidência alguma.

Piaget estava começando a entender que essa dualidade aparecia em outros lugares. Se a biologia como ciência empírica demandava uma fundamentação convincente ao lidar com a origem das coisas vivas, que dizer então sobre o problema do conhecimento na epistemologia? As origens são todas muito boas, porém, Kant (1787/1933, B368) há muito observou que pseudoconceitos, como o conceito de destino, têm uma origem, sem serem racionalmente legítimos. Os muitos tipos de conhecimento humano são, também eles, um fato da vida, então eles têm apenas uma origem na mente humana ou terão também uma constituição adequada? Para o jovem Piaget, haveria aí um impasse. Por um lado, a biologia bergsoniana era teoricamente rica, mas empiricamente insolvente. Por outro, a religião tinha a sua base no dogma, e não na razão e, no entanto, ainda assim a sua preocupação central esteve fundamentalmente correta ao lidar com a natureza da própria vida, dando especial atenção a valores e normas.

Esse conflito dual chegou ao ponto máximo. Passando por um colapso pessoal, Piaget foi a Leysin, nos Alpes de Vaud, para uma convalescença que redundou em "viagens incomuns de autodescoberta e autorrenovação" (Vidal, 1994, p. 164). Seu primeiro livro, *Recherche*, foi escrito durante essa convalescença, ou seja, "de setembro de 1916 a janeiro de 1917" (Piaget, 1918, p. 7).[3] A tese principal do livro era o modo de reconciliar "dois cultos, cada qual a aniquilar o outro" (Piaget, 1918, p. 41). O avanço para Piaget (1952, p. 240) estava em combinar biologia e teoria do conhecimento por meio de um intermediário cuja identificação apenas lentamente se esvanecia. O intermediário era a psicologia, sujeita a dois condicionamentos, isto é, a "[duas ideias] que ainda me são caras e jamais deixaram de me guiar" (Piaget, 1952, p. 241). A primeira: "A lógica tem sua origem numa espécie de atos de organização espontânea"

---

3 *Search* [Investigação] – este livro de Piaget (1918) conta com um resumo em Gruber e Vonèche (1995). Se Piaget (ver 1952, p. 243) ignorou a *Recherche*, isso se deu em 1918, em razão da falta de evidência psicológica em filosofia, demandada por seu principal argumento.

(Piaget, 1952, p. 241). A segunda: "em todos os níveis – células vivas, organismo, espécies, conceitos, princípios lógicos etc. – encontra-se o mesmo problema sobre as relações entre partes e todos" (Piaget, 1952, p. 242). Tomadas em conjunto, as duas ideias implicavam uma terceira: "o estado de equilíbrio entre o todo e as partes [...] corresponde a estados de legitimação consciente [*a consciência*] de caráter normativo: necessidade lógica ou obrigação moral, em oposição a formas mais baixas de equilíbrio, que caracterizam estados normativos de consciência [*a consciência*], como percepção etc., ou eventos orgânicos" (p. 242).[4]

À primeira vista, nenhuma das "ideias caras" a Piaget parece particularmente convincente. Piaget nos diz que interpretou sua primeira ideia como uma versão do pragmatismo (p. 241); ainda assim, mesmo durante o período relevante, 1914-1918, o pragmatismo esteve aberto a múltiplas interpretações nas mãos de Marx, James e Peirce. Qual versão foi a de Piaget? E a sua segunda ideia, apesar da observação de Reymond sobre originalidade, pode facilmente ser lida como vazia em vista da heterogeneidade fundamental que distingue a ação biológica das células e as ações de agentes humanos guiados por princípios lógicos. Porém, isso equivale a deixar de ver a novidade dessas ideias nas mãos de Piaget e a elaboração serial pela qual passariam em todo o restante de sua obra. Piaget percebeu que a ação é passível de investigação empírica, muito embora a ação biológica na célula e nos atos psicológicos de um agente não seja a mesma coisa. Desse modo, essa unidade de análise torna possível a investigação científica com base numa metodologia empírica. Além disso, Piaget percebeu também que, embora a biologia demandasse uma metodologia empírica, a evidência por si só não era suficiente. Igualmente necessário se faria um inventário de problemas, juntamente com uma adequada unidade de análise. O que ele propôs sobre as relações entre parte e todo continha duas forças específicas. Uma delas foi a sua interdisciplinaridade com o potencial de abarcar problemas em uma gama de ciências, com especial atenção à questão sobre se teria-se o mesmo problema em aspectos relevantes. A outra força foi a de que o conhecimento implica alguém que conhece, sendo o conhecer um processo ipsativo, que a

4 *Conscience* [consciência] – ver Capítulo 3, nota 15.

si mesmo se inclui. Essas ideias tornaram-se de fato centrais ao programa de pesquisa científica de Piaget (1918, p. 118).[5] O objetivo central foi "explicar o conhecimento, sobretudo o conhecimento científico, com base em sua história, sua sociogênese, e em especial as origens psicológicas das noções e operações em que ele se baseia" (Piaget, 1970, p. 1). Em *Recherche*, o argumento central foi o da contribuição de estados de equilíbrio para a formação do conhecimento, sintetizado enquanto tal por Piaget (1952, p. 242-243). Ocorre que esse argumento estava incompleto, notadamente no que se refere ao processo em que diferentes estados se encontram vinculados.[6]

O argumento estava incompleto também em outro aspecto. Piaget (1952, p. 243) nos conta que, ao formular sua teoria do equilíbrio, sua compreensão de como testá-la empiricamente não existia. Foi por isso que em 1918 ele decidiu ampliar a sua formação, realizando uma "viragem psicológica". Uma fundamentação para a inclusão da psicologia, procedimento este que se encontra explicitado em *Recherche*, é a de que a psicologia ocupa um lugar no "círculo da ciência" de Piaget (1918, p. 99). Desse modo, a sua contribuição é essencial, muito embora ele tenha deixado claro que as abordagens existentes eram consideradas inadequadas. "O uso de métodos de questionário pelos americanos tem sido marcado pela hipertrofia, cujo resultado são encantadoras puerilidades, que se devem tanto mais a um exército de cientistas que traduz suas descobertas em termos matemáticos, permitindo a elas a demonstração dos resultados mais simples e mais naturais (e somente esses, veja bem) mediante um complicado aparato de curvas e cálculos" (Piaget, 1918, p. 63). Em vez disso, o que se demandou foi uma melhor concepção da psicologia, concepção que faria jus à "organização viva [desse modo] permitindo que a psicologia fosse ao mesmo tempo experimental e, ainda assim, explanatória das manifestações da mente, o valor disso sendo atestado em psicologia

---

5 Um programa de pesquisa compreende uma ontologia acerca de quais problemas estão em questão e uma metodologia sobre métodos apropriados a serem empregados em sua investigação. O programa não deve ser confundido com nenhuma teoria ou modelo específico que incida sob ele (Lakatos, 1974).

6 Esse processo mais tarde foi chamado de equilibração: "assim, o desenvolvimento é, em certo sentido, uma equilibração progressiva, uma interminável passagem de um estado de menos equilíbrio para um mais avançado" (Piaget, 1943, p. 123; ver 1975/1985).

metafísica" (1918, p. 160). Note bem: "uma melhor concepção" – Piaget não acreditava que ele já a tivesse à disposição.[7]

Essa "viragem psicológica" deu-se em três movimentos. Um deles foi a inscrição, em 1918, na Faculdade de Artes de Neuchâtel, a fim de realizar um doutorado em filosofia, com um componente psicológico. O título de seu projeto foi aceito, mas sem que o trabalho viesse a estar formalmente concluído.[8] Em vez disso, Piaget obteve um doutorado em ciências. Um segundo movimento foi sua mudança para Zurique, com o intuito de realizar uma formação em abordagens psicanalíticas da mente. Isso o levou a travar contato com Bleuler, Jung, Lipps e Pfister (Vidal, 1994, p. 225). O terceiro movimento foi a mudança para Paris. Piaget fora recomendado a Théodore Simon – colaborador de Alfred Binet –, que planejava uma padronização francesa dos testes de QI de Cyril Burt. Simon precisava de um assistente de pesquisa e convidou Piaget para assumir. Ocorre que Simon tinha uma postura descontraída na condução do projeto, então transferido a Piaget, que passou a dispor de considerável liberdade. Trabalhando duro desde a infância, munido de um espírito vivamente investigativo, ao cabo de um bom tempo Piaget estava numa posição de obter suas próprias evidências sobre o pensamento e o desenvolvimento infantil. Pôs-se a trabalhar "sem muito entusiasmo" (Piaget, 1952, p. 244) – aludindo aqui a seu comentário sobre psicometria em *Recherche*. Tudo somado, porém, suas evidências proporcionaram o trampolim que possibilitou a Piaget chegar à comprovação psicológica exigida por seu programa de pesquisa. Ele interpretaria a sua comprovação indo além tanto da biologia quanto da sociologia. Sua interpretação estava calcada num argumento hegeliano, um *tertium quid* ou terceira alternativa, que abriu novos caminhos para uma dualidade existente.

Em primeiro lugar, a sociologia. O primeiro artigo em psicologia de Piaget (1920) foi o "Psicanálise em suas relações com a psicologia infantil". A tese principal do artigo versou sobre um fenômeno fundamental da mente humana, que se manifesta como "o consciente e inconsciente

---

7 Aqui Piaget se refere à sua própria obra empírica em biologia da década de 1910-1920. O seu pensamento se generalizou com o intuito de cobrir sua obra pelos 60 anos seguintes.

8 O título do projeto de Piaget era "Ensaio sobre juízos de valor e métodos biológicos nas ciências da mente" (Bessire e Béguelin, 2008, p. 66).

estando em toda parte interrelacionados, não raro de maneira indissociável. [E com isso] também os mecanismos especiais que a psicanálise descobriu no estudo dos sentimentos têm efetivamente a sua importância no desenvolvimento da razão" (p. 19). Segundo essa tese, a afetividade e a inteligência encontram-se interrelacionadas por meio de mecanismos comuns que merecem atenção especial na psicologia infantil (p. 56-58). A implicação é a de que a sociologia como ciência das relações interpessoais não poderia suplantar a psicologia como ciência das relações intrapessoais, em razão dessa dualidade fundamental intrínseca à mente humana.

Em segundo lugar, a biologia. A evidência de Burt (1919) baseou-se em testes psicométricos com questões graduais, tais como o item 12 para crianças de 8 anos na Inglaterra:

Edith é mais clara do que Olive, mas é mais escura do que Lily. Quem é mais escura – Olive ou Lily?

A evidência de Piaget dava-se em termos da idade do êxito dessas crianças (ver Tabela 1.1):

Tabela 1.1. *Desempenho no teste psicométrico de Burt por idade e gênero*

		Média de idade		Desvio padrão	
Item sob teste	**Idade de teste**	**Meninos**	**Meninas**	**Meninos**	**Meninas**
12	8	11,8	10,1	6,0	5,5

A interpretação por Burt dessa evidência foi a de que

> todos os mecanismos mentais elementares, essenciais para o raciocínio formal, estão presentes antes que a criança deixe o departamento infantil, isto é, com a idade mental de 7 anos, se não um pouco antes. O desenvolvimento consiste fundamentalmente num aumento na extensão e variedade do objeto ao qual esses mecanismos podem ser aplicados, e num aumento da precisão e elaboração com que esses mecanismos podem operar (1919, p. 127).

Evidência como essa alimentou a bem conhecida visão de Burt (1955) de que o mecanismo da inteligência humana é inato. Ainda assim, Piaget ficou impressionado com o fato de que crianças não conseguiam responder a questões com base na lógica. Esse fato surpreendente demandava explicação.[9] A conclusão extraída por Piaget foi a de que o nativismo seria inadequado e deveria ser substituído por uma alternativa melhor.

Piaget lutava com um problema que, central a seu trabalho até o fim da vida, dizia respeito à hipótese explanatória da construção mental. Ele deu o seu próprio primeiro passo monumental adaptando o item 12, e assim (Piaget, 1921b):

> Edith é mais clara do que Susan. Edith é mais escura do que Lily. Quem é a mais escura, Edith, Susan ou Lily?

Sua evidência esteve baseada em crianças francesas (n = 37), e revelou-se que 35 delas não deram a resposta correta após uma leitura, 22 falharam totalmente em fazê-lo e 15 deram a resposta correta após múltiplas leituras. Uma verificação foi feita em Gw, 13 anos de idade, que ajudava seu pai a vender jornais. Piaget pôs em prática seu protocolo. Note-se que ele espontaneamente fez uso das premissas em suas próprias explicações (ver Tabela 1.2).

Tabela 1.2. *Protocolo de Gw*

Avaliação	Resposta Mais clara < Mais escura	Razões
1	Lil < Edi < Suz	[Gw corretamente recorda as premissas] *Edi é mais clara do que Suz e mais escura do que Lil*
2	Suz < Edi < Lil	*Na última vez, percebi que "Edi é mais clara do que Suz" significava que ela era mais clara do que Suz, mas em razão de "mais escura do que Lil", ela era a mais escura das três.* [Sob essa contradição] *Edi é mediana, Suz é clara, mas é menos clara que Edi, Lil é escura, mas menos do que Edi,* [por essa razão] Lil é a mais escura e Suz, a mais clara

9 Adução é a inferência lógica que se inicia com um "surpreendente fato C" e vai à sua explicação sob a hipótese "se A fosse verdadeira, C seria evidente" (Peirce, 1910/1955, p. 151).

3	?	[Ainda sob a contradição] *Edi realmente será a mais escura das três, uma vez que ela é mais escura do que Lil, mas por outro lado ela é mais clara*
4	?	[Dúvida sobre Suz, uma vez que ela é menos clara que Edi]
5a	5a. Lil < Edi = Suz	*Por vezes Suz é mais escura, por vezes Edi que é,* [e assim] *Suz é tal qual Edi, e Lil é mais clara*
5b	5b. Lil < Edi < Suz	(Quando instada a identificar a cor dos cabelos da garota, sua razão contradizia sua resposta) *Edi tem cabelos castanhos. Os de Lil são pretos. Os de Suz são castanho claros, ou seja, quase pretos*

Fonte: Piaget, 1921b, p. 146.

A interpretação por Piaget com relação a essa evidência deu-se em termos de seu *tertium quid.* Mesmo na adolescência, os mais novos dão respostas contrárias à mesma questão – avaliações 2 e 5 –, além de darem razões incompatíveis com suas próprias respostas – avaliações 2 e 5 –, aparentemente sem ter consciência disso. Para Piaget (1921b, p. 172), "uma longa evolução é necessária para separar o que está implícito do que está explícito". Isto significa, a evolução mental é um fato da vida, e desse modo a questão aberta diz respeito às leis da construção mental. Em 1923, Piaget formulou uma distinção chave dos três modos de estudar o raciocínio lógico. Como ciência formal da verdade, a lógica oferece uma via, qual seja, o estudo normativo da dedução preservadora da verdade. A psicologia do desenvolvimento (*psychologie génétique*) como ciência empírica proporciona uma segunda via, isto é, o estudo factual sobre as origens dos mecanismos empregados por crianças ao lidar com a dedução. Mas Piaget viu uma terceira via – o seu *tertium quid* – distinta e, ainda assim, vinculada a ambas. "Pode se perguntar não apenas como as crianças eventualmente conseguem [*chegam à*] dedução, mas como controlam a verdade de suas deduções, como, afinal, a ideia de verdade se apresenta às crianças. É questão de lógica ou de psicologia?" (Piaget, 1923, p. 57). De forma crucial, essa terceira via estaria centrada na "lógica do desenvolvimento" (*logique génétique*) (p. 57), tendo em vista estabelecer as "leis de desenvolvimento do pensamento" (*lois génétiques de la pensée*) (p. 64) (ver Capítulo 3, neste volume).

Em 1921, Piaget foi agraciado com um posto de pesquisa em Genebra. Exceto pelo intervalo 1925-1929 em Neuchâtel, onde obteve sua primeira cadeira, ele viveu e trabalhou em Genebra pelo resto da vida. Em 1923, casou-se com um membro de sua equipe de pesquisa – Valentine Châtenay, "minha esposa e leal colaboradora" (Piaget, 1952, p. 246) – que contribuiu para o seu segundo livro (Piaget, 1923/1959). Os três filhos do casal – Jacqueline, nascida em 1925, Lucienne, em 1927, e Laurent, em 1931 – deram uma célebre contribuição para os três livros sobre a infância de Piaget (ver Capítulo 9, neste volume).[10] Em 1929, Piaget foi indicado para uma cadeira na Universidade de Genebra, onde se manteve até o fim de sua ricamente variada e bem-sucedida carreira, cujos principais aspectos encontram-se brevemente arrolados na Tabela 1.3 (ver Smith, 1997, 2001).

Publicações

Piaget escreveu cerca de 100 livros e teve 600 artigos publicados (Archives Piaget, 1989). Publicações póstumas continuam a aparecer. Piaget (1970/1983) esforçava-se em fazer lembrar que sua obra era um assunto pendente, uma vez que ele era o "revisor chefe" do seu programa. Na verdade, em sua autobiografia, Piaget (1952, p. 247) observou dois defeitos em sua obra de juventude em psicologia. Um deles: sua unidade de análise era dependente da linguagem, no entanto a lógica tem a sua formação em ação antecipadamente à linguagem. O segundo: não havia abordagem alguma de nenhum "arcabouço", como estrutura cognitiva ou rede de normas. Além disso, Piaget invocou diferentes modelos para a interpretação de sua obra, com isso demonstrando que o seu programa de pesquisa era produtivo (Lakatos, 1974; ver Capítulo 11, neste volume). De modo geral, Piaget

10 E isso não é evidente a nenhum dos outros livros – ver Capítulo 9, neste volume.

comentava que via o futuro da psicologia "com otimismo. Vemos novos problemas todos os dias" (citado em Smith, 1993, 2006). Na verdade, sua obra apresenta uma notável capacidade de desenvolvimento.

Jean Piaget faleceu em 16 de setembro de 1980, em Genebra, Suíça. Desenvolveu um excepcional conhecimento interdisciplinar na elaboração de um programa de pesquisa, que já é uma contribuição maiúscula para o conhecimento humano.

Tabela 1.3. *Jean Piaget 1921-1980: Principais nomeações e prêmios*

Jean Piaget 1921-1980*

Principais nomeações

1921-1925	Diretor de Pesquisa, Instituto Jean-Jacques Rousseau, Genebra
1925-1929	Professor de Psicologia, Sociologia e Filosofia da Ciência, Universidade de Neuchâtel
1929-1939	Professor de História do Pensamento Científico, Universidade de Genebra
1929-1967	Diretor, Bureau Internacional de Educação, Genebra
1932-1971	Diretor, Instituto de Ciências Educacionais, Universidade de Genebra
1938-1951	Professor de Psicologia Experimental e Sociologia, Universidade de Lausanne
1939-1952	Professor de Sociologia, Universidade de Genebra
1940-1971	Professor de Psicologia Experimental, Universidade de Genebra
1952-1963	Professor de Psicologia Genética, Sorbonne, Paris
1955-1980	Diretor, Centro Internacional de Epistemologia Genética, Genebra
1971-1980	Professor Emérito, Universidade de Genebra
1974	Fundação Arquivos Jean Piaget, Genebra
1976	80º Aniversário: Piaget defende seu livro de 1975, sobre *Equilibração*, diante de uma banca "internacional e interdisciplinar"

Outras nomeações:

Presidente	Comissão Suíça na Unesco
	Sociedade Suíça de Psicologia
	Associação de Língua Francesa de Psicologia Científica
	União Internacional de Psicologia Científica
Codiretor	Departamento de Educação, Unesco

Membro	Unesco e vinte sociedades acadêmicas
Editor	*Archives de Psychologie* e outros sete periódicos

Doutorados honorários

1936	Harvard, EUA
1946	Sorbonne, França
1951	Rio de Janeiro, Brasil
1953-1975	28 outras universidades

Prêmios

1963	Prêmio Cidade de Genebra
1967	Prêmio por Notável Contribuição Científica, Associação Americana de Psicologia
1970	Prêmio Fonème
1972	Prêmio Erasmus
1972	Medalha Stanley Hall
1980	Prêmio Balzan
1966-1975	Cinco outros prêmios

Fonte: "A Jean Piaget, em honra a seu 80º aniversário", Centre de Télévision, Genebra, 1976.

Introdução III. Lendo Jean Piaget em inglês

LESLIE SMITH

Existem diversas razões pelas quais ler Piaget é uma experiência a um só tempo iluminadora e desafiante: (a) ele foi um autor prolífico, tendo publicado cerca de 100 livros e 600 artigos (Archives Piaget, 1989);[11] (b) escreveu basicamente para si mesmo, como autodenominado "revisor chefe" de Piaget (1970/1983), em vez de fazê-lo para outros, com variados estilos de acesso para a sua *oeuvre* e variadas visões desta; (c) foi um polímata, com livros sobre biologia, epistemologia, lógica, psicologia e sociologia, todos a requerer interpretação interdisciplinar – a esse respeito, mais na seção seguinte; (d) foi um pensador seminal desde seu primeiro

11 Dois sites úteis são: http://ael.archivespiaget.ch; http://www.fondationjeanpiaget.ch/fjp/site/bibliographie/index_livres_ alpha.php.

livro, *Recherche* (1918), onde apresentou seu "programa de pesquisa" até "Razão" (2004/2006), seu artigo final, com sua "hipótese norteadora".

Além disso, os leitores de língua inglesa enfrentarão dois problemas, uma vez que traduções inglesas podem ter as indesejáveis características de serem seletivas ou problemáticas. Com relação aos livros de Piaget, vamos abordar cada qual dessas características a seu tempo. Mas queira notar que os exemplos dados são meramente exemplos – uma análise que seja sistemática no âmbito de qualquer livro que seja está além do escopo deste comentário. Os problemas das traduções de Piaget para o inglês serão abordados em três partes: (1) seletividade da tradução para o inglês; (2) tradução problemática para o inglês; (3) leitura de Piaget em inglês.

Seletividade da tradução para o inglês

Embora tenha publicado alguns poucos livros em inglês (1953, 1968, 1970), Piaget invariavelmente publicou em francês, e não, evidentemente, "em suíço" (ver as observações feitas por alunos da Sorbonne em 1965/1972, p. 24). E é aí que tem início o problema:

- O lapso de tempo entre as datas das publicações em francês e inglês é variável, indo da simultaneidade (1932/1932) a 33 anos (Piaget e Inhelder, 1941/1974).

- Uma tradução é muitas vezes relançada com data posterior à da publicação em inglês; contudo, o que se costuma fazer aí é uma reciclagem da tradução original, não uma nova tradução (1947/1950 e 1947/2001).

- Somente um livro foi retraduzido (1975/1985), sua primeira tradução (1975/1978) apresentando sérias deficiências.

- A paginação das publicações na Grã-Bretanha e nos Estados Unidos pode diferir (1932/1932; 1932/1965), assim como as datas das edições nos dois países (1936/1952 e 1936/1953).

- Textos posteriormente acrescentados às edições em idioma francês por vezes não são incluídos na tradução para o inglês, que lhes é anterior; por exemplo, uma fundamentação do "método crítico" de Piaget no Prefácio (Piaget, 1947; ver Smith, 1993, §11) de uma edição ampliada de um livro anterior (1924/1928). Embora isso seja compreensível, outros casos não o são; por exemplo, uma análise de pesquisa sobre conservação num Prefácio (Piaget e Inhelder, 1961), incluída na segunda edição de um livro em francês cronologicamente anterior, cuja tradução para o inglês apareceu em 1974, ou seja, uma década depois (1941/1974; cf. Smith, 2002b, cap. 5).

• Em 1955, Piaget fundou o seu Centro Internacional para Epistemologia Genética (Centre International de l'Épistémologie Génétique – CIEG). As publicações do Centro formaram uma série chamada "Estudos de Epistemologia Genética" (Études d'Épistémologie Génétique – EEG) e incluíram cerca de 40 volumes produzidos em coautoria. A maior parte dos volumes publicados no período 1957-1967 não tinha sido traduzida – uma omissão catastrófica, tendo em vista a atenção da crítica que a obra de Piaget recebia nesse momento. O próprio leitor pode verificar a lista de autores e títulos nas bibliografias da nota de rodapé n. 11. Ou então, procure-se encontrar qualquer estudo empírico dos anos 1960 sobre o desenvolvimento do raciocínio infantil por indução matemática, que é uma forma de raciocínio importante e essencial. Na verdade, só se encontram estudos empíricos nos EEG 17 (Inhelder e Piaget, 1963. Para reexame e réplica confirmadora, ver Smith, 2002b, com comentários em Rips, Bloomfield e Asmuth, 2008). Os volumes publicados de 1968 em diante – ver Piaget (2004/2006, p. 2) – saíram-se melhor, mas três deles ainda seguem não traduzidos (dois deles são examinados no Capítulo 7, neste volume).

• Ao todo, Piaget publicou 88 livros de sua própria autoria, ou por ele organizados, em francês; 38 deles (43%) ainda estão indisponíveis em inglês; ver Tabela 1.4. O padrão é o mesmo ou pior para os artigos de Piaget.

Traduções problemáticas para o inglês

De novo, há diversas manifestações, entre elas: pseudotradução, tradução incompleta, tradução inconsistente ao longo do mesmo livro, tradução inconsistente entre diferentes livros, erro de tradução e erro tipográfico.

Pseudotradução

Seguem três exemplos:

La Formation du Symbole [A formação do símbolo]. O principal argumento do terceiro livro de Piaget sobre a infância diz respeito ao desenvolvimento da função simbólica, isto é, *Symbol Formation* [Formação do símbolo] (1945/1962). Sua tradução para o inglês como *Play, Dreams and Imitation in Childhood* [Brincadeiras, sonhos e imitação na infância] quebra a relação da semiótica de Piaget com a peirceana (Peirce, 1910; ver Capítulo 3, neste volume).

Tabela 1.4. *Livros em francês indisponíveis em inglês*

Data	Livros em francês – Edições indisponíveis em inglês	Páginas
1918	*Recherche*. Programa de pesquisa que dominou o resto da vida de Piaget	210
1942	*Classes, relations, nombres* (Classes, relações, números). Modelo lógico essencial ao estudo empírico sobre o desenvolvimento do número (1941/1952)	323
1949	*Traité de logique* [Tratado de lógica]. Modelo lógico generalizado a cobrir o desenvolvimento da infância à adolescência, desse modo sendo essencial aos textos piagetianos no período 1940-1970	423
1950	*Introduction à l´épistemologie génétique* [Introdução à epistemologia genética], 3 vols. *Chef d´oeuvre* que elabora a epistemologia genética de Piaget, isto é, a epistemologia do desenvolvimento. Deve ser lida conjuntamente com seu livro de 1967	1060
1967	*Logique et connaissance scientifique* [Lógica e conhecimento científico]. Enciclopédia interdisciplinar de epistemologia do desenvolvimento escrita por Piaget – cuja contribuição a ela foi de um terço – e seus pares, com a fundamentação dela para o seu construtivismo dialético	1345
1957-1973	"Etudes d´Épistémologie Génétique" (EEG): Esta série conduziu aos volumes anuais organizados por Piaget. Embora oito deles tenham sido traduzidos para o inglês – o mais recente sendo Piaget (1977/2001) –, a maior parte (29) não o foi	cerca de 4000

1978	*Recherches sur la généralisation* [Investigações sobre a generalização]. Este livro sobre a generalização esteve explicitamente vinculado ao seu predecessor, sobre abstração (Piaget, 1977/2001)	262
1980	*Les formes élémentaires de la dialectique* [As formas elementares da dialética]. Efetivamente, o livro final de Piaget sobre dialética	249

Orage. Esta palavra francesa significa "tempestade" em inglês. Piaget elaborou uma boa interrogação sobre os critérios de identidade de uma criança na delimitação de uma tempestade em relação a outras na mesma série de tempestades. Numa tradução (1975/1978) que não deveria ser usada, essa interrogação foi convertida numa questão ridícula sobre o modo como crianças pequenas distinguem *oranges* [laranjas] num intervalo de tempo (cf. Smith, 1993, p. xiv). *Storm*, que é a tradução correta, está em Piaget (1975/1985, p. 123).

Pensée de l'enfant; chez tout adulte [Pensamento da criança; em todo adulto]. Na abordagem de Piaget (1971/1974, p. 34), a inteligência infantil é não representacional; além disso, alguns tipos de raciocínio podem ser encontrados ao longo de todo o desenvolvimento humano. A tradução a seguir não faz justiça a isso: "What I maintain then is by no means particular to infant thought; it is found again not only in every adult thought but also in the development of scientific thought" [O que eu sustento, então, de modo algum está restrito ao pensamento do bebê; é algo que torna a ser encontrado não apenas em qualquer pensamento adulto, mas também no desenvolvimento do pensamento científico]. No entanto, em seu texto em francês, Piaget opera o contraste child/adult [criança/adulto], e não infant/adult [bebê/adulto]; além do mais, isso é generalizado para pessoas, não para pensamentos. De modo que sua afirmação deveria ser lida como: "*What I maintain is in no way confined to children's thought; it is refound not only in every adult but even in the development of scientific thought*" [O que eu sustento de modo algum se limita ao pensamento infantil; torna a ser encontrado não apenas em qualquer adulto, mas mesmo no desenvolvimento do pensamento científico].

Tradução incompleta

Um caso paradigmático é o *Child's Conception of Number* [A concepção do número pela criança] (Piaget, 1941/1952), cujas omissões são diversas e importantes.

Em primeiro lugar, seu título em francês é *La Genèse du Nombre chez l'Enfant.* Assim sendo, sua tradução para o inglês ficou *The Genesis of Number in the Child* [A gênese do número na criança], ou então *The Origin of Number in the Child* [A origem do número na criança]. O texto teve a coautoria de Alina Szeminska. Como é natural, o nome da coautora encontra-se explicitado no texto em francês, sendo, no entanto, omitido de sua contraparte em inglês. Essa omissão monstruosa é indefensável tanto por si mesma quanto ao se considerar a prolongada parceria da pesquisadora com Piaget (por exemplo, Piaget, 1977/2001, cap. 1).

Em segundo lugar, de 15% a 20% do texto francês foi omitido (o texto em francês tem 317 páginas; o inglês, 243 páginas, ver Chapman, 1988, p. 152). Os tradutores alertam seus leitores para o fato de que a sua tradução está incompleta, acrescentando, porém, maliciosamente: "quando nenhuma ideia essencial se encontra envolvida". Isto é flagrantemente falso. Além do mais, acrescentam que sua tradução teria "the author's [*sic*] permission" [a permissão do autor] (Piaget, 1941/1952, p. ix). Observe-se aqui o singular – quando, no entanto, o texto em francês tem coautoria. Na verdade, Piaget (1963/1967, p. 83) deu a sua versão para o que aconteceu: "O matemático que fez a tradução para o inglês do meu livro, *The Child's Conception of Number* (1952) [A concepção do número pela criança], pediu-me para suprimir da edição em inglês fórmulas que eu inserira ao final da edição em francês, já que elas pareciam chocá-lo, bem como aos lógicos ingleses". Piaget então acrescentou que o seu modelo formal fora formalizado de modo independente (Grize, 1967; ver Piaget, 1961/1966, p. 172-174) e que lógicos como Quine haviam participado de programas no CIEG (Centre International de l'Épistémologie Génétique) durante a apresentação do modelo, sem apresentar maiores objeções; na verdade, ele recebeu apoio específico (Papert, 1963).

Em terceiro lugar, exemplos flagrantes de omissão são o uso de seu modelo lógico – *passim*; o "at the end" [no final] de Piaget na verdade significa "at the later parts of most chapters" [nas partes posteriores da maioria dos capítulos]; omissão por interpretação – em vez de seis fórmulas lógicas cuja clareza é evidente em qualquer que seja a posição tomada sobre a sua validade, são apresentadas contrapartes não formais, de questionáveis clareza e mesmo precisão (Piaget, 1941/1952, p. 91); a omissão da distinção de Piaget entre quantificação métrica intensiva e extensiva (revisada em Smith, 1993, p. 166).

Em quarto lugar, esse livro é um estudo empírico estritamente dependente de seu modelo lógico (Piaget, 1942; revisado em Chapman, 1988, e em Smith, 2002b). Esse modelo foi serial e explicitamente posto em prática na interpretação da evidência. Ao eliminar "the formulas" [as fórmulas], os tradutores constituíram um alvo empírico num quase distanciamento do modelo que lhe subjaz. Na sequência, psicólogos completaram o distanciamento, submetendo a evidência a um escrutínio alternativo sem levar em conta o seu modelo genebrino (por exemplo, Bruner, Olver e Greenfield, 1966); isso não se perdeu na ácida observação de Piaget (1968, p. 31) de que "existem certas distinções elementares que ele [Bruner] não faz".

Em quinto lugar, dois outros defeitos dessa tradução são dignos de nota. Um deles: tendo em vista a primeira palavra no título em francês, *genèse*, o título em inglês poderia ser *Origins of Number in the Child* [Origens do número na criança]. Um segundo: as palavras de abertura na primeira página do capítulo 1 são *Toute connaissance* e poderiam ser: *All knowledge* [todo conhecimento] – mais sobre *connaissance* [conhecimento] mais adiante. Contudo, e tomados em conjunto, dois aspectos fundamentais da obra de Piaget têm sido apartados um do outro em sua tradução para o inglês, ou seja, os de que há uma epistemologia a lidar a um só tempo com a origem do conhecimento e, por implicação, com a constituição desse conhecimento (ver Capítulo 3, neste volume).

Tradução inconsistente ao longo do mesmo livro

Por vezes a mesma palavra francesa é traduzida de formas diferentes ao longo do mesmo livro. A esse respeito, tem-se dois dos textos de Piaget sobre os dois primeiros anos da criança.

The Construction of Reality in the Child [A construção da realidade na criança]. Nessa tradução (Piaget, 1937/1954), a palavra inglesa *image* tornou-se ambígua de três maneiras nas primeiras dez páginas.

Représentation. A tradução usa duas palavras inglesas diferentes (*interpretation, image*) no lugar da mesma palavra francesa: "*[An infant's] own interpretation of things... the child's image of the world*" (p. xii) [A própria (do bebê) interpretação das coisas... a imagem do mundo pela criança]. Uma vez que a abordagem por Piaget dos dois primeiros anos de vida se baseia na ação, e não na representação, o termo em inglês *interpretation* faz todo o sentido; *image* já não faz.

Image. O francês *image* é corretamente traduzido por seu equivalente inglês: a teoria associacionista da visão invocada nesse contexto requer que haja uma *mental image* [imagem mental] (Piaget, 1937/1954, p. 5-6).

Tableau/Tableaux [Quadro/quadros]. Na abordagem por Piaget dos dois primeiros anos da infância, a questão que se levanta versa sobre o domínio inteligente do mundo real. A proposta de Piaget baseada na ação foi a seguinte: em primeiro lugar, aquilo para o qual o bebê olha não é o mesmo que o bebê apalpa ou dele sente o gosto ou o ouve. Isso significa que durante os dois primeiros anos, os critérios de identidade não são dominados meramente na exposição àquele objeto – o objeto para o qual se olha, assim, não é o objeto apalpado. Em segundo lugar, as ações dos bebês em tenra idade são direcionadas a algo que não é um objeto que existe independentemente. Em terceiro lugar, tem-se aí um *tableau* (plural *tableaux*). Esse termo francês é traduzido por dois termos diferentes da língua inglesa – *pictures* [quadros] e *images* [imagens] –, e isso mesmo numa única página (Piaget, 1937/1954, p. 8). O uso de *images* é positivamente desvirtuador, considerando seus dois usos complementares previamente observados. Além disso, esse uso conduz a uma concepção equivocada sob uma interpretação empirista, considerando a incompatibilidade entre empirismo e construtivismo (Piaget, 1969; ver Smith, 1987, 1998). Em Piaget (1936/1952, p. 37), a abordagem da inteligência baseada na ação encontra-se explicitamente delimitada em relação a uma teoria representacional da mente (Bickhard, 2009; Müller, Sokol e Overton, 1998).

Em suma, ao longo de dez páginas uma única palavra inglesa é empregada para três palavras francesas. Além disso, duas palavras francesas são traduzidas de maneira não uniforme. E, o que é de crucial importância, a abordagem construtivista por Piaget da inteligência do bebê é tornada problemática por sua confluência com abordagens empiristas rivais que Piaget se esforçava para rejeitar.

The Origins of Intelligence in the Child [As origens da inteligência na criança]. O título francês é *La Naissance de l'Intelligence chez l'Enfant*, e assim literalmente se tem *The Birth of Intelligence in the Child* [O nascimento da inteligência na criança] (1936/1952). O mesmo tradutor invariavelmente traduziu *tableaux* por *images* (p. 64). Pelas razões que acabam de ser dadas, isso é desvirtuador e incorreto. Outros exemplos de inconsistência ocorrem em ambas as direções.

Expérience. Este termo tem duas contrapartes em inglês, com *experiment* [experimento] e *experience* [experiência]. Um experimento demanda uma ação humana direcionada à mudança do curso da natureza, e como tal não é parte da ordem física (Von Wright, 1971). Na abordagem de Piaget, o desenvolvimento do bebê inclui a capacidade de *experimentar para ver* (Piaget, 1936/1952, p. 266). O texto em inglês mais tarde converterá essa formulação em *experience* (p. 348), num contexto em que Piaget lutava para distanciar a sua abordagem de interpretações empiristas às quais a experiência fosse algo central. Com isso, o mesmo termo francês é traduzido de diferentes maneiras em inglês, e a mudança faz-se substancial.

Intentionnalité, Intention [Intencionalidade, intenção]. Uma ação pode ser intencional na ausência de uma intenção prévia, consciente (Anscombe, 1963). Essa diferença é invocada na abordagem por Piaget da intencionalidade de ação que precede a formação de uma intenção espontânea (Piaget, 1936/1952, p. 147 e p. 321, respectivamente). O uso da mesma palavra inglesa *intention* no lugar dessas duas palavras francesas fusiona uma distinção fundamental que é invocada no texto em francês. Ainda uma vez, essa diferença faz-se substancial.

Tradução inconsistente de um livro para o outro

Os exemplos incluem o problema que segue.

Schème, Schèma. Este exemplo encontra-se no cerne da abordagem de Piaget e revela-se ubíquo. Sem dúvida que a sua base se deve a uma influência kantiana em Piaget. Ainda assim, de modo geral, o *modus operandi* de Piaget esteve em adaptar os princípios de que ele faria novo uso, e o faria também nesse caso particular.

O termo alemão *Schema* – tradução para o inglês: *schema* (plural: *schemata ou schemas*) – foi usado por Kant (1787/1933, B180) para fazer referência à intermediação entre estímulos sensoriais (que são não conceituais) e categorias conceituais (que são não sensoriais). Kant negava precisamente que isso pudesse ser realizado pelo que ele chamou de uma *image* (ver Smith, 1998). Em vez disso, um esquema foi introduzido como instrumento intelectual cuja função seria a interligação entre tais estímulos e categorias. Esse é o "esquematismo do entendimento" de Kant (1787/1933, B180), embora ele candidamente tenha admitido que o modo como tal se dava seria um mistério "nas profundezas da alma humana". O argumento básico de Kant era o seguinte. Normas adequadamente constituídas são requeridas para o conhecimento verdadeiro da realidade; quaisquer que sejam as informações sensoriais, elas são não normativas; ocorre que categorias *a priori* são adequadamente constituídas como princípios normativos – por exemplo: a categoria da causalidade é o princípio de que todo acontecimento tem, e tem de ter, uma causa. Assim, para Kant, o esquematismo do entendimento seria uma ligação intermediária necessária entre a origem sensorial do conhecimento e a sua constituição normativa. Observe-se que as categorias de Kant eram *a priori*; mas elas não eram nem inatas nem aprendidas (ver Capítulo 3, neste volume).

O argumento de Kant influenciou Piaget, mas deve-se notar três coisas. A primeira: o *Schema* como termo alemão é padronizadamente traduzido para o francês como *schème* (Kant, 1787/1971, p. 151) – e lembre-se de que em inglês sua tradução padrão é *schema* (Caygill, 1995). A segunda: o francês *schéma* tem um uso do senso comum tal como o inglês *outline, diagrammatic representation* [esboço, representação diagramática]

– Piaget usou o *schéma* francês desse modo, por exemplo, *schema of organization* [esquema de organização] (Piaget 1936/1953, p. 5), *subtle schema* [esquema sutil] (Inhelder e Piaget, 1955/1958, p. 27). Três: Piaget apartou-se de Kant sobretudo em seu uso do francês *schème* (inglês: *scheme*). Piaget (1961/1966, p. 152-153) firmou os mesmos compromissos que Kant: propriedades normativas são requeridas para se conhecer a realidade, e assim sendo, seguindo Kant, tais propriedades não são aprendidas (Piaget, 1964, p. 176), tampouco são inatas (Piaget, 1936/1953, p. 1-2). Mas Piaget adaptou o compromisso de Kant com a aprioridade: para Piaget, não existem categorias *a priori* disponíveis para uso no primeiro momento do desenvolvimento. Em vez disso, toda ação humana é regulada por um arcabouço (1936/1953, p. 6; francês: *cadre*. Comentários sobre essa noção encontram-se no Capítulo 3, neste volume), onde um arcabouço é um "sistema de implicações mútuas e sentidos interconectados" (p. 7). Fundamentalmente, qualquer arcabouço é constituído por suas propriedades normativas. À diferença de Kant, para quem as categorias normativas são *a priori* e plenamente formadas em seu uso, para Piaget qualquer arcabouço tem uma formação no tempo mediante o seu uso serial; isto significa que o desenvolvimento humano vem a ser a substituição sucessiva de arcabouços, do simples ao complexo (Smith, 2006, 2009).

Em suma, um esquema piagetiano é um arcabouço normativo. Um esquema usado durante a infância, como um esquema de ação, é um arcabouço normativo; um esquema usado na adolescência, como um esquema operacional, é complexo. Os leitores em língua inglesa enfrentam problemas com ambos.

Schèmes: Actions. Nos textos sobre os dois primeiros anos da criança, a tradução se vale do termo *schemata* [esquematização] (Piaget, 1936/1953, p. 6), e, algumas linhas adiante, na adaptação explícita por Piaget de Kant, de *schemata of motor behavior* [esquematização de comportamento motor]. Isso é algo que desconcerta, devendo se ter, em seu lugar, *schemes* [esquemas] e *schematism of behavior* [esquematismo de comportamento], o primeiro para assinalar o termo técnico de Piaget alinhado a seu construtivismo, o segundo para garantir a sua base kantiana, "uma espécie de *a priori* funcional da razão" (Piaget, 1936/1953, p. 9). Em conformidade com o construtivismo de Piaget, *scheme* encontra-se explicitado em diversas traduções (Piaget, 1961/1966, p. 170; 1966/1971, p. 37; 1977/2001, p. 30), embora não em todas, uma vez que *schema* ainda, e de maneira confusa, é trazido em inglês como correspondente do francês *schème* (Piaget, 1967/1971, p. 6; 1974/1980, p. 20).

Operational schemes [esquemas operacionais]. O pensamento adolescente, assim, é regulado por *schèmes opératoires* [esquemas operatórios]; na tradução padrão, isso se torna *operational schemata* (Inhelder e Piaget, 1955/1958, p. 307), desse modo eliminando a associação por Piaget entre arcabouços nos dois primeiros anos e na adolescência. Deveria se ter, em vez disso, *operational schemes* – compare-se as definições explícitas de Piaget usando *schèmes*, o que inclui as de ações e operações (Piaget, 1961/1966, p. 235, 246).

Erros de tradução

Casos de erros de tradução incluem os seguintes, em listagem que não se pretende exaustiva.

Comprehension. Esta palavra tem dois sentidos. Um deles é epistemológico, e a palavra inglesa é a mesma – *comprehension*: ver o título do livro de Piaget (1974/1978). O outro sentido é lógico, e a palavra inglesa é *intension*, pela qual todo e qualquer conceito tem um sentido ou significado (*intension*), independentemente de haver casos a incidir sob ela (*extension*) – por exemplo, um unicórnio não é uma sereia (suas *intensions* são diferentes), muito embora não exista nenhum exemplar de uma coisa ou de outra (suas extensões são vazias). Em algumas traduções, *comprehension* é dado quando se demanda por *intension* (Piaget, 1941/1952, p. 161; 1974/1980, p. 19).

Connaissance [conhecimento]. O termo em inglês é *knowledge* [conhecimento] – não surpreende que ele seja assim, de maneira explícita, empregado no título de uma obra de Piaget (1967/1971). E não surpreende que a noção seja usada nas linhas de abertura de um célebre livro: *Every notion, whether it be scientific or merely a matter of common sense, presupposes a set of principles of conservation, either explicit or implicit* [Toda noção, seja ela científica ou meramente questão de senso comum, pressupõe um conjunto de princípios de conservação, sejam eles explícitos ou implícitos] (Piaget, 1941/1952, p. 3); isso foi observado antes, devendo-se ler: *All knowledge, whether scientific or merely a matter of common sense, presupposes a set of conservation principles, that are either explicit or implicit* [Todo conhecimento, seja ele científico ou meramente questão de senso comum, pressupõe um conjunto de princípios de conservação, que são explícitos ou implícitos]. Uma vez que uma noção não é o mesmo que conhecimento – conceitos são usados em suposições equivocadas –, a diferença é fundamental. Um comentário adicional seguirá em breve (ver *prise de connaissance*).

Conscience. Esse termo francês – assim como a antiga palavra inglesa *conscience* (Ferrari, Pinard e Runions, 2001; ver também o Capítulo 13, neste volume) – tem dois sentidos, correspondendo às palavras inglesas *consciousness* e *conscience.* De modo geral, o sentido apropriado é identificado contextualmente, isto é, em seus contextos cognitivo e moral, respectivamente. Contudo, observe-se quanto a isso três pontos. O primeiro deles: no livro de Piaget sobre juízo moral, o termo francês *conscience* é corretamente traduzido pelos termos ingleses *conscience* e *consciousness* (Piaget, 1932/1932, p. 2, 3, respectivamente); alhures nesse referido livro, as alternativas para o inglês *conscience* incluem *bona fide* (p. vii) e *sense* (p. 105). O segundo ponto: tem-se uma convergência entre regras lógicas e morais que foi especificamente observada por Piaget (1932/1932, p. 343); a convergência encontra-se por trás de sua observação de que "a lógica é a moralidade do pensamento, assim como a moralidade é a lógica da ação" (Piaget, 1932/1932, p. 404; ver "lógica como comparável à ética" in Carl, 1994, p. 13). Essa convergência é invocada em expressões inglesas como *I hear what you say but in all conscience I disagree* [Ouvi o que você disse, mas em plena consciência eu discordo]; ou seja, isto é algo que eu tenho de fazer. O francês *conscience* dá conta disso, e em outros contextos o mesmo tradutor usa *mind* [mente], por exemplo, *how the mind comes to respect these rules* [como a mente vem a respeitar essas regras] (Piaget, 1932/1932, p. 1; ver p. 1, 146, 195). Há uma boa intenção por detrás desse uso de *mind*; ainda assim, a relação com *conscience* se perdeu. Uma alternativa pode ser *consciousness of legitimacy* [consciência de legitimidade] (in Brouwer, 1912/1983, p. 79; ver também o Capítulo 3, neste volume), isto é, *conscious legitimation* [legitimação consciente]. O terceiro ponto: em referência à defasagem entre ação e pensamento, o mesmo tradutor faz um uso inteligente de *conscious realization* [tomada de consciência] para *prise de conscience* (Piaget, 1932/1932, p. 56). Mais sobre isso mais adiante (ver *prise de conscience*).

Ensemble des Parties [conjunto das partes]. Esta noção lógica refere-se a um conjunto S com subconjuntos, de tal forma que o conjunto das partes de S é o conjunto dos subconjuntos de S. Assim, a sua tradução para o inglês é *power set* [conjunto das partes] (ver Campbell in Piaget 1977/2001, p. 122). Por contraste, a tradução para o inglês *structured whole* [todo estruturado] é vaga e desconcertante (Inhelder e Piaget, 1955/1958, p. 16; *pace*, p. xix).

Prise de Connaissance [tomada de conhecimento], *Prise de Conscience* [tomada de consciência]. Uma primeira tradução de *prise de conscience* foi *conscious realization* [percepção consciente] (Piaget, 1932/1932, p. 56) para denotar a consciência nascente de algo por aquele que conhece, isto é, o tornar-se consciente dela. Como título de um dos livros de Piaget, a expressão foi traduzida por *The Grasp of Consciousness* [A tomada de consciência] (1974/1976). Mas há aí uma ambiguidade, porque poderia implicar que a consciência tenha um tamanho de capacidade, mensurável pelo que é nela compreendido, enquanto o foco de Piaget está no processo de se tornar consciente. Aqui se evidenciam dois erros subsequentes de tradução. Um deles é a sua tradução predominante, mas não invariável, pelo termo inglês *cognizance* [conhecimento/percepção]. Isso corta a relação que se tem em Piaget entre *being conscious* [estar consciente] (p. 322, linhas 1 e 2) e *cognizance* (p. 333, linha 3). São cortadas também as relações com a abordagem piagetiana da consciência em outra parte (por exemplo, a que se tem na abordagem dos dois primeiros anos, ver Piaget 1936/1953, p. 37). Um segundo erro: ainda pior, *awareness* [percepção/consciência] é termo empregado também para *connaissance* [conhecimento] – por exemplo: *awareness of what is happening outside the subject* [conhecimento do que está acontecendo fora do sujeito] (Piaget, 1974/1976, p. 342). Aí se deveria ter, evidentemente, *knowledge* [conhecimento]. E para coroar tudo isso, *cognizance* é usado também para *connaissance*: *cognizance of its results, either success or failure* [conhecimento de seus resultados, sejam eles de êxito ou fracasso] (p. 334) – também aí se deveria ter *knowledge* [na tradução para o inglês]. O texto complementar de Piaget (1974/1978) é igualmente marcado por erros desse tipo.

É essa, pois, a questão fundamental de Piaget. Todas as ações humanas são intencionais a ponto de um agente ter alguma percepção ou consciência de uma ação mediante o objetivo dessa ação (Piaget, 1960/1974, p. 63). Para Piaget, isso é interpretado como um processo de se tornar conscientemente ciente de alguma coisa (*prise de conscience*). Além disso, um agente tem algum conhecimento do resultado de uma ação. Para Piaget, isso é interpretado como um processo de obter conhecimento de alguma coisa (*prise de connaissance*). Por exemplo (Piaget, 1974/1976, cap. 2), pediu-se a crianças que usassem um estilingue para atingir um alvo – as crianças têm uma percepção do objetivo da ação, e também têm conhecimento sobre se o alvo foi atingido ou não. Assim sendo, existem dois processos intelectuais com objetos diferentes porque um objetivo de ação não é um resultado de ação. A questão aberta versa sobre como a apreensão inteligente pelas crianças das semelhanças e diferenças entre objetivos de ação e resultados de ação se desenvolve, ou seja, sobre a formação dos critérios de identidade desses "objetos" analiticamente distintos. O uso ambíguo e mutável de *cognizance* mascara uma distinção epistemológica que é importante por si só. Além disso, a distinção é central ao modelo piagetiano da equilibração (1974/1976, p. 335; 1975/1985, p. 45) e, assim sendo, a seu modelo centro-periferia (1974/1976, p. 335).

Pela minha perspectiva, essas traduções (Piaget, 1974/1976; 1974/1978) não são confiáveis. Os erros duplos são graves, e, quando tomados em conjunto, a abordagem de Piaget torna-se incompreensível nesses textos em inglês que, nessa medida, não são confiáveis quanto a seus constructos centrais.

Erro tipográfico

$N(N - 1) - (N - 1)$

A tradução para o inglês dessa fórmula do texto em francês está correta (1977/1995, p. 176). Contudo, foi acrescentada a nota de rodapé

33, alertando os leitores para um erro: quando N = 100, o número de relações é 9801, e não 4851, como enunciado no texto em francês (p. 196). Evidentemente que o texto em francês continha um erro tipográfico, devendo-se ler a fórmula como:

$$\frac{N(N-1)}{2} - (N-1)$$

Lendo Piaget em inglês

A seguir, algumas sugestões sobre como ler textos de Piaget nas traduções para o inglês.

[i] Em qualquer texto em inglês, identifique a[s] palavra[s] usada[s] para fazer referência a um constructo-chave e então busque pelos outros usos da palavra no mesmo texto.

[ii] No mesmo texto, identifique e pesquise os constructos complementares da mesma família.

[iii] Repita [i] e [ii] usando outros textos piagetianos.

[iv] Verifique os textos de Piaget em francês – busque as contrapartes francesas dos termos ingleses. É possível fazê-lo sem efetivamente traduzir o francês por analogia com o comando BUSCA no processamento de texto.

[v] Consulte colegas bilíngues, linguistas ou pesquisadores para obter uma segunda opinião.

De modo geral, há que se demandar duas coisas de editores internacionais. Em francês, tornar disponível uma edição standard das obras de Piaget, tanto em cópia impressa quanto em formatos eletrônicos. Em inglês, retraduzir seus escritos, com um olhar à edição standard, o que deve incluir referências de página da sua contraparte em francês.

Referências

ACZEL, A. *The artist and the mathematician: The story of Nicolas Bourbaki, the genius who never existed.* Londres: High Stakes Publishing, 2007.

ANSCOMBE, G. E. M. *Intention*. Oxford: Blackwell, 2. ed., 1963.

APOSTEL, L. "The future of Piagetian logic". *Revue Internationale de Philosophie,* 36, 1982, 567-611.

ARCHIVES PIAGET. *Bibliographie Jean Piaget*. Genebra: Foundation Archives Jean Piaget, 1989.

BARRELET, J.-M.; PERRET-CLERMONT, A.-N. Preface. In: A.-N. Perret-Clermont e J.-M. Barrelet (Orgs.). *Jean Piaget and Neuchâtel: The learner and the scholar*. Hove: Psychology Press, 2000, p. v-xv.

BEILIN, H. "Piaget's enduring contribution to developmental psychology". *Developmental Psychology,* 28, 1992, 191-204.

BERGSON, H. *Creative evolution*. Londres: Macmillan, 1911.

BESSIRE, M.-J. L.; BÉGUELIN, S. "Did Jean Piaget's 'conversion' from malacology to psychology happen in the Faculty of Arts?" In: A.-N. Perret-Clermont e J.-M. Barrelet (Orgs.). *Jean Piaget and Neuchâtel: The learner and the scholar*. Hove: Psychology Press, 2008, p. 62-74.

BICKHARD, M. H. "Representational content in humans and machines". *Journal of Experimental and Theoretical Artificial Intelligence,* 5, 1933, 285-333.

______. "Interaction and representation". *Theory & Psychology,* 9, 1999, 435-458.

______. "Interactivism". In: J. Symons e P. Calvo (Orgs.). *The Routledge companion to the philosophy of psychology*. Londres: Routledge, 2009, p. 346-359.

BRINGUIER, J.-C. *Conversations with Jean Piaget*. Chicago: University of Chicago Press, 1980 (texto original publicado in 1977).

BROUWER, L. E. J. "Intuitionism and formalism". In: P. Benacarraf e H. Putnam (Orgs.). *Philosophy of mathematics: Selected readings*. Cambridge: Cambridge University Press, 1983, 2. ed., p. 77-89 (texto original publicado em 1912).

BROWN, T. "Reductionism and the circle of the sciences". In: T. Brown e L. Smith (Orgs.). *Reductionism and the development of knowledge*. Mahwah: Erlbaum, 2003, p. 3-26.

BRUNER, J.; OLVER, R.; GREENFIELD, P. *Studies in cognitive growth*. Nova Iorque: Wiley, 1966.

BURT, C. "The development of reasoning in school children". *Journal of Experimental Pedagogy,* 5, 1919, 68-77, 121-127.

______. "Evidence for the concept of intelligence". *British Journal of Educational Psychology,* 25, 1955, 158-177.

CARL, W. *Frege's theory of sense and reference*. Cambridge: Cambridge University Press, 1994.

CAYGILL, H. *A Kant dictionary*. Oxford: Blackwell, 1995.

CHANDLER, M. Foreword. In: E. L. Scholnick, K. Nelson, S. A. Gelman e P. H. Miller (Orgs.). *Conceptual development: Piaget's legacy.* Erlbaum, 1999, p. ix-xi.

CHAPMAN, M. "Piaget, attentional capacity, and the functional implications of formal structure". In: H. W. Reese (Org.). *Advances in child development and behavior* (vol. 20). Orlando: Academic Press, 1987, p. 229-334.

______. *Constructive evolution*. Cambridge: Cambridge University Press, 1988.

DE TRIBOLET, M. "Arthur Piaget (1865-1952): Background of Jean Piaget's father". In: A.-N. Perret-Clermont e J.-M. Barrelet (Orgs.). *Jean Piaget and Neuchâtel: The learner and the scholar*. Hove: Psychology Press, 2008, p. 25-35.

FERRARI, M.; PINARD, A.; RUNIONS, K. "Piaget's framework for a scientific study of consciousness".*Human Development,* 44, 2001, 195-213.

GELMAN, R.; BAILLARGEON, R. "A review of some Piagetian concepts". In: P. H. Mussen (Org. da série) e J. H. Flavell e E. M. Markham (Orgs. do vol.). *Handbook of child psychology* (vol. 3). Nova Iorque: Wiley, 1983, p. 167-230.

GINSBURG, H.; OPPER, S. *Piaget's theory of intellectual development.* Englewood Cliffs: Prentice-Hall, 1988.

GRIZE, J.-B. "Remarques sur l'épistémologie mathématique des nombres naturels". In: J. Piaget (Org.). *Logique et connaissance scientifique*. Paris: Gallimard, 1967, p. 512-525.

GRUBER, H.; VONÈCHE, J. (Orgs.). *The essential Piaget*. Northvale: Jason Aronson Inc., 1995.

HALFORD, G. S. "Reflections on 25 years of Piagetian cognitive development psychology, 1963-1988". *Human Development,* 32, 1989, 325-337.

HAMLYN, W. "Epistemology and conceptual development". In: T. Mischel (Org.). *Cognitive development and epistemology*. Nova Iorque: Academic Press, 1971, p. 3-24.

INHELDER, B.; PIAGET, J. *The growth of logical thinking*. Londres: Routledge & Kegan Paul, 1958 (texto original publicado em 1955).

______. "Iteration et recurrence". In: P. Gréco, B. Inhelder, B. Matalon e J. Piaget (Orgs.). *La formation des raisonnements récurrentiels*. Paris: Presses Universitaires de France, 1963, p. 47-120.

KANT, I. *Critique of pure reason*. Londres: Macmillan, 1933, 2. ed. (texto original publicado em 1787).

______. *Critique de la raison pure*. Paris: Presses Universitaires de France, 1971 (texto original publicado em 1787).

KITCHENER, R. F. *Piaget's theory of knowledge*. New Haven: Yale University Press, 1986.

LAKATOS, I. "Falsification and the logic of scientific research programmes". In: I. Lakatos e A. Musgrave (Orgs.). *Criticism and the growth of knowledge*. Cambridge: Cambridge University Press, 1974, p. 91-196.

LOURENÇO, O.; MACHADO, A. "In defense of Piaget's theory: A reply to 10 common criticisms". *Psychological Review,* 103, 1996, 143-164.

MAYS, W. "Piaget on logic and number". In: J. Russell (Org.). *Philosophical perspectives on developmental psychology*. Oxford: Basil Blackwell, 1987, p. 220-239.

MÜLLER, U.; SOKOL, B. e OVERTON, W. "Reframing a constructivist model of the development of mental representation: The role of higher-order operations". *Developmental Review*, 18, 1998, 155-201.

NATORP, P. *Die logischen Grundlagen der exakten Wissenschaften* [A fundação lógica das ciências exatas]. Leipzig e Berlim: B. G. Teubner, 1910.

PAPERT, S. "Sur la logique Piagetienne". In: L. Apostel, J-B. Grize, S. Papert e J. Piaget (Orgs.). *La filiation des structures*. Paris: Presses Universitaires de France, 1963, p. 107-130.

PEIRCE, C. S. "Logic as semiotic: The theory of signs". In: J. Buchler (Org.). *Philosophical writings of Peirce*. Nova Iorque: Dover Publications, 1955, p. 98-119 (texto original publicado em 1910).

PIAGET, J. "Un moineau albinos". In: *La rameau de sapin: Organe du Club jurassien,* 41, 1905, 36.

______. *Recherche*. Lausanne: La Concorde, 1918.

______. "La psychoanalyse dans ses rapports avec la psychologie de l'enfant". *Bulletin Mensuel Sociéte Alfred Binet,* 20, 1920,18-58.

______. *Introduction à la malacologie Valaisanne*. Thèse doctorale [Tese de doutorado], Université de Neuchâtel. Sion: Imprimerie F. Aymon, 1921a.

______. "Une forme verbale de la comparaison chez l'enfant". *Archives de Psychologie,* 18, 1921b, 141-172.

______. "La psychologie des valeurs religieuses". In: Association chrétienne d'étudiants de la Suiss romande (Org.). *Sainte-Croix 1922*. Lausanne: La Concorde, 1923, p. 38- 82.

______. "Psychologie et critique la connaissance". *Archives de psychologie,* 9, 1925, 193-210.

______. *Judgment and reasoning in the child*. Londres: Routledge & Kegan Paul, 1928 (texto original publicado em 1924).

PIAGET, J. *The moral judgment of the child*. Londres: Routledge & Kegan Paul, 1932 (texto original publicado em 1932).

______. *Classes, relations, nombres: essai sur les groupement de la logistique et sur la réversibilité de la pensée*. Paris: Vrin, 1942.

______. "Le développement mental de l'enfant". *Juventus Helvetica: Notre Jeune Génération*, 2, 1943, 123-140.

______. "Avant-propos de la Troisième Edition". In: J. Piaget. *Le jugement et le raisonnement chez l'enfant* (3. ed.). Neuchâtel: Delachaux et Niestlé, 1947, p. 9-10.

______. *Traité de logique*. Paris: Colin, 1949.

______. *Introduction à l'épistémologie génétique* (3 vols.). Paris: Presses Universitaires de France, 1950.

______. *The psychology of intelligence*. Londres: Routledge & Kegan Paul, 1950 (texto original publicado em 1947).

______. *The child's conception of number*. Londres: Routledge & Kegan Paul, 1952 (texto original publicado em parceria com A. Szeminska em 1941).

______. "Autobiography". In: C. Murchison (Org.). *History of psychology in autobiography* (vol. 4). Nova Iorque: Russell & Russell, 1952, p. 237-256.

______. *The origins of intelligence in the child*. Nova Iorque: International Universities Press, 1952 (texto original publicado em 1936).

______. *The origins of intelligence in the child*. Londres: Routledge & Kegan Paul, 1953 (texto original publicado em 1936).

______. *Logic and psychology*. Manchester: Manchester University Press, 1953.

______. *The construction of reality in the child*. Londres: Routledge & Kegan Paul, 1954 (texto original publicado em 1937).

______. "Les stades du développement intellectuel de l'enfant et de l'adolescent". In: P. Osterrieth, J. Piaget, R. de Saussure, J. Tanner, H. Wallon e R. Zazzo (Orgs.). *Le probléme des stades en psychologie de l'enfant*. Paris: Presses Universitaires de France, 1956, p. 33-42.

______. *Language and thought of the child*. Londres: Routledge & Kegan Paul, 1959, 3. ed. (texto original publicado em 1923).

______. *The child's conception of the world*. Totowa: Rowman & Allanheld, 1960 (texto original publicado em 1926).

______. "The general problems of the psychobiological development of the child". In: J. M. Tanner e B. Inhelder (Orgs.). *Discussions on child development* (vol. 4). Londres: Tavistock Publications, 1960, p. 3-27.

______. *Play, dreams, and imitation in childhood*. Londres: Routledge & Kegan Paul, 1962 (texto original publicado em 1945).

PIAGET, J. Foreword. In: J. Flavell. *The developmental psychology of Jean Piaget.* Nova Iorque: Van Nostrand, 1963, p. vii-ix.

______. "Development and learning". *Journal of Research on Science Teaching,* 2, 1964, 176-186.

______. *The moral judgment of the child.* Nova Iorque: The Free Press, 1965 (texto original publicado em 1932).

______. Part II. In: E. Beth e J. Piaget (Orgs.). *Mathematical epistemology and psychology.* Dordrecht: Reidel, 1966, p. 131-304 (texto original publicado em 1961).

______. "The thought of the young child". In: J. Piaget. *Six psychological studies.* Londres: University of London Press, 1967, p. 77-87 (texto original publicado em 1963).

______. "Genesis and structure in the psychology of intelligence". In: J. Piaget. *Six psychological studies.* Nova Iorque: Random House, 1967, p. 143-158 (texto original publicado em 1964).

______. *Logique et connaissance scientifique.* Paris: Gallimard, 1967.

______. *On the development of memory and identity.* Barre: Clark University Press, 1968.

______. "Quelques remarques sur les insuffisances de l'empirisme". *Studies Philosophica,* 28, 1969, 119-127.

______. *Genetic epistemology.* Nova Iorque: Columbia University Press, 1970.

______. *Biology and knowledge.* Edimburgo: Edinburgh University Press, 1971 (texto original publicado em 1967).

______. *Psychology and epistemology: Towards a theory of knowledge.* Harmondsworth: Penguin Press, 1972a (texto original publicado em 1970).

______. *The principles of genetic epistemology.* Nova Iorque: Basic Books, 1972b (texto original publicado em 1970).

______. *Insights and illusions in philosophy.* Londres: Routledge & Kegan Paul, 1972 (texto original publicado em 1965).

______. *Main trends in psychology.* Londres: George Allen & Unwin, 1973 (texto original publicado em 1970).

______. "Child praxis". In: J. Piaget. *The child and reality.* Londres: Frederick Muller Ltd., 1973, p. 63-92 (texto original publicado em 1960).

______. "Affective unconscious and cognitive unconscious". In: J. Piaget. *The child and reality.* Londres: Frederick Muller Ltd., 1974, p. 31-48 (texto original publicado em 1971).

PIAGET, J. *The grasp of consciousness*. Cambridge, Mass: Harvard University Press, 1976 (texto original publicado em 1974).

______. *Success and understanding*. Londres: Routledge & Kegan Paul, 1978 (texto original publicado em 1974).

______. *The development of thought*. Oxford: Blackwell, 1978 (texto original publicado em 1975).

______. *Experiments in contradiction*. Chicago: University of Chicago Press, 1980 (texto original publicado em 1974).

______. "Piaget's theory". In: P. Mussen (Org.). *Handbook of child psychology*. Nova Iorque: Wiley, 1983, 4. ed., p. 103-128 (texto original publicado em 1970).

______. *Equilibration of cognitive structures*. Chicago: University of Chicago Press, 1985 (texto original publicado em 1975).

______. *Sociological studies*. Londres: Routledge, 1995 (texto original publicado em 1977).

______. *The psychology of intelligence*. Londres: Routledge, 2001 (texto original publicado em 1947).

______. *Studies in reflecting abstraction*. Hove: Psychology Press, 2001 (texto original publicado em 1977).

______. "Reason". *New Ideas in Psychology*, 24, 2006, 1-29 (texto original publicado em 2004).

______; GARCIA, J. *Toward a logic of meaning*. Hillsdale: Erlbaum, 1991 (texto original publicado em 1987).

______.; GRIZE, J.-B.; SZEMINSKA, A. e BANG, Vinh. *Epistemology and psychology of functions*. Dordrecht: D. Reidel, 1977 (texto original publicado em 1968).

______.; HENRIQUES, G.; ASCHER, E. *Morphisms and categories: Comparing and transforming*. Hillsdale: Erlbaum, 1992 (texto original publicado em 1990).

______; INHELDER, B. *Introduction à la seconde édition. Le développement des quantités physiques chez l'enfant*. Neuchâtel: Delachaux et Niestlé, 1961.

______. *Mental imagery in the child*. Londres: Routledge & Kegan Paul, 1971 (texto original publicado em 1966).

______. *The child's construction of quantities*. Londres: Routledge & Kegan Paul, 1974 (texto original publicado em 1941).

______. "The gaps in empiricism". In: B. Inhelder e H. Chipman (Orgs.). *Piaget and his school*. Nova Iorque: Springer, 1976, p. 24-35 (texto original publicado em 1969).

PLANTINGA, A. *Religion and Science*, 2007. Disponível em: http://plato.stanford.edu/entries/religion-science/.

REYMOND, A. *Logique et mathématiques: Essai historique et critique sur le nombre infini*. Thèse doctorale [Tese de doutorado], Universidade de Genebra, 1908.

RIPS, L.; BLOOMFIELD, A.; ASMUTH, J. "From numerical concepts to concepts of number". *Behavioral and Brain Sciences,* 31, 2008, 623-642.

SCHAER, J.-P. "Studies at the University of Neuchâtel". In: A.-N. Perret-Clermont e J.-M. Barrelet (Orgs.). *Jean Piaget and Neuchâtel: The learner and the scholar*. Hove: Psychology Press, 2008, p. 51-61.

SCHALLER-JEANNERET, A.-F. "Early schooling". In: A.-N. Perret-Clermont e J.-M. Barrelet (Orgs.). *Jean Piaget and Neuchâtel: The learner and the scholar*. Hove: Psychology Press, 2008, p. 36-50.

SIEGEL, L.; BRAINERD, C. Preface. In: L. Siegel e C. Brainerd (Orgs.). *Alternatives to Piaget*. Nova Iorque: Academic Press, 1978, p. xi-xiv.

SINCLAIR, H. "Piaget on language: A perspective." In: S. Modgil e C. Modgil (Orgs.). *Jean Piaget: Consensus and controversy*. Nova Iorque: Praeger, 1982, p. 167-177.

SMITH, L. "The infant's Copernican Revolution". *Human Development,* 30, 1987, 210-224.

______. "Age, ability and intellectual development in Piagetian theory". In: M. Chandler & M. Chapman (Org.). *Criteria for competence*. Hillsdale: Erlbaum, 1991, p. 69-91.

______. *Necessary knowledge*. Hove: Erlbaumm Associates Ltd., 1993.

______. "Jean Piaget". In: N. Sheehy, A. Chapman e W. Conroy (Orgs.) *Biographical dictionary of psychology*. Londres: Routledge, 1993, p. 447-452.

______. "On the development of mental representation". *Developmental Review,* 18, 1998, 202-227.

______. "What Piaget learned from Frege". *Developmental Review,* 19, 1999a, 133-153.

______. "Epistemological principles for developmental psychology in Frege and Piaget." *New Ideas in Psychology,* 17, 1999b, 83-147.

______. "Jean Piaget". In: J. A. Palmer (Org.). *50 modern thinkers on education: From Piaget to the present*. Londres: Routledge, 2001, p. 37-44.

______. "Piaget's model". In: U. Goswami (Org.). *Blackwell handbook of childhood cognitive development*. Oxford: Blackwell, 2002a, p. 515-537.

SMITH, L. *Reasoning by mathematical induction in children's arithmetic*. Oxford: Elsevier Pergamon Press, 2002b.

______. "Norms and normative facts in human development". In: L. Smith e J. Vonèche (Orgs.). *Norms in human development*. Cambridge: Cambridge University Press, 2006, p. 103-137.

______. "Wittgenstein's rule-following paradox: How to resolve it with lessons for psychology". *New Ideas in Psychology*, 27, 2009, 228-242.

VIDAL, F. *Piaget before Piaget*. Cambridge, Mass: Harvard University Press, 1994.

VON WRIGHT, G. H. *Explanation and understanding*. Londres: Routledge & Kegan Paul, 1971.

VUYK, R. *Overview and critique of Piaget's genetic epistemology*. Londres: Academic Press, 1981.

2 O contexto histórico das ideias de Piaget

Marylène Bennour e Jacques Vonèche

Introdução

O objetivo deste capítulo não é nem proceder a uma genealogia intelectual de Piaget nem esboçar o *Zeitgeist* de seu tempo, e isso porque tais abordagens representam uma concepção de biografia e da história das ideias que não é nossa, e não o é por muitas razões: a verificação é difícil, a reconstrução dos fatos é problemática e a imagem da gênese das ideias é mecânica.

Assim sendo, vamos nos limitar aqui a alguns exemplos selecionados de influências claras e documentadas sobre Piaget durante a sua vida em diferentes locais que foram memoráveis para o seu crescimento: Neuchâtel, Zurique, Paris e Genebra.

Neuchâtel (1896-1919)

A socialização científica e filosófica de Piaget, na infância e adolescência, deu-se no âmbito de dois diferentes grupos: Os Amigos da Natureza (Les Amis de la Nature), sociedade de jovens interessados em história natural, e a ACM da Suíça. Os Amigos da Natureza foi um movimento iniciado por Pierre Bovet (futuro diretor do Instituto J. J. Rousseau). A ideia de Bovet era a de manter as mentes dos jovens adolescentes ocupadas com preocupações científicas, em vez de permitir que se entregassem a bebedeiras e a lutas de espadas, como era tradição nas universidades alemãs. Em seus esforços, Bovet foi auxiliado por Samuel Cornut, padrinho de Piaget e cavalheiro das letras, que, durante uma viagem ao Lago de Annecy, na Savóia, apresentou o *A evolução criadora* de Bergson (1907/1911) ao jovem Piaget.

O livro foi uma revelação para o afilhado, que até então estivera envolvido mais com seu estudo de moluscos do que com filosofia. Após observar um pardal albino em sua cidade natal aos 11 anos, Piaget decidiu publicar sua observação num jornal local para naturalistas amadores, e, tendo em mãos esse artigo (de algumas linhas), o garoto decidiu oferecer seus serviços a Paul Godet, diretor do museu de história natural de Neuchâtel. O diretor era amigo do pai de Piaget e consequentemente concordou em empregar o garoto na classificação de moluscos no período em que ele estivesse fora da escola. Godet, já aposentado, continuava à frente do museu. Naqueles anos (1913-1915), ele estava totalmente alheio ao escopo da revolução darwiniana ou à redescoberta da hereditariedade mendeliana, e isso porque fora formado numa história natural de tradição *lamarckiana*. Ser um *lamarckiano* significava acreditar num ordenamento transcendental das espécies (ou seja, numa hierarquia que não pode ser modificada) e em transformações circunstanciais sob a influência do meio, o que provoca uma resposta adaptativa que se torna herdada por repetição e aprendizado. Com isso, Paul Godet queria alcançar o ordenamento transcendentalmente ideal das espécies por meio de classificações perfeitas. Seu método baseava-se em aspectos visuais, como forma, cor, (espessura), tamanho e assim por diante, que eram usados como determinantes para se estabelecer uma espécie. Com Darwin e Mendel, o determinante de uma espécie é essencialmente a reprodução sexual.

A questão da possibilidade da fecundação cruzada e o problema da distribuição genética ou eram desconhecidos por Godet ou malvistos por ele. Naturalmente, pode-se aventar que um membro do Amigos da Natureza como Piaget, formado, como o foi, na observação de pássaros, moscas, flores e moluscos para evitar o sexo, a bebida e as lutas de sabre, não estaria interessado no tipo de pansexualismo disseminado pela família Darwin.

O único contato de Piaget com Darwin deu-se pela leitura de *A evolução criadora*, de Bergson (1907/1911), que (diferentemente dos dois fatores darwinianos de variação randômica e seleção consecutiva, que são isentos de direção) é significativo e propositalmente direcionado ao objetivo metafísico de "vida em abundância". Para Bergson, bem como para Lamarck, existe um sentido de evolução, uma hierarquia de seres, do inferior ao superior, a culminar na vida espiritual. Isso possibilita uma reconciliação entre ciência e fé com a superioridade da metafísica sobre a física, uma vez que todas as nomenclaturas científicas são nominalísticas, isto é, linhas ideais de demarcação "como meridianos para o geógrafo" (Piaget, 1912/1984, p. 106). São úteis, mas não verdadeiras.

A descoberta de Bergson por Piaget coincidiu com o período em que ele passou por um ensino religioso destinado a prepará-lo para a sua confirmação na Igreja Protestante, quando então ele leu um teólogo protestante chamado Auguste Sabatier, cujas ideias sobre religião eram próximas das de Bergson. Tão próximas, na verdade, que Piaget escreveu um artigo sobre ambos. O que Piaget encontrou em comum entre os dois autores era a oposição entre uma crença religiosa ancorada na autoridade (Igreja, Bíblia ou dogma) e outra baseada na liberdade espiritual da interpretação, e com isso na revelação interna de um Deus sentida como imanente a homem e universo. O paralelo entre Bergson e Sabatier é o de que Deus pode ser identificado à vida e vida é abundância, tal como no "*élan vital*" (elã vital) de Bergson. O mesmo empuxo está em ação em ambos os casos. Por isso, Piaget poderia descrever seu encontro com *A evolução criadora* como uma pura revelação, por estar unindo ciência e fé, vida e Deus, evangelismo (autoridade) e liberalismo na esfera do protestantismo, darwinismo e lamarckismo em biologia, pragmatismo, convencionalismo e nominalismo em uma vertente filosófica, e realismo, kantismo, mecanicismo e vitalismo, na outra.

Conforme observou seu professor de filosofia, Arnold Reymond, Piaget encontrava-se então sob a ilusão de ter alcançado um sistema integral de mundo. Isso é especialmente evidente no romance *Recherche* (Piaget, 1918). O livro é uma espécie de *Bildungsroman* [romance de formação], cujo herói, Sébastien, um jovem em meio a uma crise de identidade típica da adolescência, descobre a sua própria revelação sobre ciência e religião e ridiculariza todos os pensadores que vieram antes dele. "Aparentemente, o autor leu tudo e todos nos domínios científico, filosófico e teológico. Listas de autores seguem-se a listas de autores. Bergson não entendeu Bergson! Boutroux não captou a essência de Boutroux e assim por diante" (A. Reymond, arquivos pessoais). Hoje, a maior parte desses autores encontra-se esquecida. De modo que é um tanto inútil insistir nessa parte desse livro. Em vez disso, é necessário mencionar que a *Recherche* contém a primeira teoria da equilibração de Piaget (Vonèche, 1993), menciona o papel central da ação e indica a proximidade com a teoria da Gestalt (mas enfatiza mais a atividade do sujeito do que o faz tal teoria).

Num capítulo sobre as influências exercidas sobre Piaget, parece fora de questão insistir na originalidade de suas próprias ideias e na qualidade de suas compreensões, em especial pelo fato de elas terem sido esplendidamente sintetizadas pelo próprio mestre em suas várias autobiografias. Mais importante se faz relatar as observações críticas de Reymond, ainda que não necessariamente as compartilhe, e isso porque um homem que Piaget via quase que diariamente por certo deve ter exercido forte influência no jovem Piaget e no fato de a *Recherche* ter se tornado um livro cuidadosamente ocultado por ele, durante 50 anos omitido de sua bibliografia. Em sua autobiografia publicada em 1952, Piaget faz alusão a isso à sua maneira tipicamente oblíqua: "Minha estratégia se provou correta: ninguém falava nele [na *Recherche*], à exceção de um ou dois filósofos indignos" (Piaget, 1952a, p. 243).

Isso representa também uma ilustração localizada de um conflito mais amplo em teoria evolucionista e, em meio aos evolucionistas, entre gradualistas, por um lado, que estavam convencidos da velha máxima *Natura non facit saltus* ("A natureza não opera por saltos") e se reuniam em torno de Pearson e Wheldon e sua revista *Questions of the Day and the Fray* [Questões do Dia e em Disputa], a debater sobre pequenas variações nas espécies que fossem estatisticamente significativas, e mendelianos, por outro, que acreditavam em genes e se reuniam em torno de W. Bateson com sua revista *Reports of the Royal Society's Commitee on Evolution* [Relatos do Comitê da Sociedade Real para a Evolução]. A pura e simples menção a esse jornal basta para indicar onde residia o poder de convencimento nas disputas da época. Naqueles dias, o jovem Piaget travava um embate com um colega pesquisador polonês que atuava em Lausanne, W. Roszkowski, um devotado mendeliano.

Para Piaget, num indivíduo não havia diferença entre *germe* e *soma*. Além disso, sua epistemologia era, como a da maior parte dos naturalistas, de observação (*une épistémologie du regard*, na acertada frase de M. Foucault). Isso significa que à época Piaget recusava-se a aceitar níveis de realidade para além dos visíveis. Assim, para ele uma variação é uma variação e ponto final, independentemente de qualquer forma de qualificação, seja ela hereditária ou individual (flutuante). Para o seu oponente, as variações hereditárias só podem ser consideradas como espécies; as flutuantes não podem sê-lo.

A resposta de Piaget ao argumento de Roszkowski procede por uma forma de *reductio ad absurdum*. Ele aceita, em primeiro lugar, a distinção entre variações hereditárias e flutuantes. Afinal de contas, ele organiza a evidência mostrando que algumas espécies que aparentemente são hereditárias podem ser consideradas flutuantes. Isso conduz à absurda conclusão de que, ao fim e ao cabo, todas as espécies podem ser consideradas flutuantes, e isso, por sua vez, comprova o seu ponto de vista: espécies bem definidas e estáveis surgem de maneira gradual, e os mesmos processos de adaptação que primeiramente produzem variações flutuantes (reversíveis), se continuados, produzem espécies hereditárias. O interessante é que Piaget, embora lamarckiano, não considera a conclusão alternativa de que o conceito de espécie é de fato inteiramente artificial, ideia proposta pelo próprio Lamarck. Essa controvérsia pôs fim à carreira de Piaget como naturalista.

Zurique

Quando Piaget se mudou para Zurique, ele sabia bem pouco sobre psicologia em geral e psicologia experimental em particular. Em sua autobiografia (Piaget, 1952a, p. 243), porém, afirmou ter ido a Zurique com a intenção "de trabalhar num laboratório de psicologia". Isso parece um tanto bizarro, uma vez que Genebra tinha um excelente laboratório criado e dirigido por Théodore Flournoy, enquanto França, Alemanha e Grã-Bretanha contavam com diversos laboratórios de psicologia. De modo que a escolha por Zurique parece um tanto peculiar. Na verdade, durante o semestre que passou na cidade, de outubro de 1918 a março de 1919, Piaget ficou a maior parte do tempo fazendo psiquiatria sob a direção de Eugen Bleuler, assistindo a palestras de C. G. Jung e O. Pfister. Pfister e Piaget compartilhavam um interesse comum pela relação entre ciência (em especial a psicanálise, no caso) e a religião (Pfister era pastor protestante por formação). O fato é que Pfister assistiu a três palestras de Piaget sobre psicanálise em Paris (elas se encontram parcialmente traduzidas [para o inglês] em Piaget, 1977) e escreveu um relatório sobre elas na revista *Imago* (1920). As conferências tratavam de Freud, Adler e da escola de psicanálise de Zurique, respectivamente. Demonstravam um bom conhecimento dessas três direções em psicanálise, o que Piaget apresenta como um sistema dialético entre o pansexualismo freudiano e a necessidade de realização adleriana, resultando na escola de Zurique, que "reconcilia essas duas tendências igualmente interessantes em teoria psicanalítica" (Piaget, 1920/1977, p. 59). Enquanto Freud focalizava o passado e Adler, o presente, Jung reconciliaria passado e presente. Piaget, no entanto, indo além disso, pela primeira vez formulou sua teoria do desenvolvimento, de acordo com a qual crescer mentalmente significa sair do autismo e entrar na razão socializada. Com isso, a partir de 1920 o desenvolvimento mental é o crescimento da racionalidade para Piaget.

Paris

Piaget foi a Paris sob a expressa recomendação de P. Bovet para que padronizasse, em francês, o teste de inteligência de Cyril Burt para o Dr. T. Simon – o da famosa escala de inteligência Binet-Simon, aplicável a crianças. Esse procedimento de entrevistar crianças durante as tardes perdurou por toda a vida de Piaget: as manhãs eram reservadas ao estudo da lógica, da epistemologia e da história das ciências. As horas subsequentes eram usadas para experimentações psicológicas.

A influência mais direta e pessoal exercida sobre Piaget em Paris foi certamente a de Pierre Janet. Janet era uma das estrelas da psicologia francesa, tanto que é difícil crer que hoje ele seja desconhecido ou esteja esquecido. Médico de formação, além de filósofo, Janet passou a vida estudando pacientes psiquiátricos, fazendo-o cuidadosamente a ponto de convidá-los para residir em sua casa. Seu amplo círculo de amigos e colegas incluía James Mark Baldwin, que fora forçado a se demitir da Universidade John Hopkins, de Baltimore, estando a viver no exílio na França à época. Embora Piaget jamais tenha se encontrado com Baldwin (Piaget, 1982), ao que tudo indica ficou profundamente interessado pelo trabalho deste, por influência de Janet. Em sua teoria, Piaget importou alguns dos conceitos de Baldwin como o adualismo, reações circulares em psicologia, fenocópia em biologia e, o mais importante, diversas ideias de suas pouco conhecidas psicologia social e sociologia. Piaget foi influenciado também pelas ideias de Janet de que a psicologia é a ciência da ação, de que a representação na criança consiste na reversão do externo em interno, a de que o pensamento é discussão interna e a afetividade, o motor da ação e do pensamento. Além disso, a ideia de que a ação está enraizada no sistema sensório-motor é igualmente algo que Piaget deve a Janet. Evidentemente, esse último aspecto está ligado à dívida de Piaget com Henri Poincaré, o célebre matemático e físico. A geometria de Poincaré baseia-se na ideia de movimentos divididos em posicionamentos e deslocamentos coordenados pelas relações entre sensações visuais e proprioceptivas num grupo matemático. Piaget (1937/1954) valeu-se da noção de grupo de deslocamento de Poincaré para descrever o desenvolvimento da permanência de um objeto e o conceito prático de espaço, que, aos 2 anos, resulta na construção de um grupo de deslocamentos espaciais.

A gênese do grupo de deslocamento no pensamento de Piaget merece ser contada aqui porque ilustra o modo como o pesquisador trabalhava. Na casa da família de sua mãe, em Paris, certa vez ele observou um de seus primos mais novos brincando com uma bola. A certa altura, a bola rolou para debaixo do sofá. A criança parou de correr atrás da bola tão logo esta saiu de seu campo de visão. O jovem Piaget ficou intrigado. Então ele tirou a bola de sob o sofá e lançou-a para a criança. Após um curto período, a bola tornou a rolar para debaixo do sofá e, mais uma vez, a criança não a buscou e imediatamente mudou seu foco, para espanto de Piaget. Eis aqui o cerne da criatividade de Piaget: ele conectou essa observação à geometria de Poincaré. À época, Piaget estava lendo os dois livros mais famosos de Poincaré, *La Science et l'Hypothèse* [A ciência e a hipótese] (1909) e *La Valeur de la Science* [O valor da ciência] (1912). Esse grupo de deslocamento seria revisitado nos estudos que Piaget e sua mulher Valentine conduziriam com seus próprios três filhos em meados da década de 1920 e início da de 1930. Deve-se acrescentar que um grupo piagetiano de deslocamentos é bem diferente da formulação de Poincaré. Por exemplo, é desprovido de qualidade matemática real.

Paris foi também o período durante o qual Piaget leu intensamente sobre lógica, em especial lógica matemática. Pelas mãos de Arnold Reymond, ele já tinha sido introduzido à lógica como disciplina até certo ponto distinta da filosofia. Em Paris, Piaget leu o então célebre lógico francês Goblot (1918) e os *Principia Mathematica* de Whitehead e Russell (1910) (já havia lido o *The Principles of Mathematics* de Russell [1903] em Neuchâtel), bem como as investigações lógicas de Couturat (1896). O que Piaget compreendeu de tudo isso não está bem claro. O que mais provavelmente o impressionou nos escritos de Goblot foi a aproximação entre psicologia e lógica, bem como a consideração da epistemologia como ciência positiva. De Couturat (1896), é provável que Piaget tenha retido o ponto de vista oposto, de que "a real ciência da inteligência não é a psicologia, mas sim a metafísica" (p. 580), e que a epistemologia é uma crítica da razão e de seus progressos. Ainda uma vez, encontramos aqui a estratégia geral usada por Piaget durante toda a sua vida: a busca por um *tertium quid* entre dois pontos de vista opostos. Uma terceira via entre lamarckismo e darwinismo foi encontrada na noção de fenocópia, que é equivalente à noção de seleção orgânica de Baldwin. De modo semelhante, Piaget reconciliou as concepções de Durkheim e Tarde em sociologia (isto é, a oposição entre sociedade e indivíduos como explicação final dos processos sociológicos). O mesmo vale para a matemática e para a oposição entre o platonismo de Russell (ideias eternas) e o convencionalismo de Poincaré. E assim por diante.

Tal estratégia geral de descoberta e explicação mediante a oposição de dois campos permite a Piaget redefinir o inteiro paradigma da explicação, bem como o programa de pesquisa. Piaget usou essa estratégia também ao opor Bergson e Brunschvicg. Para Piaget, Bergson alinhava-se ao antirracionalismo e Brunschvicg, ao racionalismo crítico. Opor as duas perspectivas permitiu a Piaget elaborar o primeiro esboço de sua epistemologia futura ao reconciliar vida e razão numa terceira posição, sobrepondo a oposição original.

Piaget manteve a rejeição de positivismo e empirismo em geral, proposta por Brunschvicg. Ele reconheceu o papel legislador da razão humana, mas sem as condições *a priori* de Kant, uma vez que ele já sustentava uma concepção mais relativista que a de Brunschvicg. Isso levanta a questão do papel do kantismo no pensamento de Piaget. Nas muitas discussões sobre esse problema que ele teve com um de nós, negou qualquer influência "exceto, talvez, uma influência que fosse bastante indireta... que Boring teria chamado de *Zeitgeist*, e todos sabemos que o *Zeitgeist* está por toda a parte, ou seja, em parte alguma" (comunicação pessoal). Contudo, sabemos de outro exemplo, no qual Piaget procura cobrir suas pegadas cuidadosamente (ver Piaget, 1982). Tendo isso em mente, é difícil elaborar uma investigação séria sobre o tópico, ainda que a noção de esquema, tão central ao sistema de Piaget, seja claramente advinda de Leibniz via Kant, bem como, presumivelmente, de alguns outros. Mas debater sobre isto no atual estado de coisas significaria não cumprir nossa regra inicial, de caráter cautelar.

Brunschvicg (1912) exerceu uma influência metodológica sobre Piaget no sentido de que para ele, Brunschvig, uma epistemologia relativista e interacionista pautava-se por dois métodos diferentes e complementares: história e psicologia. Para Brunschvicg, a história da ciência é o laboratório do epistemólogo, e as investigações psicológicas da gênese das ideias, seu complemento no nível sincrônico. A partir desse momento, essa natureza dual de qualquer teoria epistemológica torna-se um dos princípios da epistemologia genética, embora Piaget não compartilhe do idealismo de Brunschvicg, visto que enraizou a sua própria teoria epistemológica na biologia e na teoria da evolução tal como a compreendia, isto é, ao modo de um *tertium* entre darwinismo e lamarckismo. Nesse sentido, a epistemologia de Piaget está mais próxima da de Baldwin, ainda que se mantenha num âmbito mais restrito: a incursão de Piaget no reino da moralidade encontra-se limitada ao raciocínio moral e à demonstração de que "a moralidade é a lógica da ação, assim como a lógica é a moralidade do pensamento" (1932/1968, p. 13).

Binet influenciou Piaget de muitas formas. Por exemplo, em seu estudo sobre os mecanismos perceptuais (1961/1969), Piaget é o primeiro a reutilizar a distinção de Binet entre o que Piaget chama de ilusões óptico-geométricas primárias e secundárias. As primeiras são chamadas primárias por Piaget (inatas para Binet) porque, com o desenvolvimento, elas decrescem em intensidade. As segundas aumentam em função do desenvolvimento (adquiridas para Binet). Mostrou-se a um de nós [autores] que a passagem de ilusões primárias para secundárias está relacionada à integração do tempo (Vonèche, 1970), o que é característico do desenvolvimento cognitivo, que vai do intemporal aqui e agora a espaços e tempos cada vez mais complexos.

Outro aspecto, mais profundo, da influência de Binet sobre Piaget é a concepção de inteligência e cognição como órgãos (Binet e Simon, 1909). Existem pelo menos dois modos pelos quais a concepção de Binet teria influenciado Piaget: um deles está no enraizamento do estudo do desenvolvimento cognitivo em biologia; o outro, na consideração de que a base do comportamento se encontra nas trocas do corpo com o ambiente, o que significa que autorregulações cognitivas são parte integrante de todas as regulações genéticas, morfogenéticas, fisiológicas e neuronais do corpo. Além disso, elas parecem ser extraídas dos outros sistemas orgânicos do corpo, que as reorganizam num novo conjunto de relações funcionais que são mais completas, estáveis e flexíveis que as de cada órgão individual (ver Piaget, 1967/1971). No que se refere ao enraizamento da cognição na biologia, a afirmação de Piaget é equivalente à de Binet. Ambos consideram que os processos cognitivos são adaptativos (como qualquer outra adaptação orgânica) por assimilação e acomodação (os dois polos opostos do comportamento adaptativo). O paralelo entre as ideias de Piaget e de Binet é excepcional: a comparação da inteligência com um órgão cujos componentes (memória, atenção, juízo etc.) correspondem a células orgânicas tornou-se mais profunda uma vez que Binet e Simon (1909) escreveram que "o princípio de adaptação não está contido em nenhuma das faculdades intelectuais (esse era o modo como os componentes da inteligência eram chamados na psicologia da época, M.B. e J.V.), sendo essa uma ideia que vai além dos componentes. Existe uma dimensão funcional que força o indivíduo a considerar o pensamento como ação". Esse enunciado programático da parte de Binet apenas dois anos antes de sua prematura morte foi de fato implementado por Piaget.

A influência de Binet é, assim, metodológica. Pensando bem, Piaget simplificou o método de testagem graças ao auxílio do método psicanalítico. O método de Binet consiste em questões padronizadas. A abordagem de Freud é a da associação livre. Piaget, ainda uma vez, das duas coisas forma um *tertium*. Ele tem em vista um certo objetivo: testar as capacidades da mente em desenvolvimento (suas competências, no jargão de hoje), porém isso não é feito de maneira rígida, com questões padronizadas; é algo que segue os meandros do fluxo de pensamentos da criança. É exatamente o que Binet desejava quando escreveu "o que queremos ler não é o que o indivíduo pensa, mas o que ele faz, sendo assim o seu poder, não a sua consciência" (Binet e Simon, 1909, p. 107). Além disso, na abordagem de Binet, os testes são uma miscelânea de questões; na abordagem de Piaget, são organizados de acordo com uma série de operações lógicas. O que Piaget fez foi colocar Binet novamente sobre seus pés, para usar a célebre frase de Marx sobre Hegel.

Ida a Genebra

A *Maison des Petits* [Casa das crianças] foi uma instituição criada por Bovet e Claparède no Instituto Rousseau para a educação de crianças pequenas, tendo como mote a ideia de que não se ensina tudo às crianças, uma vez que elas descobrem o mundo por si mesmas. Seja como for, a única tarefa da educação consiste em dar oportunidades às crianças, incentivando o pensamento crítico independente mediante o estabelecimento de uma espécie de diálogo socrático entre a criança e o adulto. Tal atitude ajustava-se bem à atitude do próprio Piaget.

Além disso, Piaget descobriu que havia todo um tesouro de informações sobre crianças e dispositivos de aprendizagem de todo tipo. Piaget deve muito à pedagogia dos *centres d'intérêt* (centros de interesse), introduzida por Decroly e Claparède na Bélgica e na Suíça no momento em que Dewey a introduzia nos Estados Unidos. Essa trindade se opunha à abordagem ortopédica da educação recomendada por Binet, uma vez que sua pedagogia era funcional e experimental. Isso produziu em Piaget um novo conflito. Deveria ele seguir Binet e direcionar sua pesquisa ao domínio da psicologia de correção, para a qual testes de inteligência foram inventados, ou deveria se juntar aos funcionalistas?

A escolha de Piaget foi feita rapidamente, com base em motivos epistemológicos. A psicologia diferencial e de correção, tal como exercida por Binet e Simon, sinalizava um interesse pelo particular que pode ter seduzido o gradualista que havia em Piaget. Mas o verdadeiro epistemólogo é fascinado somente pelo universal e abstrato. Por isso, Piaget alinhava-se a Claparède. Além do mais, tinha-se uma bela passagem para o cruzamento: a biologia e o enraizamento da inteligência (cognição) na biologia. Esse foi um ponto de concordância entre Binet e Claparède. Desse modo, Piaget poderia passar da psicologia educacional ortopédica de Binet à psicologia funcional de Claparède graças à noção ortogenética de interesse que, de acordo com Claparède, é de natureza biológica. No vocabulário de Claparède, o interesse é o equivalente psicológico da necessidade biológica. Surge então a questão: podemos assimilar a necessidade de alimento à necessidade de entendimento, e explicação à necessidade de verdade? Para Claparède, tal assimilação é perfeitamente legítima: a necessidade de alimento e a necessidade de inteligência são duas formas diferentes de adaptação vital. Se é assim, como a diferença entre a necessidade de comida (que se mantém a mesma por toda a vida) e a necessidade de inteligência (que varia com a idade nas crianças) deveria ser reconhecida e explicada? Sendo Claparède um pragmatista (no sentido filosófico) e um funcionalista (no sentido médico e psicológico), as coisas seriam razoavelmente simples: "Um girino ainda não é um sapo, mas nem por isso é imperfeito, funcionalmente falando. Na verdade, quando comparado a um sapo adulto, ele perde uma série de coisas (estruturalmente): pernas e pulmões, por exemplo. Mas adequa perfeitamente sua condição presente, que é viver na água fresca. Se tivesse pernas, andaria pela terra e o faria sem pulmões" (Claparède, 1946, p. 22). Nessa passagem, o velho adágio panglossiano *do melhor de todos os mundos*, tão característico do pragmatismo, encontra-se claro a ponto de o leitor não precisar da transferência para o desenvolvimento infantil feita por Claparède (1946, p. 22): "Se a criança pequena não é racional, é porque, simplesmente, a razão não se faz necessária em sua atual condição".

Desde *Recherche*, Piaget esteve cônscio dos limites do pragmatismo, "uma filosofia para cornos" (comunicação pessoal). Não obstante, adotou essa dimensão funcional em seu próprio sistema por haver nela uma vantagem formidável. Se tomamos o desenvolvimento cognitivo por uma mudança organizada, precisamos de uma invariante para com ela mensurar a mudança, ou esta jamais seria percebida. A função desempenha esse papel perfeitamente bem, pelo fato de ser imutável, por mais que estruturas em constante mutação possam estar atreladas a ela!

Piaget estava consciente de que essa mudança de perspectiva demanda um passo adicional para explicar a especificidade da inteligência: função e estrutura têm de ser tanto lógicas quanto biológicas. Nesse sentido, a lógica é a biologia por outros meios. A continuidade entre os ensinamentos de Binet e de Claparède não apenas se encontra preservada, como é reorganizada num sistema de transformações passível de análise e avaliação em termos de uma hierarquia de estruturas lógicas que se seguem uma à outra durante o desenvolvimento psíquico numa sequência ordenada pelo poder relativo de cada nova sucessiva estrutura lógica. Ao fazê-lo, Piaget mantém tanto a invariância das funções biológicas quanto as transformações das estruturas do psiquismo em desenvolvimento. Com isso, a promessa inicial de Piaget, de "dedicar minha vida à explicação biológica do conhecimento" (comunicação pessoal) faz-se cumprida.

Contudo, a implementação desse projeto levou algum tempo, e isso por duas razões: a primeira delas está no fato de esse projeto ser identificado *ex-post-facto* [a partir do fato passado] na autobiografia de Piaget (1952a). A segunda advém da primeira: não tendo identificado com clareza o seu programa de pesquisa, no início ele procedeu de maneira tateante, em busca de outro caminho para a explicação do conhecimento. Primeiramente de forma bastante clássica, ele lidou com a linguagem como um modo de compreender a lógica e o crescimento da inteligência.

Aqui é preciso não esquecer do peso do fator verbal nas escalas da inteligência da época (início dos anos 1920), bem como do fato de que muitas importantes figuras, tanto na filosofia quanto na psicologia do período, de algum modo fusionaram linguagem e pensamento.

Foi de fato uma contribuição importante de Piaget à questão ter desvencilhado um e outro. Ele abordou o crescimento da linguagem em termos que diferiam radicalmente dos da corrente dominante à época. A maior parte dos psicólogos do desenvolvimento considerou então que o modo certo de compreender o domínio da linguagem por crianças pequenas seria simplesmente contar o número de palavras empregadas em certa idade, então traçar a curva que se desenharia ao longo do tempo, e aí se teria representado o domínio da linguagem.

Sob a influência de J. M. Baldwin e Janet, para Piaget a linguagem era essencialmente um meio de comunicação entre criaturas semelhantes. Foi assim que ele observou crianças a interagir entre si e descobriu que até a idade de cerca de 7 anos elas praticavam o que ele chamou de *monólogo coletivo* (crianças falam *na presença* umas das outras e não *para* as outras), cuja função é acompanhar ações, não as substituir. Sua linguagem é, assim, de natureza egocêntrica, e não efetivamente social. Isso levou Piaget a considerar que o desenvolvimento consistiria num movimento do solipsismo do bebê para o egocentrismo da criança, vindo a desaguar no descentramento do adulto. Tal era a lógica do crescimento do conhecimento – em sua essência, um processo de socialização –, com Piaget decidindo estudar sua própria bebê (Jacqueline, nascida em 1925) com essa ideia em mente.

Sua investigação (1932/1968) sobre juízos morais estava indo na mesma direção, influenciada pela concepção de obediência de Bovet, na qual a obediência seria suscitada por um sentimento de admiração por figuras de autoridade e pelo desejo de emulá-las por imitação e internalização. Piaget extraiu daí suas duas formas de moralidade: heteronomia e autonomia, a heteronomia correspondendo às descrições de Bovet e a autonomia, a um novo nível de pensamento operacional, correspondendo à plena socialização.

A esse ponto de suas formulações teóricas, Piaget via-se profunda e duradouramente influenciado pelas observações sobre um de seus trabalhos, apresentado na conferência anual da Sociedade Filosófica Francesa (1928), de autoria do célebre psicólogo e psiquiatra do desenvolvimento francês Henri Wallon.

Em sua discussão sobre o artigo de Piaget, Wallon (1928, p. 133-134) propôs o seguinte: "Em vez de fazer da socialização o agente, o fator do pensar relativo, eu inverteria os termos e diria que quando, em razão de seu desenvolvimento cognitivo e orgânico, a criança se torna capaz de ter em mente, de maneira simultânea, dois diferentes pontos de vista, a sua sociabilidade se faz traduzida em termos do pensar relativo". Isso foi aceitável para Piaget, pelo fato de ele ignorar a sempiterna discussão sobre natureza e nutrição concentrando-se num *tertium*, no caso, as estruturas mentais.

A influência mais importante sobre a teoria da inteligência de Piaget vem do estudo de Claparède, *La genèse de l'hypothèse* [A gênese da hipótese] (1933). Em 1917, Claparède desenvolveu uma teoria da inteligência num artigo chamado "La psychologie de l'intelligence" [A psicologia da inteligência], com base numa reavaliação da teoria de tentativa e erro (do tatear) de Thorndike. Claparède distinguiu duas formas do tatear: o tatear não sistemático e o tatear sistemático. O tatear não sistemático caracteriza a inteligência empírica. Ele se dá por acaso, sem qualquer direção, sendo selecionado tempos depois, muito ao modo do funcionamento da seleção natural na teoria da evolução de Darwin. O tatear sistemático, ao contrário, é sistemático, orientado, dá-se sob o controle do pensamento, em especial sob a forma de uma certa percepção das relações entre objetos e com o sujeito. Desse modo, a reação geral de um ser humano diante da novidade não é nem instintiva (no sentido de um sistema integrado de resposta anterior a qualquer contato com o ambiente), nem adquirida (no sentido de condicionamento ou aprendizagem), dando-se, em vez disso, pelo tatear. Para Claparède, de um modo geral, esse ato de tatear, seja ele sistemático ou não, é um sinal de comportamento inteligente.

Entre 1917 e 1933, Claparède refinou sua teoria. Tal qual Binet, ele considera a inteligência como a forma *par excellence* de adaptação a novas situações em oposição ao instinto ou ao hábito. Tal qual Binet, Claparède distingue três momentos nesse processo de adaptação: (1) questionamento, (2) hipotetização e (3) controle. Questionar significa dar uma direção à busca por adaptação. A hipótese consiste ou em efetivas tentativas e erros ou num tatear mental. O controle ou é o confronto real com os fatos (inteligência empírica) ou o uso de relações representacionais previamente estabelecidas para a verificação da hipótese (inteligência sistemática). Tendo isso em mente, as duas modalidades do tatear já não são consideradas como de todo diferentes, mas sim como duas extremidades opostas de uma cadeia de comportamento inteligente. Essa reformulação permite a Claparède considerar que o mecanismo básico da inteligência é a apreensão de uma implicação (no sentido lógico) entre ações e objetivos ou, em outras palavras, a apreensão de uma relação de necessidade entre ato e objetivo, como nas relações entre meios e fins. Por essa razão, em vez de considerar aprendizagem e inteligência como uma longa cadeia de reações estímulo-resposta, Claparède (1933) considera o organismo "uma máquina de implicação" (p. 106) e explica o condicionamento em termos de implicação: "O cão [pavloviano] reage a A [reflexo condicionado] como se B [reflexo incondicionado] estivesse contido em A, envolvido por A" (p. 106). Claparède (1933) vai ainda mais longe: "Poder-se-ia dizer que viver envolve implicação" (p. 107). Mas a questão se mantém: como é possível para o cão tomar a campainha pela refeição ou, na terminologia funcionalista de Claparède, por que a campainha funciona como a refeição? Para Claparède, essa é uma relação necessária a partir da tentativa. Infelizmente, ele não explica essa necessidade. A solução de Piaget para essa dificuldade é bastante simples: a postulação de totalidades organizadas compostas por elementos internos (*schèmes*) que são mutuamente implicativos e por uma operação (que ele chama de *assimilação*) inerente aos *schèmes*, bem como à sua implicação mútua. Daí se tem que os *schèmes* assimilam-se um ao outro constantemente, e é por isso que a campainha pode ser tomada pela refeição à medida que a refeição é por vezes servida quando a campainha é tocada. Se a campainha for apresentada sem a refeição por um número suficiente de vezes, ela não mais será assimilada à refeição.

A noção de tomada de consciência foi igualmente adaptada por Piaget a partir de Claparède. O conceito de Claparède de tomada de consciência é expresso como uma espécie de lei de acordo com a qual o grau de percepção de uma ação é inversamente proporcional à sua habitualidade. Claparède redescobriu aqui a antiga lei aristotélica de que o que aparece em último lugar na análise é o primeiro na gênese.

Piaget (1928, p. 106) retém sobretudo a dimensão epistemológica dessa lei: a razão procura dominar a experiência mediante a apreensão de objetos antes de apreender o modo como são construídos. Assim, a razão procede a partir dos aspectos mais externos da experiência em direção às origens do trabalho intelectual necessário para se construir experiências sob a pressão de contradições suscitadas por tal concepção realista primitiva do estado de coisas. Em 1974, Piaget (1974/1976) reelaborou a sua noção de tomada de consciência. Ele falou de um processo pelo qual se ia de uma ação (bem-sucedida) ao entendimento (Piaget, 1974/1978). Ele concebeu o entendimento como resultante de um duplo processo de internalização e externalização de ações. A internalização culmina em estruturas lógico-matemáticas e a externalização, em causalidade (ou seja, na atribuição de estruturas mentais, lógicas e matemáticas à realidade).

Estabelecimento em Genebra

Entre 1933 e o final da Segunda Guerra Mundial, Piaget transformou o Instituto. Até então o currículo tinha sido um tanto frouxo, com os alunos acorrendo a cursos de duração variada, que iam desde umas poucas semanas a vários anos, obtendo diplomas diversos, cujo estatuto acadêmico por vezes era pouco claro. Além disso, a atmosfera era excessivamente democrática, calorosa e informal. Os aspectos pessoais e acadêmicos da vida no Instituto não se separavam. A reputação do Instituto na cidade de Genebra era bastante ruim. "Eles" eram politicamente bastante progressistas; relações homoeróticas eram conduzidas abertamente; "eles" eram nudistas e a favor do amor livre; os filhos "deles" eram escandalosamente indisciplinados.

Tudo isso mudou com a ascensão de Piaget. Do primeiro semestre ao final do ciclo de estudos, os alunos eram associados à pesquisa, primeiramente mediante protocolos de entrevistas com crianças, e na sequência como experimentadores. Esse regime exercia um duplo efeito: os estudantes tinham de se mostrar interessados pelo que Piaget fazia (para muitos deles, obrigação difícil de cumprir), mas em contrapartida podiam influenciar o pensamento do mestre e o direcionamento da pesquisa de modos que a maioria deles não percebia claramente. É evidente que essa forma de influência não podia ser formalizada, nem mesmo adequadamente investigada, já que tudo se dava sob a instabilidade de debates livres e acalorados.

Havia um pequeno grupo de pessoas do qual Piaget diariamente lia os escritos e solicitava opiniões, críticas e alguma discussão a respeito. Algumas dessas influências são reconhecidas nas várias autobiografias de Piaget (ver Vonèche, 2001), mas as mais importantes são de tal maneira assimiladas à exaustão por Piaget, que ele sinceramente pensava que as ideias delas eram suas próprias.

Durante a Segunda Guerra Mundial, Piaget viveu isolado na Suíça, e seus contatos com colegas estrangeiros foram limitados. Na década de 1950, porém, essa desolada paisagem mudou drasticamente. A pesquisa americana renovou suas conexões com Genebra, com o governo americano tendo convidado Piaget para realizar palestras em universidades do país, isso porque o governo americano estava impressionado com a qualidade da pesquisa europeia em desenvolvimento humano, em comparação à dos Estados Unidos. Piaget declinou do convite e enviou Bärbel Inhelder em seu lugar. Ela julgou interessante o trabalho de um trio de jovens americanos de Harvard, Jerome Bruner, Roger Brown e George Miller. A orientação cognitivista desse trabalho, que se devia a uma obra seminal de H. E. Gruber, parecia harmonizar-se com a marca genebrina da psicologia "na árida paisagem behaviorista dos Estados Unidos de então" (Bärbel Inhelder, comunicação pessoal, 1983). Após debater com Bruner, Piaget percebeu diferenças importantes entre suas respectivas concepções, além de ficar ofendido com os ataques de Bruner ao método genebrino, considerado negligente pelo americano, e ao próprio conceito de conservação. Piaget revidou aos ataques com uma inamistosa resenha (Piaget e McNeill, 1967) ao livro de Bruner intitulado *Studies of Cognitive Growth* [Estudos sobre crescimento cognitivo] (Bruner, Oliver e Greenfield, 1966) e com um programa de pesquisa a versar sobre percepção, memória imagética mental e linguagem. Isso para combater a divisão dos processos cognitivos em atuantes, icônicos e simbólicos proposta por Bruner. Nessa direção, Piaget tomou o livro de Miller com Pribram e Galanter, *Plans and Structures* [Planos e estruturas] (1960), como mais afinado à sua própria obra do que qualquer outro trabalho nos Estados Unidos. A teoria da informação e os modelos estocásticos de aprendizagem, bem como o uso das cadeias de Markov (logo abandonado), influenciaram na formulação por Piaget de sua teoria da equilibração na década de 1950, bem como a sua modelação da conservação de quantidades físicas.

A filosofia analítica no mundo anglo-saxônico suscitou uma série de artigos de Piaget contra o empirismo, fosse este lógico ou não. Na Europa Continental, a fenomenologia exerceu escassa influência adicional sobre Piaget, porque ele de diversas maneiras já estivera mais próximo do pensamento alemão do que de outras tendências em filosofia. Na verdade, ele foi influenciado pela noção de intencionalidade de Brentano (*tensão para* em vez de *intenção*), o que se mostra pelas suas próprias noções, e pelas de Claparède, de implicação, assimilação e *schèmes*. Piaget chegou a ponto de se considerar (corretamente) um gestaltista subjetivo, bem como um behaviorista subjetivo (*l'équilibration toujours!* [a equilibração sempre!]).

A criação, em 1955, graças à Fundação Rockefeller, do Centro Internacional de Epistemologia Genética, transformou os modos e meios da pesquisa de Piaget. Uma vez que as Fundações Rockefeller e Ford já tinham financiado Claparède e Piaget antes da guerra, para eles era perfeitamente normal retomar seu apoio à pesquisa de Piaget. Ele pôde contratar grande número de assistentes e convidar, para períodos que iam de alguns poucos dias até um ano inteiro, uma série de eminentes pesquisadores internacionais nos campos da matemática, da física, lógica, história da ciência, biologia e psicologia. Todas essas pessoas exerceram influência em Piaget, uma vez que com tal grupo ele teve a oportunidade de debater extensivamente todas as suas ideias, bem como as delas. Ocorre que tal influência não se fez fácil de notar. O papel de Bärbel Inhelder é primordial, mas jamais aparente, e isso porque, após intensos debates sobre um tópico de pesquisa específico ou sobre ideias de modo geral (que um de nós teve a oportunidade de observar por um longo período), Inhelder e Piaget terminaram por concordar quanto a uma posição comum que ambos defenderam com os mesmos argumentos e com a mesma constância – uma perfeita *entente cordiale* [acordo cordial].

Os experimentos que conduziram ao livro intitulado *The Growth of Logical Thinking from Childhood to Adolescence* [O crescimento do pensamento lógico da infância à adolescência] (Inhelder e Piaget, 1955/1958) fornecem um bom exemplo de como uma equipe de pesquisadores mudou a posição de Piaget. De início, esses experimentos foram concebidos como um estudo da indução em crianças. Logo, a equipe de pesquisadores descobriu que a maior parte das crianças de até 12 ou 13 anos era incapaz de formular um princípio ou lei coerente organizando os elementos apresentados nos experimentos. Além disso, indivíduos bem-sucedidos em suas formulações chegavam à solução correta não por meio de indução empírica, como se esperava, e sim por raciocínio hipotético-dedutivo, pelo uso de sistemas combinatórios (mais ou menos complexos) e pela consideração da realidade como um caso especial em meio a todos os casos possíveis.

Esse estado de coisas perturbou a todos. Durante um ano se seguiram discussões acaloradas, até Piaget chegar à conclusão de que os resultados podiam se adequar a um de seus primeiros ensaios de lógica (no qual ele trabalhara para tornar mais agradável sua viagem transatlântica ao Brasil!): *Essai sur les transformations des operations logiques* [Ensaio sobre as transformações das operações lógicas] (1952b). A conjunção de resultados experimentais com a lógica conduziu ao estágio de operações formais como estágio final do desenvolvimento psíquico, e o volume sobre a indução manteve-se um esboço.

A pesquisa de Piaget sobre operações formais fora criticada com frequência, em especial por positivistas lógicos que acreditavam em falseamento. O falseamento não é algo aceitável para Piaget, e isso porque, em que pesem as afirmações em contrário, sua pesquisa se apoia fortemente em verificação empírica (atente-se ao termo "verificação", aliás), porque um único exemplo de cisne negro falseia o enunciado de que todos os cisnes são brancos.

O único aspecto relevante do falseamento para um antipositivista como Piaget é o seu sentido, isto é, as inferências tornadas possíveis pelo *ato* mesmo de falsear, bem como pelas antecipações dedutivas permitidas pelo ato de buscar contraexemplos ou, de modo mais preciso, um único contraexemplo. Note-se a mudança crucial de vocabulário: contraexemplos existem somente num sistema de esquemas coordenados entre eles próprios no todo do sistema e com o próprio todo. Com isso, o falseamento não mais é um objeto (um cisne negro, por exemplo, ou mesmo um ato como o de encontrar um cisne negro), mas o sentido oculto atrás dele, e, ao mesmo tempo, faz-se revelado pelo ato ou objeto (ou seja, o que a busca por um cisne negro significa para alguém que enuncia que todos os cisnes são brancos?).

Isso só se faz possível no âmbito de um sistema de implicações coordenadas no qual o valor de verdade varia de acordo com o escopo do sistema de implicação. O que Piaget procurou fazer durante toda a vida foi desenvolver uma embriologia de valores de verdade no psiquismo em desenvolvimento e na história da ciência. Isso é possível somente mediante uma coordenação cada vez maior entre ações e operações no indivíduo e na sociedade. E também significa que o *locus* do psiquismo já não é o cérebro, como vis materialistas tentam nos fazer crer, mas a humanidade em geral, por meio de uma cooperação cada vez maior, como ilustraremos no exemplo a seguir.

A obra de Piaget sobre a causalidade é outro exemplo de como uma equipe de pesquisadores influenciou seu pensamento. Quando jovem (1926/1972, 1927/1972), Piaget trabalhara na causalidade física, porém mais tarde se viu de todo insatisfeito com tal realização, que considerava excessivamente ingênua. Foi assim que, com o auxílio de todos os pesquisadores do Centro de Epistemologia Genética, ele se dedicou ao tema em 1966. Durante três longos anos, não se agradou das soluções que o grupo aventava, até que um dia uma das crianças foi presenteada com um aparato físico clássico chamado de *pêndulo de Newton*, que consistia numa série de cinco ou seis bolas, cada qual suspensa numa corda independente. Contrariamente às expectativas ingênuas, quando um impulso é dado na primeira delas, somente a última da fileira se move. Ao observar a última delas se movendo, a criança disse ao pesquisador: “Fui eu que dei o movimento, e ele passou sem ser visto pelas bolas, porque teve de fazer isso”. Essa resposta agradou a Piaget porque ilustrava, segundo ele, a teoria da causalidade de Maine de Biran, que vê a causalidade como extensão do poder humano aos objetos. Jovens psicólogos do grupo, com formação em psicologia geral, contaram a ele sobre a teoria da atribuição. Lógicos mencionaram as semelhanças possíveis entre transmissão de movimento e transitividade. Piaget deu início aos debates, e após longas discussões chegou à sua teoria da causalidade como atribuição a objetos de algumas das operações do próprio indivíduo (Piaget, 1971/1974). Conforme ilustram esses exemplos, deve-se pensar na Escola de Genebra mais como uma colônia de artistas, oficina medieval ou renascentista, e menos como o grupo de Aristóteles, regido por uma única cabeça de mestre.

Conclusão

Este capítulo representou uma tentativa de demonstrar que a criatividade de Piaget depende de um processo dialético de oposição entre dois campos, considerados tese e antítese, o que se resolve numa nova síntese a redefinir todo o campo. Forneceu-se uma série de exemplos dessa estratégia de pesquisa, como a oposição entre Darwin e Lamarck, Bateson e Pearson ou Binet e Claparède. Outros exemplos poderiam ter sido elaborados, como a oposição entre Durkheim e Tarde em sociologia, ou entre Russell e Poincaré em matemática, o que revela que essa estratégia foi amplamente empregada por Piaget.

Opiniões podem divergir quanto à pertinência e à eficácia de tentativas de resolver epistemologicamente importantes problemas científicos que aparecem no caminho. Não obstante, permanece o fato de que Einstein, quando Piaget, em Princeton, falou-lhe dos famosos experimentos sobre a conservação das quantidades físicas, exclamou: "Genial, so eine einfache Idee!" (Genial, uma ideia tão simples!).

Referências

BERGSON, H. *Creative evolution.* Nova Iorque: Henri Holt, 1911 (texto original publicado em 1907).

BINET, A.; SIMON, T. "L'intelligence des imbéciles". *Année Psychologique,* 15, 1901, 1-147.

BRUNER, J.; OLIVER, R. O.; GREENFIELD, P. M. *Studies in cognitive growth*. Nova Iorque: Wiley, 1966.

BRUNSCHVICG, L. *Les étapes de la philosophie mathématique*. Paris: Alcan, 1912.

CLAPARÈDE, E. "La psychologie de l'intelligence". *Scientia,* 11, 1917, 353-368.

______. "La genèse de l'hypothèse". *Archives de Psychologie,* 24, 1933, 1-155.

______. *L'éducation fonctionnelle ou psychologie de l'enfant et pédagogie expérimentale*. Neuchâtel: Delachaux & Niestlé, 1946.

COUTURAT, E. *L'infini mathématique*. Paris: Alcan, 1896.

GOBLOT, E. *Traité de logique*. Paris: Alcan, 1918.

INHELDER, B.; PIAGET, J. *The growth of logical thinking from childhood to adolescence*. Nova Iorque: Basic Books, 1958, texto original publicado em 1955.

MILLER, G. A.; GALANTER, E.; PRIBRAM, K. H. *Plans and the structure of behaviour*. Nova Iorque: Holt, 1960.

PFISTER, O. "Jean Piaget, la psychoanalyse et la pédagogie". *Imago,* 6, 1920, 294-295.

PIAGET, J. *Recherche*. Lausanne: La Concorde, 1918.

______. "Les trois systèmes de la pensée de l'enfant: Etude sur les rapports de la pensée rationnelle et de l'intelligence motrice". *Bulletin de la Societé Française de Philosophie,* 28, 1928, 97-141.

______. "Autobiography." In: E. G. Boring, H. S. Langfeld, H. Werder e R. M. Yerkes (Orgs.). *A history of psychology in autobiography* (vol. 4, p. 237-256). Nova Iorque: Russell & Russell, 1952a.

______. *Essai sur les transformations des operations logiques*. Paris: Presses Universitaires de France, 1952b.

______. *The construction of reality in the child.* Nova Iorque: Basic Books, 1954 (texto original publicado em 1937).

______. *The moral judgement of the child.* Londres: Routledge & Kegan Paul, 1968 (texto original publicado em 1932).

______. *The mechanisms of perception*. Londres: Routledge & Kegan Paul, 1969 (texto original publicado em 1961).

______. *Biology and knowledge*. Chicago: University of Chicago Press, 1971 (texto original publicado em 1967).

______. *The child's conception of the world.* Totowa: Littlefield Adams, 1972 (texto original publicado em 1926).

______. *The child's conception of physical causality.* Totowa: Littlefield Adams, 1972 (texto original publicado em 1927).

PIAGET, J. *Understanding causality*. Nova Iorque: Norton, 1974 (texto original publicado em 1971).

______. *The grasp of consciousness*. Cambridge, Mass.: Harvard University Press, 1976 (texto original publicado em 1974).

______. "Psychoanalysis in its relations with child psychology". In: H. E. Gruber e J. J. Vonèche (Orgs.). *The essential Piaget*. Nova Iorque: Basic Books, 1977, p. 55-59 (texto original publicado em 1920).

______. *Success and understanding*. Londres: Routledge & Kegan Paul, 1978 (texto original publicado em 1974).

______. "Reflections on Baldwin, an interview conducted and presented by J. Jacques Vonèche". In: J. M. Broughton; D. J. Freeman-Moir (Orgs.). *The cognitive-developmental psychology of James Mark Baldwin: Current theory and research in genetic epistemology*. Englewood Cliffs: Ablex, 1982, p. 80-86.

______. "La vanité de la nomenclature" (organizado por F. Vidal). *History and Philosophy of the Life Sciences*, 6, 75-106, 1984 (conferência não publicada, ministrada em 1912).

______; MCNEILL, D. "Cognitions and conservations: Two views". *Contemporary Psychology*, 13, 1967, 530-533.

POINCARÉ, H. *La science et l'hypothèse*. Paris: Flammarion, 1909.

______. *La Valeur de la Science*. Paris: Flammarion, 1912.

RUSSELL, B. *The principles of mathematics*. Londres: Allen & Unwin, 1903.

VONÈCHE, J. *Les effets consécutifs figuraux*. Bruxelles-Louvain: Vander, 1970.

______. "Piaget's first theory of equilibration" (1918). In: D. Maurice e J. Montangero (Orgs.). *Equilibrium and equilibration*. Genebra: Fondation Archives Jean Piaget, 1993, p. 3-15.

______. "Identity and narrative in Piaget's autobiographies". In: J. Brockmeier (Org.). *Narrative and identity*. Amsterdã, Filadélfia: John Benjamins, 2001, p. 219-246.

WALLON, H. "L'autisme du malade et l´égocentrism enfantin: Intervention aux discussions de la these de Piaget". *Bulletin de la Societé Française de Philosophie*, 28, 1928, 131-136

WHITEHEAD, A. N.; RUSSELL, B. *Principia mathematica*. Cambridge: Cambridge University Press, 1910.

3 A epistemologia do desenvolvimento de Piaget

Leslie Smith

> A epistemologia do desenvolvimento não deve ser confundida com a psicologia do desenvolvimento, e esta última não é idêntica à psicologia infantil. (Em vez disso) ela preenche a lacuna entre psicologia do desenvolvimento e epistemologia em geral, que ela ajuda a enriquecer... Assim, a epistemologia do desenvolvimento é, por natureza, uma investigação interdisciplinar, na qual a psicologia do desenvolvimento desempenha um papel necessário, mas não suficiente.
>
> Adaptado de Jean Piaget (1966/1973)[1]

I – Introdução

O conhecimento conduz a problemas que surgem no âmbito de disciplinas e entre disciplinas. Onde reside a verdade quando diferentes disciplinas, como ciência e religião, entram em choque como "dois cultos, um a aniquilar o outro" (Piaget, 1918, p. 41)? O que Piaget queria conhecer era a natureza do instrumento intelectual – o *ipse intellectus* (Piaget, 2004/2006, nota 30) – que se fazia operativo no conhecer humano e responsável pelo (des)acordo racional. Caso não houvesse tal instrumento, o intercâmbio racional seria impossível; tal significaria a não existência de

1 Referências à obra de Piaget incluem datas duplas para as publicações em francês e em inglês, respectivamente; a paginação refere-se às publicações em inglês e * indica a minha tradução com emendas. As traduções de obras indisponíveis em inglês são de minha autoria.

algo como um conhecimento verdadeiro da realidade, e dela nem mesmo uma concepção equivocada. A proposta de Piaget (1918, p. 152) era a de que leis (*lois*) científicas fossem compreendidas mediante diferentes gêneros (*genres*) de conhecimento.

Esse foi, efetivamente, o seu "programa de pesquisa" (p. 118), a resolução do qual deveria ocupar o restante de sua vida. Tal programa mapeava um novo curso entre ciência e filosofia, e ele seria interdependente com ambos (1925, p. 131). Piaget (1950, p. 13) mais tarde chamou a sua proposta de epistemologia genética, ou o estudo dos "mecanismos no desenvolvimento dos diferentes gêneros de conhecimento" (1957, p. 14). Essa sutil definição será elaborada na seção 4, porém duas coisas podem ser observadas desde já. Em primeiro lugar, o estudo lida com mudanças no desenvolvimento humano em termos de sequências e mecanismos. Em segundo, lida com essas mudanças como se fossem fatos e normas. O estudo é factual à medida que é empírico e, com isso, baseado em evidências. O estudo é então normativo em dois aspectos interdependentes. Em primeiro lugar, seu foco está em como aquele que conhece distingue o certo do errado – não meramente em moral, mas também em matemática, e na verdade na experiência humana em geral. Em segundo lugar, seu foco encontra-se também na formação de tal conhecimento por meio de estados menores e melhores, com atenção especial ao modo como tal é compreendido, segundo a perspectiva daquele que conhece. Eu (Smith, 2006b, p. 116) chamo a proposta de epistemologia do desenvolvimento de Piaget de "ED".[2]

Uma conclusão já se faz evidente. Piaget repetidas vezes reafirmou a ED como um compromisso com um "círculo" (1918) ou "espiral" (1950) ou "família" (1979) de ciências. Isso significa que a ED é "necessariamente interdisciplinar" (1965/1972, p. 29) – interdisciplinar ao combinar epistemologia normativa e psicologia empírica, sendo assim, necessariamente tendo em vista o seu enfoque combinado em ambas na mesma abordagem, sem com isso fazer colapsar a distinção entre fatos e normas.

2 A *genética* pode ser desvirtuadora – o enfoque de Piaget estaria não no DNA, mas na gênese, isto é, na origem. A psicogênese e a sociogênese lidam com origens individuais e públicas. Esse enfoque levou Piaget para muito além da psicologia infantil (Kitchener, 1986, p. 1; ver Piaget, 2004/2006, p. 10).

Meu capítulo se divide em quatro partes. As primeiras duas são críticas à psicologia e à epistemologia. Minha argumentação será a de que ambas são essenciais à ED, cada qual tendo deficiências a demandar reparação. De modo específico, a psicologia da ED será uma psicologia de fatos normativos, e sua epistemologia será um construtivismo dialético. A terceira parte será uma análise dos princípios da ED. Sua função central vem a ser uma resolução do problema predominante em Piaget, que é o de mostrar como um conhecimento humano tem a um só tempo uma origem empírica e uma constituição normativamente defensável. Suas noções centrais são a ação e os arcabouços dessa ação, a compreender redes de normas. As razões para as ações garantem uma cabeça de ponte do uso implícito à sua realização consciente. Com sua origem na ação, o conhecimento humano tem uma constituição adequada em virtude de seu grau de adequação com arcabouços científicos na história humana. Embora a adequação normalmente não seja reconhecida pelo sujeito cognoscente, as demonstrações de *expertise* da parte desse sujeito proporcionam fundamentos intersubjetivos para o conhecimento verdadeiro da realidade. A parte final apresentará uma síntese e as principais implicações dessa argumentação, bem como desafios a ela.

2 – Psicologia

O foco da presente seção está em como e por que a psicologia traz uma contribuição necessária, mas não suficiente, para a ED. Sua contribuição é necessária por se demandar evidência sobre a disponibilidade do instrumental intelectual usado para se conhecer o mundo, mas ela é não suficiente, uma vez que a psicologia, como ciência causal, tem limites de princípio que impossibilitam sua adequada explicação de noções-chaves do conhecimento humano, em especial a sua constituição, sua verdade e necessidade.

Evidência

O "primeiro princípio da ED é tomar a psicologia a sério" (Piaget, 1970, p. 9). Esse princípio parece inequívoco como um compromisso com a psicologia do desenvolvimento humano. Sem dúvida que há uma razão pela qual a obra de Piaget tenha se mostrado influente em psicologia. Contudo, esse princípio tem também qualificações substanciais.

Uma abordagem do conhecimento humano demanda uma psicologia do sujeito cognoscente porque não há conhecimento sem tal sujeito, e isso vale tanto para a psicogênese quanto para a sociogênese (Piaget, 1967a, p. 38; 1967c, p. 395). Mas a psicologia invocada em filosofia é uma psicologia via de regra "de gabinete", que depende de uma reflexão desprovida de evidências. A reflexão, fosse ela banal ou perspicaz, não poderia redundar numa lei sem os controles adequados exigidos para a testagem empírica. Na condição de ciência empírica, a psicologia tem como objetivo garantir que tais controles sejam realizados (Piaget, 1963/1968, p. 153-156). E esse é o motivo pelo qual a ED demanda uma psicologia.

A qualificação diz respeito ao tipo de psicologia de que seria o caso. O argumento de Piaget referia-se à evidência experimental, ainda que o epistemólogo tenha explicitamente negado qualquer interesse na investigação experimental de variáveis causais (ver Piaget, 1941/1952, p. 149). Na ED, variáveis causais não estão no arcabouço de referência, e isso porque o funcionamento psíquico opera por meio de implicação, e não de causação – por meio de normas, não de causas. Há muito se percebeu que a obra de Piaget equivale à "psicologia de fatos normativos" (Isaacs, 1951). "A verdade de 2 + 2 = 4 não é a 'causa' da verdade de que 4 – 2 = 2, do mesmo modo que um disparo causa o movimento de duas bolas de bilhar. [A verdade] de 2 + 2 = 4 'implica' que 4 – 2 = 2, o que é bem outra história" (Piaget, 1963/1968, p. 187). Na ED, a distinção entre causalidade e normatividade é fundamental para o tipo de psicologia em questão.

Origens e constituição

Em sua condição de ciência empírica, a psicologia é capaz de descrever qualquer disposição do psiquismo humano em funcionamento. A psicologia do desenvolvimento tem uma contribuição particular a fazer ao mapear *origens*, por exemplo, o desenvolvimento da compreensão do número na infância (Carey, 2008; Sophian, 2007). Ocorre que um segundo passo é igualmente requerido: o funcionamento do psiquismo nem sempre é um bom funcionamento. Kant (1787/1933, B368) propôs que conceitos pseudorracionais têm uma origem sem serem propriamente constituídos – e seu exemplo foi o conceito de destino. Tais conceitos têm uma origem empírica, muito embora sejam ilegítimos, uma vez que vazios ou antinômicos. Por exemplo, a Rainha negociou com Alice o seu pagamento sob a forma de "geleia dia sim, dia não, mas hoje não"[3] (Carroll, 1871) – isso é sério, ou será uma piada? A teoria dos conjuntos de Cantor conduziu uma e outra possibilidade a números transcendentais e ao paradoxo de Russell (1919) – ao triunfo intelectual e ao desastre. Tudo bem quanto a mapear as origens do conhecimento humano, mas estabelecer a sua constituição é igualmente uma exigência essencial. As culturas encontram-se infestadas de tais referidos conceitos, desde a astrologia, passando pelo flogisto,[4] até o zoísmo.[5] Por isso, uma abordagem do modo de conhecer humano deve lidar também com a *constituição* do conhecimento, isto é, com a sua legitimação adequada (Kant, 1787/1933, B116-116). De que modo o conhecimento válido se

3 Há um interessante jogo linguístico no original de *Alice através do espelho (Through the Looking-Glass and What Alice Found There)*, de Lewis Carroll, que o original do ensaio de Leslie Smith não traz: no livro de Carroll, quando Alice responde dizendo não querer "geleia hoje", a Rainha Branca responde que ela não teria "geleia hoje" nem se quisesse, já que a geleia ficará "sempre para amanhã". Esse jogo de palavras deliberadamente confunde Alice e o leitor, afinal "amanhã" em algum momento se tornará "hoje". Mas a Rainha Branca insiste em que a geleia ficará sempre "para amanhã". A esse jogo subjaz uma referência ao latim: nesta língua, o termo "*iam*" (e "*jam*" é "geleia" em inglês) tem o sentido de "agora", mas um "agora" como já tendo acontecido, que é diferente do "agora" em referência ao presente, este que em latim já é expresso pelo termo "nunc". Desse modo, "*jam*" ("geleia" em inglês, semelhante ao "agora como já tendo acontecido" ["*iam*"] em latim) jamais se referirá ao presente, e assim sendo jamais vai estar disponível hoje. Originou-se daí, do texto *Alice através do espelho*, de Carroll, a expressão em inglês "*jam tomorrow*" – ou, por extenso, "The rule is, jam tomorrow and jam yesterday – but never jam today" [A regra é geleia amanhã e geleia ontem – mas nunca geleia hoje] – como sinônimo de promessas que são alvissareiras, porém jamais se fazem cumprir. (N. do T.)

4 Derrubada pela descoberta do oxigênio, a teoria do flogisto, desenvolvida pelo químico e médico alemão Georg Ernst Stahl entre os séculos XVII e XVIII, propunha que as substâncias inflamáveis conteriam um elemento etéreo e fundamental, o flogisto, que se desprenderia dos demais elementos durante a combustão ou seria por eles absorvido durante a calcinação. (N. do T.)

5 Trata-se o zoísmo de uma doutrina que procura compreender e valorizar a vida sob todas as suas formas, reconhecendo a importância de os seres vivos – sejam eles animais ou plantas – viverem e se desenvolverem. (N. do T.)

distingue de contrafações inválidas? Por qual motivo seus princípios operativos são legítimos, em vez de infames? E por que seu funcionamento será racional ou caprichoso?

Kant sustentou ter identificado um conjunto de categorias *a priori* válidas para todo conhecimento humano.[6] Para ele (1787/1933, B1), essas categorias tinham um início – e não uma derivação – na experiência. Na ED, a formação do conhecimento humano compreende a um só tempo as origens factuais e a constituição normativa (Piaget, 1970/1972, p. 92). Seguindo Kant, Piaget afirmou que a psicologia lida com questões sobre origens, mas não sobre a constituição, e isso porque "a psicologia nada sabe sobre a distinção entre fato e norma" (Piaget, 1925, p. 197). Por esse motivo, a psicologia não é suficiente, e por esse motivo ela tem de ser combinada com uma teoria normativa. Na ED, a constituição é factual e normativa, a ocorrer como um processo temporal de "construção contínua" ao longo de todo o desenvolvimento humano (Piaget, 1970, p. 77).[7]

Verdade

O conhecimento humano é objetivo à medida que implica a verdade do que é conhecido, princípio este que foi comprovado ao longo de dois milênios (Moser, 1995). Na ED, a atividade do bebê encontra-se confinada ao "êxito ou adaptação prática, enquanto a função do pensamento verbal ou conceitual é a de conhecer e enunciar verdades" (Piaget, 1937/1954, p. 360). Com isso, a noção de verdade é formada *após* a infância, com sua origem estando aberta à investigação psicológica (Piaget, 1928/1995, p. 184). Menos claro é o modo como a psicologia causal é capaz de explicar sua constituição (Piaget, 1923, p. 57).

A formação da noção de verdade não é meramente uma questão causal. Cataventos são acionados pelo vento sem saber para onde o vento está soprando – nenhum catavento compreende o sentido de sua própria causalidade (Peirce, 1910/1955). Papagaios fazem uso fidedigno da

6 *A priori* significa "independente da experiência", porém não inato (Kitcher, 1990, p. 15-16). Compare-se com Kant (1770, 2-395): "as categorias do entendimento não funcionam como conceitos inatos".

7 Piaget, por conseguinte, divergiu de Kant – ver seção 4.

linguagem sem conhecer o seu significado – eles dizem "isso é vermelho" sem perceber que "isso tem uma cor" (Brandom, 2000). O pensamento humano pode ser causalmente manipulado – um verdadeiro *Show de Truman* –, deixando qualquer pessoa num estado mental de perfeita falta de conhecimento; isso significa que crenças podem ser falsas sob condições causais que seguramente as produzem, ao mesmo tempo que se fazem passar por conhecimento através das luzes de seu detentor (Platão, 1935). Na verdade, o pensamento de qualquer pessoa pode ser verdadeiro sem nenhuma percepção de que assim o é, e menos ainda de por que o é. O conhecimento é, indubitavelmente, mais do que isso (Gettier, 1963).

A distinção-chave pode ser apresentada como segue (Frege, 1977, p. 7):

(a) pensar, isto é, apreender um pensamento;
(b) formular um juízo, isto é, reconhecer ou admitir sua verdade;
(c) expressar um juízo.

O argumento de Frege era o de que (a) o que penso sobre o teorema de Pitágoras, por exemplo, é diferente do que (b) reconheço ser a verdade do teorema de Pitágoras, isto é, de julgá-lo como sendo verdadeiro. O que eu penso pode ser verdadeiro, ou falso, ou mesmo desprovido de qualquer valor de verdade ao se manifestar como pensamento tendencioso, como suposições, questões ou imperativos tendenciosos. Mas ainda que um pensamento tenha um valor de verdade, isso não é algo que eu tenha de entender para pensá-lo. Formular um juízo é reconhecer um pensamento como sendo verdadeiro, é reconhecer o pensamento como verdadeiro. Assim, se eu formulo um juízo, de algum modo tenho de reconhecer meu pensamento como verdadeiro ou falso, isto é, tenho de fazer um uso controlado da noção de verdade. Tanto (a) quanto (b) são diferentes de (c), e eu afirmo que o teorema de Pitágoras é verdadeiro, na medida em que posso pensar ou formular um juízo sem expressá-lo. Para Frege (1979, p. 2-4), a psicologia causal lida com a origem dos pensamentos sob (a), mas nada tem que ver com a lógica central aos juízos sob (b). Isso acontece porque o erro humano tem uma etiologia causal, e ainda assim a noção de verdade é uma noção lógica – não psicológica. A capacidade de formular juízos opera por meio da lógica de razões, não da psicologia das causas, e supor algo diferente disso resultaria numa "espécie de loucura até aqui desconhecida" (Frege *apud* Smith, 2006b, p. 106).[8]

Piaget não aceitou essa abrangente rejeição da psicologia em razão de seu compromisso interdisciplinar (ver seção anterior). A psicologia pode investigar o pensamento de crianças ou adultos de maneira transcultural, seu pensamento podendo ser verdadeiro ou falso. Mas ele de fato aceitou que a psicologia causal fosse insuficiente, e é por isso que a observação de Isaacs (citada na seção 1) é astuta. O que a ED requer é uma evidência específica sobre como a noção de verdade tem uma formação durante a infância, isto é, de como as normas de verdade são usadas corretamente.

Necessidade

O que quer que seja verdadeiro é verdadeiro, mas nem todas as verdades são verdades necessárias. É verdade que acrescentar dois seixos a dois seixos faz quatro seixos; mas acrescentar duas gotas d´água a duas gotas pode constituir um lago (Piaget, 1967d, p. 582). O que isso significa é que a ação de acrescentar objetos reais pode engendrar resultados alternativos; a soma resultante de se acrescentar dois e dois pode ser diferente de quatro – esta é uma possibilidade real, nenhuma contradição surge daí. Ainda assim, a adição matemática 2 + 2 = 4 tem um resultado invariante que não poderia ser outro. Contextos sociais proporcionam casos onipresentes da mesma questão: se uma garrafa de cerveja custa £1, seis garrafas individuais podem custar £6, enquanto uma embalagem com seis custa £5. Ainda assim, 6 x 1 = 6 não só é verdadeiro, mas necessariamente verdadeiro. Para Aristóteles, a necessidade é algo que não poderia ser de outra maneira; para Leibniz, uma necessidade é algo cuja negação implica uma contradição (Piaget, 1977/1986). Exemplos paradigmáticos de necessidades são verdades matemáticas, como 2 + 2 = 4, e inferências lógicas, como:

O vinho é Sauvignon, tinto ou branco
Não é Cabernet Sauvignon tinto
Por conseguinte
É Sauvignon Blanc branco

8 Sobre Frege e Piaget, ver Smith (1999a, 1999b, 2006b).

Dadas essas premissas, a conclusão em questão é uma necessidade – a sua negação é impossível por implicar contradições. Como é evidente, as premissas poderiam ser falsas – o vinho poderia ser *rosé* –; ou a conclusão poderia ser uma preferência – a truta está no cardápio –; poderia mesmo ser uma regularidade causal – em Marlborough, temos sempre vinho branco, ainda que tenhamos vinho tinto disponível. Pode ser, mas isso é de todo irrelevante quanto à relação a vincular essas premissas/conclusão, isto é, à relação de necessidade da implicação. E a questão é a de que o conhecimento humano inclui o conhecimento necessário.

Piaget via a formação do conhecimento necessário como o problema central da DE:

> A distinção entre o que é *necessário* e o que é *simplesmente dado*, ou entre o que é necessário e o que é convencional, é infinitamente mais difícil de estabelecer do que supunha Kant (Piaget, 1925, p. 195);
>
> o principal problema de qualquer epistemologia está no fato de compreender como o psiquismo consegue *construir relações necessárias*, o que parece ser algo independente de tempo, uma vez que os instrumentos de pensamento são meramente operações psicológicas sujeitas à evolução e sejam constituídos no tempo (Piaget, 1950, p. 23);
>
> o surgimento da *necessidade lógica* se constitui no problema central da psicogênese das estruturas lógicas (Piaget, 1967c, p. 391); *a necessidade não é uma necessidade observável*, baseada numa leitura de objetos... Surge daí nosso interesse pelo estudo de *sua formação durante a psicogênese*. (Piaget, 1977/1986, p. 302);
>
> está em questão o modo de explicar o avanço de uma construção temporal para uma necessidade atemporal (Piaget e Garcia, 1983/1989, p. 15).

A razão pela qual a formação da necessidade é um problema na ED é a de que o conhecimento humano tem sua origem no mundo real, isto é, no mundo de tudo o que é o caso (Wittgenstein, 1972). Qualquer coisa que é o caso é, sendo assim, verdadeira. Mas uma falácia modal é cometida ao se inferir uma necessidade de uma verdade. É verdade que a Terra tem uma lua – mas tal não é uma necessidade, porque os fatos poderiam ter sido de outra maneira. Na verdade, é por isso que investigações empíricas são requeridas para a verificação dos fatos. Embora verdades necessárias tenham uma origem na experiência, a sua derivação tem de residir em outro lugar, como Kant (1787/1933, B1) convincentemente argumentou contra o empirismo humeano. Piaget se alinhou a Kant contra Hume, mas então acrescentou dois complicadores que servem para ampliar o problema psicogenético. Um deles está no desenvolvimento precoce de pseudonecessidades. O outro é a diferença entre verificar e demonstrar necessidades (Piaget, 2004/2006, notas 12, 25). Ambos serão abordados na seção a seguir.

3 – Epistemologia

O foco desta seção é sobre por que e como a epistemologia realiza uma contribuição necessária, mas não suficiente, à ED. A sua contribuição é necessária para a análise do instrumento intelectual usado no ato de se conhecer o mundo, mas não suficiente sobretudo em razão de ter sido tradicionalmente incapaz de resolver questões sobre a disponibilidade real desse instrumento para todos os sujeitos cognoscentes, incluindo as crianças. A ED é uma epistemologia dotada de um compromisso particular com o construtivismo dialético.

Teoria do conhecimento

Como um ramo da filosofia, a epistemologia é uma teoria do conhecimento, sendo padronizadamente considerada uma disciplina normativa que lida com problemas sobre conhecimento e realidade (Piaget, 1961/1966, p. 149). Esses problemas demandam "normas, pois se tentamos lidar com problemas de princípios e fundamentações, temos de discutir normas" (Piaget, 1965/1972, p. 165*). O conhecimento tem propriedades normativas que demandam uma organização com uma legitimação adequada – é por isso que a psicologia causal não é suficiente. Assim, uma análise do conhecimento tem de mostrar como essas exigências normativas são satisfeitas. A epistemologia realiza uma contribuição necessária como principal expediente com base no qual todos os problemas de Piaget foram reformulados em seu programa de pesquisa (Piaget, 1918, p. 118; 1952, p. 240). Mas a epistemologia normativa não é suficiente para a ED, e isso segundo diferentes considerações.

Na ED, todas as epistemologias são classificadas segundo dois princípios: o conhecimento humano implica um sujeito cognoscente e um objeto conhecido, tal conhecimento humano tendo uma estrutura e uma gênese. Cada um dos princípios conduz a uma tríade, compondo uma taxonomia nonágona (Piaget, 1967e, p. 1240; ver Tabela 3.1).[9] Duas objeções importantes são lançadas contra as primeiras duas colunas, conduzindo à categorização privilegiada da ED como construtivismo dialético.

Tabela 3.1. *Taxonomia das epistemologias de Piaget*

	Estrutura	**Gênese**	**Construtivismo**
Objeto O	realismo de Platão	empirismo de Locke	dialética da natureza de Marx
Sujeito S	apriorismo de Kant	convencionalismo de Poincaré	relativismo histórico de Brunschvicg
Interação S-O	fenomenologia de Husserl	identificação segundo Leibniz	dialética de Piaget

Em poucas palavras, a argumentação da ED contra epistemologias na primeira coluna é a sua completa rejeição da pré-formação de qualquer estrutura de conhecimento, independentemente de um sujeito cognoscente. As verdades que surgem de tal estrutura seriam independentes, enquanto na ED "qualquer verdade [é] relativa a um determinado nível de pensamento em fase de desenvolvimento, incluindo aí verdades lógicas fundamentais" (Piaget, 1950, p. 46). O argumento da ED contra epistemologias na segunda coluna é a sua rejeição da formação do conhecimento sem qualquer organização. Na ED, o mesmo fato, por exemplo, uma maçã indo ao chão, é um "fato" somente por força de sua interpretação variável em face de perguntas certas sendo feitas – para Newton, isso é uma coisa, para Adão/Eva é outra (Piaget, 1965/1972, p. 126). De modo geral, o que pareceu verdadeiro ou necessário em dado momento da

9 Essa taxonomia é um avanço em relação a abordagens anteriores de suas linhas (Piaget, 1947/1950) e colunas (Piaget, 1964/1968).

história – como a lógica de Aristóteles ou a geometria de Euclides – nem sempre parece assim na continuidade (Piaget, 1925, p. 196; 1962/2000, p. 243; 1967e, p. 1267). O imperioso compromisso da ED é com uma epistemologia que forneça uma coordenação integral de ambos os princípios na mesma abordagem. Isso porque a formação de todo e qualquer conhecimento depende de sua constituição normativa e origem empírica. Além disso, a ED é dialética, tendo em vista a coordenação entre objeto conhecido e sujeito cognoscente, o que envolve uma evolução individual (psicogênese) e uma história social (sociogênese).

Disponibilidade

Na ED, as epistemologias não empíricas são consideradas incapazes de enfrentar as implicações factuais de suas próprias análises, mesmo negando completamente a relevância da evidência empírica (Piaget, 1965/1972, p. 11-19). "As epistemologias platônicas, realistas ou apriorísticas elas próprias supõem ter encontrado algum instrumento fundamental de conhecimento que é alheio, superior ou apriorístico à experiência. [Mas tais doutrinas] se omitiram na verificação do que estava efetivamente à disposição do sujeito. Aqui se tem, queiramos ou não, uma questão de fato" (Piaget, 1952/1977, p. 5*).[10] Uma epistemologia proporciona uma análise de um instrumento intelectual por cujo uso o conhecimento pode ser obtido. Uma pergunta essencial a se fazer é se esse instrumento se encontra de fato disponível a todos os sujeitos cognoscentes. Não pode haver resposta a essa pergunta em epistemologias normativas – não empíricas –, nem separadamente nem em conjunto. Ainda assim, uma resposta se faz necessária para uma resolução adequada da questão central à ED, qual seja, a de como, na verdade, os diferentes tipos de conhecimento se desenvolvem.

4 – Epistemologia do desenvolvimento

Esta seção é uma análise dos principais princípios da ED para o estudo da formação do conhecimento, incluindo suas origens e sua

10 Abordagens desprovidas de evidências ainda abundam (Dummett, 1981, p. 678; Husserl, 1965, p. 101/111; Wittgenstein, 1972, 4.1121).

constituição ao longo de seu desenvolvimento. Um arcabouço sociogenético pode servir de padrão em relação ao qual o arcabouço psicogenético é comparado, embora esse último possa contribuir, na sequência, à formação de novos arcabouços sociogenéticos. Essa estratégia está alinhada à "espiral das ciências" intrínseca à ED (ver seção 1). Uma implicação importante que se tem aí é a de que razões que se fazem necessárias podem ser investigadas como fatos normativos na interpretação da equilibração como mecanismo de desenvolvimento, como um constructo notoriamente problemático.

Definição

A ED é uma epistemologia científica relacionada à formação do conhecimento.[11] Sua formação inclui dois processos. Um deles é a sociogênese, que lida com diferentes tipos de conhecimento relativos a seu desenvolvimento histórico nas sociedades e à sua transmissão cultural no curso de gerações (Piaget, 1967c, p. 397). O outro é a psicogênese, que lida com noções elementares a emergir durante o desenvolvimento de indivíduos (Piaget, 1967b, p. 65). A unidade de análise em ambos é um arcabouço (*cadre*). Em sociogênse (Piaget e Garcia, 1983/1989, p. 248), os arcabouços incluem estruturas formais e sistemas de conhecimento. Em psicogênese (Piaget, 1936/1953, p. 6; 1977/2001, p. 320), os arcabouços incluem esquemas de ação e estruturas cognitivas. Complementar à sua definição na seção 1, o objetivo da ED é

> apreender o conhecimento em seu crescimento (já que essa formação é ela própria um mecanismo de crescimento, desprovida de início absoluto) e assumir que tal crescimento sempre simultaneamente dá origem a questões de fatos e de normas e procura combinar os únicos métodos adequados para decidir tais questões (Piaget, 1965/1972, p. 76*; ver também 1950, p. 13; 1970, p. 1; 1970/1972, p. 15).

11 Caracterizações alternativas são a "epistemologia biológica" (1967/1971, p. 64) e a "epistemologia construtivista" (1981/1987, p. 3).

Essa definição é complexa, então eis aqui a minha análise de seus aspectos principais.

Sequências

Na ED, todo conhecimento tem sua formação em sequências de construção e reconstrução. As construções ocorrem como avanços de um nível (*niveau*) para o seguinte numa ordem invariante. Contudo, a variabilidade do conhecer no interior de cada nível *não* está excluída; ou seja, existem múltiplas rotas de desenvolvimento em cada nível *en route* para o seguinte. Por analogia com as linhas de contorno num mapa, com tantos contornos quantos sejam demandados pela escala e pelo tamanho do mapa, contornos/níveis não determinam rotas (Smith, 2002b). As construções não têm fim; não há nem um primeiro nem um último nível (1977/1986, p. 302).[12] De forma crucial, as construções são indefinidamente sucessivas, ocorrendo como uma série de passos (*étapes*) de tamanho variável, nenhum dos quais está completo. Casos paradigmáticos incluem o raciocínio infantil limitado a passos "contíguos" em raciocínio analógico sem generalização (Piaget, 1977/2001, p. 147-148) e/ou raciocínio modal acerca de "conecessidades limitadas" (Piaget, 1977/1986, p. 302) (ver exemplos de necessidade *ad hoc* e pseudonecessidade no Apêndice 1 ao fim deste capítulo).

Um estágio (*stade*) é um nível particular, definido por três critérios – o nível é preparado pelo nível anterior e integrado no que o sucede; o triplo ocorre numa ordem invariante, independentemente da idade; todas as ações naquele nível têm a mesma organização (Piaget, 1967/1971, p. 17). O terceiro critério não enuncia que todas as ações de um agente estejam naquele nível, e sim meramente que se elas estão, sua organização é a mesma. Além disso, o arcabouço a corresponder a um estágio no desenvolvimento de um indivíduo tem a mesma organização que um arcabouço público na história da ciência. Um estágio é comparável a um contorno de 250 m, mostrado em negrito num mapa, ou seja, negritado por razões pragmáticas,

---

12 "*Construction sans fin... régression sans fin*" [Construção sem fim... regressão sem fim] (1967d, p. 577, 587).

tanto que nenhum contorno/nível diferirá em si de qualquer outro. Na ED, na verdade, a realização ocorre em velocidades variáveis, a depender, *inter alia*, da pedagogia (ver Capítulo 15, neste volume).[13]

Assim interpretada, a construção é compatível com a criatividade humana na construção de conhecimento novo, ou seja, tem-se "novas relações e novos instrumentos de pensamento" (Piaget, 1975/1985, p. 67). Na ED, uma novidade equivale a um novo passo, ainda não contido em seus predecessores. Essa é uma consequência importante, uma vez que o objetivo central da DE é tornar explícitos os passos e níveis entre o conhecimento infantil e o científico (Piaget, 1967a, p. 15).

Mecanismos

A postulação central da ED é a de que "mecanismos comuns" são operativos na formação de todo conhecimento (Piaget e Garcia, 1983/1989, p. 26-28).[14] Esses mecanismos são operativos nas ações de sujeitos cognoscentes – sem sujeito cognoscente, sem conhecimento. Desse modo, a origem de todo conhecimento é assegurada em ações. Os mecanismos na constituição do conhecimento incluem razões para ação. A ação será debatida desde já; as razões, bem como seu elo comum por meio de normas, serão debatidas na seção a seguir.

As ações são intencionais, providas de sentido e normativas, e garantem a origem do conhecimento como funcionalidade equivalendo a algo que um agente sabe como fazer.

Em primeiro lugar, a intencionalidade. Na ED, "uma ação não é uma espécie de movimento, mas sim um sistema de movimentos coordenados em virtude de um resultado ou de uma intenção" (Piaget, 1960/1974, p. 63*). Um erro categorial é cometido ao se confundir a intencionalidade da ação e a causalidade do movimento corporal.[15] Daí que o movimento

---

13 Ver Chapman (1988, p. 340-368).

14 Esses mecanismos não se relacionam nem com o conteúdo dos conceitos, nem com seu maquinário representacional, nem com variáveis independentes tendo em vista uma manipulação experimental (Carey, 1987; Case, 1992; Fodor, 1975; Siegler, 2007).

15 Um movimento corporal (erguer um braço) e uma ação (eu ergo o meu braço) não são a mesma coisa (Wittgenstein, 1958: § 621).

reflexo de Lucienne ao pegar o dedo da mãe (Piaget, 1936/1953, p. 89) não é uma ação, enquanto a recuperação, pela mesma Lucienne, de um relógio escondido sob uma caixa, efetivamente o é (Piaget, 1936/1953, p. 287). Uma ação é direcionada para o objetivo uma vez que o seu agente está consciente do objetivo "na ação" sem que isso venha a demandar intenção apriorística, consciente.[16]

Em segundo lugar, o sentido. "Um esquema assimilatório [isto é, um arcabouço primitivo] confere sentido aos objetos que ele assimila e atribui objetivos à ação que ele organiza" (Piaget, 1975/1985, p. 16; cf. 1977/1986, p. 305). Quando Lucienne "pega o cobertor com a mão direita" (Piaget, 1936/1953, p. 99), essa ação tem sentido – para Lucienne naquele exato momento. Na ED, as ações dos bebês têm sentidos como consequência da semiótica peirceana. Piaget (1936/1953, p. 191*) adotou os três tipos de significantes de Peirce (1910/1955, p. 102) – índice (*índice*), símbolo e signo. Desse modo, a ação de Lucienne pode ter um sentido indexical. Mas Piaget também adaptou a abordagem de Peirce. Para Peirce (1910/1955, p. 99-100), o sentido é sempre triádico e baseado em duas relações, uma delas entre um significante *S* e seu objeto *O*, a outra entre o mesmo objeto *O* e um interpretante, *Eu*, em geral uma pessoa.[17] Na DE, um arcabouço é um interpretante, e o desenvolvimento humano consiste na mudança nos arcabouços ao longo do tempo, cobrindo a significação indexical, a simbólica e a baseada em signos. Por via de consequência, a ação como saber fazer alguma coisa é um predecessor do entendimento como saber o que algo é (Piaget, 2004/2006, nota 3).

Em terceiro lugar, as normas. Um esquema é um arcabouço primitivo para determinar o que tem de ser feito, ou, ao contrário, não deve ser feito; por exemplo, Lucienne de início não chupava dedo, embora na continuidade seus dedos tenham encontrado a sua boca (Piaget, 1936/1953, p. 54). O comentário de Piaget foi o de que os dedos dela foram na direção "correta" (*bonne*) – para Lucienne, esse esquema de ação

16 O "horizonte de intencionalidade" é variável (Von Wright, 1983).

17 Um interpretante é um sistema capaz de representar a um só tempo o objeto original e outros objetos, com isso aumentando o escopo de significação na geração de novos sentidos (ver Atkin, 2006). Ver também a crítica à representação em Bickhard (2009).

era determinativo do que ela estava fazendo. O controle é normativo uma vez que a inteligência humana é um sistema de controle "a consistir na soma total de regras de controle de que a inteligência se utiliza para a sua própria direção" (Piaget, 1932/1932, p. 405).

O controle não é um controle causal em biopsicologia, mas sim uma regulação normativa em ação inteligente. A inteligência humana redunda em atividades e atos num sistema; isto significa, o sistema é um arcabouço com uma organização a consistir em normas. A organização tem uma caracterização normativa em termos de implicações providas de sentido (quadrado, portanto, retangular) e obrigações providas de sentido (sinal vermelho, portanto, pare). Isso é assim para todas as atividades intencionais. "Todo ato de inteligência pressupõe um sistema de implicações mútuas e sentidos interconectados" (Piaget, 1936/1953, p. 7).

De modo geral, "a evolução das normas, por essa razão, suscita um problema cujas raízes alcançam as fontes da ação e as relações primitivas entre legitimação consciente [*conscience*] e organismo" (Piaget, 1950, p. 30).[18] Todas as ações são carregadas de normas; ou seja, um agente humano é "sempre 'carregado de normas' [*toujours normé*]" (Piaget, 1965, p. 159). Isso é algo verdadeiro desde o nascimento: "Desde o início, e mesmo entre os indivíduos mais novos, um fato físico é registrado exclusivamente num arcabouço lógico-matemático, por elementar que ele possa ser" (Piaget, 1977/2001, p. 320). As normas que de início operam nos dois primeiros anos dizem respeito a uma adaptação bem-sucedida (Piaget, 1936/1953, p. 240), só mais tarde vindo a se ter "normas de coerência e a unidade de pensamento lógico" (p. 11). A agência humana não exclui a operação independente de uma causação psicobiológica, nem é redutível a ela. O sentido de uma ação não é a causalidade de movimentos corpóreos, nem é o sentido de uma ação apreendido pelo estudo dos processos causais – por exemplo, na neurociência – a subjazer a movimentos corporais por estes não terem sentido em si mesmos. As normas tampouco são redutíveis a causas. De forma crucial, uma ação é iniciada automaticamente por seu

18 Sobre essa tradução, ver Brouwer (1912, p. 79). Os dois sentidos do francês *conscience* [como do português *consciência* – N. do T.] correspondem aos termos em inglês *consciousness* e *conscience*.

agente, que tem a capacidade de reagir, isto é, de repetir a ação ou modificá-la. Na ED, o exercício serial dessa funcionalidade é a regulação, ou seja, o reforço ou correção (Piaget, 1975/1985, p. 16). O que são reforçadas ou corrigidas são as normas no arcabouço como um acompanhamento inicialmente involuntário da intencionalidade e do sentido do agente.

Normas e fatos normativos

Na psicologia do século XX, três posições acerca de normas evidenciaram-se como (Smith, 2006a, p. 9-15):

(a) negação da norma – normas são como o flogisto, não existem;

(b) redução de norma à causalidade – normas são médias psicométricas ou regularidades sociais;

(c) normas como carregadas de normas num sentido diferenciado.

A ED é incompatível com (a) e (b) em razão de seu compromisso com (c); então, que sentido é esse? A instância da ED é elegantemente sintetizada na diferença entre a causalidade do ato de fazer o número e a normatividade da implicação do número: "2 não 'faz' 4, seu sentido 'implica' que 2 + 2 = 4" (Piaget, 1967/1971, p. 49). De modo geral, funcionalidades normativas não são o mesmo que capacidades causais, e isso segundo três aspectos. Um deles vem a ser o reconhecimento da norma: uma norma é pressuposta no reconhecimento de uma norma – um poste de sinalização carece de interpretante e desse modo não reconhece a direção que ele significa (Brandom, 2000). Outro aspecto é o compromisso da norma: uma norma já causalmente aceita por "pressão normativa" pode mais tarde ser confirmada ou rejeitada no compromisso autônomo de um agente (Von Wright, 1983). Um terceiro é a criação da norma: quaisquer que sejam os fatos causais, toda norma pode ser criada, e então revisada, rejeitada ou substituída por outra norma (Piaget, 1975/1985).

Minha análise de (c) depende de duas condições relacionadas à dupla acessibilidade de uma norma, ou seja, a de que uma norma se manifesta num padrão de ação ou de entendimento em virtude de sua força vinculativa sobre o usuário da norma (Smith, 2006b, p. 116). O padrão encontra-se publicamente disponível no uso da norma e, desse modo, aberto à investigação por uma terceira pessoa. A força vinculativa equivale ao "ter de" pelo qual o padrão é obrigado ou necessitado pelo usuário da norma como um comprometimento em primeira pessoa. Ao aprender as regras do jogo, "resta compreender por que um jogador aplica as regras assim aprendidas e as aceita como válidas: por pura convenção, [ou] como uma obrigação" (Piaget, 1961/1966, p. 143*). As normas são muitas vezes socialmente transmitidas, e o treinamento para segui-las pode ser perfeitamente bem-sucedido. Ainda assim, a conformidade a uma norma e o comprometimento autônomo com uma norma como norma não são a mesma coisa.

As normas compreendem múltiplas variedades (para exemplos em matemática para crianças, ver Apêndice 1; outros exemplos, sobre jogos, encontram-se em Smith, 2006a). Em primeiro lugar, as normas não estão confinadas à moralidade; normas matemáticas são normas válidas, como efetivamente são os princípios em qualquer aspecto da experiência. Em segundo lugar, existem muitos inventários de normas (Brandom, 2000); um sexteto devido a Von Wright (1963) inclui regras, comandos, diretivas, costumes, princípios morais e ideais. Em terceiro lugar, normas têm uma história, mesmo um futuro. Novas normas – verdadeiros atos de criação – podem vir a existir e normas antigas podem ser anuladas (Von Wright, 1983). Em quarto lugar, o desenvolvimento humano inclui a formação de pseudonormas e "falsos absolutos" (Piaget, 1962/2000, 2004/2006). Em suma, qualquer usuário de norma é a um só tempo um agente criativo e um paciente comprometido num emaranhado normativo. Dilemas morais são um lembrete de que nenhuma norma é um conjunto unitário, o que é generalizável para toda uma variedade de normas – por exemplo, na aritmética, a regra da adição é uma norma com implicações para outras normas, como subtração, multiplicação e divisão.

Em Piaget, uma operação é um uso da norma de tal maneira que "ela [uma operação] jamais é isolada. Está sempre associada a outras operações e, como resultado, é sempre parte de uma estrutura totalizadora" (Piaget, 1964, p. 177).

Normas não podem anular casos, mas podem conduzir a ações que reforçam ou corrigem causas. E funcionam de modos diferenciados (Smith, 2006a):

- como a determinação em estabelecer o que alguma coisa é; ou seja, pegar a bola com a mão no futebol é uma infração, enquanto no *rugby* é parte intrínseca do jogo;

- como a legitimação em julgar o que é certo ou errado, isto é, como as implicações da adição para a multiplicação em $(3 + 4) = 7 \Rightarrow (3 \times 4) = 12$;

- como a necessitação ou o "tem de ser" como obrigação em ação, ou seja, como o "não posso fazer de outra forma" de Martinho Lutero, ou como a necessitação no entendimento, ou seja, o "1, 2, 3 e assim o número seguinte na mesma proporção tem de ser 6", de Spinoza.

As normas não são deriváveis de fatos, pois de outro modo se tem o psicologismo (ver seção 5). O uso de uma norma, porém, é um fato normativo em que uma norma é involuntária ou voluntariamente invocada pelo usuário. Um fato normativo, por sua vez, não é um fato causal, pois de outro modo a distinção entre normas e causas entra em colapso. Contrariamente a isso, fatos normativos são "fatos da experiência, a permitir a observação de que um agente particular se considera obrigado por uma norma, independentemente da validade desta do ponto de vista do observador" (Piaget, 1950/1995, p. 30). Exemplos de fatos normativos encontram-se no Apêndice 2.

Pela perspectiva de uma terceira pessoa, os fatos normativos de outros agentes encontram-se disponíveis para investigação pública. Mas aqui há duas restrições. Uma delas é a de que, embora fatos normativos estejam abertos à observação em terceira pessoa, a norma correspondente não está. A outra é a de que fatos normativos são fatos dependentes de interpretação por meio de uma teoria normativa disponível na sociogênese.

Origens e constituição revisitadas

O que agora se faz necessário é uma abordagem em duas pontes, uma para o avanço individual do êxito ao entendimento, a outra para a adequação entre os arcabouços individual e público.

Ponte psicogenética. Essa ponte conduz da ação para o entendimento. As ações enquanto tais não têm valor de verdade, enquanto o entendimento calcado no conhecimento retrata a realidade. Consequentemente, essa ponte se faz demandada em avanços da ação ao pensamento.

De forma esquemática, a transição se manifesta como *décalage* [descompasso] vertical ou lacuna temporal da *prática* à *consciência*, isto é, do uso de uma norma à sua legitimação consciente.[19] Uma norma pode ser usada sem o reconhecimento de

- sua presença na regulação de uma ação;
- suas implicações no contexto de outras normas que se tenha no arcabouço;
- suas obrigações para a ação;
- suas necessitações de entendimento.

"O sujeito jamais chega a um conhecimento claro de suas próprias ações, a não ser pela via de seus resultados sobre objetos [e] êxitos na compreensão de objetos exclusivamente por meio de inferências relacionadas a coordenações das mesmas ações" (Piaget, 1975/1985, p. 45). Tal é o inconsciente cognitivo no qual normas podem ser usadas sem a percepção consciente por elas próprias de que ele é inicialmente não existente, na sequência lacunar e desvirtuador, e sempre incompleto (Piaget, 1971/1974, p. 35). É por isso que múltiplos mecanismos – esse plural foi observado, e na seção 1 – são invocados na ED, incluindo a equilibração, o egocentrismo e a abstração.

Na DE, não existem normas como objetos ideais, não há "livro de respostas" que esteja antecipadamente disponível para qualquer indivíduo consultá-lo. "[Não há] tipos ideais de objetos, dados de uma vez por todas em nós ou fora de nós: eles já não têm sentido ontológico" (Piaget, 1970/1972, p. 70). Tampouco há um atalho pela consciência, já que o surgimento de normas é um processo lento. Em vez disso, o compromisso da ED é o conhecer como a "busca da verdade" (Piaget, 1965/1972, p. 21), uma vez que o sujeito cognoscente se propõe

19 *Practique*, geralmente traduzido como *practice* [prática] (1932/1932, p. 19), é termo traduzido como *use* [uso] para garantir uma associação com Wittgenstein e o seu "seguir regras" (Smith, 2009). *Conscience* – ver nota anterior.

a "atingir a verdade" (Piaget, 1967/1971, p. 361*). Esse comprometimento deixa em aberto a questão sobre se a busca é bem-sucedida (Piaget, 1975/1985, p. 6), porém rigorosamente exige que a busca seja feita pelo sujeito cognoscente – ou então aquele indivíduo se faria de todo dependente de autoridade extrínseca. Contudo, não se tem uma teleologia de causas finais – não se tem uma busca da verdade como verdade antecipadamente conhecida pelo sujeito cognoscente (Piaget, 1965/1972, p. 42; 1975/1985, p. 139).

As normas são operativas desde tenra infância, mas isso deixa aberta a questão sobre quais normas são essas e como são usadas. Por exemplo (Piaget, 1932/1932; ver Smith, 2006b):

- bebês brincam de bola de gude sem nenhuma preocupação com as regras do jogo (p. 25);
- crianças começam a aprender a brincar de bola de gude seguindo as regras (p. 28-30);
- garotos e garotas conseguem brincar de bola de gude seguindo as regras (p. 35-40).

Assim, o uso da norma é dominado parcial e sequencialmente. De modo geral, um detentor de conhecimento deve ter uma *expertise* epistêmica para solucionar a fatal ambiguidade entre "penso que conheço X" e "conheço X", isto é, a distinção por Frege entre (a) pensar e (b) julgar (ver seção 2).[20] Na ED, qualquer sujeito cognoscente tem aspectos duais (Piaget, 1961/1966, p. 238). Um deles é o sujeito psicológico que se distingue pelas diferenças individuais entre um indivíduo e qualquer outro (Piaget, 1965/1972, p. 48-49). O outro é o sujeito epistemológico que se distingue por identidades intersubjetivas, ou seja, os mesmíssimos princípios que são um denominador comum entre diferentes indivíduos. É por isso que, na ED, métodos públicos, como a experimentação e a prova formal (1963/1968), são intersubjetivos, uma vez que "válidos para todos" (Piaget, 1924/1928, p. 24).[21] A distinção entre esses aspectos duais é crucial. Um

20 Fundir (a) e (b) é deixar de detectar uma "ambiguidade fatal" (Frege *apud* Smith, 2006, p. 3, 106).

21 Ver Frege (*apud* Smith, 1999b, p. 96), "capaz de ser propriedade comum de diversos pensadores".

deles conduz a uma psicologia de fatos causais acerca de diferenças individuais sob contingências, contextos e culturas variáveis. O outro conduz a uma psicologia de fatos normativos acerca de como as mesmas normas são construídas, permitindo um acordo racional ou um desacordo racional.

As normas são elaboradas mediante motivações em termos de implicações e obrigações no arcabouço da ação do agente (Piaget, 2004/2006, nota 3). De início, as razões se mantêm implícitas. Porém, seguindo Baldwin, a ED não equivale a um "sofisma do implícito" (Piaget, 1928/1995, p. 189), tendo em vista a sua rigorosa exigência de que as normas sejam operativas no raciocínio real. As normas implícitas no arcabouço do agente tornam-se explícitas como implicações ou obrigações nas razões do agente. O que se demanda aqui é algum reconhecimento "do que tem de ser, do que não poderia ser de outra forma", ao menos sob tal arcabouço. É por isso que o principal problema da ED é a formação do conhecimento necessário (ver seção 2). Sem normas, o conhecimento é impossível; sem necessidades e obrigações, normas são impossíveis.

Existem muitas variedades de razão (ver Apêndice 1). Sua diversidade reforça o caso para a ED como uma ciência, e a detecção de razões normativamente cobradas de um agente reforça o caso para a ED como uma epistemologia. A linguagem da lógica modal – *dever, não poder, ter de, necessário(a)* – frequentemente se apresenta no modo como as crianças expressam suas razões. Ainda assim, isso não é suficiente – razões expressas em linguagem modal podem ser imperfeitas. Tampouco é necessário – razões podem ser perfeitas sem serem expressas em linguagem modal. Razões perfeitas são razões que se fazem necessárias e includentes como pré-condições, consequências e vinculações (ver Apêndice 3).

As razões são constituintes segundo três considerações. Em primeiro lugar, elas são os critérios para o modo como o conhecimento é constituído pelo sujeito cognoscente. Desprovido(a) de razões, ninguém está em condições de saber se uma resposta é verdadeira ou falsa, vendo-se assim impossibilitado de solucionar a ambiguidade fatal em (a) e (b). É por isso que na ED "a questão chave para a análise é o exame do que os indivíduos consideram como prova ou 'razão' para o que consideram como uma verdade" (Piaget, 2004/2006, p. 7). Em segundo lugar, uma razão usada como verificação não é o mesmo que uma razão usada em demonstração (Piaget, 2004/2006, p. 7; ver Apêndice 3). Razões podem ser aprendidas, o que equivale ao "conhecimento inerte" (Whitehead, 1932); também podem ser produtivas, gerando conhecimento novo. Em terceiro lugar, razões podem ser demandantes de ação ou entendimento, servindo a três funções. Uma delas é tornar explícito o que estava implícito nas normas do arcabouço. "O papel da razão é assim introduzir novas necessidades em sistemas nos quais elas eram meramente implícitas ou se mantinham não reconhecidas" (Piaget, 2004/2006, p. 8). Um segundo papel é o de integrar qualquer norma a outras normas no arcabouço, isto é, o "caráter normativo das integrações necessárias" (1977/1986, p. 313) – ver a seção anterior, sobre as sequências. Um terceiro papel é o de demonstrar e estabelecer a justificação pela qual algo é o caso ou mesmo tem de ser.

Uma implicação importante desse argumento é a de que se as razões são fatos normativos, elas são empiricamente investigáveis. E se as razões são mecanismos, elas contribuem para o seu constructo central – sendo mesmo parte dele –, a equilibração (Piaget, 1975/1985, p. 3). Isso significa que o constructo central da ED é a um só tempo inteligível (Smith, 2002b) e testável (Smith, 2006b).

Ponte sociogenética. Essa ponte leva de um arcabouço individual a um público. A verdade é importante uma vez que leis científicas são leis que retratam a realidade. E o objetivo da ED é explicar de que modo o conhecimento dessas leis é desenvolvido. Mas a verdade não pode ser uma questão de todo individual. Se posso desenvolver um conhecimento verdadeiro, e você também pode, o que acontece se discordarmos? Um arcabouço válido apenas para alguns indivíduos isolados incorre em problemas, tendo de reconciliar contradições no interior de arcabouços e entre eles. De que modo, então, a ED evita a anarquia em que "tudo pode"?

Por trás dessa questão está o problema do acordo de Piaget (1936/1953, p. 8).[22] O problema tem duas partes, o "acordo do pensamento consigo

22 Do francês *accord*; traduzido também como *harmony* [harmonia] (Piaget, 1967/1971, p. 344), *correspondence/agreement* [correspondência/acordo] (1975/1985, p. 19). Ver também Piaget (2004/2006, p. 16) sobre *adéquation* como *adequacy* [adequação]; "conhecer a realidade significa construir sistemas de transformações que correspondem, mais ou

mesmo", isto é, a coerência (Piaget, 1975/1985, p. 13), e o "acordo do pensamento com as coisas", isto é, a objetividade (ver Piaget, 1967/1971, p. 65).

A proposta da ED é centrar seu foco no entrejogo de arcabouços psicogenéticos e sociogenéticos, e fazê-lo em termos do construtivismo dialético. A proposta não equivale à mera adição destes, uma vez que "a sociedade não sabe criar razão mais do que o indivíduo o sabe" (Piaget, 1933/1955, p. 227). Em vez disso, a proposta está voltada ao enfoque de um investigador nas relações entre arcabouços, enfoque este direcionado ao estabelecimento de convergências e divergências entre normas e fatos normativos. Por exemplo, o raciocínio voltado ao número em crianças pode ser verificado em face de arcabouços matemáticos como a teoria das categorias (ver Capítulo 10, neste volume); a verificação inversa também deveria ser feita com base em evidência psicogenética para normas sociogenéticas (ver Piaget e Garcia, 1983/1989).

A ED não proporciona uma solução abrangente para o problema do acordo que seja válida de uma vez por todas e para todo e qualquer conhecimento. Embora alguns filósofos – notadamente Kant – argumentem ter proporcionado tal justificação em termos de categorias *a priori*, nenhuma postura como essa poderia ser defensável na ED tendo-se o seu expresso comprometimento com construções "sem fim". É por isso que a ED não contém nenhum *a priori a quo (do qual)*: as normas não são pré-formadas e estão prontas para uso no início da vida; em vez disso, existem princípios *a priori ad quem (para os quais)*: as normas na sociogênese servem como um limite para sequências psicogenéticas (Piaget, 1961/1966, p. 282; 1965/1972, p. 57). O entrejogo entre arcabouços em psicogênese e em sociogênese é uma dialética sob vários aspectos. O entrejogo não é uma correção causal, mas uma coordenação racional de fatos normativos e normas. Novos arcabouços normativos podem conduzir à detecção de novos fatos normativos. Novos fatos normativos podem contribuir para a formação de novos arcabouços de normas. Essa sequência de troca de turnos pode continuar indefinidamente, mesmo quando arcabouços tidos por consistentes e completos

menos adequadamente, à realidade" (1970, p. 15; ver Chapman, 1988).

forem reformulados na continuidade – por exemplo, a lógica de Aristóteles, a geometria de Euclides, a física de Newton.[23]

O que a ED proporciona é uma solução revogável, isto é, uma solução válida a não ser que seja revisada, rejeitada ou reformulada na continuidade com base em motivos conjuntamente factuais e normativos. Essa solução é metodológica, uma vez que é uma análise recursiva das relações recíprocas entre fatos e normas, casos e princípios. Ao modo de um controle sobre a adequação, três condições deveriam ser satisfeitas (Piaget, 1963/1968, p. 159-161):

- fatos normativos são legítimos;
- uma lei é dedutível no âmbito de um sistema normativo;
- o sistema tem uma instanciação real.

Essas condições resultam no entrejogo de verificação empírica (fatos normativos) e demonstração (teorias normativas) na mesma explicação. Note-se, no entanto, que a ED não resulta em que todo uso de normas seja "otimizador" (Piaget, 1975/1985, p. 3-6). Um uso que satisfaça essas condições poderia equivaler a uma regressão, ou a um regime estacionário ou a uma progressão.

5 – Implicações e desafios

Eu propus aqui que a ED de Piaget é um estudo necessariamente interdisciplinar de formação do conhecimento, isto é, das reais origens e constituição dos diferentes tipos de conhecimento. O estudo das origens demanda evidência de uma psicologia empírica; o estudo da constituição demanda normas numa epistemologia normativa. A ED mantém um enfoque conjunto voltado às relações entre essas disciplinas, com especial referência à coordenação entre fatos normativos e normas na mesma abordagem. Complementar a esse enfoque conjunto é o entrejogo recíproco entre os arcabouços cognoscentes cuja formação ocorre em indivíduos e os sistemas de conhecimento cuja formação encontra-se na história da

23 Para uma posição comparável, ver Goodman (1979; ver Smith, 2008).

ciência. Na ED, não se tem uma justificação abrangente ao modo de bases da objetividade e coerência do conhecimento humano. Em vez disso, o acordo entre normas e fatos normativos – princípios e casos – vem a ser uma série infinita de ajustes mútuos coextensivos à vida humana.

Implicações

Meu argumento tem quatro conclusões principais.

1. A ED é necessariamente interdisciplinar. Um comentário crítico à ED é vulnerável a um encerramento prematuro, que deixa de considerar adequadamente a integridade do todo interdisciplinar. Uma de suas manifestações está em destacar uma parte disciplinar para escrutínio individual. Outra está em supervisionar o todo "de fora". Na visão de Piaget (1963), ambas as manifestações são endêmicas, tendência que tem se mantido, com raras exceções.

2. Na ED, o problema normativo "como é possível o conhecimento?" converte-se numa contraparte empírica "como o conhecimento se desenvolve?", tendo em vista o estudo numa psicologia de fatos normativos sobre como, na verdade, o conhecimento se organiza mediante seu desenvolvimento. Uma vez que normas não são redutíveis a causas, esse é o motivo pelo qual uma psicologia exclusivamente direcionada a fatos causais estaria seriamente incompleta. Atualmente, essa é a psicologia que o mais das vezes se tem.

3. A ED é um construtivismo dialético direcionado às relações entre fatos normativos e normas, com essas relações incluindo referências a um só tempo à origem e à constituição do ato de conhecer como coordenação – não meramente correlação – de sujeitos cognoscentes e objetos conhecidos.

4. Na ED, a formação do conhecimento é sequencial ao longo de indefinidamente muitos níveis de construção cujos mecanismos de adiantamento são ações e razões, tanto na psicogênese quanto na sociogênese. As ações são organizadas por meio de arcabouços normativos, ou seja, obrigações e implicações que são operativas, mas implícitas em arcabouços de ação, tornando-se explícitas nas razões

do agente. Assim interpretada, a equilibração torna-se um processo testável relacionado à formação de razões que se fazem necessárias. Não há fundamentação abrangente que garanta a objetividade do conhecimento; não há uma metodologia por cujo emprego se possa fazer progressos em direção a um (des)acordo racional.

Desafios

Em razão de limitações de espaço, meu argumento aqui se limitou a dois aspectos. Um deles é o enfoque na psicogênese, visando à exclusão virtual da sociogênese. O outro é o enfoque na exegese da ED sem a devida consideração de sua avaliação. Contudo, alguns desafios-chaves podem ser identificados:

A ED implica psicologismo, sendo assim intrinsecamente falha? Não (ver seção 4). O psicologismo é a justificação exclusivamente factual de leis normativas e é também uma falácia (Kusch, 2007). A ED não comete essa falácia (Smith, 2006b). Em vez disso, ela conduz à questão, aberta, sobre como explicar a formação de normas maduras a partir de normas primitivas (ver Bickhard, 2009; Brandom, 2000).

A teoria piagetiana dos estágios não foi cientificamente desacreditada? Não (ver Capítulos 1 e 15, neste volume). A ED implica níveis de desenvolvimento, não estágios. Quase toda pesquisa (Case, 1992) sobre estágios piagetianos confunde a idade cronológica, que é um pseudocritério, os critérios oficiais da ED tendo sido aqui sintetizados na seção 4. Afirmações como a de que "existem quatro estágios piagetianos que surgem nas diferentes idades..." ou "crianças podem apreender a ideia de conservação aos quatro anos" são incorretas ou incompletas, e em geral ambas as coisas.

A psicologia causal não será suficiente – testemunho de seu êxito em pesquisa em teoria da mente sobre crenças falsas? Não. Uma conclusão central em pesquisa em teoria da mente vem a ser o entendimento infantil sobre crenças falsas (Wellman, 2002). Ainda assim, essa conclusão é indeterminada, tendo em vista a sua fusão da distinção por Frege entre pensar e julgar (ver seção 2). Essa distinção demanda o entendimento *infantil* da normatividade da crença. Ocorre que normatividade não é causalidade, e assim sendo ela é não interpretável em modelos causais hoje empregados em pesquisas em teoria da mente.

Não se trata de uma psicologia das origens do conhecimento sem sua constituição suficiente? Não. Não é suficiente para psicólogos atribuir o "seu" conhecimento a crianças em condições experimentais. Se psicólogos adultos têm uma *expertise* constituinte, de que modo a obtêm? Ninguém que confiasse plenamente nas leis causais da psicologia seria capaz de, de algum modo, delimitar a verdade em relação à falsidade.

As razões são à sua maneira importantes, mas por certo que não essenciais? Não. Razões que se fazem necessárias são critérios cujo uso corresponde aos mecanismos reais que revisam e reformulam as normas operativas em arcabouços de ação. Análises estatísticas de frequências de respostas em desenvolvimento humano (Lewis, 2005; Siegler, 2007) são indicadores suplementares de atos motivadores na constituição do conhecimento.

Conclusão

A ED de Piaget é um novo programa de pesquisa para uma epistemologia científica. Como tal, deveria ser avaliado na medida em que seu deslocamento de problema se faz degenerativo ou progressivo (Lakatos, 1974). Quero terminar com o veredicto de Piaget a esse respeito: "Autor mais criticado na história da psicologia, [e] sobrevivi" (em Smith, 2002b, p. 515).[24]

Apêndice 1. Variedades de razões

Não necessidade – Contradição

Sete discos de A a G foram apresentados em pares, sendo visualmente idênticos, mas cada um deles subliminarmente menor em tamanho que seu sucessor. Os discos foram apresentados em pares, de tal modo que a diferença de tamanho foi detectada somente na comparação final de A a G. ALA não respeitou a transitividade das relações quando questionada sobre o tamanho relativo dos discos (Piaget, 1974/1980, p. 7).

JP	Então, e quanto a eles quando tomados em conjunto?
ALA	A, B, C, D, E, F são a mesma coisa, G é maior e G é o mesmo que F.

24 *Alive? Alive and well, surely* (Smith, em preparação).

Pseudonecessidade

Uma figura tridimensional, em forma de caixa, cujos cinco lados visíveis são brancos, foi apresentada. PHI foi questionado(a) sobre a cor do lado invisível, o do fundo. Uma falácia é cometida ao se fundir uma necessidade a uma contingência (Piaget, 1981/1987, p. 31).

PHI Branco.
JP Poderia ser de alguma outra cor?
PHI Não.
JP Por quê?
PHI A caixa é toda branca, e por isso o lado de trás não pode ser de outra cor.

Necessidade ad hoc

Esse tipo de necessidade é condicionado por contingências, contextos ou culturas dominantes.

Numa tarefa voltada ao reconhecimento da analogia, os desenhos foram apresentados numa ordem embaralhada. A contribuição da criança deu-se em duas partes, em primeiro lugar devendo-se posicionar os desenhos em pares que combinam entre si, e em segundo devendo-se unir dois pares que combinam entre si (Piaget, 1977/2001, p. 142).

CAN (Constrói seus pares de forma regular: encaixe de aspirador de pó) ou então você não poderá aspirar o pó; (pena de pássaro) ou então você não poderá voar; (e pelo de cachorro) ou então ele sentirá frio. (Não obstante, CAN não resolve problemas que requerem relações entre relações.)

Necessidade limitada

A multiplicação é logicamente equivalente à adição repetida. Às crianças capazes de somar, foram apresentadas duas coleções de fichas, A e B. A tarefa era a de tomar duas fichas por vez de A e três fichas por vez de B, de modo a compor pilhas iguais (Piaget, 1977/2001, p. 61).

MIL (Tenta duas vezes 2 As e uma vez 3 Bs, e então percebe que) Não, não está certo. Você terá de pôr outros 3 Bs e outros 2 As. Desse modo ambos farão 6.

Necessidade não limitada

A tarefa aborda a classificação sistemática por meio de um conjunto das partes. Às crianças, foram mostrados objetos para que fossem agrupados de três maneiras: quadrados-círculos, grandes-pequenos, vermelhos-verdes. Então se pediu a elas que selecionassem objetos por meio de combinações especificadas de propriedades (Piaget, 1978, p. 24).

JP Você pode me mostrar todos a não ser o quadrado grande e verde?

BLA (Enumeração correta)

JP E o contrário disso?

BLA (Ele indica o quadrado pequeno e vermelho). Ah, não – a resposta correta é o círculo pequeno e vermelho. (Quando se lhe pede para explicar o que um contrário é.) Você tem de fazê-lo do modo certo: vermelho – não a cor, pequeno – não o tamanho, redondo – não a forma.

Apêndice 2. Normas e fatos normativos

Numa tarefa voltada à compreensão da conservação, para crianças com idades de 5 a 7 anos foram mostradas duas linhas de botões azuis ou brancos sob as duas condições usuais, inicialmente a correspondência espacial um por um (Figura 3.1a), seguida pelo prolongamento da linha branca (Figura 3.1b).

Perguntou-se às crianças se se teria o mesmo em cada linha ou mais em uma linha do que na outra. Também se pediu a elas que explicassem sua resposta.

a. ⊗⊗⊗⊗⊗⊗
   ⊕⊕⊕⊕⊕⊕

---

b. ⊗⊗⊗⊗⊗⊗
⊕ ⊕ ⊕ ⊕ ⊕ ⊕

Figura 3.1. Conservação de número. Alinhamento de botões antes (a) e depois (b) da transformação. ⊗ = azul; ⊕ = branco.

Normas em não conservação

Algumas crianças (10%) responderam que havia "mais azuis".

- Mais azuis porque você tirou dois deles.
- Menos brancos porque dois não estão lá.

Essas razões são reveladoras – os dois botões brancos do final ainda estavam lá, poderiam ser claramente vistos ao ser movidos 1 cm pela mesa. Essas crianças acreditavam que esses dois botões já não eram parte da linha azul e, consequentemente, havia apenas quatro botões azuis deixados na linha. "Seis azuis, 4 brancos, portanto mais azuis." Trata-se de um caso de concepção normativa equivocada, não de contar errado: mover um botão 1 cm significava a sua desqualificação da linha de associação. Uma norma sobre a coincidência espacial de pontos finais foi invocada para determinar quais botões ainda estavam na linha e quais não estavam. Uma analogia (não usada pelas crianças) é a de que um jogador de futebol pode se manter na linha lateral após ser expulso pelo árbitro – na linha lateral, mas não dentro de campo.

Normas em conservação

Três quartos das crianças responderam corretamente "o mesmo em cada". Mais interessantes foram as razões por elas alegadas, e isso segundo dois aspectos.

(a) Algumas crianças argumentaram especificamente: *(a mesma coisa) "porque aqueles ali não estão fora"*; isto é, a variação espacial não altera a igualdade.

(b) Algumas crianças invocaram normas de necessidade, porque "sempre se fez para que chegasse ao mesmo, porque está esticado assim, então tem um certo comprimento, e ainda se terá o mesmo se você esticar os azuis também".

Isso equivale ao uso explícito de noções modais numa justificação perfeita do motivo pelo qual mudanças espaciais não exercem influência sobre a igualdade de quantidade. O ponto-chave é o de que as razões revelam quais normas são de fato operativas no funcionamento mental, e desse modo a detecção dessas normas requer sua caracterização como fatos normativos.

Fonte: Smith, 2002a, p. 67-78.

Apêndice 3. Razões que se fazem necessárias

Pseudorrazões, verificações, demonstrações

Pediu-se às crianças que construíssem três pilhas A, B, C a partir de blocos de igual tamanho, de modo que um trilho de madeira levasse de A a B e outro de B a C num único declive – por exemplo, três torres feitas de 3, 2 e 1 blocos respectivamente. Então uma bola de gude era posicionada em cima, sem nenhuma pressão, para que descesse. Em questão estavam condições variáveis sob as quais as crianças deveriam garantir uma ordem de altura decrescente nos pilares. Três pontos a se observar são as exposições iniciais de pseudorrazões imperfeitas, mais tarde exposições de condições processuais suficientes para o êxito; exposições eventuais de necessitações relativas à intenção (sentido) das razões para esse êxito (1983/1987, p. 37, 42*, 45).

Pseudorrazões

San (3,2,1. E se eu somasse 1A, 1B, 1C, isto é, 4,3,2.) Não ia funcionar, ia ficar alto demais. (E de 3,2,1: e se eu tirasse 1A, 1B, 1C?) Não ia funcionar: não ia formar uma descida.

Verificação

Dom (Para se ter 3,2,2, inicia-se somando-se um bloco a A e note-se que com 4,2,2) não rola como uma bola de gude. (Ele conclui imediatamente.) Toma-se outro em A e [hesitando] um aqui (em B, de modo confiante. Por quê?) Porque com quatro A, três B e dois C, eu sempre terei uma redução.

Demonstração

Lau (Com 2,2,1 remove-se 1B, então 1C, e assim 2,1,0. É a mesma velocidade que se tem com 3,2,1, acima apresentados?) Isso equivale ao mesmo, porque apenas um deles foi tirado. (Para 3,3,1) Temos ou de acrescentar um aqui (A) ou tirar um (B). (Para 4,3,3) Temos de acrescentar um ali (A) e um aqui (no segundo, isto é, B. E se você quiser mexer apenas na mudança?) Tiro daqui (B: 3)

Referências

ATKIN, A. "Peirce's theory of signs". *Stanford Encyclopedia of Philosophy*, 13 out. 2006. Disponível em: http://plato.stanford.edu/entries/peirce-semiotics/.

BICKHARD, M. "Interactivism". In: J. Symons e P. Calvo (Orgs.). *The Routledge companion to philosophy of psychology*. Londres: Routledge, 2009, p. 346-359.

BRANDOM, R. *Articulating reasons: An introduction to inferentialism*. Cambridge, Mass.: Harvard University Press, 2000.

BROUWER, L. E. J. "Intuitionism and formalism". In: P. Benacarraf e H. Putnam (Orgs.). *Philosophy of mathematics: Selected readings*. Cambridge: Cambridge University Press, 1983, 2. ed., p. 77-89 (texto original publicado em 1912).

CAREY, S. "Theory changes in childhood". In: B. Inhelder, D. Caprona e A. Cornu-Wells (Orgs.). *Piaget today*. Hillsdale: Erlbaum, 1987, p. 141-163.

______. *The origin of concepts*. Nova Iorque: Oxford University Press, 2008.

CARROLL, L. *Through the looking glass and what Alice found there*. Londres: Macmillan, 1871.

CASE, R. *The mind's staircase*. Hillsdale: Erlbaum, 1992.

CHAPMAN, M. *Constructive evolution*. Cambridge: Cambridge University Press, 1988.

DUMMETT, M. *Frege: Philosophy of language*. Londres: Duckworth, 2. ed., 1981.

FODOR, J. *The language of thought*. Cambridge, Mass.: Harvard University Press, 1975.

FREGE, G. *Logical investigations*. Oxford: Blackwell, 1977.

FREGE, G. *Posthumous papers*. Oxford: Blackwell, 1979.

GETTIER, E. P. "Is justified true belief knowledge?" *Analysis*, 23, 1963, 121-123.

GOODMAN, N. *Fact, fiction, and forecast*. Hassocks: Harvester Press, 3. ed., 1979.

HUSSERL, E. "Philosophy as rigorous science". In: E. Husserl. *Phenomenology and the crisis of philosophy*. Nova Iorque: Harper & Row, 1965, p. 71-148 (texto original publicado em 1910).

ISAACS, N. "Critical notice: Jean Piaget, *Traité de logique*". *British Journal of Psychology*, 42, 1951, 185-188.

KANT, I. *Critique of pure reason*. Londres: Macmillan, 1933, 2. ed. (texto original publicado em 1787).

KITCHENER, R. F. *Piaget's theory of knowledge: Genetic epistemology and scientific reason*. New Haven: Yale University Press, 1986.

KITCHER, P. *Kant's transcendental psychology*. Nova Iorque: Oxford University Press, 1990.

KUSCH, M. "Psychologism". *Stanford Encyclopedia of Philosophy*, 21 mar. 2007. Disponível em: http://plato.stanford.edu/entries/psychologism/.

LAKATOS, I. "Falsification and the logic of scientific research programmes". In: I. Lakatos e A. Musgrave (Orgs.). *Criticism and the growth of knowledge*. Cambridge: Cambridge University Press, 1974, p. 91-196.

LEWIS, C. "Cross-sectional and longitudinal designs". In: B. Hopkins (Org.). *The Cambridge encyclopedia of child development*. Cambridge: Cambridge University Press, 2005, p. 129-132.

MOSER, P. "Epistemology". In: R. Audi (Org.). *The Cambridge dictionary of philosophy*. Cambridge: Cambridge University Press, 1995, p. 233-238.

PEIRCE, C. S. "Logic as semiotic: The theory of signs". In: J. Buchler (Org.). *Philosophical writings of Peirce*. Nova Iorque: Dover Publications, 1955, p. 98-119 (texto original publicado em 1910).

PIAGET, J. *Recherche*. Lausanne: La Concorde, 1918.

______. "La psychologie des valeurs religieuses". In: Association chrétienne d'étudiants de la Suiss romande (Org.). *Sainte-Croix 1922*. Lausanne: La Concorde, 1923, p. 38-82.

______. "Psychologie et critique de la connaissance". *Archives de Psychologie*, 19, 1925, 193-210.

______. *Judgment and reasoning in the child*. Londres: Routledge & Kegan Paul, 1928 (texto original publicado em 1924).

______. "Le développement intellectuel chez les jeunes enfants". *Mind*, 40, 1931, 137-160.

______. *The moral judgment of the child*. Londres: Routledge & Kegan Paul, 1932 (texto original publicado em 1932).

______. "Le mécanisme du développement mental et les lois du groupement des opérations". *Archives de Psychologie*, 28, 1941, 215-285.

PIAGET, J. *Introduction à l'épistémologie génétique* (vol. 1). *La pensée mathématique*. Paris: Presses Universitaires de France, 1950.

______. *The child's conception of number*. Londres: Routledge & Kegan Paul, 1952 (texto original publicado em 1941).

______. "Autobiography". In: C. Murchison (Org.). *History of psychology in autobiography* (vol. 4). Nova Iorque: Russell & Russell, 1952, p. 237–256.

______. *The origins of intelligence in the child*. Londres: Routledge & Kegan Paul, 1953 (texto original publicado em 1936).

______. *The construction of reality in the child*. Londres: Routledge & Kegan Paul, 1954 (texto original publicado em 1937).

______. "Epistémologie génétique, programme et méthodes". In: W. Beth, W. Mays e J. Piaget (Orgs.). *Epistémologie génétique et recherche psychologique*. Paris: Presses Universitaires de France, 1957, p. 13-84.

______. Foreword. In: J. Flavell. *The developmental psychology of Jean Piaget*. Nova Iorque: Van Nostrand, 1963, p. vii-ix.

______. "Development and learning". *Journal of Research in Science Teaching*, 2, 1964, 176-186.

______. "Discussion: Genèse et structure en psychologie". In: M. de Gandillac e L. Goldman (Orgs.) *Entretiens sur les notions de genèse et de structure*. Paris: Mouton & Co., 1965, p. 156-159.

______. Part II. In: E. Beth e J. Piaget. *Mathematical epistemology and psychology*. Dordrecht: Reidel, 1966, p. 131-304 (texto original publicado em 1961).

______. "Introduction et variétés de l'épistémologie". In: J. Piaget (Org.). *Logique et connaissance scientifique*. Paris: Gallimard, 1967a, p. 3-61.

______. "Les méthodes de l'épistémologie". In: J. Piaget (Org.). *Logique et connaissance scientifique*. Paris: Gallimard, 1967b, p. 62-134.

______. "Epistémologie de la logique". In: J. Piaget (Org.). *Logique et connaissance scientifique*. Paris: Gallimard, 1967c, p. 375-402.

______. "Les problèmes principaux de l'épistémologie des mathématiques". In: J. Piaget (Org.). *Logique et connaissance scientifique*. Paris: Gallimard, 1967d, p. 554-598.

______. "Les courants de l'épistémologie scientifique contemporaine". In: J. Piaget (Org.). *Logique et connaissance scientifique*. Paris: Gallimard, 1967e, p. 1225-1274.

PIAGET, J. "Explanation in psychology and psycho-physiological parallelism". In: J. Piaget e P. Fraisse (Orgs.). *Experimental psychology: Its scope and method*. Vol. 1: *History and method*. Londres: Routledge & Kegan Paul, 1968, p. 153-192 (texto original publicado em 1963).

______. "Genesis and structure in the psychology of intelligence". In: J. Piaget. *Six psychological studies*. Londres: University of London Press, 1968, p. 143-159 (texto original publicado em 1964).

______. *Genetic epistemology*. Nova Iorque: Columbia University Press, 1970.

______. *Biology and knowledge*. Edimburgo: Edinburgh University Press, 1971 (texto original publicado em 1967).

______. *Structuralism*. Londres: Routledge & Kegan Paul, 1971 (texto original publicado em 1968).

______. *Insights and illusions in philosophy*. Londres: Routledge & Kegan Paul, 1972 (texto original publicado em 1965).

______. *Principles of genetic epistemology*. Londres: Routledge & Kegan Paul, 1972 (texto original publicado em 1970).

______. Preface. In: A. Battro (Org.). *Piaget: Dictionary of terms*. Nova Iorque: Pergamon Press, 1973, p. 2 (texto publicado em 1966).

______. *Main trends in psychology*. Londres: George Allen & Unwin, 1973 (texto original publicado em 1970).

______. "Child praxis". In: J. Piaget: *The child and reality*. Londres: Frederick Muller Ltd., p. 63-92 (texto original publicado em 1960).

______. "Affective unconscious and cognitive unconscious". In: J. Piaget. *The child and reality*. Londres: Frederick Muller Ltd., 1974, p. 31-48 (texto original publicado em 1971).

______. "Genetic epistemology". In: J. Piaget. *Psychology and epistemology*. Londres: Penguin, 1977, p. 1-22 (texto original publicado em 1952).

______. *Epistemology and psychology of functions*. Dordrecht: Reidel, 1977 (texto original publicado em 1968).

______. *Success and understanding*. Londres: Routledge & Kegan Paul, 1978 (texto original publicado em 1974).

______. "Relations between psychology and other sciences". *Annual Review of Psychology*, 30, 1979, 1-8.

______. *Experiments in contradiction*. Chicago: University of Chicago Press, 1980 (texto original publicado em 1974).

PIAGET, J. "Piaget's theory". In: P. Mussen (Org.). *Handbook of child psychology*. Nova Iorque: Wiley, 1983, 4. ed., p. 103-128 (texto original publicado em 1970).

______. *Equilibration of cognitive structures*. Chicago: University of Chicago Press, 1985 (texto original publicado em 1975).

______. "Essay on necessity". *Human Development*, 29, 1986, 301-314 (texto original publicado em 1977).

______. *Possibility and necessity: The role of possibility in cognitive development* (vol. 1). Mineápolis: University of Minnesota Press, 1987 (texto original publicado em 1983).

______. *Possibility and necessity: The role of necessity in cognitive development* (vol. 2). Mineápolis: University of Minnesota Press, 1987 (texto original publicado em 1983).

______. *Morphisms and categories*. Hillsdale: Erlbaum, 1992 (texto original publicado em 1990).

______. "Genetic logic and sociology". In: J. Piaget. *Sociological studies*. Londres: Routledge, 1995, p. 184-214 (texto original publicado em 1928).

______. "Individuality in history". In: J. Piaget. *Sociological studies*. Londres: Routledge, 1995, p. 215-247 (texto original publicado em 1933).

______. "Explanation in sociology". In: J. Piaget. *Sociological studies*. Londres: Routledge, 1995, p. 30-96 (texto original publicado em 1950).

______. "Commentary on Vygotsky's criticisms". *New Ideas in Psychology*, 18, 2000, 241-259 (texto original publicado em 1962).

______. *Studies in reflective abstraction*. Hove: Psychology Press, 2001 (texto original publicado em 1977).

______. "Reason". *New Ideas in Psychology*, 24, 2006, 1-29 (texto original publicado em 2004).

______; GARCIA, R. *Psychogenesis and the history of science*. Nova Iorque: Columbia University Press, 1989 (texto original publicado em 1983).

______. *Toward a logic of meanings*. Hillsdale: Erlbaum, 1991 (texto original publicado em 1987).

PLATO. *Theaetetus*. In: F. M. Cornford (Org.). *Plato's theory of knowledge*. Londres: Routledge & Kegan Paul, 1935, p. 15-164 (texto original publicado em 367 a.C.).

RUSSELL, B. *Introduction to mathematical philosophy*. Londres: George Allen & Unwin Ltd., 1919.

SIEGLER, R. S. "Cognitive variability". *Developmental Science,* 10, 2007, 104-109.

SMITH, L. "What Piaget learned from Frege". *Developmental Review,* 19, 1999a, 133-153.

______. "Epistemological principles for developmental psychology in Frege and Piaget". *New Ideas in Psychology,* 17, 1999b, 83-117, 137-147.

______. *Reasoning by mathematical induction in children's arithmetic.* Oxford: Elsevier Pergamon Press, 2002a.

______. "Piaget's model". In: U. Goswami (Org.). *Blackwell handbook of childhood cognitive development.* Oxford: Blackwell, 2002b, p. 515-537.

______. "Norms in human development: Introduction". In: L. Smith e J. Vonèche (Orgs.). *Norms in human development.* Cambridge: Cambridge University Press, 2006a, p. 1-31.

______. "Norms and normative facts in human development". In: L. Smith & J. Vonèche (Orgs.). *Norms in human development.* Cambridge: Cambridge University Press, 2006b, p. 103-137.

______. "Wittgenstein's rule-following paradox: How to resolve it with lessons for psychology". *New Ideas in Psychology,* 27, 2009, 228-242.

______. *Piaget's developmental epistemology.* Cambridge: Cambridge University Press (em preparação).

SOPHIAN, C. *The origins of mathematical knowledge in childhood.* Nova Iorque: Erlbaum, 2007.

SPINOZA, B. "Treatise on the emendation of the intellect". In: B. Spinoza (Org.). *A Spinoza reader.* Princeton: Princeton University Press, 1994, p. 48-55 (escrito original publicado em 1662).

VON WRIGHT, G. H. *Norm and action.* Londres: Routledge & Kegan Paul, 1963.

______. *Practical reason.* Oxford: Blackwell, 1983.

WELLMAN, H. M. "Understanding the psychological world: Developing a theory of mind". In: U. Goswami (Org.). *Blackwell handbook of childhood cognitive development.* Oxford: Blackwell, 2002, p. 167-187.

WHITEHEAD, A. N. *The aims of education.* Londres: Williams & Norgate Ltd., 1932.

WITTGENSTEIN, L. *Philosophical investigations.* Oxford: Blackwell, 2. ed., 1958.

______. *Tractatus logico-philosophicus.* Londres: Routledge & Kegan Paul, 2. ed., 1972.

4 A biologia de Piaget

John G. Messerly

Piaget como biólogo e filósofo

Jean Piaget, que passou mais de 50 anos investigando o modo como as crianças aprendem e se desenvolvem, é universalmente reconhecido como um dos maiores psicólogos infantis que já existiu. Mas para Piaget, esses estudos eram apenas os meios que ele usava para compreender a questão filosófica que o motivou: *Qual seria a relação entre biologia e conhecimento?* Ou, para expressá-lo em mais detalhes, existe alguma conexão entre a relação de organismos biológicos e seu ambiente físico que trace um paralelo com a sua relação entre mentes humanas e seu ambiente epistemológico? A investigação da conexão entre biologia e conhecimento motivou a obra de Piaget, e seus anos de minucioso estudo de crianças proporcionaram o material com base no qual ele pôde, felizmente, responder a essa questão. Em outras palavras, o estudo de crianças foi realizado especificamente para preencher a lacuna entre biologia e conhecimento. O que Piaget descobriu após anos de árdua labuta foi que os paralelos entre organismos biológicos em ambientes físicos e mentes humanas em ambientes epistemológicos eram surpreendentes. Ao fim e ao cabo, sua teoria e suas evidências levaram-no a propor que há invariantes funcionais – organização, adaptação, assimilação, acomodação e equilibração – existentes em ambos os reinos.

Além disso, sendo a *evolução* um elemento básico tanto para a biologia quanto para a epistemologia, ele percebeu que, se uma versão particular da evolução se aplicasse a uma e outra, ele preencheria a lacuna entre elas. Mas haveria uma concepção de evolução que explicasse a existência de, a um só tempo, organismos biológicos e pensamento humano, em particular do pensamento científico? Piaget pensava que sim, e com isso a sua *concepção de evolução* se faz central a todo o seu teorizar. Neste capítulo, explicarei a teorização biológica de Piaget, avaliarei a teoria e refletirei sobre as implicações mais amplas de sua concepção de evolução.

A pesquisa biológica de juventude

Nos anos 1920, Piaget conduziu uma pesquisa biológica sobre moluscos, tema de sua tese de doutorado (Piaget, 1921). A pesquisa se referia à influência da hereditariedade e do ambiente sobre a morfogênese (Piaget, 1929a, 1929b). Piaget travava contato com um caracol, o *Lymnaea stagnalis*, que possuía uma casca alongada habitando águas tranquilas. Nos grandes lagos da Suíça, onde as águas são turbulentas, o caracol tem uma forma globular, que pode ser explicada como uma adaptação fenotípica à ação das ondas, estas que forçam os caracóis a se fixarem na margem. Ao observar 80 mil indivíduos, Piaget descobriu que a forma globular do caracol havia se tornado hereditariamente fixada. Eles não apenas não reverteram a forma alongada quando se reproduziam em águas tranquilas, como também uma espécie pura podia ser gerada de acordo com leis mendelianas de reprodução cruzada. Ao que tudo indicava, tais achados não se deixavam explicar facilmente por princípios darwinianos de mutação randômica e seleção natural, e isso porque as mutações não eram randômicas, e o ambiente não selecionava em sentido contrário ao do traço adquirido. Assim sendo, de que modo se poderia explicar o comportamento desse molusco aquático, o *Lymnaea stagnalis*? Poderíamos supor que a forma encurtada e globular dos moluscos é uma adaptação fenotípica às águas turbulentas. Contudo, uma vez que essa forma se torna hereditariamente fixada – sem que haja uma reversão para a forma alongada quando o molusco se reproduz em águas calmas –, não se trata meramente de uma adaptação do fenótipo. Poderia, então, o lamarckismo proporcionar a solução para o problema?

Os traços hereditários adquiridos pelo molusco, que foram estimulados por ação ambiental, e a adaptação fenotípica, forma encurtada e globular, tornaram-se parte do genótipo quando esse traço foi hereditariamente transmitido. Se foi isso que aconteceu, o *Lymnaea stagnalis* seria um exemplo da hereditariedade de características adquiridas de Lamarck.

Contudo, Piaget julgou insustentável tal solução. Quando os caracóis foram reproduzidos sob condições experimentais, as contrações da forma ocorreram, mas não foram transmitidas ao genótipo. A influência de fatores ambicntais sobre a hereditariedade depende, pensava ele, da intensidade e duração dos estímulos ambientais, correlativas à atividade do organismo em resposta à tensão ambiental.

É possível que, sendo assim, o mutacionismo, que foi a solução darwiniana, no fim das contas não resolva o problema; e isto significa que as mudanças genotípicas produzem as fenotípicas. As mudanças randômicas no genótipo produzem alguns indivíduos com traços – neste caso, formas globulares – que aumentam suas chances de sobreviver em águas turbulentas. Essas mutações casuais ocorrem independentemente do ambiente, e desse modo não há ação ambiental sobre genótipos. Ocorre que problemas significativos se apresentaram a essa solução. Em primeiro lugar, moluscos com formas globulares podem existir em vários ambientes lacustres, mas na verdade eles existem apenas quando estão bem adaptados. Se as mutações casuais explicam a adaptação, então a variedade globular deveria ser randomicamente distribuída. O fato de os moluscos existirem somente à medida que as condições ambientais lhes são favoráveis sugere a resposta ativa do organismo ao ambiente. E em segundo lugar, o ambiente não seleciona no sentido contrário ao do traço adquirido, e isso porque a forma globular não desaparece quando os moluscos são reintroduzidos em águas tranquilas, mesmo quando observados por períodos prolongados.[1]

Piaget concluiu que nem a solução lamarckista nem a darwiniana poderiam explicar esses fatos biológicos. A evolução não resulta somente da atividade exógena ou endógena do organismo. Além disso, essa conclusão coincidia com outra que ele estava a esboçar na mesma época, com

1 Observo que no início Piaget rejeita a chamada barreira de Weismann. Weismann propôs a teoria do germoplasma, de acordo com a qual (num organismo multicelular) a herança só se dá por meio de células germinativas – os gametas como células-ovo e células espermáticas. Outras células do corpo – as células somáticas – não funcionam como agentes de hereditariedade. O efeito é unidirecional: as células germinativas produzem células somáticas e outras células germinativas, mas as *células germinativas não são afetadas por nada que as células somáticas aprendam nem por qualquer habilidade que o corpo adquira durante a vida.* A informação genética não pode passar do soma para o plasma germinativo e daí para a geração seguinte. Esse processo unidirecional é referido como "barreira de Weismann".

base em seus estudos sobre a aprendizagem infantil. Ele estava começando a acreditar que a evolução, tanto a biológica quanto a cognitiva, resulta de uma contínua e dinâmica interação entre organismo e ambiente.

A teoria da fenocópia

Piaget mais tarde passou a acreditar que a sua concepção primeva de evolução como interacionismo organismo/ambiente se aplicava à história e epistemologia das ciências, bem como ao desenvolvimento de estruturas cognitivas em crianças. À época em que estava escrevendo *Biologia e conhecimento* (1967/1971), ele já solidamente posicionara o conhecimento numa perspectiva evolucionista, que não era nem neolamarckiana nem neodarwinista, reafirmando assim a sua concepção de que o conhecimento resulta de uma interação entre o organismo e o ambiente.

Além disso, ele prosseguiu a argumentar que a adaptação fenotípica poderia levar à reestruturação genotípica. Em sua pesquisa sobre o *Lymnaea stagnalis*, encontrara resultados semelhantes na planta de gênero *Sedum*. Uma variedade particular, o *Sedum parvulum*, exibia características distintivas em resposta a condições ambientais severas. Em algumas espécies do *Sedum*, essas características existem como adaptações não hereditárias, uma vez que as plantas retornam à sua forma usual quando transplantada em ambientes normais. No *Sedum parvulum*, essas características foram hereditariamente fixadas, já que suas características distintivas se mantêm quando transplantadas em diferentes ambientes. No caso de fixações hereditárias, novos genótipos substituíam adaptações fenotípicas. Isso acontecia no *parvulum*, tal como tinha acontecido no *Lymnaea stagnalis* (ver Piaget, 1974/1980, p. 17-45).

A fim de explicar como a adaptação fenotípica conduz à reestruturação genotípica, Piaget redefiniu a noção de *fenocópia* para fazer referência a um genótipo que copia um fenótipo.[2] Foi cauteloso ao diferenciar a sua interpretação da fenocópia do lamarckismo. Em oposição a Lamarck, Piaget reconheceu que características adquiridas nem sempre são herdadas e que o organismo não é passivo em relação ao ambiente.

2 Piaget (1974/1980, p. 8) define a fenocópia como "um produto de convergência entre uma variação fenotípica e uma mutação genotípica que vem para tomar o seu lugar".

Em essência, o modelo de fenocópia de Piaget pode ser sintetizado como segue. Em primeiro lugar, o organismo responde a uma mudança no ambiente externo com uma modificação somática. Se essa modificação não causa desequilíbrio, a adaptação fenotípica não se torna hereditariamente fixada. Em segundo lugar, se há um desequilíbrio entre a modificação exógena e o programa hereditário endógeno, o desequilíbrio é transmitido ao ambiente interno. Em terceiro, se o desenvolvimento epigenético não pode restabelecer o equilíbrio, o equilíbrio pode fazer todo o caminho descendente até o genoma. Em quarto, no nível do genoma, mutações respondem ao desequilíbrio. A resposta do genoma é randômica no sentido de que as mutações não necessariamente restauram o equilíbrio, sendo, porém, direcionadas para a restauração do equilíbrio do organismo. Em quinto lugar, as variações endógenas são então selecionadas pelos ambientes interno e externo, até que a estabilidade seja restaurada. E finalmente, essas variações resultam em reconstrução endógena; ou seja, elas se tornam hereditariamente fixadas. Pode-se observar uma significativa semelhança entre variações genômicas e cognitivas; ambas são direcionadas à resposta às necessidades do organismo.

O modelo é distinto em razão de focalizar o modo como o fenótipo e o genótipo interagem. Em última instância, não apenas mudanças no DNA, nas células e tecidos afetam o corpo e o comportamento do organismo, como o inverso também é verdadeiro. Piaget defendeu essa concepção – a de que mensagens não específicas são enviadas de volta ao genoma – com evidências que, extraídas da genética molecular, sugerem que a informação pode retornar do RNA ao DNA. O modelo também explicava por que razão o genótipo nem sempre copia o fenótipo. Ele copia um fenótipo somente se a perturbação no nível fenotípico for suficiente para provocar desequilíbrio no nível do genoma. Uma vez que a evolução resulta dessa *interação* entre organismo e ambiente, tanto a recepção passiva do ambiente pelo organismo quanto as mutações genéticas randômicas são rejeitadas como os únicos agentes causais da evolução. Nesse sentido, a evolução biológica (e cognitiva) é um processo construtivo a envolver o direcionamento, devido à demanda do sistema para que se maximize o equilíbrio – a tendência do organismo de "não simplesmente retornar ao

Estado anterior, mas de ir além na direção do melhor equilíbrio possível compatível com a situação" (Piaget, 1974/1980, p. 111). Ele também comparou a sua teoria da equilibração com teorias contemporâneas de sistemas que se auto-organizam (Piaget, 1975/1985). A equilibração é o processo pelo qual os sistemas vivos tornam-se cada vez mais organizados; sistemas vivos são sistemas auto-organizáveis.[3]

Com isso, a biologia evolucionista de Piaget contestou o neodarwinismo. Piaget comparou a visão neodarwinista de que mutações fortuitas causam mudanças evolutivas com a suposição de que "a maçã que por acaso caiu diante de Newton esteve na origem das grandes teorias da gravitação" (Piaget, 1974/1980, p. 119). Em vez disso, ele propôs que o gênio de Newton teria resultado de um processo construtivo de interação hereditária e ambiental, e de uma longa história de abstrações reflexivas.[4] Seus estudos anteriores levaram-no a acreditar que a evolução do conhecimento resultava da internalização do sujeito e da reconstrução dos objetos do conhecimento. Analogamente, acreditava que a sua experimentação biológica teria demonstrado que a morfogênese resultava da fenocópia, a internalização de aspectos do ambiente. Entre a construção de uma forma biológica e a construção do conhecimento humano há um reino intermediário – o *comportamento*. É a esse tema que me voltarei agora.

Uma fenocópia do comportamento

A biologia evolucionista de Piaget deu grande importância ao comportamento do organismo, que ele definiu como "ação direcionada por organismos para o mundo exterior com o intuito de modificar condições ali existentes ou sua própria situação em relação a esses entornos" (Piaget, 1976/1978, p. ix). O comportamento inclui atividade sensório-motora, reflexos animais e vegetais e atos de inteligência humana. Contudo, ele

3 Note-se que Piaget usou a noção de equilíbrio para fazer referência ao estado de um organismo. Da década de 1940 em diante, usou a noção de equilibração para fazer referência ao processo cujas fases particulares eram estados de equilíbrio.

4 A abstração reflexiva é um conceito introduzido por Piaget para descrever a construção de estruturas lógico-matemáticas por um indivíduo no decorrer do desenvolvimento cognitivo (ver Piaget, 2001).

exclui atividades internas como a contração muscular, a circulação sanguínea e a respiração. O comportamento se distingue dessas atividades porque ele tem em vista transformar ou utilizar o ambiente externo.

Em *Comportamento e evolução* (1976), Piaget lançou a hipótese de que o comportamento é o determinante mais importante da evolução. Ele acreditava que essa não seria uma hipótese radical e que a etologia moderna vinha em seu amparo. Mas de que modo se conceitualiza a relação entre comportamento e evolução? Lamarck supunha que o comportamento é a fonte das variações evolutivas, uma vez que características adquiridas são herdadas. Darwin supunha que o comportamento não desempenharia nenhum papel significativo na evolução, uma vez que as mudanças internas são a fonte das variações evolutivas. De acordo com os neodarwinistas, o comportamento não é a causa da evolução; é o seu efeito.[5] Mas se as variações genéticas são isoladas do comportamento, como se explica a adaptação do organismo ao mundo? Piaget considerou inaceitável a resposta neodarwinista, qual seja, a de que a adaptação resulta de um longo processo de mutações fortuitas.

A teoria piagetiana da fenocópia foi uma forma de dar conta do papel do comportamento na evolução. Piaget comparou sua teoria às do psicólogo J. M. Baldwin, do biólogo C. H. Waddington e do neurobiólogo Paul Weiss. Todos propunham que a atividade do organismo – construída de variadas formas como reação ao ambiente, acomodação a ele ou escolha a ele direcionada – influencia a evolução. O objetivo de *Comportamento e evolução* era examinar o possível comportamento manifestado na evolução. Poderia ser um comportamento construído como produto de variação genética ou como produtor de uma mudança evolutiva, não se podendo ter dúvidas de que comportamento e evolução estejam indissociavelmente associados, tanto mais que a biologia se vê preocupada com a relação entre mudança endógena e atividade exógena. Mas uma vez que, de acordo com Piaget, algumas variações endógenas têm de responder à necessidade do organismo de expandir e reestruturar o seu ambiente, o acaso dificilmente será fonte de variação. Nesse contexto, a relação entre variações endógenas e atividade exógena é a questão central a ser resolvida.

5 Um tratamento clássico dessa compreensão pode ser encontrado em Jacques Monod (1971).

Isso levou Piaget a elaborar a sua própria teoria sobre o papel do comportamento na evolução. De acordo com a sua teoria, a fenocópia exerce a mediação entre o comportamento adaptativo e o genótipo em transformações evolutivas. Já discuti o papel que a fenocópia desempenha na fixação hereditária de traços morfológicos, mas Piaget examinou a teoria também no contexto do comportamento, a fim de mostrar como os comportamentos fenotípicos podem se tornar hereditariamente fixados. Se alguém fala de fenocópia com relação a traços morfológicos ou comportamentais, o processo consiste na atividade pela qual o organismo modifica o genoma. Ainda assim, Piaget observou que nem todo comportamento resulta em alteração genotípica – a linguagem humana, por exemplo, não é herdada. Isso o levou a acreditar que entre o comportamento não herdado e o herdado existem muitas categorias intermediárias.

Além disso, Piaget propôs a abordagem a seguir, sobre a interação entre o comportamento do organismo e o genoma. O processo se inicia quando o organismo responde a uma prolongada mudança no ambiente com um comportamento novo ou modificado. Caso o novo comportamento resulte em desequilíbrio interno, o desequilíbrio é comunicado ao genoma.[6] Piaget deixou claro que a mensagem é não específica – algo não está funcionando normalmente – e recorreu à observação de Weiss de que os genes não estão isolados, mas interagem com níveis mais elevados de sistemas organizados para sustentar a sua afirmação. O genoma responde ao desequilíbrio "tentando" novas variações. Esse processo não é randômico, uma vez que as variações respondem às necessidades do organismo, porém tampouco é pré-programado, tanto mais que podem ser necessárias muitas variações para que o genoma responda adequadamente. Essas variações são então selecionadas pelo ambiente interno para que se restaure o equilíbrio entre o genoma e o ambiente interno. Uma vez que o ambiente interno tem sido modificado por novos comportamentos

6 Piaget não deixa claro como essa comunicação com o genoma acontece. A ideia é a de que mudanças externas no ambiente exercem uma influência não específica sobre o genótipo, levando-o a agir de modo criativo para se adaptar a esse novo ambiente. O modo como exatamente isso se dá em termos biológicos não está claro, e Piaget sem dúvida esperava que pesquisas biológicas mais aprofundadas pudessem iluminar as especificidades e, desse modo, resolver a questão.

que encarnam o ambiente externo, há uma convergência entre o novo genótipo e o comportamento fenotípico. Note-se que o novo fenótipo não se torna fixado no genoma, como afirmavam os lamarckistas, mas a construção endógena produz equilíbrio entre forças endógenas e exógenas. Enquanto os neodarwinistas alegavam ser essa construção randômica, Piaget afirmava que ela é parcialmente direcionada. A fenocópia provê o ambiente interno de informações sobre o ambiente externo e considerações sobre a adaptação comportamental ou morfológica.

Comportamento: motor da evolução

Durante muito tempo Piaget propôs que o comportamento de um organismo se acomoda a seu ambiente, age sobre ele, interage com ele e o reestrutura. Essa percepção o levou (1976/1978, p. 139) a afirmar a tese principal de *Comportamento e evolução*: "É da essência do comportamento procurar sempre se transcender e que ele assim forneça à evolução o seu principal motor".

Ele propusera essa tese em contraste com o neodarwinismo, argumentando com veemência que transformações físico-químicas não provocam o extraordinário aumento de complexidade que caracteriza os organismos superiores. A razão para isso é a de que, fisiologicamente, a característica básica do organismo é mais a conservação do que a mudança e a mutação, e organismos bem adaptados não têm razão para mudar.[7] Parece então que a causação evolucionária é encontrada na relação entre a abertura do organismo para o ambiente e suas propensões organizacionais. É de maneira inovadora que o comportamento responde a obstáculos ambientais organizando-se e adaptando-se a eles, e empenha-se para se melhorar, para se estender e ampliar o controle sobre o ambiente.

Ao descrever o processo pelo qual o comportamento responde de forma inovadora a estímulos ambientais, Piaget retornou às noções de assimilação e acomodação.[8] Operou uma importante distinção entre assi-

7 Note que a ideia de conservação é aqui usada no sentido biológico – de modo geral, os genes fazem um bom trabalho copiando-se –, e não no sentido cognitivo da, digamos, conservação do número durante a infância.

8 Essas noções desempenham um importante papel em seus primeiros estudos sobre crianças, particularmente em *O nascimento da inteligência na criança* (Piaget, 1936/1953, ver Capítulo 9, neste volume).

milação fisiológica, que repetidamente incorpora substâncias ou energias ao organismo, e assimilação comportamental, que se estende mediante a organização de ações passadas. Assim, a primeira se caracteriza pela repetição; a segunda, pela extensão ou transcendência. As acomodações fisiológicas e comportamentais distinguem-se também à medida que as primeiras são substituições meramente passivas que abolem estruturas preexistentes, enquanto as segundas ativamente refinam e integram esquemas comportamentais anteriores. Essas distinções revelam que o comportamento tem uma capacidade de mudança de que a fisiologia carece.

Fisiologicamente, os organismos primitivos são tão bem adaptados quanto os superiores, enquanto no âmbito comportamental há uma grande disparidade entre organismos inferiores e superiores. O comportamento nos vertebrados, em especial sua insaciável curiosidade, opõe-se às inclinações conservadoras da fisiologia. A todo tempo ele busca se transcender e favorece a construção de novos esquemas comportamentais. Ainda assim, isso não é garantia de que o comportamento seja o motor da evolução, já que o comportamento pode ser dependente do sistema nervoso. Em resposta a essa objeção, Piaget citou a evidência de que o comportamento desempenha um papel na formação do sistema nervoso, o mesmo valendo para a operação inversa.

Tais considerações permitiram a Piaget reafirmar a sua tese de que as grandes transformações evolutivas não podem ser explicadas somente por mutações fortuitas. Para se entender o porquê, considere-se as duas alternativas. Ou a estrutura e o comportamento do organismo evoluem de forma independente, ambos resultando de ocorrências casuais que mais tarde são selecionadas pelo ambiente, ou a morfologia e o comportamento são coordenados no processo evolutivo. No caso dessa última possibilidade, o comportamento é o motor da evolução, pois opera a mediação entre o organismo e o ambiente e tende a se autossuplantar. Como disse Piaget, a escolha entre os dois modelos conceituais é notável: "Ou o acaso e a seleção podem explicar tudo, ou o comportamento é o motor da evolução" (Piaget, 1976/1978, p. 147). Está claro que ele não pensava que acaso e seleção fossem suficientes.

Note-se o evidente contraste entre evolução racional e randômica. Se a afirmação, por Piaget, de um processo lógico e governado por leis é problemática, os neodarwinistas têm de explicar o funcionamento biológico e cognitivo de vertebrados superiores por um processo que é fundamentalmente irracional. Considerando-se a alternativa que se tem, a solução de Piaget é convincente. Seria o caso de observar que ele não negou que algumas variações evolutivas, em particular as morfológicas, são resultado do acaso. Mas argumentou que o comportamento, digamos, a construção de ninhos pelos pássaros, não poderia ser explicado dessa forma. Poderá alguém supor que pássaros ineptos constroem ninhos notadamente frágeis até que mutações venham a produzir construtores de ninhos mais habilidosos? Piaget tinha por absurda a posição de que a evolução resulta exclusivamente do acaso, e sustentou essa alegação indicando diferenças particulares entre adaptação comportamental e mutacional.

A principal diferença está em o comportamento ser teleonômico.[9] Enquanto mutações são randômicas e geradas independentemente do ambiente, o comportamento é orientado para objetivos e tem em vista reformular o ambiente. As mutações promovem a sobrevivência, a resistência e a capacidade reprodutiva, enquanto as adaptações comportamentais são julgadas de acordo com o seu êxito em atingir um objetivo. A distinção entre variações comportamentais e ordinárias mostra por que o comportamento é o fator mais importante do processo evolutivo.

> À medida que o "progresso" evolutivo depende a um só tempo do crescimento do poder dos organismos sobre seu ambiente e da independência relativa que adquirem como resultado de suas ações [...] o comportamento tem de ser considerado o motor de todas essas transformações. E não importa o quão neurológicas, fisiológicas ou mesmo bioquímicas as precondições possam ser, mantém-se o fato de que o próprio comportamento cria as

9 O meu uso do termo "teleonômico" segue o de C. H. Waddington e Ernst Mayr. De acordo com Waddington, esse emprego não denota que o estado final seja externo ao processo e esteja a direcionar a evolução; é um termo "quase finalista" a implicar somente que o processo é orientado a fins (ver Waddington, 1975, p. 223). Mayr (1988, p. 45) define a teleonomia de maneira similar: "Um processo ou comportamento teleonômico deve o seu direcionamento a um objetivo às operações de um programa". A teleonomia deve ser contrastada com o termo "teleologia", de sentido mais forte, e dele diferenciada. No caso da teleologia, as causas finais *determinam integralmente* processos e acontecimentos.

atividades unitárias superiores sem as quais a macroevolução seria incompreensível (Piaget, 1976/1978, p. 151).

Piaget concluiu *Comportamento e evolução* reconhecendo importantes distinções entre evolução variacional e de organização. A evolução variacional é randômica, dá-se basicamente no nível genético e está sujeita a uma seleção *a posteriori*. Em contraste, a evolução de organização é teleonômica – afeta o organismo inteiro e se esforça por estabelecer um *rapport* ou equilíbrio entre o organismo e o ambiente. A evolução da organização produz novas formas de comportamento, bem como os órgãos que servem a elas como instrumentos de comportamento. A seleção resulta de um equilíbrio atingido entre os ambientes interno e epigenético e os traços fenotípicos. Piaget afirmou que a reconstrução genética do comportamento aprendido de modo algum implicava um retorno ao lamarckismo, uma vez que o ambiente interno seleciona as variações hereditárias que respondem às necessidades do organismo. Em outras palavras, não é a ação do ambiente, mas a ação pelo organismo no ambiente o que estimula as mudanças internas a que as variações respondem. Avanços futuros na genética podem resultar da reconciliação dos dois tipos de evolução, demandando-se uma reconciliação das unidades discretas que estão sujeitas à evolução variacional e à organização dinâmica integral característica de todas as coisas vivas. *Comportamento e evolução* chegou a duas conclusões assumidamente especulativas. "A primeira é a de que existe uma evolução na organização e uma evolução variacional; a segunda, a de que o comportamento é o seu motor" (Piaget, 1976/1978, p. 159).

Uma síntese da concepção de evolução de Piaget

A teorização biológica de Piaget conduz o seu pensamento a um giro completo. Agora ele podia visualizar as conexões essenciais entre biologia e conhecimento e o papel que uma concepção da evolução desempenharia em ambos. Em essência, tanto a evolução orgânica quanto a cognitiva são caracterizadas pela autorregulação ou equilibração, característica universal de toda a vida que impulsiona a evolução das formas orgânicas mais simples às mais complexas do pensamento científico e matemático. A evolução cognitiva é a adaptação das estruturas intelectuais do sujeito à realidade, enquanto a evolução biológica é a adaptação da estrutura biológica do organismo ao ambiente. No caso cognitivo, a adaptação consiste na assimilação de novas percepções, ideias e acontecimentos a esquemas existentes e na subsequente acomodação de tais esquemas aos materiais assimilados. O processo tem o objetivo de atingir o equilíbrio cognitivo.[10] Analogamente, a adaptação biológica consiste na assimilação de elementos do ambiente e subsequente acomodação do organismo em termos da fenocópia.

Assim, a conexão entre o biológico e o cognitivo dá-se em termos dos princípios adaptativos ou organizacionais que se aplicam a todos os níveis do funcionamento biológico. Esses princípios aplicam-se também ao funcionamento cognitivo, uma vez que a cognição amplia o funcionamento biológico. Em outras palavras, uma vez que o pensamento é uma atividade do organismo, ele tem de ser governado pelas mesmas leis de organização que regem o organismo. Com isso, tanto as estruturas biológicas quanto as cognitivas resultam do funcionamento básico do organismo, que é ele próprio um processo contínuo de organização e adaptação em direção a estados mais equilibrados. Essa é a essência da concepção de evolução de Piaget.[11]

Críticas às teorias biológicas de Piaget

Infelizmente, de modo geral, a teoria biológica de Piaget não foi bem recebida. O eminente neurobiólogo Jean-Pierre Changeux (1980, p. 196), por exemplo, argumentou que o conceito de fenocópia "corresponde a uma diminuição das potencialidades genéticas do organismo". Ao discutir as observações biológicas de Piaget, Changeux afirmou que o *Limnaea*, que se adapta a diferentes ambientes, exibe múltiplos fenótipos, enquanto a chamada fenocópia apresenta apenas um. De acordo com Changeux (1980, p. 196), "a fenocópia não corresponderia à aquisição de uma nova competência, e sim a uma perda de potencialidades genéticas". Em outras palavras, o *Limnaea*, no qual as adaptações fenotípicas tornam-se hereditariamente fixadas, na verdade perdeu os genes que

10 Em *Biologia e conhecimento*, bem como alhures, Piaget (1967/1971) enunciou seu entendimento de que um processo vivo encontra-se aberto à medida que qualquer nível de equilíbrio cognitivo pode ser reformulado na sequência.

11 Uma apresentação mais detalhada pode ser encontrada em Messerly (1996).

determinam outros fenótipos. Changeux, como virtualmente todos os biólogos contemporâneos, rejeitou de forma categórica a teoria biológica de Piaget: "As teorias modernas da evolução baseiam-se nas mutações espontâneas e randômicas da molécula de DNA e na recombinação de seus segmentos; [...] e parece difícil imaginar, no momento, um mecanismo molecular para as mutações de Piaget [...]" (Changeux, 1980, p. 195).

Ou então, considere-se o notável biólogo molecular Antoine Danchin, que criticou a teoria biológica de Piaget como irremediavelmente obsoleta: "Muito embora pudesse ter sido possível, antes da existência da biologia molecular, acreditar num princípio 'instrutivo' ou 'criativo' que explicasse a determinação de traços que, num organismo vivo, produzisse uma fenocópia adaptativa [...] esse aspecto é hoje meramente um episódio na história das ideias" (Danchin, 1980, p. 357). A explicação por Danchin da fenocópia ecoava a de Changeux. Adaptações fenotípicas ocorrem, e em alguns casos se tornam invariantes, quando organismos fazem frente a condições ambientais especializadas. Nesses casos, o organismo perde "as atitudes regulatórias que lhe permitiram mudar seu fenótipo de acordo com o ambiente" (Danchin, 1980, p. 359). Essa perda de variabilidade fenotípica não é, em tais casos, prejudicial, já que o ambiente especializado permanece constante. Outros organismos retêm a variabilidade fenotípica, exibindo-a quando transferidos de volta a seu ambiente original. De acordo com Danchin (1980, p. 359), fenótipos individuais podem ser compreendidos "sem que se permita a intervenção mesmo da noção menos instrutiva por parte do ambiente". A fenocópia não indica um processo evolucionário construtivo, "mas simplesmente uma realização particular de um dado programa de acordo com um estrito determinismo" (Danchin, 1980, p. 360). Ele alegou que todas as evidências de que se dispõe contradizem os entendimentos de Piaget.

Desenvolvimentos mais recentes

Ainda assim, alguns desenvolvimentos recentes parecem vir em apoio aos entendimentos em biologia de Piaget. Por exemplo, a zoóloga e membro da Academia Nacional de Ciências Mary Jane West-Eberhard (2003, p. 3-4) afirma:

> Uma das mais antigas controvérsias em biologia evolutiva [...] diz respeito às relações entre natureza e criação na evolução do *design* adaptativo. Na biologia evolutiva moderna ainda há uma lacuna entre as conclusões de uma teoria genética para a origem e disseminação de novos traços, e a natureza observada dos traços sendo explicada, o fenótipo manifesto, produtos sempre de genes e do ambiente [...] A lacuna é especialmente clara em discussões sobre morfologia e comportamento adaptativamente flexíveis. De que modo traços complexos adaptativamente flexíveis são construídos durante a evolução? [...] Não surpreende que estudantes do comportamento humano tenham estado entre os primeiros a reclamar do fracasso da biologia evolutiva em efetivamente lidar com plasticidade adaptativa complexa. Os antropólogos, por exemplo, têm boas razões para questionar as explicações de uma sociobiologia fortemente centrada em genes. O comportamento humano é *essencialmente* circunstancial. Sabemos intuitivamente que nossos fenótipos são moldados por nossos ambientes – por mães, pais, professores, pela economia e por acidentes da história. A esse respeito, porém, a natureza humana é como qualquer outro fenótipo de qualquer outro animal ou planta. Se isso é verdade, de que modo estudantes da evolução social com tanta frequência podem predizer padrões culturais e comportamentos de insetos com base em modelos calcados tão somente em genes? Um fenótipo é o produto tanto do genótipo quanto do ambiente. Para especificar o problema em termos mais gerais: se fenótipos recorrentes são tanto um produto de circunstâncias recorrentes quanto o são de genes replicados, como posso aceitar uma teoria da evolução orgânica que lide fundamentalmente com genes? De que modo evolui a incorporação sistemática da influência ambiental?

E ela conclui que o desenvolvimento seria a chave ou "o elo perdido entre genótipo e fenótipo, um lugar que no passado foi excessivas vezes ocupado por metáforas" (West-Eberhard, 2003, p. 19). Em suma, embora a biologia evolucionista recente tenha se centrado sobretudo em como genes e traços são propagados ou perdidos, ela diz pouco sobre como novos traços se originam. West-Eberhard proporciona uma abordagem detalhada de como a novidade evolutiva pode ser explicada por pesquisa recente com base em desenvolvimento, fisiologia e comportamento. Assim, tal como Piaget, ela nega que a novidade evolutiva possa ser explicada unicamente por mutações.

Outros, como os antropólogos Sue Taylor Parker e Terrence W. Deacon, concordam. Parker (2004) argumenta que novos modelos fenotípicos proporcionam uma compreensão do papel de comportamento e desenvolvimento na evolução. Embora alguns detalhes do modelo de Piaget sejam problemáticos, ainda assim Parker alega haver evidências de que mudanças epigenéticas ambientalmente induzidas são capazes de modificar a expressão genética, podendo assim ser herdadas. Além disso:

> [...] dois temas mais amplos nos livros de biologia de Piaget são parcialmente justificados por uma recente nova síntese de desenvolvimento e evolução. O primeiro tema é a insatisfação de Piaget com o papel exclusivo da mutação na clássica abordagem neodarwinista das origens da variação adaptativa, que traça um paralelo parcial com a crítica de West-Eberhard. O segundo tema a encontrar apoio é a ênfase piagetiana no papel do desenvolvimento, em especial a adaptação comportamental, nas origens das adaptações. Esse tema encontra paralelos no modelo que, da autoria de West-Eberhard, é fenotipicamente centrado e dá conta das origens de novos traços (Parker, 2004, p. 81). E Deacon (2004, p. 116-117) concorda que a pesquisa contemporânea esteja a confirmar algumas das compreensões de Piaget:

> A recorrência de Piaget a Baldwin e Waddington pode agora ser vista como antecipação elucidativa de uma complexificação necessária da teoria evolucionista, embora não se tenha aí nem um repúdio ao mecanismo darwinista nem um retorno a paradigmas lamarckistas. Conforme ele suspeitava, explicar o aparente poder autorregulatório da evolução biológica demanda incorporar o papel dos processos epigenéticos como mediadores entre seleção genotípica e fenotípica [...] Insatisfeito tanto com a lógica darwinista quanto com a lamarckista, e na busca de chegar a um intermediário construtivista, Piaget antecipou a convergência contemporânea entre psicologia

do desenvolvimento e biologia evolucionista. Mesmo hoje, essa síntese apenas começa a render frutos [...].

Conclusão: evolução variacional e construtiva

Piaget sustentava que o ordenamento ou estrutura do meio transpassa o chamado envelope genético. E é esse intercâmbio que resulta em evolução construtiva. Em contraste, de modo característico, geneticistas contemporâneos insistem em que o envelope genético não pode ser penetrado e que só mesmo ele determina a gama de regulações e comportamentos disponíveis ao organismo. Assim, a biologia molecular é reducionista; o microscópico determina o macroscópico e é afetado por ele. Em outras palavras, existe uma assimetria de determinismo entre os dois mundos – a causalidade e a explicação são unidirecionais. Tal se pode constatar na alegação, por biólogos moleculares, de que randomicidade e acaso causam a evolução. O ilustre biólogo molecular Jacques Monod (1971, p. 112-113) apresentou o clássico enunciado:

> O puro acaso, absolutamente livre, porém cego na própria raiz do estupendo edifício da evolução: este conceito central da biologia moderna já não é uma entre outras hipóteses possíveis ou mesmo concebíveis: ele é a única hipótese concebível, a única que se ajusta ao fato observado e testado.

Além disso, Monod (1971, p. 113-115) afirmou que a indeterminação ou incerteza operativa em mutações genéticas é "essencial", em oposição a "operacional". Essa incerteza não resulta de nossa incapacidade de determinar as causas das mutações – incerteza operacional –, mas de coincidências puramente acidentais – incerteza essencial. A fonte última da incerteza essencial é a mesma que se tem para eventos quânticos. De acordo com Monod, a única alternativa a aceitar a incerteza essencial é adotar o fatalismo.

A descrição por Monod da evolução é paradigmática do entendimento transmitido em biologia contemporânea. Eu caracterizo as teses dessa posição como: (a) a evolução se dá em razão do acaso; (b) a evolução é essencialmente variacional e irracional; (c) não há teleologia para a evolução; (d) a evolução implica completa liberdade, já que nenhuma lei governa o seu processo. A primeira tese é definicional e segue-se à esmagadora evidência da biologia molecular. A segunda e a terceira seguem-se à primeira, e a quarta segue-se da afirmação de que a mudança evolutiva é "essencialmente" incerta. Chamo a isso de evolução *variacional.*

A evolução construtiva de Piaget proporciona um vívido contraste. Ele não nega, por exemplo, que o acaso poderia, com plausibilidade, explicar a cor da borboleta; mas não acredita que tal acaso fosse suficiente para explicar comportamentos humanos mais complexos. Pode-se efetivamente supor que a extraordinária correspondência entre matemática e realidade teria surgido por acaso? O acaso explica o desenvolvimento da ciência ou o incremento em genes das bactérias aos animais superiores? Segundo Piaget, não é o caso. Mesmo reconhecendo as contribuições do microscópico e os efeitos da programação e da influência ambiental, ele denunciou a causalidade unilateral e a omissão do processo de equilibração/autorregulação em transformações evolutivas. É pelos comportamentos organizacionais e adaptativos que o organismo explora a interação entre forças microscópicas e macroscópicas.

Assim, considero as teses essenciais da evolução construtivista como sendo: (a) a evolução procede por organização; (b) a evolução é fundamentalmente racional; (c) existe uma direção teleonômica para a evolução; (d) há uma liberdade limitada na evolução, já que leis governam e restringem o processo. O primeiro ponto é definicional, o segundo e o terceiro seguem-se ao primeiro, e o quarto é uma consequência das invariantes funcionais. A tal evolução chamo de *construtiva.*

Desse modo, será essa evolução construtiva fundamentalmente variacional ou organizacional? Embora a complexidade da relação entre os ambientes interno e externo do organismo na condução da evolução seja objeto de controvérsia, eu sustento a necessidade de que uma pesquisa científica continue a desvendar essa complicada relação. O modo como a questão será ao final resolvida é alvo de disputa. Ainda assim, suspeito que uma pesquisa futura deverá, por fim, confirmar a principal ideia de Piaget – a de que a evolução é, em grande parte, um processo auto-organizador e construtivo.[12]

---

12 Eu gostaria de expressar a minha profunda gratidão para com Ulrich Müller e Leslie Smith, por seus esforços em aperfeiçoar este ensaio.

Glossário de termos

fenotípico — propriedades observáveis de um organismo, produzidas pela interação entre o genótipo e o ambiente.

adaptação — desenvolvimento de características físicas e comportamentais que permitem aos organismos sobreviver e se reproduzir em seus habitats.

genotípico — designa o todo ou parte da constituição genética de um indivíduo ou grupo.

fenocópia — (para Piaget) um genótipo que copia um fenótipo.

somático — relacionado ao corpo, em especial como distinto da mente.

endógeno — origina-se num organismo ou tecido.

exógeno — origina-se fora de um organismo ou sistema.

genoma — conjunto completo de material genético de um ser humano, animal, planta ou outro ser vivo.

Referências

CHANGEUX, J.-P. "Genetic determinism and epigenesis of the neuronal network: Is there a biological compromise between Chomsky and Piaget?". In: M. Piattelli-Palmarini (Org.). *Language and learning: The debate between Jean Piaget and Noam Chomsky*. Cambridge, Mass.: Harvard University Press, 1980, p. 185-197.

DANCHIN, A. "A critical note on the use of the term 'phenocopy'". In: M. Piattelli-Palmarini (Org.). *Language and learning: The debate between Jean Piaget and Noam Chomsky*. Cambridge, Mass.: Harvard University Press, 1980, p. 356-360.

DEACON, T. W. "Beyond Piaget's phenocopy: The baby in the Lamarckian bath". In: S. T. Parker, J. Langer e C. Milbrath (Orgs.). *Biology and knowledge revisited: From neurogenesis to psychogenesis.* Mahwah: Erlbaum, 2004, p. 87-122.

MAYR, E. *Toward a new philosophy of biology*. Cambridge, Mass.: Harvard University Press, 1988.

MESSERLY, J. *Piaget's conception of evolution: Beyond Darwin and Lamarck*. Lanham: Rowman e Littlefield, 1966.

MONOD, J. *Chance and necessity: An essay on the natural philosophy of modern biology*. Nova Iorque: Knopf, 1971.

PARKER, S. T. "Piaget's phenocopy model revisited: A brief history of ideas about the origins of adaptive genetic variations". In: S. T. Parker, J. Langer e C. Milbrath (Orgs.). *Biology and knowledge revisited: From neurogenesis to psychogenesis*. Mahwah: Erlbaum, 2004, p. 33-86.

______. *Introduction à la Malacologie Valaisanne*. Thèse pour l'obtention du grade de Docteur ès Science [Tese para a obtenção do grau de Doutor em Ciências], Université de Neuchâtel, 1918. Sion: F. Aymon, 1921.

PIAGET, J. "Les races lacustres de la 'Limnaea stagnalis' L. Recherches sur les rapports de l'adaptation hereditaires avec le milieu". *Bulletin Biologique de la France et de la Belgique,* 63, 1929a, 424-455.

______. "L'adaptation de la limnaea stagnalis aux milieux lacustres de la Suisee Romande". *Revue Suisse de Zoologie,* 36, 1929a, 263-531.

______. *The origins of intelligence in children*. Londres: Routledge and Kegan Paul, 1953 (texto original publicado em 1936).

______. *Biology and knowledge*. Chicago: University of Chicago Press, 1971 (texto original publicado 1967).

______. *Behavior and evolution*. Nova Iorque: Random House, 1978 (texto original publicado em 1976).

______. *Adaptation and intelligence*. Chicago: University of Chicago Press, 1980 (texto original publicado em 1974).

______. *The equilibration of cognitive structures: The central problem of intellectual development*. Chicago: University of Chicago Press, 1985 (texto original publicado em 1975).

______. *Studies in reflecting abstraction*. Hove: Psychology Press, 2001 (texto original publicado em 1977).

WADDINGTON, C. H. *The evolution of an evolutionist*. Ithaca: Cornell University Press, 1975.

WEST-EBERHARD, M. J. *Developmental plasticity and evolution*. Oxford: Oxford University Press, 2003.

5 Sobre o(s) conceito(s) do social em Piaget

Richard F. Kitchener

O problema

O problema que eu quero levantar neste capítulo é o seguinte: a teoria do desenvolvimento cognitivo de Piaget inclui uma teoria do social? Em caso afirmativo, será a teoria coerente e/ou adequada?

Existe um conjunto comum de críticas à teoria piagetiana do desenvolvimento cognitivo (Boden, 1980; Hamlyn, 1971, 1978; Meacham e Riegel, 1978; Rotman, 1977; Russell, 1979; Tripp, 1978; Vygotsky, 1934/1986; Wallon, 1928, 1942, 1951; Wilden, 1977): (1) Piaget não dispõe de uma teoria da contribuição social ao desenvolvimento cognitivo; (2) ele dispõe de uma tal teoria, mas ela é inadequada, porque a sua teoria encontra-se empobrecida e enfatiza inadequadamente o social; (3) ele pode ter tido uma teoria do social suficientemente complexa, mas trata-se de uma teoria falsa ou equivocada. A questão que quero perseguir é a seguinte: seriam essas críticas justificadas?

Uma resposta comum a esse conjunto de críticas feitas por estudiosos piagetianos (Apostel, 1986; Chapman, 1986; Kitchener, 1981, 1991; Mays, 1982; Smith, 1982, 1995) é a de que os críticos simplesmente não leram Piaget, em particular seus recentemente traduzidos [para o inglês] *Sociological Studies* (Piaget, 1977/1995). Afinal de contas, nesses estudos está contida a tal teoria social. Portanto, os críticos estariam equivocados acerca de 1. Esses estudiosos são menos implacáveis quanto à crítica 2, embora alguns argumentem que a teoria seja plausível (ainda que talvez necessite de uns poucos ajustes aqui e ali). Contudo, é difícil encontrar quem proponha uma falsidade da crítica 3 e diga que a abordagem de Piaget seja excelente, sem precisar de revisão.

Desse modo, a verdadeira questão diz respeito à própria existência ou ao grau de adequação de qualquer abordagem supostamente sociológica presente nas obras de Piaget.

A quais aspectos estariam os críticos reagindo na obra de Piaget? Apenas não a leram? Isso, como se evidencia, é algo verdadeiro para muitos de seus críticos, mas não para todos. Leram, talvez, tendo dado à obra uma interpretação incorreta ou inadequada? Se sim, por quê?

A solução

Neste capítulo, vou propor que tanto os críticos quanto os defensores de Piaget estão (parcialmente) corretos. Piaget tem, sim, uma teoria da dimensão sociológica do desenvolvimento cognitivo. Na verdade, ele tem diversas – pelo menos três: (a) uma epistemologia social de juventude, na qual o social desempenha um papel epistêmico crucial; (b) uma visão spinozista (ou logicista) de duplo aspecto, onde há um único estado subjacente de equilíbrio manifesto em várias diferentes áreas; e (c) uma abordagem racionalista internalista, onde qualquer influência externa, seja ela social ou não, é dependente e derivativa de mecanismos cognitivos puramente individualistas. Proporei que o próprio Piaget não foi claro sobre essas três abordagens, que ele não raro parecia sustentar simultaneamente. A mais adequada é a primeira; a segunda deveria ser rejeitada ou substancialmente revisada; a terceira pode ser defensável (se substancialmente revisada). Tal versão revisada pode ser combinada com a primeira e possivelmente com a segunda, mas tal combinação ainda espera ser complementada futuramente. Esboçarei aqui uma linha de desenvolvimento possível.

A teoria epistemológica

A investigação de Piaget de início esteve centrada no que ele chamou de "estudos sobre a lógica infantil". Após defender seu doutorado, ele foi a Zurique estudar psicanálise (ver Ducret, 1984; Vidal, 1986), onde travou contato com as ideias de Jung, Pfister, Bleuler, Freud, Adler e Silberer. O conceito de pensamento autista de Eugen Bleuler era uma temática exclusiva da epistemologia social de Piaget.[1]

Bleuler e o pensamento egocêntrico

Bleuler proporcionou algumas definições de autismo intimamente relacionadas entre si, mas a ideia nuclear era a de que haveria um *descolamento da realidade associado a uma vida ricamente fantasiosa*:

> Um dos sintomas mais importantes da esquizofrenia é a preponderância da vida interior com um afastamento ativo do mundo exterior. Nos casos mais severos tem-se um completo recuo, vivendo-se num mundo de sonho; nos casos mais suaves tem-se um recuo em menor grau. Chamo a esse sintoma de *autismo* (1912/1951, p. 399).

Bleuler ressaltou que haveria dois tipos de pensamento: o *pensamento autista* e o *pensamento lógico* ou *realista*. O autismo, contudo, não deveria ser identificado com o pensamento autista, que poderia ser bastante normal (como no caso das brincadeiras ou dos sonhos) (Bleuler, 1911/1950, p. 374).

A ideia do pensamento autista foi apropriada por Piaget nos primórdios de sua atividade intelectual (Piaget, 1920, 1923a). Afinal de contas, conforme o sugerido por Bleuler, o pensamento infantil poderia ser visto como tendo aspectos de pensamento autista, em oposição ao pensar racional presente na vida adulta comum. A principal hipótese de Piaget foi a de que havia outro modo de pensar, o *pensamento egocêntrico*, entre o pensamento autista e o pensamento lógico.

O *pensamento simbólico* de Freud é caracterizado como uma ausência de consequência lógica, uma predominância da imagem sobre o conceito, e como uma falta de percepção das conexões que relacionam as imagens

1 Bleuler (1911/1950) traz uma breve discussão sobre autismo, elaborada em sua importante (mas raramente lida) monografia sobre tal temática (1912/1951), trabalho este, vale ressaltar, discutido por Vygotsky (1934/1986). Bleuler (1919/1970) de modo algum versa sobre autismo clínico, mas sobre diagnóstico médico inadequado.

sucessivas consigo mesmas (Piaget, 1923a, p. 275). É quase sempre de natureza autista – individualista, incomunicável e independente da vida social. "O pensamento da criança", sugeria Piaget, "é um pensamento intermediário entre o simbólico e o lógico" (Piaget, 1923a, p. 284). Tem-se nele uma ausência da necessidade de discussão, de dedução lógica e de verificação, com uma predominância de esquemas sincréticos ou visuais sobre a análise lógica (p. 285). No pensamento simbólico e no autista, não existe uma percepção do *self* [si mesmo] porque não há percepção dos outros.

O pensamento da criança é fundamentalmente egocêntrico, afirma Piaget. Embora a criança procure se adaptar à realidade, seu pensamento é em ampla medida autista, porque não é lógico, nem racional ou objetivo, assim como não há uma tentativa (ou capacidade) de justificar seus enunciados ou crenças. A criança simplesmente não se comunica com outra criança ou com um adulto.

A *informação adaptada* é uma troca de pensamento com os outros, uma tentativa de transmitir uma crença a outrem. A informação adaptada pode originar o diálogo, no qual dois indivíduos falam sobre o mesmo estado de coisas, mas discordam acerca dele. Tais casos são raros na infância, porque o que ali se tem é (fundamentalmente) uma *discussão primitiva*, um choque de afirmações sem uma tentativa de justificação lógica; em vez disso, há simplesmente uma conjunção de enunciados.

Nesse estágio, a criança ainda não tem plena consciência das outras pessoas e de seus pontos de vista, tampouco está consciente de seu próprio ponto de vista. Em suma, o egocentrismo é "a incapacidade de diferenciar entre o seu próprio ponto de vista e os das outras pessoas" (Piaget, 1924/1928, p. 272). Ao não conhecer a sua própria perspectiva, a criança sistematicamente confunde o que é apenas o seu ponto de vista com todos os pontos de vista. É uma espécie de solipsismo inconsciente. Tudo isso começa a mudar quando outros indivíduos vêm a discordar dela.

> Apenas por meio da fricção com outras mentes, por meio de trocas e oposição, o pensamento vem a ser consciente de seus próprios objetivos e tendências e somente desse modo vê-se obrigado a relacionar o que até então se mantinha justaposto (Piaget, 1924/1928, p. 11).

> Qualquer um que pense por si mesmo, exclusivamente e, por via de consequência, encontra-se num perpétuo estado de crença, isto é, de confiança em suas próprias ideias, por certo que não vai se incomodar com as razões e motivos que guiaram seu processo de raciocínio. Somente sob a pressão de argumentação e oposição ele buscará se justificar aos olhos de outros, e com isso adquirir o hábito de olhar para si mesmo pensando, isto é, de constantemente detectar os motivos que o estão guiando na direção por ele buscada (Piaget, 1924/1928, p. 137).

Defrontando-se com esse impacto, que é um obstáculo ou barreira (Lei de Claparède), a criança é forçada a tentar proporcionar uma justificação à outra pessoa. Essa justificação tem de estar sob a forma de uma razão para a crença. Se a criança deve convencer os outros, ela tem de proporcionar uma razão que a outra pessoa aceitaria. Para fazê-lo, a criança tem de compreender a diferença entre o seu ponto de vista e os dos outros, com isso tornando-se consciente de uma diversidade de diferentes pontos de vista epistêmicos.

Diversas distinções epistemológicas são importantes aqui. Em primeiro lugar, há vários tipos de conhecimento: o conhecimento-de-que (conhecimento proposicional), o conhecimento-de-como, a familiarização direta etc. A preocupação fundamental de Piaget é com o conhecimento-de-que ou *entendimento*; a esse tipo de conhecimento ele também chama de lógico, conceitual ou cognitivo, distinguindo-o do conhecimento-de-como (*êxito*) (Piaget, 1974/1978). Tal conhecimento se factualiza em conhecimento proposicional com o auxílio de certos tipos de habilidades conceituais e estruturas formais-operacionais. Esse foi o enfoque de sua teoria inicial do egocentrismo e é a peça central de sua epistemologia genética.

A interação social é essencial para o conhecimento cognitivo (conhecimento-de-que) porque, ausente a interação social, o sujeito epistêmico não veria ali uma necessidade de justificação. Assim sendo, as justificações são sempre justificações dadas a outros, um conceito social pertencente a um agrupamento de outros conceitos sociais: responsabilidade, desculpas, culpabilização etc. São dadas razões com os olhos postos no convencimento da outra pessoa, que está a demandar uma justificação. Os estágios de egocentrismo, socialização e objetividade "são determinados por idades que por acaso correspondem a idades de importantes mudanças na vida social da criança, ou seja, 7-8... e 11-12 anos" (Piaget, 1924/1928, p. 112-113).

Mais tarde, Piaget veio a sugerir que o pensamento autista seria um estágio inicial da infância (os primeiros 2 anos de vida) anterior ao egocentrismo, que por sua vez seria um precursor do pensamento lógico-conceitual. Ele passou a ver esse primeiro estágio de modo diferente, como consequência de suas observações de seus próprios filhos, ao final vindo a classificá-lo como *inteligência motora* (inteligência sensório-motora) e atribuindo a ele um certo tipo de racionalidade de grau inferior – uma lógica de ação (Piaget, 1928b). Crianças de 0 a 2 anos de idade não são completamente autistas: embora possam ser autistas no âmbito reflexivo e conceitual, manifestam certo tipo de racionalidade em suas ações. Agora era o egocentrismo, estágio entre inteligência motora e inteligência cognitiva, que passava a ser visto como estágio de pensamento irracional, com a inteligência motora tendo uma racionalidade prática e a inteligência cognitiva tendo uma racionalidade teórica.

Se esse estágio (motor) inicial de inteligência e conhecimento era racional, embora num sentido diferente do de racionalidade cognitiva posterior, ele reclamava uma abordagem do que o fazia racional; isso é algo que não seria possível à dimensão social, por ela estar ausente durante esse período. Sendo assim, fazia-se necessária outra abordagem da racionalidade.

Estudos em racionalidade infantil

No início de sua carreira (1921), Piaget programou uma série de livros que seria intitulada *Estudos sobre a lógica da infância*, a consistir em dois trabalhos sobre o raciocínio infantil (Piaget, 1923/1926, 1924/1928), e previu um terceiro volume, *Nova investigação sobre a lógica da criança*, que jamais apareceu: mas por que o terceiro volume jamais apareceu? O que teria acontecido para mudar a teoria inicial de Piaget sobre o egocentrismo social?

Diversos pontos podem ser brevemente mencionados: em primeiro lugar, sua investigação em seus próprios filhos quando bebês (0 a 2 anos) resultou em sua nova teoria da inteligência motora. Em segundo lugar, havia um conjunto de críticas levantadas contra a sua teoria (Isaacs, 1930; Wallon, 1928, 1942 e outros) numa famosa conferência de 1928 (Piaget, 1928b). Essas críticas em parte motivaram Piaget a se voltar à elaboração de sua teoria dos grupos, que, segundo ele acreditava, proporcionaria uma resposta a seus críticos e uma teoria mais abrangente da racionalidade.

A investigação de Piaget em seus próprios filhos iniciou-se em 1925, resultando em diversas obras monumentais (1936/1952; 1937/1954), o que o impeliu na direção da *inteligência sensório-motora* (ou *inteligência motora*) e modificou suas concepções sobre epistemologia social.

A *inteligência*, afirma Piaget, é a faculdade que, nos indivíduos, está preocupada com a adaptação ao mundo e com a formação de uma representação adequada das coisas (1923a, p. 276). Agora, se existe algo chamado de inteligência motora, esta diz respeito à adaptação ao mundo e à formação de representações adequadas desse mundo. Assim sendo, ela diz respeito a *conhecer* o mundo. Ao que tudo indica, porém, ela parece ser um tipo diferente de conhecimento. Sendo assim, de que modo se relaciona com a epistemologia social que ele tinha de início?

Piaget pode estar correto ao propor que o social seja necessário para o conhecimento conceitual (racionalidade teórica), mas o social não parece ser necessário para o conhecimento motor (racionalidade prática). O organismo tem de se adaptar a seu ambiente, mas isso significa adaptar-se a objetos físicos, o que proporciona *resistência* ao sujeito cognoscente. Os objetos físicos comuns proporcionam resistência à ação do indivíduo, e isso constitui um mecanismo para se verificar a inteligência motora. De fato, os macacos de Köhler (1917/1925) podem se envolver num certo tipo de comportamento racional, e mesmo ratos podem se envolver no que Tolman chamou de "tentativa e erro vicariante" – o pensamento sobre o caminho a seguir num labirinto. Agora, tudo isso se faz consistente com a concepção de que o social é necessário para se passar do nível inferior ao nível seguinte, mais elevado. O que então foi feito da afirmação de Piaget de que o social é explanatoriamente essencial à racionalidade?

No máximo, tal é verdadeiro para a racionalidade cognitiva, mas a racionalidade cognitiva tem algo em comum com a racionalidade prática. Essa comunalidade é o que a teoria piagetiana dos grupos foi projetada para abordar, ou seja, trata-se de uma racionalidade presente em ambas.

A abordagem spinozista de duplo aspecto

Durante esse período inicial, Piaget começou a migrar para uma concepção diferente da natureza do social no desenvolvimento do conhecimento – para a sua *teoria do paralelismo social e lógico (isomorfismo)* ou o que chamarei de concepção de duplo aspecto. De acordo com essa concepção, já não é correto afirmar que o social é necessário, essencial ou uma pressuposição para o aumento do conhecimento, ao contrário do que ele antes pensara. Agora, somos informados de que o social e o lógico (ou individual) são dois lados da mesma moeda: existe uma correlação, um paralelismo ou identidade entre o social e o individual (Piaget, 1977/1995, p. 82, 84, 87-88, 89, 94, 145-146, 148, 244, 278, 280, 307, 310): são dois aspectos de uma única realidade ou processo subjacente (Piaget, 1977/1995, p. 145, 294, 309); existe uma única realidade vista de dois pontos de vista diferentes (Piaget, 1977/1995, p. 89); existe uma correlação ou paralelismo entre os dois (Piaget, 1977/1995, p. 244); os dois aspectos são interdependentes (Piaget, 1945/1951, p. 239); eles são isomórficos entre si (Piaget, 1954/1981, p. 9) e assim por diante. O social é inseparável do individual, assim somos informados, e desse modo, em razão desse paralelismo, é inútil perguntar qual veio primeiro ou é a causa do outro. Essa é uma reminiscência da metafísica de Baruch Spinoza, filósofo do século XXVII, que propôs (1677/2000) que a realidade (Deus) consistia na natureza, que é tudo o que existe (panteísmo), havendo, porém, dois aspectos em que a natureza se manifesta: um aspecto físico e um aspecto mental. Esses aspectos estão numa espécie de perfeito paralelismo ou correspondência entre si, de modo que se evita o dualismo e interacionismo mente-corpo de Descartes. Acredito que, com modificações, essa rubrica possa ser um termo adequado para a segunda teoria do social por Piaget.

O estímulo para essa elaboração foi, pelo menos de modo parcial, a obra do próprio Piaget sobre a concepção infantil de espaço e geometria, que o levou a Poincaré (1905/1958) e ao *grupo de deslocamentos* desse último. Isso conduziu explicitamente à abordagem por Piaget da construção de espaço e geometria pela criança, mas também conduziu à sua teoria mais geral dos agrupamentos. Por essa razão, com efeito, sua epistemologia social inicial conduziu-o diretamente à sua teoria dos agrupamentos. Por exemplo, Piaget faz a pergunta sobre se o caráter não relacional das ideias infantis sobre direita e esquerda, irmãos e irmãs etc. poderia remontar ao egocentrismo, e a resposta é "sim":

> Existem três estágios bastante definidos nessa evolução de direita e esquerda. Durante o primeiro, a criança se posiciona em seu próprio ponto de vista, durante o segundo, no ponto de vista dos outros, e durante o terceiro, num ponto de vista completamente relacional, no qual se consideram os objetos em si mesmos. Por essa razão, o processo é, precisamente, o da gradual socialização do pensamento – egocentrismo, socialização e, finalmente, completa objetividade. O curioso aqui é que os três estágios são determinados por idades que por acaso correspondem às idades de importantes mudanças na vida social da criança, isto é, dos 7 aos 8 anos, diminuição do egocentrismo, e dos 11 aos 12, estágio de regras e de pensamento que se tornaram formais o bastante para se raciocinar de todos os dados pontos de vista (Piaget, 1924/1928, p. 112-113).

Está claro que a teoria dos grupos e agrupamentos esteve historicamente atrelada à relação entre a perspectiva do próprio indivíduo e a perspectiva dos outros e suas transformações operacionais.[2] Mais do que isso, porém, tal teoria seria também capaz de explicar o tipo de racionalidade presente na inteligência sensório-motora e na forma mais elevada

2 Ver também seu comentário: "[...] o ponto de vista puramente perceptual é sempre completamente egocêntrico. Isso significa que ele é a um só tempo alheio a si mesmo e incompleto, distorcendo a realidade de modo a se manter como está. Em sentido contrário, descobrir o seu próprio ponto de vista é relacionar-se com outros pontos de vista, distingui-lo desses pontos de vista e coordená-lo a eles. Ora, a percepção é bastante inadequada para essa tarefa, já que tornar-se consciente de seu próprio ponto de vista é, na verdade, libertar-se dele. Fazê-lo demanda um sistema de verdadeiras operações mentais, isto é, operações que são reversíveis e capazes de interrelação" (Piaget e Inhelder, 1948/1967, p. 193). É evidente que isso requer, segundo Piaget, algo como a sua teoria dos agrupamentos.

de racionalidade conceitual. Assim sendo, o teorizar primevo de Piaget conduziu diretamente à sua teoria dos grupos.

As primeiras publicações de Piaget sobre teoria de grupos e agrupamentos apareceram em dois breves artigos, de 1937 (Piaget, 1937) e 1938 (Piaget, 1938),[3] e na sequência em forma de livro (Piaget, 1942). Desde o início (isto é, 1937), o seu pensamento sobre grupos esteve atrelado a uma álgebra da lógica (Piaget, 1953) como um desdobramento do grupo de deslocamentos de Poincaré. Tal abordagem esteve baseada na lógica de Boole, do século XIX; no século XX, a lógica dominante era a lógica simbólica ou logicismo, associada a Frege, Whitehead e Russell.

A principal obra de Piaget sobre grupos (1942), intitulada *Classes, relações e números*, tem como subtítulo *Ensaio sobre agrupamentos da logística e a reversibilidade do pensamento*. No início dessa obra, Piaget afirma, "com efeito, estamos trabalhando num tratado de logística" (1942, p. 1). "O objetivo da presente obra", segue a dizer, "é construir uma logística operatória de classes, relações e números, ou seja, uma logística cuja estrutura seria paralela às estruturas mentais, e não heterogênea a elas" (Piaget, 1942a, p. 2). A noção teórica chave aqui era a de agrupamentos, baseada no modelo de grupos matemáticos. Tal como a logística, grupos e agrupamentos são noções formalistas e constituem-se num modelo de noções intimamente relacionadas: um estado de equilíbrio e a subjacente estrutura de tal estado. Embora haja alguma controvérsia a esse respeito, acredito que o conceito de agrupamentos tenha de ser interpretado de maneira formalista. Tal abordagem nos dá um sentido claro do que uma estrutura é e constitui-se numa interpretação do modelo de duplo aspecto de Piaget.

Isomorfismo estrutural

O interesse inicial de Piaget (em 1942, por exemplo) em estrutura e na teoria das relações foi fomentado por suas leituras de Russell (1919) e Carnap (1929). Suponha-se que temos dois sistemas ou temas, cada qual dizendo respeito a uma relação ou conjunto de relações, por exemplo, as

3 Tem se debatido sobre qual artigo foi publicado antes.

duas relações de "marido de" (H [de *husband*, marido]) e "esposa de" (W [de *wife*, esposa]) (excluindo-se as recentes redefinições de "casamento"). Suponha-se que exista um conjunto de elementos (pessoas) {E} em H e {É} em W, de modo que tais elementos de {E} tenham a relação de H (por exemplo, Bill e Hillary), e alguns, não; e alguns elementos de {É} tenham a relação de W (por exemplo, Hillary e Bill) e alguns, não. Suponha-se que tenhamos um mapeamento (um a um) de elementos de {E} em elementos de {É} de modo tal que, quando quer que dois termos de {E} tenham H, seus correlatos terão W (e vice-versa). O conjunto de todos os elementos que têm H é a estrutura de H e o conjunto de todos os elementos que têm W é a estrutura de W. Aqui, as duas estruturas são a mesma: são isomórficas entre si. Quando duas relações têm a mesma estrutura, todas as suas propriedades lógicas são idênticas.

Agora, suponhamos que existam dois sistemas, por exemplo, cognição individual e interação social, nos quais eles se encontrem nos respectivos estados de equilíbrio E1 e E2. E1 tem uma estrutura subjacente, assim como a tem E2. Suponha-se que essa estrutura consista num tipo particular de *estrutura de agrupamento* G, que consiste num conjunto de relações {R = R1, R2... Rn}. Se G está presente em ambos, eles têm a mesma estrutura e podem ser ditos isomórficos entre si.

Ao longo dos escritos de Piaget, há um tema comum frequentemente enunciado. A interação individual num ambiente pode ser caracterizada como o atingimento de um certo estado de equilíbrio E1, e a interação individual com outros pode ser caracterizada como o atingimento de um certo estado de equilíbrio E2. Ambos os estados de equilíbrio, E1 e E2, podem variar em grau, o que se combina com o correspondente estágio de desenvolvimento. Cada estágio de equilíbrio E1 tem uma estrutura subjacente a ele, que pode ser formalmente modelada por uma estrutura de agrupamento (isto é, grupo, agrupamento, rede), cada uma das quais consiste num conjunto de relações (isto é, operações). O estado de equilíbrio individual pode ser equivalente ao estado de equilíbrio social, em cujo caso a estrutura de um é isomórfica à de outro porque G é o mesmo em ambos. Quando isso acontece, pode-se dizer que existe uma estrutura comum a ambos os sistemas. Se assim é, não se pode dizer qual é mais importante ou tenha uma prioridade causal ou temporal, uma vez que eles são isomórficos entre si; não se pode perguntar qual sistema causa o outro, tampouco se pode perguntar qual relação, marido ou esposa, vem a ser a primeira ou qual causou a outra. Assim sendo, o aspecto individual da pessoa e o seu aspecto social são aspectos inseparáveis de um processo subjacente, no sentido de terem a mesma estrutura formal subjacente e serem isomórficos entre si (Piaget, 1977/1995, p. 35, 43, 87-89, 94, 145-146). "Em suma, as relações sociais equilibradas em cooperação constituem-se *agrupamentos* de operações exatamente como as ações lógicas exercidas no mundo externo pelo indivíduo, e as leis de *agrupamentos* definem a forma do equilíbrio ideal comum às ações sociais e individuais" (Piaget, 1977/1995, p. 146).

Críticas ao formalismo lógico

Embora essa linguagem (talvez) evidencie uma espécie de visão spinozista de duplo aspecto, interpretada em termos puramente formais (algo que Spinoza não reivindicou), a teoria piagetiana da estrutura de agrupamento passa por um período difícil quando incorpora o aspecto material dessa concepção, já que uma estrutura de grupos é uma noção puramente formal. Piaget é claro acerca disto: sua teoria dos agrupamentos é uma abordagem logística na qual se constrói um modelo formal de equilíbrio (Piaget, 1949/1966, p. 3, 271).

O equilíbrio, sem dúvida, é tomado por Piaget como tendo um aspecto (conteúdo) *a um só tempo* formal e material. As estruturas formais enquanto formais não têm poderes causais. Por essa razão, pode fazer pouco sentido dizer "que os agrupamentos lógicos constituem não apenas o efeito, mas a própria causa da formação das operações" (Piaget, 1941, p. 217). Isso porque os agrupamentos, enquanto estruturas formais, não têm poderes causais, embora agrupamentos enquanto estruturas materiais os tenham. Nisso, porém, precisamos de uma explicação sobre o que vem a ser essa segunda noção. A questão importante, deixada sem resposta, é: qual a causa do sistema equilibrado? Como se explica a construção desse sistema? Aqui, não o conceito de um estado de equilíbrio, mas o processo de equilibração vem a ser crucial.

Num artigo interessante, Döbert (2004) argumentou que, contrariamente à anterior linha de pensamento (na qual se afirma que teria sido um erro a passagem de Piaget de sua primeira teoria do social para a sua segunda teoria), de uma perspectiva estruturalista esse movimento foi progressivo. Tal perspectiva conduziu Piaget à sua teoria dos agrupamentos, na qual o componente sociológico foi desenfatizado, o que foi um avanço. Isso se dá porque a racionalidade demanda ordem e coordenação, o que demanda algo como uma estrutura de agrupamento.

De minha parte, contestei tal noção. É verdade que a estrutura lógica é necessária para a racionalidade, mas tal não é suficiente. Isso se dá (novamente) porque a racionalidade e a epistemologia – que encarnam o interesse de Piaget – são mais amplas do que um modelo sintático-formal. Como é evidente, deseja-se um modelo formal adequado de racionalidade e inteligência, e estruturas de agrupamento podem ser tal modelo. Porém, propor que isso seria tudo de que precisamos não é adequado.

Uma interpretação causal

Ora, Piaget pode não ter tido a intenção de que essa concepção "de duplo aspecto" fosse interpretada de maneira puramente formal. Talvez ele quisesse dizer (Piaget, 1977/1995, p. 88, 145, 641) ser caso de que existe um processo real efetivo em que se tenha simultaneamente em operação tanto mecanismos causais individuais quanto mecanismos causais sociais (bem como os causais biológicos). É possível que sua afirmação fosse a de que na realidade não há interação social que não seja, ao mesmo tempo, inteligência psicológica individual, e (inversamente) que todo e qualquer caso de inteligência intraindividual é também um caso de algum tipo de interação social (Piaget, 1977/1995, p. 33). Mesmo que existisse um duplo aspecto de conteúdo, ainda precisaríamos conhecer as causas de cada um desses aspectos (Piaget, 1977/1995, p. 143, 215).

Essa concepção estaria mais afinada com o modelo spinozista, uma vez que Spinoza não estava argumentando que, em sua concepção de duplo aspecto, haveria meramente um mecanismo formal subjacente, instanciado em dois diferentes domínios. Spinoza afirmava uma perfeita correspondência ou paralelismo entre o mental e o físico, incluindo (é evidente) todas as propriedades causais de ambos, que em certo sentido seriam idênticas. São dois lados da mesma moeda.

A afirmação a seguir é por vezes feita por Piaget:

> [...] não existem três naturezas humanas, a pessoa física, a pessoa mental e a pessoa social, em sobreposição ou sucedendo uma à outra [...], mas existe, por um lado, o organismo, determinado por características hereditárias e também por mecanismos ontogenéticos, e, por outro, o conjunto de comportamentos humanos, cada qual tendo, desde o nascimento e em diferentes graus, um aspecto mental e um aspecto social (Piaget, 1977/1995, p. 33).

Contudo, não acredito que tal concepção possa ser defendida. Em primeiro lugar, isso é incompatível com a primeira epistemologia social de Piaget, na qual ele afirmou que se poderia deslindar os aspectos social e individual da inteligência porque o primeiro estágio do desenvolvimento individual era o de um autismo/egocentrismo (segundo o modelo da psicanálise), no qual o social estaria ausente; surgiria apenas mais tarde, entre os 7 e 8 anos (Piaget, 1924/1928, p. 209)![4] Esse foi um dos principais pontos de discórdia entre Piaget e Wallon, que insistia em que a criança seria social desde o nascimento.

Em segundo lugar, mesmo que fosse verdade que os seres humanos seriam de fato sempre sociais, essa seria uma afirmação contingente. A questão não versaria sobre o que vem a ser verdadeiro para virtualmente todos os seres humanos, mas sobre se o social seria absolutamente essencial para o desenvolvimento cognitivo. Isto é o que está em questão em experimentos de pensamento como Robinson Crusoé: se um indivíduo pudesse sobreviver na ausência de todo

4 Piaget afirma tanto que não há influência social no primeiro estágio (por exemplo, 1977/1995, p. 84, 221, 290) quanto que existem tais influências sociais desde o nascimento (por exemplo, 1977/1995, p. 216-217, 278). Essa última concessão implicou uma mudança no sentido do "social" para Piaget.

contato social, até que ponto ele poderia se desenvolver intelectualmente?[5] Podemos decompor as contribuições respectivas do indivíduo e do social? Sim, afirma Piaget (1977/1995, p. 194), se quisermos saber quando o social se torna influente. Como Piaget parece pensar (1977/1995, p. 194), um tal Robinson simplesmente não poderia avançar muito além da inteligência sensório-motora (1977/1995, p. 38, 94, 135, 154, 195, 221, 278; 1949/1966, p. 158).

De acordo com Piaget, o princípio normativo da equilibração otimizadora é um princípio que opera desde o nascimento até a fase adulta. Embora Piaget, por vezes, seja pouco claro a esse respeito, podemos propor que tal princípio é constante em seu funcionamento ao longo da trajetória do desenvolvimento, o que com o passar do tempo resulta em diferentes estruturas.

Paralelamente a isso, há a influência do social no desenvolvimento cognitivo. Aqui, a operação de um princípio social não é constante. No primeiro estágio, não há contributo epistêmico significativo vindo do social. Isso muda progressivamente nos estágios seguintes e sucessivos, porque há um aumento geométrico na influência do social. Portanto, quanto mais avançado o desenvolvimento, maior a influência do social (Piaget, 1977/1995, p. 38). Nos segundo e terceiro estágios tem-se o choque da discussão social, uma vez que subsequentemente há a influência da linguagem, e assim por diante. O que vêm a ser essas influências sociais específicas é algo a ser elaborado – algo que Piaget jamais fez. Mas está claro que algumas influências sociais são epistemicamente positivas (por exemplo, a discussão) e outras, epistemicamente negativas (por exemplo, a ideologia).

Internalismo cognitivo

Por fim, quero mencionar uma terceira abordagem do social encontrada em Piaget, segundo a qual *o social é dependente do psicológico*. Iniciando de uma perspectiva durkheimiana, pela qual (talvez de maneira equivocada)

5 Existem casos reais de algum indivíduo completamente associal? Relatos de crianças-lobo logo nos vêm à mente (ver, por exemplo, Yousef, 2001). Não conheço ninguém que tenha abordado o assunto de maneira exaustiva. Contudo, evidências certamente indicam um comprometimento significativo do desenvolvimento cognitivo.

se imagine ser a pressão social o que determina as estruturas epistêmicas e o raciocínio lógico, pode-se perguntar: de que modo isso acontece? De que modo operam a pressão social e a conformidade social? A concepção de Piaget é a de que o social não atua e não pode atuar diretamente sobre o comportamento ou sobre uma mente passiva. Em vez disso, qualquer influência social será mediada por um processo ou mecanismo psicológico que interprete a influência social externa (Piaget, 1977/1995, p. 33, 37, 295).

Como cognitivista, Piaget acredita que toda influência ambiental tem de ser mediada por um processo cognitivo interno de interpretação, seleção, juízo etc.; está-se aí sob a tônica da centralidade da assimilação. Sendo esse o caso, porém, é fácil ser levado ao entendimento de que é o indivíduo, o indivíduo autônomo, que está no controle do desenvolvimento, sendo o encarregado de deixar as influências sociais entrarem e de interpretá-las (Piaget, 1977/1995, p. 36).

Se assim é, o reino psicológico é que então será fundamental, e o social, secundário. Segundo esse entendimento, o que está a impulsionar o desenvolvimento serão processos individuais e psicológicos, e não os sociais. Essa parece ser a base para a afirmação (por exemplo, da parte de Wallon) de que Piaget na verdade seria rousseauísta.

Em suas obras tardias (Inhelder e Piaget, 1955/1958, p. 234-244; 1959/1969), a primazia e autonomia do equilíbrio fazem-se explicitamente estabelecidas.

> [...] o desenvolvimento do comportamento operacional é um processo autônomo, e não uma consequência secundária, que depende do desenvolvimento da percepção ou da linguagem [...] Quando falamos da autonomia desse desenvolvimento, queremos ser compreendidos no sentido bastante preciso de que o desenvolvimento pode ser explicado sem que se faça a necessária referência a vários fatores que indubitavelmente desempenham seu papel na realização concreta do desenvolvimento, isto é, na maturação, no aprendizado e na educação social, incluindo aí a linguagem. Pois a chave para a sua explicação reside no conceito de equilibração, que é uma noção mais ampla do que quaisquer dentre essas e compreende todas elas (Inhelder e Piaget, 1959/1969, p. 292).

O princípio da assimetria

De acordo com uma influente concepção (Laudan, 1977), existe um *princípio de assimetria* a operar no caso da mudança cognitiva: quando a mudança cognitiva é racional, o fato de ela ser racional é uma explicação suficiente para a mudança, e nada de extrarracional será possível ou necessário. Mas quando a mudança cognitiva é irracional, isso demanda uma explicação especial, não racional, por exemplo, a envolver fatores sociológicos externos, como interesse de classe ou prioridades de financiamento. A sociologia, por essa razão, pode explorar o motivo pelo qual se deu uma mudança irracional, mas não pode explicar por que ela seria racional. Isso cabe à lógica.

No caso de Piaget, um princípio de assimetria semelhante por vezes parece estar em operação. Quando há uma mudança cognitiva a apontar para uma equilibração otimizadora – *équilibration majorante* – (Piaget, 1975/1985, p. 3), a razão para isso é simplesmente a de que é racional fazer assim: é mais equilibrado. E quanto à mudança cognitiva que for irracional? Aí, fatores sociológicos (por exemplo, a ideologia) parecerão relevantes. Com base nisso, por conseguinte, o social explica os desvios em relação à *équilibration majorante*. Embora a afetividade "esteja constantemente em ação no funcionamento do pensamento", afirma Piaget, "ela não cria as leis do equilíbrio" (1954/1981, p. 7). Na verdade, "em nossa opinião, a afetividade tão somente faz o pensamento racional se desviar para todo tipo de paralogismos; ela não forma sistemas coerentes, como se tem com a razão" (p. 60). Coisas semelhantes poderiam ser ditas de outros fatores sociais, por exemplo, os conceitos espontâneos (naturais) na instrução formal tradicional e em teorias às quais não se permite um desenvolvimento natural; em vez disso, conceitos e teorias adultas "corretas" são simplesmente impressas na mente da criança (Piaget, 1977/1995, p. 203).[6]

6 Com base nessa abordagem, contudo, o social desempenha um papel reduzido. (1) Fatores sociais externos podem explicar as instanciações precisas desse aumento no equilíbrio e as manifestações precisas por ele assumidas para que essas particularidades envolvam fatores ambientais. (2) Fatores sociais externos podem ser invocados para explicar fatores temporais, por exemplo, o motivo pelo qual seu desenrolar foi tão lento e o modo como se pode acelerar o processo (Piaget, 1977/1995, p. 37).

Com base nessa abordagem puramente cognitivista, a mudança epistêmica envolve explicações *internalistas*, enquanto invocações de fatores sociais e econômicos são *explicações externalistas*. Na história da ciência, esses dois termos têm sido empregados para caracterizar duas formas de explicar a mudança histórica: fatores internalistas são lógicos por natureza, recorrem a questões de evidência, à confirmação e à razão, enquanto fatores externos são basicamente irracionais, a invocar fatores extrarracionais como interesse de classe, motivações econômicas, e fatores psicológicos como motivação para ganhar o Prêmio Nobel. Algo desse gênero pode ser encontrado em Piaget.

Imanência cognitiva

Nos primeiros escritos de Piaget, ele expressou uma espécie de entusiasmo pelo *elã vital* de Henri Bergson (1907/1911). No lugar desse conceito, contudo, ele introduziu a lei do equilíbrio (equilibração): no curso do desenvolvimento intelectual há um empuxo, uma pressão ou tendência para um grau cada vez maior de equilíbrio – como se fosse uma vecção. Tem-se aí uma espécie de lei de mudança racional, um princípio a governar o modo como a razão opera ao longo do tempo.

Essa lei de equilíbrio, repete Piaget, não é algo externo, imposto de fora mediante uma mudança intelectual; não é um princípio transcendente, platônico. Pelo contrário, assim como a noção de Kant da lei moral, que não é interna ao indivíduo, a lei da equilibração é um princípio imanente à experiência (Piaget, 1977/1995, p. 94, 154, 190, 216, 227, 243). Um tal conceito de imanente *versus* transcendente remonta aos primeiros anos de Piaget e a suas especulações de juventude sobre teologia.[7]

Existe um princípio imanente de normatividade passível de ser encontrado em certas experiências – o que ele chama de *experiência lógica* (Piaget, 1923b; 1977/1995, p. 185). Esse princípio tem uma

7 Num artigo de juventude sobre os dois tipos de atitude religiosa – a imanência e a transcendência –, Piaget afirmou: "Existe, fora da consciência subjetiva, fora dessa subjetividade, algo maior do que apenas obediência a representações coletivas – uma realidade normativa e racional, portanto uma indicação autônoma de racionalidade" (1928a, p. 15).

"dadivosidade" que se apresenta ao indivíduo (Piaget, 1977/1995, p. 170-171, 185), resultando em *sentimentos normativos* – sentimentos de necessidade. Como tal, porém, ela se diferencia dos processos e experiências psicológicas comuns. Num certo sentido, assim sendo, processos psicológicos são "externos" a essa normatividade. Portanto, normas não são prescrições externas ao indivíduo. Elas próprias estão presentes no âmbito dessas experiências lógicas especiais. Essa é a fonte do princípio de equilibração e reversibilidade – um princípio normativo imanentemente presente em algumas de nossas experiências. Nesse sentido, a lógica não prescreve normas de um ponto de vista externo (Piaget, 1977/1995, p. 94). As leis da lógica são construídas pelo indivíduo com base na experiência. Qual então será o papel dos fatores externos? Poderão eles, não obstante, ser necessários para o desenvolvimento epistêmico?[8]

Ao se apropriar de uma escola filosófica do século XVII, poderíamos dizer que fatores ambientais, como a discussão intersubjetiva, não são causas da racionalidade e da mudança racional; na verdade são a *ocasião* para tal mudança. O fator causal subjacente, por exemplo, o desequilíbrio sentido, é um fator interno presente no indivíduo. O pensamento individual, diz Piaget,

> é um sistema que visa o equilíbrio [...], mas nunca o atinge [...]. Assim, então, o problema não será o de conhecer qual causalidade criativa fará a razão penetrar o indivíduo vinda de fora, mas simplesmente quais circunstâncias permitirão que o equilíbrio racional imanente no indivíduo continue a se realizar (1977/1995, p. 227; ver também Piaget, 1977/1995, p. 227, 289).

Assim sendo, a causa da mudança racional, se é que devemos usar esse termo, de modo algum é externa, e sim interna.

Essa abordagem parece ser uma espécie de interpelação rousseauísta, na qual o indivíduo entregue a si mesmo procede natural e racionalmente com vistas ao melhoramento epistêmico. Tem-se aí o individualismo que

8 Isso levanta a questão sobre se as normas são autônomas ou psicologicamente explicáveis (ver Piaget, 1923, 1977/1995, p. 170). Creio que Piaget se mostra hesitante a respeito.

Wallon atribui a Piaget. Piaget, é evidente, nega tal imputação, mas creio haver aqui razão para acreditar que a referida abordagem, conforme expliquei, possa ser encontrada a perpassar todas as obras de Piaget.

Conclusão

Sugeri que Piaget tem pelo menos três diferentes abordagens da natureza do social, assim como sugeri o papel dessa natureza no desenvolvimento cognitivo do indivíduo. A abordagem da epistemologia social por Piaget foi claramente estabelecida em suas primeiras obras, podendo ser encontrada também em trabalhos subsequentes. Se ele jamais a abandonou de todo, com o passar do tempo ela se fez bastante moderada. Essa é a mais famosa de suas teorias do social; é a que os estudiosos piagetianos citam para defender Piaget de seus críticos.

Piaget encetou um curso, algo diferente, por volta de 1928. Embora não tivesse abandonado sua teoria anterior, ela foi sobreposta por outra teoria do social, qual seja, a sua teoria spinozista. Sua primeira concepção foi modificada como resultado de suas pesquisas com crianças nos primeiros 2 anos de vida, dando origem à sua teoria da inteligência motora, e isso como resultado de várias críticas. Esse quadro (de início) conduziu a uma teoria da cognição em dois níveis: o conhecimento sensório-motor e o cognitivo. A fim de explicar a continuidade no desenvolvimento do nível sensório-motor para o nível conceitual, Piaget recorreu ao seu principal constructo teórico – a teoria da equilibração. Ela se fez acompanhar do crescente interesse do epistemólogo pela *estrutura* da equilibração – sua teoria dos agrupamentos. Essa teoria foi a base para a sua alegação de que a racionalidade individual e a interação social são dois aspectos de um único processo. Dada a predominância da teoria dos agrupamentos de Piaget, tal abordagem recebeu o maior quinhão de atenção em suas obras da maturidade.

A terceira teoria de Piaget esteve presente nos escritos do autor desde o início (1918, 1923b, 1928a). Foi um motivo presente em toda a sua carreira, como também se fez presente em suas outras abordagens. Trata-se de uma interpelação individualista e tem como base uma espécie de modelo racionalista (internalista).

Uma vez que em momento algum esses três modelos foram eficazmente integrados numa abordagem abrangente, tanto os críticos de Piaget quanto seus defensores contam com evidência textual a sustentar suas alegações. Em certo sentido, portanto, ambos os campos estão corretos, mas isso apenas parcialmente, já que ignoram outras passagens do autor, nas quais ele propõe entendimentos alternativos. Creio que a origem dessa disputa esteja no fato de focalizarem passagens diferentes de Piaget.

Para encerrar, o que pode ser dito sobre as relações entre esses três modelos? Podem eles ser integrados numa abordagem abrangente? Em caso afirmativo, quais aspectos têm de ser eliminados? O que cabe acrescentar? Aqui poderei fornecer apenas a versão mais sucinta de uma síntese possível.

Defendi que o Modelo I é absolutamente essencial e deve ser mantido (Kitchener, 2004). Mas e quanto aos outros? A teoria do duplo aspecto pode ser interpretada de pelo menos dois modos diferentes. Uma vez que estritamente formalista, a teoria logicista é inadequada. É evidente que não há nada errado com uma abordagem puramente formal (sintática) de lógica e raciocínio. Mas se lógica e raciocínio são pensados como redutíveis a logicismo, essa abordagem é inadequada. Em termos simples, o raciocínio não é o mesmo que se tem como lógica formal, e Piaget estava interessado em raciocínio. É tentador equacionar o raciocínio à lógica e interpretar a lógica de modo puramente formal. Ocorre que essa imagem é inadequada e ignora a observação levantada por muitos, a de que uma teoria da lógica não pode ser restritivamente sintática; em vez disso, tem de incluir a semântica e a pragmática. Não creio que Piaget viesse a negá-lo, mas com frequência é de modo equivocado que ele escreve sobre a teoria da lógica.

Se a interpretação formalista do segundo modelo não funciona, que dizer de sua interpretação causal? Aqui as coisas já se saem bem melhor, porque essa abordagem enfatiza a importância da *equilibração* – o processo subjacente de atingir e revisar estados particulares de equilíbrio (formalmente modelados).

Mas o que vem a ser uma abordagem adequada da equilibração? Como explicar a transição de um estado para o seguinte? O livro de Piaget sobre equilibração (1975/1985) não ajuda muito. Afinal, o ponto importante aqui diz respeito aos processos causais reais (*versus* princípios normativos de implicação) e sua relação (Mischel, 1971; Smith, 1993, 2006). Isso nos leva à terceira teoria.

De acordo com essa teoria, a noção de equilibração é a de um princípio normativo interno, endógeno, ou de uma lei de evolução imanente na experiência. Esse princípio normativo encontra-se assim "na" experiência do indivíduo, sem ser transcendente a ela, e, tal como a lei moral de Kant, "condiciona sem determinar". Quão adequada é tal concepção? Isso desperta a questão crucial de "causas *versus* razões", a distinção fato-norma.

O princípio de assimetria afirma existir uma diferença explicativa fundamental entre racionalidade e irracionalidade. A explicação da racionalidade demanda princípios diferentes dos que explicam a irracionalidade. Quase que invariavelmente, os princípios explicativos subjacentes à racionalidade são princípios autônomos de racionalidade normativa pertencentes à teoria da racionalidade. Quase sem exceção, estes são princípios não causais. Os princípios explicativos de irracionalidade incidem numa categoria diferente: aqui se deseja explicar por que os indivíduos formavam uma crença irracional. Esses são fatores externos – externos à mente racional autônoma –, fatores que tomavam conta da mente, fazendo-a "sair da rota", o que resultava num desvio da racionalidade. Por conseguinte, as razões estão numa categoria diferente da das causas.

Essa concepção tem sido desafiada por cientistas sociais, psicólogos e filósofos por diversos motivos, os quais não posso apresentar aqui (Kitchener, no prelo). Em resumo, porém, ela é a seguinte: tal dualismo é antitético a uma concepção naturalista do mundo. As causas são claramente parte do mundo natural, a operar no espaço-tempo. Mas princípios racionais, normativos, parecem transcendentes ao mundo natural, entidades num reino platônico sobrenatural. Se algo aprendemos com a história da ciência, esse algo é rejeitar tais entidades fantasmagóricas por razões nas quais não desejo entrar aqui. O problema está em construir uma teoria de normas e razões consistente com um naturalismo científico. Tal abordagem, como sugiro, seria uma abordagem causal.

Suponha-se que seja racional preferir a teoria T2 à T1 com base em sua maior simplicidade. Pode ser racional acreditar nisso, mas com o intuito de explicar a crença real de um indivíduo (em vez de, digamos, a sua crença possível) pareceria necessário trazê-lo à percepção cognitiva do sujeito ou à sua crença de ordem mais elevada sobre a racionalidade de tal mudança. Indiscutivelmente, isso parece suficiente para explicar a mudança de crença, e na verdade parece suficiente para explicar toda mudança de crença, racional ou irracional. Se assim é, uma teoria da crença psicológica é que está a exercer o trabalho explicativo aqui, e não princípios normativos.

Além do mais (e isto é muito mais questionável), a mudança cognitiva é um processo causal, por exemplo, minha crença de que era segunda-feira causou que eu saísse da cama e preparasse uma aula. Se esse é o caso, então *causas mentais explicam tudo* – essa é a tese *da onipotência da causação mental*. Importa se a causa foi racional ou não? Não para fins de explicação!

E quanto ao modelo de equilibração? Na abordagem precedente, não é o desequilíbrio em si (isto é, um estado desequilibrado de elementos cognitivos) que exerce a motivação. É a necessidade, o sentimento ou a aversão ao desequilíbrio que vem a ser a força motriz. Se o desequilíbrio é real ou apenas sentido, não tem relevância. Se alguém não se importar em se autocontradizer, ele não estará motivado a mudar (Piaget, 1954/1981, p. 3, 5, 18; 1975/1985, p. 3, 10-11, 68, 129). O que importa é o estado psicológico interno que exerce a motivação.[9] Algo semelhante se tem com o equilíbrio: se um indivíduo sente que um conjunto de operações cognitivas é equilibrado, não lhe seria suficiente cessar a sua construção de estruturas operatório-formais?[10]

Em caso afirmativo, o terceiro modelo do social parece inadequado, porque assume algo como o *princípio de assimetria*. A fim de melhorar esse

9 Em teoria moral, essa é a questão do internalismo motivacional *versus* externalismo. É de maneira intrínseca que uma crença racional sobre uma norma moral motiva um indivíduo a se comportar de certo modo (internalismo), ou a motivação além disso requer desejo, sentimento ou sensibilidade (externalismo)? O internalismo de modo geral se adequa ao racionalismo (Kant, por exemplo), enquanto o externalismo se adequa ao empirismo (Hume) e/ou ao funcionalismo (Dewey, James, Claparède). Embora tal questão seja controversa, acredito que Piaget seria um externalista. Se assim for, será um equívoco tomar a sua teoria moral como um exemplo de racionalismo.

10 Ora, para pragmatistas e funcionalistas existe uma medida objetiva do que um problema vem a ser: é um obstáculo (externo) que impede alguém de alcançar um objetivo: para uma criança ou um animal, a água imaginada não vai saciar a sede. Mas essa linha de pensamento não será aplicável a necessidades puramente cognitivas de tipo superior.

modelo, seria necessário um *princípio de simetria*, pelo qual tanto as crenças racionais e irracionais quanto a mudança de crença devem ser explicadas pelo mesmo conjunto de princípios causais subjacentes. Tal abordagem permitiria que incorporássemos o primeiro modelo. Afinal de contas, em seu âmbito, o social exerce um papel crucial no desenvolvimento epistêmico, porque (em resumo) outros indivíduos desafiam a força lógica de suas crenças questionando as razões que as sustentam.

Pode-se dizer aqui que esse impacto ou desacordo é motivacional, levando o indivíduo a modificar as razões para a sua crença somente se ele acreditar que deve dar a outrem razões boas e convincentes e ter um desejo de fazê-lo. Aqui, as influências sociais operam mediante o estado cognitivo interno de crença + desejo. O Modelo III e o Modelo I seriam assim (possivelmente) compatíveis.

E quanto ao Modelo II – o modelo de duplo aspecto? Em primeiro lugar, interpretado de modo puramente formal, via teoria dos agrupamentos, o conjunto de crenças de um indivíduo pode ter a estrutura de um agrupamento, e pode-se até mesmo acreditar que ele tenha tal estrutura. Portanto, ele é formalmente lógico – de modo semelhante a um conjunto de relações interpessoais, encontrado, digamos, em teoria das trocas. Ambos os conjuntos são equilibrados. Mas, de novo, por que razão alguém veio a construir um agrupamento formal? Como se explica isso? A lei da equilibração alega que o indivíduo o fará como resultado ideal de certos tipos de experiência. Mas, de novo, é preciso que se esteja motivado a fazê-lo, e ao que tudo indica essa motivação é a real explicação do processo (juntamente com as crenças sobre o que seria um equilíbrio ideal).

O projeto de Piaget era mostrar como as normas se desenvolvem (ou podem se desenvolver) de fatos causais (Smith, 2006). Mas isso parece subscrever uma espécie de dualismo do natural *versus* normativo, e Piaget (por vezes) teve dúvidas sobre o modo de expressá-lo, por vezes (pelo menos) favorecendo uma abordagem causal do processo (Piaget, 1954/1981, 1975/1985). Em vez disso, porém, a tarefa seria mais bem expressa se se mostrasse de que modo as normas são possíveis numa perspectiva naturalista, de que modo é possível a elas emergir de fatos empíricos (Kitchener, 2006).

Bloor (1974) argumenta que todo e qualquer princípio explicativo tem de ser causal e acrescenta que o elemento normativo (racionalidade, verdade) tem de ser absolutamente evitado. Todavia, não é preciso adotar medida tão extrema. Seria possível negar um dualismo de razões e causas e propor que ambos são naturais. Poder-se-ia fazê-lo ou sendo um não reducionista (como Dewey) ou sendo um reducionista a propor que normas são apenas espécies complexas de relações causais (Kitchener, no prelo). Essa última é a tarefa mais intimidatória, mas é tarefa que vale realizar.

Referências

APOSTEL, L. "The unknown Piaget: From the theory of exchange and cooperation toward the theory of knowledge". *New Ideas in Psychology*, 4, 1986, 3-22.

BERGSON, H. *Creative evolution*. Nova Iorque: Henry Holt, 1911 (texto original publicado em 1907).

BLEULER, E. *Dementia Praecox or the group of schizophrenias*. Nova Iorque: International Universities Press, 1950 (texto original publicado em 1911).

______. "Autistic thinking". In: D. Rapaport (Org.). *Organization and pathology of thought* (p. 399-437). Nova Iorque: Columbia University Press, 1951 (texto original publicado em 1912).

______. *Autistic undisciplined thinking in medicine and how to overcome it*. Darien: Hafner, 1970 (texto original publicado em 1919).

BLOOR, D. *Knowledge and social imagery*. Londres: Routledge, 1974.

BODEN, M. *Jean Piaget*. Nova Iorque: Viking, 1980.

CARNAP, R. *Abriss der Logistik*. Viena: Julius Springer, 1929.

______. "The structure of exchange: Piaget's sociological theory". *Human Development*, 29, 1986, p. 181-194.

DÖBERT, R. "The development and overcoming of universal pragmatics in Piaget's thinking". In: J. Carpendale e U. Müller (Orgs.). *Social interaction and the development of knowledge* (p. 133-154). Mahwah: Erlbaum, 2004.

DUCRET, J.-J. *Jean Piaget: savant et philosophe* (vol. 2, p. 495-507). Genebra: Droz, 1984.

HAMLYN, D. "Epistemology and conceptual development". In: T. Mischel (Org.). *Cognitive development and epistemology* (p. 3-24). Nova Iorque: Academic, 1971.

______. *Experience and the growth of understanding*. Londres: Routledge & Kegan Paul, 1978.

INHELDER, B.; PIAGET, J. *The growth of logical thinking from childhood to adolescence: An essay on the construction of formal operational structures*. Londres: Routledge & Kegan, 1958 (texto original publicado em 1955).

______. *The early growth of logic in the child*. Nova Iorque: Norton, 1969 (texto original publicado em 1959).

ISAACS, S. *The intellectual growth of young children*. Nova Iorque: Harcourt Brace, 1930.

KITCHENER, R. F. "Piaget's social psychology". *Journal for the Theory of Social Behavior*, 11, 1981, 253-277.

______. "Jean Piaget: The unknown sociologist". *British Journal of Sociology*, 42, 1991, 421-442.

______. "Piaget's social epistemology". In: J. Carpenter e U. Müller (Orgs.). *Piaget's sociological studies* (p. 45-66). Mahwah: Erlbaum, 2004.

______. "Genetic epistemology: Naturalistic epistemology vs. normative epistemology". In: L. Smith e J. Vonèche (Orgs.). *Norms in human development* (p. 77-102). Cambridge: Cambridge University Press, 2006.

______. *Developmental epistemology: Cognitive development and naturalistic epistemology*. Livro manuscrito, no prelo.

KÖHLER, W. *The mentality of apes*. Londres: Routledge & Kegan Paul, 1925 (texto original publicado em 1917).

LAUDAN, L. *Progress and its problems*. Berkeley: University of California Press, 1977.

MAYS, W. "Piaget's sociological theory". In: S. Modgil & C. Modgil (Orgs.). *Jean Piaget: Consensus and controversy* (p. 31-50). Nova Iorque: Praeger, 1982.

MEACHAM, J. A.; RIEGEL, K. F. "Dialektische Perspektiven in Piagets Theorie". In: G. Steiner (Org.). *Die Psychologie des 20. Jahrhunderts, Vol. 8: Piaget und die Folgen* (p. 172-183). Zurique: Kindler, 1978.

MISCHEL, T. "Cognitive conflict and the motivation of thought". In: T. Mischel (Org.). *Cognitive development and epistemology* (p. 311-356). Nova Iorque: Academic Press, 1971.

PIAGET, J. *Recherche*. Lausanne: La Concorde, 1918.

______. "La psychanalyse dans ses rapports avec la psychologie de l'enfant". *Bulletin mensuel: Société Alfred Binet*, 20, 18-34, 41-58, 1920.

______. "La pensée symbolique et la pensée de l'enfant". *Archives de Psychologie*, 18, 1923a, 275-304.

______. "La psychologie et les valeurs religieuses". In: Association chrétienne d'étudiants de la Suiss romande (Org.). *Sainte-Croix 1922* (p. 38-82). Lausanne: La Concorde, 1923a.

PIAGET, J. *Language and thought of the child*. Londres: K. Paul, Trench, Trubner, 1926 (texto original publicado em 1923).

______. *Deux types d'atitudes religieuses: Immanence et transcendance*. Genebra: Association chrétienne d'étudiants de Suisse romande, 1928a.

______. "Les trois systèmes de la pensée de l'enfant: Étude sur les rapports de la pensée rationnelle et de l'intelligence motrice". *Bulletin de la Société Française de Philosophie*, 28, 97-141, 1928b.

______. *Judgment and reasoning in the child*. Londres: K. Paul, Trench, Trubner, 1928 (texto original publicado em 1924).

______. "Les relations d'égalité résultant de l'addition et de la soustraction logiques constituent-elles un groupe?" *L'Enseignement Mathématique*, 36, 1937, 99-108.

______. "Les groupes de la logistique et la réversibilité de la pensée." In: *Revue de Théologie et de Philosophie*, 27, 1938, 291-292.

______. "Le méchanisme du développement mental et les lois du groupements des opérations". *Archives de Psychologie*, 28, 1941, 215-285.

______. *Classes, relations et nombres: Essai sur les groupements de la logistique et sur la réversibilité de la pensée*. Paris: J. Vrin, 1942.

______. *Plays, dreams, and imitation in childhood*. Londres: W. Heinemann, 1951 (texto original publicado em 1945).

______. *The origins of intelligence in children*. Nova Iorque: W. W. Norton, 1952 (texto original publicado em 1936).

______. *Logic and psychology*. Manchester: Manchester University Press, 1953.

______. *The construction of reality in the child*. Nova Iorque: Basic Books, 1954 (texto original publicado em 1937).

______. *The psychology of intelligence* (2. ed.). Totowa: Littlefield & Adams, 1966 (texto original publicado em 1949).

______. *Success and understanding*. Londres: Routledge & Kegan Paul, 1978 (texto original publicado em 1974).

______. *Intelligence and affectivity: Their relationships during child development*. Palo Alto: Annual Reviews, 1981 (texto original publicado em 1954).

______. *The equilibration of cognitive structures: The central problem of intellectual development*. Chicago: University of Chicago Press, 1985 (texto original publicado em 1975).

______. *Sociological studies*. Nova Iorque/Londres: Routledge, 1995 (texto original publicado em 1977).

PIAGET, J; INHELDER, B. *The child's conception of space*. Nova Iorque: Norton, 1967 (texto original publicado em 1948).

POINCARÉ, H. *The value of science*. Nova Iorque: Dover, 1958 (texto original publicado em 1905).

ROTMAN, B. *Jean Piaget: Psychologist of the real*. Ítaca: Cornell University Press, 1977.

RUSSELL, B. *Introduction to mathematical philosophy*. Londres: George Allen & Unwin, 1919.

RUSSELL, J. *The development of knowledge*. Nova Iorque: St. Martin's, 1979.

SMITH, L. "Piaget and the solitary knower". *Philosophy of the Social Sciences*, 12, 1982, 173-182.

______. *Necessary knowledge: Piagetian perspectives on constructivism*. Hillsdale: Erlbaum, 1993.

______. "Introduction to Piaget's *Sociological studies*". In: J. Piaget. *Sociological studies* (p. 1-22). Londres: Routledge, 1993.

______. "Norms and normative facts in human development". In: L. Smith & J. Vonèche (Orgs.). *Norms in human development* (p. 103-137). Cambridge: Cambridge University Press, 2006.

SPINOZA, B. *Ethics*. Nova Iorque: Oxford University Press, 2000 (texto original publicado em 1677).

TRIPP, G. M. *Betr. Piaget. Philosophie oder Psychologie?* Colônia: Pahl-Rugenstein, 1978.

VIDAL, F. "Jean Piaget et la psychanalyse: Premières rencontres". *Le Bloc-Notes de la Psychoanalyse*, 6, 1986, 171-189.

VYGOTSKY, L. *Thought and language*. Cambridge, Mass.: MIT Press, 1986 (texto original publicado em 1934).

WALLON, H. "L'autisme du malade et l'égocentrisme enfantin: Intervention aux discussions de la thèse de Piaget". *Bulletin de la Société Française de Philosophie*, 28, 1928, 131-136.

______. *De l'acte à la pensée*. Paris: Flammarion, 1942.

______. "Post scriptum en réponse à M. Piaget". *Cahiers Internationaux de Sociologie*, 10, 1951, 175-177.

WILDEN, A. *System and structure: Essays in communication and exchange*. Londres: Tavistock, 1977.

YOUSEF, N. "Savage or solitary? The wild child and Rousseau's Man of Nature". *Journal of the History of Ideas*, 62, 245-263, 2001.

6 Piaget sobre a equilibração

Jan Boom

A equilibração como conceito central na teoria de Piaget

De acordo com Piaget, os modelos de equilibração estão envolvidos em todas as questões que versam sobre desenvolvimento cognitivo. Para ele, o desenvolvimento cognitivo é uma sucessão de construções com elaborações constantes de novas estruturas. Além do mais, para Piaget isso implica um processo que atua aperfeiçoando estruturas existentes e substitui o equilíbrio temporariamente alcançado por reequilibrações. A esse processo ele chama de equilibração, e lidar com tal conceito vem a ser a preocupação central de muitas de suas obras.

A abordagem da equilibração por Piaget é não apenas crucial para a compreensão de sua abordagem, como também aparta a sua teoria da maioria das outras teorias que versam sobre o desenvolvimento cognitivo. Além disso, em sua longa carreira, Piaget desenvolveu a sua própria terminologia, que serve melhor às suas próprias intenções, mas para leitores novos e não iniciados tal terminologia torna o desafio ainda mais intimidador. Por isso, pode ser conveniente caracterizar a ideia da equilibração evitando o jargão piagetiano. Desse modo, em primeiro lugar, darei uma breve definição expositiva e entrarei em detalhes a partir daí, acomodando todos os termos empregados nessa breve definição ou dela excluídos.

Na sequência, abordarei com mais vagar questões calcadas em formulações do próprio Piaget e passarei em revista algumas das questões e perspectivas centrais ali envolvidas. Tal revisão, *grosso modo,* será estruturada ao longo dessas perspectivas, com um enfoque, em primeiro lugar, em sistemas biológicos, em seguida no sujeito psicológico e em terceiro lugar no sujeito epistemológico. Por fim, deverão se seguir conclusões e uma avaliação.

Uma definição provisória de equilibração

Como definição preliminar (evitando o jargão de Piaget), eu proponho: "A equilibração é a tendência do sujeito em desenvolver um controle cada vez maior sobre a experiência". Ao expandir (ver a sequência) os termos usados nessa definição preliminar, meu objetivo será meramente expositivo.

O termo "temática" pode já pressupor mais do que o necessário. A noção de equilibração é aplicada por Piaget desde o mais amplo ao mais específico, por exemplo, à evolução inorgânica, aos organismos e mecanismos fisiológicos, ao funcionamento não humano, aos esquemas, às regulações sensório-motoras ou ao pensamento. A definição dada acima se limita ao nível de cognição humana em sentido estrito (mais ou menos os três últimos itens da listagem). O que teria de ser minimamente pressuposto para que a equilibração fosse possível, no entanto, é um sistema complexo a realizar trocas contínuas com o seu ambiente. Em algum sentido esse sistema deve ter uma identidade, ou um centro, ou uma unidade. Tal sistema tenta se manter e expandir o seu campo de controle. Tal centro – na definição preliminar apresentada acima – poderia se situar no sistema nervoso, embora o próprio Piaget seja cauteloso ao não localizar esse processo. Seja como for, no caso normal podemos dizer que o sujeito, ou o sujeito cognoscente, tem um cérebro, uma história e memória.

A experiência envolve todas as trocas com o ambiente fora do corpo. Contudo, eu reluto em enquadrar a experiência em termos de informação, já que isso quase de imediato leva para longe do que Piaget tinha em mente. Não haveria problema em pensar a experiência como induzida pelo ambiente por meio dos órgãos sensoriais, mas esse processo pode também ser autogerado com saídas para os sistemas motores, de modo que ambos se façam interligados.

O desenvolvimento é entendido aqui no sentido (de Piaget e de outros) de um processo construtivo geral, sistemático, altamente idealizado, que (na sequência) pode ser reconstruído como direcionado e progressivo. Quero enfatizar que o desenvolvimento assim compreendido é uma interpretação por parte de desenvolvimentalistas com o intuito de conceitualizar aspectos comuns de trocas humanas individuais. Hoje, em psicologia do desenvolvimento, não raro, o desenvolvimento é entendido num sentido bem mais frouxo: praticamente toda mudança sistemática ao longo do tempo durante a infância virá compor esse sentido. Contudo, minha definição dos estados de desenvolvimento afirma que, à medida que mudanças direcionadas e progressivas no pensamento ocorrem com o tempo em indivíduos, podemos denotá-las como desenvolvimento (embora outras condições devam igualmente ser satisfeitas).

A tendência é usada uma vez Piaget tendo proposto que o desenvolvimento do funcionamento cognitivo é inerente às coisas vivas, ocorrendo sem qualquer exigência de recompensas externas. O controle crescente é entendido aqui como o que precisa ser explicado neste capítulo, e o que nele mais nos interessa é o seu desenvolvimento. O controle pode variar imensamente – desde quase nenhum controle até um alto controle do desenvolvimento. O controle é uma questão individual, dado o sujeito único ou centro único previamente referido. O controle aponta para a atividade direcionada. A parte crescente do controle é mais difícil de conceitualizar. A equilibração é um processo que supostamente conduz a um equilíbrio cada vez melhor.

Melhoria e direção, contudo, eram ideias modernistas que passaram a ser altamente contestadas nas últimas décadas do século passado. O pós-modernismo desacreditou a inteira noção de progresso, em vez disso favorecendo o relativismo (cultural). Nos anos 1980, o nativismo, em especial na variante de Fodor e Chomsky, desferiu um duro golpe na credibilidade da teoria piagetiana. As teorias evolucionárias são menos claras quanto ao progresso do que muitas vezes sugerem, mas por certo que neodarwinistas mostram-se concordes ao afirmar que a melhoria jamais pode resultar de mudança direcionada. A despeito desses ataques, veremos o que a abordagem piagetiana da equilibração tem a oferecer ao que para Piaget era um importante aspecto do desenvolvimento.

Na breve definição acima referida, diversos termos ou questões deliberadamente deixaram de ser incluídos; vale notar o que nela estaria faltando.

A definição não se refere a controle sobre o ambiente. Pode ser tentador, mas por certo que demasiado simples, afirmar que com o equilíbrio crescente chegamos mais perto de compreender o mundo externo objetivamente dado. Na verdade, nenhum ponto final que tenha sido fixado para o desenvolvimento cognitivo é implicado na abordagem da equilibração de Piaget. Pelo contrário, uma vez alcançado, cada novo nível inaugura novas possibilidades (Piaget, 1975/1985, p. 150; 1981/1987, p. 4). Piaget, no entanto, mostrou-se ambíguo a esse respeito, frequentemente sugerindo deter um controle cada vez maior sobre o ambiente em consideração. Mas note-se que, mesmo que nos coubesse conhecer, compreender ou ser capazes de explicar o que esse tipo de controle é, ainda assim não seríamos capazes de prever o comportamento de um indivíduo. Piaget tinha bastante consciência de que não estava a oferecer uma explicação causal padrão para o comportamento.

Os estágios não são mencionados na definição operacional previamente dada. Ao que parece, pouco são mencionados pelo próprio Piaget em seus últimos escritos sobre equilibração. Contudo, a teoria dos estágios é plenamente compatível com sua abordagem da equilibração, e os estágios ainda exercerão um papel importante como construções teóricas, conforme veremos a seguir. Em certo sentido, pode-se afirmar, os estágios não precisam ser descartados, em que pese o debate crítico sobre os corolários empíricos da teoria geral dos estágios de Piaget (Lourenço e Machado, 1996). O que por ora se tem de relevante é que Piaget jamais sugeriu que o desenvolvimento consistiria numa sequência com um ponto final estabelecido, e nesse sentido falou em estágios provisórios (Piaget, 1975/1985, p. 139).

O conhecimento não é mencionado em minha definição. Embora a equilibração certamente esteja no cerne da teoria do desenvolvimento do conhecimento de Piaget (é tão somente isso que significa a epistemologia genética), o termo "conhecimento" pode trazer consigo – para o aluno de ciências sociais de nossos dias – conotações não apropriadas de informação estática passiva, esta que reside na memória e tem de ser processada e manipulada por um processador central. Em compensação, para Piaget o organismo encontra-se em constante interação com o seu ambiente, e o indivíduo também está constantemente a exercer seus esquemas, como quando os tem interagindo entre si. Isso implica o funcionamento do conhecimento e da memória, mas de modo diferente de sua implementação num computador. Algumas das variedades mais avançadas de redes neurais podem chegar mais perto do que Piaget tinha em mente (ver Boom, 2024; Mareschal *et al.*, 2007).

O que espero atingir neste capítulo é uma maior clareza sobre o que a equilibração cognitiva é. Precisamos aumentar o nível de abstração para chegar a uma descrição ou explicação concisa da equilibração, que seja esclarecedora, ao mesmo tempo sem perder o contato com o nível basilar e concreto. O risco da especulação livre, idealista em sentido negativo, foi claramente percebido por Piaget. Isso vem ilustrar de modo preciso aquilo de que trata a equilibração: do equilíbrio delicado entre crescente abstração e generalização, por um lado, e de honrar os laços com a realidade, por outro. O desenvolvimento é não apenas um aspecto desse equilíbrio, mas está em seu próprio cerne.

As formulações de Piaget

A principal obra de Piaget sobre equilibração é a sua *L'équilibration des structures cognitives*, originalmente publicada em 1975, em francês. Este livro é um dos raros títulos que foram traduzidos para o inglês duas vezes: a primeira tradução (ver Piaget, 2004/2006, Tabela 1) não pode ser recomendada em razão de seus graves erros e de uma generalizada falta de compreensão das ideias do autor. Felizmente a segunda, de 1985, de autoria de Brown e Thampy, *The equilibration of cognitive structures* [A equilibração das estruturas cognitivas], é uma boa tradução. Não obstante, o tema da equilibração pode ser encontrado em toda a obra do pesquisador, desde a publicação de juventude *Recherche* (1918; ver Vonèche, 1993) até um de seus últimos escritos (Piaget e Garcia, 1983/1989). A versão final de sua abordagem da equilibração foi elaborada em suas últimas obras: um total de 15 livros, nem todos traduzidos [para o inglês] (ver Piaget, 2004/2006). Uma excelente visão geral do desenvolvimento da teoria de Piaget é proporcionada por Chapman (1988), e mais especificamente sobre equilibração tem-se um artigo de 1992 (Chapman, 1992). No entanto, os enunciados teóricos mais elaborados podem ser encontrados em seu título sobre equilibração e naquele sobre abstração (1977/2001; ver Capítulo 7, neste volume).

Piaget oferece descrições um tanto divergentes da equilibração no livro de 1975/1985. Esse trabalho aponta para o fato de que o conceito de equilibração é difícil de apreender por dizer respeito a um amplo espectro de fenômenos, do mais simples e concreto (por exemplo, esquemas sensório-motores) ao extremamente complexo (por exemplo, a matemática e a lógica) e, para deixar as coisas ainda mais complexas, o próprio nível de análise desses fenômenos oscila enormemente. O nível de análise varia em termos de abstração, em termos de objetivos (descrição, explicação ou entendimento) e de perspectiva científica (podendo ser biológica, psicológica ou epistemológica). Usarei essas três perspectivas para estruturar a visão geral que trago a seguir.

Sistemas dinâmicos: ou vistos da perspectiva de um sistema biológico

Como biólogo, Piaget considerava o desenvolvimento cognitivo parte de uma tendência muito mais geral de sistemas vivos que crescem, modificam-se, aperfeiçoam-se e se conservam. Ele procurava caracterizar as propriedades mais gerais de tais sistemas tendo em vista a sua aplicabilidade geral, em especial no desenvolvimento cognitivo, na história da ciência e na biologia. Para Piaget, as mudanças desenvolvimentais são organizadas, por exemplo, como esquemas de ação na primeira infância e esquemas operacionais na adolescência. Ele postulou que cada esquema tende a incorporar elementos externos que lhe sejam compatíveis (Piaget, 1975/1985, p. 6).

No capítulo inaugural, Piaget descreve o equilíbrio como "[...] um processo que conduz de certos estados próximos do equilíbrio a outros, qualitativamente diferentes, ao longo de múltiplos desequilíbrios e reequilibrações" (Piaget, 1975/1985, p. 3). O equilíbrio tem de ser conquistado como equilíbrio dinâmico: como propriedade de um processo que, se está em constante mutação quanto a seus elementos, no entanto encontrou uma forma estável. Em outras passagens do livro, essa estabilidade é descrita também como encerramento da estrutura. Os sistemas são "[...] abertos no sentido de que envolvem trocas com o ambiente e fechados no sentido de que constituem ciclos" (Piaget, 1975/1985, p. 4).

Essas citações deixam claro que a equilibração pode ser caracterizada como auto-organização. De acordo com a abordagem da equilibração de

Piaget, o sistema tem de manter a sua identidade e estabilidade e ao mesmo tempo se modificar e se ampliar, e isso é precisamente o tipo de coisa que a auto-organização deve ser numa teoria dos sistemas dinâmicos não lineares. Embora a teoria dos sistemas dinâmicos não lineares tenha se tornado popular um pouco tarde demais para Piaget, existe uma notável afinidade entre as ideias piagetianas e a teoria dos sistemas dinâmicos não lineares.

Por exemplo, Piaget esteve familiarizado com o trabalho de Prigogine, e o apreciava. Prigogine foi um pioneiro da teoria do caos, que é uma ramificação da teoria dos sistemas dinâmicos (Glansdorff e Prigogine, 1971). Piaget reconheceu a importância dos sistemas dinâmicos:

> É importante lembrar de antemão que por equilíbrio cognitivo (que é análogo à estabilidade de um organismo vivo) queremos nos referir a algo bem diferente do equilíbrio mecânico (um estado de repouso resultante de um equilíbrio entre forças antagonistas) ou equilíbrio termodinâmico (repouso com destruição de estruturas). O equilíbrio cognitivo é mais o que Glansdorff e Prigogine chamam "estados dinâmicos"; estes são estacionários, mas envolvidos em trocas que tendem a "construir e manter o ordenamento estrutural em sistemas abertos" longe da zona de equilíbrio termodinâmico (Piaget, 1977/2001, p. 312-313).

Pode-se encontrar diversas outras passagens em que Piaget sugere a importância das teorias dos sistemas dinâmicos: "Se pudéssemos ter reescrito hoje as páginas que seguem, teríamos enfatizado muito mais os processos autorreguladores de equilibração" (Piaget, 1977/1995, p. 26). Na página final de um de seus últimos livros, Piaget reitera as analogias entre a obra de Prigogine sobre estruturas dissipativas e a equilibração (Piaget e Garcia, 1983/1989). Elas enunciam que os intercâmbios com o exterior estabilizam as estruturas por meio de regulações, a estabilidade sendo uma função da complexidade, e os estados estáveis só podem ser compreendidos em termos de sua história à medida que tenham passado por uma série de predecessores ins/estáveis. Para mais sugestões sobre o porquê de a teoria de Piaget ser uma incipiente "teoria dos sistemas", ver Chapman (1992).

Contudo, a auto-organização como organização espontânea em direção a um nível de ordenamento superior continua a ser um conceito elusivo. Ao que tudo indica, Piaget não teve a oportunidade de ele próprio tecer elaborações sobre auto-organização. Infelizmente, o seu claro endosso de noções da teoria dos sistemas dinâmicos se mantém um tanto isolado de suas descrições baseadas em sua própria pesquisa empírica, às quais nos voltaremos agora.

Processo de autoaprendizagem: ou visto da perspectiva do indivíduo

No capítulo concludente, Piaget admite que a ideia básica era banal: "Por diversos que fossem os objetivos perseguidos por ação ou pensamento [...], o sujeito busca evitar a incoerência, e para isso as razões tendem sempre a certas formas de equilíbrio, porém sem jamais atingi-las, exceto em termos de estágios provisórios, [...]" (Piaget, 1975/1985, p. 139). Em relação ao que uma estrutura de conhecimento (que é a entidade que está em equilíbrio) realiza, o fechamento se refere à situação em que todos os tipos de informação são antecipados ou podem ser abordados: todos os obstáculos e lacunas concebíveis não mais são realmente perturbadores, porque sua possiblidade encontra-se já integrada à estrutura. Com isso, tem-se aí um estado final desejável, mas difícil de atingir, a demandar um árduo trabalho de construção (no sentido cognitivo) e, ainda pior: quando parece que ele foi atingido, invariavelmente se revela que a nova estrutura inaugurou novas possibilidades que eventualmente conduzirão a novas desequilibrações. Essas novas possibilidades e esses novos problemas podem demandar um longo tempo até serem descobertos, se é que algum dia o serão, mas a semente está lançada.

Os estudos sobre equilibração mediante a realização de tarefas concretas são analisados por Piaget com riqueza de detalhes. Antes de mais nada, passarei em revista as distinções por ele realizadas entre três diferentes formas de equilíbrio. Em seguida, serão abordadas as noções básicas envolvidas em análises funcionais de equilibração simples (regulações, esquemas, estruturas e compensações). Por fim, deverei abordar brevemente os principais aspectos da análise por Piaget das interações concretas entre sujeito e objeto.

Três diferentes formas de equilibração

Antes de adentrarmos em maior profundidade os modos pelos quais os indivíduos podem se desenvolver, é importante reconhecer que Piaget discerniu três formas de interação, correspondendo a três formas de equilibração. As interações entre sujeito e objeto são redutíveis a interações entre esquemas e objetos externos, e tais interações precisam ser reguladas. A primeira forma de equilibração é operativa nas regulações de tais interações. Os subsistemas, que de início podem ser independentes, não estão automaticamente alinhados, o que se pode ter, por exemplo, por serem construídos em velocidades diferentes, ou porque incorporar a eles todos os elementos adequados demanda tempo e esforço. Isso pode provocar desequilíbrio, engendrando-se a necessidade de assimilação recíproca entre esses subsistemas, este que é o segundo tipo de equilíbrio, relativo às interações entre subestruturas. As acomodações podem conduzir a uma diferenciação de um esquema (ou estrutura ou sistema) em subsistemas. Esses subsistemas podem provocar múltiplos desequilíbrios e, por essa razão, precisam ser assimilados num novo sistema total, a envolver uma espécie de integração, conduzindo a um novo nível qualitativo. Por essa razão, Piaget por vezes se refere a essa forma de equilibração como equilibração entre diferenciação e integração. Esse terceiro tipo de equilibração acrescenta uma dimensão hierárquica às relações horizontais simples envolvidas na segunda forma de equilibração entre subsistemas de mesma categoria, e isso porque diz respeito a interações entre um sistema total e subsistemas (Piaget, 1975/1985, p. 7).

A maior parte do livro sobre a equilibração é dedicada à análise estrutural e funcional da primeira forma de equilíbrio. A única elaboração séria proporcionada por Piaget com relação às últimas duas formas de equilíbrio é a de que em todas as três formas de equilibração faz-se necessário um equilíbrio de afirmações e negações. As afirmações se referem à atribuição de características positivas (a) a alguma coisa, e tais afirmações têm de ser contrastadas com negações, que se referem à atribuição de características negativas (não a) a alguma coisa. Uma negação é não apenas a ausência de uma característica, mas uma atribuição específica dessa ausência.

Um bom exemplo do *Experimentos em contradição* diz respeito às letras maiúsculas vistas num espelho (Piaget, 1974/1980). Quando defrontadas com uma letra maiúscula K num espelho, crianças pequenas prontamente percebem que "ela está do jeito errado" e podem prever o que acontece com outras letras; contudo, quando se lhes mostra uma letra simétrica como o M, elas ficam surpresas, já que a letra não muda. Algumas crianças chegam a defender que esta não pode ser uma letra verdadeira do alfabeto! De acordo com Piaget, o problema para essas crianças está no fato de não terem construído a classe de letras reversíveis numa correspondência biunívoca com as letras não reversíveis. Para elas, de algum modo a classe de letras reversíveis contém menos letras que a classe de letras normais.

Como exemplo das outras formas de equilibração, pense-se em dois subsistemas coordenantes S1 e S2. Sua coordenação demanda a descoberta da parte que eles têm em comum "S1. S2", e, portanto, do que não lhes é comum: ou seja, a oposição entre "S1. não-S2" e "S2. não-S1". A integração de um subsistema num sistema total não apenas demanda que propriedades positivas sejam positivamente identificadas, mas também que as propriedades que elas não tenham em comum sejam distinguidas no sentido negativo.

Interações entre sujeito e objeto

O desenvolvimento se inicia com a interação entre sujeito e objeto, embora o sujeito de início não esteja consciente dos termos dessa interação, nem de si mesmo nem de objetos. Vamos então reformular a frase: um organismo atua sobre o seu ambiente e ao assim fazer encontra resistência. A reação a essa resistência pode ser o que Piaget chama de uma regulação. Uma regulação é definida como parte elementar do repertório de atividades do organismo, o que ocorre quando a repetição de uma ação é modificada por seu próprio resultado (Piaget, 1975/1985, p. 16). Uma regulação pode se manifestar como *feedback* negativo ou positivo; por exemplo, a resistência faz-se vivenciada como obstáculo ou como lacuna (a sensação de que falta alguma coisa). As regulações desempenham um papel em todos os níveis de desenvolvimento; contudo, nem todas as reações são regulações e nem todas são bem-sucedidas ao (parcialmente) lidar com a resistência. As características mais gerais de um repertório de atividades são o que devemos ter em mente quando Piaget fala em esquemas. Os esquemas possibilitam a repetição de uma ação em virtude de um *feedback* fornecido por execuções anteriores de ações semelhantes.

Quando o sujeito encontra resistência, do ponto de vista da estrutura cognitiva envolvida, isso pode ser descrito como uma perturbação ou alteração dessa estrutura. Para Piaget, as estruturas são estruturas cognitivas dinâmicas; isto significa que elas indicam os aspectos mais permanentes de um sistema que consiste numa série incessante, cíclica de mudanças ou intercâmbios com o ambiente. Como foi visto acima, tal sistema é a um só tempo aberto, em razão de uma informação do ambiente (intercâmbios), e fechado, já que mantém alguma identidade ao longo desses intercâmbios. Contudo, uma perturbação implica que o sistema já não pode atuar assim por muito mais tempo – por exemplo, quando a acomodação de novas informações demanda uma mudança importante na estrutura, de modo que a sua identidade não possa ser mantida sem modificação. Assim, o sistema pode mudar e é capaz de se transformar. Note-se que os termos "esquema", "estrutura" e "sistema" muitas vezes são usados de modo intercambiável, embora haja sutis diferenças de conotação, como aqui se indicou.

As regulações bem-sucedidas são denotadas por Piaget como compensações (1975/1985, p. 24). Por essa razão, compensações de resistência no domínio empírico demandam alguma forma de contato entre sujeito e objeto. As compensações são fundamentais para Piaget (Vuyk, 1981, p. 154). A regulação compensatória é o próprio mecanismo de otimização da equilibração (Chapman, 1988, p. 293). As compensações podem ser definidas como ações opostas a algum efeito e com tendência a cancelar ou neutralizar esse efeito, e isto ou pelo cancelamento ou desfazimento de tal efeito (inversão), ou ainda por sua neutralização (reciprocidade). Contudo, quando as compensações não são completas, e sim apenas parciais, surgem as contradições (como no exemplo das letras maiúsculas num espelho, discutido acima). No célebre experimento da conservação de líquidos, uma reação é a compensação por negação completa, quando a criança afirma ser possível colocar a água de volta no recipiente original, porém outra reação pode ser a compensação por reciprocidade ou pela indicação do fato de que o aumento em altura é neutralizado pela redução em largura. O aumento não é desfeito, mas sim efetivamente neutralizado nesse último caso por uma modificação interna. Assim, o esquema original ainda está em funcionamento após tal diferenciação. Todavia, ele não retornará a um equilíbrio anterior em razão das contradições mesmas que resultaram no desequilíbrio que se teve de início. Se percebidas, as compensações conduzem a um equilíbrio novo e de certo modo melhor, precisamente porque ele supera as contradições que não puderam ser reconciliadas previamente. É isso que Piaget afirma ser o caso no desenvolvimento e é o que ele tem de explicar ou tornar plausível. Ele argumenta que, em suas formas e níveis ricamente variáveis, as compensações conduzem à reversibilidade e sempre envolvem construções (ver a seguir).

Aplicação a interações: observáveis e coordenações

Em sua abordagem, Piaget introduziu a distinção entre observáveis e coordenações (Piaget, 1975/1985, capítulo 2). A noção de observáveis refere-se ao que, para um dado sujeito, são os fatos perceptivos. A noção de coordenação, por sua vez, representa inferências que vão além do que é prontamente perceptível. Por exemplo, dois eventos podem ser observados, e esses dois observáveis são passíveis de ser coordenados pensando-se numa conexão causal entre eles. A conexão causal não é algo que possa ser visto: ela é inferida. O que é exatamente perceptível e o que precisa ser inferido, contudo, dependem do desenvolvimento do sujeito. O que é difícil para uma criança de 4 anos construir pode ser tão evidente para uma de 10, que para essa criança mais velha é, com efeito, um fato observável. Além disso, deve-se notar, como nos adverte Piaget, que coordenações podem ser implícitas e percepções podem ser ilusórias.

A questão é que o que conta como observável não é o absolutamente dado, e sim se baseia em construções anteriores (é dependente do estágio). Não obstante, para o indivíduo em questão, ou visto pela perspectiva de um certo estágio, ele é um dado. E, mais importante, funciona como um dado no sentido de que pode estar em desacordo com as coordenações que o acompanham. Os distúrbios não resultam de uma discrepância com alguma realidade externa absolutamente dada, mas derivam da discrepância entre o que é observável (por exemplo, conforme indicado por mudanças no objeto), por um lado (com base em construções anteriores), e o conhecimento e as expectativas derivadas das ações do sujeito, por outro. Restaurar o equilíbrio (por exemplo, entre expectativas e observáveis) pode demandar a diferenciação dos esquemas empregados. O esquema de ação x pode ser usado na situação y, mas não na situação z, e, no entanto, o esquema de ação x' (x levemente modificado) pode ser adequado para z. De acordo com Piaget, qualquer compensação a um distúrbio é sempre também uma construção, já que uma reação bem-sucedida a um distúrbio é sempre uma diferenciação de um esquema. O esquema anterior x em si não está errado e não precisa ser descartado; pelo contrário, o distúrbio deve-se precisamente ao fato de que o esquema x é empregado numa situação em que ele não é de todo adequado. Por esse motivo, uma reação mais adequada pode ser uma diferenciação entre esquemas x e x', uma precondição sendo a de que a diferença entre o que é necessitado e o que está disponível não seja grande demais.

Nem toda perturbação conduz a uma compensação. Piaget distingue três tipos de reações a perturbações, caracterizadas por graus crescentes de compensações. As reações alfa são caracterizadas pela ausência de qualquer tentativa de integrar as perturbações ao sistema em questão. Perturbações pequenas não põem o sistema longe do equilíbrio, e uma modificação simples pode ser suficiente para se chegar a reequilibrações. Já quando a perturbação é mais forte, o sujeito pode ignorar ou mesmo ignorar ativamente a perturbação. As reações alfa envolvem uma centralização nas afirmações e uma negligência total das negações. As reações beta integram o elemento perturbador que se projetou no sistema. O que era uma perturbação para o sistema torna-se uma variação no âmbito de uma estrutura reorganizada. São estabelecidas novas relações, que conectam os elementos incorporados aos já existentes. A variação envolve compensações parciais, superiores às reações alfa, por meio da reformulação das conceitualizações envolvidas. O objetivo não é cancelar a mudança introduzida pelo objeto perturbador, mas integrá-la com custos mínimos. As reações gama consistem na antecipação de variações que, assim não fosse, poderiam se tornar perturbações. Se qualquer transformação possível é plenamente compensada por uma transformação inversa ou oposta, e qualquer afirmação possível o é por uma negação correspondente, as variações não mais serão perturbações. O fechamento da estrutura elimina todas as contradições de fora e de dentro. Mas esta não é uma resultante simples de fatores em oposição, e isso porque ela tem uma necessidade intrínseca.

Em suma, as compensações não podem ser compreendidas em termos de uma adaptação a uma realidade fixada, independente do sujeito. Ainda que Piaget admitisse haver uma realidade independente do sujeito no nível ontológico, e embora ele assuma que o padrão geral do estágio é tal que a objetividade se faz aproximada como um limite, esse limite não tem importância alguma em sua abordagem da construção do conhecimento. No nível epistemológico, Piaget continua a ser um construtivista. As compensações são instrumentais para a adaptação a uma realidade dependente do sujeito.

A abordagem da equilibração por Piaget contém uma série de distinções mais sutis; por exemplo, não devemos distinguir entre observáveis e coordenações relacionados ao sujeito e relacionados ao objeto. Os aspectos observáveis de nossas próprias ações e dos objetos são os primeiros a ser equilibrados. Os segundos a ser equilibrados são as coordenações inferenciais extraídas das ações do próprio sujeito ou por relações atribuídas a objetos em tentativas de explicá-los causalmente. Os últimos, a princípio, não estão disponíveis à consciência. Para Piaget, tornar-se consciente é um resultado de reconstruções que envolvem coordenações inferenciais.

Em seus últimos livros, ele retornou a esses tópicos (ver Piaget, 2004/2006, Tabela 1; Piaget e Garcia, 1983/1989; ver Vuyk, 1981). Sua teoria das abstrações reflexionantes, em particular, é relevante para clarear essas importantes modalidades de equilibrações.

Epistemológico: ou visto da perspectiva do aprimoramento do conhecimento

No prefácio de *A equilibração das estruturas cognitivas*, Piaget fornece o contexto para a sua abordagem da equilibração: "O conhecimento não provém nem da experiência com objetos tomados por si só nem de um programa inato pré-formado no sujeito, mas resulta, em vez disso, de uma sucessão de construções produtoras de novas estruturas" (Piaget, 1975/1985, p. xvii). Ele construiu um modelo de desenvolvimento bastante complexo, baseado no surgimento conjunto de aperfeiçoamento adaptativo e novidade construtiva, e nisso ele procurou evitar os problemas tanto do empirismo quanto do racionalismo (ver Boom, 1997). Segundo essa perspectiva, central não é o sujeito epistemológico, e sim o sujeito epistêmico (o sujeito como aquele que conhece).

O primeiro processo (aperfeiçoamento adaptativo) envolve a compensação de perturbações vindas direta ou indiretamente de fora do sujeito, embora ele não vá tão longe como o empirismo clássico, que trata o sujeito como uma *tábula rasa*. De acordo com Piaget, isso resulta numa crescente coerência ou equilíbrio em relação ao mundo externo ao sujeito. Esse processo de adaptação por meio da interação é tratado na parte de sua teoria que versa sobre a aquisição do equilíbrio. Tomada em si mesma, a abordagem da aquisição do equilíbrio encontra-se confinada ao aperfeiçoamento no sentido de adaptação, na medida mesma em que se trata de uma mudança no interior do estágio. É conveniente explicar mudanças como essa à medida que ela proporciona, conforme vimos acima, uma descrição bastante detalhada do modo como, por meio de regulações (por exemplo, circuitos de *feedback* e *feedforward*), as estruturas cognitivas tornam-se mais adaptadas. Contudo, no caso de uma ida ao estágio seguinte, a adaptação não pode ser explicada dessa forma, razão pela qual pretensões de novidade são, quanto a esse aspecto, difíceis de defender. O segundo processo (novidade construtiva) é tematizado na teoria das abstrações reflexionantes de Piaget (Piaget, 1975/1985, 1977/2001).

Com o intuito de compreender o que vem a ser a abstração reflexionante, passemos a considerar primeiramente o seguinte: se refletimos sobre alguma coisa, retiramos de seu contexto normal algo que fizemos ou observamos de maneira pré-reflexiva e pensamos a respeito. De modo geral, isso implica que nos tornamos conscientes do que está envolvido em algo que tomamos por certo num primeiro momento. Ao pensar a respeito, podemos ver novas conexões e novas distinções. Esses mesmos elementos podem ser encontrados na definição de abstração reflexionante por Piaget. No entanto, à medida que a reflexão é traço característico do pensamento adulto e é usada no contexto de se tornar consciente de alguma coisa, Piaget procurou definir um mecanismo mais geral, que preserva a ideia de reestruturação da estruturação cognitiva anterior.

A definição geral dada por Piaget é a seguinte: "A abstração reflexionante provém de ações ou operações de um sujeito e transfere para um plano superior o que foi extraído de um nível inferior de atividade. Em razão dessa transferência, as diferenciações necessariamente produzem novas composições generalizantes no novo nível" (Piaget, 1977/2001, p. 29; *minha tradução com emendas*). A abstração reflexionante envolve dois passos: em primeiro lugar, a projeção (ou o trazer, ou refletir ou transpor) da estrutura implicada na coordenação para o nível superior seguinte, no qual a coordenação deixa de ser uma coordenação e se torna um observável-ação; em segundo lugar, a reorganização dessa estrutura, que nesse ínterim se torna uma subestrutura. Piaget confere uma descrição detalhada das diferentes formas que esse processo pode assumir e distingue tal descrição da abstração empírica, que é o nome de um processo pelo qual as propriedades materiais de um objeto ou ação são abstraídas. A abstração empírica (dizendo respeito, por exemplo, a peso, cor, movimento e força) não vai além dos aspectos observáveis, não é em si criativa e depende sempre de abstrações reflexionantes anteriores.

O primeiro passo consiste em trazer estruturas do nível inferior para o seguinte, desse modo a constituir esse nível superior (Piaget, 1977/2001, p. 303s). Na descrição mais técnica, esse é o processo pelo qual uma coordenação referente às ações de um sujeito num nível x torna-se um observável-ação para o nível x + 1. Desse modo, um nível novo está associado ao nível precedente. O passo é construtivo porque um novo nível de abstração é constituído. Para dar um exemplo de uma forma elementar desse tipo de projeção, considere-se o caso de quando um conceito é formado. "Conceito" é aqui tomado no sentido mais elementar e restrito de classe. Tome-se, por exemplo, o conceito de *brinquedo*, definido como qualquer coisa pequena com que se possa brincar. O equivalente sensório-motor desse conceito é a coleção de objetos que pode ser assimilada ao esquema de ação de brincar. Nesse primeiro passo, a projeção, as propriedades observáveis dessas ações são interiorizadas, e uma reunião desses objetos num todo é possível com base em suas qualidades comuns. Nesse exemplo, com isso, a projeção se resume à formação de um conceito.

O segundo passo, chamado por Piaget de reflexão (do francês *réflexion*) ou reorganização, faz-se necessário em razão de a transposição das estruturas do nível inferior para o nível superior seguinte introduzir uma variedade de novos desequilíbrios (p. 314). Esses desequilíbrios são o resultado de todos os tipos de novas relações que têm de ser consideradas em razão do primeiro passo. De acordo com Piaget, esse segundo passo é construtivo num duplo sentido. Em primeiro lugar, com a projeção, a generalização com base em várias instâncias se tornou possível. "Mesmo se a coordenação que a projeção desse modo transfere do plano de ação para o plano conceitual se mantiver idêntica, essa própria projeção cria um novo morfismo ou correspondência entre a coordenação no plano conceitual e as situações práticas em que a ação coordenada é repetidas vezes executada" (Piaget, 1977/2001, p. 308). Em segundo lugar, essas primeiras organizações também conduzem à descoberta do conteúdo relacionado, que não é assimilável à estrutura anterior, mas agora se tornou assimilável mediante ligeira e posterior transformação da estrutura, com isso tornando-se integrado numa estrutura maior, e por conseguinte parcialmente nova (Piaget e Garcia, 1983/1989, p. 2). Em outras palavras, esse passo consiste em interações sob a forma de assimilações e acomodações recíprocas entre subestruturas (para mais detalhes e nuanças, ver Capítulo 7, neste volume).

A abstração reflexionante talvez possa ser interpretada também como a busca de razões (implícitas) para o êxito de ações a partir do estágio anterior (Piaget, 1974/1978, 2004/2006). Essa interpretação é consistente com a sugestão, por Piaget, de que encontrar razões significa adequar os fatos a um arcabouço estrutural no qual as relações necessárias são (ou poderiam ser) distinguidas das relações reais e possíveis, o que por sua vez implica um equilíbrio entre as afirmações e negações envolvidas. Ao tentar encontrar as razões por trás do êxito, tem-se uma reorientação para a própria atividade (ou para as operações relevantes etc.).

Ambos os processos, os de construções puramente endógenas realizadas por sujeitos epistêmicos e os de compensação a distúrbios do exterior, são integrados por Piaget em sua abordagem da equilibração. De acordo com a sua teoria, novidade e aperfeiçoamento são características conjuntas de desenvolvimento, nenhuma das quais é em si mesma suficiente para explicar a mudança; isto significa que, quando tomados isoladamente, nem um nem outro processo é suficiente.

A teoria das abstrações reflexionantes, nas quais as construções endógenas do sujeito (epistêmico) são fortemente enfatizadas, parece adequada para explicar a novidade no desenvolvimento, mas, com relação ao aperfeiçoamento no desenvolvimento, o papel desempenhado por esse mecanismo é menos claro. De que modo as construções inerentes às abstrações reflexionantes podem compensar os distúrbios do exterior, em especial para o domínio empírico? Lembre-se de que o progresso no estágio de desenvolvimento, a implicar que o estágio seguinte seja em certos aspectos melhor, está relacionado à afirmação de que os déficits centrais do estágio anterior são resolvidos no estágio subsequente. O novo estágio supostamente deve preencher lacunas e compensar obstáculos (contradições e distúrbios), e isso mesmo para problemas potenciais.

A solução de Piaget parece ser a de que a acomodação de estruturas cognitivas a conteúdos conduz ao refinamento e elaboração dessas estruturas. Esse é em si um processo construtivo, embora de escopo limitado, uma vez que as delimitações de estágio não podem ser transcendidas dessa forma. Contudo, essa elaboração de estruturas garante o contato essencial com o "ambiente", e esse contato, a longo prazo, explica o fato de que as construções devidas às abstrações reflexionantes convergem na crescente adaptação.

Avaliação

Em sentido amplo, a abordagem da equilibração envolve múltiplos níveis de análise (biológica, psicológica, epistemológica). Poder-se-ia argumentar que Piaget não foi capaz de integrar plenamente esses níveis e que essa abordagem (na melhor das hipóteses) está inacabada. Todavia, no que diz respeito às questões fundamentais relacionadas aos aspectos normativos do desenvolvimento, como a construção do conhecimento necessário (Smith, 1993; ver Capítulo 3 neste volume), as alternativas à abordagem de Piaget não se saem melhor, a explicação do pesquisador suíço de modo algum estando obsoleta.

Os organismos vivos, sem dúvida, são sistemas dinâmicos que estão no limiar da estabilidade. A visão de Piaget, de que o desenvolvimento do conhecimento diz respeito a uma variedade especial de tais sistemas dinâmicos, é uma heurística útil para uma exploração mais aprofundada. Progressos mais recentes na teoria dos sistemas dinâmicos poderiam talvez suplementar a teoria piagetiana. As fundações foram dispostas na termodinâmica do não equilíbrio, de Prigogine (Nicolis e Prigogine, 1977), na teoria da catástrofe, de Thom (1975), e no (ou na teoria do) sinergismo de Haken (1983). A aplicação de sistemas dinâmicos e de perspectivas de auto-organização ao desenvolvimento foi impulsionada pelos trabalhos pioneiros de Van der Maas e Molennar (1992), Van Geert (1994) e Thelen e Smith (1994), mas promessas até agora não se substanciaram, talvez porque o campo teve dificuldades em acomodar a modelagem complexa envolvida, ou porque os níveis de abstração estariam por demais apartados. À medida que a modelagem teve seu foco no desdobramento temporal do crescimento numas poucas variáveis interconectadas, isso vem constituir um nível de análise básico, porém altamente abstrato. Em outro texto, eu explicito a conexão entre o interacionismo de Piaget e essas propriedades dinâmicas extremamente gerais (Boom, 2004). Contudo, o ato de conectar esse nível de análise abstrato ao nível mais concreto de análise do desenvolvimento num verdadeiro comportamento por tarefas de caráter empírico revelou-se difícil, e até agora não levou aos avanços esperados (ver, porém, Shultz, 2003, capítulo 5).

Modelos conexionistas de desenvolvimento (que podem ser vistos como variedades de modelos de sistemas dinâmicos, embora tenham sua própria tradição e história) ainda são ativamente buscados, com seu foco no comportamento por tarefas. Alguns desses modelos (se bem que uma minoria deles) são inspirados por importantes elementos da teoria de Piaget, ou são consistentes com esses elementos (Elman *et al.*, 1996; Sirois e Shultz, 2003).

O campo recentemente surgido da neurociência desenvolvimental é bem-sucedido, promissor e popular. Uma conexão explícita com a teoria piagetiana é reconhecida por aqueles que combinam a neurociência do desenvolvimento com ideias construtivistas e modelagem conexionista acima referidas (Johnson, 1997; Mareschal *et al.*, 2007). Infelizmente, não dispomos de uma interpretação mais precisa da adequação entre essas ideias e a equilibração na teoria piagetiana.

De uma perspectiva piagetiana, com seu foco no sujeito, a equilibração é um longo processo sequencial a envolver uma tendência a suplantar distúrbios e lacunas no funcionamento cognitivo. Não seria possível fazer justiça aos numerosos experimentos e livros em que esses aspectos da equilibração encontram-se bem documentados e são cuidadosamente analisados. Poderíamos nos beneficiar ao prestar mais atenção a esses estudos, embora esteja claro que a escolha de tópicos por Piaget foi influenciada pela relevância desses tópicos para a sua teoria como um todo. O que é curioso, a maior parte das críticas à abordagem da equilibração por Piaget manteve-se globalizante somente à medida que, por exemplo, argumentava não ser ela testável, e não testável porque não suficientemente precisa (Klahr, 1999). Na verdade, a noção de equilibração tem sido negligenciada em psicologia do desenvolvimento, pelo menos em comparação com a atenção crítica dada à teoria dos estágios de Piaget. A maior parte dos manuais pouco atenta a essa noção, e quando o faz conclui que ela seria por demais vaga para ser de uso prático. A crítica fundamentada de Chapman (1992) conclui que Piaget teria negligenciado a interação intersubjetiva, mas ainda assim tal teoria, e em particular suas questões e intuições gerais, mantêm-se relevantes para a psicologia contemporânea.

Segundo a perspectiva da epistemologia (genética), Piaget postulou uma tendência para um equilíbrio progressivamente melhor, a envolver o trabalho conjunto de abstrações reflexionantes e compensações por meio de regulações. Esse talvez seja o principal tema de caráter global de sua teoria da equilibração. Embora a novidade e o aperfeiçoamento sejam conceitos logicamente independentes, uma vez que um estágio novo não é necessariamente um estágio melhor e um estágio melhor não é, de modo necessário, qualitativa e estruturalmente novo (por mais que tenha de ser diferente em algum aspecto), Piaget insistiu na relatividade intrínseca desses estados. Se esse aspecto de sua abordagem é convincente ou não, isso depende da questão sobre se a integração buscada por Piaget é considerada possível. Pode-se duvidar disso, mas até agora nenhuma teoria alternativa sequer lhe chegou perto em escopo e amplitude (no entanto, ver Becker, 2008). A abstração reflexionante é importante (mas não suficiente) para se compreender o aperfeiçoamento num sentido formal, racionalista, porém esse progresso é de sentido restrito. A afirmação defendida por Piaget diz respeito exclusivamente a competências cognitivas subjacentes. As estruturas cognitivas do estágio superior contêm as estruturas do estágio anterior ao modo de subestruturas numa forma reorganizada e mais bem organizada, mas a abstração reflexionante tomada isoladamente pode não dizer coisa alguma sobre a adaptação (no interior de um estágio ou ao longo de diversos estágios). É por isso que, para concluir, segundo Piaget a relação entre os estágios é definida em referência ao processo ou mecanismo (embora não em nenhum sentido mecanicista) ou a uma equilibração otimizadora: um estágio seguinte só pode ser novo e melhor em virtude das propriedades gerais do processo de desenvolvimento (Boom, 1991, 2004).

Referências

BECKER, J. "Conceptualizing mind and consciousness". *Human Development*, 51, 2008, 165-189.

BOOM, J. "Collective development and the learning paradox". *Human Development*, 34, 1991, 273-287.

______. "Cognitive development". In: W. Van Haaften, M. Korthals e T. Wren (Org.). *Philosophy of development: Reconstructing the foundations of human development and education* (p. 101-118). Dordrecht: Kluwer, 1997.

______. "Individualism and collectivism: A dynamic systems interpretation of Piaget's interactionism". In: J. I. Carpendale e U. Müller (Orgs). *Social interaction and the development of knowledge: Critical evaluation of Piaget's contribution* (p. 67-85). Mahwah: Erlbaum, 2004.

CHAPMAN, M. *Constructive evolution: Origins and development of Piaget's thought*. Cambridge: Cambridge University Press, 1988.

______. "Equilibration and the dialectics of organization". In: H. Beilin e P. B. Pufall (Orgs.). In: *Piaget's theory: Prospects and possibilities* (p. 39-59). Hillsdale: Erlbaum, 1992.

ELMAN, J. L.; BATES, E. A.; JOHNSON, M. H.; KARMILOFF-SMITH, A.; PARISI, D. e PLUNKETT, K. *Rethinking innateness: A connectionist perspective on development*. Cambridge, Mass.: MIT Press, 1996.

GLANSDORFF, P. e PRIGOGINE, I. *Thermodynamic theory of structure, stability and fluctuations*. Londres: Wiley, 1971.

HAKEN, H. *Advanced synergetics*. Berlim: Springer, 1983.

JOHNSON, M. H. *Developmental cognitive neuroscience*. Oxford: Blackwell, 1997.

KLAHR, D. "The conceptual habitat: In what kind of system can concepts develop". In: E. K. Scholnick, K. Nelson, S. A. Gelman e P. H. Miller (Orgs.). *Conceptual development: Piaget's legacy* (p. 131-161). Mahwah: Erlbaum, 1999.

LOURENÇO, O.; MACHADO, A. "In defense of Piaget's theory: A reply to 10 common criticisms". *Psychological Review*, 103, 1996, 143-164.

MARESCHAL, D.; JOHNSON, M. H.; SIROIS, S.; SPRATLING, M. W.; THOMAS, M. S.; WESTERMAN, G. *Neuroconstructivism: How the brain constructs cognition*. Oxford: Oxford University Press, 2007.

MOLENAAR, P. C. M.; RAIJMAKERS, M. E. J. "A causal interpretation of Piaget's theory of cognitive development: Reflections on the relationship between epigenesis and nonlinear dynamics". *New Ideas in Psychology*, 18, 2000, 41.

NICOLIS, G.; PRIGOGINE, I. "Self-organization in non-equilibrium systems: From dissipative structures to order through fluctuations". Nova Iorque: Wiley, 1977.

PIAGET, J. *Recherche*. Lausanne: La Concorde, 1918.

______. *Success and understanding*. Cambridge, Mass.: Harvard University Press, 1978 (texto original publicado em 1974).

______. *Experiments in contradiction*. Chicago: University of Chicago Press, 1980 (texto original publicado em 1974).

______. *The equilibration of cognitive structures: The central problem of intellectual development*. Chicago: University of Chicago Press, 1985 (texto original publicado em 1975).

______. *Possibility and necessity, Vol. 1: The role of possibility in cognitive development*. Mineápolis: University of Minnesota Press, 1987 (texto original publicado em 1981).

______. *Sociological studies*. Londres: Routledge, 1995 (texto original publicado em 1977).

______. *Studies in reflecting abstraction*. Hove: Psychology Press, 2001 (texto original publicado em 1977).

______. "Reason". *New Ideas in Psychology*, 24, 2006, 1-29 (texto original publicado em 2004).

______; GARCIA, R. *Psychogenesis and the history of science*. Nova Iorque: Columbia University Press, 1989 (texto original publicado em 1983).

SHULTZ, T. R. *Computational developmental psychology*. Cambridge, Mass.: MIT Press, 2003.

SIROIS, S.; SHULTZ, T. R. "A connectionist perspective on Piagetian Development". In: P. T. Quinlan (Org.). *Connectionist models of development* (p. 13-42). Hove: Psychology Press, 2003.

SMITH, L. *Necessary knowledge*. Hove: Erlbaum, 1993.

THELEN, E. e SMITH, L. B. *A dynamic systems approach to the development of cognition and action*. Cambridge, Mass.: MIT Press, 1994.

THOM, R. *Structural stability and morphogenesis*. Reading: Benjamin, 2005.

VAN DER MAAS, H. L. J.; MOLENAAR, P. C. M. "Stagewise cognitive development: An application of catastrophe theory". *Psychological Review*, 8, 1992, 395-417.

VAN GEERT, P. *Dynamic systems development: Change between complexity and chaos*. Hempstead: Harvester Wheatsheaf, 1994.

VONÈCHE, J. "Piaget's first theory of equilibration" (1918). In: D. Maurice e J. Montangero (Orgs.). *Equilibrium and equilibration* (p. 3-15). Genebra: Fondation Archives Jean Piaget, 1993.

VUYK, R. *Overview and critique of Piaget's genetic epistemology*. Londres: Academic Press, 1981.

7 Processos construtivos: abstração, generalização e dialética

Robert L. Campbell

Epistemologia genética e construtivismo

O princípio-chave da epistemologia genética de Jean Piaget é o *construtivismo*. O construtivismo rejeita o antiquado racionalismo: o conhecimento não é feito de partes especiais de conhecimento, pré-formadas em cada indivíduo cognoscente no nascimento. O construtivismo rejeita também o empirismo: o conhecimento não consiste em fragmentos epistêmicos impressos no sujeito cognoscente pelo ambiente, seja este físico ou social. Em vez disso, o sujeito cognoscente *constrói* o conhecimento.

A epistemologia genética é uma teoria desenvolvimental do conhecimento. Ela versa sobre em que consiste o conhecimento e como ele se desenvolve.

Conhecimento

Do que se trata o conhecimento não é uma preocupação exclusiva deste capítulo. Contudo, não haverá mal algum em reenfatizar alguns pontos, e isso porque a concepção de Piaget é bastante distante das que hoje prevalecem na psicologia cognitiva, na inteligência artificial ou na filosofia da mente. Pode-se tomar uma decisão racional (como fez Boom, no Capítulo 6 deste volume) para caracterizar a sua teoria do desenvolvimento em termos do controle da experiência, com a experiência sendo compreendida em termos não da informação, mas das trocas com o ambiente externo.

Ocorre que o desejo de Piaget era mais apoderar-se do conhecimento do que produzi-lo para aqueles cujas concepções ele ensinava que seriam inadequadas, e nós aqui vamos continuar nesse viés. Em epistemologia genética, o conhecimento não é uma questão de imagens. Ele não assume a forma de proposições. Não consiste em estruturas de dados simbólicos na mente a corresponder às estruturas no mundo.

Em vez disso, o conhecimento é pragmático, ou orientado para a ação. Na linguagem de Piaget, o conhecimento é fundamentalmente *operativo*; no fundo, o sujeito cognoscente sabe o que fazer com algo sob certas condições ou o que tal coisa fará sob diferentes condições.

O conhecimento operativo, por sua vez, consiste em *estruturas cognitivas*. O tipo mais básico de estrutura, disponível já nas crianças, é o esquema da ação sensório-motora. Um esquema tipicamente precoce (Piaget, 1936/1952) é o que define como manter em movimento o móbile pendurado no berço do bebê (chutando-o, por exemplo). No curso do desenvolvimento, são construídos tipos mais poderosos e sofisticados de estruturas, como os agrupamentos de operações concretas, que, durante a infância intermediária, capacitam as crianças a realizar raciocínios elementares a envolver classificação, números e ordenação de coisas.

Desenvolvimento

Ao rejeitar o *antiquado* empirismo, Piaget (1970) defendeu que o conhecimento, de modo geral, não poderia ser uma cópia do que conhecemos. Teríamos de conhecer o objeto de nosso conhecimento antes de copiá-lo; assim não fosse, não estaríamos em condições de julgar se nossa cópia seria fiel ou não.

O desenvolvimento[1] é muito mais o que as estruturas fazem. Sem nenhuma incitação externa, as estruturas operativas demandam ser aplicadas. Quando o sujeito cognoscente aplica uma estrutura ao ambiente ou *assimila* o ambiente a ela, a estrutura pode funcionar: ela pode satisfazer os objetivos do sujeito cognoscente conforme o esperado. Em alguns casos, porém, a assimilação não será bem-sucedida: a aplicação do esquema não levará a se atingir o objetivo conforme o esperado. Por exemplo, se uma criança pequena adquiriu um esquema de espantar moscas, aplicá-lo

1 Para o presente propósito, estou assumindo que o desenvolvimento é a mudança progressiva ao longo do tempo, a envolver sempre algum avanço ou aperfeiçoamento. A possibilidade de mudança regressiva é abordada por Leslie Smith (ver Capítulo 3, neste volume).

a alguma outra mosca doméstica é uma assimilação de rotina, e normalmente o objetivo será alcançado: o pior que costuma acontecer é o gesto passar longe da mosca, fazendo-se necessário tentar de novo. Mas se a criança tenta aplicá-lo a um tipo diferente de inseto voador, digamos, uma vespa, o resultando provavelmente não será uma assimilação bem-sucedida: acertar uma vespa resultará em levar uma ferroada.

Quando a assimilação não chega a um bom resultado, a criança precisa modificar o esquema a fim de *acomodá-lo* ao ambiente. Por exemplo, ela pode inibir o ato de tentar acertar a mosca até ter verificado se o inseto se parece com uma mosca (e neste caso o ato de tentar acertá-lo será realmente indicado) ou com uma vespa (caso em que se afastar calmamente pode ser o mais indicado). Acomodar o esquema ao ambiente pode significar impor-lhe restrições (por exemplo, "use este esquema de espantar moscas somente com insetos que não dão ferroada") ou diferenciá-lo em um ou mais subesquemas. Algumas vezes, esquemas inteiramente novos precisarão ser construídos para que uma acomodação bem-sucedida aconteça.

Piaget pensava que o desenvolvimento tende sempre a um equilíbrio entre assimilação e acomodação. Com isso, o seu tratamento mais geral da construção desenvolvimental veio a ser uma teoria da *equilibração* (Piaget, 1975/1985). A equilibração pode assumir formas mais complexas, a depender do tipo de estrutura. Isso pode variar, a depender de as estruturas serem assimilativas ou acomodativas do ambiente físico ou de outras estruturas do sujeito cognoscente (para detalhes, ver o Capítulo 6 neste volume).

Para além da equilibração

Mesmo tendo deixado outros projetos em modo de espera para que pudesse concluir um tratado que, versando sobre o tema, viesse a render um livro, Piaget (1975/1985) percebeu que a equilibração não seria toda a história. No período de 1968 a 1979 ele conduziu pesquisas sobre diferentes processos construtivos: consciência, afirmações, negações e contradições; abstração; generalização; abertura a novas possibilidades e saciação de necessidades; dialética; e a busca por razões (para visões de conjunto, ver Vuyk, 1981, e Ducret, 2000).

Cada um desses processos construtivos encontra-se internamente relacionado[2] a cada um dos outros. As interdependências entre eles são por demais numerosas e variam para se encaixar num único capítulo. Selecionei aqui três delas, nas quais vou me concentrar: abstração, generalização e dialética. A abstração desfrutou de posição especial no pensamento de Piaget, ainda que não tivesse obtido suficiente reconhecimento; a generalização está intimamente atrelada à abstração; e o espírito dialético impregnou toda a obra tardia do pesquisador suíço. Além do mais, a obra que versa sobre generalização e dialética continua indisponível em inglês, em que pese o seu importante papel para a teoria como um todo.

Para a sua formulação, cada um desses processos demanda uma distinção básica: abstração empírica *versus* abstração reflexiva; generalização indutiva *versus* generalização construtiva; raciocínio discursivo *versus* dialetização. A abstração e a generalização aparecem também em variantes de ordem superior, como a abstração reflexionante ou a generalização sintetizante. Os atos de abstrair e generalizar encontram-se intimamente relacionados na teoria de Piaget, embora disparidades no número de variantes de ordem superior e na suscetibilidade ao erro da parte dessas variantes as impeçam de se fundir. Todos os três processos encontram-se internamente relacionados à equilibração, e, segundo algumas interpretações, poderiam com ela colapsar, ainda que cada qual tenha propriedades que impeçam tal colapso – o que é melhor assim, pois Piaget parece ter pretendido que cada processo construtivo mantivesse a sua própria identidade. Por fim, as ideias de Piaget sobre os três processos oferecem muitas novas oportunidades para a pesquisa sobre o desenvolvimento. Ocorre que apenas a abstração recebeu alguma atenção de outros pesquisadores, e há ainda muito mais que precisa ser feito.

2 Se o Processo A se encontra de algum modo internamente relacionado ao Processo B, a relação com B é essencial a A; assim não fosse, A não seria o mesmo processo. Se o Processo A está externamente relacionado ao Processo B, por outro lado, a relação poderia ser removida ou alterada, e A ainda seria o mesmo processo.

Abstração

A equilibração básica refere-se às interações com o ambiente físico; as formas mais refinadas referem-se a ajustes e integrações mútuas na esfera do sujeito cognoscente. Nenhuma delas, porém, explica diretamente como chegamos a conhecer nossos próprios processos de conhecimento ou as coordenações de nossas próprias ações. Por exemplo, de que modo nos tornamos capazes de dar uma descrição correta de como navegamos em meio a um emaranhado de fios? Tem-se aí uma tarefa que administramos num nível prático muito antes de podermos corretamente descrever o modo como a realizamos (Piaget, 1977/2001, Capítulo 11). De que modo nos tornamos capazes de reconhecer o número de vezes em que adicionamos algum número de objetos (Piaget, 1977/2001, Capítulo 2)? De que modo construímos estruturas cognitivas novas que na verdade *dizem respeito a* velhas estruturas? Por exemplo, Piaget acreditava que quando construímos operações formais, na verdade elas são operações elevadas à segunda potência ou operações *sobre* operações concretas.

A *abstração empírica*, que cobre propriedades de objetos no ambiente, é aqui completamente inadequada. Ela será capaz de reconhecer o que todos os objetos brancos têm em comum, ou o que todos os esquilos têm em comum, ou mesmo o que todos os mamíferos têm em comum, mas não nos dirá coisa alguma sobre como podemos passar por um emaranhado de fios. Para responder a tais questões, Piaget introduziu a *abstraction réfléchissante*, ou abstração reflexionante; ela abstrai propriedades de nossos processos de conhecimento, ou das coordenações internas entre nossas ações. Existem aí duas fases. A projeção (*réfléchissement*) assume uma estrutura num nível de desenvolvimento inferior (como a ação de coordenação de interesse) e a projeta num nível superior (onde a coordenação pode então ser compreendida consciente e explicitamente). A reflexão (*réflexion*) reorganiza a estrutura no nível superior; nosso entendimento explícito de algo sobre nossas ações não é mera cópia de nossa estrutura cognitiva anterior, e para funcionar adequadamente ele precisa estar integrado a outras novas estruturas no nível superior.

Um exemplo perfeito para tal vem do desenvolvimento da multiplicação. A multiplicação se parece com uma adição repetida – ainda assim, as crianças acham-na bem mais difícil que a adição. De acordo com a análise de Piaget, as crianças têm de ser capazes de reconhecer o quanto estão adicionando a cada vez. Tem-se aí uma *abstração empírica*; mesmo as crianças novatas no estudo da multiplicação (Piaget, 1977/2001, capítulo 2) reconhecem com facilidade o número de fichas de pôquer que estão acrescentando à pilha a cada vez. Porém, para que tenham êxito em multiplicar, Piaget propõe que as crianças atentem também ao número de *vezes* em que acrescentam aquela quantidade. Somente por meio da *abstração reflexionante* as crianças podem compreender quantas vezes adicionaram fichas de pôquer a uma pilha ou quantas vezes o experimentador acrescentou fichas à outra. O mesmo vale para a percepção de que acrescentar duas fichas e fazê-lo três vezes produziu o mesmo número que o ato de acrescentar três fichas fazendo-o duas vezes.

Refletividade e para além dela. Ainda que elas reconhecessem que 2 × 3 = 3 × 2 = 6, Piaget descobriu que as crianças tinham dificuldade em prever o que aconteceria quando, digamos, outra multiplicação 2 × 3 e outra 3 × 2 fossem acrescentadas. Para prever corretamente tais resultados, as crianças precisariam construir a operação multiplicativa *n* vezes *x*, onde cada *x* é uma operação aditiva, e não apenas certo número de fichas de pôquer adicionadas. Esse passo demanda uma abstração refletida (*abstraction réfléchie*); trata-se de uma abstração reflexionante elevada à segunda potência, ou de uma abstração reflexionante aplicada aos produtos da abstração reflexionante.

Pode-se ter uma abstração reflexionante de terceira ordem, do tipo que se reflete na abstração refletida (exemplos são dados em Piaget, 1977/2001, capítulo 5). A esse processo de terceira ordem Piaget chamou de metarreflexão (*métaréflexion*) ou *pensamento reflexivo* (*pensée réflexive*). Ele especulou sobre ordens ainda mais elevadas de abstração reflexionante.

Estágios. Nas reflexões finais de Piaget sobre o tema, a equilibração havia se tornado virtualmente independente dos estágios de desenvolvimento cognitivo (ver Capítulo 6, neste volume). A abstração reflexionante não pode ser extraída dali sem mais e tão facilmente: ela pressupõe *alguma* sequência de níveis de desenvolvimento. A projeção é o que traz uma estrutura cognitiva de nível N-1 para o nível N; a reflexão opera a reorganização no nível N.

Piaget não chegou a aceitar que a abstração reflexionante, a abstração refletida e a metarreflexão pudessem não se alinhar à sequência de estágios ou períodos principais. Nos capítulos voltados à matemática de seu *Abstração reflexionante*, a abstração reflexionante apareceu no Estágio1B (a segunda metade das pré-operações), a abstração refletida pôde ser vista no Estágio IIB (a última parte das operações concretas) e a metarreflexão teve de esperar até o Estágio III (operações formais). Mas nos capítulos sobre o ordenamento serial, Piaget por vezes inseriu a abstração reflexionante no Estágio IA e a refletida no Estágio IIA. No capítulo 18 do mesmo livro, de forma um tanto notória, ele enunciou que a abstração reflexionante estaria se dando nos dois primeiros anos, durante os subestágios sensório-motores superiores.

Consciência

Nossas referências ao conhecimento das coordenações interiores das ações de um indivíduo sugerem enfaticamente uma conexão entre a abstração reflexionante e *la prise de conscience* (tomada de consciência ou tornar-se consciente). Perceber o que os esquilos têm em comum – forma, tamanho, maneira de correr, de se alimentar, hábitos, dentição – não demanda que nos tornemos conscientes de algo de nossas ações de que antes não tínhamos consciência; perceba-se que tivemos de fazer um movimento de recuo para percorrer todo o caminho em meio ao emaranhado de fios.

Se os resultados prototípicos da abstração reflexionante estão se tornando conscientemente perceptivos desse movimento de recuo (Piaget, 1977, 2001, capítulo 11), ou de onde você teve de se posicionar para que pudesse acertar o pino de boliche quando liberou uma bola que pendia de uma corda atada a um gancho no teto (capítulo 13), a resposta é obviamente "sim".

Contudo, quando Piaget (1950/1973) pela primeira vez mencionou a abstração reflexionante, ele propôs que tornar-se consciente sempre envolve refletir – mas não o inverso. Em *La prise de conscience* [A tomada de consciência] e *Réussir et comprendre* [Conseguir e compreender] (1974/1976,

1974/1978), ele distinguiu a abstração reflexionante, que não precisa envolver a consciência, da abstração refletida, que precisa. E no capítulo 18 do livro *Abstração reflexionante*, Piaget descreveu a abstração reflexionante tal como usada por crianças de 1 a 2 anos, quando elas aprendem a empurrar uma barra rotativa, afastando-a de si e na direção "errada", a fim de trazer um objeto desejado para a sua direção. Ele aí não estava, absolutamente, atribuindo conhecimento consciente a essas crianças de 1 a 2 anos.

Percepção

Vimos de que modo a abstração foi pensada como estando internamente relacionada a vários outros processos construtivos que Piaget ao mesmo tempo se esforçava para caracterizar durante a sua última década (para mais detalhes, ver Campbell, 2001). Ainda assim, ela estava sendo pensada como "retroativamente compatível" com elementos mais antigos de suas teorias.

Nessas teorias, o que de mais obstinado se teve foi a sua abordagem da percepção, vestígio de um antiquado empirismo. Para Piaget (1961/1969), a percepção produziria uma série de centragens, ou instantâneos; embora ela desempenhe um papel central em nossos esquemas operativos, o conhecimento que podemos obter contando apenas com a percepção não é efetivamente operativo, ademais, ela não tem como ser a fonte de nenhuma construção genuinamente nova.

Piaget tem sido criticado por isolar a percepção da interação com o mundo, com isso excluindo-a do reino do conhecimento operativo (por exemplo, Bickhard e Richie, 1983; O'Regan e Noë, 2001). Nossa preocupação aqui é mais restrita. Suponha-se que as propriedades dos objetos (ou, ocasionalmente, das consequências de nossas ações) que viemos a conhecer pela abstração empírica sejam propriedades que possamos perceber. Piaget poderia ter teorizado ainda que abstrair a branquitude de objetos brancos, ou o comprimento de objetos físicos em geral, é algo que por si só envolve esquemas e assimilação a esquemas. Se o tivesse feito, teria sido capaz de associar a abstração empírica ao conhecimento operativo. Em vez disso, ele concebeu a abstração empírica como nunca indo além da percepção, o que lhe rendeu questionamentos sobre o tipo de processo que a abstração vem a ser.

Será a abstração sempre o mesmo tipo de processo? Será a abstração reflexionante qualitativamente idêntica à abstração empírica, exceção feita ao fato de as propriedades serem abstraídas? Ou será um tipo diferente de processo, com uma dinâmica distinta? Se a abstração empírica for apenas abstração aplicada a objetos e a suas propriedades perceptíveis, e se a abstração reflexionante for apenas abstração aplicada a ações, então a ocasional insistência de Piaget na abstração reflexionante no início do desenvolvimento se fará amplamente garantida, uma vez que a abstração reflexionante deve estar em funcionamento no início de nosso desenvolvimento tanto quanto a abstração empírica. Não haveria razão para esperar que a abstração reflexionante envolvesse a consciência.

Em contradição a isso, contudo, há a divisão por Piaget da abstração reflexionante em fases projetivas e reflexivas, o que desconhece análogos na abstração empírica. Além de militar contra a uniformidade do processo, a hierarquia piagetiana da abstração reflexionante está a refletir sobre os produtos da abstração reflexionante (abstração refletida), a refletir sobre os produtos da abstração refletida (metarreflexão), e assim por diante; nenhuma hierarquia como essa é gerada pela abstração empírica dos resultados da abstração empírica anterior.

A abstração colapsará em equilibração? Uma das dificuldades para um modelo como o de Piaget, no qual cada processo encontra-se internamente relacionado a cada um dos outros, está em impedir todo e qualquer processo de se fazer, *em toda a sua extensão*, internamente relacionado a pelo menos um outro processo. Afinal de contas, se a identidade do Processo A é constituída por *todas* as suas relações com o Processo B, então não haverá nenhum meio de impedir A de perder aquela identidade separada e colapsar em B. Se os Processos A e B são de menor importância na teoria de Piaget, o colapso de A em B pode apenas assinalar uma necessidade de consolidá-los. O problema torna-se muito mais premente quando B é a equilibração – um processo fundamental, se não for *o* processo fundamental.

Assim sendo, quão estreitamente se encontra a abstração relacionada à equilibração? A abstração reflexionante corresponderia à assimilação, enquanto a abstração empírica corresponderia à acomodação? Piaget (por exemplo, 1977/2001, p. 293, 297) por vezes defendeu que se teria uma abstração reflexionante quando quer que haja um arcabouço assimilativo. Mas a epistemologia genética mostra bastante firmeza quanto ao seguinte ponto: a partir do momento em que os bebês estejam aprendendo alguma coisa, eles têm esquemas e estão assimilando conteúdos a eles. Por essa razão, se deter um arcabouço assimilativo já significa realizar uma abstração reflexionante, a abstração colapsará em equilibração, esta da qual a abstração reflexionante será apenas um aspecto assimilativo, enquanto a abstração empírica se tornará o aspecto acomodativo.

O problema do erro

É estranho ter de se perguntar como uma concepção construtivista do conhecimento pode dar conta do erro (no Capítulo 6 deste volume, Boom se pergunta se formas superiores de equilibração necessariamente fazem o sujeito cognoscente mais bem adaptado). A abstração reflexionante conduz a estruturas no nível superior seguinte, porém erros são possíveis em qualquer nível de desenvolvimento, não havendo razão para supor que cada nova estrutura cognitiva seja verdadeira ou bem-sucedida. A abstração refletida pelo menos está associada à consciência, e nós somos capazes de conscientemente compreender mal alguma coisa sobre nossas ações e suas coordenações. Em termos mais amplos, a abstração está quase que indissoluvelmente ligada à generalização (ver a seguir). As generalizações podem falhar de diversas maneiras: podem ser amplas demais ou estreitas demais, podem confundir dimensões diferentes, podem se fixar numa dimensão que se revele irrelevante, e assim sucessivamente.

De fato, Piaget vez por outra identificava erros que, segundo ele acreditava, seriam produzidos por abstração reflexionante. Alguns outros desenvolvimentalistas chamam-lhes "erros de crescimento": respostas erradas decorrentes de um pensamento mais avançado ou sofisticado (por exemplo, 1977/2001, p. 48-49, 212, 228). Porém, mesmo Piaget, eventualmente, chegou a afirmar que a fase reflexiva da abstração reflexionante seria à prova de erros (p. 312-322). Para tornar plausível a sua afirmação, ele teve de negar (por exemplo, p. 239-240) que uma generalização abertamente ampla ou abertamente estreita, que em última instância é corrigida, seria na verdade um erro; *grosso modo*, ele tentou argumentar que em tais casos a estrutura estaria correta, mas sua aplicação seria equivocada. Sintomaticamente, o pesquisador suíço não repetiria esse argumento na obra *Recherches sur la généralization* [Investigações sobre a generalização].

Generalização

O fracasso em retomar o argumento é significativo, em razão do caráter extensivo das relações internas entre abstração e generalização. Tanto que Piaget e sua equipe realizaram seus programas de pesquisa sobre esses tópicos em anos sucessivos (1971 e 1972, embora os livros viessem a ser publicados apenas em 1977 e 1978).[3]

Isso é algo que não deveria surpreender, uma vez que todo ato de abstração estabelece classes de maior ou menor generalidade, com cada ato de generalização pressupondo uma abstração.

Generalização indutiva. Se concluo que todas as superfícies brancas refletem o espectro inteiro da luz visível, estou generalizando quanto a objetos brancos. Mas classificar objetos brancos em conjunto é algo que pressupõe minha abstração da branquitude como uma dimensão. A generalização quanto a objetos brancos é o que Piaget chama de generalização *indutiva*;[4] ela apresenta uma óbvia dependência recíproca em relação à abstração *empírica*.

Generalização construtiva. Suponha-se, contudo, que eu esteja a generalizar não sobre propriedades de objetos no ambiente, mas sobre propriedades das coordenações internas entre minhas ações. Suponha-se que eu reconheça que, quando quer que eu adicione três fichas de pôquer por vez e realize essa ação duas vezes, o resultado será o mesmo de quando acrescento duas fichas de pôquer por vez e realizo essa ação três vezes. Além disso, se repito 3 × 2 e 2 × 3 uma segunda vez, de novo terei

3 Uma súmula extremamente detalhada da pesquisa de Piaget sobre processos encontra-se disponível em francês, de autoria de Ducret (2000); ver também a tabela cronológica dos programas de pesquisa e livros de Piaget (2006).

4 Piaget e Henriques (1978) usaram o termo "indutivo" de modo descritivo, propositalmente evitando questões como, por exemplo, se é algo logicamente válido a ciência usar a indução ou algum tipo de argumento indutivo.

iguais quantidades de fichas de pôquer. A abstração que realizei aqui não é empírica, mas *reflexionante* (ou reflexiva, quando corretamente prevejo o que acontecerá com duas repetições). As generalizações que faço são correspondentemente *construtivas*.

Piaget chama "construtiva" o tipo relevante de generalização por duas razões: ela envolve a construção de estruturas cognitivas reorganizadas num nível de desenvolvimento superior, e estas têm propriedades genuinamente novas. Uma vez que novas formas estruturais estão envolvidas, assim como novos conteúdos a que tais formas possam se aplicar, Piaget e Henriques atribuem à generalização construtiva um "duplo poder construtivo" (1978, p. 221).

Integrações e diferenciações. Na teoria piagetiana (1975/1985) da equilibração, a terceira e mais elevada forma envolve a diferenciação de sistemas em subsistemas e a integração de subsistemas a novos sistemas abrangentes (ver Capítulo 6 neste volume). A generalização é diretamente atrelada a esse entrejogo de integrações e diferenciações: "Ao construir o novo com base no conhecido (em vez de apenas encontrar o conhecido em novos objetos, como foi feito remontando-se a seus primórdios indutivos), a generalização construtiva naturalmente procede por diferenciação e integração; isso porque as novidades não são apenas empilhadas em cima do que as precedeu – elas são em parte dele derivadas" (Piaget e Henriques, 1978, p. 227). Mais detalhes sobre diferenciação e integração serão abordados na sequência.

Existe uma hierarquia para a generalização?

Uma fonte de incômodo para Piaget está em a generalização carecer de um evidente princípio de hierarquia. A abstração escala degraus do empírico para o reflexionante, para o reflexivo, para o metarreflexivo e ainda além. Todavia, uma vez que a generalização construtiva tem sido diferenciada da indutiva, não está claro como se poderia ter passos adicionais. Diversos capítulos do livro *Recherches sur la généralisation* limitam-se a tratar a construtividade como questão de grau.

Numa elaboração secundária, contudo, Piaget desloca a generalização para um alinhamento mais próximo à abstração. Piaget e Henriques

(1978) classificam tipos de generalização de acordo com as integrações que elas produzem.

Integrações coordenantes. A generalização indutiva produz integrações coordenativas (*intégrations coordinatrices*), que reúnem subsistemas num sistema mais amplo que não tenha propriedades novas que sejam suas. Os subsistemas na verdade são mais ricos em características distintivas, embora o sistema total naturalmente venha a ter mais subdivisões do que quaisquer dos subsistemas. Por exemplo, subclassificar cães domésticos em *collies*, *poodles* e *bichons frisés* é uma questão de generalização indutiva, e esta, do ponto de vista de Piaget, carece de poder construtivo.

Integrações totalizantes. A generalização construtiva produz integrações totalizantes (*intégrations totalisantes*). Essas integrações geram um sistema total cujas propriedades são qualitativamente diferentes das de quaisquer de seus subsistemas. As propriedades do novo sistema enriquecem as estruturas cognitivas que estavam lá antes que o sistema total surgisse e incrementasse o poder delas. Contudo, um alinhamento com abstração demanda um colapso mais sutil do que esse.

Integrações completivas. Desse modo, Piaget propõe que a generalização construtiva básica produz integrações completivas (*intégrations complétives*). Estas "integram uma estrutura mais deficiente numa mais abundante, o que redunda em acrescentar novas operações" (Piaget e Henriques, 1978, p. 232). Um exemplo disso é o desenvolvimento das estruturas de conjunto das partes, com uniões e intersecções claramente definidas com base em classificações separadas (capítulo 1 do *Recherches sur la généralisation*).

Integrações sintetizantes. A generalização construtiva mais avançada produz integrações sintetizantes (*intégrations synthétisantes*). Estas envolvem "a extração de uma estrutura ou conceito comum com base em diversas estruturas ou noções que foram previamente concebidas como heterogêneas" (p. 232). Um bom exemplo disso são as generalizações, que (no capítulo 12) reúnem a velocidade linear e a angular num único conceito comum.

Variações extrínsecas e intrínsecas

Cada um dos tipos de integração, por sua vez, tem uma forma equivalente de abstração. Ocorre que Piaget não realiza um percurso direto de uma à outra; ele serpenteia em meio a um conjunto de afirmações sobre diferenciações extrínsecas e intrínsecas.

> Enquanto generalizações construtivas trazem consigo diferenciações contínuas [...], estas existem também no âmbito das generalizações indutivas. Tem-se uma exceção no caso de as diferenciações serem impostas por objetos externos, em vez de serem endógenas. Tem-se aí, então, uma nova oposição fundamental entre as duas formas de generalização: a oposição depende de as diferenciações serem exógenas e deve-se a observáveis novos e imprevistos, ou então, pelo contrário, as diferenciações encontram-se associadas a transformações internas ao sistema (Piaget e Henriques, 1978, p. 227-228).

Piaget prefere contrastar *variações* extrínsecas com intrínsecas:[5, 6]

> As diferenciações ou variações *intrínsecas* podem ser determinadas mediante deduções necessárias do sentido de [uma] propriedade. As diferenciações ou variações *extrínsecas* são incorporadas desde fora por meio de considerações de fato (observações e abstrações empíricas). As variações no comprimento dos lados de um triângulo euclidiano, bem como a igualdade ou desigualdade desses lados, são por essa razão intrínsecas: um lado sem comprimento é uma noção contraditória, e dois comprimentos têm de ser ou iguais ou desiguais. Por contraste, montanhas terem 1.000 m,

5 A noção de sentido (*significação*) nas obras tardias de Piaget é afetada por revisões que ele estava fazendo de sua lógica. Uma *implicação de sentido* (*implication signifiante*) é *grosso modo* um enunciado "se – então", no qual o sentido do consequente está contido no sentido do antecedente (Piaget, 1977/1986); num tratamento mais preciso, "$p \rightarrow q$ com um sentido s de q sendo incorporado ao sentido de p, sendo esse sentido transitivo" (Piaget e Garcia, 1987/1991, p. 3, tradução de Davidson e Easley). Piaget por vezes empregava uma espécie de "lógica relevância" para a implicação de sentido, mas suas alusões nem sempre implicam um comprometimento com esse formalismo em particular.

6 O fornecimento de razões para elas é o que torna as variações extrínsecas em intrínsecas. Isso não significa que as altitudes das montanhas mudariam se fossem fornecidas razões para tal; significa que uma relação previamente não reconhecida, entre variações de altitude e outras propriedades conhecidas do ambiente (como processos de erosão), torna-se conhecida, com as outras propriedades conhecidas explicando as diferenças de altitude. Um estudo de razões foi justamente o último projeto de pesquisa de Piaget (Henriques, Dionnet e Ducret, 2004; Piaget, 2006).

> 2.000 m ou 3.000 m de altura é uma questão de variação extrínseca: mesmo se enumerarmos todas as causas de erosão possíveis, não teremos nada para continuar a não ser observações e denotações. O mesmo vale para a possibilidade de um vertebrado ter ou não ter glândulas mamárias além de ter uma coluna vertebral. Essa diferenciação se mantém extrínseca uma vez que razões bioquímicas não são conhecidas, o que permitiria uma conexão dedutiva a reunir essas duas características (p. 228-229).

No capítulo 7 do *Recherches sur la généralisation*, pede-se a crianças que encontrem o caminho mais curto que uma lesma pode tomar de cima de um muro até um pé de alface no meio de um jardim. As crianças menores tentam diferentes caminhos e só vão perceber qual o mais curto depois de fazê-lo (tentando todos eles). No nível mais elevado, as crianças percebem que o caminho mais curto é a soma de dois segmentos de reta – e que um desses segmentos deve continuar a apresentar a mesma extensão quando o muro é posto de lado, de modo que a lesma tenha de cruzá-lo horizontalmente, em vez de verticalmente. As variações na extensão do caminho começam como fenômenos extrínsecos e terminam como intrínsecos.

Alinhando a escada

"Não há motivo algum", diz Piaget, "para dar mais atenção à afinidade entre variações intrínsecas e a abstração reflexionante, ou entre variações extrínsecas e a abstração empírica" (Piaget e Henriques, 1978, p. 230).

A integração coordenativa, assim sendo, não produzirá novidade alguma; ela depende de variações extrínsecas e acompanha a abstração empírica.

A integração completiva produz novidade limitada com base em variações intrínsecas e não precisa envolver consciência; ela acompanha a abstração reflexionante.

A integração sintetizante produz resultados fortemente estruturados com base em variações intrínsecas e envolve consciência; ela acompanha a abstração refletida.

Conforme Piaget observa, "as integrações completivas, que obviamente compõem o cerne da generalização construtiva, são o pré-requisito para as integrações sintetizantes, isso porque as estruturas a ser comparadas e sintetizadas tiveram primeiro de ser construídas. Mais ainda, tornar-se consciente ou tematizar é algo que demanda uma reconstrução no plano reflexivo do que estava funcionando no plano instrumental sem ser explicitamente representado" (p. 234). Seu procedimento preferido para testar a abstração refletida (Piaget, 1977/2001) esteve em solicitar a crianças que comparassem tarefas relacionadas que já dominavam e indicassem em que medida elas seriam semelhantes ou diferentes.

Infelizmente, na escada para tipos de integração está faltando um degrau. Não existe análogo para a metarreflexão; por um momento retornando à via que ele pensara antes de concluir o *Abstração reflexionante*, Piaget faz uma rápida referência à "abstração reflexionante [...] e seu estágio final, a abstração refletida" (Piaget e Henriques, 1978, p. 235). Mas ele afirma também que "as formas mais elevadas de integração sintetizante" funcionam no "plano da tematização reflexiva" (p. 235) – um modo característico de fazer referência à metarreflexão. Essa é uma evidente fonte de dificuldades.

O erro, de novo

Outra disparidade entre abstração e generalização encontra-se no fato de que Piaget não se sentia nem um pouco obrigado a isentar de erros a generalização construtiva. O seu *Recherches sur la généralization* relata diversos exemplos de erros de ampliação. Por exemplo, ao alinhar retângulos de papelão de vários comprimentos e larguras, a fim de satisfazer um objetivo de comprimento total (capítulo 3), os participantes do Nível IIB (operações concretas tardias) cometem mais erros do que os colegas que ainda estão funcionando no Nível IIA. "Por um lado, esses indivíduos realizam mais deduções do que os do Nível IIA e não raro fazem cálculos antes de anotar resultados. [...] Por outro, precisamente porque têm por objetivo raciocinar antes de agir, correm maior risco de erro e tateiam soluções com mais frequência" (p. 41).

Assim sendo, a generalização construtiva pode conduzir a novos tipos de erros – mesmo que, por algum tempo, tenha-se um aumento de erros no geral. Piaget não transferiu para a generalização construtiva suas asserções ocasionais de que a fase reflexiva da abstração reflexionante seria isenta de erros.

Mesmo processo, conteúdos diferentes!

Existem tensões comparáveis por sobre as fronteiras entre generalização indutiva e construtiva e entre abstração empírica e reflexionante. Assim como ele por vezes estendeu a abstração reflexionante a qualquer caso em que houvesse um arcabouço assimilativo, Piaget por vezes se mostrou disposto a ampliar a generalização construtiva. A certa altura, afirmou que não apenas a generalização completiva, mas também a sintetizante já está em funcionamento no início do período operacional concreto, uma vez que "a construção dos primeiros números naturais é realizada por inclusões sintetizantes de classes [...] e relações de ordem [...] e aí temos um exemplo de integração sintetizante cujo mecanismo permanece inconsciente" (Piaget e Henriques, 1978, p. 235).

A questão sobre um ou dois processos é posta de modo menos assertivo para a generalização. A abstração reflexionante (Piaget, 1950/1973, 1974/1976, 1977/2001) opera em duas fases: a da projeção e a da reflexão reorganizadora. A generalização construtiva parece ter apenas a fase reorganizadora. É porque a abstração reflexionante tem duas fases e porque a abstração empírica não usa nenhuma delas, que a sugestão carece de plausibilidade e a abstração poderia ser um processo único que, por acaso, se aplica a diferentes conteúdos. Mais fácil é identificar a generalização indutiva e construtiva (Piaget e Henriques, 1978) como o mesmo processo aplicado a conteúdos diferentes – ao custo de colocar sob pressão suas relações internas com a abstração empírica e reflexionante.

Diferenciação e integração. Na apresentação de Piaget, muito mais claro está o modo como a generalização se relaciona tanto com a diferenciação quanto com a interação:

> A generalização encontra-se parcialmente envolvida em toda e qualquer diferenciação, à medida que estão sendo comparadas as variações, e não apenas os estados finais a que elas conduzem. A generalização é igualmente implicada em qualquer integração.

> [...] Por exemplo, desde o nível sensório-motor, quando dois esquemas como apreensão e visão são integrados por assimilação recíproca, com objetos a um só tempo visíveis e apreensíveis sendo consequentemente contrastados com os que podem ser vistos, mas não apreendidos (por exemplo, a lua), e com os que podem ser apreendidos, mas não vistos (por exemplo, objetos atrás de uma tela manipulável). Mas o caso especial em que ambas as qualidades positivas estão reunidas encontra-se agora estreitamente associado a generalizações envolvendo distâncias, oclusões e deslocamentos, e assim por diante. O mesmo se tem em cada um dos níveis para a integração em sistemas abrangentes; ela envolve sempre a generalização, seja esta construtiva ou mesmo indutiva (Piaget e Henriques, 1978, p. 230).

A generalização colapsa em equilibração? Existem disparidades suficientes entre o abstrair e o generalizar, como Piaget os compreendia, a impedir que suas relações internas recíprocas se fusionem numa escala única de processos. Mas para a teoria piagetiana, a fusão dessas operações não seria propriamente um desastre; na pior das hipóteses, elas seriam pensadas como intimamente atreladas.

Uma preocupação mais séria é a de que a generalização possa colapsar de volta à equilibração. Se a abstração reflexionante não demanda nada além de um arcabouço assimilativo, a abstração colapsa em equilibração. Se a generalização construtiva já está acontecendo tão logo haja esquemas a que o conteúdo possa ser assimilado, a generalização compartilhará desse destino. Contudo, Piaget costumava identificar a generalização construtiva ao terceiro e mais avançado tipo de equilibração (ver também o Capítulo 6 deste volume):

> [...] as reequilibrações contínuas que a generalização construtiva tem de alcançar são de um tipo particular. Entre as formas de equilíbrio para funções cognitivas que identificamos em outras passagens, é o terceiro tipo que predomina. [...] [Este] é de natureza diferente, relativa ao caráter totalizador ou sintetizador da generalização ao operar de maneira integrativa. Nós o chamaremos de equilíbrio

entre diferenciações e integrações. Uma vez que os subsistemas são construídos por diferenciação, cabe à integração realizar a formação de estruturas totais que os incorporem, acrescentando leis de composição específicas a essas totalidades enquanto tais e transcendendo as propriedades particulares dos subsistemas (p. 242).

Dialética

O processo final que vamos considerar, de modo um tanto mais breve do que fizemos com os dois primeiros, é o da dialetização. Para Piaget, a dialética forneceu não apenas um tipo de processo de desenvolvimento, mas também uma metaperspectiva de seu projeto como um todo.

A metaperspectiva dialética

Em primeiro lugar, a metaperspectiva. Embora rejeitasse a "lógica dialética" de Hegel ou de Marx, Piaget (1972/1973, 1980) supôs que a epistemologia genética seria dialética:

> O tipo de situação em que o sujeito, de algum modo de conhecer, faz-se modificado pelo objeto que está estudando, e por sua vez o modifica, é o protótipo mesmo de uma interação dialética. Existem dois métodos principais para abordar tais interações; além disso, estamos habituados a chamar esses dois tipos de métodos de dialéticos. Por um lado, procuramos clarear essas interações pela via de seu desenvolvimento, em outras palavras situando-as numa perspectiva histórica ou genética. Por outro, buscamos analisá-las em termos de desequilíbrios e reequilibração – poderíamos também dizer, em termos de autorregulações e ciclos de interações causais (1972, p. 59-60).

Num sentido amplo, o pensamento dialético (por exemplo, Sciabarra, 2000) é um tipo de pensamento por sistemas que vê componentes do sistema como relacionados um ao outro de modo internamente significante – em suma, a natureza de um processo é, em parte, questão de como ele se relaciona com outros processos. Do ponto de vista de Piaget, é difícil dizer algo provido de sentido, seja sobre mudanças históricas, seja sobre o desenvolvimento individual, sem ser dialético no amplo sentido a seguir:[7]

> Quando a dialética evidencia a natureza específica de desenvolvimentos históricos com seus contínuos conflito, oposição e transcendência (*dépassement*), ela frequentemente se limita a destrinchar os mecanismos que todo mundo pode reconhecer. O espírito dialético é indubitavelmente mais disseminado do que a participação em uma ou outra escola de pensamento (1972, p. 85).

Vimos já quão importantes são as relações internas para as teorias de Piaget sobre os processos construtivos.

Dialetização

Foi em 1977 que Piaget realizou seu único programa empírico de pesquisa sobre os aspectos dialéticos do desenvolvimento, posteriormente vindo a preparar para publicação um volume mais enxuto, intitulado *As formas elementares da dialética*. Uma preocupação que esteve na linha de frente de seu pensamento foi a de que a dialetização (*dialecticisation*) poderia colapsar em equilibração, tornando (um tanto quanto trivialmente) dialéticos todos os aspectos do desenvolvimento. Tornou-se crucial o modo como

> [...] distinguir entre a construção de estruturas cognitivas, esta que por si só é dialética, da qual podem ser retirados uma vez que são construídos, fazendo uso de nada mais do que simples deduções – empregando um método puramente discursivo, e nisso seguimos Kant ao assim chamá-lo.
>
> Ao longo de todo o desenvolvimento cognitivo, fases dialéticas se alternam com fases discursivas que não são redutíveis à dialética. As fases discursivas por vezes podem conduzir a contradições, mas isso acontece em razão de análise insuficiente; nenhuma dialética é necessária para superar tais contradições quando definições

7 Seria perdoável a tradução de *dépassement* [superação] por "*Aufhebung*" [suspensão] ou "*sublation*" [abolição] – ambos termos técnicos para o que a síntese hegeliana faz. A síntese incorpora a tese e a antítese, incluindo suas contradições, subsumindo-as e superando-as; quando tudo tiver sido feito, a tese e a antítese deixam de existir separadamente (Sciabarra, 2000).

> melhores ou inferências melhores podem permitir que a questão seja vista com mais clareza (Piaget, 1980, p. 213).

Atividade discursiva. A atividade discursiva, então, limita-se a dedutivamente extrair consequências de estruturas cognitivas já construídas. É possível contestar a conclusão de que ela não tem nenhum poder construtivo, mas também é possível ver o motivo pelo qual Piaget não dá crédito ao raciocínio discursivo como sendo altamente produtivo de novos conhecimentos. Ainda assim, o raciocínio discursivo é bastante diferente de observações empíricas ou de variações extrínsecas, estas que, segundo Piaget, também careceriam de poder construtivo. O que impede a abstração e a generalização de colapsar de volta à equilibração é o fato de que a abstração reflexionante ou a generalização construtiva envolvem processos qualitativamente diferentes de abstração empírica ou generalização indutiva. O que impede a dialetização de colapsar em equilibração é a possibilidade de uma atividade dedutiva pura – preocupação tradicional mais do racionalismo que do empirismo.

Causal e inferencial. Outra diferença é a de que a equilibração traz em si um aspecto causal, uma vez que Piaget antevê a dialética como sendo estritamente inferencial. Na equilibração, ele deseja incluir tanto a nossa prática de atribuir causalidade a objetos externos quanto nossa execução de operações mentais por meio de ações físicas no mundo. Na dialética, afirma Piaget, "as implicações [de sentido] em que isso consiste são inseparáveis do aspecto causal, mas variam a depender dos sentidos assumidos (*assumées*) por essas operações [por meio do sujeito cognoscente], e não do modo como são afetadas materialmente" (1980, p. 227).

Interdependências. Embora se suponha que todas as três formas de equilibração sejam dialéticas, a dialetização envolve especificamente a construção de interdependências – e estas, por sua vez, são características da forma subsistema-para-sistema. Entre as propriedades comuns dos processos dialéticos,

> a mais geral [...] é a construção de relações interdependentes, não previamente estabelecidas, entre dois sistemas *A* e *B*. *A* e *B* de início são concebidos ou como opostos um ao outro ou simplesmente

> como estranhos entre si. Quando unificados, *A* e *B* acabam por ser considerados subsistemas de uma nova totalidade *T*, cujas características primordiais não pertenciam nem a *A* nem a *B* antes de estes serem unificados. Nas tarefas de equalização do Capítulo 2, por exemplo, os indivíduos mais novos não visualizam de pronto que acrescentar elementos a uma das coleções implica subtraí-los de outra, quando apenas coordenar essas duas operações garantirá que o sistema total seja não contraditório (Piaget, 1980, p. 214-215).

Piaget rejeita a tríade hegeliana de tese–antítese–síntese e não exige que contradições reais surjam no processo da dialetização. Ainda assim, não deve surpreender que a dialética piagetiana tenha uma afinidade especial com afirmações e negações de balanceamento (Piaget, 1974/1980, 1975/1985), nem que as interdependências transcendam as estruturas que as precedem:

> [...] Cada nova interdependência gera novos tipos de transcendência, quando, acrescentada às que a precederam, ela conduz a uma nova totalidade *T2* cuja predecessora *T1* agora se torna um subsistema. Por exemplo, no caso de perspectivas espaciais (Capítulo 10), a criança descobre as relações inversas frente-e-atrás quando o observador faz uma incursão em 180º pela casa; para a criança, essa nova interdependência conduz à Totalidade *T1*, que já transcende a sua totalidade estática *To* (sem modificar as relações projetivas). Mas para tal transcendência não existe nada além da nova interdependência. Por contraste, quando a criança vai além disso, apreendendo que as relações direita-e-esquerda igualmente podem ser invertidas, tem-se aí que uma nova totalidade *T2* incorpora *T1* como um subsistema, com o conceito de transcendência assumindo um novo sentido. Isso é assim sobretudo quando, como pode ser o caso aqui, existe o que tem de ser chamado de uma transcendência dos próprios instrumentos de transcendência (o que é uma forma de generalização construtiva) (p. 215-216).

Embora Piaget tenha vislumbrado o projeto da dialética até a sua conclusão, confere a ela tratamento teórico mais breve que aqueles proporcionados para abstração ou generalização. Ainda assim, o seu *As formas elementares da dialética* permite que conectemos alguns pontinhos a mais.

O erro e a escada. Não há a menor indicação de que Piaget considerasse os processos dialéticos como incapazes de conduzir ao erro. Essa tentação particular não parece ter ido além do livro *Abstração reflexionante*. E a dialetização pode progredir, mas não conta com um conjunto definido de níveis. O mais perto que Piaget chega de propor qualquer dialética de ordem superior é a passagem citada no que imediatamente precede, na qual ele se refere à "transcendência dos próprios instrumentos da transcendência".

Novas possibilidades

Valendo-se do modo de falar do próprio Piaget, podemos observar que a sua elaboração dos processos construtivos ainda passava por uma reequilibração. Ele não tinha isolado todas as pseudodependências das interdependências autênticas; ainda não as tinha tematizado e posto no plano reflexivo muito do que estava tendo razoável êxito no plano instrumental; não tinha sintetizado de maneira plena todos os seus subsistemas num sistema abrangente; e não tinha convertido epistemicamente algumas variações extrínsecas em variações intrínsecas trazendo razões para elas.

A conclusão de qualquer coisa que se assemelhe à teoria piagetiana madura dos processos de desenvolvimento em grande medida demandaria esforço alheio.[8] Mas mesmo os que não tivessem nenhum compromisso especial com tal edifício teórico encontrarão muitas direções que vale explorar empiricamente.

Outras pesquisas sobre abstração

As ideias de Piaget sobre os três processos de interesse têm sido apenas escassamente empregadas. Na pesquisa empírica, o foco tem estado integralmente na abstração reflexionante. Além de uns poucos estudos

8 Por exemplo, embora haja muito para se fazer, e historicamente não se tenha chegado a esse ponto, a teoria interativista dos níveis de conhecimento (Campbell e Bickhard, 1986) pode ser entendida como uma abordagem da abstração reflexionante e da generalização construtiva que as une firmemente à *la prise de conscience*.

diretamente modelados pelo seu próprio estudo (por exemplo, o de Piché e Laurendeau-Bendavid, 1982), uma equipe de pesquisa alemã coletou um conjunto extremamente rico de dados longitudinais sobre o progresso de crianças pequenas num conjunto de tarefas de geometria (Schmid-Schönbein, 1985). A pesquisa sobre resolução de problemas com adultos vez por outra recorreu à teoria da abstração (por exemplo, Moses, 1994), por vezes incorporando as teorias interativista e vygotskiana à de Piaget (Granott, por exemplo, de publicação em breve). Tem havido ainda uma readaptação a estágios morais kohlberguianos, que não seriam concebidos se se tivesse em mente a abstração reflexionante (Boom, Brugman e Van der Heijden, 2001).

Nesse ínterim, a abstração reflexionante tem sido um tópico de continuado interesse entre educadores da matemática e pesquisadores da aprendizagem nesse campo (por exemplo, Simon e Tzur, 2004).

A modesta disseminação da teoria da abstração parece ser consequência de dois fatores. Em primeiro lugar, a abstração iniciou-se 20 anos antes das outras duas ideias, tendo sido proposta inicialmente em 1950 e discutida em algumas obras que foram traduzidas para o inglês enquanto Piaget ainda vivia (para uma cápsula do tempo, ver Campbell, 2001). Em segundo lugar, ela surgiu no âmbito da epistemologia matemática de Piaget, e ele sempre pareceu mais confortável com a noção em domínios matemáticos. Em sua formulação, é difícil elaborar que "a abstração [reflexionante] seja o processo construtivo geral da matemática: ela serviu, por exemplo, para fazer a álgebra evoluir da matemática, como um conjunto de operações sobre operações" (Piaget, 1970/1983, p. 125; os tradutores chamam-na de abstração "reflexiva").

Possibilidades que continuam abertas

Dificilmente alguma pesquisa empírica subsequente vai parecer influenciada pela teoria da generalização de Piaget ou por sua abordagem da dialética do desenvolvimento. Piaget não assumiu a generalização de forma sistemática até publicar seu livro sobre o assunto, e todos os seus importantes comentários sobre a dialética apareceram em sua última década de vida. Nem o *Recherches sur la généralisation* nem *As formas elementares da dialética* tinham sido traduzidos [para o inglês], o que restringiu o contingente não francófono a sínteses em tratados abrangentes, como os de Vuik (1981) e de Chapman (1988). Enquanto isso, para muitos no mundo francófono, Piaget é uma figura eminente do passado: Houdé (2007), importante psicólogo do desenvolvimento na França, em seu apanhado sobre a psicologia do desenvolvimento concede à abstração reflexionante uma nota de rodapé inteira.[9]

As obras tardias em que este capítulo se concentrou estão, não obstante, repletas de ideias fascinantes e resultados empíricos à espera apenas de que pesquisadores as levem a efeito. Por exemplo, como um estudante sério do conhecimento humano e de seu desenvolvimento não haveria de ficar intrigado com o capítulo 1 das *Formas elementares*? Empregando um jogo de vinte questões, e nada mais sofisticado que isso, Piaget e seus colaboradores examinam uma espiral dialética proativa de predicados, conceitos, juízos e inferências, juntamente com o seu duplo retroativo, que percorre de inferências a conceitos, passando por juízos, fazendo todo o percurso de volta aos predicados. Uma série de muitas possibilidades continua a ser gerada pelas teorias piagetianas da abstração, da generalização e por sua dialética.

Referências

BICKHARD, M. H.; RICHIE, D. M. *On the nature of representation: A case study of James J. Gibson's theory of perception*. Nova Iorque: Praeger, 1983.

BOOM, J.; BRUGMAN, D.; VAN DER HEIJDEN, P. G. M. "Hierarchical structure of moral stages assessed by a sorting task". *Child Development*, 72, 2001, 535-548.

CAMPBELL, R. L. "Reflecting abstraction in context". In: J. Piaget. *Studies in reflecting abstraction* (p. 1-27). Hove: Psychology Press, 2001.

______; BICKHARD, M. H. *Knowing levels and developmental stages*. Basel: Karger, 1986.

9 O livro de Houdé [*La psychologie de l´enfant*], que apareceu em meio a uma série de panoramas concisos destinados ao público em geral, está destinado a substituir a obra de mesmo título de Piaget e Inhelder (1966/1969).

CHAPMAN, M. *Constructive evolution: Origins and development of Piaget's thought*. Cambridge: Cambridge University Press, 1988.

DUCRET, J.-J. *Jean Piaget 1968-1979: Une décennie de recherches sur les mécanismes de construction cognitive*. Genebra: Service de la Recherche en Éducation, 2000.

GRANOTT, N. "Emergent representation out of actions in social systems: Discovery in collaborative problem solving". *New Ideas in Psychology* (no prelo).

HENRIQUES, G., DIONNET, S.; DUCRET, J.-J. *La formation des raisons: Étude sur l'épistémogenèse*. Sprimont: Mardaga, 2004.

HOUDÉ, O. *La psychologie de l'enfant* (2. ed.). Paris: Presses Universitaires de France, 2007.

MOSES, N. "The development of procedural knowledge in adults engaged in a 'tractor-trailer' task". *Cognitive Development*, 9, 1994, 103-130.

O'REGAN, J. K.; NOË, A. "A sensorimotor account of vision and visual consciousness". *The Behavioral and Brain Sciences*, 24, 2001, 939-973.

PIAGET, J. *The origins of intelligence in children*. Nova Iorque: International Universities Press, 1952 (texto original publicado em 1936).

______. *The mechanisms of perception*. Londres: Routledge & Kegan Paul, 1969 (texto original publicado em 1961).

______. *Genetic epistemology*. Nova Iorque: Columbia University Press, 1970.

______. *Introduction à l'épistémologie génétique, Vol. 1: La pensée mathématique* (2. ed.). Paris: Presses Universitaires de France, 1973 (texto original publicado em 1950).

______. *Main trends in psychology*. Londres: Allen & Unwin, 1973 (texto original publicado em 1972).

______. *The grasp of consciousness*. Cambridge, Mass.: Harvard University Press, 1976 (texto original publicado em 1974).

______. *Success and understanding*. Cambridge, Mass.: Harvard University Press, 1976 (texto original publicado em 1974).

______. *Experiments in contradiction*. Chicago: University of Chicago Press, 1980 (texto original publicado em 1974).

______. *Les formes élémentaires de la dialectique*. Paris: Gallimard, 1980.

______. "Piaget's theory". In: W. Kessen (Org.). *Handbook of child psychology* (4. ed., vol. 1: *History, theory, and methods*, p. 103-128). Nova Iorque: Wiley, 1983 (texto original publicado em 1970).

PIAGET, J. *The equilibration of cognitive structures: The central problem of intellectual development*. Chicago: University of Chicago Press, 1985 (texto original publicado em 1975).

______. "Essay on necessity". *Human Development*, 29, 1986, 301-314 (texto original publicado em 1977).

______. *Studies in reflecting abstraction*. Hove: Psychology Press, 2001 (texto original publicado em 1977).

______. "Reason". *New Ideas in Psychology*, 24, 2006, 1-29.

______; GARCIA, R. *Toward a logic of meanings*. Hillsdale: Erlbaum, 1991 (texto original publicado em 1987).

______; HENRIQUES, G. *Recherches sur la généralisation*. Paris: Presses Universitaires de France, 1978.

______; INHELDER, B. *The psychology of the child*. Nova Iorque: Basic Books, 1969 (texto original publicado em 1966).

PICHÉ, Y.; LAURENDEAU-BENDAVID, M. "La prise de conscience de la négation dans la genèse de la réversibilité". *Revue canadienne des sciences du comportement*, 14, 1982, 35-49.

SCHMID-SCHÖNBEIN, C. "'He, sind ja beide gleich groß!' Eine prozeß-analytische Rekonstruktion des Verständnisses von 'gleich sein'." In: T. B. Seiler & W. Wannenmacher (Orgs.). *Begriffs- und Wortbedeutungsentwicklung* (p. 167-189). Berlim: Springer, 1985.

SCIABARRA, C. M. *Total freedom: Toward a dialectical libertarianism*. University Park: Pennsylvania State University Press, 2000.

SIMON, M. A. e TZUR, R. "Explicating the role of mathematical tasks in conceptual learning: An elaboration of the Hypothetical Learning Trajectory". *Mathematical Thinking and Learning*, 6, 2004, 91-104.

VUYK, R. *Overview and critique of Piaget's genetic epistemology*, 1965-1980 (dois vols.). Londres: Academic Press, 1981.

8 Piaget e o método

Trevor Bond e Anastasia Tryphon

O método piagetiano de coleta de dados tem parecido sempre bem pouco ortodoxo aos psicólogos criados sob o regime anglófono de métodos científicos padronizados, objetivos e experimentais, regime pelo qual os resultados são apresentados seguindo-se uma espécie de rotina de análises estatísticas. Os livros de Piaget revelaram o epistemólogo como estando apenas a falar com umas poucas crianças – sobretudo com seus próprios filhos e, ao que parece, com algumas outras mais – sobre a lua, sobre seus desenhos de bicicletas e, de modo mais célebre, sobre como copos estreitos comportam mais suco do que os bojudos. Por certo que isso é interessante, mas dificilmente teremos aí experimentos psicológicos replicáveis e científicos: as questões mudaram, mudaram os procedimentos, e nenhum dos resultados mostrou desvios médios e desvios padrão. Considerando o número de artigos e livros publicados, continuamos surpresos com o reduzido espaço concedido por Piaget à explicação de seu método. Embora as centenas de extratos de protocolos, destinados a ilustrar a sua teoria, correspondam a quase metade das páginas de cada volume publicado, a menção a qualquer coleta detalhada de dados, a qualquer configuração ou método preciso eventualmente empregado nas investigações relatadas, é rara e geralmente bastante vaga: "Pôr na frente de uma criança *certo número de flores...*"; "*...é útil...* para que a criança faça um desenho..." (ver Tryphon, 2004). Essa falta de clareza deu origem a uma série de críticas aos "maus hábitos" dos pesquisadores genebrinos, tais como condições experimentais não rigorosas, amostras reduzidas e não representativas e carência de análise quantitativa (Flavell, 1963).

Seria fácil culpar os leitores por sua falta de entendimento do método de Piaget, porém muitos aspectos do programa de pesquisa genebrino conspiram contra todos os pesquisadores, exceto os mais ardorosos, em sua tentativa de compreender o que não raro é vagamente chamado de método de entrevista clínica. Em primeiro lugar, Piaget foi sobretudo um *epistemólogo* que adotou uma postura filosófica estruturalista/kantiana raramente reconhecida pelos *psicólogos* que formaram a maior parte de seu público. Em segundo lugar, sua própria obra escrita revela muito pouco de seu método – mesmo para o leitor ávido. De forma quase eventual, a esse respeito Piaget proporcionou alguma descrição em apenas algumas poucas passagens (por exemplo, Piaget, 1926/1929 e 1947; Piaget e Rosello, 1922), e em sua autobiografia Bärbel Inhelder refletiu sobre o papel por ela desempenhado no desenvolvimento de técnicas de pesquisa (Inhelder, 1989). Considerando isso, este capítulo mostrará que, valendo-se de uma retrospectiva, podemos ter uma compreensão melhor do método piagetiano agora do que a *poderíamos* ter tido à época em que o vimos pela primeira vez.

Ao procurar descrever e explicar o *méthode* genebrino, nosso procedimento será o de proporcionar uma reconstrução historicamente esclarecida do(s) método(s) desenvolvido(s) pela escola genebrina. Vamos nos pautar por abordagens publicadas (mas muitas vezes pouco citadas), bem como por documentos que descobrimos durante a pesquisa que realizamos nos Archives Jean Piaget. Nosso objetivo é revelar que a ponta do *iceberg* da pesquisa piagetiana conhecida de muitos – as citações de entrevistas com crianças que adornam suas publicações empíricas – foi amparada por um programa de pesquisa muito mais amplo, em geral oculto e filosoficamente orientado – conhecido apenas por aqueles que com tal programa tiveram direto envolvimento pessoal. Isso significa que o método de Piaget existe, ou melhor: assim como a teoria de Piaget ou como o próprio conhecimento, um método genebrino desenvolveu-se ao longo do tempo.

Tentar criar alguma ligação entre pesquisa e método piagetianos é uma empreitada arriscada e difícil. Tanto mais uma vez que podemos encontrar grande número de adjetivos a acompanhar o termo "método" ao longo dos escritos de Piaget: do método "histórico-crítico" (Piaget, 1925a) ao método simplesmente "crítico" (Piaget, 1947), do método "genético"

(Piaget, 1925a) ao método "clínico" (Piaget, 1925b; Piaget e Rosello, 1922); todos esses descritores aparecem na *oeuvre* de Piaget, com muita frequência de formas inconsistentes, em escritos diversos e em diferentes datas. A cada momento, os nomes podem assumir sentidos diferentes. Parece necessário distinguir dois níveis diferentes pelos quais o método de Piaget pode ser discutido. Eles refletem dois aspectos distintos da pesquisa piagetiana: um no nível epistemológico e outro no nível psicológico. Os termos "histórico-crítico" e "genético" (ou seja, referentes ao desenvolvimento) referem-se ao modo como a psicologia, considerada uma ciência, é capaz de proporcionar respostas a uma questão epistemológica geral acerca da construção do conhecimento. Por outro lado, o método clínico (ou crítico) encontra-se restrito aos meios pelos quais dados empíricos são coletados, em oposição a outros métodos usados por psicólogos, como observação, testagem etc. Assim sendo, o presente capítulo está centrado na dimensão psicológica da teoria de Piaget e, de modo mais específico, em seu método de entrevista clínica (ou crítica). Este capítulo mostra a técnica de entrevistas de Piaget como filosoficamente bem fundamentada, a objetivar, ao longo de toda uma vida dedicada à pesquisa, o desenvolvimento de uma nova teoria do desenvolvimento do pensamento racional. Apesar da incipiência da descrição que dele se tem em sua própria obra, e da enxurrada de reclamações dos críticos, o método de Piaget é justificável por si só. Ele continua a ser uma ferramenta poderosa para psicólogos e educadores, provê fundamentações para investigações em larga escala das afirmações de Piaget e satisfaz as análises psicométricas mais rigorosas.

O *méthode* genebrino

> O que é um nome? O que chamamos de rosa
> Com qualquer outro nome teria o mesmo perfume.
> *Romeu e Julieta* (II, ii, 1-2)

O objetivo específico que Piaget e seus colegas tinham em vista em suas investigações era organizar cada estudo empírico a fim de que "estes desnudassem os mecanismos operacionais de pensamento" (Inhelder,

1962, p. 19), enquanto o propósito geral do programa inteiro de pesquisa esteve em estudar a formação de conceitos necessários e operações intelectuais. Ao contrário do que comumente se acreditava, esse propósito não era investigar o desenvolvimento cognitivo de qualquer amostragem particular de indivíduos (Bond e Jackson, 1991, p. 33; Smith, 1993). Eis aqui a razão que subjaz à insistência de alguns estudiosos piagetianos (por exemplo, Smith, 1993) no uso da expressão *método de exploração crítica* para enfatizar as finalidades epistemológicas da pesquisa genebrina. A diferença substancial entre *crítico* e *clínico* é a de que o método *clínico* se vê satisfeito em investigar se qualquer resposta/razão é efetivamente a da pessoa sendo entrevistada (como na psicanálise), enquanto um método *crítico* está centrado na natureza da crença do respondente: de que modo a resposta é justificada em termos da evidência e de possíveis explicações concorrentes (isto é, o tão criticado uso das contrassugestões por Piaget). Os empiristas parecem horrorizados com o fato de que o desafio do entrevistador possa influenciar a criança indefesa a mudar seu modo de pensar. Mas esta é a essência da *oeuvre* piagetiana: não *o que* a criança sabe, mas *como* a criança sabe; não o *juízo* da criança, mas a *justificação* dessa resposta (ver Brainerd, 1973; Smith, 1992).

> Em suma, o objetivo é monitorar aspectos de seu entendimento modal relativamente a um conjunto de crenças coerente, portanto durável, que possa permanecer idêntico a si próprio por meio de desafios e transformações [...] A questão-chave não é a consistência estar presente ou não, mas se ela pode ser mantida mediante transformações irrelevantes. Desse modo, a conservação faz-se um aspecto constitutivo do pensamento racional [...] (Smith, 1992, p. 57).

O termo "crítico" foi substituído por "clínico" por Piaget em seu prefácio à terceira edição do *Le jugement et le raisonemment chez l'enfant*, escrito em 1947:

> Assim, após nossa pesquisa sobre os dois primeiros anos de desenvolvimento, renunciamos integralmente ao método da conversa pura e simples, adotando um método misto, cuja fecundidade superior

> tem sido provada desde então. Esse "método crítico" (se é que assim se pode batizar os resultados de procedimentos que originalmente havíamos tomado de empréstimo do "método clínico" dos psiquiatras) consiste em [...] (Piaget, 1947, p. 7, *tradução nossa*).

Com essa mudança terminológica, Piaget procurou evitar as críticas a suas publicações de juventude no que dissesse respeito ao aspecto patológico do termo "clínico" (Baumgarten, 1927) ou ao aspecto sugestivo das questões do investigador (Isaacs, 1930; ver a resposta de Piaget às críticas de Isaac em Piaget, 1931). Não obstante, o termo "clínico" continuou a ser usado em obras subsequentes da escola genebrina por ocasião de discussões sobre o método de entrevista (Bang, 1966; Droz, Berthoud, Calpini, Dällenbach e Michiels, 1976).

O próprio Piaget situou a origem de seu método nos dois anos que passou em Paris, entre 1919 e 1921 (Piaget, 1952). Na verdade, após um semestre em Zurique, onde frequentou dois laboratórios de psicologia e travou contato com métodos psicológicos e com a psicanálise (Ducret, 1990), Piaget deixou a Suíça para continuar seus estudos na Sorbonne. Ao mesmo tempo, foi designado para o laboratório Binet-Simon a fim de padronizar os testes de raciocínio de Burt (1883-1971), que visavam identificar crianças com necessidades de educação especiais – bem como crianças superdotadas. A pontuação nos testes indicava a idade mental da criança; os itens dos testes, que envolviam copiar e interpretar figuras e responder a questionamentos lógicos e assim por diante, destinavam-se a avaliar o desempenho da criança em vários âmbitos de inteligência.

Enquanto trabalhava nesses testes, Piaget percebeu que os erros cometidos pelas crianças eram mais informativos sobre seu nível intelectual do que as respostas corretas O problema de um teste padronizado é que a resposta da criança pode ser categorizada apenas como "certa" ou "errada". Contudo, ao conversar mais longamente com as crianças sobre os problemas, Piaget percebeu que, independentemente de qualquer resposta estar certa ou errada, a questão mais importante estava em descobrir por que motivo uma dada criança deu uma dada resposta, em especial quando uma resposta presumivelmente "errada" fornecida por uma criança pudesse ser encontrada de modo consistente nas respostas de outras crianças. Ele estava em busca de revelar o entendimento que a criança conferia à questão – em vez de meramente contar respostas "certas" e "erradas". Com isso, passou a entrevistar crianças e começou a desenvolver o seu próprio método de coleta de dados: "Assim, após questionamento psiquiátrico envolvi meus indivíduos em conversas padronizadas, com o objetivo de descobrir alguma coisa sobre os processos de raciocínio que subjaziam a suas respostas corretas, mas em especial a suas respostas erradas" (Piaget, 1952, p. 244).

A primeira referência explícita à expressão "método clínico" apareceu num artigo de 1922, de autoria de Piaget e Rosello. Piaget aceitara o posto de "*chef de travaux*" [diretor de pesquisa] oferecido por Claparède no Instituto Jean-Jacques Rousseau em Genebra e ali dava continuidade à sua própria pesquisa. Referindo-se aos dois métodos geralmente usados em psicologia infantil na época, ou seja, o método da monografia individual[1] e o método da testagem, ambos julgados inadequados pelos autores, eles propuseram um terceiro método, inspirado pela patologia: o método clínico. Contudo, o método não foi explicado claramente no artigo de 1922 (no qual pedia-se às crianças que descrevessem as imagens eidéticas que elas formavam – seguindo os procedimentos de Jaensch e de Binet). Ele foi mencionado de maneira um tanto vaga e usado na apresentação de resultados – e para questionar a validade dos tipos de descrições de imagem estudados e propostos por Binet.

> A investigação clínica é subestimada na psicologia infantil contemporânea. Quaisquer que sejam as alegações em favor de sua superioridade, tanto os estudos de caso individuais quanto os métodos de testagem, que têm a extensão de um livro, apresentam alguns problemas, que consistem ou em conduzir a resultados puramente qualitativos ou, por outro lado, em proporcionar um instantâneo

1 Esse é o termo usado por Piaget; refere-se aos livros publicados no final do século XIX, nos quais os autores descreveram o desenvolvimento de uma criança tomada individualmente (por exemplo, Bühler [1918]; Preyer [1882]; Stern [1914]). Ver também Baldwin (1894); Wallace, Franklin e Keegan (1994).

> de resultados por demais distanciados da vida cotidiana. Um terceiro método deveria ser então recomendado, e este conduziria a uma tipologia de crianças, de modo que o método clínico em patologia levasse a uma classificação de síndromes. Esse método clínico apresentaria alguns perigos para a psicologia infantil, bem como para a patologia, e tanto num caso quanto no outro as classificações podem ser consideradas inadequadas, ainda que os benefícios fossem os mesmos: a ciência precisa de esquemas que unifiquem observações e proporcionem marcos, mesmo que esses marcos sejam móveis (Piaget e Rosello, 1922, p. 208, *tradução nossa*).

Piaget revelou um pouco mais sobre seu método em "La représentation du monde chez l'enfant" ("A representação do mundo na criança"), um breve artigo publicado em 1925 (ou seja, um artigo curto com o mesmo título do livro de 1926!):

> Em poucas palavras, o método a seguir no estudo da representação do mundo pelas crianças é o seguinte: observe a criança naturalmente, perceba as enunciações e perguntas da criança, e então, sob a inspiração dessas perguntas, entreviste outras crianças diretamente; por fim, retorne à observação pura a fim de verificar os resultados das entrevistas anteriores. O método será assim uma espécie de traslado entre a pura observação e o ato de entrevistar, a entrevista tendo o intuito de aumentar o volume de dados e a observação direta destinada a situá-los em seu contexto mental espontâneo. Com isso, evitamos dois problemas: os resultados exclusivos da observação são escassos demais para permitir uma análise avançada. Os resultados exclusivos das entrevistas são excessivamente influenciados pelas perguntas e por sugestões não intencionais para permitir uma interpretação livre de qualquer objeção. Por outro lado, os dois métodos combinados resultarão em algo sólido, comparável ao método clínico em psiquiatria (Piaget, 1925b, p. 192, *tradução nossa*).

O cerne do método de Piaget torna-se claro nesta citação: uma combinação entre observação e experimentação, isto é, uma contínua adaptação das perguntas do investigador às respostas do indivíduo e a reformulação de novas perguntas. Essa descrição fez-se mais desenvolvida na introdução por Piaget de *A representação do mundo na criança* (1926), seu único livro a se referir amplamente ao método clínico, no qual ele enuncia de forma clara que o investigador precisa ser guiado pelo indivíduo respondente.

Até meados dos anos 1930, o método permaneceu restrito a trocas verbais entre os dois protagonistas da investigação, conforme testemunhado em todos os protocolos das seis primeiras monografias publicadas por Piaget (1923/1926, 1924/1928, 1926/1929, 1927/1930, 1932/1932, 1936/1952). O próprio Piaget mais tarde reconheceu os limites desse método verbal. "Foi apenas mais tarde, ao estudar os padrões do comportamento inteligente dos dois primeiros anos, que aprendi que, para uma compreensão integral da gênese das operações intelectuais, a manipulação de objetos e as experiências com objetos tinham antes de ser consideradas" (Piaget, 1952, p. 247). Esse enunciado pode ser visto como uma reconstrução conveniente do passado, com sua autobiografia tendo sido escrita em 1932, bem depois da publicação de grande parte de sua obra empírica em inglês.

Está claro que as observações feitas por Piaget sobre seus próprios filhos exerceram alguma influência nessa parte de seu método de trabalho, e isso uma vez que a interação verbal esteve bastante restrita a seus filhos na primeira infância. Mas essa não é a única explicação. Além da mudança de seus interesses, acima referida, dois outros fatores podem ajudar a dar conta dessa mudança. Em primeiro lugar, após retornar a Genebra, em 1929, ele se tornou codiretor do Instituto, e essa posição conferiu-lhe melhores oportunidades de conduzir sua pesquisa, que, à época, além do desenvolvimento sensório-motor, voltava-se já ao estudo das operações subjacentes à construção do conhecimento pela criança. Em segundo lugar, Piaget começou a trabalhar com Alina Szeminska, Edith Meyer e Bärbel Inhelder, três alunas que mais tarde se tornaram colaboradoras: as três tiveram participação ativa na elaboração e progressiva modificação da pesquisa genebrina. Considerando que neste capítulo carecemos de espaço para discutir os modos com que cada uma delas participou do desenvolvimento do método, vamos nos centrar somente no papel de Bärbel Inhelder, que posteriormente veio a se tornar colega-chave de Piaget.

Embora Bärbel Inhelder (1913-1997) fosse a mais jovem das três colaboradoras previamente mencionadas, foi ela que desempenhou o papel mais importante, não apenas na década de 1930, quando objetos foram pela primeira vez introduzidos nas investigações de Piaget, mas tanto mais depois, na década de 1950, quando realizou seu trabalho com o método indutivo de adolescentes. De acordo com a sua autobiografia, Inhelder iniciou a colaboração com Piaget em 1933, ou seja, em seu primeiro ano de estudo, com a tarefa da dissolução do açúcar, publicada no periódico do Jean-Jacques Rousseau Institut (Inhelder, 1936). Os documentos disponíveis nos Archives Jean Piaget em Genebra sugerem que a alegação de Inhelder não deve ser lida literalmente. Parece mais plausível que Inhelder fosse guiada por Szeminska e sob a influência desta desenvolvesse suas habilidades de entrevistadora.

Nesse ponto, deve-se notar que, embora em momentos diferentes Piaget enunciasse que seu método havia mudado, nenhuma mudança drástica pôde ser percebida nas publicações acima referidas. É verdade que o método deixou de ser exclusivamente verbal e que os ambientes investigativos foram concebidos para incluir mais objetos. No entanto, com mais frequência esses objetos foram manipulados pelo investigador do que pela criança, cujo papel consistia em observar as mudanças introduzidas nas tarefas e comentá-las. Foi apenas com o retorno de Inhelder a Genebra, em 1943, que se deu uma mudança significativa no método. Inhelder assumiu toda a pesquisa empírica que ficara inacabada quando seus colegas deixaram Genebra no início da guerra. Ela não apenas contribuiu diretamente para a publicação dos livros sobre quantidades físicas, geometria e espaço, como também deu início a seu próprio programa de pesquisa sobre métodos de experimentação de adolescentes (ver Bond, 2001; Inhelder, 1954/2001). Também é importante notar que com a presença de Inhelder no Instituto, nos anos 1940, Piaget na verdade deixou de ele próprio fazer as entrevistas com crianças, exceto em raras ocasiões, durante suas aulas, quando precisava fazê-lo para ilustrar alguma teoria.

Nesse caso, "encomendava" uma ou duas crianças de escola a um professor local e fazia-lhe(s) perguntas na presença de seus alunos, ou então fazia com que um dos alunos perguntasse (Tryphon, 2004).

O *méthode* genebrino reconstruído

Assim, a primeira iniciativa de Inhelder esteve em coletar e complementar os dados que seriam reunidos, editados, teorizados e mais tarde apresentados por Piaget nas várias publicações em que cada protocolo publicado era apenas parte da transcrição de uma entrevista muito mais longa (*procès-verbal*).[2] Os livros publicados incluem dados apenas de um pequeno número de indivíduos efetivamente estudados para cada tarefa. Para algumas tarefas, isso consistia em algumas dezenas de indivíduos, e por certo que as abordagens publicadas por Piaget não proporcionam as informações necessárias para as réplicas informadas. Nossa sugestão é que somente pela leitura de muitos desses *procès-verbal* originais se faz possível reconstruir as porções metodológicas dos processos de pesquisa que resultaram nos protocolos editados que foram efetivamente publicados.

Para fazê-lo, tomemos como nosso objeto exposto *A* o livro publicado em 1958 como *Da lógica da criança à lógica do adolescente* (*The Growth of Logical Thinking from Childhood to Adolescence* [GLT]), originalmente *De la logique de l'enfant à la logique de l'adolescent* (LELA, 1955), e o programa de pesquisa que gerou essa publicação (ver Capítulo 11 neste volume; Bond, 2001). Nossa escolha tem razões tanto teóricas quanto pragmáticas, que serão gradualmente desdobradas neste capítulo. A técnica escolhida pelos genebrinos para a investigação do desenvolvimento do pensamento concreto ao formal foi a modificação, por Inhelder, do estilo de entrevista de Piaget:

> A fim de captar os mecanismos construtivos de raciocínio, desenvolvi e pratiquei o que tinha sido chamado de método clínico e,

2 *Procès-verbal* (ver Figura 8.2) e protocolo são usados para indicar as transcrições de entrevista genebrinas. Em inglês são usados os termos *protocol* [protocolo] ou *transcript* [transcrição]. A questão aqui é que as versões publicadas têm sido editadas de modo que ocultam a aplicação do *méthode* genebrino à prática.

> de lá para cá, de método exploratório crítico. Esse método favoreceu um intercâmbio de visões calcadas na manipulação de objetos reais, em contraste com o método sumamente verbal da pesquisa inicial de Piaget (Inhelder, 1989, p. 215, comentando sobre o período 1932-1938).

Com segurança podemos presumir que os relatos do *GLT* publicados consistiam em súmulas estilizadas e editadas dos aspectos pertinentes de cada investigação. Mas de que modo o registro de um *procès-verbal* numa sessão de entrevista veio a se tornar um protocolo publicado naquele livro? Por exemplo, as 15 linhas de Ker (10;0; *GLT*, p. 97) vieram de quatro páginas e meia em folha A4 datilografadas em sua forma original, mas o celebrado, porém mais alentado protocolo de Gou (33 linhas no *GLT*, p. 102; ver Figura 8.1) é condensado de um relatório de *procès-verbal* de meras duas páginas e meia.

Nessa época, as entrevistas seguiam um formato relativamente padronizado: pares de investigadoras conduziam cada entrevista, uma delas participando ativamente da investigação (*interrogatrice*), enquanto a segunda (*secrétaire*) fazia as anotações que mais tarde eram datilografadas em triplicata como transcrições do *procès-verbal*. Muitos dos protocolos hoje depositados nos Archives Jean Piaget em Genebra arrolam Inhelder e a *assistant* apropriada[3] como pares de investigadoras (por vezes Inhelder se ocupava do registro); outros *assistants* de registro e alunos compartilhavam esses papéis, com a interrupção (registrada) ocasional de *Mlle* Inhelder, que aparentemente não estava muito longe dali. (Nenhum desses protocolos do *GLT* restantes [milhares deles ou algo assim] de algum modo se refere ao "*le patron* Piaget", ademais corroborando a alegação por Inhelder de uma responsabilidade pessoal para a direção da pesquisa sobre a adolescência e a alegação [*GLT*, p. xxiii] em favor de sua independência nesse estágio da pesquisa. A obra de Piaget sobre a análise lógica foi realizada mais tarde e de forma separada da pesquisa da própria Inhelder sobre processos experimentais em crianças [Inhelder; Noelting; *comunicação pessoal*].) Cada um dos estudantes de psicologia então

3 O francês *assistant* traz uma conotação muito mais colegial do que o termo inglês *assistant*.

submeteu um relatório que, passível de avaliação, abordava os cerca de dez casos conduzidos pessoalmente, enquanto cada um dos *assistants* de Inhelder produzia relatórios anuais que sintetizavam e analisavam todas as investigações realizadas naquele ano sobre cada problema.

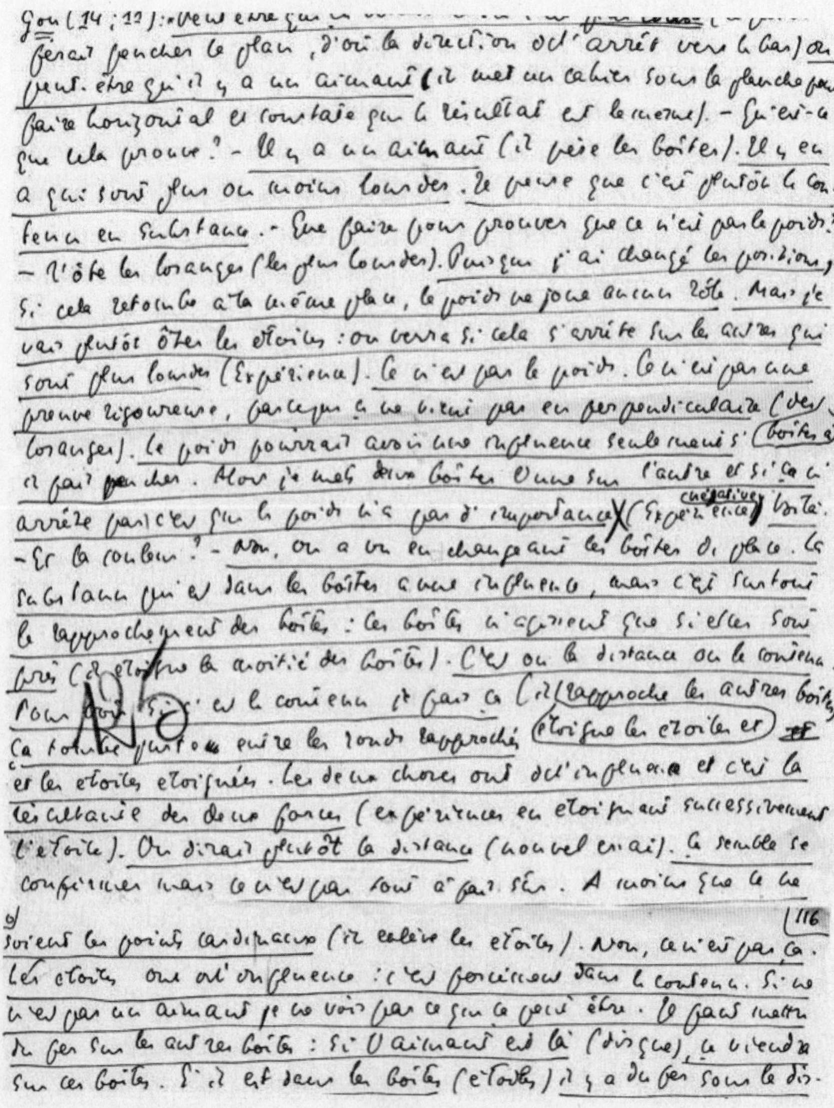

Figura 8.1. Extrato do manuscrito de próprio punho de Piaget, referente ao protocolo de Gou, tal como apareceria no LELA (p. 109 e 110 do manuscrito).

Curiosamente, os extratos dos protocolos de Gou e de Ker apareceram tanto no *GLT* quanto nos rascunhos do livro que Inhelder estava escrevendo: "Além disso, os problemas específicos da indução experimental analisados de um ponto de vista funcional (diferenciados da presente análise estrutural) serão tema de um trabalho especial realizado pelo primeiro autor" (*GLT*, p. xxiv). As súmulas editadas dos protocolos para o livro que Inhelder concebia são, não raro, bastante diferentes das publicadas no *GLT*. As diversas súmulas editadas parecem direcionadas a diferentes fins: as presentes no *GLT* refletiam o foco de Piaget nas habilidades características de seu sujeito epistêmico em desenvolvimento, as quais eram passíveis de receber a sua análise lógica; os esboços redigidos por Inhelder estavam centrados nas estratégias experimentais que professores de qualquer lugar podem reconhecer como usadas por crianças em laboratórios de ciência de escolas secundárias (ver Inhelder, 1954/2001). As versões do *GLT* (o esboço desse texto manuscrito por Piaget – ver Figura 8.1 – é um de uma minoria de textos sabidamente existente) são, como é evidente, extraídas de forma direta do *procès-verbal* original datilografado; elas não poderiam ter sido preparadas com base nas súmulas já existentes de Inhelder. Uma comparação com as transcrições originais revelará que os protocolos publicados pouco fazem justiça à amplitude e profundidade das habilidades demonstradas pelos indivíduos, devendo-se lembrar que Piaget manteve seu enfoque numas poucas competências intelectuais essenciais dessas crianças. Pior do que isso, os protocolos cometem sérias injustiças com o *méthode* genebrino para aqueles de nós que intentem compreendê-lo diretamente com base na evidência fornecida: não há registro adequado dos procedimentos investigativos ou uma descrição detalhada das perguntas e direções que, vindas dos entrevistadores, sejam suficientes para que o leitor apreenda a natureza quintessencialmente interativa do procedimento (ver Bond, 1994).

Há poucas dúvidas de que os protocolos publicados sejam *súmulas* fiéis dos registros originais datilografados; tudo o que aparece impresso pode ser encontrado nos originais. No entanto, o que está faltando – os aspectos relacionados a procedimentos, bem como o uso mais acurado de elipses (por exemplo) nas abordagens publicadas – teria sido mais fiel às investigações originais. Mais importante, as elipses teriam alertado o leitor sobre a ocorrência de alguns outros acontecimentos (não revelados). As comparações ponto por ponto do protocolo de Gou para "magnetismo invisível"[4] com a versão datilografada original e o manuscrito (escrito à mão) do próprio Piaget para o livro revelarão o que se encontra *omitido* nos registros publicados – e note-se que isso é mais instrutivo para a nossa apreciação do *méthode* genebrino. O que há em *comum* em todas as abordagens não precisa nos retardar ainda mais; apesar da crítica implícita em contrário, as correspondências refletem um meticuloso cuidado na preparação das súmulas publicadas.

Na súmula, o *procès-verbal de l'expérience des aimants* para o indivíduo conhecido como Gou registrou nada menos do que 19 variações experimentais sistemáticas e o ponto de parada para cada uma dessas tentativas. Cerca de dois terços do registro falado original podem ser atribuídos a Gou, enquanto um terço da conversa registrou as questões e comentários da "*interrogatrice*", *Mlle* Claude Penard (ver Figura 8.2). A súmula editada da entrevista (*GLT*, p. 102) representou (de maneira equivocada) o equilíbrio do diálogo da seguinte forma: as ações e o diálogo de Gou foram editados chegando-se a cerca da metade da extensão original, enquanto o questionamento de Penard foi reduzido para pouco mais de 10% de sua contribuição (ver em especial a Figura 8.3 para a nossa tradução para o inglês, na qual as seções sublinhadas são as que efetivamente aparecem no *GLT*). O protocolo publicado revelou então a sua contribuição como sendo a de uma linha e meia das 33 linhas transcritas e publicadas. A proporção da interação original de 1:2 entre entrevistador e sujeito pesquisado é distorcida para 1:20 na versão impressa. De que modo o leitor poderia ter inferido o que se passa ali?

É possível presumir que as porções extraídas do protocolo consistiam nas costumeiras questões "por quê?", "tem certeza?" e "por que você fez

4 Nessa tarefa, pede-se às crianças que descubram o princípio subjacente ao comportamento de uma parada consistente de uma agulha de metal à medida que ela é girada num disco colorido segmentado. Embora possam ser consideradas a força do impulso, a inclinação do disco, a distância e o peso das caixas etc., ímãs escondidos num par de caixas (o que já não ocorre com uma agulha magnetizada) determinam o ponto de paragem.

isso?", tão comuns mesmo nas réplicas mais rudimentares. Por certo que tipos de questão específicos como esses acima caíram nas mãos editoriais de Piaget, porém outras questões crucialmente informativas tiveram o mesmo destino. Estão claras as perguntas quc Penard direcionou a Gou com o intuito de considerar os papéis das hipóteses e da prova em sua experimentação: questões como "o que isso prova?", "o que você acha de sua hipótese sobre ímãs?", "você tem uma prova?" podem ser menos facilmente presumidas dos registros publicados. E, o mais importante, a completa ausência das (nove) perguntas e respostas introdutórias permite ao leitor substituir qualquer estratégia imaginada (menos satisfatória ou menos demandante) pela que foi efetivamente implementada por Penard. Em resposta à investigação sobre a possibilidade de prever uma paralisação nas zonas azuis, Gou propôs que "depende de eu puxar com mais ou menos força". Duas tentativas (cada qual resultando em "azul") produziram a sugestão do fator da "inclinação" por Gou; somente após o terceiro resultado "azul" seguido, a primeira linha do relato do *GLT* registra a hipótese dizendo respeito ao peso/inclinação ou à presença de um ímã. O que os relatos publicados pelos genebrinos sobre a investigação do "magnetismo invisível" não deixam claro é o papel que o investigador desempenha em garantir que o indivíduo tenha todas as possibilidades de manifestar as habilidades que estejam sob investigação. No *procès-verbal* original de Gou, o diálogo de Penard torna esse papel bastante explícito: "Você pode fazer o que quiser com as caixas para verificar essa hipótese", "poderia ter outra evidência?", "uma prova como essa será suficiente?", indicam a insistência de Penard em que Gou satisfaça a *necessidade* de suas variações experimentais e a *suficiência* da evidência que ele aduziu em apoio ou rejeição a suas conjecturas.

Procès-verbal de l'expérience des aimants

+

Xavier GOUACHE 14 ans, 11 mois

Interrogatrice: Mlle Penard
Secrétaire: Mlle Bourquin.

(aimants sur bleu)

I) Est-ce que l'on peut prévoir l'arrêt des ailes bleues ?	Ca dépend si je tire plus ou moins fort.
(bleu)	
II) Et si l'on recommence, est-ce que vous pouvez prévoir quelque chose ?	Je pense que ça va toujours du même côté;
Pourquoi ?	Je ne sais pas, elles étaient déjà là quand je suis arrivé, peut-être que cela descend.
(bleu)	
III)	- C'est exactement la même place.
Si on fait une troisième fois ?	Cela retombera à la même place.
Pourquoi ?	Peut-être que cela descend et ici c'est plus lourd (roulettes) ou peut-être, il y a un aimant.
Que pourriez-vous faire si c'est bien penché ?	Mettre quelque chose sous la planche (il met un cahier sous la planche
(bleu)	- Ca revient la même chose
IV) Qu'est-ce que cela prouve ?	Il y a un aimant.
Vous pouvez tout faire avec les boîtes pour vérifier cette hypothèse.	Il y a de la cire là (étoiles). Je pense que c'est selon la quantité ou la différence des metaux dans les boîtes (l'enfant soupèse les boîtes).
Que constatez vous ?	Il y en a qui sont plus ou mois lourdes.
Vous pensez que le poids a une influence ?	Je pense plutôt que c'est le contenu en substance.
Que pourriez-vous faire pour prouver que ça n'est pas le poids ?	J'ôte les losanges.
Pourquoi ?	Puisque j'ai changé de positions les boîtes, si cela retombe à la même place, le poids ne joue aucun rôle. Mais je vais plutôt ôter les étoiles.
Pourquoi ?	On verra si cela s'arrête sur les autres boîtes qui sont plus lourdes
(arrêt sur ronds)	
Vous êtes sûr ? Auriez vous une autre preuve ?	Ca n'est pas une preuve rigoureuse parce que cela ne vient pas en perpendiculaire. Le poids pourrait avoir de l'influence seulement s'il fait pencher.
Au moyen des boîtes, auriez vous une autre preuve ?	Je mets deux boîtes l'une sur l'autre et si cela ne s'arrête pas là c'est que le poids n'a pas d'importance.
Et la couleur à une importance ?	Non, on a vu en changeant les boîtes de place.
Que pensez-vous de votre hypothèse des aimants ?	Je ne croit pas que ça soit ça.
Et qu'est-ce que cela pourrait être ?	La position sous l'aiguille. Non, cela n'est pas ça, il faudrait aussi que le terrain descende (l'enfant met les aimants sur vert)
Pourquoi faites-vous cela ?	Pour voir les relations des boîtes entre elles. On verra si c'est l'aiguille.
(vert)	- Alors c'est la boîte.
Qu'est-ce que cela prouve relativement à l'aiguille ?	Si c'était l'aiguille, cela serait revenu sur bleu.

Figura 8.2. Extrato do registro original da entrevista (*procès-verbal*) do protocolo de Gou, realizado no AJP, em Genebra.

Investigadora: Sra. Penard Secretária: Sra. Bourquin	Xavier GOUACHE 14 anos, 11 meses
(ímãs no azul) I. Você é capaz de prever se ele vai parar no setor azul?	Isso depende de eu empurrar com mais ou menos força.
(azul) II. E se começarmos de novo, você vai poder prever alguma coisa? Por quê?	Acho que ele vai sempre para o mesmo lado; Eu não sei, eles já estavam aqui quando eu cheguei, talvez ele desça.
(azul) III. E se você tentasse uma terceira vez? Por quê? O que você vai poder fazer se ele realmente se inclinar?	– Exatamente o mesmo lugar. Vai voltar para o mesmo lugar. Talvez porque esteja descendo e porque aqui esteja mais pesado (...) ou talvez aqui tenha um ímã. Pôr alguma coisa debaixo da placa (ele põe um caderno sob a placa). – Voltou para o mesmo lugar.
(azul) IV. O que isso prova? Você pode fazer o que quiser com as caixas para verificar essa hipótese.	Que tem um ímã. Tem um pouco de cera aqui (estrelas). Acho que vai de acordo com a quantidade e com a diferença dos metais nas caixas (a criança procura sentir o peso das caixas).
O que você está notando? Você acha que o peso exerce influência?	Tem aqueles que são mais pesados ou então mais leves. Acho que depende do que tem dentro.
O que você pode fazer para provar que não é o peso?	Eu tiro os diamantes.
Por quê?	Se voltar para o mesmo lugar agora que eu mudei as posições das caixas, o peso não conta em nada. Mas em vez disso, vou tirar as estrelas.
Por quê? (para nos círculos)	Vamos ver se para nas outras caixas, que são mais pesadas.

Tem certeza? Você não teria outra prova?	– Não é o peso. Não é uma prova rigorosa, porque não chega a ficar perpendicular. O peso só poderia ter alguma influência se fizesse pender.
Você tem alguma outra prova, limitando-se ao uso das caixas?	Eu ponho duas caixas, uma em cima da outra, e se não parar assim é porque o peso não é importante.
E a cor é importante?	Não, isso se pode ver mudando as caixas de lugar.
O que você acha da sua hipótese sobre os ímãs? E o que poderia ser?	Não acredito que seja isso. A posição sob o ponteiro. Não, não é isso, seria necessário também que a base descesse (a criança põe os ímãs no verde).
Por que você faz isso?	Para ver as relações das caixas entre si, vamos ver se é o ponteiro.
(verde) O que isso prova com relação ao ponteiro?	– Então é a caixa. Se fosse o ponteiro, ele voltaria para o azul.

Figura 8.3. Página de nossa tradução para o inglês [aqui em tradução para o português] do *procès-verbal* francês para Gou. O texto sublinhado indica as partes incluídas no *GLT*.

Dada a ausência de um tratado abrangente sobre o método genebrino e de uma edição que tome amplas porções das interações cruciais, é fácil ver como as estratégias investigativas adotadas por pesquisadores contribuíram para que a literatura piagetiana secundária se fizesse limitada por um princípio *reativo* em contraste com os processos investigativos *proativos* e altamente colaborativos do *méthode* genebrino, em especial como evidenciado nesses exemplos de transcrições integrais. Em outros relatos, as crianças foram obrigadas a responder aos problemas postos pelo investigador, enquanto as investigações originais envolveram tanto a criança quanto o investigador a trabalhar em conjunto, a planejar antecipadamente de modo que nenhuma oportunidade para uma descoberta original por nenhum deles fosse negligenciada. Ainda que alguns investigadores possam afirmar ter sido capazes de interpolar esses aspectos nos relatórios publicados da pesquisa genebrina, o detalhe e o estilo do material omitido desses relatórios revelaram-se surpreendentes a muitos piagetianos bem-informados.

O ponto em questão aqui não é se o protocolo de Gou que foi publicado é adequado para ilustrar aspectos da teoria de Piaget ou se a evidência nele contida é suficiente para as afirmações de Piaget a respeito (ver Bond e Jackson, 1991, para uma defesa do uso por Piaget do protocolo de Gou). Essencial neste capítulo sobre o método de Piaget é que essa análise do protocolo de Gou fornece consistência a nossa afirmação de que, se o procedimento carece de um treino especificamente genebrino, os relatórios publicados sobre a implementação da técnica piagetiana de coleta de dados não proporcionam uma compreensão adequada do *méthode* genebrino. Seria apenas a natureza interativa e proativa do método que, sem ser suficientemente enfatizada, estaria conduzindo a um mal-entendido geral? Na verdade, seria difícil negar a afirmação de que os relatórios publicados são via de regra desvirtuadores. Por certo que não há detalhes suficientes que, versando sobre procedimentos ou questões, permitam a bem-sucedida replicação das tarefas características da *oeuvre* piagetiana por imensos grupos de psicólogos do desenvolvimento genuinamente interessados na obra de Piaget. Embora os anglófonos possam ser com razão criticados por não terem compreendido o método piagetiano de coleta de dados, os enigmáticos relatórios investigativos presentes na literatura genebrina contribuíram muito pouco para um entendimento ilustrado do método piagetiano de coleta de dados.

Ainda que Piaget seja comumente considerado um psicólogo infantil por estudantes e professores em todo o mundo, hoje temos claro que ele buscou responder a questões epistemológicas de há muito existentes (Smith, 1993), as quais ele abordou mediante a coleta de evidências psicológicas. Vonèche e Vidal (1985) apresentaram o impacto que Piaget efetivamente exerceu (como psicólogo infantil) em acentuado contraste com o impacto que ele sempre desejou exercer (como filósofo/epistemólogo). Seguindo essa abordagem marcadamente psicológica, nosso acesso aos relatórios originais das investigações originais do *GLT* geraram os dados que usamos para construir tabelas contendo a incidência dos vários tipos de pensamento entre as amostragens de crianças de escolas genebrinas.

Tabela 8.1. *Indivíduos pesquisados em Genebra por idade e estágio*

	Relatório de Claude Penard					Capítulo 6 de LELA/GLT					LELA/GLT			
Idade	**I**	**IIA**	**IIB**	**IIIA/B**	**N**	**I**	**IIA**	**IIB**	**IIIA/B**	**N**	**<III**	**IIIA**	**IIIB**	**N**
<6,0	1				1									
6,0	2				2	1				1				
6,6		1			1	1				1				
7,0	4				4		1			1	8			8
7,6	1				1						17			17
8,0		2			2		2			2	13			13
8,6		1			1						6			6
9,0		1	1		2		1			1	11			11
9,6		4	2		6		2			2	12			12
10,0		1	3		4		1			1	13			13
10,6			4		4			2		2	11	2		13
11,0		1	4		5						4	3		7
11,6		1	2	1	4			1		1	5	6		11
12,0											1	7		8
12,6			1		1						1	16	1	18
13,0			1	2	3							8	3	11
13,6				3	3							4	3	7
14,0												5	9	14
14,6									1	1		3	8	11
15,0													7	7
15,6													5	5
N	8	12	18	6	44	2	7	3	1	13	102	54	36	192

IIA/B: operações concretas precoces/maduras;
IIIA/B: operações formais precoces/maduras

Se foram necessárias duas páginas e meia de entrevista para produzir meia página publicada no protocolo de Gou, que dados foram usados para o capítulo tomado como um todo? Empregamos o relatório anual de *Mlle* Claude Penard (s.d.) da amostragem ($n = 45$) de crianças que, com idades entre 5, 8 a 13, e 11 anos, tentaram resolver o problema do "magnetismo invisível" em 1948. Tentaremos elucidar os vínculos entre as análises epistemológicas de Piaget e a pesquisa psicológica de Inhelder e sua equipe, que forneceram os dados.

A Tabela 8.1 foi construída para mostrar a amplitude da pesquisa original sobre a adolescência e a potencial representatividade dos casos que acabaram por ser publicados no *GLT*. O conjunto à direita da tabela (adaptado de Reuchlin, 1964) mostra as distribuições por idade e estágio de todos os casos (*N* = 192) efetivamente relatados no *GLT*. O conjunto da esquerda classifica a amostragem do magnetismo por Penard (*N* = 44) de acordo com idade e estágio. O conjunto mais ao centro traz detalhes para os casos exemplares (*N* = 13) extraídos da amostragem de Penard que fornece os dados para a análise de Piaget no capítulo 6 do *GLT*. A amostragem de Penard (idades de 6 a 13 anos e 6 meses) revela que os genebrinos estavam monitorando a *transição* entre as formas menos completas de resolução de problemas na infância para as formas mais completas de pensamento disponíveis para o adolescente – e não apenas o pensamento adolescente *per se*.

Em sua essência, a pesquisa pioneira de Piaget foi pura descoberta: "Mas nosso problema era bem diferente: ele dizia respeito, por contraste, à busca de encontrar pensamentos secretos que não conhecíamos de antemão" (Piaget e Inhelder, 1961, p. xii, *tradução nossa*). O *méthode* genebrino desempenhou um papel crucial nesse processo de descoberta. Contudo, as réplicas a essas investigações – em especial fora da cena europeia – foram conceitualizadas como uma forma de testar elaborações de Piaget: seriam aplicáveis a outras crianças? Em outros lugares? Quando investigadas por outros pesquisadores? E, evidentemente, o mais trivial dos testes: as idades para os estágios coincidiriam ao longo das investigações? Por certo que esses esforços de reprodutibilidade estão no coração do método científico ocidental, cujo elemento crucial é a capacidade de qualquer investigação produzir resultados proporcionais quando replicada por outro investigador a atuar de forma independente. Assim sendo, é razoável esperar que os resultados publicados dos pesquisadores genebrinos seriam avaliados por outros, reproduzindo-se as investigações originais. Reside aqui o duplo problema para a pesquisa secundária em Piaget: em primeiro lugar, o foco das descrições investigativas originais está na competência intelectual da criança – e não nos procedimentos requeridos para desvelar tal competência; em segundo lugar, para os pesquisadores das elaborações teóricas de Piaget na tradição de pesquisa anglo-americana, parte crucial da coleta de dados e dos procedimentos de análise foi a aplicação de procedimentos analíticos quantitativos, ao que Piaget insistira que seriam dados descobertos e descritos em termos qualitativamente melhores.

Piaget encontra a psicometria

Piaget é normalmente visto como tendo muito pouco conhecimento de psicometria, e interesse ainda menor por ela. Muitos sugerem que o epistemólogo suíço considerava o papel do desenvolvimento cognitivo quantitativo como mais uma "questão americana". Numa interessante resenha do livro *Measurement and Piaget* [A mensuração e Piaget, em tradução livre] (Green, Ford e Flamer, 1971), dedicado aos preparativos para uma conferência em 1969, Wohlwill sintetizou de forma lapidar a falta de interesse dos piagetianos por aspectos nomotéticos do desenvolvimento cognitivo no texto "And Never the Twain Did Meet" [E jamais se encontrou o par]. Ele ali pintou um retrato do Piaget arquetípico "a deliberadamente relegar os problemas das tarefas e dados piagetianos de 'psicometrização' a uma província distante de suas preocupações, e isso porque ele não teria 'nenhum interesse pelo indivíduo'", além de descrever outros pesquisadores do desenvolvimento como "bem-dispostos a deixar o tópico da mensuração no limbo a que *Le Patron* o relegara" (Wohlwill, 1972, p. 334-335).

Tabela 8.2. *Percentual de indivíduos resolvendo (com uma prova) a Tarefa da Combinação de Líquidos (os números de indivíduos pesquisados constam entre parênteses)*

Idades	**12**	**13**	**14**	**15**	**16**
Ensino fundamental	7,1 (42)	8,2 (49)	11,6 (43)	50 (12)	
Ensino secundário	10 (10)	12,5 (8)	18,8 (16)	42,1 (19)	66,6 (19)

Já de há muito esse tem sido o entendimento que se dissemina sobre a atitude de Piaget para com a psicometria, podendo ser prontamente amparado por referências a palavras do próprio Piaget sobre a questão (segundo Bond, 1995a, 1995b). Na verdade, o uso de técnicas quantitativas na pesquisa genebrina revelou-se bastante limitado, quase *naïve*: um reduzido número de seus textos do período intermediário (décadas de 1940 a 1960) contém índices quantitativos com tabelas-síntese bastante básicas trazendo percentuais (ver Tabela 8.2), raramente se indo além disso. Contudo, essas inclusões e suas asserções sobre variações em agendas de pesquisa em Genebra sugerem que Piaget tenha se mostrado hesitante quanto à necessidade de responder a questões levantadas por seus críticos quanto ao papel da quantificação. Ele descreveu (por exemplo, em 1962) um novo papel para "todos os tipos de controle, tanto estatísticos quanto não verbais", afirmou que "a Dra. Bärbel Inhelder tem feito uso do método longitudinal" e referiu-se a Laurendeau e Pinard (1962; ver também Laurendeau e Pinard, 1968, 1970) dizendo que "ambos apoiam a generalidade de meus primeiros resultados e fazem uma contundente crítica metodológica a meus críticos anteriores". Em outros momentos, esquivou-se justamente do uso de métodos quantitativos. A infame citação do livro sobre os números sintetiza à perfeição o seu ponto de vista: "Sem dúvida que a precisão estatística poderia ser obtida facilmente, mas à custa de não mais se saber com exatidão o que estava sendo mensurado" (Piaget e Szeminska, 1941/1952, p. 193). Isso confirma a preocupação de Piaget mais com questões epistemológicas do que psicométricas.

Contudo, uma leitura mais ampla da pesquisa conduzida sob os auspícios genebrinos proporciona uma abordagem bem mais detalhada e interessante. Ela revela que, embora psicólogos de outros lugares estivessem abordando os problemas inerentes à aplicação de princípios quantitativos à investigação da teoria piagetiana, progresso considerável já estava sendo feito em Genebra por Nassefat (1963), Uzan (1978), e na França por Longeot (1967, 1978). Edelstein e Schroeder (2000, p. 840) mais tarde observariam que "essas análises (isto é, das diferenças individuais na pesquisa francófona pós-piagetiana) são tidas por preocupadas com a 'questão americana' de mensuração e método, em vez de buscar uma abordagem teórica das questões suscitadas por variabilidade intraindividual e interindividual no desenvolvimento".

Réplicas do método genebrino

No Reino Unido, Lovell (1961; Lovell e Shields, 1967) relatou sobre 200 indivíduos (dos 8 anos à fase adulta) testados num total de dez dos problemas descritos no *GLT*. Réplicas na Austrália (Dale, 1970; tarefa das combinações químicas, e Somerville, 1974; pêndulo) e nos Estados Unidos (Lawson, 1979, p. 67; tarefas envolvendo produtos químicos, hastes e equilíbrio) forneceram apoio psicométrico às abordagens de Inhelder e Piaget (1955/1958) para as tarefas com quaisquer diferenças que dissessem respeito sobretudo a detalhes quantitativos (ver também Bond, 1998). Esses resultados continuam a ser um testamento notável da transportabilidade da epistemologia genebrina para as pesquisas psicológicas americana, britânica e australiana, recorrendo-se a tarefas originais analisadas mais por métodos quantitativos do que qualitativos. Uma conclusão importante, contudo, foi a de que a técnica do *méthode* genebrino da entrevista individual demandaria por demais tempo, habilidades e recursos a permitir o tipo de estudos de replicação em grande escala necessários para um exame atento das alegações de Piaget (por exemplo, as que constam no *GLT* ou em quaisquer de seus principais estudos de caráter empírico). Nisso, porém, já abrimos flanco à acusação de estar a contabilizar a coisa errada: observe-se, antes de mais nada, que a *operação intelectual* – e não a criança humana – era a unidade de análise de Piaget (ver Jackson, 1987). Pode-se argumentar aqui que Piaget e seus colegas – no *GLT*, por exemplo – trabalharam com possivelmente dez milhares daqueles itens que deveríamos todos reconhecer como "dados", e a tediosa objeção crítica comumente feita aos genebrinos com base em seus dados "rarefeitos" e "inadequados" poderia, por conseguinte, ser descartada com algumas poucas frases.

Passando à padronização e às análises quantitativas

Considerando que a testagem em larga escala é impossível sem o desenvolvimento de instrumentos adequados de testagem de grupo que replicariam as tarefas genebrinas originais do modo mais fiel possível,

Shayer e equipe, na idealização do projeto CSMS (Concepts in Secondary Mathematics and Science [Conceitos em Matemática Secundária e Ciências]) no Chelsea College (hoje King's College) no Reino Unido (Shayer, Küchemann e Wylam, 1976; Shayer e Wharry, 1974; Shayer e Wilam, 1978), puseram-se a trabalhar no desenvolvimento de suas Tarefas de Raciocínio Piagetianas (PRTs [para Piagetian Reasoning Tasks]). A conclusão de Shayer foi a de que, após uma análise estatística minuciosa de sete Tarefas de Raciocínio Piagetianas e uma amostra total bem superior a 14 mil, "nem uma única das sete Tarefas investigadas em detalhe proporcionou motivo algum para se questionar a integridade científica do trabalho relatado por Piaget" (Shayer e Wylam, 1978, p. 3); vale notar que o *GLT* fez uso de descrições comportamentais sobre algo em torno de 200 indivíduos de uma amostragem total de 1.500, com o intuito de proporcionar a amostra de comportamentos relatada por Piaget. Gerald Noelting (idealizador dos experimentos com produtos químicos para o capítulo 4 do *GLT*) em seguida veio a desenvolver mais três tarefas originais para revelar o uso de esquemas operacionais formais de proporções, pensamento combinatorial e lógica proposicional. Os resultados asseveraram a integridade estrutural de suas tarefas e revelaram evidências de inequívocas mudanças de desenvolvimento nos dados, as quais se davam sob forma de estágios (Noelting, Rousseau e Coudé, 1996; Noelting, Coudé, Rousseau, Bond e Brunel, 2000). Estudos voltados a afirmações sobre fenômenos piagetianos, incluindo a sua própria existência, têm sido mais ou menos bem-sucedidos na corroboração de aspectos cruciais da epistemologia genética genebrina, e os dois exemplares precedentes fornecem poderosa evidência em apoio ao caráter generalizável e à transferência de constructos-chave. Sendo assim, de que modo uma comunidade científica de estudiosos pode solucionar a disparidade entre essa evidência e a "morte por mil cortes" que a obra de Piaget sofreu em mãos de negativistas? O *méthode* de descoberta de Piaget obviamente não é essencial para a investigação da teoria piagetiana. Nossa sugestão é que, na ausência de um entendimento mais amplo da epistemologia piagetiana, incluindo o *méthode* com que os dados originais foram apreendidos, as investigações sobre a psicologia de Piaget continuarão apenas mais – ou menos – bem-sucedidas. É evidente que Noelting dispunha de informações privilegiadas sobre como os genebrinos conduziam sua pesquisa. E quanto a Shayer? É possível que Shayer tivesse visto mais do que os outros, à medida que lia uma página do *GLT* por vez, ao mesmo tempo que cotejava linha a linha o *Traité de Logique* [Tratado de lógica] (1947) de Piaget e o *Tractatus* de Wittgenstein.

A tensão metodológica e sua resolução moderna

Tomando-se a orientação de críticos anglófonos, o *méthode* genebrino foi visto como aberto à manipulação do investigador (com isso carecendo-se tanto de objetividade quanto de replicabilidade) e incapaz de fornecer dados quantitativos: "os resultados obtidos por procedimento tão flexível como o '*méthode clinique*' não se prestam a tratamento estatístico" (Wallace, 1965, p. 58). O doutorando genebrino Nassefat desenvolveu um "*méthode d'interrogatoire standardisé*" [método de interrogatório padronizado], admitindo que a técnica do *méthode* genebrino proporcionava mais informações do que o seu método padronizado, mas às expensas de não ser capaz de quantificar as informações resultantes (Nassefat, 1963, p. 30-31), com isso ecoando uma preferência anterior de Piaget por um entendimento qualitativo do desenvolvimento cognitivo, em detrimento de súmulas estatísticas de desempenhos de tarefa por crianças.

Dois projetos aparentemente inacabados (não relatados) já eram parte do estado de coisas genebrino: a padronização estatística de certas tarefas numa escala de desenvolvimento (Inhelder com Bang) e um estudo longitudinal sobre o desenvolvimento cognitivo (Inhelder com Noelting) merecem menção à parte em razão de seu considerável tamanho e escopo. Segundo Inhelder (1963), "a necessidade de instrumentos diagnósticos de aplicação ampla e a necessidade de tornar os instrumentos disponíveis nos levou a tentar padronizar, com Vinh-Bang, os procedimentos de interrogação e a avaliar os resultados por métodos estatísticos capazes de constituir um quadro de resultados de desenvolvimento que poderiam estar relacionados a uma escala operacional" (p. 314). "Os experimentos mais reveladores sobre a operatividade foram então estabelecidos como testes, padronizados e estatisticamente avaliados por Vinh-Bang" a fim de se desenvolver "um instrumento diagnóstico sob a forma de uma escala genética [...] na qual nosso colega Vinh-Bang tem trabalhado já há cerca de dez anos [...]" (p. 308). Resultados preliminares dessas investigações aparecem em muitas passagens da literatura genebrina; a análise revelada na Tabela 8.2 apresenta taxas de acerto completo (com prova) – presume-se que seja o nível IIIB (operações formais maduras) – para o problema das combinações químicas de Noelting (Piaget e Inhelder, 1963/1969, p. 155/p. 191). Conforme Inhelder (1963, p. 317) afirmou na sequência:

> Mas esse arcabouço não é suficiente para aplicações diagnósticas, uma vez que é preciso também levar em conta todos os tipos de nuanças que possam ser salientadas mediante um estudo longitudinal exaustivo. Nesse contexto, passemos a atentar à pesquisa que realizamos com G. Noelting, a envolver grupos de crianças entre 4 e 15 anos de idade, seguindo a sua evolução em intervalos regulares durante um período de cinco anos. Essas observações permitiram que distinguíssemos uma sucessão de comportamentos transitórios em cada uma das classes de comportamento e compreendêssemos as relações de desenvolvimento entre elas...[5]

Os vídeos contendo entrevistas selecionadas de Noelting são parte de um conjunto de DVDs produzido em Genebra (Ducret, Grzeskowiak e Perruchoud, 1996). Embora tenhamos visto – com nossos próprios olhos – as fichas de dados para cada um desses projetos nas mãos de seus respectivos pesquisadores-chefes, até onde sabemos nenhuma análise quantitativa substancial foi efetivamente empreendida.

5 Quando chegou o momento de conseguir financiamento para o Centro Internacional de Epistemologia Genética de Piaget, Vinh Bang, que trabalhava com Piaget, ali permaneceu, enquanto o cargo de Noelting foi dissolvido (ele trabalhava com Inhelder). Em consequência, Noelting se mudou para Quebec.

A teoria da mensuração moderna encontra o método piagetiano

Embora a mensuração de Rasch[6] tenha sido aplicada a numerosos projetos de pesquisa piagetianos (por exemplo, Bond e Fox, 2007; Gray e Fox, 1996, 1997), o foco deste capítulo é explicitamente o uso de princípios modernos de mensuração para dados coletados usando-se o *méthode* genebrino. Bunting (Bond e Bunting, 1995; Stafford, 2004) preparou um conjunto de critérios de desempenho descritivo extraídos diretamente do conteúdo do capítulo 4 do *GLT* (p. 67-79). Algum tempo depois, foram coletados 58 protocolos de *méthode* genebrino contendo registros das tentativas de resolução do problema do pêndulo do *GLT* por um conjunto de adolescentes australianos, e os critérios de desempenho altamente detalhados foram empregados para assinalar quantitativamente cada um dos protocolos. Os resultados da análise de crédito parcial, esta que é um dos modelos de mensuração da família do Rasch, proporcionaram uma descrição meticulosa dessas habilidades, não previamente apoiada em técnicas analíticas qualitativas ou quantitativas. Os resultados consubstanciaram constructos centrais à teoria piagetiana no estágio operacional formal, mas indicaram também os momentos em que as descrições do *GLT* não eram de todo coincidentes com as interpretações quantitativas. Como resultado, foram sugeridas duas modificações como merecedoras de consideração e investigação mais aprofundada: a inclusão de um dispositivo de temporização e a eliminação da variável "impulso". Além disso, uma segunda análise (Stafford, 2004) incluída no relatório de pesquisa original revelou que o *méthode* genebrino e as versões *PRTIII* do problema do pêndulo (estas últimas tomadas da bateria de padronização de Shayer) estavam a mensurar o traço subjacente idêntico, embora – e isto não surpreende – o *méthode* genebrino fosse mais sensível que o *PRTIII* em suscitar demonstrações de pensamento operacional formal no problema do pêndulo.

---

6 A mensuração de Rasch é um ramo da moderna Teoria de Resposta ao Item, dedicada à construção de escalas de teste a exibir propriedades de mensuração em nível intervalar. Hoje, ela é amplamente empregada em testagem educacional e psicológica (para uma introdução, ver Bond e Fox, 2007) e, por exemplo, subjaz às amplas comparações internacionais de desempenho estudantil conduzidas pela OECD-PISA.

Os resultados de uma série de diferenciadas aplicações do *méthode* genebrino de coleta de dados qualitativos (isto é, várias conservações, Drake, 1998; Bond, 2003; conceitos de número, Grobecker e Bond, 1999; conservação de área, Bond e Parkinson, 2009; juízos morais, Dawson, 2000; Bond e Fox, 2007), combinados com modernas técnicas psicométricas, geraram corroborações notáveis à teoria piagetiana do desenvolvimento.

Avaliação: fechando a porta do estábulo após o cavalo selado?

A versão da história popular da teoria piagetiana pode ser caricaturizada da seguinte forma: a obra de Piaget em Genebra atraiu a atenção de americanos influentes pela primeira vez no período imediatamente posterior à conflagração de 1939-1945 na Europa, África e Pacífico – como base possível para a educação que ajudaria a impedir o renascimento de algumas formas de totalitarismo político. Mas foi durante a era Sputnik (1957+) que as ideias de Piaget tornaram-se quase que inquestionavelmente populares nos Estados Unidos. Os relatórios de pesquisas com fundamentação piagetiana enchiam volumes inteiros de periódicos como o *Science Education* e o *Journal of Research in Science Teaching* (para uma revisão mais minuciosa, ver Capítulo 17). As três décadas posteriores revelaram que o zênite piagetiano era página virada, com sua teoria tendo saído da moda educacional com a mesma rapidez com que se tornara o centro das atenções. Em particular, embora as primeiras investigações tenham mostrado resultados promissores, a teoria de Piaget e seus métodos de investigação, ao que parecia, não estavam a satisfazer o rigor estatístico que continua a ser um dogma central do empirismo anglo-americano. Pode-se perguntar o que Piaget poderia ter dito sobre os resultados quantitativos aduzidos neste capítulo em defesa de suas ideias-chave. Embora seja bastante provável que ele pudesse estar suficientemente interessado nos resultados métricos/quantitativos, o mais provável é que ele pudesse considerar a evidência de seu *méthode critique* como convincente por si só, a não carecer de nenhuma outra justificação. É verdade que o *méthode* genebrino caiu no esquecimento, e isso sob a acusação de três erros fatais: a de ser em si inválido, não passível de uma administração em larga escala, tampouco sendo suscetível ao estilo de quantificação demandado naquele ambiente de pesquisa.

A fim de se proporcionar uma avaliação adequada da técnica do *méthode* genebrino, podemos agora reconhecer o arcabouço metodológico em que Inhelder e Piaget estavam operando – arcabouço que pode ser mais bem descrito como racionalista, genético e hermenêutico. A orientação racionalista encontra-se ilustrada de modo mais claro pelo papel privilegiado das explicações dos experimentos pelas próprias crianças. Será o caso de que qualquer outra escola de psicologia represente tanto de sua evidência de modo tão claro nas palavras reais das crianças? O caráter dialético de transcrição após transcrição reflete o padrão de diálogo que, interativo e exploratório, envolve o participante colaborativo que seja competente e disponível. Os indivíduos pesquisados por Piaget não são *testados* em nenhum sentido que um empirista venha a reconhecer: cada resposta individual do sujeito pesquisado estabelece as condições para uma sequência integrada de intercâmbios recíprocos entre um entrevistado ativo e competente e um entrevistador cuja autoridade é tacitamente reconhecida. A natureza genética da *oeuvre* genebrina se revela pelo papel central que a *transição* de estados cognitivos menos sofisticados a mais sofisticados desempenha nas abordagens piagetianas. Suas características hermenêuticas refletem-se nas abordagens publicadas dos protocolos em que os capítulos experimentais consistam em passagens de transcrições empíricas editadas de maneira sequenciada alternadamente com passagens de análises interpretativas (ver Bond e Jackson, 1991).

Existe, por fim, um considerável número de autores anglófonos que de forma autorizada escrevem sobre a *oeuvre* de Piaget pela perspectiva filosófica do próprio Piaget. Tem sido fácil culpar os críticos de Piaget por tentarem assimilar a abordagem genebrina a seus próprios métodos em vez de acomodar suas abordagens cotidianas às demandas de uma visão mais kantiana de conhecimento e método, ainda que a filosofia de Piaget houvesse de, sob alguma forma, ser ali encontrada em quase todos os textos publicados. Embora o acesso ao restante da agenda de pesquisa genebrina (publicada sobretudo na França) possa ter nos deixado mais bem informados sobre a filosofia e os resultados, a lição deste capítulo é a de que há pouca coisa escrita, em qualquer idioma que seja, sobre como implementar o *méthode* genebrino.

No texto de Bentzen (2004), *Seeing Young Children: A Guide to Observing and Recording Behavior* [Vendo nossas crianças: um guia para observar e registrar comportamentos], amplamente adotado, as tarefas de Piaget são usadas do modo como está previsto no título: para a observação de crianças e o registro de seu comportamento; não há nada de nossa versão do *méthode* genebrino que possa ser encontrado ali. O *Entering the Child's Mind* [Entrando na mente da criança] (1997), de Herbert Ginsburg, fornece a única abordagem em geral acessível do *méthode* genebrino e sua aplicação à psicologia e à educação: "O método de Piaget não era 'não científico'; em vez disso, baseava-se numa abordagem teórica característica" (Ginsburg, 1997). E é talvez em razão de ele ver Piaget como um epistemólogo genético, e não meramente como um psicólogo do desenvolvimento, que Ginsburg tenha afirmado ser a "entrevista clínica" uma contribuição duradoura para um campo ainda dominado pelo uso de testes padronizados severamente limitados: "Em anos recentes, na medida em que se aprofundava o entendimento da obra de Piaget, a maré mudou, e métodos de entrevista de um ou outro tipo passaram a ser considerados métodos respeitáveis" (Ginsburg, Klein e Starkey, 1998, p. 408). Ginsburg levantou uma questão interessante para pesquisadores, qual seja: "o paradoxo então será o de que para estar verdadeiramente 'aberta', a mente do entrevistador tem de estar preparada. A mente aberta não pode ser uma mente vazia". "E, como Piaget observou, entrevistadores novatos não raro 'não estão em busca de coisa alguma, caso este em que seguramente eles jamais encontrarão coisa alguma' (Piaget, 1976a, p. 9)" (Ginsburg, 1997, p. 120).

Por mais sensível que o tratado de Ginsburg fosse aos detalhes de implementação do método de Piaget, ele muito pouco fez para iluminar as considerações filosóficas e epistemológicas que conduziram a agenda de pesquisa genebrina. Em outra passagem (p. 460, nota de rodapé), Ginsburg *et al.* observaram que nos Estados Unidos os educadores parecem ter uma má vontade para com o termo "clínico" e sua conotação de patologia; assim, ao que tudo indica eles substituíam termos como "flexível" ou "informal". Tanto Duven (2000) quanto Mayer (2005) proporcionaram abordagens bem fundamentadas da pesquisa piagetiana e do desenvolvimento do *méthode* genebrino. Smith (1993, 2002) forneceu a abordagem epistemológica que parece ter sido extirpada como irrelevante para o público de Ginsburg; o capítulo de Smith (2002) sobre "Métodos" está centrado exclusivamente nessas questões. Ginsburg nos diz o que fazer; Smith nos conta o porquê. Em compensação, réplicas insuficientemente implementadas do *méthode* genebrino (por exemplo, Bynum, Weitz e Thomas, 1972; Weitz, 1971; Weitz, Bynum, Thomas e Steger, 1973) e críticas filosoficamente *naïve* a ele dirigidas (por exemplo, Siegal, 1991, 1999a, 1999b) parecem ter exercido impactos negativos para muito além do que qualquer perspectiva fundamentada pudesse esperar (ver Bond e Jackson, 1991, em Bynum *et al.*; ver Lourenço e Machado, 1996 e Smith, 1999 em Siegal).

A evidência deste capítulo revela que investigações operacionais formais solidamente fundamentadas usando o *méthode* genebrino, suas extensões, padronizações e novos testes nele baseados manifestam notáveis propriedades psicométricas, mas de modo algum se apresentam em abordagens recentes e aparentemente autorizadas da obra de Piaget (ver Bond e Tryphon, 2007). O *méthode* de Piaget foi considerado antiquado quando a sua teoria estava em voga; hoje, com os métodos investigativos sendo bem mais abrangentes, as ideias de Piaget são consideradas algo *passé*. Se a moda do pensamento educacional e psicológico é tão inconstante, existirá efetivamente uma chance de que tal pensamento possa adotar, ou mesmo considerar, o termo "método crítico" introduzido por Piaget em seu prefácio à terceira edição (francesa) de *Le jugement et le raisonnement chez l'enfant* [O juízo e o raciocínio na criança] (Smith, 1993, p. 56-60)? Esse último termo reconheceria tanto a fundamentação e o rigor filosófico do método quanto a diferenciada contribuição de Inhelder para esse aspecto do *méthode* genebrino.

Referências

BALDWIN, J. M. *Mental development in the child and the race*. Nova Iorque: Macmillan, 1894.

BANG, V. "La méthode clinique et la recherche en psychologie de l'enfant". In: *Psychologie et épistémologie génétiques* (p. 67-81). Paris: Dunod, 1966.

BAUMGARTEN, F. "Rezension von: Piaget (1924) Le jugement et le raisonnement chez l'enfant". *Zeitschrift für Angewandte Psychologie*, 28, 537-542, 1967.

BENTZEN, W. R. *Seeing young children: A guide to observing and recording behavior*. Nova Iorque: Thompson, 2004.

BOND, T. G. "Epistemic subject versus quotidien subject: The adolescent research of Inhelder & Piaget". *Education Section Review* (of the British Psychological Society), 18, 9-14, 1994.

______. "Piaget and measurement I: The twain really do meet". *Archives de Psychologie*, 63, 71-87, 1995 (1995a).

______. "Piaget and measurement II: Empirical validation of the Piagetian model". *Archives de Psychologie*, 63, 155-185, 1995 (1995b).

______. "Fifty years of formal operational research: The empirical Evidence". *Archives de Psychologie*, 66, 217-234, 1988.

______. "Building a theory of formal operational thinking: Inhelder's psychology meets Piaget's epistemology". In: A. TRYPHON e J. VONÈCHE (Org.). *Working with Piaget: Essays in honour of Bärbel Inhelder* (p. 65-83). Londres: Psychology Press, 2001.

______. "Relationships between cognitive development and school achievement: A Rasch measurement approach". In: R. F. WAUGH (Org.). *On the forefront of educational psychology* (p. 37-46). Nova Iorque: Nova Science Publishers, 2003.

______ e BUNTING, E. "Piaget and measurement III: Reassessing the '*méthode clinique*'". *Archives de Psychologie*, 63, 231-255, 1995.

______ e FOX, C. M. *Applying the Rasch model: Fundamental measurement in the human sciences* (2. ed.). Mahwah: Erlbaum, 2007.

______ e JACKSON, I. A. R. "The Gou protocol revisited: A Piagetian conceptualization of critique". *Archives de Psychologie*, 59, 31-53, 1991 (reimpresso em L. SMITH. *Piaget: Critical assessments*. Londres: Routledge & Kegan Paul, 1991).

BOND, T. G e PARKINSON, K. "Children's understanding of area concepts: Development, curriculum and educational achievement". A ser publicado em M. WILSON, G. ENGELHARD e M. GARNER (Orgs.). *Advances in Rasch measurement* (vol. 1). Maple Grove: JAM Press, 2009.

______ e TRYPHON, A. "Piaget's legacy as reflected in: *The handbook of child psychology*" (edição de 1998), 2007. Publicado *online* em: http://www.piaget.org/news/docs/Bond-Tryphon-2007.pdf.

BRAINERD, C. J. "Judgments and explanations as criteria for the presence of cognitive structures". *Psychological Bulletin*, 79, 172-179, 1973.

BÜHLER, K. *Die geistige Entwicklung des Kindes* [O desenvolvimento mental da criança]. Jena: Gustav Fischer, 1918.

BYNUM, T. W., WEITZ, L. J. e THOMAS, J. A. "Truth-functional logic informal operational thinking: Inhelder and Piaget's evidence". *Developmental Psychology*, 7, 129-132, 1972.

DALE, L. G. "The growth of systemic thinking: Replication and analysis of Piaget's first chemical experiment". *Australian Journal of Psychology*, 22, 277-286, 1970.

DAWSON, T. L. "Moral reasoning and evaluative reasoning about the good life". *Journal of Applied Measurement*, 1, 346-371, 2000.

DRAKE, C. *Judgments versus justifications in Piagetian research: On empirical contribution to a philosophical argument.* Tese não publicada, defendida na James Cook University (Townsville, Queensland, Austrália), em 1998.

DROZ, R., BERTHOUD, S., CALPINI, J.-C., DÄLLENBACH, J.-F. e MICHIELS, M. P. "Méthode expérimentale – méthode clinique". *Revue Européenne des Sciences Sociales*, 14, 305-324, 1976.

DUCRET, J.-J. *Jean Piaget*. Neuchâtel: Delachaux et Niestlé, 1990.

______; GRZESKOVIAK, M. e PERRUCHOUD, A. (Orgs.). *Jean Piaget. Cheminements dans l'oeuvre scientifique*. Genebra: FPSE & SRED (Faculté de Psychologie et de Sciences de l`Éducation et Service de Sciences de l`Éducation).

DUVEEN, G. "Piaget ethnographer". *Social Science Information*, 39, 79-97, 2000.

EDELSTEIN, W. e SCHROEDER, E. "Full house or Pandora's box? The treatment of variability in post-Piagetian research". *Child Development*, 71, 840-842, 2000.

FLAVELL, J. *The developmental psychology of Jean Piaget*. Princeton: Van Nostrand, 1963.

GINSBURG, H. P. *Entering the child's mind. The clinical interview in psychological research and practice.* Cambridge, Mass.: Cambridge University Press, 1997.

______; KLEIN, A. e STARKEY, P. "The development of children's mathematical reasoning: Connecting research with practice". In: W. DAMON (Org.). *Handbook of child psychology, Vol. 4: Child psychology in practice* (5. ed., p. 401-478). Nova Iorque: Wiley, 1998.

GRAY, W. e FOX, C. "Rasch scaling of a set of Piagetian-based written problems representing different forms of thought and different logical operations". Comunicação apresentada no XVI Simpósio Anual da Sociedade Jean Piaget, Filadélfia, 1996.

______. "Use of Piagetian theory to investigate misfitting persons and misfitting items according to Rasch analysis". Comunicação apresentada na Reunião Anual da Associação Americana de Pesquisa em Educação, Chicago, 1997.

GREEN, D. R., FORD, M. P. e FLAMER, G. B. (Orgs.). *Measurement and Piaget.* Nova Iorque: McGraw-Hill, 1971.

GROBECKER, B. e BOND, T. "Children's construction of addition". *Archives de Psychologie*, 67, 95-122, 1999.

INHELDER, B. "Observations sur le principle de conservation dans la physique de l'enfant". *Cahiers de la Pédagogie Expérimentale et de Psychologie de l'enfant*, 9, 1936, 1-16.

______. "Some aspects of Piaget's approach to cognition". *Monographs of the Society for Research in Child Development*, 27(2), 19-40, 1962.

______. Afterword. In: B. INHELDER (Org.). *The diagnosis of reasoning in the mentally retarded* (p. 305-331). Nova Iorque: John Day Company, 1963.

______. Autobiography. In: G. LINDZEY (Org.). *History of psychology in autobiography* (vol. 8, p. 208-243). Stanford: Stanford University Press, 1989.

______. "The experimental approaches of children and adolescents". In: A. TRYPHON e J. VONÈCHE (Orgs.). *Working with Piaget: Essays in honour of Bärbel Inhelder* (p. 193-209). Londres: Psychology Press, 2001 (texto original publicado em 1954).

______ e PIAGET, J. *The growth of logical thinking from childhood to adolescence.* Londres: Routledge & Kegan Paul, 1958 (texto original publicado em 1955).

ISAACS, S. *Intellectual growth in young children.* Londres: Routledge & Sons, 1930.

JACKSON, I. "On situating Piaget's subject: A triangulation based on Kant, structuralism, and biology". *Philosophy of the Social Sciences*, 17, 471-486, 1987.

LAURENDEAU, M. e PINARD, A. *La pensée causale*. Paris: PUF, 1962.

______. *Les premières notions spatiales de l'enfant: Examen des hypothèses de Jean Piaget*. Paris: Delachaux & Niestlé, 1962.

______. *The development of the concept of space in the child*. Nova Iorque: International Universities Press, 1970.

LAWSON, A. E. "Relationships among performances on group administrated items on formal reasoning". *Perceptual and Motor Skills*, 48, 71-78, 1979.

LONGEOT, F. "Psychologie differentielle et theorie opératoire de l'intelligence". Tese apresentada na Université de Paris, 1967.

______. "Les stades opératoires de Piaget et les facteurs de l'intelligence". Grenoble: PUG, 1978.

LOURENÇO, O. e MACHADO, A. "In defense of Piaget's theory: A reply to 10 common criticisms". *Psychological Review*, 103, 143-164, 1996.

LOVELL, K. "A follow-up study of Inhelder and Piaget's *The growth of logical Thinking*". *British Journal of Psychology*, 52, 142-153, 1961.

______ e SHIELDS, J. B. "Some aspects of a study of the gifted child". *British Journal of Educational Psychology*, 37, 201-208, 1967.

MAYER, S. J. "The early evolution of Jean Piaget's clinical method". *History of Psychology*, 8, 362-382, 2005.

NASSEFAT, M. *Etude quantitative sur l'évolution des opérations intellectuelles: le passage des opérations concrètes aux opérations formelles*. Neuchâtel: Delachaux & Niestlé, 1963.

NOELTING, G.; ROUSSEAU, J. P.; COUDÉ, G.; BOND, T. e BRUNEL, M.-L. "Can qualitative stage characteristics be revealed quantitatively?" *Archives de Psychologie*, 68, 259-275, 2008.

______. "Operatory stages as a composition of relations and the onset of formal operations". Comunicação apresentada no XXVI Simpósio Anual da Jean Piaget Society, Filadélfia, 1996.

PENARD, C. *Rapport – expérience des aimants*. Relatório não publicado, Archives Jean Piaget, sem data.

PIAGET, J. "Psychologie et critique de la connaissance". *Archives de Psychologie*, 19, 193-220, 1925 (1925a).

______. "La représentation du monde chez l'enfant". *Revue Théologique et de Philosophie*, 13, 191-214, 1925 (1925b).

______. *The language and thought of the child*. Neuchâtel; Londres: Kegan Paul Trench Trubner, 1926 (texto original publicado em 1923).

PIAGET, J. *Judgment and reasoning in the child*. Londres: Kegan Paul Trench Trubner, 1928 (texto original publicado em 1924).

______. *The child's conception of the world*. Londres: Kegan Paul Trench Trubner, 1929 (texto original publicado em 1926).

______. *The child's conception of physical causality*. Londres: Kegan Paul Trench Trubner, 1930 (texto original publicado em 1927).

______. "Le développement intellectuel chez les jeunes enfants". *Mind*, 40, 137-160, 1931.

______. *The moral judgment of the child*. Londres: Kegan Paul Trench Trubner, 1932 (texto original publicado em 1932).

______. "Avant-propos de la Troisième Edition". In: J. PIAGET. *Le Jugement et le raisonnement chez l'enfant* (p. 9-10) (3. ed.). Neuchâtel: Delachaux et Niestlé, 1947.

______. *The origins of intelligence in children*. Nova Iorque: International Universities Press, 1952 (texto original publicado em 1936).

______. *The child's conception of number*. Londres: Routledge and Kegan Paul, 1952 (texto original publicado com A. Szeminska, 1941).

______. Autobiography. In: E. G. BORING, H. S. LANGFELD, H. WERNER e R. M. YERKES (Orgs.). *History of psychology in autobiography* (vol. 4, p. 237-256). Worcester: Clark University Press, 1952.

______ e INHELDER, B. *Introduction à la séconde édition. Le développement des quantités physiques chez l'enfant* (2. ed.). Neuchâtel: Delachaux et Niestlé, 1961.

______. "Intellectual operations and their development". In: P. FRAISSE e J. PIAGET (Orgs.). *Experimental psychology: Its scope and method, Vol. VII Intelligence* (p. 147-203). Londres: Routledge and Kegan Paul, 1969 (texto original publicado em 1963).

______ e ROSELLO, P. "Notes sur les types de description d'images chez l'enfant". *Archives de Psychologie*, 18, 208-223, 1922.

PREYER, W. *Die seele des kindes* [A mente da criança]. Leipzig: Grieben, 1882.

REUCHLIN, M. "L'intelligence: Conception génétique opératoire et conception factorielle". *Revue Suisse de Psychologie Pure et Appliquée*, 23, 113-134, 1964.

SHAYER, M., KÜCHEMANN, D. E. e WYLAM, H. "The distribution of Piagetian stages of thinking in British middle and secondary school children". *British Journal of Educational Psychology*, 46, 164-173, 1976.

______ e WHARRY, D. "Piaget in the classroom Part 1: Testing a whole class at the same time". *School Science Review*, 192, 447-458, 1974.

SHAYER, M. e WYLAM, H. "The distribution of Piagetian stages of thinking in British middle and secondary school children: 11-14/16 year olds and sex differentials". *British Journal of Educational Psychology*, 48, 62-70, 1978.

SIEGAL, M. *Knowing children: Experiments in conversation and cognition*. Hove: Erlbaum, 1991.

______. "Language and thought: The fundamental significance of conversational awareness for cognitive development". *Developmental Science*, 2, 1-14, 1999 (1999a).

______. "Beyond methodology: Frequently asked questions on the significance of conversation for development". *Developmental Science*, 2, 29-34, 1999 (1999b).

SMITH, L. (Org.). *Jean Piaget: Critical assessments*. Londres: Routledge, 1992.

______. *Necessary knowledge. Piagetian perspectives on constructivism*. Hove: Erlbaum, 1993.

______. "Necessary knowledge in number conservation". *Developmental Science*, 2, 23-27, 1999.

______. *Reasoning by mathematical induction in children's arithmetic*. Oxford: Elsevier Pergamon Press, 2002.

SOMERVILLE, S. C. "The pendulum problem: Patterns of performance defining developmental stages". *British Journal of Educational Psychology*, 44, 266-281, 1974.

STAFFORD, E. "What the pendulum can tell educators about children's scientific reasoning". *Science & Education*, 13, 757-790, 2004.

STERN, W. *Psychologie der frühen Kindheit* [Psicologia da primeira infância]. Leipzig: Quelle & Meyer, 1914.

TRYPHON, A. "De l'expérience à la publication: Le cas de Jean Piaget". *Bulletin de Psychologie*, 57, 595-610, 2004.

UZAN, S. *Le raisonnement logico-mathematique d'adolescents en situation scolaire et d'apprentis en milieu professionnel*. Tese apresentada na Université de Genève, 1978.

VONÈCHE, J. e VIDAL, F. "Jean Piaget and the child psychologist". *Synthèse*, 65, 121-138, 1985.

WALLACE, J. G. "Concept growth and the education of the child". Slough: National Foundation for Educational Research, 1965.

WALLACE, D. B., FRANKLIN, M. B. e KEEGAN, R. T. "The observing eye. A century of baby diaries". *Human Development*, 37, 1-29, 1994.

WEITZ, L. J. *A developmental and logical analysis of Piaget's sixteen binary operations*. Ann Arbor: University Microfilms, 1971.

______, BYNUM, T. W., THOMAS, J. A. e STEGER, J. A. "Piaget's system of sixteen binary operations: An empirical investigation". *Journal of Genetic Psychology*, 123, 279-284, 1973.

WOHLWILL, J. F. "And never the Twain did meet. Review of Measurement and Piaget". *Contemporary Psychology*, 17, 334-335, 1972.

9 Os dois primeiros anos

Ulrich Müller

O trabalho de Piaget sobre os dois primeiros anos da infância baseia-se na diligente observação de seus três filhos, e experimentação com eles, que eram Lucienne (nascida em 1925), Jacqueline (nascida em 1927) e Laurent (nascido em 1931). O trabalho compreende três volumes, *La naissance de l'intelligence chez l'enfant* [*O nascimento da inteligência na criança*] (OI [de *The origins of intelligence in children*]; 1936/1952), *La construction du réel chez l'enfant* [*A construção do real na criança*] (CR; 1937/1954), e *La formation du symbole chez l'enfant: imitation, jeu et rêve, image et représentation* [*A formação do símbolo na criança: imitação, jogo e sonho, imagem e representação*] (PDI [de *Play, dreams and imitation in children*]; 1945/1962). Desses volumes, que têm sido caracterizados como "três dos mais notáveis e originais documentos em psicologia" (Russell, 1978, p. 92), pode-se dizer com razão que revolucionaram o modo com que psicólogos do desenvolvimento pensam as crianças de até dois anos e as estudam (Vonèche e Vidal, 1985). Embora por certo tenha havido pesquisas e teorizações sobre o desenvolvimento antes que esses três volumes fossem publicados (por exemplo, Baldwin, 1894/1906; Bühler, 1918; Koffka, 1924; Stern, 1914/1930), a obra de Piaget sobre o desenvolvimento infantil não conheceu paralelos quanto à sua originalidade, alcance e sistematicidade, e, como devo propor, continua a não os conhecer.

Ao trabalho sobre os dois primeiros anos da infância seguiu-se uma linha de pesquisa que, logo vindo a se revelar expressiva, Piaget passou a conduzir sobre o desenvolvimento cognitivo e moral em crianças da pré-escola e em idade escolar (ver Capítulo 16, neste volume). De acordo com Piaget (1952, 1954/1973), sua pesquisa sobre os dois primeiros anos mudou a forma como ele viria a abordar o desenvolvimento. Nos trabalhos anteriores, ele centrara esforços nas trocas verbais a fim de compreender o pensamento lógico e racional da criança. Contudo, quando mais tarde ele veio a estudar o desenvolvimento da inteligência em crianças de 1 a 2 anos, percebeu que para compreender plenamente as origens das operações do pensamento verbal, era o caso de em primeiro lugar examinar a manipulação e a experimentação de objetos (Piaget, 1952). O estudo do desenvolvimento da criança de até 2 anos mostrou que existe uma lógica de ação que é mais básica do que o pensamento racional e um pré-requisito para ele (Piaget, 1954/1973). Piaget chamou a essa lógica de ação de inteligência sensório-motora, e os três volumes sobre os dois primeiros anos "formam uma entidade dedicada aos primórdios da inteligência, ou seja, às várias manifestações da inteligência sensório-motora e às formas de expressão mais elementares" (OI, p. ix).

Em sua maior parte, os livros de Piaget sobre os dois primeiros anos cobrem tópicos que hoje são considerados como estando a incidir no âmbito do desenvolvimento cognitivo, sendo essa a categoria sob a qual eles são abordados nos manuais de psicologia do desenvolvimento (por exemplo, Berk, 2007; Cole, Cole e Lightfoot, 2005). Contudo, seria míope e redundaria em sérios equívocos acreditar que o trabalho de Piaget sobre os dois primeiros anos versa sobre o desenvolvimento cognitivo das crianças que estejam nessa fase. Na verdade, no âmbito da epistemologia do desenvolvimento de Piaget, o desenvolvimento da inteligência sensório-motora assume uma posição sistemática: é o elemento central a aproximar os desenvolvimentos biológico e psicológico.

Na primeira seção deste capítulo, eu discuto o papel da inteligência sensório-motora na teoria de Piaget. A discussão realça o arcabouço epistemológico de tal inteligência, uma vez que, como Piaget observou (1970, p. 705), o estudo do desenvolvimento da criança de 1 a 2 anos "suscita todas as questões principais na teoria do conhecimento". Na segunda seção, analiso brevemente os principais subestágios da inteligência sensório-motora e o modo como esses subestágios se manifestam no entendimento prático do mundo físico pelas crianças de até 2 anos, com enfoque no desenvolvimento da permanência do objeto e da cognição espacial. Na terceira seção, passo a sintetizar a abordagem piagetiana da representação simbólica. Por fim, examinarei as diversas críticas que têm sido dirigidas à teoria da inteligência sensório-motora.

Inteligência sensório-motora: questão teórica

O modo com que Piaget conceitualizou a inteligência sensório-motora encontra-se intrinsicamente conectado a seu pensamento sobre o funcionamento biológico e à questão central que a sua epistemologia do desenvolvimento intentou abordar: o surgimento do conhecimento necessário (por exemplo, Piaget, 1950a, p. 23; ver Capítulo 3 neste volume). De acordo com isso, para Piaget a inteligência sensório-motora tem de ser concebida de um modo que seja consistente com o funcionamento biológico, além de extensível a ele, e que leve em conta o posterior surgimento do conhecimento necessário (OI, p. 412-419).

A questão das relações entre fatores biológicos (isto é, a hereditariedade) e o desenvolvimento cognitivo é abordada no início do NI [ou OI, sigla para *The origins of intelligence in children*]. Piaget reconheceu que "certos fatores de hereditariedade condicionam o desenvolvimento intelectual" (OI, p. 1), mas operou uma distinção entre duas diferentes interpretações de hereditariedade. Num primeiro sentido, a hereditariedade se refere a estruturas inatas específicas (por exemplo, a estrutura dos órgãos dos sentidos); num segundo sentido, refere-se a um modo geral de funcionamento (ou ao que Piaget chamou de invariantes funcionais). Piaget considerou o segundo sentido de hereditariedade, o funcional, como bem mais importante para o desenvolvimento cognitivo.[1] Esse tipo de hereditariedade se refere ao "núcleo funcional de organização intelectual que advém da organização biológica em seu aspecto mais geral" (OI, p. 3). Esse modo geral de funcionamento "orientará a integralidade das estruturas sucessivas de que o pensamento então desenvolverá em seu

1 Estritamente falando, o modo geral de funcionamento não é hereditário, uma vez que é operativo já no nível dos genes (Piaget, 1970/1972a, p. 57). Ele é muito mais um *a priori* funcional que reflete a continuidade da vida.

contato com a realidade" (OI, p. 3). Por contraste, ainda que reconhecendo a importância das estruturas inatas, Piaget acreditava que o papel de tais estruturas consistia em, a um só tempo, possibilitar e impor limitações ao funcionamento do organismo. Além disso, somente as estruturas inatas assinalarão o ponto de partida que será transformado e transcendido no curso da interação entre organismo e ambiente (OI, p. 2).

As mesmas invariantes funcionais – organização, adaptação, assimilação e acomodação – caracterizam o funcionamento biológico e psicológico (OI, p. 6-8): o funcionamento psicológico é organizado sempre num arcabouço, e é em tal arcabouço que ele ocorre. Em cada um dos níveis, "o funcionamento intelectual envolve um elemento de assimilação, que é o da estruturação mediante a incorporação da realidade externa a formas devidas à atividade do sujeito" (OI, p. 6). Ao mesmo tempo, a incorporação de novos elementos conduz a uma modificação da estrutura, e com isso à acomodação. A adaptação intelectual, por fim, consiste em "inserir um mecanismo assimilativo e uma acomodação complementar num equilíbrio progressivo" (OI, p. 7).

O funcionamento psicológico é o resultado da auto-organização biológica e a ela se estende, isso porque não depende da incorporação material dos elementos com que interage (Piaget, 1967/1971, p. 26-27). Como resultado, se comparado ao funcionamento biológico, o funcionamento psicológico conduz à extensão do ambiente com o qual podemos interagir, aumentando a integração do passado e a dissociação entre forma e conteúdo (Piaget, 1966/1976, p. 52-55).

Tendo clareado as relações entre desenvolvimento orgânico e cognitivo, a questão então resultante é: de que modo o pensamento racional se relaciona com a inteligência sensório-motora (Piaget, OI, p. 411-412)? A ação sensório-motora não apenas "mergulha nas profundezas da vida orgânica", como além disso constitui uma "zona intermediária entre os mecanismos orgânicos autorregulatórios e as posteriores operações lógico-matemáticas, bem como as estruturas que lhes são subjacentes" (Piaget e Inhelder, 1969/1976, p. 35). Para ser capaz de derivar o pensamento racional do funcionamento sensório-motor, este último tem de ser conceitualizado de modo com que se possa reconhecer as sementes do que virá a ser o pensamento racional. Explicarei brevemente o modo com que Piaget concebeu a continuidade entre inteligência sensório-motora e pensamento racional, alongando-me sobre as implicações que as invariantes funcionais terão para a conceitualização da inteligência sensório-motora.

A inteligência sensório-motora é uma inteligência prática que tem como base o modo com que as crianças de até 2 anos interagem com o mundo mediante ciclos de percepção-ação. Tais crianças empregam esquemas de ação como sugar, empurrar, bater e segurar a fim de explorar e manipular o mundo. Um esquema é a estrutura geral de uma ação que se consolida por meio da prática e é aplicável a situações que variam em função das modificações do ambiente (Piaget, 1960/1973, p. 66).[2] Os esquemas são inseparáveis da assimilação e nela utilizados; é por isso que a assimilação é uma atividade dinâmica e estruturante: "A assimilação é, por conseguinte, o próprio funcionamento do sistema cuja organização é o aspecto estrutural" (OI, p. 410). A atividade estruturante da assimilação envolve uma necessidade e é direcionada a objetivos específicos (OI, p. 44-45). Uma vez que os esquemas são estruturas com variados graus de generalidade, trazê-los para abarcar situações particulares é algo que requer sempre um ajuste ou acomodação. A acomodação, assim, particulariza os esquemas gerais, abastece-os com conteúdo específico e modifica-os ao fazê-lo (OI, p. 416). Além disso, a assimilação sempre usa a estrutura existente da organização; o seu funcionamento traz consigo a

2 No que segue, faço uso dos termos *scheme* [esquema] e *schemes* [esquemas] (ver Capítulo 1, Parte 3) para referir a estrutura geral das ações. Citações de traduções de textos de Piaget que empregam os termos *schema* ou *schemata* foram modificadas em conformidade com esse padrão. Na obra piagetiana, o termo *schema* [*schéma*] refere-se a imagens individualizadas (Piaget e Inhelder, 1966/1971, p. 366, 382; ver Capítulo 1, Parte 3, neste volume). Em traços gerais, os *schemes* [esquemas] encontram-se relacionados ao aspecto operativo ou transformador da inteligência, e os *schemas* [esquemas], relacionados ao aspecto figurativo da inteligência. O aspecto figurativo da inteligência inclui percepção, imagens e, em alguma medida, linguagem (Piaget, 1961/1969, p. 283). Os aspectos operativos e figurativos da inteligência são interdependentes: o aspecto operativo representa a atividade estruturante da assimilação, o aspecto figurativo proporciona o material para essa atividade. Por exemplo, a percepção fornece um significante indiferenciado que atinge o sentido ao ser assimilado a esquemas de ação (por exemplo, Piaget, 1970/1972b, p. 45-62).

história da interação do indivíduo com o mundo em cada ato particular e estrutura o conteúdo que, em conformidade com isso, é fornecido por acomodação. Por exemplo, uma criança de até 2 anos que diferenciou vários modos de interagir com uma bola terá diferentes potencialidade de ação disponíveis se comparada a uma criança de mesma idade que não tenha procedido a tal diferenciação.

A atividade estruturante de assimilação é intrinsicamente direcionada e confere sentido às coisas com que interage (Piaget, 1965/1971, p. 131-132). O sentido está sempre atrelado a uma organização: "O aspecto característico do sentido está em ser relativo a outros sentidos, isto é, em envolver o *mínimo* de um sistema ou organização" (Piaget, 1965/1971, p. 158, ênfase no original; ver também Piaget e Garcia, 1987/1991, p. 4). Para caracterizar as relações entre sentidos, Piaget usou o termo "implicação" num sentido amplo: "Ao ampliar o significado do termo 'implicação', encontramos uma relação de implicação como sendo a relação básica entre dois estados de consciência, ao passo que as conexões fisiológicas são caracterizadas por relações causais" (Piaget, 1954, p. 143). As implicações no sentido amplo são básicas porque surgem da atividade estruturante da assimilação, que dirige e organiza "dados externos" e os integra num sistema de esquemas (OI, p. 399-407). As implicações no sentido amplo são encontradas já no nível sensório-motor. Por exemplo, quando crianças de até 2 anos agarram um objeto para chacoalhá-lo, o esquema sensório-motor de chacoalhar implica o esquema de agarrar, e a assimilação do objeto a esses esquemas se constitui numa implicação (Piaget, 1950b, p. 149; Piaget e Garcia, 1987/1991, p. 5). Por essa razão, no nível sensório-motor as ações têm um sentido para o agente.[3]

O modo piagetiano de conceitualizar o funcionamento psicológico traz duas consequências importantes. Em primeiro lugar, a noção de causalidade não se aplica a estados de consciência, e isto nem mesmo no nível da inteligência sensório-motora, uma vez que a causalidade está fundada numa relação externa (independente) de causa e efeito (Von

3 As idades das crianças em anos, meses e dias. Desse modo, em (0;3 [5]) se lê: 0 anos, 3 meses e 5 dias.

Wright, 1971; ver Capítulo 13, neste volume). Nessa direção, abordagens neurofisiológicas da inteligência sensório-motora (Elman *et al.*, 1996; Munakata, McClelland, Johnson e Siegler, 1997) se mantêm incompletas por não apreender a função conferidora de sentido e implicatória da atividade estruturante de assimilação (Piaget, 1950b, p. 149). Em segundo lugar, mais fácil é visualizar a possibilidade de a necessidade lógica se desenvolver com base em implicações em sentido amplo do que a de ela emergir de relações de causa e efeito (por exemplo, estímulo-resposta). Na verdade, Piaget (1963/1968, p. 188) denominou a implicação de conhecimento necessário em sentido estrito (por exemplo, 2 + 2 implica 4) e considerou-a uma instância particular de implicação no sentido amplo.

Com o intuito de, além disso, ressaltar a continuidade funcional entre inteligência sensório-motora e pensamento racional, Piaget traçou analogias entre uma e outra. A assimilação é comparada ao juízo:

> De um ponto de vista funcional, um juízo não é nada além do que há em comum entre a inteligência reflexiva e a inteligência sensório-motora, do que a assimilação de um dado a um esquema [...] A assimilação [é] um ato de juízo à medida que une conteúdos experimentais e forma lógica (OI, p. 267, 410).

Além disso, os padrões de ação sensório-motora que subordinam um esquema como meio (por exemplo, a remoção de um obstáculo) a outro esquema (por exemplo, a apreensão de um objeto) como fim são comparados à subordinação de premissas a conclusões no nível da inteligência verbal. Contudo, muito embora a inteligência sensório-motora e a inteligência reflexiva compartilhem as mesmas invariantes funcionais, elas são estruturalmente diferentes. No nível sensório-motor, o sentido está originalmente incorporado e atrelado a atividades não reflexivas; os objetos têm um sentido funcional, prático; eles são coisas que se têm à mão, utensílios para uso ou manipulação de caráter prático (Overton, 1994).

> A inteligência sensório-motora tem em vista o êxito, não a verdade; encontra satisfação no alcance do objetivo prático que se busca, e não em reconhecimento (classificação) ou explicação.

Trata-se de uma inteligência apenas vivenciada, e não de uma inteligência pensada (PDI, p. 238; cf. OI, p. 240).

A conceitualização por Piaget do funcionamento da inteligência (sensório-motora) choca-se com o modo como os empiristas veem a inteligência. O próprio Piaget foi um fervoroso opositor do empirismo (por exemplo, Piaget e Inhelder, 1969/1976). O empirismo não é apenas um método empírico, mas é também uma teoria da experiência. Em essência, ele concebe os seres humanos como passivos, e as percepções dos sentidos como a proporcionar réplicas ou cópias de realidade que se baseiem em associação. Como principais proponentes do empirismo, Piaget identificou Hume, Locke e as teorias behavioristas de estímulo-resposta, mas também observou que o empirismo se mostrava bastante presente em psicologia (pode-se acrescentar que continua a estar mesmo hoje; a esse respeito, ver Müller e Giesbrecht, 2008). De acordo com Piaget, os empiristas desconstroem a relação fundamentalmente ativa entre a criança de até 2 anos e o ambiente como sendo uma relação passiva e causal: "Muito antes de a linguagem ter início, a criança pequena reage a objetos não por um conjunto mecânico de associações estímulo-resposta, mas por uma assimilação integrativa a esquemas de ação, o que imprime uma direção em suas atividades e inclui a satisfação de uma necessidade ou de um interesse" (Piaget, 1965/1971, p. 131; ver também OI , p. 411). Além disso, Piaget (1970) rejeitou a ideia de que o conhecimento seria uma cópia da realidade. Tanto que foi influenciado pela ideia de Kant (1787/1929) de que a objetividade é constituída pelo sujeito (ver Capítulo 3, neste volume). Kant propunha que a nossa intuição (isto é, a sensibilidade) e o nosso entendimento usam formas e categorias *a priori* (isto é, independentes de toda experiência), que são condições de possibilidade para se vivenciar a objetividade. Piaget aderiu à ideia de uma função ordenadora e organizadora da mente, acreditando, porém, que as formas e categorias não seriam *a priori*, e sim submetidas a um desenvolvimento resultante da interação do sujeito com o mundo (OI, p. 376-395).

A título de síntese, o funcionamento sensório-motor é uma inteligência prática que vincula funcionamento biológico e pensamento racional.

Baseia-se nas invariantes funcionais (organização, adaptação, assimilação e acomodação) e as amplia, invariantes estas que são características do funcionamento biológico. Essas invariantes são *a priori*, mas, por meio de seu funcionamento, geram mudanças estruturais. A inteligência sensório-motora é intrinsicamente direcionada a uma relação significativa com o mundo, interage com essa relação e a estabelece. A inteligência exibida pelos seres humanos não se origina nem se perpetua "nem com o conhecimento do *self* nem com o das coisas como tais, mas com o conhecimento de sua interação, e é por orientar-se simultaneamente para os dois polos dessa interação que a inteligência organiza o mundo ao se organizar a si mesma" (CR, p. 354-355). A inteligência sensório-motora não pode ser reduzida a mecanismos e associações causais, mas demanda um agente ativo que possa unir uma forma lógica a um conteúdo particular. A inteligência sensório-motora funciona de uma série de modos análogos à atuação do pensamento racional. Contudo, a principal diferença entre inteligência sensório-motora e pensamento racional é a de que a primeira objetiva o êxito, e já o segundo, a verdade.

Conhecimento prático na infância

Os três volumes sobre a criança de 1 a 2 anos centram-se em diferentes aspectos do desenvolvimento cognitivo dessa faixa etária. Enquanto o NI [*O nascimento da inteligência*, OI na sigla para o título em inglês] examina a coordenação e a diferenciação de esquemas sensório-motores da inteligência prática, o CR [*A construção da realidade na criança*] debruça-se sobre como a inteligência prática constrói os conceitos de objeto, espaço, causalidade e tempo. O IJS [*A formação do símbolo na criança*: *Imitação, jogo e sonho, imagem e representação*], por sua vez, dedica-se sobretudo ao surgimento de símbolos no contexto do desenvolvimento de imitação e jogo.

É importante que se tenha em mente dois aspectos cruciais da abordagem de Piaget. Em primeiro lugar, em tal abordagem não há módulos inatos com competências próprias de adulto que sejam subitamente ativadas, como tampouco há qualquer mecanismo de processamento especial que, vindo do nada, entre em linha de conta (ver OI, p. 100; Piaget, 1967/1971, p. 327, nota de rodapé). Em vez disso, produz-se uma mudança estrutural no curso das interações da criança de até 2 anos com o mundo, a continuidade do desenvolvimento sendo fornecida pelas invariantes funcionais. Em segundo lugar, o *self* e o mundo não podem ser conhecidos de modo independente um do outro: "É por meio de uma construção progressiva que os conceitos do mundo físico e do *self* interno vão se tornar elaborados como função um do outro, os processos de assimilação e acomodação sendo meros instrumentos dessa construção, sem em momento algum representar seu resultado real" (OI, p. 136). Em razão da natureza correlativa da organização do sujeito e do mundo, faz-se necessário "reconstruir o ponto de vista do sujeito" (CR, p. xii) a fim de compreender o sentido que as crianças de até 2 anos atribuem a objetos e acontecimentos (ver também Piaget e Inhelder, 1969/1976, p. 32). A reconstrução do ponto de vista do sujeito é guiada pela ideia de que a complexidade das ações determina a complexidade do sentido, sendo assistida pelo método de contextualizar as ações da criança de até 2 anos no âmbito de uma sequência de desenvolvimento, com os primeiros níveis sendo interpretados à luz dos níveis posteriores (CR, p. 221).

Inteligência sensório-motora

Piaget identificou seis subestágios no desenvolvimento da inteligência sensório-motora. Muito embora provesse cada subestágio de faixas etárias, a idade não seria o aspecto definidor de cada subestágio (ver Smith, 1993, seção 18). Em vez disso, os subestágios se definem pela estrutura do padrão de atividade, com essa estrutura vindo a ser sintetizada nas subseções a seguir (para uma síntese excelente e mais detalhada, ver Chapman, 1988). Além disso, os subestágios não devem ser considerados homogêneos, uma vez que a cada subestágio a criança de até 2 anos pode apresentar comportamentos próprios de estágios anteriores (CR, p. 299).

Subestágio I: o uso de reflexos (de 0 a 1 mês). Para Piaget, a vida psicológica se inicia com o uso de reflexos hereditários (OI, p. 39, 223).

Os reflexos são padrões gerais de ação como sugar, olhar e tocar (Piaget, 1975/1985, p. 69). Cada reflexo, sem se resumir a um "somatório de movimento" (OI, p. 38), constitui-se numa "totalidade organizada" a compreender percepções, movimentos coordenados e uma necessidade. Para Piaget, os reflexos de interesse distinguem-se dos reflexos simples (por exemplo, o reflexo de espirrar) à medida que se modificam como resultado da experiência, tendo assim uma história (OI, p. 40).

Nesse subestágio inicial, a assimilação e a acomodação não se diferenciam entre si, e isso porque as acomodações ainda não começaram a modificar o funcionamento dos esquemas assimilativos. O uso dos reflexos, contudo, conduz à sua gradual acomodação à realidade externa. Por exemplo, o ato de sugar é inicialmente provocado sempre que as crianças de até 2 anos entram em contato com qualquer região do seio; entretanto, o choro e o término da busca pelo mamilo se dão caso o mamilo não seja de pronto encontrado (OI, obs. 2, 3). Quando, porém, passados alguns dias, a criança entrar em contato com regiões do seio adjacentes ao mamilo, ela buscará o mamilo até conseguir encontrá-lo (OI, obs. 5).

O exercício dos reflexos por si só revela três características funcionais fundamentais do funcionamento sensório-motor: a assimilação funcional, a assimilação generalizadora e a assimilação de reconhecimento. A assimilação funcional significa que a necessidade de repetição é inerente ao reflexo. O exercício repetido do reflexo, por sua vez, conduz à sua consolidação e fortalecimento (OI, p. 32). O conceito de assimilação funcional implica que a necessidade ou "força motriz da atividade" (OI, p. 44) não existe externamente ao funcionamento global do organismo e independentemente dele. Em vez disso, a necessidade é parte do esquema assimilativo e constitui o seu aspecto subjetivo (OI, p. 45). As necessidades em si não são estáticas, mas tornam-se mais complexas com a diferenciação e integração de esquemas sensório-motores (OI, p. 170).

A assimilação generalizante se refere ao fenômeno segundo o qual as crianças de até 2 anos incorporam a seus esquemas objetos cada vez mais variados (por exemplo, o esquema de sugar é aplicado a dedos, cobertores). A assimilação generalizante segue-se à natureza auto-organizadora e espontânea da assimilação funcional: a assimilação funcional implica que um esquema "não seja limitado a um funcionamento obrigatório por um excitante fixado, externo ou interno, mas funciona, de certo modo, por si mesmo. Em outras palavras, a criança não apenas suga para comer, mas também se esquiva da fome, para prolongar a excitação da refeição etc., e, por último, ela suga pelo efeito de sugar" (OI, p. 35).

A assimilação por reconhecimento anda de mãos dadas com a assimilação generalizadora porque a aplicação de esquemas conduz à sua diferenciação e particularização. Por exemplo, a assimilação por reconhecimento manifesta-se em diferentes comportamentos de sucção que dependem do estado interno da criança (por exemplo, fome *versus* saciedade; ver OI, obs. 6). Uma vez que a sucção varia a depender de a criança estar com fome ou não, Piaget propôs que as ações de sucção têm um sentido básico para a criança dessa faixa etária:

> A crescente calma que sucede uma tormenta de choros e lamentos tão logo a criança esteja em condições de se nutrir e buscar o mamilo é evidência suficiente de que, havendo alguma consciência disso, tal consciência é, desde o início, a consciência do sentido. Mas um sentido é necessariamente relativo a outros sentidos, mesmo no plano elementar do simples reconhecimento motor (OI, p. 38).

Ainda assim, nesse subestágio, o sentido e, portanto, a consciência encontram-se intimamente atrelados às atividades da criança de até 2 anos, consistindo numa "consciência de atitudes, emoções ou sensações de fome e de satisfação" (OI, p. 37).

Subestágio II: as primeiras adaptações adquiridas e as reações circulares primárias (1 a 4 meses). Tão logo seus esquemas de ação incorporem novos objetos, nesse período as crianças começam a diferenciar assimilação e acomodação, e passam ao segundo subestágio da inteligência sensório-motora, caracterizado por adaptações adquiridas e reações circulares primárias. Como exemplos de adaptações adquiridas, Piaget descreveu as sistemáticas sucção do polegar e protrusão da língua (OI, obs. 11-24), comportamentos de observação (OI, obs. 28-39), audição e fonação (OI, obs. 40-49), e também de preensão (OI, obs. 50-93).

Piaget usou a expressão "reação circular primária" para fazer referência a esses padrões de comportamento. As reações circulares são definidas como "uso funcional conduzindo à preservação ou redescoberta de um novo resultado" (OI, p. 55). As reações são primárias porque centradas no corpo da criança. São circulares porque formam ciclos de movimentos que repetem uma sensação interessante descoberta ao acaso.

Durante esse subestágio, as crianças começam a reciprocamente assimilar ou coordenar dois esquemas diferentes. Por exemplo, pegam o que estão vendo e movem diante dos olhos o que estão pegando. Essa coordenação conduz à fusão de dois esquemas diferentes, "uma nova totalidade, autoencerrada", e necessidades anteriores são reorganizadas ao modo de uma função dessa nova totalidade (OI, p. 143). Ainda assim, a coordenação de esquemas primários como observar e ouvir é relativamente simples à medida que se aplica a um e mesmo objeto (OI, p. 143, 232), com os esquemas não sendo hierarquicamente coordenados, mas fusionados num novo esquema global (OI, p. 231).

Com base na observação de que crianças de 3 a 4 meses começam a abrir a boca tão logo veem a mamadeira ou objetos que as lembrem da refeição (OI, obs. 27), Piaget embrenhou-se numa detalhada discussão sobre se adaptações adquiridas podem ser explicadas por princípios de aprendizagem empiristas, como a transferência associativa passiva ou o condicionamento clássico. De acordo com Piaget, as reações das crianças à mamadeira ou a outros estímulos não podem ser explicadas por relações estímulo-resposta externas, já que de início os estímulos têm um sentido para a criança; sem esse sentido, não seria possível explicar por que esses estímulos se tornam relevantes ou como as associações poderiam ser confirmadas ou fortalecidas (OI, p. 127). O reflexo condicionado é muito mais parte de um esquema assimilativo; a incorporação de um sinal num esquema assimilativo é confirmada à medida que o sinal é parte de um processo de satisfação de uma necessidade: "É a relação ativa entre o sujeito e os objetos carregados de sentidos que cria a associação, e não a associação que cria essa relação" (OI, p. 131).

Subestágio III: reações circulares secundárias (4 a 8 meses). Em contraste com as reações circulares primárias, as reações circulares secundárias estão centradas no efeito que as ações das crianças de até 2 anos – o mais das vezes por acaso – produzem no mundo externo. Basicamente, as reações circulares secundárias têm por objetivo em primeiro lugar reproduzir o efeito repetindo-se a ação que gerou esse efeito. Por exemplo, Lucienne, a filha de Piaget (0; 3 [5]) mexia as pernas com força, com isso fazendo o berço balançar. O movimento agitava as bonecas que pendiam da cobertura do berço. Lucienne olhava para as bonecas, sorria e repetia o movimento (obs. 94).

As reações circulares secundárias diferenciam-se das reações primárias: "Tudo remete ao movimento das pernas ou dos pés, dos braços ou das mãos, e são esses movimentos 'circulares' de preensão que se diferenciam em movimentos direcionados aos atos de empurrar, agitar, balançar, deslocar, esfregar etc." (OI, p. 178). É em razão de as crianças entenderem que o acontecimento não previsto está relacionado à sua atividade que o acontecimento externo suscita interesse e os esquemas (por exemplo, mover as pernas, avistar acontecimento interessante) são reciprocamente assimilados, resultando daí a reprodução da ação (OI, p. 172, 178).

Contudo, as reações circulares secundárias ainda não se constituem como verdadeiros atos de inteligência (OI, p. 182), e isso porque as relações (isto é, agitar-se para fazer o berço se mover) não se construíram de forma deliberada, mas foram descobertas ao acaso pela criança: "A necessidade advém da descoberta, e não a descoberta da necessidade" (OI, p. 182). Além disso, as reações circulares secundárias visam a repetição do efeito interessante. Em contraste, de acordo com Piaget, "num verdadeiro ato de inteligência, a necessidade que serve como força motivadora não consiste apenas em repetir, mas em adaptar, por assim dizer, em assimilar uma situação nova a esquemas antigos e em acomodar esses esquemas a novas circunstâncias" (OI, p. 182).

Subestágio IV: coordenação de esquemas secundários (8-12 meses). A novidade do subestágio IV consiste na coordenação de dois esquemas secundários. Por exemplo, quando Piaget (obs. 122) mostrou a seu filho Laurent (0; 7[13]) uma caixa de fósforos e impediu o acesso à caixa pondo a mão na frente dela, Laurent começou a bater na mão de Piaget para baixá-la e com isso removeu o obstáculo. É de duas maneiras que a coordenação de esquemas secundários difere dos comportamentos apresentados no subestágio anterior (OI, p. 229). Em primeiro lugar, enquanto reações circulares secundárias simplesmente tentam reproduzir um acontecimento interessante, a coordenação de reações circulares secundárias se faz necessária quando as crianças, em busca de seus objetivos, encontram um obstáculo a fazer com que acomodem esquemas existentes a uma situação nova. Em segundo lugar, se as reações circulares secundárias conduzem à diferenciação entre meios e fins somente após o fato, meios e fins fazem-se diferenciados desde o início do subestágio IV. Nesse subestágio, então, as crianças coordenam dois esquemas independentes, o esquema que atribui um fim à ação (por exemplo, pegar a caixa de fósforos) e o esquema usado como meio (por exemplo, bater na mão para baixá-la).

A diferenciação entre meios (ou esquemas transicionais, como Piaget os chamou) e fins envolve a coordenação de dois atos de assimilação: a escolha e busca de objetivos e a assimilação dos meios para o objetivo (OI, p. 230). Desse modo, os obstáculos ou objetos intermediários são reciprocamente assimilados ao esquema transicional e ao esquema do objetivo. Os esquemas deixam de "trabalhar por simples fusão a fim de originar operações diversificadas de inclusão ou de implicação hierárquica, de interferência e mesmo de negação" (OI, p. 232). A negação, por exemplo, está envolvida quando crianças de até 2 anos removem um obstáculo para pegar o objeto desejado, e isso porque o objeto adquire o sentido de "objeto a ser removido" (OI, p. 235). Como resultado da coordenação recíproca, os esquemas se tornam mais móveis e "adequados a novas coordenações e sínteses" (OI, p. 238).

Para Piaget (OI, p. 154), a diferenciação de meios e fim e, com isso, o estabelecimento antecipado de objetivos são os critérios para atribuir intencionalidade (ver Capítulo 1, Parte 3, neste volume). Ao mesmo tempo, a diferenciação entre meios e fins igualmente conduz à diferenciação entre valor e ideal:

> Tão logo haja intenção, efetivamente haverá um objetivo a alcançar e meios a empregar, e consequentemente a influência da consciência dos valores [o valor ou interesse dos atos intermediários a servir como *meio* está subordinado ao valor ou interesse do objetivo] e a do ideal [o ato a ser executado é parte de uma totalidade ou *objetivo* ideal, em relação à totalidade real dos atos já organizados] (OI, p. 149, ênfase no original).

Como resultado da diferenciação entre meios e fins, os objetos não têm mais apenas um valor (tampouco são caracterizados pelo valor de contraste *versus* não valor), mas podem servir como obstáculo, como meio útil ou fim em si mesmos, e os fins, como consequência da coordenação mais complexa que demandam para ser alcançados, tornam-se "mais remotos e com isso determinam totalidades mais 'ideais'" (OI, p. 244).

Subestágio V: reações circulares terciárias (12-18 meses). No subestágio V, crianças de até 2 anos fazem uso do que Piaget chamou de reações circulares terciárias para explorar por elas próprias novos aspectos de objetos e formar novos esquemas por meio de experimentação ativa. A busca por novidade é ilustrada numa observação de Jacqueline (0; 11 [20]), que deslizou uma série de objetos para debaixo de seu cobertor, variando suas posições (obs. 145). Se as reações circulares secundárias atuam fazendo ações variarem para reproduzir um acontecimento específico, as reações circulares terciárias fazem as ações adquirirem graus e variações com o intuito de "desentocar novos fenômenos" (OI, p. 274). O interesse pela novidade deve-se ao número crescente de esquemas que as crianças têm à disposição.

Um exemplo que ilustra a descoberta de novos meios mediante a experimentação ativa é o de quando crianças de até 2 anos descobrem que uma vara pode ser usada como ferramenta para puxar objetos em sua direção (OI, obs. 157-161). Piaget examinou esse comportamento apresentando a seus filhos um objeto desejável que estivesse fora de seu alcance e uma vara. De início, seus filhos tentaram pegar o objeto de forma direta. Depois, intencionalmente buscaram a vara e usaram o esquema previamente adquirido de golpear para atingir o objeto. Ao longo de uma série de tentativas, o esquema de golpear foi gradualmente acomodado às particularidades da situação problema, e os filhos de Piaget foram bem-sucedidos na tarefa de recuperar o objeto visado.

Um comportamento característico das reações circulares terciárias e da descoberta de novos meios é o tatear, "a acomodação de esquemas anteriores que se tornaram diferenciados como função do experimento atual" (OI, p. 289). No processo de descoberta de novos meios, o tatear surge no contexto de se deparar com um obstáculo a um dado objetivo. Esquemas previamente adquiridos (por exemplo, o de golpear, no procedimento com a vara) são então ativados e gradualmente diferenciados até o problema ser resolvido. Mas o tatear não deve ser confundido com o aprendizado por tentativa e erro realizado às cegas, uma vez que o tatear é direcionado tanto pelo objetivo inicial quanto pelos meios iniciais, bem como pelos esquemas ativados no processo de golpear (Piaget chamou a esse último de *esquemas auxiliares*, OI, p. 296). O esquema final proporciona o objetivo, que orienta a busca, coordena o progresso do tatear e proporciona o pano de fundo com base no qual as sucessivas tentativas são avaliadas. Os esquemas auxiliares, por sua vez, proporcionam um esboço de solução e assimilam os acontecimentos fortuitos descobertos no processo de tatear (por exemplo, a percepção de que o objeto pode ser deslocado quando atingido, OI, p. 301). Assim, o acaso exerce seu papel no tateio, mas o uso efetivo de acontecimentos fortuitos depende da atividade de estruturação do indivíduo (OI, p. 303).

Subestágio VI: a invenção de novos meios mediante combinação mental (> 18 meses). No subestágio VI, as crianças de até 2 anos fazem-se capazes de resolver novos problemas, não por um processo estendido de tatear, mas pela súbita invenção de novos meios. Em contraste com as reações circulares terciárias, controladas "*a posteriori* pelos próprios fatos", a súbita invenção de novos meios é "controlada *a priori* por combinação mental" (OI, p. 340). Lucienne (1;6 [23]) apresentou essa súbita invenção enquanto brincava com seu carrinho de boneca pela primeira vez. Ao empurrar o carrinho ao longo do tapete e esbarrar numa parede, ela puxou o carrinho, dando passos para trás. Entretanto, como essa posição não lhe era conveniente, ela parou e, sem hesitar, andou até o outro lado do carrinho, para empurrá-lo (OI, obs. 181).

A invenção de novos meios depende dos mesmos processos de que dependem os comportamentos de tateamento característicos do estágio V: quando crianças de até 2 anos, na busca de um objetivo, se deparam com um obstáculo, esquemas auxiliares são ativados e reciprocamente coordenados com os esquemas que estabelecem o objetivo e os meios iniciais. Contudo, em vez de acomodar esses esquemas ao modo de tentativa e erro, "ao entrar em ação, [esses esquemas] mantêm-se num estado de atividade latente e combinam-se entre si antes (e não depois) de sua aplicação externa e material" (OI, p. 347). Assim, no estágio VI, a coordenação de esquemas ocorre mental ou dedutivamente, e Piaget acreditava que esse contraste "entre o tateio direcionado e a *invenção* real deve-se fundamentalmente a uma diferença de velocidade" (OI, p. 341, ênfase no original). Em outras palavras, graças à sua crescente mobilidade, diversificação e consolidação de esquemas, a atividade estruturante da assimilação ocorre mais rapidamente na invenção mental do que no tatear, e disso resulta que "a atividade estruturante não mais precisa depender de dados reais, [mas] pode compor um sistema complexo para o qual vão convergir esquemas evocados de maneira simples" (OI, p. 343).

Piaget propôs que seria equivocado atribuir essa súbita invenção à simples internalização de experiências, e isso porque, ao fazê-lo, ignorar-se-ia a atividade estruturante interna de assimilação – e a atividade estruturante de assimilação é sempre interna –, a qual organiza e reorganiza os esquemas (OI, p. 348). A súbita invenção de novos meios depende de representações simbólicas, imagens especificamente mentais, que surgem no subestágio VI. Na verdade, invenção e representação simbólica são interdependentes: "Inventar é combinar esquemas mentais, ou seja, representativos e, para que se tornem mentais, os esquemas sensório-motores têm de ser capazes de se intercombinar de qualquer modo que seja, isto é, de serem capazes de ensejar invenções verdadeiras" (OI, p. 341).

Construção do mundo

Para Piaget, a diferenciação e coordenação de esquemas sensório-motores conduz à construção de relações cada vez mais complexas entre objetos no mundo (OI, p. 211). Os esquemas de ação não diferenciados e isolados produzem um sentido que é "absolutamente imediato" (CR, p. 7) e se mantém centrado no corpo do sujeito porque o corpo serve como ponto de ação de referência comum e constante, muito embora a criança de até 2 anos não seja consciente dessa centralização (Piaget, 1970/1972, p. 21). Com a coordenação de esquemas sensório-motores, o sentido torna-se cada vez mais desatrelado da situação imediata, fazendo-se menos centrado na atividade da criança (CR, p. xi). A finalização do desenvolvimento sensório-motor conduz a uma revolução copernicana (Piaget, 1970/1972a, p. 21; ver Smith, 1987), no sentido de que, para a criança dessa faixa etária, sua própria ação não mais é o todo da realidade, em vez disso tornando-se agora "um objeto entre outros num espaço que os contém a todos; e ações são relacionadas juntas ao serem coordenadas por um sujeito que começa a se fazer consciente de si mesmo como fonte de ações" (Piaget, 1970/1972a, p. 22-23).

Uma vez que durante os estágios sensório-motores I e II a assimilação e acomodação quase não se fazem diferenciadas, as crianças carecem de uma diferenciação clara entre suas ações e os efeitos dessas ações no mundo (Piaget, 1975/1985, p. 70). Como consequência, durante esses subestágios as crianças de até 2 anos vivenciam o mundo como "uma coleção de centros de criação ou reprodução, na qual a criança localiza suas próprias impressões de esforço e atividade, mas não se pode dizer que ela conceba esses centros como externos ou internos a ela" (CR, p. 228). Além disso, nesses subestágios os objetos são experimentados como extensão direta da ação precedente. É por isso que a busca das crianças de até 2 anos por objetos estende-se apenas à ação precedente (CR, obs. 4,5). Assim, quando um objeto deixa seu campo visual, o comportamento da criança (incluindo seus movimentos oculares) é caracterizado por uma expectativa passiva, e não por uma busca ativa, isso porque a busca ativa demanda a coordenação de esquemas secundários e a remoção de obstáculos (CR, p. 10-11).

Com relação ao espaço, os primeiros dois subestágios são caracterizados por espaços heterogêneos descoordenados (espaço visual, espaço auditivo, espaço bucal etc., CR, p. 101). No âmbito desses diferentes espaços, contudo, a criança de 1 a 2 anos demonstra padrões de comportamento coordenados que um observador pode interpretar como grupos constituintes de deslocamento. Piaget adotou o conceito de grupo do matemático francês Poincaré (1905/1958). Um grupo é "constituído por cada totalidade coordenada de deslocamentos capazes de retornar ao ponto de partida, fazendo-o de modo que o estágio final não dependa da rota seguida" (CR, p. 107; ver Chapman, 1988, p. 108). Por exemplo, quando Laurent (0;1 [3]) coordenou os movimentos de mão e boca e redescobriu os movimentos corretos para posicionar a mão de volta à boca após ter perdido contato, seu comportamento já constituía um grupo prático (CR, obs. 67). Contudo, de acordo com Piaget, não existe evidência de que crianças de até 2 anos tenham consciência desses grupos porque, conforme outras observações fizeram ver, tais crianças ainda não se posicionam no espaço e ainda não compreendem as relações espaciais entre as coisas (CR, p. 105). Assim, nesse subestágio "a ação cria espaço, mas ainda não está situada nele" (CR, p. 102). Não obstante, os grupos práticos demonstram que a construção de relações entre ações é um aspecto fundamental do funcionamento intelectual: "A lógica das relações é imanente a toda atividade intelectual; toda percepção e toda concepção vêm a ser o feitio das relações. Se a lógica das relações é apenas tardiamente refletida como sistema normativo, ela é virtualmente pré-formada no funcionamento de todo e qualquer ato de inteligência" (CR, p. 209).

A coordenação entre visão e preensão e o surgimento de reações circulares secundárias promovem a diferenciação entre assimilação e acomodação. Como consequência, o sentido torna-se gradualmente desatrelado da atividade motora imediata das crianças de até 2 anos, inserindo-se numa rede de relações que se faz cada vez mais independente (isto é, objetiva) da atividade da criança (OI, p. 74-75).

> Quando um objeto pode ser simultaneamente agarrado e sugado ou agarrado, observado e sugado, ele se torna externalizado em relação ao sujeito de modo bastante diferente do que se pudesse ser apenas agarrado. No último caso, ele é apenas um alimento para a própria função, e o sujeito tenta agarrar pela pura necessidade de agarrar. Tão logo haja coordenação, pelo contrário, o objeto tende

a ser assimilado a diversos esquemas simultaneamente. Ele assim adquire um conjunto de sentidos e, consequentemente, uma consistência, que o torna dotado de interesse (OI, p. 121).

No entanto, uma vez que as reações circulares secundárias ainda não diferenciam plenamente meios de fins, as relações entre objetos são usadas, mas não analisadas, com as crianças não sendo capazes de compreender mais do que um objeto por vez (OI, p. 232). Como resultado, a permanência do objeto ainda está atrelada à ação em curso, com a diferença de que, em contraste com os primeiros dois subestágios, as crianças agora podem antecipar objetos em novas posições (CF, obs. 6-11).

Durante o terceiro subestágio, as relações espaciais encontram-se centradas nas ações da criança e constituem o que Piaget (CR, p. 114) chamou de *grupos subjetivos*. As crianças conseguem redescobrir suas próprias posições somente com relação a objetos e ainda não relacionam objetos entre si nem posicionam seu próprio corpo num espaço comum com os outros objetos. Por essa razão, concebem as posições dos objetos como relativas a suas ações e não como relativas a seus próprios deslocamentos num espaço comum e objetivo (CR, p. 121). Por exemplo, Laurent (0;7 [0]) não fazia quaisquer tentativas de virar a mamadeira quando ela lhe era apresentada de cabeça para baixo com o bico invisível; só virava a mamadeira quando o bico estava parcialmente visível (CR, obs. 78). O não reconhecimento por Laurent de que a sua mamadeira tinha um lado contrário ilustra que as relações espaciais (de frente, de trás) não são entendidas como relativas ao objeto, mas se mantêm dependentes da perspectiva da própria criança (CR, p. 130).

No subestágio IV, a diferenciação entre meios e fins leva à construção de relações entre dois objetos simultaneamente (OI, p. 233). A capacidade de construir relações meios-e-fins tem repercussões para o entendimento do espaço pelas crianças dessa faixa etária. As ações das crianças são organizadas em grupos reversíveis simples como esconder um objeto sob uma tela e reencontrá-lo (CR, obs. 85). Contudo, os grupos espaciais nesse nível se mantêm no meio do caminho entre grupos subjetivos e objetivos uma vez que as crianças não conseguem compreender relações que sejam completamente independentes de suas ações. A criança "ainda não reconhece posições e deslocamentos como sendo relativos entre si, e sim somente em relação a ela própria" (CR, p. 183). A carência de relações de entendimento como relativas a objetos faz-se aparente no erro A-não-B: as crianças buscam um objeto num local onde previamente o encontraram e não no local em que viram o objeto desaparecer (CR, obs. 39-45). "O objeto tela, por essa razão, não é considerado pela criança como algo com que o objeto escondido esteja em relação: a tela continua a ser percebida como relativa ao sujeito e não como relativa ao objeto" (CF, p. 192).

As reações circulares terciárias envolvem a construção de relações mais complexas entre objetos à medida que as crianças de até 2 anos sucessivamente coordenam os meios auxiliares ao objetivo e à situação em questão. Os meios já não são uma simples função do objetivo, mas tornam-se cada vez mais objetificados (OI, p. 277-278). Como resultado, as crianças passam a descobrir e usar interrelações complexas entre objetos (CR, p. 186). Por exemplo, começam a buscar objetos postos atrás de si e de outras pessoas (CR, obs. 104-105). Também passam a construir grupos objetivos de deslocamentos espaciais que coordenam relações espaciais entre localizações. Por exemplo, começam a passar da localização A para a B, e então da localização B para a C, e finalmente da localização C de volta para a A (CR, obs. 117). Contudo, ainda não conseguem realizar tarefas que requeiram uma representação simbólica de relações espaciais (CR, p. 202). Por exemplo, as crianças não posicionam o próprio corpo no mesmo espaço de outros objetos, como fica evidente nas tentativas de Jacqueline (1;6 [15]) de pegar uma roupa que estava vestindo (OI, obs. 168, 119, 121, 122). De modo semelhante, muito embora crianças de até 2 anos consigam realizar tarefas que envolvam deslocamentos visíveis de objetos, ainda falham em tarefas envolvendo deslocamentos invisíveis (CR, obs. 55-57).

Por fim, com o surgimento da representação simbólica, os grupos espaciais não apenas são objetivos, mas também se tornam representativos (CR, p. 205). As crianças podem usar ardis em que parte do ardil não seja visível. Por exemplo, quando a bola de Jacqueline (1;6 [8]) rolou para debaixo da cama até um ponto em que não podia ser alcançada, estando do lado em que o objeto desapareceu, a menina contornou a cama e reencontrou a bola do outro lado do móvel (CR, obs. 123). Piaget afirmou também que as crianças agora situam seu próprio corpo no mesmo espaço que outros objetos (ver Moore, Mealiea, Garon e Povinelli, 2007). Finalmente, no estágio VI as crianças solucionam tarefas de permanência de objetos, com os objetos estando invisivelmente deslocados. Por exemplo, quando Piaget escondeu uma canetinha na mão, e posicionou a mão sucessivamente nos locais ocultos A, B e C, deixando a canetinha sob C, Jacqueline (1;7 [23]) conseguiu reencontrar a canetinha. De acordo com Piaget, o reencontro de objetos invisivelmente deslocados pressupõe o surgimento da representação simbólica (CR, p. 83-86).

Representação simbólica

Uma afirmação crucial apresentada em OI, CR e PDI é a de que o desenvolvimento sensório-motor culmina com o surgimento do pensamento representacional simbólico. Para Piaget, o pensamento representacional simbólico é uma atividade estruturante que sintetiza conceitos ou esquemas e itens representacionais simbólicos (PDI, p. 67). Os itens representacionais simbólicos consistem em significantes (isto é, itens que transmitem sentido) que são diferenciados de seus referentes, e significados (isto é, o sentido carregado pelo significante). A esse sistema de significantes Piaget denominou "função semiótica" (Piaget e Inhelder, 1966/1969, p. 51). A função semiótica classifica tanto símbolos quanto signos. Seguindo a tradição de Saussure (1916/1986, p. 67-69), Piaget (Piaget e Inhelder, 1966/1969, p. 56) definiu símbolos ao modo de imagens mentais como significantes motivados (isto é, eles se assemelham às coisas significadas), e signos, ao modo de palavras, como significantes arbitrários e convencionais. A função semiótica torna possível que as crianças pensem em objetos ausentes, como passado e futuro, ou mesmo em acontecimentos fictícios.

Para Piaget, significantes e significados não se encontram limitados à inteligência representacional simbólica, mas estão presentes já no nível sensório-motor, uma vez que o sentido é constituído sempre por significantes e significado (OI, p. 189-190). Contudo, ao contrário do que se passa com os significantes no nível simbólico-representacional, no nível sensório-motor os significantes não se diferenciam daquilo a que se referem (OI, p. 191). Piaget (OI, p. 191) usou as indicações genéricas de terminologia para fazer referência a significantes indiferenciados. Nesse nível, os significados são esquemas sensório-motores que conferem sentido aos elementos com que interagem (OI, p. 189). Uma indicação nesse sentido é um "aspecto objetivo da realidade externa" (OI, p. 193), "um fato perceptível que anuncia a presença de um objeto ou a iminência de um evento (a porta que se abre e anuncia uma pessoa)" (OI, p. 191-192).

Piaget operou uma distinção entre diferentes tipos de indicações que correspondem a diferentes subestágios do desenvolvimento sensório-motor (OI, p. 189-196, 247-252, 327-328). Por exemplo, durante o subestágio II, as indicações resultam da coordenação de diferentes esquemas primários, como visão e audição, com as crianças de até 2 anos usando o som como indicador para a visão; isso significa que elas reconhecem que "tem de se olhar para a coisa ouvida" (OI, p. 194). Embora as indicações que resultam da coordenação de esquemas primários continuem relacionadas à própria atividade da criança, a coordenação de esquemas secundários promove a objetificação do significante e o gradual desatrelamento entre sentido e o campo espaciotemporal imediato. Com isso, no subestágio IV as crianças antecipam acontecimentos que independem de suas próprias ações. Por exemplo, Jacqueline (0;9 [15]) começou a chorar tão logo viu que a pessoa sentada a seu lado levantara e se afastara um pouco, e isso porque tomou esse comportamento como indicativo da iminente partida dessa pessoa. Para Piaget, a fim de explicar esses significantes indiferenciados mais complexos, não precisamos atribuir representações simbólicas à criança de 1 a 2 anos; é o caso, isto sim, de que essas indicações suscitam uma expectativa especificamente relacionada a um objeto (OI, p. 252).

No estágio sensório-motor VI, as primeiras representações simbólicas surgem sob a forma de imagens mentais. A transição de símbolos motores para imagens mentais é apreendida ao se observar Lucienne, filha de Piaget (OI, obs. 180). Quando confrontada com uma caixa cuja fenda era por demais estreita para por ela fazer sair dali uma corrente,

Lucienne (1;4 [0]) abre e fecha sua própria boca várias vezes e então aumenta a fenda da caixa para dali retirar a corrente. Piaget interpretou o abre e fecha da boca como um significante diferenciado, a significar as operações motoras demandadas para uma solução bem-sucedida do problema. Piaget estava convencido de que as representações simbólicas são apenas "ferramentas de um pensamento nascente" (OI, p. 248) que vêm em apoio ao processo dinâmico de invenção (ou seja, da atividade estruturante de assimilação).

O problema que Piaget aborda em PDI está em explicar como as crianças geram significados desatrelados e significantes diferenciados. Basicamente, recorreu à distinção entre as funções de assimilação e acomodação e sugeriu que a atividade representacional simbólica advém da síntese dessas duas funções complementares. De modo específico, concomitantemente à diferenciação e coordenação de esquemas, as atividades de assimilação e acomodação tornam-se mais diferenciadas. Durante o segundo ano de vida, o desatrelamento das ações em relação a estímulos imediatamente dados resulta no surgimento do ato de simulação. Segundo Piaget, a simulação é mais bem caracterizada como a primazia da assimilação em relação à acomodação, à medida que objetos são livremente assimilados às necessidades da criança (PDI, p. 103, 148-149). A função de assimilação, e especificamente a simulação, fornece os significados desatrelados para a atividade representacional simbólica (PDI, p. 3, 104, 276).

Ao mesmo tempo, a acomodação torna-se mais ativa e direcionada à novidade como tal, que se manifesta mesmo, mas não exclusivamente, na imitação de novos comportamentos (PDI, p. 52-61). A imitação em si é caracterizada pela primazia da acomodação em relação à assimilação (PDI, p. 277-282). Os significantes diferenciados são fornecidos por imitação adiada. Por exemplo, a filha de Piaget, Jacqueline (1;4 [3]), quando posta em seu cercadinho, passou a imitar o acesso de raiva que observara num garoto posto no cercadinho dele no dia anterior (PDI, obs. 52). Por meio dessa ação, Jacqueline, talvez não de modo consciente (PDI, p. 70), munia-se de um significante (ação imitativa) diferente do que ele significa (modelo ausente). Mais tarde, com a interiorização de tal ação imitativa (isto é, com a atividade latente de esquemas em razão da velocidade aumentada), passa-se a ter uma imagem mental, a marcar o início da representação simbólica (Piaget e Inhelder, 1968/1973). As imagens mentais não são apenas sensações estendidas, conforme se postula na tradição empirista (o que é também uma implicação da noção de internalização), mas surge da interiorização de atividades motoras e perceptivas (PDI, p. 77).

Críticas à teoria de Piaget

Muitos aspectos da teoria piagetiana do desenvolvimento infantil têm sido alvo de severas críticas. Passarei a cobrir com brevidade três linhas de críticas: (a) Piaget não explicou adequadamente o processo de interiorização e o surgimento de representações simbólicas; (b) Piaget ignorou amplamente a importância das interações sociais para o desenvolvimento do conhecimento; (c) Piaget subestimou seriamente as capacidades das crianças de até 2 anos.

Em primeiro lugar, tem se afirmado que a argumentação de Piaget seria falha por não explicar adequadamente o surgimento de representações simbólicas (Bickhard e Campbell, 1989; Judge, 1985; Müller, Sokol e Overton,1998a, 1998b). Contudo, a abordagem de Piaget já foi defendida dessas críticas (ver Morgado, 2002; Smith, 1998). De qualquer modo, é justo dizer que Piaget não explicou o processo de interiorização de modo suficientemente detalhado (Vonèche e Vidal, 1985), e esse importante aspecto da abordagem de Piaget (bem como de outros, ver Vygotsky, 1978, p. 57) mereceria melhor elaboração.

A segunda linha de críticas volta-se à carência de fatores sociais e à não abordagem, por Piaget, de transições importantes no desenvolvimento social (Hamlyn, 1978; Rodriguez, 2009; Tomasello, 1996). Fatores sociais por certo não estão ausentes da obra de Piaget sobre os dois primeiros anos. Em primeiro lugar, o enunciado segundo o qual "a inteligência humana está sujeita à ação da vida social em todos os níveis de desenvolvimento, do primeiro ao último dia de vida" (Piaget, 1977/1995, p. 278), inclui claramente o estágio sensório-motor. Em segundo lugar, os processos de aprendizagem social da imitação (PDI, p. 8-88), o papel especial das pessoas (por exemplo, OI, p. 277-278; CR, p. 318) e as mudanças na compreensão da ação das pessoas por parte de crianças de até 2 anos (CR, obs. 137-139, 142, 143, 152, 153) são debatidos com algum vagar. Em terceiro lugar, Piaget observou também a importância das interações sociais e da comunicação para o desenvolvimento do pensamento representacional simbólico: "Fora dessa relação social, não há razão aparente pela qual a representação pura deva se seguir à ação" (CR, p. 367; ver Sinclair, 1982). Contudo, a construção do mundo social não recebe o mesmo nível de atenção na obra de Piaget sobre os dois primeiros anos como construção do mundo físico. Além disso, Piaget teria deixado de fornecer uma análise detalhada de como a interação comunicativa conduz à representação simbólica. De modo geral, a questão ainda real é sobre se a relativa falta de atenção de Piaget à interação social nos dois primeiros anos invalida a sua abordagem desse período ou se o seu arcabouço teórico pode ser revisado com o intuito de apreender o desenvolvimento social (por exemplo, Carpendale e Lewis, 2006; Chapman, 1991; Müller e Carpendale, 2000, 2004).

O motor principal das críticas levantadas contra a teoria piagetiana do desenvolvimento da criança de 1 a 2 anos advém da empreitada neonativista. Esta sustenta que o conhecimento central e as capacidades de se representar e raciocinar sobre a realidade física (por exemplo, objetos, causalidade, espaço) são inatos (ver Bremner, 2001; Cohen e Cashon, 2006, para revisões dessa posição). A questão não está na possibilidade de replicação das observações e experimentos de Piaget; a questão está na sistemática subestimação das competências da criança de até 2 anos pelo método piagetiano de avaliar as competências da criança dessa faixa etária (isto é, a sua dependência de ação sensório-motora ao modo de uma busca manual). Os neonativistas consideram o tempo de observação como uma medida mais sensível da "verdadeira competência" da criança de 1 a 2 anos. Um método comum empregado nessa linha de pesquisa é o paradigma de violação da expectativa (VOE [da sigla em inglês para *violation of expectation*]; ver Bremner, 2001). Segundo o paradigma VOE, as crianças são familiarizadas com uma sequência de eventos (por exemplo, uma tela rodando de um lado para o outro num arco de 180°, ver

Baillargeon, 1987). Seguindo-se à habituação a esse evento, às crianças são apresentados eventos-teste que podem ou não violar o princípio físico em investigação (por exemplo, a tela ou para na caixa ou parece atravessá-la). Assumiu-se que, se as crianças de até 2 anos detêm o olhar mais no evento impossível do que no possível, elas estão compreendendo o princípio físico em investigação. Usando o paradigma VOE, descobriu-se de fato que já crianças de 3 a 4 meses parecem deter o olhar mais tempo nos eventos "impossíveis" do que nos "possíveis" (ver Baillargeon, 2004a; Bremner, 2001).

A rica interpretação pelos neonativistas do comportamento a envolver o tempo de observação da criança de até 2 anos permanece inconteste (por exemplo, Cohen e Cashon, 2006; Haith e Benson, 1998; Kagan, 2008; Rakison, 2007).[4] Propôs-se que eventos possíveis e impossíveis segundo o paradigma VOE são confundidos com outros fatores, que por sua vez podem explicar as diferenças no tempo de observação (por exemplo, Bogartz, Shinskey e Speaker, 1997; Cashon & Cohen, 2000; Rivera, Wakeley e Langer, 1999). Além disso, alegou-se que, uma vez que o paradigma VOE avalia somente se crianças de até 2 anos discriminam perceptivamente dois acontecimentos diferentes, de modo geral ele é compatível com a interpretação perceptiva e não garante a imputação de processos cognitivos avançados a crianças dessa faixa etária (Cohen e Casho, 2006; Haith e Benson, 1998; Kagan, 2008; Müller e Overton, 1998a; Rakison, 2007; mas ver Baillargeon, 2004a, 2004b). Um problema que adicionalmente se apresenta à rica interpretação sobre dados de tempo de observação é o de que ela deixa de explicar o porquê de o conhecimento precoce das crianças de até 2 anos não ser revelado em suas ações (por exemplo, na tarefa A-não-B),

4 Em trabalhos recentes, Baillargeon (2008; Hespos e Baillargeon, 2008) afirma que o paradigma VOE e as tarefas baseadas em ação produzem achados convergentes. Contudo, a alegação é problemática, uma vez que sistematicamente ignora os diferentes níveis de complexidade que, na teoria de Piaget, subjazem ao comportamento de pesquisa manual e ao comportamento de observação. De modo específico, seguindo Kant (1787/1929, B 236), Piaget (CR, p. 322-326) distinguiu entre uma sequência de percepções (sucessão subjetiva) e a percepção de uma sequência (sucessão objetiva). Indiscutivelmente, o paradigma VOE envolve apenas a primeira sequência de percepções, que é menos complexa, enquanto a busca manual envolve a percepção mais complexa de uma sequência (ver Müller e Overton, 1998a). Infelizmente, ao que tudo indica, essa importante distinção entre sucessão subjetiva e objetiva tem sido ignorada pelos pesquisadores contemporâneos sobre os dois primeiros anos.

mesmo alguns meses depois de terem adquirido as necessárias habilidades motoras (Bremner, 2001; Müller e Overton, 1998a).

À parte a controvérsia sobre como interpretar os dados de tempo de observação, o neonativismo contemporâneo ancora-se num arcabouço epistemológico inteiramente diferente do arcabouço epistemológico de Piaget. De modo mais específico, o neonativismo contemporâneo baseia-se numa teoria do sentido representacional causal ou mecanicista ela própria ancorada na tradição empirista (Goldberg, 1991; McDonough, 1989). De acordo com as teorias representacionais causais, sentido e comportamento são explicados por representações internas que realizam a mediação entre inserção e resultado. Essas representações são causalmente produzidas por inserções (isto é, por informações perceptivas) e, por sua vez, atuam sobre resultados (isto é, movimentos corporais). Por exemplo, na abordagem do raciocínio físico por Baillargeon (2004a, 2004b, 2008), as representações dos acontecimentos são ativadas por algumas inserções e atravessam computações realizadas pelo sistema de raciocínio físico, que então produz um resultado (qual seja, atenção aumentada ao evento fisicamente impossível). Baillargeon (2004b, p. 422) afirma categoricamente que, em sua teoria, o raciocínio é executado por algum ardil: "Parece bastante improvável que crianças de até 2 anos detenham crenças explícitas sobre qualquer coisa que seja. O que elas detêm é um sistema computacional abstrato, um sistema de raciocínio físico que monitora eventos físicos, sinalizando que estes não se dão conforme o esperado tendo em vista um escrutínio posterior". Em teorias representacionais causais como as de Baillargeon, as representações tornam-se entidades que adquirem autonomia e "a pessoa como agente se torna supérflua" (Judge, 1985, p. 51).

Essa discussão, inevitavelmente rápida, indica as diferenças fundamentais no modo com que as teorias neonativistas contemporâneas (exemplificadas pela teoria de Baillargeon) e Piaget conceitualizam o funcionamento da mente (para uma abordagem mais detalhada, ver Müller e Newman, 2008; Müller e Overton, 1998a, 1998b; Müller *et al.*, 1998a). Basicamente, seguindo a tradição das teorias representacionais causais empiristas, a teoria de Baillargeon conceitualiza a mente como passiva, e relações entre crianças de até 2 anos e o mundo como externas, enquanto a teoria de Piaget conceitualiza a mente como ativa e a relação entre a criança de até 2 anos e o mundo como interna. Não surpreende que, dados esses diferentes arcabouços epistemológicos, termos como "representação" ou "raciocínio" assumam sentidos diferentes nas teorias de Baillargeon e Piaget (Müller e Giesbrecht, 2008).[5] Infelizmente, Baillargeon (2008) não se mostra consciente dos compromissos epistemológicos decorrentes de sua teoria. Por exemplo, ela não trata de como a sua teoria evita o problema símbolo-enraizamento – ou seja, o problema de explicar como itens representativos podem ter um sentido (Bickhard, 1993, 1999; Heil, 1981; Müller e Overton, 1998a; Smythe, 1992). Tampouco está claro de que modo a noção de objetividade pode ter qualquer sentido num arcabouço representacional causal (Straus, 1963). Por fim, Baillargeon (2008) contradiz-se ao afirmar, por um lado, que um dispositivo computacional produz respostas das crianças de até 2 anos segundo o paradigma VOE e, por outro, que as crianças se envolvem em suas tentativas de compreender o mundo físico num processo de aprendizagem que tem como base a explicação. Em essência, é de modo ilegítimo que Baillargeon combina uma abordagem que se baseia em relações externas entre criança e mundo com uma abordagem interna dessa relação (ver Hacker, 1991).

Conclusão

Na epistemologia do desenvolvimento de Piaget, a inteligência sensório-motora faz as vezes de uma ponte entre o funcionamento biológico e o pensamento racional. Por um lado, os primórdios da inteligência sensório-motora, o sistema dos reflexos, está relacionado à estrutura morfológica e anatômica do organismo. Por outro, a inteligência sensório-motora por sua vez acarreta uma lógica de ação e implicações de sentido e, com isso, as sementes do que mais tarde se tornará pensamento racional e conhecimento necessário (OI, p. 418). Além do mais, o funcionamento biológico, a inteligência sensório-motora e o pensamento racional baseiam-se nos

5 O termo "representação" não é definido na teoria de Baillargeon. Assim, não fica claro se ela aceitaria que as descobertas geradas sob o paradigma VOE pudessem ser explicadas com base em significantes indiferenciados (ver Müller e Giesbrecht, 2008).

mesmos processos de auto-organização (isto é, nas invariantes funcionais). As invariantes funcionais garantem a continuidade do desenvolvimento, enquanto, em constante interação com o mundo, tem-se a construção de formas cada vez mais complexas (ou seja, uma mudança estrutural).

A obra de Piaget sobre os dois primeiros anos aborda diversas questões epistemológicas fundamentais, como a relação entre estrutura e função, matéria e forma, cognição e afeto, biologia e cognição, e apresenta uma teoria sistemática do processo de significação, da estrutura da consciência, do papel da ação e da experiência no desenvolvimento. A amplitude da abordagem piagetiana da criança de até 2 anos e a profundidade de seu tratamento de questões epistemológicas fundamentais ainda não encontram paralelos. Quanto a isso, abordagens representacionais causais contemporâneas ao desenvolvimento infantil, como as de Baillargeon, na verdade são um retrocesso, por ignorarem questões epistemológicas e por não atentarem a seus próprios compromissos epistemológicos. Como resultado, tem-se abordagens contemporâneas repletas de problemas conceituais de caráter primordial (ver Müller e Newman, 2008; Müller e Overton, 1998a, 1998b; Müller *et al.*, 1998a).

Contudo, em diversos aspectos a teoria piagetiana da criança de até 2 anos se mantém incompleta, a demandar elaboração e, possivelmente, uma revisão. Descobertas da pesquisa contemporânea que usam medidas de tempo de observação também criam lacunas que precisam ser abordadas pelos piagetianos. É provável que isso conduza a modificações da teoria de Piaget. Por exemplo, pode ser necessário incorporar à sua interpelação alguns conceitos que se originam na teoria de processamento da informação (como as memórias de curto prazo e de trabalho, Chapman, 1988). Ao mesmo tempo, o potencial da teoria da inteligência sensório-motora de Piaget para contribuir com avanços teóricos recentes, como a ênfase em teorias do sentido consubstanciadas e baseadas na ação, está ainda por se realizar (Clark, 2006; Gallagher, 2005; Gallese e Lakoff, 2005).

A pesquisa futura sobre os dois primeiros anos certamente se beneficiaria de levar mais a sério e explorar as implicações teóricas e empíricas de duas compreensões cruciais da teoria piagetiana dos dois primeiros anos. Em primeiro lugar, as funções mentais superiores fundam-se numa forma prática e pré-reflexiva de inteligência, e dela resultam. Em segundo, não existe estrutura independente de atividade e vice-versa: "Por isso, o essencial não é o esquema como estrutura, mas a atividade estruturante que dá origem aos esquemas" (OI, p. 350). O modo como Piaget compreende as crianças de até 2 anos, na condição de agentes ativos a conferir sentidos cada vez mais complexos às coisas com que interage, ainda espera ser plenamente assimilado pela psicologia do desenvolvimento e pela filosofia.[6]

Referências

BAILLARGEON, R. "Object permanence in 3 1/2- and 41/2-month-old infants". *Developmental Psychology*, 23, 1987, 655-664.

______. "Infants' reasoning about hidden objects: Evidence for event-general and event-specific expectation". *Developmental Science*, 7, 2004a, 391-414.

______. "Can 12 large clowns fit in a Mini Cooper? Or when are beliefs and reasoning explicit and conscious?". *Developmental Science*, 7, 2004b, 422-424.

______. "Innate ideas revisited: For a principle of persistence in infants' physical reasoning". *Perspectives on Psychological Science*, 3, 2008, 2-12.

BALDWIN, J. M. *Mental development in the child and the race: Methods and processes* (3. ed., revisada). Nova Iorque: Macmillan, 1906 (texto original publicado em 1894).

BERK, L. *Infants and children: Prenatal through middle childhood* (6. ed.). Boston: Allyn & Bacon, 2007.

BICKHARD, M. H. "Representational content in humans and machines". *Journal of Experimental and Theoretical Artificial Intelligence*, 5, 1993, 285-333.

______. "Interaction and representation". *Theory and Psychology*, 9, 1999, 435-458.

______ e CAMPBELL, R. L. "Interactivism and genetic epistemology". *Archives de Psychologie*, 57, 1989, 99-121.

BOGARTZ, R. S., SHINSKEY, J. L. e SPEAKER, C. J. "Interpreting infant looking: The event set x event set design". *Developmental Psychology*, 33, 1997, 408-422.

6 O SSHRC [Social Sciences and Humanities Research Council, Conselho de Pesquisa em Ciências Sociais e Humanidades] do Canadá e a Human Early Learning Network [Rede de Primeiros Aprendizados Humanos] ampararam a preparação deste capítulo.

BREMNER, G. "Cognitive development: Knowledge of the physical world". In: G. BREMNER e A. FOGEL (Orgs.). *Blackwell handbook of infant development* (p. 98-138). Oxford: Blackwell, 2001.

BÜHLER, K. *Die geistige Entwicklung des Kindes* (The mental development of the child). Jena: Fischer, 1918.

CARPENDALE, J. I. M. e LEWIS, C. *How children develop social understanding*. Oxford: Blackwell, 2006.

CASHON, C. H. e COHEN, L. B. "Eight-month-old infants' perceptions of possible and impossible events". *Infancy*, 1, 2000, 429-446.

CHAPMAN, M. *Constructive evolution*. Cambridge: Cambridge University Press, 1988.

______. "The epistemic triangle: Operative and communicative components of cognitive development". In: M. CHANDLER e M. CHAPMAN (Orgs.). *Criteria for competence: Controversies in the conceptualization and assessment of children's abilities* (p. 209-228). Hillsdale: Erlbaum.

CLARK, A. "Cognitive complexity and the sensorimotor frontier". *Aristotelian Society Supplementary Volume*, 80, 2006, 43-65.

COHEN, L. B. e CASHON, K. H. "Infant cognition". In: W. DAMON e R. LERNER (editores da série), D. KUHN e R. SIEGLER (editores dos volumes). *Handbook of child psychology*, Vol. 2: *Cognition, perception, and language* (6. ed. p. 214-251). Nova Iorque: Wiley, 2006.

COLE, M., COLE, S. R. e LIGHTFOOT, C. *The development of children* (5. ed.). Nova Iorque: Worth Publishers, 2005.

GALLAGHER, S. *How the body shapes the mind*. Oxford: Clarendon Press, 2005.

GALLESE, V. e LAKOFF, G. F. "The brain's concepts: The role of the sensory-motor system in conceptual knowledge". *Cognitive Neuropsychology*, 22, 2005, 455-479.

GOLDBERG, B. "Mechanism and meaning". In: J. HYMAN (Org.). *Investigating psychology* (p. 48-66). Londres: Routledge, 1991.

HACKER, P. M. S. "Seeing, representing and describing: An examination of David Marr's computational theory of vision". In: J. HYMAN (Org.). *Investigating psychology* (p. 119-154). Londres: Routledge, 1991.

HAITH, M. M. e BENSON, J. B. "Infant cognition". In: W. DAMON (editor da série), D. KUHN e R. SIEGLER (editores do volume). *Handbook of child psychology*, Vol. 2: *Cognition, perception, and language* (5. ed., p. 199-254). Nova Iorque: Wiley, 1998.

HAMLYN, D. W. *Experience and the growth of understanding*. Londres: Routledge & Kegan Paul, 1978.

HEIL, J. "Does cognitive psychology rest on a mistake?". *Mind*, 90, 1981, 321-342.

HESPOS, S. J. e BAILLARGEON, R. "Young infants' actions reveal their developing knowledge of support variables: Converging evidence for violation-of-expectation findings". *Cognition*, 107, 2008, 304-316.

JUDGE, B. *Thinking about things: A philosophical study of representation*. Edimburgo: Scottish Academic Press, 1985.

KAGAN, J. "In defense of qualitative changes in development". *Child Development*, 79, 2008, 1606-1624.

KANT, I. *Critique of pure reason*. Londres: Macmillan, 1929 (texto original publicado em 1787).

KOFFKA, K. *The growth of the mind*. Londres: Routledge & Kegan Paul, 1924.

McDONOUGH, R. "Towards a non-mechanistic theory of meaning". *Mind*, 98, 1989, 1-21.

MOORE, C., MEALIEA, J., GARON, N. e POVINELLI, D. J. "The development of body self-awareness". *Infancy*, 11, 2007, 157-174.

MORGADO, L. "The role of representation in Piagetian theory: Changes over time". In: T. BROWN e L. SMITH (Orgs.). *Reductionism and the development of knowledge* (p. 159-174). Mahwah: Erlbaum, 2002.

MÜLLER, U.; CARPENDALE, J. I. M. "The role of social interaction in Piaget's theory: Language for social cooperation and social cooperation for language". *New Ideas in Psychology*, 18, 2000, 139-156.

______. "From joint activity to joint attention: A relational approach to social development in infancy". In: J. I. M. CARPENDALE e U. MÜLLER (Orgs.). *Social interaction and the development of knowledge* (p. 215-238). Mahwah: Erlbaum, 2004.

______; GIESBRECHT, G. "Methodological and epistemological issues in the interpretation of infant cognitive development". *Child Development*, 79, 1654-1658, 2008.

______ e NEWMAN, J. L. "The body in action: Perspectives on embodiment and consciousness". In: W. F. OVERTON, U. MÜLLER e J. L. NEWMAN (Orgs.). *Developmental perspectives on embodiment and consciousness* (p. 313-341). Nova Iorque: Taylor & Francis, 2008.

______ e OVERTON, W. F. "How to grow a baby: A re-evaluation of image-schema and Piagetian approaches to representation". *Human Development*, 41, 1998a, 71-111.

MÜLLER, U. e OVERTON, W. F. "Action theory of mind and representational theory of mind: Is dialogue possible?" *Human Development*, 41, 1998b, 127-133.

______ e SOKOL, B. "Reframing a constructivist model of the development of mental representation: The role of higher-order operations". *Developmental Review*, 18, 1998a, 155-201.

______. "Constructivism and development: Reply to Smith's commentary". *Developmental Review*, 18, 1998b, 1228-1236.

MUNAKATA, Y., McCLELLAND, J. L., JOHNSON, M. H. e SIEGLER, R. S. "Rethinking infant knowledge: Toward an adaptive process account of successes and failures in object permanence tasks". *Psychological Review*, 104, 1997, 686-713.

OVERTON, W. F. "Contexts of meaning: The computational and the embodied mind". In: W. F. OVERTON e D. S. PALERMO (Orgs.). *The nature and ontogenesis of meaning* (p. 1-18). Hillsdale: Erlbaum, 1994.

PIAGET, J. *Introduction à l'épistémologie génétique* (vol. 1). Paris: Presses Universitaires de France, 1950a.

______. *Introduction à l'épistémologie génétique* (vol. 3). Paris: Presses Universitaires de France, 1950b.

______. *The origins of intelligence in children.* Nova Iorque: International Universities Press, 1952 (texto original publicado em 1936).

______. Autobiography. In: C. MURCHISON (Org.). *History of psychology in autobiography* (vol. 4, p. 237-256). Nova Iorque: Russell & Russell, 1952.

______. *The construction of reality in the child.* Nova Iorque: Basic Books, 1954 (texto original publicado em 1937).

______. "The problem of consciousness in child psychology: Developmental changes of awareness". In: H. A. ABRAMSON (Org.). *Conference on problems of consciousness* (vol. 4, p. 136-177). Nova Iorque: Josiah Macy Foundation, 1954.

______. *Play dreams and imitation in childhood.* Nova Iorque: W.W. Norton & Co., 1962 (texto original publicado em 1945).

______. "Explanation in psychology and psychophysiological parallelism". In: P. FRAISSE e J. PIAGET (Orgs.). *Experimental psychology: Its scope and method* (vol. 1, p. 153-191). Londres: Routledge & Kegan Paul (texto original publicado em 1963).

______. *The mechanisms of perception.* Nova Iorque: Basic Books, 1969 (texto original publicado em 1961).

PIAGET, J. "Piaget's theory". In: P. H. MUSSEN (Org.). *Carmichael's manual of child psychology*, Vol. 1 (3. ed., p. 703-730). Nova Iorque: Wiley, 1970.

______. *Insights and illusions of philosophy*. Londres: Routledge & Kegan Paul, 1971 (texto original publicado em 1965).

______. *Biology and knowledge*. Chicago: University of Chicago Press, 1971 (texto original publicado em 1967).

______. *The principles of genetic epistemology*. Londres: Routledge & Kegan Paul, 1972a (texto original publicado em 1970).

______. *Psychology and epistemology: Towards a theory of knowledge*. Middlesex: Penguin Books, 1972b (texto original publicado em 1970).

______. "Language and intellectual operations". In: J. PIAGET (Org.). *The child and reality* (p. 109-124). Nova Iorque: Viking Press, 1973 (texto original publicado em 1954).

______. "Child praxis". In: J. PIAGET (Org.). *The child and reality* (p. 63-91). Nova Iorque: Viking Press, 1973 (texto original publicado em 1960).

______. "Biology and cognition". In: B. INHELDER e H. CHIPMAN (Orgs.). *Piaget and his school* (p. 45-62). Nova Iorque: Springer Verlag (texto original publicado em 1966).

______. *The equilibration of cognitive structures*. Chicago: University of Chicago Press, 1985 (texto original publicado em 1975).

______. *Sociological studies*. Londres: Routledge, 1995 (texto original publicado em 1977).

______ e GARCIA, R. *Toward a logic of meanings*. Hillsdale: Erlbaum, 1991 (texto original publicado em 1987).

______ e INHELDER, B. *The psychology of the child*. Nova Iorque: Basic Books, 1969 (texto original publicado em 1966).

______. *Mental imagery in the child*. Nova Iorque: Basic Books, 1971 (texto original publicado em 1966).

______. *Memory and intelligence*. Nova Iorque: Basic Books, 1973 (texto original publicado em 1968).

______. "The gaps in empiricism". In: B. INHELDER e H. CHIPMAN (Orgs.). *Piaget and his school* (p. 24-35). Nova Iorque: Springer Verlag, 1976 (texto original publicado em 1969).

POINCARÉ, H. *The value of science*. Nova Iorque: Dover Publications, 1958 (texto original publicado em 1905).

RAKISON, D. H. "Is consciousness in its infancy in infancy?" *Journal of Consciousness Studies*, 14, 2007, 66-89.

RIVERA, S. M., WAKELEY, A. e LANGER, J. "The drawbridge phenomenon: Representational reasoning or perceptual preference?" *Developmental Psychology*, 35, 1999, 427-435.

RODRÍGUEZ, C. "The 'circumstances' of gestures: Proto-interrogatives and private gestures". *New Ideas in Psychology*, 27, 2009, 288-303.

RUSSELL, J. *The acquisition of knowledge*. Londres: Macmillan, 1978.

SAUSSURE, F. de. *Course in general linguistics*. La Salle: Open Court Classics, 1986 (texto original publicado em 1916).

SINCLAIR, H. "Piaget on language: A perspective". In: S. MODGIL e C. MODGIL (Orgs.). *Jean Piaget: Consensus and controversy* (p. 167-177). Londres: Holt, Rinehart, and Winston, 1982.

SMITH, L. "The infant's Copernican revolution". *Human Development*, 30, 1987, 210-224.

______. *Necessary knowledge*. Hove: Erlbaum, 1993.

______. "On the development of mental representation". *Developmental Review*, 18, 1998, 202-227.

SMYTHE, W. E. "Conceptions of interpretation in cognitive theories of representation". *Theory and Psychology*, 2, 1992, 339-362.

STERN, W. *Psychology of early childhood*. Nova Iorque: Henry Holt and Company, 1930 (texto original publicado em 1914).

STRAUS, E. W. *The primary world of senses*. Londres: Glencoe, 1963 (texto original publicado em 1956).

TOMASELLO, M. "Piagetian and Vygotskian approaches to language acquisition". *Human Development*, 39, 1996, 269-276.

VONÈCHE, J. e VIDAL, F. "Jean Piaget and the child psychologist in Jean Piaget". *Synthese*, 65, 1985, 121-138.

VON WRIGHT, G. H. *Explanation and understanding*. Ítaca: Cornell University Press, 1971.

VYGOTSKY, L. S. *Mind in society: The development of higher psychological processes*. Cambridge, Mass.: Harvard University Press, 1978.

10 Infância

Maximilian B. Bibok, Ulrich Müller e
Jeremy I. M. Carpendale

Este capítulo pretende proporcionar uma visão geral da obra de Piaget sobre o desenvolvimento cognitivo na infância, espraiando-se do surgimento do pensamento simbólico, aos aproximadamente 2 anos, até o surgimento do pensamento hipotético-dedutivo, no início da adolescência. A pesquisa de Piaget sobre o desenvolvimento cognitivo abarca seis décadas, iniciando com a sua investigação de juventude, sobre o entendimento pelas crianças das relações parte-todo (Piaget, 1921), e concluindo-se com os livros publicados postumamente, sobre a lógica dos sentidos (Piaget e Garcia, 1991) e as categorias e morfismos (Piaget, Henriques e Ascher, 1990/1992). O que une esse volumoso programa de pesquisa é a visão piagetiana do conhecimento como construído por meio de atividade (ver Capítulos 1 e 7, neste volume).

Duas questões vêm atuar como complicadores numa síntese da teoria do desenvolvimento cognitivo na infância por Piaget. Em primeiro lugar, o autor e seus colaboradores mapearam o desenvolvimento infantil em áreas diversas como classificação, ordenamento (seriação), número, geometria, movimento, tempo, causalidade, quantidade física, memória, imagem e física (conservação). Em segundo lugar, Piaget estudou as mudanças de desenvolvimento na evolução da abstração reflexiva, em tomada de consciência, no papel da contradição e na geração de possibilidade e necessidade, sobretudo nos primórdios e meados da infância (ver Capítulos 6, 7 e 13 neste volume). Assim sendo, não é possível cobrir todas as áreas abordadas por Piaget, e devemos nos limitar a descrever sua obra em tópicos que receberam considerável atenção na literatura sobre desenvolvimento infantil, mais especificamente sobre conservação, seriação, classificação e número.

Em detrimento da idade específica em que determinada forma de pensamento surge no desenvolvimento, Piaget estava mais interessado nas sequências de desenvolvimento que se constituíam por diferentes formas de pensamento e nos processos envolvidos na transformação de uma forma de pensamento em outra (Lourenço e Machado, 1996; Piaget, 1956; Smith, 1991). Piaget valeu-se de diferentes modelos lógico-matemáticos para descrever com precisão as características lógicas de diferentes formas de pensamento na medida em que aparecem no curso do desenvolvimento. Se nos trabalhos das décadas de 1930 a 1970 ele recorria à álgebra qualitativa e à teoria de grupos para modelar diferentes formas de pensamento, mais tarde ele passou a adotar os conceitos matemáticos de categorias e morfismos.

Neste capítulo, iniciaremos com uma descrição dos modelos lógico-matemáticos, centrando-nos no modelo de morfismo de Piaget *et al.* (1990/1992).[1] Em seguida, descreveremos dois estágios do pensamento pré-operacional. O primeiro (pensamento simbólico e pré-conceitual) é caracterizado pelo surgimento de símbolos, e o segundo (intramórfico), pelo pensamento unidirecional. Então debateremos a transição em duas etapas, do pensamento pré-operacional ao operacional concreto. No primeiro, as funções cognitivas pré-operacionais (intermórficas) encontram-se descontextualizadas. No segundo, tornam-se sistematicamente coordenadas, resultando em operações concretas (transmórficas) (Piaget, 1970). Passaremos então a ilustrar os progressos do desenvolvimento nas áreas de conservação, de raciocínio transitivo, classificação e número. Concluiremos debatendo as críticas que têm sido feitas à conceitualização piagetiana do desenvolvimento cognitivo durante a infância.[2]

---

1 Em sua obra tardia, Piaget dedicou-se também à lógica modal (Piaget, 1981/1987, 1983/1987) e à lógica intensional (Piaget e Garcia, 1987/1991), a fim de obter modelos de desenvolvimento cognitivo. É indiscutível que os modelos algébrico e mórfico puderam então ser desenvolvidos em maior detalhe. Infelizmente, Piaget jamais explicou até que ponto esses diferentes modelos são consistentes entre si e potencialmente se relacionam a aspectos diferentes do processo de equilibração.

2 Nos escritos de Piaget, é possível encontrar diferentes modos de dividir o processo de desenvolvimento em estágios (por exemplo, Piaget, 1947/1976, 1968/1971, 1970/1972; Piaget e Inhelder, 1966/1969; ver também Capítulo 17, neste volume). Neste texto, seguimos

Operações e morfismos

Os objetivos centrais da teoria de Piaget estiveram em descrever e explicar a fecundidade e o rigor do pensamento (Piaget, 1936/1952, p. 417-419; ver Chapman, 1988, p. 144). A fecundidade se refere à construção contínua de novas formas de pensamento durante o desenvolvimento. O rigor se refere à reversibilidade (isto é, à coordenação sistêmica) e à necessidade dedutiva do pensamento (ver Capítulo 3, neste volume). Uma ideia-chave de Piaget foi a de que a condição que torna possíveis a fecundidade e o rigor do pensamento é a organização de processos cognitivos em sistemas ou estruturas coordenadas (Piaget, 1947/1976, 1975/1985). Piaget sustentou que um entendimento da necessidade dedutiva surge na infância (nas idades de 6 a 7 anos, aproximadamente), num estágio de pensamento que ele chamou de operacional-concreto; ou seja, o entendimento opera somente sobre materiais concretos (isto é, tangíveis) e com isso é afetado por certas limitações inerentes (ver Inhelder e Piaget, 1955/1958, p. 248-251; Piaget, 1947/1976, p. 146).

A importância das operações na teoria de Piaget segue-se de seu arcabouço epistemológico. Em contraste com teorias empiristas, nas quais o conhecimento é derivado da percepção, Piaget enfatizou o papel da ação e das operações (transformação) na construção do conhecimento. As operações são definidas como "ações interiorizadas (isto é, a adição, que pode ser realizada física ou mentalmente) que são reversíveis (a adição adquire um inverso na subtração)" (Piaget, 1970, p. 705). Se Piaget num primeiro momento centrou-se no papel das transformações no surgimento das operações concretas, em sua obra posterior ele enfatizou o papel das comparações e correspondências. Uma vez que ele empregou modelos matemáticos para descrever a organização do pensamento, essa mudança de ênfase se reflete em seu uso de diferentes formalizações matemáticas.[3]

---

as distinções mais minuciosas de Piaget (por exemplo, 1947/1976, p. 87-155, 1970/1972, p. 19-51).

3 Piaget foi bastante claro ao afirmar que as descrições matemáticas são modelos aplicados pelo psicólogo e advertiu para a confusão entre as descrições matemáticas formais da organização do pensamento infantil pelo psicólogo e o conteúdo mental do pensamento infantil (Piaget e Inhelder, 1963/1969, p. 146).

Entre as décadas de 1940 e 1970, Piaget se valeu de conceitos de teoria dos conjuntos ou algébricos que descrevem essa organização de operações, que ele chamou de "agrupamentos" (Piaget, 1942, 1947/1976). Os agrupamentos são caracterizados por cinco aspectos (Piaget, 1942, 1947/1976, p. 40-42). Como o primeiro deles, eles constituem sistemas fechados: quaisquer dois elementos de um agrupamento podem ser combinados e produzir um novo elemento do mesmo agrupamento (isto é, a operação numérica de adicionar dois números produz outro número). Como segundo aspecto, toda mudança é reversível porque uma operação inversa é definida no interior do sistema (isto é, a adição pode ser revertida pela subtração). Como terceiro, o mesmo resultado pode ser obtido de diferentes formas, uma vez que a combinação de operações é associativa (por exemplo, [2 + 5] + 4 = 2 + [5 + 4]). Como quarto aspecto, quando uma operação é combinada com o seu inverso, ela é anulada (por exemplo, + 2 – 2 = 0). O quinto, a adição de uma classe a si mesma (ou a uma classe maior, que inclua a primeira classe) deixa o resultado inalterado. Por exemplo, acrescentar a classe de flores a si mesma gera a classe de flores; acrescentar a classe de flores à classe de plantas gera a classe de plantas. Piaget denominou essa quinta característica de tautologia (A + A = A) ou reabsorção (A + B = B).

Próximo do fim de sua carreira, Piaget começou a usar o conceito matemático de morfismos derivado da teoria de categoria (Eilenberg e MacLane, 1945; MacLane, 1971), a fim de conceitualizar formalmente o desenvolvimento cognitivo (Piaget e Garcia, 1991; Piaget *et al.*, 1990/1992, p. 132). Os morfismos (correspondências estruturais) são "comparações [que] consistem essencialmente em descobrir formas comuns entre duas estruturas, dois objetos, dois estados, ou [dois] termos [que devem] ser comparados, quaisquer que sejam seu número ou sua natureza" (Piaget, 1979, p. 27). Os morfismos são funções cognitivas que permitem aos indivíduos transferir uma forma ou mapeamento conceitual a objetos. Por essa razão, são funções cognitivas que permitem aos indivíduos reelaborarem os mapeamentos conceituais que eles posicionam sobre objetos em outros mapeamentos conceituais. Ao longo desse processo, os morfismos preservam o estado das relações estruturais entre objetos, estes que, por sua vez, foram abastecidos com os morfismos previamente utilizados (Piaget, 1977, p. 351). Por conseguinte, os morfismos permitem a comparação entre objetos fazendo-se abstração de suas relações estruturais (Piaget, 1977, p. 351). Os morfismos, porém, não transformam estados, mas os deixam intactos (Piaget, 1979, p. 18).

Por exemplo, as crianças podem emoldurar conceitualmente dois objetos, arranjados lado a lado, mediante a imposição de um mapeamento conceitual alfabético, como "A" e "B", nos tais objetos. Esse mapeamento conceitual, por sua vez, pode ser traduzido por uma função cognitiva num mapeamento conceitual calendárico, como "segunda-feira" ou "terça-feira". Em que pese essa tradução, a relação estrutural entre os dois objetos mapeados pelos morfismos pode, não obstante, se manter a mesma – "A" vem *antes de* "B", e "segunda-feira" vem antes de "terça-feira". Os morfismos, por essa razão, permitem a avaliação de identidade, similaridade e equivalência de objetos com base nas correspondências entre suas relações estruturais (Piaget e Garcia, 1991, p. 131).

Mediante a aplicação de morfismos, os objetos são considerados *enformados*: "a imposição ativa de uma forma num objeto pelo sujeito que conhece. Num sentido derivado, a mesma palavra designa [...] o fato de que algum conteúdo de conhecimento é subsumido a uma forma bem definida" (Piaget *et al.*, 1990/1992, p. 189). Os morfismos que os indivíduos transferem a objetos, por essa razão, necessariamente determinam o modo como eles conceitualizarão esses objetos. Tais conceitualizações, por sua vez, por si só determinarão as manipulações cognitivas possíveis que os indivíduos podem realizar nesses objetos. Por exemplo, os sistemas numéricos romano e arábico são mapeamentos conceituais que os indivíduos podem aplicar a objetos. Contudo, diferentemente do sistema numérico arábico, o sistema romano carece de notação para o valor do zero, e por isso jamais pôde desenvolver uma notação posicional (por exemplo, 20 é igual a 2 na 10ª posição). Em consequência, valores fracionários são essencialmente impossíveis nesse sistema, como também o é a adição de grandes somas. Os morfismos, sendo assim, permitem que certas manipulações cognitivas aconteçam, ao mesmo tempo que impossibilitam o uso de outras manipulações cognitivas.

No modelo a envolver morfismos de Piaget, as transformações e operações detêm um papel central (Piaget, 1979, p. 25-27; Piaget *et al.*, 1990/1992, p. 189-191). Por meio de transformações, os indivíduos constroem invariantes (isto é, relações estruturais entre entidades) que não são inerentes aos morfismos que eles previamente aplicaram a uma situação. Isso porque os morfismos são mapeamentos conceituais de *estados* constituídos por relações estruturais. Em contraste, as transformações são operações que *modificam* estados, e nesse processo as relações estruturais constituem esses estados (Barrouillet e Poirier, 1997). Por isso, as transformações modificam os morfismos inicialmente utilizados no morfismo de outro estado, de acordo com os objetivos do indivíduo, e nesse processo são criados novos morfismos (Piaget *et al.*, 1990/1992, p. 189).

Por exemplo uma série de bastões de diferentes comprimentos, dispostos em ordem crescente de extensão, pode ser conceitualmente mapeada numa lista linear. Contudo, por definição, a posição de qualquer elemento numa lista é imaterial à posição relativa de qualquer outro elemento na lista. Nesse exemplo, porém, a posição de cada bastão está relacionada à dos bastões que o precedem ou sucedem, uma vez que são dispostos em ordem crescente de extensão. A transformação (operação) de transitividade, por essa razão, pode modificar o morfismo inicial de uma lista no morfismo de uma série ordenada. Por via de consequência, o novo morfismo de uma ordem serial *enforma* os bastões, explicitando o seu comprimento, informação esta que uma lista linear não consegue apreender.

Piaget considerou também como as relações entre transformações (operações) e morfismos se modificavam com o desenvolvimento (Piaget, 1977, p. 351; 1979, p. 25-27). As correspondências construídas nos primórdios do desenvolvimento eram vistas como a estabelecer as bases para o desenvolvimento posterior das operações (Piaget, 1979, p. 20). Essas correspondências iniciais podem ser de natureza recíproca (se A = B, então B = A). Contudo, como não há correspondências de negação ou de natureza inversa, tais correspondências não são reversíveis. Por meio da avaliação de correspondências empiricamente observáveis entre objetos (ou estados de objetos), as crianças chegam a construir um entendimento das operações que são implicadas ou produzidas por tais correspondências. De modo específico, independentemente do conteúdo a que uma operação é aplicada, a forma (isto é, a classe) do conteúdo pode ser interligada por meio de morfismos (funções de comparação). Mais tarde, com o desenvolvimento, as correspondências entre as próprias operações (por exemplo, as operações reversíveis de adição e subtração) surgem como consequência direta da criação de estruturas operacionais sistematicamente organizadas. Nesse momento, tais correspondências são logicamente necessárias e seguem-se dedutivamente da organização de tais estruturas operacionais (Piaget, 1979, p. 25-27). Esse reconhecimento de uma relação entre correspondências e operações permitiu que Piaget descrevesse de modo mais adequado a transição do pensamento pré-operacional para o operacional concreto.

O uso de morfismos e transformações pelas crianças passa por três níveis de desenvolvimento: (1) o intramórfico, (b) o intermórfico e (c) o transmórfico (Piaget *et al.*, 1990/1992, p. xx-xxi). Usamos esses níveis para descrever o desenvolvimento cognitivo durante o segundo período pré-operacional e o período concreto-operacional. Antes disso, porém, passaremos a brevemente resumir as principais características do pensamento no primeiro período pré-operacional, que Piaget (1947/1976, p. 123-129) referiu também como pensamento simbólico e pré-conceitual.

Simbologia e pensamento pré-conceitual

O limiar do período pré-operacional é demarcado pelo surgimento da função semiótica, que consiste em sistemas diferenciados em significante-significado, os quais, por sua vez, são pré-requisito para a representação simbólica (ver Capítulo 9, neste volume). A função semiótica subjaz às capacidades das crianças de se envolver numa série de atividades diferentes, como a imitação protelada (isto é, imitação na ausência do modelo), a simulação, o desenho, funções psicológicas baseadas em imagens mentais (isto é, memória de evocação) e linguagem. Essas atividades são praticadas e refinadas durante o nível de pensamento pré-conceitual, que se dá aproximadamente dos 2 aos 4 anos (Piaget, 1945/1962, p. 221-244). A função semiótica antecede a cognição numa série de aspectos. Graças à função semiótica, a cognição (a) transcende o aqui e agora imediato, (b) torna-se capaz de representar simultaneamente dois ou mais estados no mundo, (c) faz-se preocupada com a verdade (e não mais apenas com o êxito prático) e (d) torna-se sujeita à influência de fatores sociais de modo qualitativamente novo (Piaget, 1937/1954, p. 361-364; 1945/1962, p. 238-240; 1947/1976, p. 120-122).

Ao mesmo tempo, o pensamento pré-operacional é caracterizado por profundas limitações cognitivas. Essas limitações devem-se, em parte, ao fato de que o desenvolvimento da função semiótica demanda que os conceitos práticos de objeto, espaço, causalidade e tempo, que tinham sido construídos e apenas parcialmente compreendidos no estágio sensório-motor, sejam reconstruídos num novo plano, simbólico-representacional. A esse processo de reconstrução de conceitos num plano qualitativamente diferente, Piaget (1947/1976, p. 148) chamou *vertical d'écalage* (tradução: lapso temporal vertical). Dito brevemente, trata-se de uma limitação cognitiva: embora o pensamento pré-conceitual não mais esteja atrelado a objetos ou acontecimentos particulares (o aqui e agora), ele se mostra incapaz de distinguir entre membros individuais de um conceito e a generalidade deste. Por exemplo, quando Jacqueline, filha de Piaget, estava com 31 meses, ela chorou ao avistar uma lesma – "ela tá ali!". Quando avistou outra lesma alguns metros adiante, disse – "a lesma tá ali de novo" (Piaget, 1945/1962, obs. 107). Assim, os conceitos se mantêm no meio do caminho entre a generalidade do conceito e a individualidade dos elementos que o compõem. Por um lado, não há conceito de classe geral; por outro, objetos particulares têm menos individualidade e facilmente perdem sua identidade.[4] Por essa razão, Piaget chamou esses conceitos de preconceitos ou protótipos; "a lesma" é um protótipo representativo de todas as lesmas (Piaget, 1945/1962, p. 228).

Intramórfico

O primeiro nível mórfico a se desenvolver é o nível intramórfico, o que acontece entre os 4 e 7 anos, aproximadamente; esse nível corresponde ao que Piaget (1947/1976, p. 129) antes referira como subestágio intuitivo do nível de pensamento pré-operacional. O nível intramórfico se inicia quando as crianças constroem funções cognitivas unidirecionais (Piaget, Grize,

4 A identidade é uma função unidirecional (ver Piaget, 1968).

Szeminska e Bang, 1968/1977). Por exemplo, segundo o padrão das tarefas piagetianas de conservação de substâncias (Inhelder, Sinclair e Bovet, 1974, p. 281-284; Piaget, 1975/1985, p. 94-96; Piaget e Inhelder, 1941/1974), a algumas crianças é apresentada uma bola de argila. Na sequência, a bola é enrolada e transformada num cilindro, o que alonga o seu comprimento e afina o seu diâmetro. Então se pergunta às crianças se a quantidade de argila (substância) mudou ou se se manteve a mesma. No contexto dessa tarefa, alongar e afinar consistem em duas funções complementares e logicamente interdependentes. Uma vez que a quantidade de substância (volume) de argila envolvida se mantém constante (invariante) ao longo de mudanças em sua forma, os efeitos de alongar e afinar encontram-se quantitativamente relacionados entre si por uma relação matemática constante: volume = π (diâmetro/2)^2 × comprimento. Não obstante, no nível intramórfico, para o ponto de vista subjetivo da criança as funções cognitivas de alongar e afinar se mantêm relativas. Assim, ao que as crianças voltam sua atenção à ação de alongar o cilindro de argila, elas deixam de perceber que simultaneamente se deu uma ação de afinamento. Em consequência, vão relatar que a quantidade de argila se modificou (Piaget, 1975/1985, p. 94).

Em razão de seu entendimento unidirecional das funções cognitivas, as crianças não conseguem perceber nenhuma coordenação possível entre duas funções cognitivas, logicamente independentes, uma vez que uma e outra função não podem se dar na cognição de modo simultâneo. Nesse nível, diz-se que a cognição está centrada em apenas um aspecto de qualquer dada ação física/mental ou de qualquer dado sistema lógico (relações parte e todo) sob consideração (Piaget, 1947/1976, p. 130-131, 133; 1970/1976, p. 133; Piaget e Garcia, 1991, p. 131). Uma vez que as funções cognitivas interdependentes se mantêm separadas no ato da percepção, as crianças não se mostram capazes de iniciar o processo de estabelecer estruturas cognitivas para logicamente fundar e integrar as funções cognitivas envolvidas (Chapman, 1988, p. 148; Piaget e Garcia, 1991, p. 131). Tal raciocínio carece de "reversibilidade"; isto é, as crianças não percebem que as funções logicamente interdependentes equilibram uma a outra de modo necessário e simultâneo (Piaget *et al.*, 1990/1992, p. xxi, 28).

Por exemplo, a ação de alongar um cilindro de argila é equilibrada logicamente por um proporcional afinamento do diâmetro do cilindro. Carecendo de tal estrutura operacional, as crianças têm de se fiar em funções que são simples e instanciadas em manipulações empiricamente observáveis (Piaget *et al.*, 1990/1992, p. xxi, 28). Assim, a única coordenação sistemática de funções cognitivas de que as crianças são capazes é o "retorno empírico" (Piaget, 1975/1985, p. 95; Piaget *et al.*, 1990/1992, p. 91). O retorno empírico significa que as crianças só podem reverter (equilibrar) funções cognitivas com suas vias físicas de manipulação por meio de sua aplicação sucessiva (Piaget *et al.*, 1990/1992, p. 91). Por exemplo, a ação de alongar um cilindro de argila em três unidades é equilibrada, sucessivamente, mediante a compressão do mesmo cilindro em três unidades, retornando-se, com isso, à sua forma original.

Há uma série de razões pelas quais o raciocínio intramórfico carece de reversibilidade. Em primeiro lugar, estados finais não raro são tudo o que resta após uma manipulação empírica, uma vez que estados iniciais muitas vezes são destruídos no processo. Por exemplo, se a água ferve transformando-se em vapor, faz-se empiricamente difícil retornar o vapor em água, embora logicamente a quantidade de água tenha permanecido a mesma. Em tal caso, as crianças são incapazes de inferir da comparação empírica entre os estados inicial e final a relação logicamente reversível existente entre a água e o vapor. Em segundo lugar, as crianças *enformam* estados finais de acordo com seus objetivos. Em contraste com isso, estados iniciais geralmente são impostos com base em fontes que estão fora do controle das crianças. Por meio da construção de estados finais, as crianças simultaneamente produzem um estado epistêmico. Isso tem o efeito de cognitivamente projetar o estado final como um "arcabouço de referência". Consequentemente, efeitos recíprocos, em geral as funções opostas de direcionamento a um objetivo, serão excluídos do "arcabouço" e da percepção. Isso significa que as crianças são incapazes de separar seus objetivos das atividades com que procuram atingir esses objetivos (Piaget, 1979, p. 22). Em terceiro lugar, as ações direcionadas a objetivos são afirmativas uma vez que observáveis e desempenhadas ativamente pelas crianças, enquanto os efeitos recíprocos dessas ações são negativos (opostos) na natureza uma vez que consequenciais e tipicamente inobserváveis (Piaget, 1974/1980, p. 163-164; 1975/1985, p. 13-15). Por isso, as crianças compreendem os aspectos afirmativos das ações antes dos aspectos negativos, compreensão esta que elas têm de construir mediante um processo de pensamento reflexivo.

Piaget acreditava que a transição do retorno empírico para a reversibilidade ocorria por meio de um processo de descentralização cognitiva. Em vez de compreender as funções cognitivas em termos absolutos, com elas próprias como ponto de referência para essas funções (pensamento egocêntrico), as crianças vêm a compreender as funções cognitivas como relativas a múltiplos pontos de referência ou perspectivas (Piaget, 1947/1976, p. 138-139, 142-143). Assim, se as crianças observam o alongamento de um cilindro de argila, esse mesmo cilindro, quando visto de uma perspectiva cognitiva diferente, estará se estreitando também em seu diâmetro. A descentralização é uma consequência do processo de equilibração e envolve, entre outros aspectos, a interrelação entre ser confrontado com contradições (por exemplo, outras perspectivas, obstáculos a objetivos), a percepção de suas próprias ações e a abstração reflexionante das coordenações que subjazem a essas ações (Piaget, 1975/1985, p. 36-64; ver Capítulos 6, 7 e 17, neste volume). Por meio de tal coordenação de pontos de vista, o pensamento das crianças não mais se mantém atrelado à "reciprocidade subjetiva" de um ponto de vista unidirecional (isto é, a aplicação sucessiva de funções cognitivas de um ponto de vista particular). Em vez disso, as crianças passam a coordenar todos os pontos de vista possíveis para qualquer dada função cognitiva num sistema de "reciprocidades objetivas" – isto é, não atreladas a um ponto de vista (Piaget, 1947/1976, p. 142; Piaget e Inhelder, 1948/1963, p. 244-245). Como resultado dessa coordenação, funções cognitivas logicamente interdependentes, como o alongar e o afinar, vêm a se organizar num único sistema operacional, com a coordenação recíproca de todas as operações resultando em reversibilidade.

Intermórfico

O segundo nível mórfico a se desenvolver é o nível intermórfico e corresponde ao que Piaget previamente referira como fases iniciais do pensamento operacional concreto ou "intuições articuladas" (Piaget, 1947/1976, p. 139-141). Pela primeira vez, a coordenação sistemática de funções cognitivas simples se torna possível (Barrouillet e Poirier, 1997). Contudo, essas coordenações sistemáticas, erigidas com base em funções cognitivas do nível intramórfico específicas ao contexto, mantêm-se locais em seu escopo de aplicação. Nas noções de conservação de substâncias, por exemplo, embora o alongar e o afinar possam ser coordenados como uma operação de deslocamento, essa operação ainda está "vinculada" ao ato de deslocamento de uma bola de argila. Isso significa que o deslocamento ainda não veio a ser generalizado como operação abstrata e livre de contexto. Essa dependência da manipulação de objetos concretos, empiricamente verificáveis e reais para a capacidade de uso de operações cognitivas, é a característica definidora do estágio de desenvolvimento operacional concreto (Chapman, 1988; Parsons, 1958). Essas operações cognitivas, mesmo conferindo estrutura a ações de crianças em tempo real, são dependentes da realização dessas ações para o seu uso (Piaget, 1947/1976, p. 146). Consequentemente, na ausência de objetos para manipular fisicamente, as crianças são incapazes de tais operações cognitivas. Por essa razão, Piaget não via o nível intermórfico como qualitativamente diferente do nível intramórfico (Barrouillet e Poirier, 1997; Piaget *et al.*, 1990/1992, p. 52). Em vez disso, o nível intermórfico envolve a aplicação sucessiva de duas funções cognitivas, interdependentes e empiricamente vinculadas, cuja aplicação prévia deu-se apenas de modo sucessivo, estando isoladas uma da outra no nível intramórfico (Piaget, 1947/1976, p. 138).

Em razão da sucessiva coordenação de funções cognitivas, uma nascente forma de reversibilidade se faz possível durante o nível intermórfico. Essa forma primeva de reversibilidade, embora carecendo de necessidade lógica, vai além da reversão sucessiva de funções cognitivas ao longo de suas vias de manipulação (Piaget, 1947/1976, p. 140). As crianças acabam por compreender, por exemplo, que alongar um cilindro de argila produz também um afinamento de seu diâmetro. Por essa razão, ao equilibrar os efeitos produzidos por tal ato de deslocamento (o enrolamento do cilindro de argila), as crianças têm de comparar os estados inicial e final, que, respectivamente, precederam e sucederam a ação (Barrouillet e Poirier, 1997).

Por exemplo, as crianças têm de comparar o estado inicial do cilindro de argila com seu estado final após ele ter sido enrolado. Ao perceber que ele tanto está (a) mais fino do que estava no início quanto está (b) mais longo do que estava no início, elas acabam por reconhecer uma relação qualitativa (correlação empírica) entre as funções de alongar e afinar, uma vez que ambas resultam da operação única de deslocamento, que no caso foi o enrolamento (Piaget, 1975/1985, p. 95). Contudo, à medida que o raciocínio intermórfico envolve a compreensão da relação entre essas duas funções num sentido qualitativo e não quantitativo (por exemplo, volume = π [diâmetro/2]^2 × comprimento), a interdependência entre funções cognitivas é compreendida como fato empírico ou como certeza, mais do que como necessidade lógica (Cormier e Dagenais, 1983; Miller, 1986). Por essa razão, as crianças que fazem uso de tal raciocínio continuam a responder à tarefa de conservação de substâncias ao afirmar que a quantidade de argila se modificou, embora prefaciem sua resposta indicando que a bola de argila estará ao mesmo tempo "comprida e fina" (Piaget, 1975/1985, p. 95).

Esse insucesso em compreender a necessidade lógica da reversibilidade é resultado direto da necessidade da criança de comparar os estados inicial e final. Os morfismos, como funções cognitivas que permitem os mapeamentos conceituais dos estados, não atingem uma necessidade lógica, já que ainda estão empiricamente vinculados aos objetos que *enformam* (Barrouillet e Poirier, 1997; Piaget *et al.*, 1990/1992, p. 28). Por essa razão, as relações estruturais entre os objetos que eles mapeiam ainda não se fazem invariantes para a apresentação empírica desses objetos, a qual depende do contexto. Consequentemente, embora as crianças comparem os estados inicial e final (morfismos) e percebam as correspondências empíricas entre eles, elas ainda não construíram relações invariantes que modifiquem ou transformem o estado inicial em estado final (Piaget, 1977, p. 351; Piaget *et al.*, 1990/1992, p. 190-191). Isso significa que estados estáticos (ou seja, inicial e final) e ações (ou seja, transformações) que modificam esses estados ainda não são reconhecidos pelas crianças como estando a formar um sistema único e integrado (Piaget *et al.*, 1990/1992, p. 190-191).

Por exemplo, numa transferência simples de uma tarefa que envolva objetos (Piaget, 1974/1980, p. 159-164), apresentam-se às crianças duas fileiras idênticas de objetos. A fileira do experimentador é então coberta, e pede-se às crianças que transfiram *n* objetos de sua fileira para a fileira do experimentador. Em seguida, pergunta-se às crianças quantos objetos se tem a mais na fileira do experimentador em comparação com os que estão na sua fileira. A resposta correta é *2n* (ver Piaget *et al.*, 1990/1992, p. 59-76, para uma tarefa usando a relação recíproca *n/2*). As crianças que tenham uma compreensão intermediária da tarefa abordam o problema como se cada fileira estivesse a representar um estado independente, dando a resposta ao descobrir as diferenças entre as fileiras. Elas comparam o estado inicial de cada fileira com seu estado final correspondente, e então constatam que cada fileira se alterou quanto ao número de objetos. Por fim, uma vez que ambas as fileiras mudaram de estado, elas comparam as duas fileiras para dar a resposta. Ocorre que essa estratégia empírica (Cormier e Dagenais, 1983), de comparar duas fileiras, revela-se ineficaz quando o número de fileiras se torna excessivo. Em contraste com isso, as crianças que se utilizam de uma estratégia lógica (Cormier e Dagenais, 1983) compreendem que a resposta, *2n*, faz-se invariante ao longo de todos os possíveis comprimentos de fileira, em razão da relação estrutural de correspondência biunívoca que se entabula entre objetos contrapostos das duas fileiras. Mover um objeto (*n*) de uma fileira necessariamente ocasiona que um objeto correspondente (*n*) na outra fileira fique sem par algum (ver Piaget, 1977, p. 355-356). Crianças que estejam usando essa estratégia lógica compreendem que as duas fileiras não são estados independentes, mas sim, juntas, abrangem um sistema integrado que ao longo do tempo se manterá equilibrado em todos os seus pontos (ver Piaget, 1979, p. 22-23). Por essa razão, tais crianças não mais precisam comparar os estados inicial e final, em vez disso voltando sua atenção tão somente à transformação que se deu (*2n*); desse modo, o comprimento das fileiras não exerce efeito algum na capacidade das crianças de obter a resposta correta.

As operações intermórficas, mesmo estando "vinculadas" ao contexto, não podem ser reciprocamente integradas num sistema transformacional fechado (Piaget, 1941; Piaget *et al.*, 1990/1992, p. xx, 28). Tal compreensão permitiria que as crianças descontextualizassem a operação da configuração empírica e das manipulações físicas de que ela é dependente para a sua instanciação. Com a descontextualização, a operação faz-se fundada em sua própria necessidade lógica. Depois disso, compreende-se que a operação vá se dar invariavelmente, à revelia de sua instanciação empírica. Essa nova compreensão permite às crianças integrarem tais operações num sistema transformacional (Piaget *et al.*, 1990/1992, p. 28-29). Livres de seu contexto empírico, essas operações podem agora ser transpostas a novas situações.[5] Processo como esse modifica as *enformações* inicialmente criadas; isso significa que as crianças se tornam capazes de construir novos morfismos.

Transmórfico

O terceiro nível mórfico a se desenvolver é o nível transmórfico, que se inicia entre os 7 e 8 anos e corresponde ao que Piaget referira como fases posteriores do pensamento operacional concreto (Piaget, 1947/1976, p. 139-141; 1970/1972, p. 42-46). Diferentemente do nível intermórfico, no qual a coordenação de funções resultava de observação de tentativa-e-erro, as operações transmórficas estão associadas a uma compreensão da necessidade lógica (ver Capítulo 3, neste volume). Por meio da reversibilidade, as crianças acabam compreendendo que, por necessidade dedutiva, duas funções cognitivas interdependentes têm de ser sistematicamente relacionadas entre si (Piaget, 1947/1976, p. 36, 141; Piaget *et al.*, 1990/1992, p. 28-29, 40, 53). Assim, diferentemente do que se tem no nível intermórfico, as crianças já não precisam comparar as fases inicial e final para determinar as consequências de uma ação. Em vez disso, elas compreendem desde o início que as mudanças encontradas entre os estados inicial e final resultam de transformações operacionais (Piaget *et al.*, 1990/1992, p. 53). Por isso, passam de um enfoque exclusivamente voltado a estados (morfismos) para um enfoque nas transformações que ocorrem entre estados (Barrouillet e Poirier, 1997).

---

5 A transição do nível intermórfico para o transmórfico resulta do contínuo processo de equilibração responsável pela transição do nível intramórfico para o intermórfico (Piaget, 1975/1985, p. 36-64; ver Capítulos 6 e 7, neste volume). Os mesmos fatores (o experienciar de contradições, a percepção de suas próprias atividades e a abstração reflexiva) envolvidos na descentralização continuam a ter importância nessa transição.

As operações do nível transmórfico permitem, pela primeira vez, uma "liberdade" transformacional (Piaget *et al.*, 1990/1992, p. 28). Isto significa que, independentemente da especificidade do contexto empírico, embora não do domínio empírico em que tais operações vêm a se manifestar, elas passam a se fazer relativas a qualquer ponto de aplicação arbitrariamente selecionado e a qualquer ponto terminal logicamente determinado (Piaget *et al.*, 1990/1992, p. xx, 28). Por exemplo, com a conservação na tarefa das substâncias, as crianças compreendem que mesmo antes de o cilindro de argila ser enrolado, para cada comprimento arbitrariamente decidido o diâmetro do cilindro se fará determinado já por necessidade lógica. Por essa razão, elas relatam que a quantidade de argila (substância) se manteve a mesma.

Contudo, embora as operações transmórficas sejam independentes do contexto empírico local em que elas vêm a se manifestar, tais operações ainda não são independentes do domínio empírico (por exemplo, substância, líquido, peso, volume) a que pertencem. As operações transmórficas, por essa razão, são ainda operações concretas no sentido de que se mantêm atreladas a um dado domínio empírico. Essa discrepância entre a compreensão da necessidade lógica num domínio empírico, mas não em outro, é referida como *décalage horizontal* [defasagem horizontal] (Piaget, 1947/1976, p. 147). A razão para tais *décalages* que se têm na compreensão entre domínios advém do potencial propiciado por cada domínio empírico para que as crianças vivenciem um retorno empírico. Os domínios empíricos diferem entre si quanto aos tipos de ações que as crianças são capazes de realizar e à facilidade com que podem observar as consequências empíricas dessas ações. Quanto maior a dificuldade que enfrentarem para observar os resultados (consequenciais) negativos de suas ações, maior será a sua dificuldade para compreender o retorno empírico, e com isso iniciar um processo de descentralização. Por essa razão, elas têm de construir operações cognitivas em cada um dos domínios empíricos de maneira independente (Piaget, 1947/1976, p. 146-147; ver Chapman, 1988), muito embora tais operações sejam de estrutura formalmente análoga (por exemplo, a da conservação). Nas seções seguintes, passaremos a ilustrar os avanços cognitivos durante a infância nas áreas de conservação, transitividade, classificação e número, uma vez que essas áreas têm recebido considerável atenção na literatura sobre desenvolvimento infantil.

Conservação

A conservação, compreensão operacional de que um todo existe como uma "quantidade invariante" (Piaget, 1968, p. 18) e por isso se mantém intacto apesar dos rearranjos quantitativos de suas partes (Piaget, 1977, p. 355; Piaget e Inhelder, 1941/1974), é considerada uma das competências definidoras do pensamento operacional concreto. De modo específico,

> Precisamente pelo fato de serem quantitativas, as noções de conservação estão sempre a lidar com invariantes que se baseiem na composição de certas transformações, de modo que se pode dizer que onde não há transformação não se pode falar em conservação (Piaget, 1968, p. 18).

Ao longo de toda a discussão precedente, fizemos uso da tarefa de conservação de substâncias para ilustrar a abordagem mórfica por Piaget do desenvolvimento cognitivo. Na tarefa, tem-se duas operações em ação: alongar e afinar. Uma compreensão da conservação implica que as crianças sejam capazes de compreender a relação necessária existente entre essas operações e, assim sendo, coordenar quantitativamente essas operações e as transformações que elas operam na argila. Essa coordenação quantitativa de operações permite que as crianças compreendam o todo como uma invariante quantitativa: "([mais longo] × mais fino = a mesma quantidade)" (Piaget, 1968, p. 18). Com isso, elas dizem que a quantidade de argila se manteve a mesma. Via de regra, porém, ao tentar resolver tarefas de conservação as crianças pequenas atentam apenas a uma das dimensões envolvidas. Com isso, se atentarem ao comprimento do cilindro de argila, dirão que a quantidade de argila (substância) aumentou.

Piaget (1975/1985, p. 96-98; 1977, p. 355-357) propôs que uma compreensão da conservação pode ser explicada em termos da coordenação entre comutabilidade e relações vicariantes. As relações vicariantes se referem ao fato de que o mesmo todo (por exemplo, classe, quantidade) pode ser dividido de diferentes maneiras em subclasses e seus complementos e que essas divisões deixam o todo invariante (A1 + A1′ = B; A2 + A2′ = B etc.). A comutabilidade é o princípio de que uma mudança que resulte numa adição num ponto terminal deve ser acompanhada também da remoção de um ponto originador – ou de uma correspondência com ele (Piaget, 1979, p. 21). Na tarefa da conservação de substâncias, por exemplo, uma compreensão da comutabilidade significaria as crianças reconhecerem que "o que o objeto perde numa dimensão (diâmetro) é compensado em outra (comprimento)" (Piaget, 1977, p. 356).

A coordenação entre comutabilidade e relações vicariantes ocasiona o seguinte. Suponha-se que um todo (B) se componha de duas partes, de modo que (A1 + A1') = B. Pode ser útil imaginar os parênteses ( ) a denotar os limites externos de uma bola de argila. Agora imagine que A1 é movido do lado esquerdo da bola para o outro lado, de modo que (A1′ + A1) = B. Considerando o exemplo anterior de relações vicariantes, esse cenário não difere da disposição (A1′ + A2) = B. A comutabilidade envolve um morfismo (comparação) de identidade (Piaget, 1977, p. 355) entre A1 e A2, de tal modo que as crianças os compreendem como sendo o mesmo pedaço de argila (A1 = A2). Com isso, um deslocamento das partes não resultou numa mudança líquida na quantidade de substância (B) envolvida. Contudo, tal relação de comutabilidade se daria também para A1′ e seu corolário, A2'. Isso significa que mais de uma instância específica de uma relação comutável existe em qualquer cenário de conservação (isto é, dada a operação A + B + C + D = W, qualquer parte pode ser movida para qualquer número de localizações possíveis). Por isso, existem morfismos (isto é, relações vicariantes) entre essas relações comutáveis. Juntas, as relações comutáveis que são coordenadas entre si por meio de relações vicariantes podem ser consideradas uma categoria no sentido matemático formal do termo: "uma coleção de objetos, com todos os seus morfismos possíveis" (Piaget, 1979, p. 18). Piaget (1977, p. 352, 356) considerou essa categoria equivalente à sua formalização anterior da classificação por grupos. Com relação à conservação, a coordenação entre comutabilidade e relações vicariantes permite que as crianças conservem o todo, em que pesem o deslocamento (comutabilidade) e a reordenação (relações vicariantes) de suas partes.

Transitividade

A transitividade é a compreensão matemática de que, se numa série, A < B e B < C, então necessariamente se segue que A < C. A compreensão da transitividade pelas crianças manifesta-se mais prontamente em sua capacidade de resolver tarefas que envolvam seriação. Nessas tarefas, pede-se às crianças que ordenem itens segundo um critério binário, como "mais longo", "maior", "mais pesado" etc. Por exemplo, na tarefa de seriação padrão (Piaget, 1941/1952, p. 123-135), apresenta-se às crianças uma coleção de varas de diferentes comprimentos e pede-se que as ordenem, lado a lado, da mais curta à mais longa. As diferenças entre os comprimentos das varas, contudo, são quase imperceptíveis, e com isso pede-se às crianças que comparem duas varas por vez, a fim de determinar qual é mais longa (Inhelder e Piaget, 1959/1969; Piaget, 1941/1952). As crianças que fazem uso de um raciocínio intramórfico, o que costuma acontecer dos 4 aos 5 anos, são capazes de produzir apenas pares de varas não coordenados (Piaget, 1947/1976, p. 134). Mais tarde, vão criar séries corretas por tentativa e erro. Por fim, com o uso de operações concretas/transmórficas, fazem-se capazes de construir uma série correta em sua primeira tentativa. Essas crianças podem começar a, por exemplo, encontrar a vara mais curta da coleção, na sequência a segunda mais curta e assim por diante (Piaget, 1947/1976, p. 134); isso significa que suas ações são guiadas por uma abordagem baseada em princípios (Leiser e Gillieron, 1990). É nesse ponto que elas passam a compreender também a necessidade lógica da transitividade.

Pela perspectiva da teoria mórfica do desenvolvimento de Piaget, o insucesso das crianças em compreender a transitividade advém do enfoque exclusivo nos estados inicial e final. Existem matematicamente dois estados iniciais, A < B e B < C. Esses dois estados, contudo, não podem ser comparados para determinar a relação A < C, tampouco as transformações que a produzem, uma vez que B é um membro articulador de cada estado; o enfoque num estado (A < B) dissolve o outro estado (B < C). Somente no nível transmórfico é que as crianças constroem a relação invariante de transitividade pela qual as relações entre as varas se tornam integradas num sistema transformacional fechado. Por consequência, as crianças focalizam diretamente as operações envolvidas, em detrimento dos estados produzidos por essas operações.

Classificação

A classificação envolve itens de agrupamento baseados numa propriedade comum em conjuntos ou coleções. As classes são definidas em termos de dois aspectos importantes – sua intensão e sua extensão (Inhelder e Piaget, 1959/1969, p. 7-8). A intensão de uma classe é o conjunto de propriedades que é comum aos membros da classe e os diferencia das outras classes. A extensão de uma classe é o conjunto de membros ou indivíduos a compreender a classe e a relação hierárquica entre classes (isto é, inclusão de classe: a classe subordinada de maçãs está incluída na classe superordenada de frutas).[6] A extensão é, assim, uma relação entre parte e todo. Para Piaget, então, o desenvolvimento de habilidades de classificação envolve a coordenação entre extensão (isto é, a relação parte e todo) e a intensão (isto é, semelhança e diferença de propriedades). Um critério para a coordenação entre intensão e extensão é a compreensão da inclusão de classe. Uma tarefa de inclusão de classe bastante característica é a que pede às crianças que comparem o número de objetos na classe includente ou superordenada com o número de objetos na mais numerosa de suas subclasses (Inhelder e Piaget, 1959/1969, p. 100-118). Por exemplo, dadas 12 margaridas e 4

---

6 Para estudar o desenvolvimento da classificação, Inhelder e Piaget (1959/1969, p. 17-46) apresentaram às crianças uma série de objetos que se diferenciavam, por exemplo, quanto à forma (triângulos, quadrados, círculos) e cor (vermelho, azul, verde) e pediram a elas que reunissem os objetos semelhantes. Com base no modo como as crianças agrupavam os objetos, Inhelder e Piaget distinguiram diferentes níveis nos âmbitos gráfico e não gráfico do desenvolvimento classificatório. As crianças nesses níveis não conseguem construir uma classificação estável que seja independente do espaço; em vez disso, os aspectos perceptivos da disposição espacial determinam a extensão de uma coleção. Esse insucesso manifestou-se no insucesso em compreender a inclusão em classes.

rosas, pergunta-se às crianças: "tem mais margaridas ou mais flores?". Uma resposta correta exige que as crianças conservem a classe includente (B) enquanto fazem a comparação quantitativa entre ela e a classe incluída (A).

Piaget (1977, p. 352-353) debruçou-se sobre a não compreensão da conservação de classes pelas crianças como resultado de uma incapacidade de coordenar os morfismos de sobrejeção, bijeção e injeção que se dão entre subclasses e classes superordenadas. Por exemplo, pode-se apresentar às crianças imagens de 12 margaridas (A) e 4 rosas (A'). Juntas, ambas as subclasses constituem uma classe superordenada que consiste em 16 flores (A + A' = B). Cada uma das margaridas pode ser pensada como detentora de duas propriedades: a – uma propriedade intensional que a define como margarida, e b – uma propriedade intensional que a define como flor. A relação entre a classe de margaridas (A) e a classe de flores (B) é uma relação de sobrejeção: correspondência biunívoca. Isso significa que a classe única de margaridas (A) não esgota os muitos números de outras classes que, juntas, formam a classe superordenada de flores (B). Essa relação sobrejetiva, deve-se notar, refere-se especificamente às margaridas como uma classe, e não a alguma margarida individual.

No que diz respeito às 12 margaridas individuais (A) e à classe superordenada de flores (B), tem-se uma relação de injeção: uma correspondência biunívoca entre todos os elementos de um conjunto e uma porção de outro conjunto mais amplo. Isso significa que cada margarida do conjunto (A) corresponde a si mesma como membro da classe de flores (B). Contudo, a classe de flores (B) não é esgotada por essas correspondências, uma vez que as quatro rosas se mantêm na classe superordenada de flores (B).

Piaget tinha essa relação de injeção como importante para a abordagem da incompreensão da inclusão de classe pelas crianças. Quando as crianças deixam de compreender a inclusão de classe, elas comparam, por exemplo, as margaridas (A) com as rosas (A'), pensando que tal comparação teria separado as margaridas (A) das flores (B). Assim, é de modo não intencional que elas constroem a relação entre as rosas (A') e as flores (B) como sendo de bijeção: uma correspondência biunívoca a esgotar todos os elementos em dois conjuntos iguais. Isso significa que elas tratam rosas (A') como se esgotassem as classes de flores (B). Por isso, as crianças não conseguem reconhecer que existe uma relação recíproca com a relação injetora entre as margaridas individuais (A) e a classe de flores (B). Piaget (1977, p. 352) chamou essa relação recíproca de "sujeição": tem-se a sobrejeção dos membros individuais da classe de flores (B) na classe de margaridas (A) à medida que esses membros possuem a propriedade *a* que define a intensão da classe de margaridas (A). Essa relação sobrejetora permite que as crianças mantenham a unidade da classe de flores, uma vez que não precisam construir a subclasse de margaridas (A) negando a classe superordenada de flores (B); ou seja, (A = B – A'). Em vez disso, a propriedade intensional, *b*, que define uma margarida como flor mantém a sua afiliação (injeção) à classe das flores, enquanto a propriedade intensional, *a*, permite a sua sujeição à classe das margaridas. Sem uma compreensão dessa relação, as crianças não conseguem quantificar as flores (B) e compará-las ao número de margaridas (A). No entanto, uma vez que elas conseguem coordenar as relações injetoras e sujeitoras (morfismos) que constroem as classes em questão, conseguem conservar a classe superordenada.

A abordagem mórfica por Piaget (1977) da inclusão de classe pode ser vista como uma extensão de sua abordagem de operações de classe por agrupamento (Davidson, 1988). De modo específico, a abordagem por agrupamentos esteve baseada na noção de construção de subclasses por meio da negação sob a classe includente (Inhelder e Piaget, 1959/1969; Piaget, 1941/1952, 1975/1985, p. 103) mediante a aplicação de uma operação de classe inversa: A = B – A' e A' = B – A (Piaget, 1977/2001; Smith, 1982). Em compensação, a abordagem mórfica de inclusão de classe por Piaget (1977, p. 352) não faz referência à construção sob a negação, mas volta-se tão somente à coordenação de morfismos que mapeiam as propriedades intensionais. Como vantagem da abordagem mórfica de Piaget tem-se que a classe superordenada é abordada de maneira teórica como sendo positivamente definida por sua própria propriedade intensional, em vez de sê-lo apenas por sua extensão. A abordagem mórfica, desse modo, auxilia a que se dê uma resposta às questões sobre como as crianças vêm a construir, por meio da adição, a classe superordenada. Dito concretamente, a propriedade intensional da classe superordenada permite que as crianças selecionem as subclasses a serem incluídas na classe superordenada. Essa propriedade intensional, e sua coordenação com a propriedade intensional das subclasses, é plenamente levada em conta pelo modelo mórfico de Piaget quando se fornece uma abordagem de como as crianças se mostram incapazes ante a operação de inclusão de classe. Assim, ao descrever as estruturas de agrupamento e as operações de classe em termos de morfismos, as dificuldades que as crianças enfrentam na inclusão de classe (em especial na relação sobrejetora) podem ser mais prontamente formalizadas e estudadas.

A inclusão de classe, por essa razão, ilustra uma série de aspectos da teoria mórfica do desenvolvimento de Piaget. As classes podem ser conceitualizadas como a representar estados estáticos constituídos pelos morfismos de sobrejeção, injeção e sujeição. A coordenação desses morfismos dá origem a operadores de classe das estruturas de agrupamento, em especial a adição (por exemplo, A + A′ = B) e a subtração (por exemplo, B – A′ = A), que transformam esses estados (classes). A não ser que as crianças tenham atingido um nível de compreensão transmórfico quanto à inclusão de classe, elas se mostram incapazes de comparar subclasses e classes superordenadas. A razão para tal é que a compreensão da relação entre subclasses e classes superordenadas só pode ser alcançada operacionalmente. A estratégia de comparar estados estáticos resulta em insucesso – a focalização de uma subclasse (parte) dissolve a classe superordenada (todo) da qual é parte (Barrouillet e Poirier, 1997; Piaget, 1947/1976, p. 133).

Número

Piaget reconheceu que, embora as crianças em idade pré-escolar saibam usar palavras para números, elas podem não compreender as propriedades cardinais e ordinais deles. Para ele, uma compreensão operacional do número se inicia com a capacidade de conservá-lo (Piaget e Inhelder, 1966/1969, p. 104): com a compreensão de que o conceito de número independe da configuração perceptual dos objetos que são contados. Contudo, antes do desenvolvimento da conservação do número tem-se apenas coleções figurativas, cuja numerosidade encontra-se atrelada ao espaço físico em que elas se dispõem.

Na tarefa padrão que avalia a conservação das quantidades numéricas (Inhelder *et al.*, 1974, p. 275-277; Piaget, 1941/1952, p. 65-95), o experimentador toma seis botões azuis e os alinha numa fileira. Ele então apresenta à criança seis botões vermelhos e a instrui a selecionar o mesmo número destes. No primeiro nível de desenvolvimento, as crianças menores de 4 anos via de regra selecionam o máximo de botões necessários para corresponder ao comprimento espacial da fileira do experimentador. Isto significa que elas julgam o número de botões de acordo com o espaço que eles ocupam. No nível seguinte, as crianças constroem uma correspondência biunívoca entre as fileiras. No entanto, não conseguem conservar o número quando o experimentador muda o comprimento de uma fileira – por exemplo, aumentando o espaçamento entre os botões sem acrescentar nenhum botão a mais. Ainda uma vez, essas crianças compreendem o número como uma coleção figurativa dependente de espaço. Por fim, no último nível elas conservam o número mesmo quando a configuração perceptual das fileiras não é a mesma (Piaget, 1941/1952, p. 82-85).

O desenvolvimento de um conceito operacional de número baseia-se na síntese entre operações de classe e seriações (Beth e Piaget, 1966, p. 259-272; ver Mays, 1987; Smith, 2002a). As operações de classe consideram o aspecto cardinal do número. A seriação considera o aspecto ordinal do número. Uma síntese entre a operação de classe e a seriação é demandada uma vez que (a) as operações de classe em si se abstraem das diferenças e tratam os elementos contidos na classe como equivalentes, e (b) a seriação em si focaliza diferenças e seria incapaz de determinar a relação entre uma posição e o seu sucessor:

> O número, então, resulta fundamentalmente de um ato de ignorar as qualidades diferenciais, ato este que torna cada elemento individual equivalente a cada outro elemento: uma laranja é equivalente a uma árvore, que é equivalente a uma pessoa, enquanto se diga respeito a um número. Uma vez tal sendo estabelecido, os conjuntos são classificáveis de acordo com a inclusão (<): 1 < (1 + 1) < (1 + 1 + 1) etc. Mas eles são seriáveis (→), e o único meio de diferenciá-los

e não contar o mesmo duas vezes nessas inclusões é serializá-los no espaço ou no tempo: um, e então outro, e então outro; 1 → 1 → 1 etc. O número parecerá assim uma síntese entre seriação e inclusão: {[(1) → 1] → 1} → etc. (Piaget e Inhelder, 1966/1969, p. 105)[7]

Críticas à teoria de Piaget

A teoria do desenvolvimento cognitivo na infância de Piaget recebeu considerável atenção nas décadas de 1960 e 1970. Essa atenção concentrou-se na idade em que as crianças conseguiam realizar várias tarefas operacionais concretas. Nos últimos 20 anos, contudo, a influência da teoria piagetiana tem se esvanecido. Como figura histórica, Piaget tem passado a um segundo plano, com sua teoria sendo considerada incorreta e de pouco valor para a pesquisa contemporânea sobre o desenvolvimento. Tem-se, em especial, três críticas frequentes, que são as seguintes: (a) a teoria de Piaget subestima a idade em que as crianças conseguem realizar diferentes tarefas operacionais concretas; (b) a noção piagetiana de estágio implica que as crianças consigam executar tarefas de modo consistente; contudo, uma vez que esse não é o caso, a teoria de Piaget deve estar errada; e (c) Piaget descreveu o pensamento das crianças pequenas apenas em termos negativos (para mais respostas a essas críticas, ver Capítulo 1, neste volume). Ocorre que nem todos os estudiosos compartilham dessa avaliação negativa. Em vez disso, tem se proposto que tal avaliação negativa resulta de uma interpretação equivocada da teoria de Piaget (por exemplo, ver Chapman, 1988; Desrochers, 2008; Lourenço e Machado, 1996; Smith, 1992, 2002b). Passaremos a descrever brevemente essas três críticas frequentes à teoria de Piaget, e responder a elas.

Uma crítica frequente à teoria piagetiana do desenvolvimento cognitivo na infância é a de que seu autor teria subestimado as habilidades de raciocínio das crianças, uma vez que fatores externos ao desempenho das tarefas ofuscam as verdadeiras competências das crianças. Por essa razão, o ato de simplificar as tarefas mediante a remoção de tais fatores de desempenho

7 Num viés semelhante, a mensuração resulta de uma síntese entre seriação e operações de classe, com a síntese, porém, sendo aplicada a relações espaciais (ver Piaget, Inhelder e Szeminska, 1948/1960).

deve proporcionar uma melhor avaliação das habilidades das crianças. Segundo essa lógica, diversos pesquisadores puseram-se a simplificar as tarefas piagetianas padrão (por exemplo, Gelman e Baillargeon, 1983).

Gelman (1972), por exemplo, simplificou a conservação da tarefa com números reduzindo o número de objetos em cada fileira de cinco para dois ou três, isso para descobrir que as crianças de 4 a 5 anos davam conta da tarefa. No entanto, tem se argumentado que as tarefas simplificadas, em vez de avaliar a mesma competência que as tarefas padrão, mas sem fatores externos à execução, na verdade avaliam competências completamente diferentes (Chapman, 1988; Lourenço e Machado, 1996). No caso de números pequenos, o que parece ser uma conservação do número poderia se basear em processos perceptivos ("subitizar" ou contar a olho) em vez de operações numéricas (ver Desrochers, 2008; Von Glasersfeld, 1982). Os pesquisadores que adotam tarefas tão simplificadas deixam de considerar os processos de desenvolvimento que originam as competências avaliadas por tarefas padrão, uma vez que relação alguma se entabula entre tais competências e os desempenhos de crianças relacionados a tarefa anteriores. Em compensação, o modelo de morfismo de Piaget descreve a construção gradual de operações a partir de correspondências anteriores (comparações) baseadas na interação das crianças com o ambiente (por exemplo, o experienciar do retorno empírico). Com isso, o modelo de morfismo de Piaget representa um avanço em relação ao seu modelo de agrupamento anterior, assim como considera as correspondências desenvolvidas no início da infância como "necessárias para a descoberta das transformações" (Piaget, 1979, p. 26). Desse modo, ao contrário do que dizem os críticos, o modelo de morfismo de Piaget proporciona uma abordagem positiva das habilidades prévias das crianças à medida que capta diferenças sutis que, dando-se entre diferentes níveis de desenvolvimento, são ignoradas pelo paradigma da tarefa simplificada.

Outra crítica dirigida à teoria de Piaget baseia-se numa interpretação específica e frequente dos conceitos piagetianos de estágio e estrutura. De acordo com essa interpretação, os estágios são concebidos como estruturas globais que determinam o pensamento das crianças, ou seja, tem-se um "constructo hipotético relacionado a um desempenho observável como um antecedente em relação a um consequente" (Chapman, 1987, p. 289). Por essa razão, uma vez tendo as crianças desenvolvido, por exemplo, a estrutura de raciocínio operacional concreto, elas devem ser capazes de resolver todas as tarefas operacionais concretas (para as fontes dessa interpretação, ver Chapman, 1988; Lourenço e Machado, 1996). Contudo, está claro que as abundantes evidências de um *décalage* horizontal (inconsistência ao raciocinar ao longo de diferentes domínios empíricos) não se ajustam a essa predição. Um exemplo clássico de assincronia no desenvolvimento é o de que as crianças desenvolvem a conservação primeiramente para a quantidade, depois para o peso e então para o volume (Piaget e Inhelder, 1941/1974). Com base nessa interpretação dos conceitos de estágio e estrutura por Piaget, o *décalage* horizontal tem sido visto como uma dificuldade empírica significativa para a sua teoria, podendo-se até mesmo pensar em se pôr em dúvida o arcabouço estruturalista que a ela subjaz (Siegel e Brainerd, 1978). Contudo, Piaget jamais supôs serem os estágios caracterizados por homogeneidade ou por sincronia de desenvolvimento (Chapman, 1988). Além disso, como previamente se discutiu, com base na ideia piagetiana central de que o pensamento se origina na ação, segue-se que as formas de pensamento devem, antes de mais nada, ser específicas ao domínio. De acordo com Piaget, as estruturas se desenvolvem mediante a interiorização de ações que são reversíveis, mais tarde, então, se tornando coordenadas. Tais ações serão necessariamente específicas a conteúdo e contexto.

As críticas finais que debateremos versam sobre a alegação de que Piaget caracterizou o pensamento das crianças em idade pré-escolar de maneira apenas negativa: isto é, em termos de pensamento ilógico e da ausência de conceitos de conservação (Donaldson, 1978; Gelman, 1978; Siegal, 1991). Contudo, ele avaliou cada nível de desenvolvimento positivamente em termos de seu nível precedente e negativamente em termos de seu nível sucessor (Lourenço e Machado, 1996). Piaget via o desenvolvimento como um processo contínuo no qual nenhum momento determinado no processo pode ser tomado como ponto de partida absoluto (Lourenço e Machado, 1996). Assim sendo, as avaliações negativa e positiva de um determinado momento do desenvolvimento são relativas apenas ao ponto de referência particular que se venha a selecionar para conceitualizar o processo de desenvolvimento. Como consequência, as avaliações negativa e positiva do pensamento infantil não são enunciados de valor absoluto, mas de valor relativo a refletir variações na precisão, na complexidade e adaptabilidade do pensamento. Por essa razão, em sua obra tardia sobre morfismos e funções (bem como em sua obra sobre possibilidade e necessidade), Piaget descreveu o período pré-operacional em termos positivos (isto é, funções unidirecionais). Com raras exceções, porém (por exemplo, Chapman e Lindenberger, 1988; Davidson, 1987, 1988; Kamii, Myiakawa e Kato, 2007), essa obra posterior recebeu pouca ou nenhuma atenção. Por conseguinte, a afirmação de que Piaget teria descrito o pensamento das crianças de maneira apenas negativa baseia-se, em certa medida, numa leitura incompleta de sua obra.

Conclusão

Passamos em revista a teoria de Piaget e aspectos de seu amplo programa de pesquisa empírica em desenvolvimento cognitivo na infância, respondendo a críticas comuns à pesquisa do autor nesse campo. Acreditamos ser prematuro ver a obra de Piaget sobre o desenvolvimento cognitivo na infância como tendo interesse apenas histórico. Quem quer que leve a sério dois aspectos centrais da cognição, que são a fecundidade e o rigor lógico, não pode ignorar Piaget, uma vez que modelos alternativos de cognição não dão conta desses aspectos (Chapman, 1987). A esse respeito, a tentativa por Piaget de explicar esses aspectos em termos de agrupamentos e morfismos operacionais continua a ser a única opção disponível.

Sinalizamos que a obra posterior de Piaget sobre morfismos proporciona um modo elegante e mais detalhado de descrever as diferentes formas de pensamento, bem como as transições entre elas. Ao mesmo tempo, sua teoria continua incompleta. O lugar sistemático dos morfismos e sua relação com as operações não foram por ele de todo elaborados. Nesse mesmo sentido, a relação entre outros aspectos de sua obra posterior (Piaget, 1981/1987, 1983/1987; Piaget e Garcia, 1987/1991) e as operações mantém-se pouco claras (ver Capítulo 7, neste volume).

Portanto, tem-se aí lacunas em sua obra que qualquer interessado numa plena consideração da racionalidade humana está convidado a abordar.[8]

Referências

BARROUILLET, P. e POIRIER, L. "Comparing and transforming: An application of Piaget's morphisms theory to the development of class inclusion and arithmetic problem solving". *Human Development*, 40, 1997, 216-234.

BETH, E. W. e PIAGET, J. *Mathematical epistemology and psychology*. Dordrecht: Reidel, 1966.

CHAPMAN, M. "Piaget, attentional capacity, and the functional implications of formal structure". In: H. W. REESE (Org.). *Advances in child development and behavior* (vol. 20, p. 229-334). Orlando: Academic Press, 1987.

______. *Constructive evolution: Origins and development of Piaget's thought*. Cambridge: Cambridge University Press, 1988.

______ e LINDENBERGER, U. "Functions, operations, and decalage in the development of transitivity". *Developmental Psychology*, 24, 1988, 542-551.

CORMIER, P. e DAGENAIS, Y. "Class-inclusion developmental levels and logical necessity". *International Journal of Behavioral Development*, 6, 1983, 1-14.

DAVIDSON, P. M. "Early function concepts: Their development and relation to certain mathematical and logical abilities". *Child Development*, 58, 1987, 1542-1555.

______. "Piaget's category-theoretic interpretation of cognitive development: A neglected contribution". *Human Development*, 31, 1988, 225-241.

______. *Children's minds*. Londres: Fontana, 1978.

DESROCHERS. "From Piaget to specific Genevan developmental models". *Child Development Perspectives*, 2, 2008, 7-12.

EILENBERG, S. e MacLANE, S. "General theory of natural equivalences". *Transactions of the American Mathematical Society*, 58, 1945, 231-294.

GELMAN, R. "Logical capacity of very young children: Number invariance rules". *Child Development*, 43, 1972, 75-90.

______. "Cognitive development". *Annual Review of Psychology*, 29, 1978, 297-332.

8 A preparação deste capítulo foi parcialmente amparada por financiamentos do SSHRC [Social Sciences and Humanities Research Council, Conselho de Pesquisa em Ciências Sociais e Humanidades] do Canadá aos três autores e da Human Early Learning Network of Canada [Rede de Primeiros Aprendizados Humanos] a Ulrich Müller e Jeremy Carpendale.

GELMAN, R. e BAILLARGEON, R. "A review of some Piagetian concepts". In: P. H. MUSSEN (Org. da série) e J. H. FLAVELL e E. M. MARKHAM (Orgs.). *Handbook of child psychology* (vol. 3, p. 167-230). Nova Iorque: Wiley, 1983.

INHELDER, B. e PIAGET, J. *The growth of logical thinking: From childhood to adolescence.* Nova Iorque: Basic Books, 1958 (texto original publicado em 1955).

______. *The early growth of logic in the child.* Nova Iorque: Norton, 1969 (texto original publicado em 1959).

______; SINCLAIR, H. e BOVET, M. *Learning and the development of cognition.* Londres: Routledge & Kegan Paul, 1974.

KAMII, C., MYIAKAWA, Y. e KATO, T. "Trying to make a lever work at ages 1 to 4: The development of 'functions' (logico-mathematical thinking)". *Early Education and Development,* 18, 2007, 145-161.

LEISER, D. e GILLIERON, C. *Cognitive science and genetic epistemology – a case study of understanding.* Nova Iorque: Plenum, 1990.

LOURENÇO, O. e MACHADO, A. "In defense of Piaget's theory: A reply to common criticisms". *Psychological Review,* 103, 1996, 143-164.

MACLANE, S. *Categories for the working mathematician.* Nova Iorque: Springer-Verlag, 1971.

MAYS, W. "Piaget on logic and number: The philosophical background". In: J. Russell (Org.). *Philosophical perspectives on developmental psychology* (p. 220-239), 1987. Oxford: Blackwell.

MILLER, S. A. "Certainty and necessity in the understanding of Piagetian concepts". *Developmental Psychology,* 22, 1986, 3-18.

PARSONS, A. "Translators' introduction: A guide for psychologists". In: B. INHELDER e J. PIAGET (Orgs.). *The growth of logical thinking: From childhood to adolescence* (p. vii-xx). Nova Iorque: Basic Books, 1958.

PIAGET, J. "Essai sur quelques aspects du développement de la notion de partie chez l'enfant". *Journal de Psychologie,* 18, 1921, 449-480.

______. "Le mécanisme du développement mental et les lois du groupement des opérations". *Archives de Psychologie,* 28, 1941, 215-285.

______. *Classes, relations et nombres.* Paris: Vrin, 1942.

______. *The origins of intelligence in children.* Nova Iorque: International Universities Press, 1952 (texto original publicado em 1936).

______. *The child's conception of number.* Londres: Routledge & Kegan Paul (tradução parcial de Piaget, J. e Szeminska, A. [1941]. *Le genèse du nombre chez l'enfant.* Neuchâtel: Delachaux et Niestlè).

PIAGET, J. *The construction of reality in the child.* Nova Iorque: Basic Books, 1954 (texto original publicado em 1937).

______. "Les stades du developpement intellectual de l'enfant et de l'adolescent". In: P. OSTERRIETH, J. PIAGET, R. SAUSSURE, J. TANNER, H. WALLON, R. ZAZZO, B. INHELDER e A. REY (Orgs.). *Le problème des stades en psychologie de l'enfant* (p. 33-42). Paris: Presses Universitaires de France, 1956.

______. *Play, dreams and imitation in childhood.* Nova Iorque: W.W. Norton & Co., 1962 (texto original publicado em 1945).

______. *On the development of memory and identity.* Barre: Clark University Press, 1968.

______. "Piaget's theory". In: P. H. MUSSEN (Org.). *Carmichael's manual of child psychology*, Vol. 1 (3. ed., p. 703-710). Nova Iorque: Wiley, 1970.

______. *Structuralism.* Londres: Routledge & Kegan Paul, 1971 (texto original publicado em 1968).

______. *Judgment and reasoning in the child.* Londres: Routledge & Kegan Paul, 1972 (texto original publicado em 1924).

______. *Psychology and epistemology: Towards a theory of knowledge.* Middlesex: Penguin Books, 1972 (texto original publicado em 1970).

______. *The psychology of intelligence.* Totowa: Littlefield, Adams & Co., 1976 (texto original publicado em 1947).

______. "The affective and the cognitive unconscious". In: B. INHELDER e H. H. CHIPMAN (Orgs.). *Piaget and his school* (p. 63-71). Nova Iorque: Springer, 1976 (texto original publicado em 1970).

______. "Some recent research and its link with a new theory of groupings and conservations based on commutability". *Annals of the New York Academy of Sciences*, 291(1), 1977, 350-358.

______. "Correspondences and transformations". In: F. B. MURRAY e M. C. ALMY (Orgs.). *The impact of Piagetian theory* (p. 17-27). Baltimore: University Park Press, 1979.

______. *Experiments in contradiction.* Chicago: University of Chicago Press, 1980 (texto original publicado em 1974).

______. *The equilibration of cognitive structures.* Chicago: University of Chicago Press, 1985 (texto original publicado em 1975).

PIAGET, J. "Possibility and necessity", Vol. 1: *The role of possibility in cognitive development*. Mineápolis: University of Minnesota Press, 1987 (texto original publicado em 1981).

______. "Possibility and necessity", Vol. 2: *The role of necessity in cognitive development*. Mineápolis: University of Minnesota Press, 1987 (texto original publicado em 1983).

______. *Studies in reflecting abstraction*. Hove: Psychology Press, 2001 (texto original publicado em 1977).

______ e GARCIA, R. *Toward a logic of meanings*. Hillsdale: Erlbaum, 1991 (texto original publicado em 1987).

______; GRIZE, J.-B., SZEMINSKA, A. e BANG, V. *Epistemology and psychology of functions*. Dordrecht: Reidel, 1977 (texto original publicado em 1968).

______; HENRIQUES, G. e ASCHER, E. *Morphisms and categories: Comparing and transforming*. Hillsdale: Erlbaum, 1992 (texto original publicado em 1990).

______ e INHELDER, B. *The child's conception of space*. Londres: Routledge & Kegan Paul, 1963 (texto original publicado em 1948).

______. "Intellectual operations and their development". In: P. FRAISSE e J. PIAGET (Orgs.). *Experimental psychology: Its scope and method* (p. 144-205). Nova Iorque: Basic Books, 1969 (texto original publicado em 1963).

______. *The psychology of the child*. Nova Iorque: Basic Books, 1969 (texto original publicado em 1966).

______. *The child's construction of quantities*. Londres: Routledge & Kegan Paul, 1974 (texto original publicado em 1941).

______ e SZEMINSKA, A. *The child's conception of geometry*. Nova Iorque: Harper Torchbooks, 1960 (texto original publicado em 1948).

SIEGAL, M. *Knowing children: Experiments in conversation and cognition*. Hillsdale: Erlbaum, 1991.

SIEGEL, L. e BRAINERD, C. Preface. In: L. SIEGEL e C. BRAINERD (Orgs.). *Alternatives to Piaget* (p. xi-xiv). Nova Iorque: Academic Press, 1978.

SMITH, L. "Class inclusion and conclusions about Piaget's theory". *British Journal of Psychology*, 73, 1982, 267-276.

______. "Age, ability, and intellectual development in Piagetian theory". In: M. CHANDLER e M. CHAPMAN (Orgs.). *Criteria for competence* (p. 69-91). Hillsdale: Erlbaum, 1991.

SMITH, L. "Judgements and justifications: Criteria for the attribution of children's knowledge in Piagetian research". *British Journal of Developmental Psychology*, 10, 1-23, 1992.

______. *Reasoning by mathematical induction in children's arithmetic*. Oxford: Elsevier Pergamon Press, 2002a.

______. *Piaget's model*. In: U. GOSWAMI (Org.). *Blackwell handbook of childhood cognitive development* (p. 515-537). Oxford: Blackwell, 2002b.

VON GLASERSFELD, E. "Subitizing – the role of figural patterns in the development of numerical concepts". *Archives de Psychologie*, 50, 1982, 191-218.

11 Adolescência

David Moshman

O estágio adolescente na teoria do desenvolvimento cognitivo de Piaget se inicia – tipicamente em torno dos 11 ou 12 anos – com o surgimento do que ele chamou de "raciocínio formal" ou "operações formais". Esse raciocínio pode continuar a se desenvolver durante a adolescência e início da fase adulta, com alguns indivíduos chegando mesmo a construir formas mais avançadas de cognição, ainda que a transição da infância à adolescência sinalize a última transformação qualitativa importante salientada em teoria e pesquisa piagetianas. Com isso, por um lado a teoria de Piaget difere das teorias neonativistas e de outras teorias que veem o desenvolvimento basicamente como um fenômeno da primeira infância, e, por outro, das teorias de tempo de vida, que veem o desenvolvimento como a continuar inexoravelmente ao longo da fase adulta. A teoria de Piaget deixa aberta a possibilidade de um desenvolvimento mais avançado, mas sem descrever um estágio para além das operações formais.

Por "raciocínio formal", Piaget tinha em mente o raciocínio hipotético-dedutivo. Ainda que as crianças pequenas façam inferências, e ainda que aos 7 ou 8 anos suas inferências se conformem a regras rígidas da lógica dedutiva, tais inferências sempre têm início, propunha Piaget, com o que a criança acredita ou aceita. Com início nas idades de 11 ou 12, os pensadores exploram o que pode ser deduzido de proposições consideradas hipotéticas ou mesmo falsas. Tem-se aí um raciocínio hipotético-dedutivo, ou formal. A concepção por Piaget do surgimento do raciocínio formal na transição para a adolescência aparece já em seus escritos de juventude, a contar da década de 1920.

A conceitualização piagetiana do raciocínio formal foi desenvolvida da década de 1920 até a de 1950 em sua teoria das operações formais, com refinamentos subsequentes em obras posteriores. A principal apresentação de sua teoria foi e continua a ser *Da lógica da criança à lógica do adolescente* (Inhelder e Piaget, 1955/1958), que é a base primeira do presente capítulo. Antes de mais nada, porém, consideremos o tratamento dado por Piaget na juventude ao raciocínio hipotético-dedutivo, e isto não apenas por razões históricas, mas porque essa concepção de raciocínio formal se tornou e se manteve central à sua conceitualização das operações formais.

Raciocínio hipotético-dedutivo

Num capítulo intitulado "Pensamento formal e juízos relacionais", de sua obra de juventude intitulada *Le jugement et le raisonnement chez l'enfant* [O juízo e o raciocínio na criança], Piaget (1924/1972) apresentou um estudo no qual, "a cerca de 40 garotos de escola de Genebra, com idades entre 9 e 11-12 anos" (p. 63), apresentaram-se "cinco frases absurdas" (p. 62) do teste de Binet-Simon (um antigo teste de QI). Uma dessas frases, por exemplo, era "tenho três irmãos: Paulo, Ernesto e eu" (p. 63). As outras frases, todas um pouco mais longas, envolviam questões como se um ciclista morto poderia não se recuperar. Piaget relatou que, além da entrevista padrão, que pretendia induzir uma resposta passível de pontuação,

> fazíamos a criança repetir de memória a frase absurda. A frase o mais das vezes era deformada pela criança de maneira significativa. Então líamos o texto exato para eliminar todos os fatores que se devessem à desatenção e ao esquecimento. Por fim, pedíamos que as crianças arranjassem a própria sentença de um modo que "nela não houvesse mais nada que fosse besteira" (p. 63-64).

Piaget recomendou também que fossem tomadas "ilustrações da própria vida da criança" (p. 64). Em contraste com o protocolo para um teste de QI, ele não estava preocupado com padronização, mas sim em compreender as respostas da criança. O desafio teórico estava em explicar por que alguns problemas eram solucionados em idades mais precoces que outros, e, em termos mais gerais, de que modo o raciocínio das crianças mudava com o avanço da idade.

Examinando o raciocínio das crianças ao longo de problemas e de idades, Piaget concluiu que a faixa etária entre os 11 e os 12 anos marcava o surgimento do que ele chamou de raciocínio "formal". Por raciocinar formalmente ele entendia "admitir um dado como tal e deduzir o que dele se segue" (p. 66). Crianças de 7 ou 8, argumentou, já "distinguem entre hipótese e realidade" (p. 67) e realizam um "raciocínio dedutivo correto" (p. 67). "Mas todo raciocínio nesse estágio ainda se encontra limitado por uma qualificação essencial: a dedução incide somente nas crenças que a própria criança adotou, em outras palavras, ela trata somente de sua concepção pessoal de realidade" (p. 67).

Até os 11 ou 12 anos, assim sendo, "é quase impossível fazer uma criança assumir uma hipótese sugerida, a não ser que seja forçada a acreditar em tal hipótese e, com isso, transforme-a numa afirmação" (p. 68). A "dedução formal", assim sendo,

> consiste em extrair conclusões não de um fato dado por observação imediata, nem de um juízo que se tenha por verdadeiro sem quaisquer qualificações (sendo assim incorporado a uma realidade tal como se a concebe), mas num juízo que o indivíduo simplesmente assume, isto é, que o indivíduo admita sem nele acreditar, apenas para ver aonde ele levará. Essa é a forma de dedução que situamos por volta de 11 a 12 anos, em oposição a formas mais simples de inferência que aparecem primeiro (p. 69).

Assim, o raciocínio formal é "hipotético-dedutivo" (p. 69) no sentido de ser a dedução de proposições consideradas hipotéticas, em vez daquelas simplesmente aceitas. "Para ser formal", explicou Piaget, "a dedução tem de se destacar da realidade e se posicionar no plano do puramente possível, que é, por definição, o domínio da hipótese" (p. 71).

O desenvolvimento do pensamento lógico

Três décadas após *Le jugement et le raisonnement chez l'enfant*, Piaget e Bärbel Inhelder, sua colaboradora de longa data, publicaram *Da lógica da criança à lógica do adolescente* (*GLT* [de *The Growth of Logical Thinking From*

Childhood to Adolescence]; Inhelder e Piaget, 1955/1958). Embora Piaget tivesse abordado a cognição adolescente em outros escritos (por exemplo, Piaget, 1947/1960, 1953; Piaget e Inhelder, 1951/1976) e continuasse a revisar sua teoria (por exemplo, Piaget, 1977/2001, 1981/1987, 1983/1987, 2004/2006; Piaget e Garcia, 1987/1991), o *GLT* foi e continua a ser a principal obra sobre o que ele passou a chamar "operações formais".

Central ao *GLT* era uma série de 15 engenhosos estudos empíricos concebidos e conduzidos por Inhelder e seus colaboradores. Um total de mais de 1.500 participantes (p. 311 [da edição em inglês, *The Growth of Logical Thinking From Childhood to Adolescence*]), com idades entre 5 e 16 anos, foram entrevistados individualmente à medida que exploravam o mundo físico e teorizavam acerca dele. Num dos estudos de Inhelder, por exemplo, eles tentaram determinar como a flexibilidade de uma haste varia em função de sua composição, comprimento, espessura e forma interseccional, bem como do peso que posicionavam em sua ponta. Num estudo semelhante, os participantes examinaram a oscilação de um pêndulo como função do comprimento da corda, do peso do objeto preso à corda, da altura do ponto de lançamento e da força do empurrão, caso houvesse algum, com que iniciavam todos os experimentos. Outros participantes exploraram o movimento de objetos a variar em tamanho num plano inclinado que variava em altura, tentaram equilibrar uma escala de equilíbrio, examinaram os ângulos de incidência e reflexão numa espécie de jogo de sinuca, organizaram conjuntos de dados para avaliar correlações, previram se objetos iriam flutuar ou afundar, tentaram determinar qual combinação de produtos químicos resultaria em amarelo, ou confrontaram-se com outros desafios científicos semelhantes a esses.

Em cada estudo, as ações, explicações e justificações de cada participante, tomadas como um todo, eram classificadas como pré-operacionais, operacionais concretas ou operacionais formais com base nos critérios teóricos associados a esses três estágios de desenvolvimento. Conforme o esperado, a cognição pré-operacional se mostrou típica de crianças de menos de 7 anos, a cognição operacional concreta revelou-se típica de crianças aproximadamente a partir de 7 anos, e a cognição operacional formal raramente foi vista antes dos 11, tipificando já a adolescência. A distinção entre cognição pré-operacional e operacional concreta é debatida em muitas obras de Piaget, e as fundamentações lógicas de operações concretas são examinadas de modo mais central numa obra posterior de Inhelder e Piaget (1959/1964; ver também Capítulo 10, neste volume). O enfoque do *GLT* esteve na distinção entre operações concretas e formais, e, assim sendo, entre a lógica da criança e a do adolescente.

O *GLT* deu sequência a *Jugement et raisonnement* em sua concepção do raciocínio hipotético-dedutivo como central às operações formais.

> O pensamento formal é essencialmente hipotético-dedutivo. Com isso queremos dizer que a dedução não mais se refere diretamente a realidades percebidas, mas a enunciados hipotéticos – isto é, refere-se a proposições que são formulações de hipóteses ou que postulam fatos ou eventos independentemente de ocorrerem ou não. Com isso, o processo dedutivo consiste em conectar essas premissas e extrair daí as consequências necessárias (1955/1958, p. 251).

O *GLT* foi além do tratamento breve dado em *Le jugement et le raisonnement chez l'enfant* não apenas quanto à riqueza de sua base empírica, mas quanto a pelo menos quatro aspectos de sua teorização. Em primeiro lugar, ele salientou uma profunda inversão na relação entre realidade e possibilidade na cognição formal. Em segundo, identificou o raciocínio formal como operações de segunda ordem (portanto formais), com isso proporcionando uma teoria estrutural da distinção entre cognição concreta e formal. Em terceiro lugar, identificou esquemas específicos (formas de raciocínio) associados a operações formais. Por fim, e de modo bem pouco característico, a obra mais madura foi além do reino da cognição, discutindo com algum vagar as implicações das operações formais para a personalidade do adolescente, para as relações sociais e papéis sociais.

Realidade como subconjunto de possibilidades

Em *Le jugement et le raisonnement*, Piaget já associava o raciocínio hipotético-dedutivo à construção de "um mundo puramente possível que deve ser a província da dedução lógica" (1924/1972, p. 71).

O *GLT* trouxe elaborações a esse tema:

> No pensamento formal, há uma inversão da direção do pensamento entre realidade e possibilidade no método de abordagem dos indivíduos. A possibilidade já não aparece apenas como extensão de uma situação empírica ou de ações efetivamente realizadas. Em vez disso, é a realidade que é agora secundária à possibilidade. Por conseguinte, os indivíduos concebem os fatos dados como o setor de um conjunto de transformações possíveis que efetivamente acontecem (1955/1958, p. 251, *itálico no original*).

O raciocínio hipotético-dedutivo, em outras palavras, possibilita a elaboração rigorosa e sistemática de possibilidades lógicas, o que por sua vez possibilita a reconsideração da realidade num contexto hipotético mais amplo. A preocupação do pensador formal com a possibilidade não é um dar as costas à realidade, mas uma reconceitualização do que significa compreendê-la e explicá-la. Assim, a construção das operações formais não é apenas a construção de um novo modo de raciocínio, mas, de modo mais radical, de um novo modo de compreender o mundo. Os reinos de possibilidade abarcam desde resultados experimentais possíveis a possíveis religiões, ideologias e arranjos sociais. Realidades de todo tipo são potencialmente abertas à crítica e à reconsideração com base nas possibilidades alternativas.

Como veremos, essa nova modalidade de compreensão torna os adolescentes profundamente diferentes das crianças e muito mais semelhantes aos adultos. Porém, antes de considerarmos as implicações mais amplas dessa modalidade para vida e desenvolvimento adolescentes, tornemos à análise estrutural por Piaget das operações formais como operações de segunda ordem e à sua descrição de esquemas operacionais formais específicos.

Operações de segunda ordem

Classes e relações são centrais à lógica. De forma bastante breve, a abordagem piagetiana dos primeiros desenvolvimentos do pensamento lógico diz o seguinte: mesmo as crianças de até 2 anos agrupam e ordenam objetos de maneiras cada vez mais lógicas. Com o surgimento da inteligência representacional no segundo ano de vida, as crianças classificam e seriam mentalmente. Com a aquisição da inteligência operacional, tipicamente por volta dos 7 anos, as ações de classificação e seriação pelas crianças tornam-se operações, significando que são ações mentais reversíveis. São reversíveis porque compõem estruturas equilibradas. Essas estruturas possibilitam uma apreciação de necessidades lógicas como distintas das regularidades empíricas. Por exemplo, as crianças agora compreendem que uma subclasse (como a de todos os gatos) não pode conter mais membros do que uma classe (como a de todos os animais) que a inclui, portanto, não havendo necessidade de contar. De modo semelhante, as operações de seriação possibilitam à criança operacional concreta inferir e compreender que se A é mais extenso que B e B é mais extenso que C, então A (não é preciso nem olhar) terá de ser mais extenso que C. Assim sendo, as ações mentais de classificação e seriação reversíveis são operações concretas (Inhelder e Piaget, 1959/1964).

As operações formais, propunha Piaget, são operações sobre operações, ou operações de segunda ordem. Considere-se, por exemplo, a proporção de 10 para 5 como a de 4 para 2. Compreender integralmente a lógica dessa proporção demanda que se a veja como uma relação entre duas relações – ou seja, como uma relação de segunda ordem. As duas relações de primeira ordem são a relação de 10 para 5 e a relação de 4 para 2. Em cada caso, o primeiro número é duas vezes o segundo. Assim, as duas relações são iguais entre si. Essa igualdade é uma relação de segunda ordem – uma relação entre duas relações. As analogias verbais, de modo semelhante, têm a forma lógica de uma relação (de igualdade) entre duas relações. Em "a mão é para os dedos da mão como o pé é para os dedos do pé", as primeiras oito palavras expressam uma relação, as oito últimas expressam outra relação, e o "como" relaciona as duas.

Tem-se aí classes de classes. Imagine, por exemplo, uma estante de livros. Os livros na estante poderiam ser de capa dura ou de papel reciclável. Poderiam ser de ficção ou de não ficção. Multiplicar esses dois esquemas de classificação gera quatro classes possíveis de livros: ficção de capa dura, não ficção de capa dura, ficção de papel reciclável e não ficção de papel reciclável. Mas quantas classes de estantes de livros são possíveis? Uma possibilidade é uma estante vazia. Quatro outras possibilidades são os quatro modos com que uma estante poderia ter uma única classe de livros (poderia ter somente ficção de capa dura, somente não ficção de capa dura, somente ficção de papel reciclável ou somente não ficção de papel reciclável). Existem seis modos pelos quais uma estante poderia ter apenas duas classes de livros (ficção de capa dura e não ficção de capa dura, ficção de capa dura e ficção de papel reciclável, e assim por diante). Existem quatro modos pelos quais uma estante poderia ter precisamente três classes de livros (prove-o você mesmo). E, finalmente, existe a possibilidade de uma estante com todos os quatro tipos de livros, para um total de 16 classes de estantes de livros, cada qual a conter uma única combinação das quatro classes de livros tomando-se zero, um, dois, três ou quatro por vez.

Recorde-se agora que as quatro classes de livros foram originalmente derivadas de duas variáveis dicotômicas: capa (dura ou de papel) e conteúdo (ficção ou não ficção). Abstraindo-se desse exemplo, podemos ver que em qualquer sistema em que existam duas variáveis dicotômicas haverá quatro combinações possíveis das duas variáveis e 16 combinações possíveis dessas quatro combinações (tomando-se zero, um, dois, três ou quatro por vez). Num nível abstrato, Piaget referiu-se ao sistema de 16 combinações possíveis das quatro combinações formadas por duas variáveis dicotômicas como sendo o "sistema combinatório completo" e o considerou central para as operações formais.

Em particular, Piaget mostrou que cada uma das 16 combinações corresponde a uma relação lógica particular entre duas variáveis. Suponha-se que o proprietário de uma determinada estante de livros só compre livros se eles forem de capa dura ou de ficção (ou ambos). Você pode inferir daí que a estante de livros dele pode incluir ficção de capa dura, não ficção de capa dura e ficção de papel reciclável, mas não pode incluir não ficção de papel reciclável. Logicamente, essa relação é a disjunção inclusiva, que classifica as primeiras três classes numa única classe de classes e distingue não ficção de papel reciclável, o único caso desconfirmador. Analisando respostas para as várias tarefas que Inhelder planejara, Piaget descobriu que pensadores formais poderiam ser distinguidos de pensadores concretos uma vez que o primeiro examinava possibilidades lógicas de maneira sistemática consistente com o sistema combinatório completo. Vemos aqui como o quadro de possibilidades para o pensador formal não é meramente uma extensão imaginativa da realidade, como o é para as crianças, mas sim proporciona um arcabouço lógico sistemático para a investigação de fenômenos empíricos. Enxergar uma relação real entre duas variáveis no contexto do sistema de todas as tais relações possíveis é compreender a realidade de um modo novo e mais profundo. Assim, o modelo estrutural de Piaget auxilia-nos a ver como a concepção operacional formal de realidade ao modo de um subconjunto de possibilidade, longe de ser um refugiar-se na fantasia, é, bem em sentido contrário, uma base rigorosa para experimentações e inferências.

A um nível mais profundo de abstração, Piaget propôs que o sistema combinatório completo, e de modo mais geral todas as estruturas operacionais formais, podem ser entendidos em termos de duas estruturas lógico-matemáticas fundamentais: a "reticular" e o "grupo". Esse é o aspecto mais técnico de sua teoria à medida que se refere ao trabalho que, em meados do século XX, era a vanguarda da lógica e da matemática. Para os fins que aqui se pretende, basta dizer que essas estruturas eram de interesse de Piaget, uma vez que representam formas de equilíbrio mais gerais e poderosas do que seria possível com estruturas mais limitadas que ele associasse a operações concretas (Chapman, 1988a; para abordagens posteriores de lógica e racionalidade, ver Piaget, 1977/2001, 2004/2006, 1981/1987, 1983/1987; Piaget e Garcia, 1987/1991).

Esquemas formais

Com relação à sua preocupação com a estrutura lógica, mas num nível um tanto menos técnico, Piaget identificou oito "esquemas operacionais estruturados formais" (p. 307-329). Ele os definiu como "os conceitos que o sujeito potencialmente pode organizar desde o início do nível formal, quando confrontado com certos tipos de dados, mas esses conceitos não se manifestam fora dessas condições" (p. 308). No âmbito do desenvolvimento, asseverou, tais conceitos são "menos descobertos em objetos do que deduzidos ou abstraídos, com as próprias estruturas operacionais do indivíduo servindo como seu ponto de partida" (p. 309). No âmbito teórico, eles poderiam estar relacionados à estrutura reticular ou de grupo. Contudo, a maior parte desses esquemas é intuitivamente provida de sentido, sendo óbvio que se relaciona a importantes formas de raciocínio. À revelia de sua relação com estruturas teóricas, os esquemas formais fornecem uma imagem interessante do que adolescentes, mas não crianças, podem compreender e fazer.

Um dos mais importantes esquemas formais é referido por Piaget como "operações combinatórias" (p. 310). Ninguém, a não ser um teórico da lógica, faria uma elaboração explícita das 16 classes possíveis de classes associadas ao sistema combinatório completo. Não obstante, as operações formais resultam na capacidade de elaborar combinações e permutas de modo sistemático e abrangente. Na tarefa de combinar elementos químicos para produzir a cor amarela, pensadores formais lidaram sistematicamente com todas as combinações possíveis, para que tivessem a certeza de atingir a cor amarela, enquanto as crianças pré-formais tentaram várias combinações, por vezes incluindo a correta, mas sem dispor de nenhum sistema abrangente. De modo semelhante, uma criança pré-formal poderia inserir quatro letras em diferentes ordens a fim de criar diversas placas com quatro letras, enquanto um pensador formal poderia propor um sistema para gerar todas as placas possíveis e determinar exatamente o número de possibilidades existentes. As operações combinatórias são de particular importância no fornecimento de rigor matemático a concepções formais de realidade como um subconjunto de possibilidades.

Outro esquema formal remete às proporções. O reconhecimento das relações de proporção foi constatado em adolescentes, mas em nenhuma criança com menos de 11 anos, numa série de tarefas propostas por Inhelder. Isso se mostra consistente com a análise piagetiana da proporção como uma relação de segunda ordem (algo acima observado em conexão com operações de segunda ordem). As concepções formais de probabilidade também constituem um esquema, o que foi mais diretamente estudado em uma obra anterior dedicada inteiramente ao desenvolvimento das concepções de acaso (Piaget e Inhelder, 1951/1976). Para compreender a probabilidade de maneira formal, tem-se de conceber um quadro de possibilidades que não seja apenas uma extensão da realidade. As operações combinatórias possibilitam uma rigorosa elaboração de todas as possibilidades, e com isso, a determinação quantitativa de probabilidades precisas.

Um quarto esquema formal é a correlação, que pode ser vista como uma combinação entre probabilidade e proporção, podendo também ser relacionada ao sistema combinatório completo previamente descrito. Imagine que tenhamos examinado 20 livros numa estante e encontrado 2 de ficção de capa dura, 8 de não ficção de capa dura, 8 de ficção de papel reciclável e 2 de não ficção de papel reciclável. Estarão capa e conteúdo correlacionados? Poderíamos observar que 8 dos 10 livros de capa dura são de não ficção, enquanto 8 de 10 de papel reciclável são ficção. Assim, o estatuto capa dura é associado ao conteúdo de não ficção, e o estatuto papel reciclável, ao conteúdo de ficção. A fim de avaliar quantitativamente a correlação, classificamos as quatro classes de livros entre os que são consistentes com a correlação (não ficção de capa dura e ficção de papel reciclável) e os que não o são. Vemos que o número de livros consistentes com essa correlação é 16, e o número com ela inconsistente é 4. Assim, existe de fato uma correlação entre capa e conteúdo. Ao integrar concepções de probabilidade e proporção com a lógica do sistema combinatório completo, os adolescentes revelam uma compreensão da correlação não constatada em crianças.

O raciocínio formal inclui também o isolamento de variáveis (embora tal não esteja listado entre os oito esquemas formais). Se queremos saber se a forma de uma secção transversal de uma haste faz a diferença em sua flexibilidade, podemos comparar uma haste de secção transversal redonda a uma haste de secção transversal quadrada. Mas a comparação será inútil caso duas hastes diferirem também em extensão, espessura ou composição, ou se avaliarmos a flexibilidade com um peso pesado num caso, e com um peso leve no outro. Para determinar o efeito da secção transversal, temos de manter constantes todas as demais variáveis. De modo semelhante, na tarefa do pêndulo tem-se de isolar uma variável para determinar seu efeito na taxa de oscilação. Em termos mais gerais, o isolamento de variáveis é central para o raciocínio científico.

Pensamento adolescente

O capítulo final do *GLT*, intitulado “Pensamento adolescente”, aborda a relação de operações formais com o pensamento adolescente e, para além disso, com a personalidade adolescente e com o desenvolvimento social. Diferentemente das primeiras apresentações da pesquisa, que foram escritas por Inhelder, ou das primeiras apresentações da teoria, escritas por Piaget, o capítulo da conclusão é uma "produção conjunta" (p. xxiv). Sem questionar a centralidade das estruturas lógicas para a cognição avançada, Inhelder e Piaget lembram a nós (e quem sabe a eles próprios) que "há mais a se pensar do que a lógica" (p. 335) e mais na vida do que pensamento.

Como central à presente análise do pensamento formal tem-se que ele implica "poderes de reflexão" (p. 340). Isso significa que o pensamento formal é "pensar sobre o pensamento" (p. 341). O pensador formal tem "pensamentos de segunda ordem que lidam de maneira crítica com o seu próprio pensamento" (p. 340). A análise reflexiva do próprio pensar do indivíduo torna possível construir "teorias" explícitas e "sistemas" ideológicos (p. 339). Além disso, o adolescente "compromete-se com possibilidades" (p. 339). Os adolescentes ainda vivem no mundo real, é evidente, mas comprometem-se com ideais de um modo que as crianças não conseguem. Ao mesmo tempo, "o adolescente [...] começa a se considerar como um igual aos adultos e a julgá-los, com plena reciprocidade, no mesmo plano que a si mesmo" (p. 339). Os adolescentes "participam de ideias, ideais e ideologias de um grupo mais amplo" com o objetivo de assumir seu "lugar no arcabouço social adulto" (p. 341). Isso envolve a elaboração de um plano de vida que pode incluir planos para mudar o próprio arcabouço. "Um plano de vida é, assim, uma afirmação de autonomia, e a autonomia moral finalmente alcançada pelo adolescente que se julga igual aos adultos é outro aspecto afetivo essencial da personalidade jovem a preparar-se para mergulhar na vida" (p. 350).

Tudo isso envolve "respostas vivas, sempre tão cheias de emoção, que o adolescente usa para construir seus ideais adaptando-se à sociedade" (p. 342). Em muitos casos, pode haver objetivos messiânicos de reformar o mundo. Como Piaget sempre insistiu, "a lógica não está isolada da vida; ela nada mais é do que a expressão de coordenações operacionais essenciais à ação" (p. 342).

O estatuto atual das operações formais

A afirmação que está no cerne da teoria piagetiana das operações formais é a de que existem competências cognitivas que muitas vezes são vistas em adolescentes (e adultos), porém raramente o são em crianças com idade abaixo de cerca de 11 anos (ainda que a idade precisa não seja biologicamente determinada e possa ser função de fatores educacionais e sociais). Essa afirmação parece ser bem amparada por conceitos e formas de raciocínio diretamente associados a operações formais, incluindo o raciocínio hipotético-dedutivo, concepções explícitas sobre a validade de inferências e testagem de hipóteses reflexivas. Adolescentes e adultos diferem de crianças também quanto a formas e níveis relacionados de raciocínio, compreensão e autorregulação, como pensamento dialético, conhecimento sobre a natureza geral e justificabilidade do conhecimento, formas de raciocínio moral baseadas em princípios e autoconcepções reflexivas (para análises, ver Kuhn e Franklin, 2006; Moshman, 1998, 2005, no prelo).

Inhelder e Piaget (1955/1958) também sugeriram que as operações formais são consolidadas entre os 14 e 15 anos, embora Piaget (1972) tenha posteriormente abrandado essa afirmação, reconhecendo o papel da cultura no desenvolvimento e a importância da experiência no desempenho. A teoria de Piaget pode ser mais bem considerada como uma abordagem de competência ótima, e não como uma descrição de comportamento típico. Pesquisas com adultos deixam claro que o uso do raciocínio formal na melhor das hipóteses se mantém inconsistente e que nós todos nos fiamos em processos automáticos e em heurísticas simples em grande parte de nosso pensamento (Evans, 2002). Piaget pode ter estado certo quanto às novas formas de raciocínio que começam a se desenvolver por volta dos 11 anos, mas ao que parece, independentemente da idade, essas novas competências não geram desempenho lógico de modo consistente. Assim, se os adolescentes realmente são mais competentes do que as crianças, o comportamento do adolescente típico (e do adulto) fica muito aquém do que o *GLT* parecia sugerir.

Contudo, ainda que a teoria da competência de Piaget superestime o desempenho lógico, seus críticos podem ser culpabilizados por subestimar a competência lógica. Por exemplo, muitos deles têm enfatizado a pesquisa na notoriamente difícil "tarefa da seleção", que exige que os participantes testem a verdade de um enunciado condicional (Evans, 2002). O insucesso da maior parte dos adolescentes e adultos na resolução dessa tarefa tem sido visto por muitos como insucesso em adquirir o raciocínio operacional formal. Todavia, outros argumentaram que a versão abstrata original da tarefa de seleção, a envolver uma relação arbitrária entre letras e números sem sentido, pode não ser bem adequada para se avaliar a competência operacional formal (Müller, 1999). O desempenho em versões da tarefa de seleção envolvendo relações condicionais providas de sentido revela tendências de desenvolvimento consistentes com a teoria de Piaget (Overton, 1990). Além disso, com oportunidade adequada para discussão e reflexão, estudantes universitários revelam raciocínio formal mesmo na versão original da tarefa (Moshman e Geil, 1998).

Os aspectos mais técnicos da teoria piagetiana das operações formais – o sistema combinatório completo e as estruturas reticulares e de grupo – têm sempre sido sujeitos à reconsideração e revisão. Reconhecendo as limitações da lógica proposicional, Piaget explorou outros modelos normativos, em especial a lógica de implicação (Piaget, 2004/2006; Piaget e Garcia, 1987/1991). A conceitualização por Piaget das operações formais continuou a se desenvolver já adentrando seus projetos e publicações finais; a melhor forma de considerar suas formalizações lógicas é como trabalhos em andamento.

A adolescência após Piaget

A teoria das operações formais de Piaget foi altamente influente nas décadas de 1960 e 1970, gerando grande quantidade de pesquisas e controvérsias teóricas (para uma análise inicial abrangente, ver Neimark, 1975; para uma análise inicial de caráter crítico, ver Keating, 1980; para análises subsequentes, ver Bond, 2001; Byrnes, 1988; Gray, 1990; Kuhn, 2008; Leiser, 1982; Müller, 1999; Ricco, 1993; Smith, 1987). Com relação à pesquisa e teoria atuais, suas ideias e influência estão por toda a parte, por vezes sendo explicitamente reconhecidas, por vezes estando implícitas em pressupostos teóricos. No entanto, poucos teóricos do desenvolvimento de hoje endossariam a integralidade de sua concepção sobre a cognição adolescente. Mesmo quanto ao modo como as abordagens piagetianas de operações concretas e formais explicam o desenvolvimento da lógica, há mais a se pensar do que lógica, como o próprio Piaget reconheceu, tendo-se mais a se pensar para o desenvolvimento cognitivo do que para o desenvolvimento da lógica. A perspectiva de Piaget era a de que "a transformação estrutural [de operações concretas em formais] é como um centro do qual se irradiam as várias modificações mais visíveis de pensamento que se dão na adolescência" (p. 335). Uma visão mais comum hoje pode ser a de que a lógica é um domínio importante, mas não o cerne de toda a cognição. Os adolescentes podem de fato desenvolver o que Piaget chamou de operações formais, mas, ainda que este seja um novo estágio no desenvolvimento da lógica, ele não é tão claramente um estágio geral do desenvolvimento cognitivo.

Na esfera da educação, o *GLT* exerceu um poderoso impacto tanto na pesquisa quanto na prática. Ao que tudo indica ele mudou a vida, ou pelo menos a carreira, de pelo menos um professor de física, que passou a realizar pesquisas sobre o ensino da física, desenvolvendo um programa interdisciplinar para o nível superior calcado na teoria das operações formais (Fuller, 2008). Hoje, a teoria das operações formais continua a ser um marco em textos introdutórios em educação e psicologia, mas costuma receber um tratamento breve como estágio final do desenvolvimento da teoria histórica de Piaget, deixando os leitores com pouco mais do que uma vaga impressão de que, segundo ele, os adolescentes raciocinariam mais abstratamente do que as crianças.

As pesquisas sobre o desenvolvimento adolescente conheceram uma enorme expansão desde a publicação do *GLT*, expansão esta que, inicialmente inspirada pela teoria das operações formais, na sequência, em especial a contar da década de 1980, avançou cada vez mais numa miríade de novas direções. De modo geral, as principais tendências pós-Piaget revelam-se consistentes com a perspectiva do próprio Piaget de que há mais a pensar do que a lógica, levando-a, porém, muito mais longe.

É possível que a tendência mais importante das últimas décadas no estudo do desenvolvimento cognitivo avançado tenha sido o reconhecimento de que muito do desenvolvimento cognitivo posterior consiste no desenvolvimento do que hoje chamamos de *metacognição*, incluindo a percepção, a compreensão e o controle de inferências que normalmente associamos ao pensar (Kuhn e Franklin, 2006; Moshman, 1990, 1998, 2005, no prelo). O *GLT* não fez uso do termo *metacognição*, mas foi claro ao indicar que o pensamento formal não é a competência em fazer inferências dedutivas (o que está presente em anos anteriores), mas a capacidade de controlar essas inferências num quadro de possibilidades (raciocínio hipotético-dedutivo). As referências no capítulo final a "poderes de reflexão" (p. 340) e em "pensar sobre o pensamento" (p. 341) indicam ainda uma conceitualização metacognitiva da cognição adolescente (Kuhn, 2008).

Contudo, não se tem uma indicação de como essa conceitualização metacognitiva pode ser conciliada com a conceitualização estrutural predominante no livro. O pensar sobre o pensar é um pensamento de segunda ordem, mas não está claro como isso se relaciona com a lógica das operações de segunda ordem. Campbell e Bickhard (1986) conceberam uma teoria neopiagetiana que minimiza o estruturalismo de Piaget, ao mesmo tempo que realça a sua concepção construtivista do desenvolvimento como um processo de abstração reflexiva em que cada estágio constitui uma reconceitualização explícita do conhecimento implícito no estágio anterior. Ao aplicar essa concepção de desenvolvimento metacognitiva ao domínio da lógica, Moshman (1990) propôs estágios sequenciais de compreensão metalógica que correspondem aproximadamente aos estágios piagetianos. Nessa perspectiva, o desenvolvimento é uma questão de se tornar cada vez mais consciente da lógica implícita em nossas inferências.

Outra tendência importante no entendimento teórico da cognição e do desenvolvimento tem sido o crescente reconhecimento de que mesmo que crianças, adolescentes e adultos realizem progressos na direção de um conhecimento explícito e de inferências deliberadas e autocontroladas, pessoas de todas as idades continuam a se pautar fortemente por intuições imediatas e processos cognitivos automáticos. Teorias de processamento dual (por exemplo, Klaczynski, 2004) sugerem que, mesmo que façamos progressos na direção de um conhecimento cada vez mais explícito da lógica e do controle deliberado da inferência (ambos centrais à teoria de Piaget), tais competências complementam – mais do que substituem – nossos modos de funcionamento anteriores, que são mais automáticos e mais intuitivos. Além disso, mesmo havendo progresso cognitivo, não está claro se tal se adequa ao padrão piagetiano de uma sequência única de estágios. Sem abandonar a visão construtivista racional do progresso de desenvolvimento de Piaget, alguns desenvolvimentalistas sugeriram que a melhor abordagem da evidência da diversidade cognitiva é obtida no âmbito de uma versão pluralista (em vez de universalista) do construtivismo racional que reconhece progresso, e com isso desenvolvimento, sem que haja insistência num estágio único mais elevado (Chapman, 1988b; Moshman, 1998, 2005).

Trabalhos atuais sobre o desenvolvimento de vários tipos de pensamento e níveis de compreensão vêm assim ao amparo da perspectiva piagetiana segundo a qual adolescentes conheceram progressos qualitativos para além do nível das crianças, embora tal pesquisa vá muito além do escopo lógico da análise de Piaget. Há também evidências substanciais de que formas de moralidade baseadas em princípios e formas de identidade autoalcançadas, das quais se pode dizer que demandam algo como operações formais ao modo de pré-requisito cognitivo, não são vistas antes da adolescência. Também aqui se tem alguma pesquisa recente que, se transcende a concepção piagetiana de transição estrutural entre infância e adolescência, ao mesmo tempo se mostra consistente com ela (Moshman, 2005). A teoria das operações formais de Piaget não é a última palavra em cognição adolescente, mas continua a ser parte crucial de um permanente diálogo.

Referências

BOND, T. "Building a theory of formal operational thinking: Inhelder's psychology meets Piaget's epistemology". In: A. TRYPHON e J. VONÈCHE (Orgs.). *Working with Piaget: Essays in honour of Bärbel Inhelder* (p. 65-84). Hove: Psychology Press, 2001.

BYRNES, J. P. "Formal operations: A systematic reformulation". *Developmental Review*, 8, 1988, 1-22.

CHAPMAN, M. *Constructive evolution: Origins and development of Piaget's thought*. Cambridge: Cambridge University Press, 1988a.

______. "Contextuality and directionality of cognitive development". *Human Development*, 31, 1988b, 92-106.

EVANS, J. St. B. T. "Logic and human reasoning: An assessment of the deduction paradigm". *Psychological Bulletin*, 128, 2002, 978-996.

FULLER, R. G. "Can one book really transform your career?" *Journal of Applied Developmental Psychology*, 29, 2008, 412-414.

GRAY, W. M. "Formal operational thought". In: W. F. OVERTON (Org.). *Reasoning, necessity, and logic: Developmental perspectives* (p. 227-253). Hillsdale: Erlbaum, 1990.

INHELDER B. e PIAGET, J. *The growth of logical thinking from childhood to adolescence*. Nova Iorque: Basic Books, 1958 (texto original publicado em 1955).

______. *The early growth of logic in the child: Classification and seriation*. Londres: Routledge, 1964 (texto original publicado em 1959).

KEATING, D. P. "Thinking processes in adolescence". In: J. ADELSON (Org.). *Handbook of adolescent psychology* (p. 211-246). Nova Iorque: Wiley, 1980.

KLACZYNSKI, P. A. "A dual-process model of adolescent development: Implications for decision making, reasoning, and identity". In: R. V. KAIL (Org.). *Advances in child development and behavior*, Vol. 32 (p. 73-123). Amsterdã: Elsevier, 2004.

KUHN, D. "Formal operations from a twenty-first century perspective". *Human Development*, 51, 2008, 48-55.

______ e FRANKLIN, S. "The second decade: What develops (and how)?" In: D. KUHN e R. SIEGLER (Org.). *Handbook of child psychology*, Vol. 2: *Cognition, perception, and language* (6. ed., p. 953-993) (W. DAMON e R. LERNER, Org. da série). Hoboken: Wiley, 2006.

LEISER, D. "Piaget's logical formalism for formal operations: An interpretation in context". *Developmental Review*, 2, 1982, 87-99.

MOSHMAN, D. "The development of metalogical understanding". In: W. F. OVERTON (Org.). *Reasoning, necessity, and logic: Developmental perspectives* (p. 205-225). Hillsdale: Erlbaum, 1990.

______. "Cognitive development beyond childhood". In: W. DAMON (Org. da série) e D. KUHN e R. SIEGLE (Org. do volume). *Handbook of child psychology*, Vol. 2: *Cognition, perception, and language* (5. ed., p. 947-978). Nova Iorque: Wiley, 1998.

______. *Adolescent psychological development: Rationality, morality, and identity* (2. ed.). Mahwah: Erlbaum, 2005.

MOSHMAN, D. "The development of rationality". In: H. SIEGEL (Org.). *Oxford handbook of philosophy of education*. Oxford: Oxford University Press, no prelo.

______ e GEIL, M. "Collaborative reasoning: Evidence for collective Rationality". *Thinking & Reasoning*, 4, 1998, 231-248.

MÜLLER, U. "Structure and content of formal operational thought: An interpretation in context". *Archives de Psychologie*, 67, 1999, 21-35.

NEIMARK, E. D. "Intellectual development during adolescence". In: F. D. HOROWITZ (Org.). *Review of child development research*, Vol. 4 (p. 541-594). Chicago: University of Chicago Press, 1975.

OVERTON, W. F. "Competence and procedures: Constraints on the development of logical reasoning". In: W. F. OVERTON (Org.). *Reasoning, necessity, and logic: Developmental perspectives* (p. 1-32). Hillsdale: Erlbaum, 1990.

PIAGET, J. *Logic and psychology*. Manchester: Manchester University Press, 1953.

______. *Psychology of intelligence*. Totowa: Littlefield, Adams, 1960 (texto original publicado em 1947).

______. *Judgment and reasoning in the child*. Londres: Routledge & Kegan Paul, 1972 (texto original publicado em 1924).

______. "Intellectual evolution from adolescence to adulthood". *Human Development*, 15, 1972, 1-12.

______. *Possibility and necessity*, Vol. 1. Mineápolis: University of Minnesota Press, 1987 (texto original publicado em 1981).

______. *Possibility and necessity*, Vol. 2. Mineápolis: University of Minnesota Press, 1987 (texto original publicado em 1983).

______. *Studies in reflecting abstraction*. Hove: Psychology Press, 2001 (texto original publicado em 1977).

______. "Reason". *New Ideas in Psychology*, 24, 2006, 1-29 (texto original publicado em 2004).

______ e GARCIA, R. *Toward a logic of meanings*. Hillsdale: Erlbaum, 1991 (texto original publicado em 1987).

______ e INHELDER, B. *The origin of the idea of chance in children*. Nova Iorque: Norton, 1997 (texto original publicado em 1951).

RICCO, R. B. "Revising the logic of operations as a relevance logic: From hypothesis testing to explanation". *Human Development*, 36, 1993, 125-146.

SMITH, L. "A constructivist interpretation of formal operations". *Human Development*, 30, 1987, 341-354.

12 A teoria do desenvolvimento moral de Piaget

Jeremy I. M. Carpendale

O modo como as crianças vêm a construir e respeitar normas morais foi o problema central que Piaget abordou em sua obra mais importante sobre o desenvolvimento moral, *O juízo moral na criança* (1932/1965),[1] com ensaios adicionais publicados nos *Estudos sociológicos* (1977/1995). Uma formulação que se tem aí é o problema de "compreender como as sociedades humanas vieram a constituir e organizar o direito, isto é, a construir regras que o grupo social considera válidas e obrigatórias" (Piaget, 1977/1995, p. 159; ver Capítulo 3, neste volume). O fato de esse problema ainda tender a ser negligenciado confere continuada relevância à obra de Piaget. Em 1932, Piaget lidava com questões que estão presentes em debates atuais, proporcionando uma abordagem de que ainda se carece em psicologia. Embora se reconheça que Kohlberg tenha erigido a sua teoria com base na obra inicial de Piaget, que por ele foi ampliada, isso resultou em problemas que não estavam presentes na abordagem do próprio Piaget. Introduzirei a abordagem do desenvolvimento moral de Piaget no contexto de sua abordagem epistemológica geral e debaterei o desenvolvimento do entendimento da criança e o uso de regras no contexto de diferentes relações sociais e outros aspectos da atividade moral prática das crianças, como o seu entendimento da mentira e da justiça. Por fim, considerarei as implicações das perspectivas de Piaget para abordagens atuais do desenvolvimento moral.

Individualismo, coletivismo e relacionismo

A abordagem piagetiana do juízo moral é consistente com sua abordagem do desenvolvimento do pensamento em geral. Ele rejeitou a concepção

1 As paginações das versões inglesa e americana diferem.

de sociedade de Durkheim como estando a formar o comportamento dos indivíduos – a de que toda moralidade é "imposta pelo grupo ao indivíduo e pelo adulto à criança" (Piaget, 1932/1965, p. 341). Uma versão atual da visão coletivista ou de socialização de que a moralidade é imposta às crianças pela geração anterior é a abordagem "narrativa" da moralidade (por exemplo, Day e Tappan, 1996). A criança é considerada como estando passivamente a adotar e seguir normas sociais locais, e com isso a moralidade é equacionada à conformidade. Essas abordagens são problemáticas porque não explicam como as normas morais inicialmente se desenvolvem. E trata-se de uma posição que ademais acarreta um relativismo, já que a moralidade é reduzida à conformação a crenças locais em vigor, não havendo nenhum modo de avaliar as crenças morais de coletividades diferentes. Piaget observou que "o perigo da explicação sociológica – e Durkheim foi o primeiro a percebê-lo – é o de que ela possa comprometer a moralidade ao identificá-la a razões de estado, com opiniões aceitas ou com o conservadorismo coletivo; numa palavra, a identificá-la a tudo o que os maiores reformadores têm atacado em nome da consciência" (Piaget, 1932/1965, p. 344). A maioria nem sempre está certa, e líderes morais podem desafiar os padrões morais e legais de seus países ao seguir um princípio moral.

Piaget também criticava as abordagens individualistas, de acordo com as quais a moralidade é um aspecto da natureza humana proveniente do indivíduo. Essas abordagens, que não raro enfatizam aspectos biológicos, ainda estão presentes nos debates atuais. Isso é consubstanciado por uma convergência entre teóricos que argumentam que, mais do que o raciocínio (Haidt, 2001), as intuições morais são primordiais em moralidade, enquanto outros tentam localizar as regiões cerebrais associadas a essas reações instintivas que passaram por evolução (por exemplo, Greene e Haidt, 2002). O papel basilar concedido ao raciocínio é reduzido à justificação das reações emocionais instintivas do indivíduo e à persuasão de outros. Essa abordagem não define a moralidade no sentido de Piaget e de Kohlberg, e com isso tende a ignorar os problemas que interessavam ao primeiro, relacionados ao modo como as crianças desenvolvem formas cada vez mais adequadas de compreender aspectos da moralidade, como o dizer a verdade e a justiça.

O debate atual, tal como instituído por De Waal (2006), dá-se entre "teóricos do verniz", que pensam a moralidade como uma fina camada imposta por culturas sobre uma natureza intrinsicamente egoísta, e os outros, a argumentar que amoralidade tem base biológica. De Waal proporciona evidências de que primatas não humanos não são puramente egoístas por natureza. Mas o seu argumento de que a moralidade possui raízes biológicas ainda dá margem a duas possibilidades que diferem quanto ao modo como a biologia é conceitualizada e ao papel conferido à interação social no desenvolvimento da moralidade. Em primeiro lugar, tem-se a posição individualista a enfatizar as intuições morais desenvolvidas ou os sentimentos viscerais. A consideração da normatividade, todavia, torna-se um problema para a neurociência ao tentar dar conta da lacuna entre processos causais nos neurônios e o espaço das razões humanas (Changeux e Ricoeur, 2000) – de o que é o caso para o que deve ser o caso (por exemplo, MacIntyre, 1998). Pesquisadores que assumem uma abordagem da neurociência tendem a reduzir normas a processos neurológicos causais (Greene, 2003; Greene e Cohen, 2004), com isso ignorando o principal problema de Piaget, que versa sobre o desenvolvimento da normatividade (Smith, 2006; Carpendale, Sokol, e Müller, no prelo).

O reducionismo biológico é apenas um modo de ver os seres humanos como parte da ordem natural. Piaget (1970/1972) propôs que fatores biológicos por si sós são insuficientes para dar conta do desenvolvimento do conhecimento e que a equilibração e a coordenação da ação também são necessários (ver Capítulo 6, neste volume). Uma forma alternativa de enraizar a moralidade no mundo natural é considerar o papel das formas de interação social no desenvolvimento da normatividade (Cash, 2009; McArthur, 2004). Assim, uma segunda possibilidade é a de que adaptações desenvolvidas como reações emocionais facultem as formas de interação social humana em que a moralidade pode se desenvolver. Isso é consistente com a posição de Piaget de que "não se pode negar que a ideia de igualdade ou de justiça distributiva possui raízes individuais ou biológicas que são condições necessárias, mas não suficientes, para o seu desenvolvimento" e que a ideia de justiça e o "igualitarismo jamais podem ser vistos como uma espécie de instinto ou produto espontâneo da mente individual" (Piaget,

1932/1965, p. 318). Para Piaget, "a condição primeira da vida moral – a necessidade de afeição recíproca" (p. 176) é a fundação que torna possíveis as relações em que a moralidade se desenvolve. As verdadeiras igualdade e justiça são o "produto de uma vida vivida em comum" e "têm de nascer das ações e reações de indivíduos uns para com os outros" (p. 318).

Embora Piaget reconhecesse que a biologia deve ter sua participação na história, as adaptações biológicas possibilitam as formas de interação social em que a moralidade pode se desenvolver. Assim, para Piaget a moralidade não pode ser encontrada nem no coletivo nem no indivíduo, mas desenvolve-se nas relações entre as pessoas. A ideia de justiça não pode ser explicada integralmente pela biologia nem imposta à criança pelo coletivo, e em vez disso emerge de forma natural no âmbito das relações interpessoais. Ela é a lógica dessas relações: "A lógica é a moralidade do pensamento assim como a moralidade é a lógica da ação" (Piaget, 1932/1965, p. 398). A moralidade é a lógica da ação no sentido de se seguir da coordenação de perspectivas conflitantes. Em substituição a individualismo e coletivismo, a terceira solução de Piaget é a de que "a aspiração à justiça característica de todas as sociedades humanas é a expressão não de fatores anteriores à evolução social (uma 'natureza humana' inata ao indivíduo), mas de leis de equilíbrio imanentes à sociedade" (Piaget, 1977/1995, p. 161). "Essa terceira solução, baseada na equilibração, equivale a dizer que dois ou três indivíduos que viveram a vida inteira numa ilha deserta necessariamente criariam a ideia de justiça, o que não implica que a trouxessem em si para iniciar o processo" (Piaget, 1977/1995, p. 161). As ideias de dizer a verdade e de justiça não preexistem nem no coletivo nem no individual, sendo o caso de que essas normas surgem no âmbito das relações. Não é o caso de que a justiça é predeterminada, mas sim de que o potencial para o seu surgimento existe.

Contudo, o potencial para que certas formas de moralidade se desenvolvam existe no âmbito de certas formas de relações. Segundo Piaget, uma vez que reconhecemos que a vida social influencia o desenvolvimento, não basta simplesmente falar em interação social em geral; precisamos especificar formas particulares de interação social. Piaget descreveu um *continuum* de relações, da restrição à cooperação. Baseadas no respeito mútuo, as relações cooperativas são as mais adequadas para se chegar ao entendimento mútuo, e isso porque as pessoas se sentem obrigadas a explicar e justificar sua posição, bem como a ouvir e compreender as posições assumidas pelos outros. Um senso de justiça e equidade tem por base pessoas sendo valorizadas de maneira equânime. Essa é uma propriedade que surge das relações cooperativas da criança com os outros baseadas em respeito mútuo. O potencial para cooperação encontra-se inserido nas precondições para a interação. Existe uma tendência natural a passar das relações de restrição a relações mais cooperativas, já que a restrição é instável e a cooperação é o equilíbrio ideal a que tendem as relações. Até que ponto isso se realiza depende de quão equilibrada a interação é. Está claro que existe muita injustiça no mundo, e por certo nem todas as relações se baseiam na cooperação, mas a cooperação parece "ser o termo limitante, o equilíbrio ideal a que tendem todas as relações de restrição" (Piaget, 1932/1965, p. 90). Isso resulta de "uma tendência permanente a mais igualdade, mais reciprocidade, mais justiça, uma vez que todas essas são formas de um estágio de equilíbrio mais completo ou avançado". O que se tem aí é um "necessário estado de equilíbrio a que tendem as relações sociais, e não um estado de equilíbrio advindo de uma estrutura anterior a toda sociedade" (Piaget, 1977/1995, p. 161). Em outras palavras, "as primeiras relações sociais contêm os germes da cooperação" (Piaget, 1932/1965, p. 86), o potencial para se transformar numa relação cooperativa. A cooperação não proporciona um conjunto de regras morais; proporciona, em vez disso, um método ou processo para se chegar a decisões morais, para resolver conflitos morais.

Seguir regras e formar regras

Piaget propôs que jogos podem conter um complexo sistema de regras que é transmitido e regula o comportamento, tal como o fazem as normas morais. As regras de jogos não são um tipo de norma (ver Von Wright, 1963), e por isso são relevantes para o estudo do desenvolvimento da construção e aplicação pelas crianças das normas em geral. No contexto dos jogos, as crianças criam ou recriam e aplicam suas próprias regras, que são transmitidas de uma geração à seguinte e são "preservadas unicamente pelo respeito que os indivíduos nutrem por elas" (Piaget, 1932/1965, p. 14). Embora possa parecer que regras de jogos sejam meramente convencionais, e com isso não morais, o processo de decidir regras que digam respeito a como interagir com os outros é um processo normativo, e o estudo dos jogos infantis é uma janela para o desenvolvimento de tais formas de pensar. Piaget (1932/1965) iniciou seu livro *O juízo moral na criança* com um estudo sobre como as crianças brincam com jogos e aplicam regras (bolas de gude com os meninos e amarelinha com as meninas). Ele estava interessado nas relações entre a prática, pelas crianças, de usar regras e a sua compreensão da natureza das regras (ver Capítulo 13, neste volume). Essa metodologia permitiu a Piaget investigar os dois aspectos kantianos referentes à capacidade de desenvolvimento das crianças para agir de acordo com normas, bem como para criar e justificar normas que elas considerem válidas (Forst, 2005).

Embora Piaget se referisse a estágios nas formas de pensamento das crianças, ele se mostra claro ao afirmar que "é conveniente para fins de exposição dividir as crianças em classes por idade ou em estágios, mas os fatos se apresentam como um *continuum* que não pode ser cortado em seções" (p. 27). Também enfatizou que as idades médias eram apenas para os grupos de crianças estudados e poderiam variar a depender da experiência social. No estudo de Piaget sobre a prática de crianças a envolver regras, crianças de 3 anos não apresentam noção de regras; seu brincar e suas regularidades motoras são puramente individuais, as regras não sendo coletivas e obrigatórias. O segundo estágio, de 3 a 6 anos em média, envolve a imitação de crianças mais velhas, mas também a aplicação idiossincrática de regras; as crianças brincam "de maneira individualista com um material que é social" (p. 37). Este estágio é *egocêntrico* no sentido de que a crianças brincam sozinhas mesmo se estiverem lado a lado – estão sujeitas a pensar que ambas podem ganhar. A *cooperação* se inicia no terceiro estágio, entre aproximadamente 7 e 12 anos. Agora, os jogos das crianças são coordenados por meio de regras, e o vencer tem uma definição social, isto é, fazer melhor que outros ao mesmo tempo que são observadas regras comuns. O jogo ali se tornou social, mas as regras ainda são vagas, e as crianças jogam um jogo simplificado. O quarto estágio envolve a *codificação* ou o domínio de regras.

A consciência das regras pelas crianças foi avaliada em questões como: "As regras podem ser mudadas? As regras foram sempre as mesmas que as de hoje? Como as regras começam?" (p. 54). Você pode inventar uma nova regra? Seria de verdade? "Tudo bem jogar assim com seus parceiros?" (p. 25). Para começar, as crianças pequenas se envolvem com sua própria ação sem ter nenhum senso de regras obrigatórias. O segundo estágio se inicia quando as crianças começam a imitar outras e querem brincar em conformidade com regras recebidas de fora. Nesse estágio, as regras são consideradas sagradas e intocáveis – não podem ser mudadas. É óbvio que Piaget (p. 74-75) percebeu que as crianças não refletiam sobre regras até que ele as questionasse. Mas ele alegou que as "respostas [das crianças] eram ditadas pelos sentimentos que o jogo havia suscitado nelas em intensidade variável" (p. 75), e essas respostas refletem o sentimento que as crianças têm ante a origem adulta e a natureza imutável das regras, indicando que essas crianças pensam que as regras do jogo não podem ser mudadas. O ponto paradoxal é que essas crianças que insistem em que as regras não podem ser mudadas são as mesmas crianças que, na prática efetiva, *não seguem as regras de modo consistente.*

No terceiro estágio, que se inicia entre os 9 e 10 anos, as crianças compreendem regras que se originam em consentimento mútuo como o resultado de uma decisão livre. As crianças concordam com uma mudança nas regras caso todos concordem quanto a isso; as regras devem ser respeitadas se estiverem baseadas no consentimento mútuo, mas não em caso contrário. Nesse ponto a autonomia substitui a heteronomia do estágio anterior: "A regra de um jogo aparece para a criança não mais como uma lei externa, sagrada à medida que imposta pelos adultos; aparece, isto sim, como resultado de uma decisão livre e merecedora de respeito à medida que contou com consentimento mútuo" (p. 65).

Essa evidência levou Piaget (1932/1965, p. 76) a perguntar: "Como pode a prática democrática ser tão desenvolvida nos jogos de bola de gude jogados por garotos de 11 a 13 anos, e ainda tão pouco familiar ao adulto em tantas esferas da vida?". A resposta de Piaget é a de que os garotos deixam de brincar com bola de gude lá pelos 14 ou 15 anos; desse modo, os garotos de 12 a 13 anos não teriam pessoas mais velhas lhes impondo regras. A cooperação entre iguais que daí resulta permitiria aos meninos compreender as perspectivas dos outros e assim construir uma compreensão das regras. Em relações cooperativas baseadas na igualdade, no respeito mútuo e na reciprocidade, os iguais valorizam as perspectivas alheias e os indivíduos têm de se fazer conscientes do ponto de vista alheio. Isso opera um contraste com relações de restrição que envolvam respeito unilateral e diferenças de poder, de *status*, autoridade ou prestígio, em tais relações crenças e regras sendo impostas a outros que têm menos poder ou *status*. "A grande diferença entre restrição e cooperação ou entre respeito unilateral e respeito mútuo é a de que a primeira impõe crenças ou regras que são apresentadas prontas e têm de ser aceitas *en bloc*, enquanto a segunda apenas sugere um método – um método de verificação e controle recíproco no campo intelectual, de justificação e discussão no domínio da moral" (p. 97). As regras que são formadas em relações cooperativas, sendo assim dependentes do consentimento mútuo, são regras *constituídas*. Piaget contrastou essas regras com regras ou princípios *constitutivos* que são os procedimentos que definem as relações sociais cooperativas em que as regras constituídas podem ser formadas (p. 98).

Contudo, nenhuma relação é pura restrição ou pura cooperação; qualquer relação real traz em si certa mistura: "A restrição jamais é inadulterada, e por essa razão nem o respeito será puramente unilateral" (p. 90). De acordo com Piaget, relações de restrição são instáveis, havendo nelas uma tendência a se tornar mais cooperativas: "A cooperação, na verdade, parece mais o termo limitante, o equilíbrio ideal a que tendem todas as relações de restrição" (p. 90). "O respeito mútuo é, em certo sentido, o estado de equilíbrio a que o respeito unilateral está tendendo quando diferenças entre criança e adulto, mais novo e mais velho, estão se tornando obliteradas" (p. 96). Note-se que o importante aqui não é apenas a idade das crianças, e sim a estrutura das relações que as crianças vivenciam.

Segue-se daí que em relações de restrição mesmo os adultos podem ter dificuldade para compreender as perspectivas dos outros, o que resulta em "sociocentrismo" (Piaget, 1977/1995, p. 137).

Realismo moral e responsabilidade subjetiva

Em contraste com o estudo das regras para jogos, no qual Piaget pôde observar tanto a prática das crianças quanto sua consciência das regras, ao estudar aspectos da moralidade como roubar e mentir ele conseguiu estudar tão somente a consciência que as crianças tinham de questões morais ou os juízos que faziam acerca delas. Piaget empregou um método de contar pares de histórias a crianças de 6 a 12 anos. Um exemplo bem conhecido a envolver intenção e desajeitamento é a história de um menino chamado João, que acidentalmente quebra 15 copos ao ser chamado para o jantar, comparada à história de Henrique, que quebra apenas 1 copo, mas isso acontece quando ele está roubando geleia.

Perguntou-se às crianças se as personagens das duas histórias eram igualmente culpadas, ou se uma delas era mais travessa, e, em caso afirmativo, por quê. Piaget registrou dois tipos de respostas principais que expressavam *realismo moral* e *responsabilidade subjetiva*. O realismo moral é caracterizado por crianças que julgam ações pelas consequências objetivas e não pelas intenções que subjazem às ações; ou seja, a moralidade é pensada como real ou objetiva, em vez de dependente das intenções do agente. Por exemplo, pela perspectiva do realismo moral, uma criança que quebra 15 copos por acidente é julgada como mais travessa do que uma que quebra 1 copo enquanto tenta roubar geleia proibida, e isso porque o dano material é maior com 15 copos quebrados do que com 1. Em contraste, pela perspectiva da responsabilidade subjetiva, as intenções têm de ser consideradas avaliando-se ações, de modo que a criança que quebra 1 copo enquanto está roubando é mais travessa do que a que quebrou 15 copos enquanto estava tentando ajudar. Piaget descobriu que, embora não houvesse estágios claros e as crianças pudessem responder de modo diferente a depender da história em questão, crianças mais novas tendiam a focalizar o dano material e ignorar os motivos da personagem da história, tendo-se a situação contrária com as crianças mais velhas. "Essas duas atitudes podem coexistir na mesma idade e mesmo na mesma criança, mas, em linhas gerais, elas não estão em sincronia. A responsabilidade objetiva na média diminui à medida que a criança amadurece, enquanto a responsabilidade subjetiva correlativamente aumenta em importância" (p. 133).

Ironicamente, tem se suposto que Piaget pensava que crianças com menos de 9 anos não entendiam intenções (para uma revisão dessa perspectiva, e crítica a ela, ver Dean e Youniss, 1991), muito embora as crianças recontassem as histórias para se ter certeza de que as tinham compreendido bem, com Piaget afirmando que as crianças davam essas respostas "não obstante o fato de terem compreendido perfeitamente bem a história e, consequentemente, as intenções de suas personagens" (p. 127). Além disso, quando as crianças falavam sobre acontecimentos semelhantes que tinham se passado com elas próprias, elas compreendiam claramente as intenções envolvidas. "Essas respostas mostram que a sutileza matiza mesmo algumas das crianças mais novas, que, sendo questionadas, conseguiram operar distinções, e mostram o quanto elas foram capazes de levar em conta intenções" (p. 130-131). Piaget afirmou que as avaliações das crianças em termos de realismo moral não se deveram à dificuldade em compreender intenções, mas sim foram o resultado de sua experiência com restrições vindas dos adultos, e isso porque "em termos gerais, os adultos são muito severos com o desajeitamento" (p. 131). Novamente, compreender a atividade moral da criança é algo que se remete às relações que as crianças vivenciam com os pais. Em relações de restrição, é difícil para as crianças compreender as razões para as regras.

Dizer a verdade e relações

O desenvolvimento de uma norma para se dizer a verdade foi investigado pedindo-se às crianças que comparassem pares de histórias sobre mentiras diferentes. Por exemplo, Piaget descobriu que crianças menores pensavam que uma mentira de que uma criança tinha visto um cachorro do tamanho de uma vaca era pior do que outra mentira, a de que uma criança tivera uma boa nota na escola, porque a mãe poderia acreditar na segunda mentira, mas não na primeira. Isso sugere que a compreensão pelas crianças do ato de mentir como algo ruim dava-se pelo fato de elas serem punidas por dizer certas coisas, sem que entendessem o motivo. De modo interessante, as crianças mais velhas usavam as mesmas razões para argumentar em favor da posição oposta – a mentira sobre o cachorro do tamanho de uma vaca é agora tida por menos travessa, já que a mãe não acreditaria nela. As crianças mais velhas pensavam que "uma mentira é algo ruim precisamente à medida que atinge seu objetivo e consegue enganar a outra pessoa" (p. 171). Por isso, a mentira sobre as boas notas na escola é mais séria porque a mãe pode acreditar nela. Piaget (p. 155-156) descobriu que não havia estágios claros; as crianças usavam um misto de formas de raciocínio a depender da história, mas a responsabilidade objetiva gradualmente perdia importância nas crianças mais velhas.

Piaget (1932/1965, p. 165-166) sugeriu que "a criança é quase que levada a contar mentiras – ou o que quer que nos pareçam mentiras de nosso ponto de vista – pela estrutura mesma de seu pensamento espontâneo". Crianças mais novas têm uma tendência natural a imaginar o mundo do modo que elas querem que seja, e com isso a "criança, em razão de seu egocentrismo inconsciente, tende a espontaneamente alterar a verdade de acordo com seus desejos" (p. 163). Isso é aceito por adultos em brincadeiras, mas as crianças são surpreendidas quando algo que dizem é chamado de mentira por um adulto, e punido. "O realismo moral e a responsabilidade objetiva são o resultado inevitável de uma situação que é tão paradoxal" (p. 166). O comando do adulto é externo e não está afinado à compreensão da criança. "Por essa razão, a regra de que não se deve mentir, imposta por autoridade adulta, parecerá tanto mais sagrada a seus olhos e demandará interpretação tanto mais "objetiva" simplesmente porque na verdade não corresponde a nenhuma necessidade internamente sentida pela criança" (p. 163). Uma vez que a criança não compreende o espírito do comando, isso tão só dá ensejo a que a letra da lei seja obedecida.

Piaget (p. 165) propôs que é por meio do contato com outros que "a verdade começará a adquirir valor aos olhos da criança e consequentemente se tornará uma exigência moral passível de ser feita a ela". As crianças têm de sentir "um real desejo de trocar impressões com os outros para descobrir tudo o que uma mentira pode implicar" (p. 166-167). Esse tipo de intercâmbio de pensamentos ocorre numa interação cooperativa, mas não em relações de coação, quando a desigualdade é por demais expressiva.

> Pois a necessidade de falar a verdade e mesmo de buscá-la por si mesmo é concebível apenas à medida que o indivíduo pensa e age como indivíduo de uma sociedade, e não meramente de qualquer sociedade (pois são as relações de coação entre superior e inferior que não raro levam este a prevaricar), mas de uma sociedade fundada na reciprocidade e no respeito mútuo, e por isso mesmo na cooperação (p. 164).

Cooperação, realização consciente e desenvolvimento da ideia de justiça

Piaget descreveu três formas ou fases de pensamento no desenvolvimento da concepção de justiça pelas crianças. No início, a ideia de justiça é subordinada à autoridade adulta – a ideia de justo ou injusto não se diferencia da de dever e obediência; o que quer que os adultos digam tem de ser justo. As regras têm de estar expressas – o espírito da lei tem de ser seguido porque o espírito da lei não pode ser compreendido. Na sequência há um período de progressivo igualitarismo. Por fim, esse endosso da igualdade é temperado por considerações de equidade; isso significa que a complexidade da situação é levada em conta.

Em contraste com a visão comum de que a moralidade é passada às crianças pelos pais e de que os pares podem exercer uma má influência, Piaget afirmou que a ideia de justiça não pode ser imposta pela autoridade adulta, em vez disso tendo de se desenvolver numa interação social cooperativa:

> O senso de justiça, embora naturalmente capaz de ser reforçado pelos preceitos e pelo exemplo prático do adulto, em ampla medida independe dessas influências e para o seu desenvolvimento não demanda nada além do respeito mútuo e solidariedade que se instauram entre as próprias crianças. É não raro às expensas do adulto, e não por causa dele, que as noções de justo e injusto acabam entrando na mente jovem (Piaget, 1932/1965, p. 198).

Esse é o caso, ainda que a autoridade adulta atue em conformidade com a justiça, já que a criança tenderá a identificar a justiça às regras. O entendimento da ideia de justiça por uma criança não pode se desenvolver simplesmente sendo imposta pela autoridade adulta porque, em relações de coação, a criança não é capaz de compreender plenamente as outras perspectivas envolvidas, desse modo compreendendo a justiça mais em termos de regras do que de processo – aí se tem mais a letra da lei que o espírito.

> Em contraste com uma dada regra [...] como a regra de não mentir, a regra de justiça é uma espécie de condição imanente das relações sociais ou uma lei a governar o equilíbrio dessas relações. E à medida que aumenta a solidariedade entre crianças, encontramos essa noção de justiça a pouco a pouco emergir numa autonomia quase completa (Piaget, 1932/1965, p. 198).

Mas é nas formas particulares de interação que tal entendimento pode se desenvolver. Se

> desejamos diferenciar entre opinião e razão, entre a observância de um costume e a de normas morais, ao mesmo tempo temos de fazer uma vigorosa distinção entre um processo social como coação, que simplesmente consagra a ordem de coisas existente, e um processo social como cooperação, que em essência impõe um método e com isso permite a emancipação do que deve ser em relação ao que é (Piaget, 1932/1965, p. 349).

É possível "que o respeito mútuo jamais possa ser encontrado puro e não adulterado, sendo apenas uma forma ideal de equilíbrio pela qual o respeito unilateral é guiado à medida que as desigualdades de idade e de autoridade social tendem a desaparecer" (p. 385). Coordenar perspectivas em conflito é possível com interação cooperativa, sendo algo que, segundo Piaget, desenvolve-se em primeiro lugar no âmbito da atividade moral prática da criança. Mais tarde esse coordenar se torna um aspecto da atividade verbal por meio do processo de *realização consciente*, que é necessário "para transferir o que já está adquirido no plano de ação para o plano de pensamento" (Piaget, 1977/1995, p. 22). Não se trata aí de simplesmente copiar de um nível para o outro. Não se trata de apenas repetir a ação prática; existem "distorções inerentes ao próprio mecanismo de reflexão" (p. 184). Assim, "a realização consciente é uma reconstrução e consequentemente uma construção nova e original sobreposta às construções já formadas pela ação" (p. 177). De acordo com Piaget (p. 85), "retalhar a realidade mental em estágios" é algo arbitrário porque a compreensão consciente de regras pela criança desenvolve-se por um processo gradual de "realização consciente", o que resulta numa defasagem temporal entre a atividade moral prática anterior e a compreensão moral verbal ou reflexiva posterior. Isso significa que

> o surgimento de um novo tipo de regra no plano prático não necessariamente significa que essa regra entrará na consciência do sujeito, já que toda operação mental tem de ser reaprendida nos diferentes planos de ação e de pensamento [...] Por isso, não podemos falar em estágios globais ou inclusivos caracterizados como tais por autonomia ou heteronomia, mas somente em fases de heteronomia ou autonomia definidoras de um processo que é repetido para cada novo conjunto de regras ou para cada novo plano de pensamento ou reflexão (p. 85-86).

Implicações da obra de Piaget para debates atuais em desenvolvimento moral

Comumente se supõe que Kohlberg (em 1969, por exemplo) partiu da teoria de Piaget e a ampliou. Na verdade, porém, Kohlberg baseou a sua teoria do juízo moral na interpretação padrão ou na "visão recebida" da obra de Piaget sobre o desenvolvimento cognitivo, razão pela qual rejeitou importantes aspectos das concepções de Piaget sobre o desenvolvimento moral. Essa visão em estágios, que provavelmente não era a posição do próprio Piaget (Capítulo 1 e 10 deste volume; Chapman, 1988), resulta na previsão de uma consistência no raciocínio moral no curso das situações. A evidência de variabilidade em raciocínio moral não vem ao amparo dessa previsão (Krebs, Denton, Vermeulen, Carpendale e Bush, 1991). Esse aspecto da teoria de Kohlberg entra em conflito com a sua concepção de raciocínio moral como assunção de perspectiva ideal – posição mais próxima de Piaget (Carpendale, 2000).

Embora Kohlberg por certo tivesse inspiração em Piaget, ele assumiu a abordagem oposta às relações entre juízo e ação (Wright, 1982; Youniss e Damon, 1992). Kohlberg estudou o desenvolvimento de formas cada vez mais complexas de raciocínio moral, mas sua separação entre raciocínio e ação resulta no problema de como então tornar a reuni-los. Para Kohlberg, isso se daria pelo ato de "imaginar" a coisa certa a se fazer e então fazê-la; ou seja, dar-se-ia por "aquele que conhece o bem escolhe o bem" (Kohlberg, 1981, p. 189). A relação é invertida para Piaget – a ação precede a reflexão verbal. Piaget estava interessado na atividade moral prática das crianças – "a moralidade da fila, mais do que do púlpito" (Tesson e Youniss, 1995, p. 106) – e ele pensava que as crianças pouco a pouco se tornam conscientemente atentas à atividade moral que elaboraram em relações sociais reais (Wright, 1982, 1983; Youniss e Damon, 1992). A preocupação de Piaget com a vida moral prática das crianças envolve relacionar-se com pessoas em situações. Isso contrasta com o interesse de Kohlberg em moralidade teórica, a envolver o ato de relacionar-se com pessoas como ideias, e não como pessoas. Por vezes isso pode ser necessário, mas compreender pessoas como ideias é algo que tem de se originar na ação de efetivamente se relacionar com pessoas (Wright, 1982).

A pesquisa sobre as concepções piagetianas de desenvolvimento moral de modo geral tem se mostrado favorável (Lapsley, 1996; Lickona, 1976), embora também tenham sido relatados alguns resultados mistos, em parte porque algumas das hipóteses testadas podem não ser posições efetivamente endossadas por Piaget. Por exemplo, duas críticas comuns a Piaget são a de que ele teria subestimado a idade em que crianças desenvolveriam várias competências e a de que ele antevê consistência no juízo moral (Lickona, 1976). Na verdade, Piaget não fez afirmações a respeito de idades. Numa importante nota de rodapé (1932/1965, p. 46n), afirmou que a maior parte de sua pesquisa envolvia "crianças das regiões mais pobres de Genebra. Em circunvizinhanças diferentes, as médias de idade certamente teriam sido diferentes". Lickona (1976) também analisa pesquisas sobre a questão dos estágios ou sobre a consistência do juízo moral, não obstante as reiteradas instruções de Piaget quanto à ausência de estágios claramente definidos. Isso pode ser o resultado de uma visão mais geral da teoria de Piaget a antecipar a consistência no raciocínio (a esse respeito, porém, ver Chapman, 1988, e os Capítulos 1 e 10, neste volume).

A pesquisa atual em desenvolvimento moral pela perspectiva da teoria do domínio social (por exemplo, Nucci, 2004; Smetana, 2006; Turiel, 2006) foi construída com base na abordagem construtivista piagetiana do desenvolvimento moral e em sua ideia de que as crianças desenvolvem o conhecimento social em formas particulares de interação (Turiel, 1997). Ao enfatizar as vidas multifacetadas das crianças e o desenvolvimento por meio da experiência de diferentes formas de interação social, a abordagem do domínio parece bem se adequar à visão piagetiana do desenvolvimento baseada na ação (Sokol e Chandler, 2004).

Os teóricos do domínio social criticam a ideia atribuída a Piaget de que as crianças se desenvolvem passando de uma posição geral de heteronomia, na qual normas são aceitas como dadas e prontas, para o raciocínio autônomo (por exemplo, Turiel, 1997, 2006; Turiel e Smetana, 1998). Turiel (por exemplo, em 1997) propõe que crianças pequenas não se limitam a aceitar a perspectiva do adulto, já sendo capazes de distinguir situações morais de situações que envolvam convenções sociais. Está claro que as compreensões de Piaget e sua elaboração inicial de viés empirista devem ser criticadas, além de passar por reelaborações; contudo, a esse respeito devem se considerar diferentes aspectos. Em primeiro lugar, Piaget enfatizou que o pensamento das crianças sobre esses tópicos não deveria ser pensado como estando a formar estágios gerais. Em vez disso, os dois tipos de respostas (heterônomas e autônomas) "coexistem na mesma idade" (p. 133), com o pensamento das crianças variando de acordo com a história particular apresentada, ainda que com a idade se tenha uma mudança na proporção do pensamento infantil entre heteronomia e autonomia (ver Chapman, 1988, Capítulos 1 e 10, neste volume, sobre a questão de Piaget não adotar uma visão global dos estágios). Uma segunda consideração, relacionada à anterior, é a de que, para Piaget, com sua ênfase no desenvolvimento no seio das relações, as crianças podem usar raciocínio heterônomo e responsabilidade objetiva não por não serem capazes de compreender e considerar as intenções subjacentes a um ato, e sim porque, em sua experiência, os adultos não consideram intenções. A amostragem por Piaget de crianças suíças das décadas de 1920 e 1930 provavelmente vivenciara uma parentalidade autoritária, o que a diferencia das amostras de pesquisas mais recentes. Com isso, nem sempre crianças pequenas serão incapazes de raciocinar de maneira autônoma; o caso é que elas tendem a não agir dessa forma em relações de coação. Alguns dos participantes infantis de Piaget não raciocinavam de maneira autônoma ao falar de sua própria experiência, e ele relatou também crianças sendo críticas aos adultos (por exemplo, p. 281). Na verdade, algumas pesquisas que, oriundas da perspectiva do domínio social, revelam que as perspectivas dos participantes (entre 11 e 23 anos) sobre a moralidade da punição dependem da informação que recebem sobre parentalidade afiguram-se consistentes com as descobertas de Piaget (Wainryb, 1991, 1993).

Não obstante, as crianças ainda têm de desenvolver a capacidade de raciocinar de maneira autônoma. Quanto a isso, a abordagem do domínio se adequa à visão de Piaget de que esse desenvolvimento ocorre no contexto de formas particulares de interação. De acordo com a abordagem do domínio social, no início do desenvolvimento as crianças já distinguem os domínios moral, social convencional e pessoal, que são sistemas organizados de conhecimento social surgidos "da experiência das crianças com diferentes tipos de regularidades no ambiente social" (Smetana, 2006, p. 120). Por exemplo, "pais ou professores tendem a usar explicações pertinentes a necessidades, direitos e consequências para atos que provoquem danos em outras pessoas, enquanto usam explicações pertinentes a regras e ordenamento social para violações de convenções sociais" (Turiel, 1997, p. 93). Disso parece se seguir que a habilidade das crianças em primeiramente distinguir domínios e então se desenvolver no âmbito desses domínios seria influenciada pela natureza da sua experiência social e, talvez, em particular, por sua interação com os pais. Parece possível que, se pais autoritários não fizessem uso de "explicações pertinentes a necessidades, direitos e consequências para atos nocivos a outrem", seus filhos poderiam ter algum atraso, comparativamente a outros, em fazer essa distinção. Conforme mencionado, parece provável que estilos de parentalidade tenham mudado consideravelmente desde a pesquisa de Piaget na Suíça da década de 1920, e isso deveria ser levado em conta ao se avaliar a sua pesquisa empírica.

Conclusão

Chapman (1992) sugeriu que a relevância de uma teoria deveria ser avaliada em termos da importância dos problemas de que ela trata. Nesses termos, o trabalho de Piaget em desenvolvimento moral continua importante, à medida que abordagens atuais do desenvolvimento moral tendem a ignorar os problemas por ele abordados referentes a como as crianças formam ou reconstroem e a como elas seguem as normas morais que consideram válidas. O que resta a ser feito ao se investigar a obra de Piaget é aplicar e aprofundar suas compreensões quanto ao processo social pelo qual as crianças desenvolvem normas morais mediante uma ação coordenadora com outras pessoas. Isso continua a ser desconsiderado pela pesquisa atual. Embora o potencial para tal interação tenha de estar enraizado em adaptações biológicas que facilitem formas humanas de interação, a normatividade que emerge no contexto da interação social não pode ser reduzida a tais adaptações. Para Piaget, a moralidade reflexiva desenvolve-se mediante a realização consciente (*prise de conscience*) da moralidade prática que se desenvolve no âmbito da atividade com outrem. A percepção consciente envolve a gradual tradução das regras de organização do funcionamento da moralidade prática da criança na atividade reflexiva. Tem-se aí uma reconstrução de um nível reflexivo das relações funcionais entre as pessoas, ou a lógica de interação (ver também Capítulo 7, neste volume). Assim, há uma defasagem entre a atividade moral prática inicial das crianças e sua capacidade de refletir verbalmente sobre suas relações funcionais com outrem. Isso se dá numa interação cooperativa: "A crítica nasce de uma discussão, e discussão só é possível entre iguais; por isso, a cooperação por si só realizará o que a coação intelectual falhou em produzir" (Piaget, 1932/1965, p. 402). Isso "significa que a vida social é necessária para o indivíduo se tornar consciente do funcionamento de sua própria mente e, com isso, transformar em normas assim propriamente chamadas equilíbrios funcionais simples imanentes a toda a atividade mental e mesmo a toda atividade" (p. 400). A cooperação conduz a "uma realização consciente da lógica das relações" (p. 403). As ideias de justiça e do dizer a verdade emergem das relações cooperativas; são regras constitutivas, são os procedimentos que estruturam essas reações.[2]

Referências

CARPENDALE, J. I. M. "Kohlberg and Piaget on stages and moral reasoning". *Developmental Review*, 20, 2000, 181-205.

______, SOKOL, B. e MÜLLER, U. "Is a neuroscience of morality possible?" In: P. ZELAZO, M. CHANDLER e E. CRONE. *Developmental social cognitive neuroscience*. Nova Iorque: Psychology Press, no prelo.

CASH, M. "Normativity is the mother of intention: Wittgenstein, normative practices and neurological representations". *New Ideas in Psychology*, 27, 2009, 133-147.

CHANGEUX, J.-P. e RICOEUR, P. *What makes us think?* Princeton: Princeton University Press, 2000.

CHAPMAN, M. *Constructive evolution: Origins and development of Piaget's thought*. Nova Iorque: Cambridge University Press, 1988.

______. "Equilibration and the dialectics of organization". In: H. BEILIN e P. PUFALL (Orgs.). *Piaget's theory: Prospects and possibilities* (p. 39-59). Hillsdale: Erlbaum, 1992.

DAY, J. M. e TAPPAN, M. B. "The narrative approach to moral development: From the epistemic subject to dialogical selves". *Human Development*, 39, 1996, 67-82.

DEAN, A. L. e YOUNISS, J. "The transformation of Piagetian theory by American psychology: The early competence issue". In: M. CHANDLER e M. CHAPMAN (Orgs). *Criteria for competence: Controversies in the conceptualization and assessment of children's abilities* (p. 93-109). Hillsdale: Erlbaum, 1991.

DE WAAL, F. *Primates and philosophers: How morality evolved*. Princeton: Princeton University Press, 2006.

FORST, R. "Moral autonomy and the autonomy of morality: Toward a theory of normativity after Kant". *Graduate Faculty Philosophy Journal*, 26, 65-88, 2005.

2 A preparação deste capítulo foi parcialmente amparada por financiamento do SSHRC [Social Sciences and Humanities Research Council, Conselho de Pesquisa em Ciências Sociais e Humanidades] do Canadá. Agradeço a Dennis Krebs e Bryan Sokol pelos valiosos comentários aos primeiros esboços deste capítulo.

GREENE, J. "From neural 'is' to moral 'ought': What are the moral implications of neuroscientific moral psychology?" *Nature Reviews: Neuroscience*, 4, 2003, 847-850.

______ e COHEN, J. "For the law, neuroscience changes nothing and everything". *Philosophical Transactions of the Royal Society*, 359, 2004, 1775-1785.

______ e HAIDT, J. "How (and where) does moral judgment work?" *Trends in Cognitive Science*, 16, 2002, 517-523.

HAIDT, J. "The emotional dog and its rational tail: A social intuitionist approach to moral judgment". *Psychological Review*, 108, 2001, 814-834.

KOHLBERG, L. "Stage and sequence: The cognitive-developmental approach to socialization". In: D. A. GOSLIN (Org.). *Handbook of socialization theory and research* (p. 347-480). Chicago: Rand McNally & Company, 1996.

______. "From is to ought: How to commit the naturalistic fallacy and get away with it in the study of moral development". In: L. KOHLBERG. *Essays in moral development: The philosophy of moral development* (p. 101-189). São Francisco: Harper & Row, 1981.

KREBS, D., DENTON, K., VERMEULEN, S., CARPENDALE, J. e BUSH, J. "The structural flexibility of moral judgment". *Journal of Personality and Social Psychology*, 61, 1991, 1012-1023.

LAPSLEY, D. K. *Moral psychology*. Boulder: Westview Press, 1996.

LICKONA, T. "Research on Piaget's theory of moral development". In: T. LICKONA (Org.). *Moral development and behavior: Theory, research, and social issues* (p. 219-240). Nova Iorque: Holt, Rinehart and Winston, 1976.

MacARTHUR, D. "Naturalizing the human or humanizing nature: Science, nature, and the supernatural". *Erkenntnis*, 61, 2004, 29-51.

MacINTYRE, A. *A short history of ethics*. 2. ed. Londres: Routledge, 1998.

NUCCI, L. "Social interaction and the construction of moral and social knowledge". In: J. I. M. CARPENDALE e U. MÜLLER (Orgs.). *Social interaction and the development of knowledge* (p. 195-213). Mahwah: Erlbaum, 2004.

PIAGET, J. *The moral judgment of the child*. Nova Iorque: The Free Press, 1965 (texto original publicado em 1932).

______. *Psychology and epistemology: Towards a theory of knowledge*. Nova Iorque: The Viking Press, 1972 (texto original publicado em 1970).

______. *Sociological studies*. Londres: Routledge, 1995 (texto original publicado em 1977).

SMETANA, J. "Social-cognitive domain theory: Consistencies and variations in children's moral and social judgments". In: M. KILLEN e J. SMETANA (Orgs.). *Handbook of moral development* (p. 119-153). Mahwah: Erlbaum, 2006.

SMITH, L. "Norms in human development: Introduction". In: L. SMITH e J. VONÈCHE (Orgs.). *Norms in human development* (p. 1-31). Cambridge: Cambridge University Press, 2006.

SOKOL, B. W. e CHANDLER, M. J. "A bridge too far: On the relations between moral and secular reasoning". In: J. I. M. CARPENDALE e U. MÜLLER (Orgs.). *Social interaction and the development of knowledge* (p. 155-174). Mahwah: Erlbaum, 2004.

TESSON, G. e YOUNISS, J. "Micro-sociology and psychological development: A sociological interpretation of Piaget's theory". In: N. MANDELL (Org.). *Sociological studies of children* (vol. 7, p. 101-126). Greenwich: JAI Press, 1955.

TURIEL, E. "Beyond particular and universal ways: Contexts for morality". In: H. D. SALTZEIN (Org.). *Culture as a context for moral development: New perspectives on the particular and the universal* (p. 87-105). São Francisco: Jossey-Bass, 1997.

______. "Thought, emotions, and social interactional processes in moral development". In: M. KILLEN e J. SMETANA (Orgs.). *Handbook of moral development* (p. 7-35). Mahwah: Erlbaum, 2006.

______ e SMETANA, J. G. "Limiting the limits on domains: A commentary on Fowler and heteronomy". *Merrill-Palmer Quarterly*, 44, 1998, 293-312.

VON WRIGHT, G. H. *Norm and action*. Londres: Routledge & Kegan Paul, 1963.

WAINRYB, C. "Understanding differences in moral judgments: The role of informational assumptions". *Child Development*, 62, 1991, 840-851.

______. "The application of moral judgments to other cultures: Relativism and universality". *Child Development*, 64, 1993, 924-933.

WRIGHT, D. "Piaget's theory of moral development". In: S. MODGIL e C. MODGIL (Orgs.). *Jean Piaget: Consensus and controversy* (p. 207-217). Londres: Holt, Rinehart and Winston, 1982.

______. "The moral judgment of the child revisited". In: H. WEINREICH-HASTE e D. LOCKE (Orgs.). *Morality in the making* (p. 141-155). Nova Iorque: Wiley, 1983.

YOUNISS, J. e DAMON, W. "Social construction in Piaget's theory". In: H. BEILIN e P. B. PUFALL (Orgs.). *Piaget's theory: Prospects and possibilities* (p. 267-286). Hillsdale: Erlbaum, 1992.

13 A duradoura contribuição de Piaget para uma ciência da consciência

Michel Ferrari

Este capítulo apresenta uma análise das concepções de Piaget sobre a consciência e sobre se tais concepções merecem uma atenção mais consistente do que têm recebido em escritos recentes sobre a consciência, dos quais o *Blackwell Companion to Consciousness* (2007) e o *Cambridge Handbook of Consciousness* (2007) proporcionam bons exemplos.[1] Proporei que, sim, elas merecem: embora nada do referido nesses livros seja falso – na verdade, Zelazo, Gao e Todd (2007) proporcionam uma boa visão de conjunto de alguns aspectos-chave das ideias de Piaget sobre a consciência –, todas essas abordagens são versões seriamente empobrecidas de uma narrativa muito mais rica.

1 No *Companion to Consciousness* (2007) da Blackwell, de 774 páginas, o nome "Jean Piaget" aparece duas vezes em dois diferentes capítulos: nenhuma das duas menciona suas perspectivas sobre a consciência. Piaget sai-se um pouco melhor no *Cambridge Handbook of Consciousness* (2007), de 981 páginas. Também aí seu nome é mencionado em dois únicos capítulos, mas pelo menos ambos discutem o modo como ele entende a consciência. A primeira menção, depreciativa, versa sobre as concepções de Piaget a respeito das relações entre linguagem e consciência (Chafe, 2007, p. 355); a segunda, por Zelazo, Gao e Todd (2007), é mais alentada. Piaget é classificado *entre* as primeiras abordagens influentes do desenvolvimento da consciência; contudo, os autores equivocadamente afirmam que "para teóricos antigos como Piaget [...] a consciência era *o* problema a ser abordado pela nova ciência da psicologia" (p. 407). Piaget é mencionado mais duas vezes no artigo, uma delas em referência a esquemas sensório-motores modificadores (p. 414), outra dizendo respeito à sua afirmação de que o pensamento simbólico surge apenas no segundo ano (p. 421), realçando o fato de que a consciência na verdade não era a principal questão para Piaget, mas sim algo a ser explicado no âmbito de uma abordagem abrangente de como normas e necessidade lógica podem surgir de uma ação concretizada contingente. A discussão de Zelazo e seus colegas sobre as ideias de Piaget encerra-se com uma citação enigmática do último parágrafo da tradução de 1976 de *La Prise de Conscience* – publicado sob o título um tanto desajeitado de *The Grasp of Consciousness* [A tomada de consciência] – que infelizmente foi traduzido de um modo que o torna difícil, se não impossível, de compreender.

De modo geral, para muitos pesquisadores hoje em atividade o que há de problemático sobre a consciência é a sua "qualidade fenomênica" ou o fato de que "existe algo semelhante" a ser consciente (Nagel, 1974). Piaget não aborda essa questão diretamente, fazendo-o pela abordagem do problema, mais importante, de como os indivíduos desenvolvem uma compreensão significativa de si e do mundo. Assim, essa teoria aborda dois problemas epistemológicos fundamentais para qualquer teoria das qualidades da experiência consciente: (1) a relação sujeito-objeto implicada em qualquer tipo de conhecimento e (2) a relação físico-mental no sujeito cognoscente (mas não o seu mecanismo específico). Para abordar a primeira questão, Piaget adota uma forma única de "interacionismo interno" que se desenvolve ao longo do ciclo da vida, e, para abordar a segunda, recorre à cibernética e ao estruturalismo. Em última instância, Piaget tinha em vista um monismo integrativo que coordena informações da neurociência, da ciência cognitiva e da lógica, ao mesmo tempo que fornece convincentes razões pelas quais tal monismo construirá sempre um dualismo integrado entre causalidade mecânica biológica e implicação psicológica.

O enquadramento piagetiano da ciência da consciência

Quando um entrevistador local perguntou a Piaget (1971), "a seu ver, qual é o objeto da psicologia?", Piaget respondeu, "a conduta [*la conduite*]". Porém, imediatamente acrescentou:

> Por conduta, referimo-nos à inteireza [*ensemble*] do comportamento; ou seja, às ações, bem como à consciência que os indivíduos possuem delas. Para a psicologia, no entanto, a consciência é entendida sempre como estando inserida no contexto de um comportamento, já que a consciência pode ser bastante lacunar [*lacunaire*] e deformadora [*déformante*]. Tornamo-nos conscientes dos resultados do raciocínio, mas não de todo o seu mecanismo. Isso escapa da análise do próprio sujeito (p. 60).[2]

2 As traduções de obra indisponível em inglês, ou no caso de a tradução existente em inglês ser considerada desvirtuadora, são de minha autoria.

Piaget continuou:

> O objeto da psicologia é a conduta no pleno sentido do termo. Psicólogos buscam mecanismos. Estamos muito longe da psicologia dos filósofos que analisam a experiência vivida [*le vécu*], a experiência interior – algo que, contudo, não ignoramos, porque tal conhecimento apresenta problemas [científicos] (p. 60).

O que essa entrevista e muitos escritos similares nos fazem ver é que para Piaget a consciência jamais foi não científica, como o foi para muitos comportamentalistas. De fato, ao longo de sua carreira Piaget procurou abordar o problema da consciência como parte de uma psicologia abrangente, típica dos psicólogos franceses da geração que o antecedeu.

O que Piaget entendia por estudo científico da consciência?

Existem muitas formas de compreender o termo "consciência",[3] e por isso é importante saber o que Piaget entende e como se propunha a estudar a consciência cientificamente. A abordagem inicial mais detalhada por Piaget do papel da consciência em sua psicologia é apresentada numa conferência de 1953 sobre "problemas da consciência" (publicada em 1954). Contudo, esse artigo apresenta uma posição elaborada já alguns anos antes, no volume 3 de sua *Introdução à epistemologia genética* (1950c) e elabora perspectivas encontradas já em *Recherche* [Investigação] (1918), seu romance de juventude. De acordo com Piaget (1954, p. 136), existem dois modos pelos quais a natureza e a função da consciência recebem uma análise tipicamente científica: (1) o estudo de suas formas mais elementares; (2) o estudo das condições sob as quais podemos observar a consciência a desaparecer ou reaparecer. (Essa é a abordagem ainda adotada na maior parte dos estudos científicos contemporâneos da consciência.)

Piaget, no entanto, propôs uma terceira abordagem: o estudo das mudanças de desenvolvimento em estados de consciência. Ele formulou a hipótese de que o surgimento de novos estados de consciência pode ser cientificamente documentado mediante seus efeitos sobre mudanças na

3 Ver Guzeldere (1997), Searle (2004), Velmans e Schneider (2007), e Zelazo, Moscovitch e Thompson (2007) para uma incursão pela área.

linguagem ou no juízo e acreditava que essa abordagem desenvolvimental igualmente lançaria luz às relações entre mecanismos psicológicos e estados conscientes. Piaget (1954, p. 137-138) organizou a sua discussão do desenvolvimento da consciência em torno de um exemplo arquetípico: o surgimento da "consciência da necessidade lógica" que aparece por volta dos 7 anos nas formas de conservação necessária e generalizada (por exemplo, de extensão, quantidade, matéria, peso).

De fato,

> Ao que tudo indica, [a consciência][4] da necessidade lógica pode ser mais bem explicada como segue: esse tipo de consciência é a manifestação de certas estruturas operacionais que não parecem existir antes do nível dos 7 ou 8 anos. Elas evoluem [...] juntas com a reversibilidade progressiva do pensamento. As operações jamais se desenvolvem separadamente, mas sempre em sistemas coordenados (por exemplo, de adição, subtração, identidade etc.) e obedecem a certas leis definidas de composição (se $B = A + A_1$, então $B - A_1 = A$ etc.), seguindo-se daí a "[consciência] da necessidade" (1954, p. 139).

Essa posição se mantém essencialmente intacta dos anos 1950 até o final de vida de Piaget, ainda que ele a torne cada vez mais refinada (Smith, 1999a, 1999b; Capítulo 3, neste volume). Vinte anos depois, em sua importante obra sobre o desenvolvimento da consciência, *La Prise de Conscience* [A tomada de consciência] (1974a/1976) – fonte primária de Zelazo e colegas (2007) –, Piaget relata que o tornar-se consciente "demanda construções e não pode ser reduzido simplesmente a um processo de iluminação: [...] o processo de se tornar consciente de um esquema de ação o transforma num conceito; assim, tornar-se consciente consiste essencialmente em conceitualização" (p. 261, *tradução minha*). Na verdade, é a capacidade de conceitualizar de maneira explícita a necessidade lógica e o modo como essa capacidade adveio de uma ação incorporada

4 A tradutora do texto de Piaget de 1954 observa que traduziu o termo francês *conscience* tanto por *awareness* [*percepção*, mas pode significar também "consciência"] como por *consciousness* [*consciência*], a depender do contexto. É um procedimento desnecessariamente confuso, já que todas as referências a *awareness* foram substituídas pela palavra *consciousness*, inseridas entre parênteses para sinalizar a mudança.

no mundo que foi a ideia diretriz por trás de grande parte do programa de pesquisa de Piaget. Curiosamente, trata-se de um problema que não recebeu muita atenção na ciência contemporânea da consciência, cujo foco está em como a experiência pode ser incorporada e conceitualizada no que Piaget teria considerado serem modos bastante concretos.

Para Piaget, então, compreender a consciência envolve compreender tanto o modo como o sujeito individual adquire o conhecimento necessário de objetos abstratos e físicos quanto como sistemas cognitivos e físicos envolvidos na geração de tal conhecimento se relacionam entre si. Vamos começar explorando como Piaget explica relações sujeito-objeto recorrendo a uma forma única de interacionismo.

Transformando a relação sujeito-objeto: o interacionismo interno de Piaget

Para Piaget, tornar-se consciente pressupõe pelo menos uma distinção implícita entre o sujeito consciente (o que conhece) e o objeto da consciência (o conhecido). A consideração do conhecimento de um sujeito geralmente evoca uma dicotomia tradicional que ou privilegia as atividades do sujeito (idealismo), ou o objeto (realismo), ou alguma espécie de interação entre os dois (Piaget, 1950a, 1970a, 1970b). Piaget decide evitar essas posições-padrão, propondo uma "quarta solução", que é uma síntese inovadora de idealismo e realismo: o *interacionismo interno*.[5] Passemos a ilustrar suas ideias por meio de dois exemplos:

Exemplo 1: Conhecendo objetos matemáticos. A quarta solução de Piaget (1950a) para a relação entre realidade e conhecimento matemático (que é essencialmente operatória) envolve "não atribuir as relações matemáticas nem ao sujeito tomado por si só (apriorismo) nem ao objeto tomado por si só (empirismo), nem a uma interação efetiva entre o sujeito e um objeto externo a ele, mas a uma interação entre ambos que resida no próprio sujeito" (p. 338). Piaget ilustra a diferença entre essas composições com um experimento de pensamento: "Imagine que objetos, e com isso a realidade física, fossem diferentes: a matemática e

5 Para um resumo conciso de muitas posições contemporâneas sobre esse problema, consulte-se Popper (1994), Searle (2004) ou Smith (1999a, 1999b).

a lógica se manteriam idênticas às nossas?" (p. 338). Para o *apriorismo*, a resposta seria "sim" (abstraindo-se das leis inerentes à mente); mas seria "não" para o empirismo tradicional e para o interacionismo externo, porque a experiência física seria a fonte única ou parcial do pensamento matemático. A resposta seria "não" para o interacionismo interno de Piaget, mas por uma razão bem diferente:

> Não é a experiência física, e com isso a ação externa do objeto sobre o sujeito, que imporia essa modificação, uma vez que a lógica e a matemática emanam da coordenação das ações do sujeito e não de ações específicas que conectam o indivíduo aos objetos. Ora, se o mundo físico fosse diferente do que é, essas próprias coordenações seriam modificadas por uma razão muito mais profunda [...]: isso porque, num mundo diferente, as estruturas psíquicas e fisiológicas do indivíduo de um modo geral seriam diferentes, e a própria vida teria emanado de estruturas físico-químicas distintas da sua própria. É assim, do interior, e à medida que o indivíduo extrai seu funcionamento da realidade de suas raízes biológicas e fisioquímicas, e [339] não quando se envolve em atividades externas, que o sujeito se encontra em interação com o objeto estando em causa a coordenação geral de seus atos, e é por isso que essas coordenações estão sempre em concordância com a realidade, da qual procedem como sua fonte [...] (1950a, p. 338-339).

Em outras palavras, um tipo radicalmente diferente de sujeito cognoscente vivendo num mundo diferente necessariamente construiria diferentes tipos de conhecimento matemático, uma vez que a sua própria constituição, e com isso o seu potencial de atuar tanto física quanto abstratamente, seriam, por definição, diferentes.

Exemplo 2: Conhecendo objetos físicos. Piaget (1950b: em especial c. 4 e 8; ver também 1970) também traz o interacionismo interno ao problema do conhecimento do mundo físico. A diferença entre tal conhecimento e o conhecimento matemático é a de que, quando aplicado a ações físicas como empurrar ou pesar, o conhecimento necessariamente se mantém tributário do êxito e da eficácia da ação do sujeito. Isto significa que resultados externamente produzidos implicam sempre resistência física da parte dos objetos e esforço da parte dos sujeitos, os quais inexistem quando se coordenam ações lógicas ou matemáticas como arranjar uma série, classificar ou contar objetos. Ainda assim, no âmbito da epistemologia antiempirista de Piaget, o sujeito jamais simplesmente registra "objetos" existentes no "mundo externo", mas tem de estruturá-los e reconstruí-los por meio de suas ações; o ato de se tornar consciente – a conceitualização –, assim sendo, encontra-se associado a ações práticas e, em última instância, à otimização da adaptação ao ambiente. Embora essa interação interna entre sujeito e objeto seja integralmente uma experiência viva e materializada, ela é um entendimento que em última instância transcende essa experiência.

Com isso, o interacionismo interno visa reconciliar os aspectos subjetivos de se tornar consciente de objetos tanto matemáticos quanto físicos de posse da noção realista de um mundo físico que exista em interdependência conosco. O interacionismo interno de Piaget encontra-se intimamente associado a suas ideias sobre como a consciência se desenvolve e se mantém imbatível na ciência contemporânea da consciência. Ele repudia o realismo simples de Searle (1998, 2004) ao sugerir que o nosso desenvolvimento de uma experiência do mundo determina o modo como compreendemos a realidade exterior. Nesse aspecto, encontra-se muito mais próximo da abordagem da enação introduzida por Varela, Thompson e Rosch (1991; ver também Colombetti e Thompson, 2008; Thompson, 2007), como veremos na seção a seguir. Porém, diferentemente dos esforços científicos contemporâneos em explicar a experiência consciente, Piaget é sensível à necessidade de se incorporar tanto a neurobiologia quanto as implicações lógicas (a normatividade) à sua abordagem. Para ele, a experiência consciente paira entre biologia e lógica, razão pela qual se mostra tão inflexível quanto à necessidade de explicar o desenvolvimento da consciência da necessidade lógica e matemática como algo bastante distinto da causalidade física.

O desenvolvimento da consciência

Há quem possa alegar que Piaget não abordou diretamente o "*the hard problem*" ["o problema difícil"] da consciência – ou seja, a natureza subjetiva da experiência consciente (Chalmers, 1996, 2007; McGinn, 1991, 1999) –, em vez disso tendo se voltado à percepção consciente (*la prise de conscience*) (1974a, 1974b) ao modo de um "sistema dinâmico continuamente ativo" (1974a/1976, p. 261, *tradução minha*). Na verdade, porém, a natureza subjetiva da experiência não foi um "hard problem" para Piaget, que nesse aspeto encontra-se mais próximo de William James, Bergson ou Merleau-Ponty. Para todos esses pensadores, a experiência surge necessariamente de nosso envolvimento vivido e materializado com o mundo (Müller e Neumann, 2008; Vonèche, 2008). O principal problema para Piaget foi assim o de descrever a transição do conhecimento prático inarticulado de como ser bem-sucedido na resolução de alguma tarefa (isto é, o saber como) para o articular do conhecimento conceitual, o que em última instância é o conhecimento lógico ou matemático (isto é, de sentidos abstratos).

Por exemplo, embora as crianças possam ser capazes de, de maneira bem-sucedida, atingir um alvo com um estilingue (conhecimento prático), elas ainda necessitam construir e articular um entendimento coerente sobre exatamente como e por que sua ação se faz bem-sucedida, conforme o que foi empiricamente mostrado por seu deficiente entendimento inicial das razões para o seu êxito (Piaget, 1974a/1976). Em *Réussir et Comprendre* (*Fazer e compreender*) (1974b/1978), volume que acompanha o *La Prise de Conscience* (*A tomada de consciência*) (1974a/1976), Piaget explora a transição do êxito prático ao entendimento conceitual em tarefas mais complexas, nas quais a compreensão é construída gradualmente. Em ambos os livros, ele se propõe a examinar como e por que a percepção consciente acontece. Afirma que o *como* ela se dá é mediante equilibrações sucessivas de estruturas cognitivas pela via de um processo de abstração reflexiva. Isso pode ser mais bem apreendido pela experiência interna da necessidade lógica, que permite uma experiência da realidade cada vez mais abrangente e coerente. O *porquê* de ela ocorrer deve-se ao que o epistemólogo suíço chama de lei da periferia-para-o-centro. Segundo essa lei, com base nas resultantes da conduta dos indivíduos e considerando os objetivos perseguidos, o percurso necessariamente se realiza da periferia (ou superfície) da experiência para um entendimento mais fulcral tanto do mecanismo interno das ações – o polo do sujeito ou consciência (*la prise de conscience*) – quanto da estrutura interna ou dos aspectos essenciais dos objetos – o polo do objeto, ou conhecimento objetivo da realidade (*la prise de connaissance*; ver Figura 13.1). Somente pelo atuar sobre os objetos é que se obtém uma compreensão cada vez mais sofisticada e abstrata de sua própria capacidade subjetiva de conhecer. Repetindo o que já foi dito, é por isso que, para Piaget, a psicologia se situa entre biologia e lógica em seu círculo das ciências (Piaget, 1950c).

Consciência afetiva e perceptiva

Ao se ler apenas os livros de Piaget (1974a/1976, 1974b) sobre a *prise de conscience*, fica-se com a impressão de que ele considerou o conhecimento cognitivo a essência da experiência consciente e de que a conceitualização resulta de atividade puramente individual – impressão endossada tanto por Chafe (2007) quanto por Zelazo e seus colegas (2007).

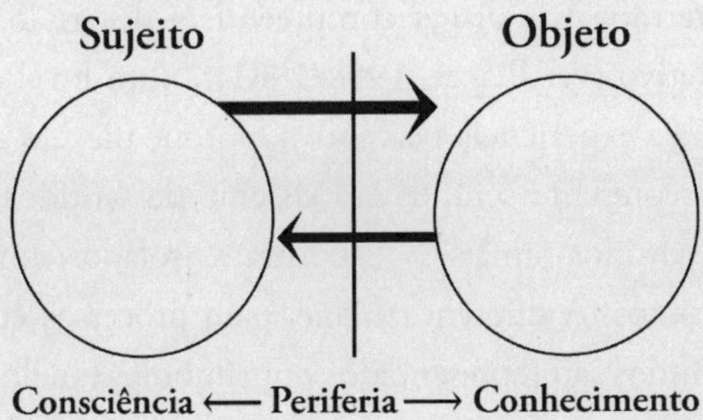

Figura 13.1. A lei da consciência (adaptada de Piaget, 1974/1976, p. 335).

Contudo, na primeira abordagem detalhada da consciência por Piaget (1950c, 1954), ele foi cauteloso ao considerar tanto os aspectos afetivos quanto os perceptivos da consciência e o modo como estes se relacionam com a conceitualização cognitiva, incluindo aí as das estruturas pré-operativas mais elementares. Nesses escritos, Piaget deixa claro que nos tornamos cada vez mais conscientes dos sentidos afetivos e perceptuais. "Na afetividade, a consciência constitui um sistema de valores. O interesse talvez seja o mecanismo afetivo mais primitivo da criança" (Piaget, 1954, p. 144). Tal como se tem com a cognição, o sentido afetivo é estabelecido por implicação. Desde o início, os sistemas de valor podem ser fugazes e instáveis, porém mais tarde, sob a pressão social que inclui regras morais, eles podem se tornar coerentes e permanentes.

> [*A consciência*] *da obrigação* é para a área da afetividade o que [*consciousness*] da necessidade é para o campo cognitivo [...] Enquanto mecanismos causais fisiológicos ou sociais podem explicar os determinantes inconscientes da vida emocional, a consciência dos valores é obviamente uma realidade no campo do comportamento afetivo. Ela lida mais com implicação de valor do que com conhecimento, sendo, porém, tão irredutível, específica e original quanto a implicação cognitiva. Por essa razão, as consciências afetiva e cognitiva são mais paralelas do que opostas entre si. Evidentemente que esses dois aspectos da consciência jamais podem ser separados, muito embora sejam distintos (1954, p. 144, *itálico no original*).

É nesses termos que Piaget compreende a discussão por Freud do inconsciente afetivo (ver Piaget, 1954/1981). Num nível mais básico, o mesmo vale para a experiência perceptiva, porque mesmo aí, para Piaget, "a consciência representa sempre um sistema de sentidos" (p. 144), de modo que os sentidos jamais se encontram isolados: um fato sempre implica outros fatos. A diferença é que, para processos cognitivos mais elevados, os sentidos são representados por símbolos (análogos) ou signos (arbitrários) experienciados como distintos do que é significado, enquanto na percepção eles não o são.

Se, por um lado, os aspectos cognitivos, afetivos e perceptivos da consciência são conceitualmente distintos, por outro, Piaget (1954) reconhece que eles jamais se encontram isolados na experiência. Para entender como isso se dá, podemos retornar aos primeiros escritos de Piaget (1928, 1930) sobre a experiência religiosa como divindade imanente:

> Não é no ato em si de buscá-los que chegamos a normas racionais. É trabalhando cientificamente que os descobrimos e sentimo-los se impondo a nós. Com o divino é a mesma coisa. Não é buscando-o em si mesmo que nos apoderamos dele, porque isso conduz apenas a um modo de nos assegurarmos – trata-se apenas de um ídolo

> fabricado para o nosso próprio uso. É atuando desse modo que, psicológica e sociologicamente, a *conscience/consciousness* [*conscience*][6] floresce. Onde quer que haja investigação intelectual livre, sinceridade absoluta, esquecimento de afirmação individual para proveito da verdade, aí se tem participação na atividade normativa do pensamento [...] A identificação spinozista entre amor e razão tem de ser realmente vivenciada. Assim, a *conscience / consciousness* tem a experiência *sui generis* de concordar com a ideia de que é a experiência mística suprema. Das hesitações de investigação e de conduta seguem-se, passo a passo, aqueles momentos de iluminação durante os quais uma plenitude de equilíbrio interior confere-nos uma certeza de participação no Real. O avançar e o retornar em direção à fonte parecerão à *conscience/consciousness* uma e a mesma coisa (Piaget, 1928, p. 39-40; note-se que, uma vez que a palavra francesa *conscience* pode significar tanto *conscience* [consciência] quanto *consciousness* [consciência], ambas estão integradas nessa passagem – MF).

Quer se endosse ou não até mesmo a realidade imanente do divino, há que se concordar com a importância de se obter uma profundidade de experiência a unificar atividade, afeto, cognição e reflexão. Em vez de uma base puramente racional para a moralidade, pode-se endossar o casamento, segundo Spinoza, entre amor e razão (Damasio, 2003; Sokol e Hammond, neste volume). Assim, embora Piaget não viesse a enfatizar a integração em seus escritos posteriores, sua teoria já abraçava esforços recentes de integrar cognição e emoção (Damasio, 2003; Fischer e Bidell, 2006; Johnson, 2007; Lewis, 2005; Piaget, 1928; Thompson, 2007; Tucker, 2007). Na década de 1920, porém, o jovem Piaget não havia considerado o modo de integrar neurobiologia à sua abordagem da mais profunda das experiências humanas – algo a que se dedicou em escritos posteriores.

---

6 Em inglês, o termo *conscience* significa consciência no sentido moral, do discernimento de certo e errado, do juízo sobre justo e injusto. Já *consciousness* significa consciência no sentido de saber o que está pensando, sentindo ou fazendo. Como o texto aqui citado vai deixar claro, em francês, língua de Piaget – isto, aliás, como em português –, há um único termo – *conscience* em francês, *consciência* em português – para os dois sentidos, o moral e o cognitivo. Por essa razão, nesta passagem foram mantidos os dois termos grafados em inglês, tal como no original. (N. do T.)

Consciência e atividade neural: Piaget e o dualismo de propriedades

O dilema de Descartes

Qualquer análise pormenorizada da origem e do desenvolvimento da consciência que deseje integrar a biologia de pronto depara com o problema de relacionar a estrutura e os processos do funcionamento cerebral aos da mente; ou seja, depara com o problema de explicar como o cérebro permite as atividades mentais conscientes e inconscientes. Grande parte de nossa atual dificuldade com essa questão provém do modo como Descartes (seguindo Pitágoras, Platão e Agostinho) conferiu enquadramento ao debate moderno com o seu dualismo das substâncias (concepção que provocou muitas das objeções que hoje se tem já à época de seu aparecimento, as mais célebres sendo o conjunto das objeções de Hobbes à terceira e de Gassendi à quinta das *Meditações* de Descartes, 1641/1991).

O dualismo cartesiano continua a exercer ampla influência sobre a psicologia, não apenas em medicina, psiquiatria e psicologia clínica, mas mesmo no estudo experimental da consciência (Dennett, 1991, 2005; Müller e Newman, 2008; Thompson, 2007). Esforços recentes em naturalizar a fenomenologia – isto é, em explicar como a fenomenologia se faz materializada (De Preester, 2006; Johnson, 2007; Roy, Petitot, Pachoud e Varela, 1999; Thompson, 2007) – proporcionam uma alternativa clara e convincente ao problema mente-corpo cartesiano, reformulando-o à maneira do que Thompson (2007) (seguindo Varela) chama de problema "corpo-corpo" (isto é, por que certos processos corporais neurobiológicos geram ou amparam a consciência fenomênica, enquanto outros não).

Embora estivesse escrevendo antes desses esforços de integrar a fenomenologia à neurociência (e embora fosse bastante crítico à fenomenologia em sua forma original), a abordagem de Piaget parece estar bastante aliada a esforços recentes de naturalização da fenomenologia (Müller e Newman, 2008; Vonèche, 2008). Mas, diferentemente da maior parte dos autores contemporâneos, o problema epistemológico de explicar como a necessidade lógica surge por meio da enação foi uma das preocupações centrais de Piaget.

Contra Johnson (2007, 2008), Piaget nos adverte para que estejamos alertas a metáforas que sejam importantes de maneira não crítica, como "força psicológica" ou "energia psíquica" que se aplique à causalidade física nas discussões sobre psicologia. Para Piaget (1970a), "as ciências mais avançadas do que as nossas próprias [isto é, do que a psicologia]" (p. 161) há muito compreenderam que para problemas ou crises intratáveis, a solução, não raro, demanda um olhar retroativo aos conceitos científicos e seu escopo, envolvendo-se em "uma crítica epistemológica interna que independe da filosofia" (p. 161). Piaget se propõe a realizar tal crítica do "problema mente-corpo" introduzindo a noção de isomorfismo estrutural como uma síntese entre a teoria de duplo aspecto tradicional e qualquer paralelismo estrito entre atividade cerebral e experiência.

Para Piaget (1970a), "o isomorfismo (no sentido de uma correspondência de estruturas abstraídas de seus conteúdos) pode ser buscado entre duas séries de eventos complementares – descritos em linguagens essencialmente diferentes –, evitando-se a desagradável sensação de duas séries análogas, uma das quais sendo inútil e mera duplicação ou espelho da outra" (p. 161). Piaget de fato admite um dualismo entre realidade e a ideia que dela fazemos, admitindo também que o dualismo se estenda "às regiões em que o funcionamento neurológico que acompanha a consciência difere do funcionamento desprovido de consciência" (p. 161); contudo, "e isso se mantém essencial, pode haver isomorfismo não obstante esse dualismo, e um isomorfismo que se torna cada vez mais elaborado, partindo de suas formas globais iniciais e seguindo diretamente à racionalidade e estética mais elevadas" (p. 161-162). Como observa Vonèche (2008), tal coexistência sinaliza um paradoxo de difícil compreensão inerente à concepção piagetiana da consciência: como podemos ter a um só tempo dualismo e continuidade entre mente e corpo? Ainda assim, é de forma vigorosa que Piaget tenta sustentar essa posição.

No terceiro volume de sua *Introdução à epistemologia genética* (1950c), Piaget opta por um paralelismo qualificado "entre consciência e seus concomitantes orgânicos" (1950c, p. 161), e, de modo mais geral, entre biologia e lógica – as duas disciplinas entre as quais a psicologia oscila –, cada uma das quais a demandar o seu próprio sistema explicativo. O cérebro e o sistema nervoso central (isto é, o *aspecto fisiológico* da experiência) estão no domínio da *causalidade física*. A relação entre o processo físico A (isto é, um estímulo tátil) e o processo fisiológico B (isto é, um padrão de disparo neural) obedece a um determinismo material (isto é, físico, químico ou elétrico) pelo qual o evento A *produz* o evento B. Grande parte da ciência contemporânea da consciência parece preocupada em gerar precisamente esse tipo de explicação para algum concomitante biológico à experiência consciente.

Para Piaget, contudo, o *aspecto psicológico da experiência (consciência)* envolve *implicação lógica*. Numa conexão implicativa, a relação entre o estado ou fenômeno de consciência A (isto é, o reconhecimento de um objeto) e o de um fenômeno consciente B (isto é, o desejo por aquele objeto) segue um determinismo (psico)lógico de acordo com o qual A *ocasiona* ou *implica* B por necessidade, coação ou consequência – uma conexão intencional e subjetiva que, presente no âmbito da experiência consciente do sujeito, faz com que um objeto ou evento *signifique* algo para alguém.

"Hipoteticamente", escreve Piaget em 1954, "assumimos que todo o desenvolvimento de estruturas operacionais pode ser causalmente explicado pela neurologia. E também, que todas as estruturas do pensamento consciente são sempre isomorfas às do sistema nervoso" (p. 142). Contudo, se a consciência não é nem substância nem energia (duas metáforas físicas desvirtuadoras frequentemente usadas em sua caracterização), o que ela vem a ser? Para Piaget, a consciência "tem qualidades muito específicas e originais que se tornam evidentes por meio da análise psicológica de estruturas operatórias [que] não podem ser facilmente explicadas por relações materialistas: a consciência está na origem de conexões que dependem de sistemas de significados" (p. 142). É algo que vemos claramente ao explicar matemática:

> É possível que todas as operações matemáticas sejam passíveis de explicação causal em termos de estruturas neurológicas, que acreditamos ser verdadeiras. Tal determinação causal ainda não explicaria a necessidade dedutiva em operações como 2 + 2 = 4. [...] Existe causalidade somente quando implicitamente vista do ponto de vista fisiológico. [No caso da percepção visual de uma cena visual] ela aciona, razão pela qual lhe é a causa, o processo cortical que termina no juízo de que há uma não conservação de quantidade. Do

> ponto de vista da consciência, porém, enunciados que digam respeito à percepção não são a causa do juízo, mas sim a sua razão [...] por isso, localizamos uma relação de implicação como sendo a relação básica entre dois estados de consciência, enquanto as conexões fisiológicas são caracterizadas por relações causais (1954, p. 142-143).

Piaget prossegue dizendo que nos estágios iniciais de desenvolvimento essas relações de implicação acrescentam pouco à relação causal que lhes corresponde fisiologicamente. Em estágios de desenvolvimento posteriores, porém, em especial o das operações formais, "vemo-los resultando em necessidade dedutiva, lógica ou matemática... ciências cujos fundamentos se mantêm inexplicados por considerações físicas ou fisiológicas" (p. 143).

Embora a principal ênfase de Piaget (1970a) estivesse no isomorfismo entre estruturas cognitivas e neurobiológicas, ele admitiu que em certas instâncias restritas e psicologicamente básicas, como os estudos de atenção por eletroencefalograma (EEG), pode haver uma concordância bastante íntima – e íntima a ponto de serem consideradas dois aspectos do mesmo processo. De modo mais geral, Piaget acreditava que algumas relações entre neurobiologia e experiência consciente são suficientemente íntimas para que se possa esperar uma eventual dissolução do paralelismo observado em favor do tipo de monismo integrativo proposto pela abordagem enativa contemporânea da ciência da consciência. Mas como isso funcionaria exatamente? Num movimento muito sutil, Piaget (1949, 1954) propõe que ações e operações mentais usem o mesmo maquinário biológico de ações sensório-motoras abertas, mas, uma vez que envolvem pensamento estruturante, não precisam estar associadas a nenhum comportamento aberto. E é isso que permite a eventual possibilidade de uma integração de explicações neurobiológicas e psicológicas, ponto que é difícil reconciliar com a sua afirmação de que ambos os tipos de explicação sejam, em essência, diferentes (Vonèche, 2008). Evidentemente, porém, para Piaget (como para Johnson, 2007), formas simbólicas e outras formas de conhecimento abstrato se iniciam numa ação materializada usada para se imaginar possibilidades criativas por analogia com a ação corporal (isto é, abrir a boca em analogia à abertura de uma caixa de fósforos) (ver Vonèche, 2008, para uma apresentação detalhada dessa progressão da ação para o pensamento simbólico). É possível que Piaget (1950c, p. 160) deixe esse aspecto claro ao sugerir que "entre seus estados inicial e final, a construção da mente [espírito] envolve uma progressiva diferenciação entre causalidade física e implicação mental" que a epistemologia genética da experiência consciente precisa explicar.

A futura integração entre consciência e neurociência imaginada por Piaget

O isomorfismo de Piaget

Apesar de suas diferenças, em última instância fundamentais, Piaget salienta que os modos psicológico e neurobiológico de explicação são mais ou menos isomórficos entre si, e isso porque as conexões implicativas compartilham os mesmos elementos estruturais e funcionais que as causas biológicas da experiência (ou seja, assimilação, acomodação, antecipação, retroação, equilibração) e os desenvolvem a partir de estágios (Piaget, 1949, 1950c, 1967/1971, 1970a). Para Piaget (1970a), a equilibração proporciona um exemplo pelo qual o isomorfismo seria quase completo; ou seja, o exemplo mostra "o paralelismo que claramente se impõe entre processos causais e sequenciais de equilibração" (p. 167). Contudo, ainda assim tem-se a seguinte diferença: o processo sequencial causal da equilibração neurobiológica consiste numa sequência de ritmos, regulações ou autorregulações fisiológicas, enquanto o processo implicativo de equilibração cognitiva é um sistema de compensações entre atividade real ou virtual, permitindo operações de transformação que, reversíveis, são efetivas ou possíveis (Piaget, 1970a). Como se dá a passagem do ritmo ou regulação biológica para as operações cognitivas que estabelecem normas? Vonèche (2008) sugere que Piaget acreditava numa capacidade da mente humana de buscar regras e que todo sistema biológico (e por extensão cognitivo) tende a otimizar a sua equilibração, que por definição lhe é imanente. Mas por quê? Piaget não o revela. Essa atividade talvez seja o que Taylor (1989) chamaria de um "hiperbom" – algo que em si não pode ser questionado.

A pretendida integração/transformação de psicologia e neurociência

Piaget (1950c) sugere que neurociência e psicologia podem em dado momento se assimilar reciprocamente, vindo a constituir uma ciência comum, como fizeram a bioquímica e a biologia molecular. À medida que os mesmos métodos de pesquisa científica poderiam ser usados para explorar questões que hoje abarcam as disciplinas avizinhadas da psicologia e da fisiologia (ver o seu círculo das ciências), cada uma dessas ciências se tornaria não apenas mais exata, mas simultaneamente mais teórica e formalizada.

> Uma fisiologia completa de percepção e inteligência na verdade seria uma espécie de física que é a um só tempo dedutiva e experimental: seu aspecto dedutivo sem dúvida se tornaria parcialmente fundido aos esquemas implicativos construídos pela psicologia [...] Só então, a propósito, descobriríamos as verdadeiras relações entre o corpo e a mente: na verdade, a inteira questão estaria em saber se a lógica [concretização de operações psicológicas] e a matemática que se dão nessa exata fisiologia iriam por fim explicar dados experimentais da fisiologia ou se o inverso é que seria o caso; de nossa parte, acreditamos que *a assimilação seria recíproca e que essa assimilação recíproca resultaria até mesmo em nossa compreensão simultânea das relações entre mente [espírito] e corpo, bem como entre sujeito e objeto!* (Piaget, 1950c, p. 148, *itálicos nossos*)

O estudo por Piaget dos sistemas biológicos, seu contínuo interesse pela obra de Prigogine e sua colaboração com Garcia, tudo isso sugere que na maturidade de sua carreira Piaget passou a acreditar que as ciências do desenvolvimento terminariam por convergir em torno de princípios de auto-organização em sistemas dinâmicos, os quais proporcionam uma linguagem comum e um arcabouço conceitual para o estudo do desenvolvimento físico e psicológico (Chapman, 1991; Piaget, 1977/2001; Piaget e Garcia, 1987/1991) – ideia ainda hoje bastante viva (Johnson, 2007; Lewis, 2000, 2005; Thompson, 2007). De fato, alguns estudos em neurociência cognitiva – por exemplo, estudos sobre o aprendizado da matemática como os conduzidos e descritos por Dehaene (2007), Olivier e Houdé (2003), Houdé e

Tzourio-Mazoyer (2003) e Ansari, Price e Holloway (no prelo) – parecem abordar, ao menos em ideia, o tipo de integração que Piaget esperava.

Uma avaliação crítica das concepções de Piaget sobre a consciência

Estou de acordo com McGinn (1991) em que qualquer abordagem naturalista da consciência deva explicar tanto o modo como o corpo físico gera experiência consciente (subjetividade) quanto como um organismo físico pode ter intencionalidade (representação mental). O que muitos têm por mais característico da consciência e mais problemático em qualquer tentativa de dar conta da experiência consciente é a sua "qualidade fenomênica" ou o fato de que "existe algo que é como" ser consciente (Nagel, 1974).

Tye (2007) apresenta uma lista útil, mas de modo algum exaustiva, de tais problemas – alguns remontando à aurora da ciência moderna ou mesmo a antes disso: (1) a propriedade (e privacidade) das experiências; (2) a subjetividade perspectiva (isto é, aquela de que necessitamos para, tendo tido uma experiência, realmente compreendê-la); (3) o modo como experimentamos a unidade de, por exemplo, forma e cor que sejam conceitualmente distintas e geradas por diferentes mecanismos neurais (isto é, o "problema vinculativo"); (4) os mecanismos subjacentes pelos quais o cérebro opera para produzir estados conscientes; (5) o que fazer quanto à "consciência dividida" em pacientes com o cérebro cindido; (6) a transparência da experiência para os sujeitos (ou seja, nós vemos "coisas", não "experiências visuais de coisas"); (7) se é o caso de que alguém poderia dizer se percebe um espectro de cores invertido relativamente ao que os outros percebem; e (8) se duplicatas (ou seja, os zumbis) sem consciência fenomênica são possíveis.

Como a teoria de Piaget aborda esses problemas?

Consideremos um a um.

A posse (e privacidade) de experiências não é um problema para Piaget. Embora as ações sejam públicas e possam ser usadas para se fazer inferências sobre a estrutura da experiência – algo fundamental para uma ciência da consciência –, as próprias experiências são o produto de uma interação interna entre sujeito e objeto, sendo assim necessariamente privadas. A *subjetividade perspectiva* tampouco é problemática para Piaget. De novo, o interacionismo interno significa que, assim como não podemos digerir a alimentação do outro, tampouco podemos compartilhar suas experiências (embora no ato de digerir seu próprio alimento seja possível ter alguma ideia de como isso se dá nas outras pessoas, mesmo em outros organismos). De modo semelhante, para Piaget, nossa experiência da unidade de aspectos conceitualmente distintos da experiência gerados por diferentes mecanismos neurais (ou seja, o "problema vinculativo") é um problema ilusório. Seja como for, ele é perfeitamente consistente com essa teoria de que nossas compreensões de todos os aspectos de um objeto são unificadas pelas implicações de sentido advindas de nossas interações com eles. Nossos esquemas mentais cada vez mais conscientes são construídos com base em nossas próprias ações, e o são mediante o envolvimento com o mundo e com os objetos como um todo. Desse modo, como se tem em Searle (2004), não há percepção de "cor" ou "linha" no abstrato, e sim somente como parte de um campo consciente do qual elas são abstraídas. Quanto aos diferentes sentidos ou aspectos do campo que possam surgir em diferentes partes do cérebro, isso não é problema maior do que o fato de ser necessária a ação coordenada de duas mãos para amarrar os sapatos.

É verdade que Piaget não realizou um estudo especial dos mecanismos subjacentes pelos quais o cérebro opera para produzir estados conscientes, mas ele afirmou que o mesmo maquinário é implicado para a realização de ações físicas no mundo.[7] Tem-se aí uma afirmação empírica a ser testada,

7 Contudo, a pesquisa recente refinou entendimentos básicos de Piaget, parecendo sugerir que o cérebro não é um dispositivo universal de processamento de informações proposto pelos primeiros modelos cibernéticos da mente, como o de Piaget, mas sim uma reunião de processadores especializados que trabalham juntos como um sistema dinâmico. Tucker (2007) propõe pelo menos três modos segundo os quais o cérebro não seria uma estrutura homogênea: (1) diferenças de frente para trás; (2) diferenças hemisféricas da direita para a esquerda; (3) núcleo primitivo a envolver diferenças de fachada. Com isso, a atividade cerebral estruturada de modo mais complexo, à medida que isomórfica à experiência, tem de envolver a coordenação de sub-habilidades e competências de modos ainda a ser plenamente postos em prática, mas que podem se assemelhar aos tipos de atividade cerebral coordenada preconizados por Varela, Thompson ou Ansari. Além disso,

mas, sim, entendemos que, por exemplo, a percepção visual e as imagens mentais parecem se valer do mesmo maquinário biológico, embora tal afirmação ainda seja objeto de debate (Ganis, Thompson e Kosslyn, 2004; Kosslyn *et al.*, 1999). Assim, não surpreende que, quando ligações entre partes desse maquinário que formalmente trabalhavam juntas são separadas, os mesmos mecanismos biológicos podem continuar a operar de modo semi-independente, produzindo a "*consciência dividida*" de pacientes de cérebro dividido, cujo corpo caloso pode ter sido cortado por razões médicas (Gazzaniga, 2005; Sperry, 1984).

Para Piaget, o problema da transparência da experiência para os sujeitos é mal compreendido, ou pelo menos precisa ser reconcebido do ponto de vista do desenvolvimento. De acordo com o interacionismo interno e com a lei da periferia para o centro, nossas próprias noções de "coisas" e "experiências visuais" são construídas com base em nossas abstrações reflexionantes acerca de ações sobre o nosso ambiente. Uma vez que somos orientados para exercer ação sobre o ambiente, começamos a experimentar a "superfície" – as metas e objetos de nossas ações – como coisas, e isso talvez no nascimento (Johnson, 2007). À medida que os sujeitos se desenvolvem, porém, eles começam a compreender as "experiências visuais das coisas" de modos confirmatórios às ilusões visuais (por exemplo, a experiência visual de que duas linhas são de comprimentos diferentes na ilusão Müller-Lyer, quando se sabe que na verdade elas são iguais).

Na verdade, apenas dois dos problemas de Tye se mantêm problemas para Piaget, como assim se mantêm para todas as teorias funcionais da experiência consciente. O primeiro é *se alguém poderia dizer se percebe um espectro de cores invertido relativamente ao das outras pessoas*. Para uma teoria funcional, não importa se alguém é daltônico para o vermelho e verde e vê framboesas como sendo vermelhas, verdes ou de alguma outra cor. Importa apenas que possam conceitualmente distingui-las (assimilá-las) num entendimento do que é uma fruta ou distingui-las de amoras. Mas certamente se pode dizer que existe uma real diferença qualitativa e percebida entre preto,

---

Piaget não salienta o fato de que ver, imaginar e lembrar de um objeto ou de uma cena são atividades mentalmente muito diferentes, a demandar o seu próprio isomorfismo, e isso porque insinuam sentidos básicos diferentes ao corpo vivente (Thompson, 2007).

vermelho e verde, que é mais do que sua utilidade funcional em operar distinções entre as coisas. De acordo com Piaget, a percepção qualitativa pessoal de cor vai além do alcance da ciência: temos de nos manter no âmbito do que Dennett (1991, 2005) chama "heterofenomenologia", inferida por diferenças de conduta sob testagem experimental.

Essa questão conduz ao problema final de Tye: *se duplicatas (ou seja, zumbis) sem consciência fenomênica são possíveis*. Em princípio, não parece haver nenhum modo pelo qual a teoria de Piaget possa distinguir entre pessoas despertas e conscientes e as que se mostrem sonambúlicas na vida, sem experiências conscientes. Piaget pode tomar como absurda a premissa desse problema, já que o que deve ser explicado é o modo como as pessoas têm as experiências conscientes que de fato têm (questão que estava no cerne das preocupações de Piaget com a experiência consciente desde os seus primeiros esforços de recorrência a Bergson e à biologia moderna para explicar a experiência consciente) (Piaget, 1918). No entanto, em princípio não parece haver um meio de distinguir um uso puramente mecânico e inconsciente de esquemas mentais (como se pode imaginar que um programa de computador seria capaz de desenvolver, em especial se desenvolvido por meio de suas ações no ambiente, como os que estão sendo testados por Rodney Brooks e seus colegas no MIT) com base na experiência subjetiva de "como é" ver cores – mesmo que continue impossível determinar quão verídicas ou imutáveis tais percepções qualitativas possam ser (ver Dennett, 1991, 2005).

Por fim, para além desses problemas clássicos, vamos considerar mais de perto alguns poucos modos pelos quais a teoria de Piaget poderia ser ampliada. Como observa Taylor (1985) em sua crítica em geral favorável à psicologia genética de Piaget, qualquer psicologia genética ou do desenvolvimento "opera com duas variedades importantes de noções teóricas básicas, cujo desenvolvimento mexe na natureza da maturidade – o *terminius ad quem* de desenvolvimento [seu modelo de maturidade] – e os que definem estruturas inatas – o *terminius ad quo*" (p. 163). No âmbito desse esquema, o desenvolvimento pode ser entendido de duas maneiras muito diferentes: uma delas se esforça por uma objetificação maior mediante descentramento e reversibilidade intelectual (como o faz Piaget); a outra é incapaz de tal desenvolvimento objetivo, porque "a importância do que estamos tentando pôr em perspectiva é uma importância compartilhada" (Taylor, p. 160). Já esse segundo tipo de desenvolvimento genético se esforça para obter uma perspectiva mais verdadeira sobre qualquer predicamento particular – algo característico da narrativa da psicanálise (Oatley, 2007; Taylor, 1985). Em qualquer um dos casos, não podemos divorciar a psicologia genética dos valores sobre o que pensamos estar implicado na vivência de uma vida humana plena.

A psicologia genética de Taylor parece alinhada à afirmação de Foucault (2004), de que o autoconhecimento pode ser usado para "cuidar de si mesmo" (do seu próprio *self* e os dos outros) – uma característica da sabedoria pessoal – pelo menos em teorias como as de Staudiger, Dörner e Mickler (2005), Ardelt (2003, 2005), ou Pascual-Leone (1990, 2000). Embora não o afirme, Piaget pode ter sustentado que tal autocompreensão narrativa ela própria tem uma estrutura, conforme mostrado em estudos neopiagetianos sobre o desenvolvimento da compreensão de narrativas por adolescentes (McKeough e Griffiths, no prelo). É evidente que tais narrativas podem ser cada vez mais conceitualizadas e tornadas conscientes por meio de terapia, compreensão pessoal ou meditação *mindfulness*, por exemplo, todos esses sendo meios de atentar ao seu fluxo pessoal de consciência, tornando-o mais explícito, pessoalmente significativo e coerente. Desse modo, pode-se estender a teoria de Piaget à abordagem desses aspectos mais narrativos da experiência consciente.

Em que pesem suas limitações (compartilhadas por muitas outras abordagens da base biológica da consciência), a teoria de Piaget tem uma força da qual outras teorias científicas da consciência contemporâneas parecem carecer: Piaget se mostrou atento ao fato de que a experiência consciente tem de ser explicada de maneiras que incorporam tanto a biologia quanto a lógica, sem confundir uma e outra. É verdade que não está claro se a teoria de Piaget preenche completamente a lacuna entre causalidade biológica e a experiência consciente de implicação; não está claro, em particular, porque a ação abstraída e internalizada (conceitualizada) é percebida como qualitativamente diferente do sentido sensório-motor. Mas Piaget explica como a experiência pode pouco a pouco ser abstraída de ações abertas pelo organismo que as esteja vivenciando, dado que nossas experiências conscientes existem e se desenvolvem com o intuito de incorporar compreensões cada vez mais coerentes da necessidade lógica. Assim, hoje a teoria da consciência de Piaget continua a estar entre as de maior interesse e certamente merece mais atenção do que tem recebido pelas pessoas que trabalham nesse campo.[8]

Referências

ANSARI, D., PRICE, G. e HALLOWAY, I. (no prelo). "Typical and atypical development of basic magnitude representations: Perspectives from behavioral and neuroimaging studies". In: M. FERRARI e L. VULETIC (Orgs.). *The developmental interplay of mind, brain and education: Essays in honor of Robbie Case*. Amsterdã: Springer.

ARDELT, M. "Empirical assessment of a three-dimensional Wisdom Scale". *Research on Aging*, 25, 2003, 275-324.

______. "How wise people cope with crises and obstacles in life". *Revision: A Journal of Consciousness and Transformation*, 28, 2005, 7-19.

CHAFE, W. "Language and consciousness". In: P. D. ZELAZO, M. MOSCOVITH e E. THOMPSON (Orgs.). *The Cambridge Handbook of Consciousness* (p. 355-373). Nova Iorque: Cambridge University Press, 2007.

CHALMERS, D. J. *The conscious mind: In search of a fundamental theory*. Nova Iorque: Oxford University Press, 1996.

______. "The hard problem of consciousness". In: M. VELMANS e S. SCHNEIDER (Orgs.). *The Blackwell companion to consciousness* (p. 225-235). Oxford: Blackwell, 2007.

CHAPMAN, M. "Self-organization as developmental process: Beyond the organismic and mechanistic models?" In: P. VAN GEERT e L. P. MOS (Orgs.). *Annals of theoretical psychology*, Vol. 7 (p. 335-348). Nova Iorque e Londres: Plenum Press, 1991.

COLOMBETT, G. e THOMPSON, E. "The feeling body: Toward an enactive approach to emotion". In: W. F. OVERTON, U. MÜLLER e J. L.

8 Este texto elabora parte de um manuscrito de livro não publicado sobre a história do entendimento científico da consciência segundo o falecido Adrien Pinard, e um artigo anterior, de Ferrari, Pinard e Runions (2001). Este trabalho foi parcialmente financiado pelo Social Sciences and Humanities Council of Canada [Conselho de Pesquisa em Ciências Sociais e Humanidades do Canadá].

NEWMAN (Org.). *Developmental perspectives on embodiment and consciousness* (p. 45-68). Mahwah: Erlbaum, 2008.

DAMÁSIO, A. *Looking for Spinoza: Joy, sorrow, and the human brain*. Orlando: Harcourt Brace, 2003.

DEHAENE, S. "A few steps toward a science of mental life". *Mind, Brain, and Education*, 1, 2007, 28-47.

DENNETT, D. C. *Consciousness explained*. Cambridge, Mass.: Bradford/MIT Press, 1991.

______. *Sweet dreams: Philosophical obstacles to a science of consciousness*. Cambridge, Mass.: MIT Press, 2005.

DE PREESTER, H. "Naturalism and transcendentalism in the naturalization of phenomenology". *New Ideas in Psychology*, 24, 2006, 41-62.

DESCARTES, R. *Œuvres de Descartes* (Editado por Charles Adam e Paul Tannery). Paris: Librairie Philosophique J. Vrin, 1996 (texto original publicado em 1641).

FERRARI, M., PINARD, A. e RUNIONS, K. "Piaget's framework for a scientific study of consciousness". *Human Development*, 44, 2001, 195-213.

FISCHER, K. W. e BIDELL, T. R. "Dynamic development of action, thought, and emotion". In: R. M. LERNER (Org.). *Handbook of child psychology*, Vol. 1. *Theoretical models of human development* (6. ed., p. 313-399). Nova Iorque: Wiley, 2006.

FOUCAULT, M. *The hermeneutics of the subject: Lectures at the Collège de France, 1981-82*. Nova Iorque: Palgrave Macmillan, 2004.

GANIS, G., THOMPSON, W. L. e KOSSLYN, S. M. "Brain areas underlying visual mental imagery and visual perception: an fMRI study". *Cognitive Brain Research*, 20, 2004, 226-241.

GASSENDI, P. *Fifth set of objections to Descartes' Meditations. Volume VII in Œuvres de Descartes* (Editado por Charles Adam e Paul Tannery). Paris: Librairie Philosophique J. Vrin, 1996 (texto original publicado em 1641).

GAZZANIGA, M. S. "Forty-five years of split-brain research and still going strong". *Nature Reviews Neuroscience*, 6, 2005, 653-659.

GUZELDERE, G. "The many faces of consciousness: A field guide". In: N. BLOCK, O. FLANAGAN e G. GUZELDERE (Orgs.). *The nature of consciousness: Philosophical debates* (p. 1-67). Cambridge, Mass.: Bradford/MIT Press, 1977.

JOHNSON, M. *The meaning of the body: Aesthetics of human understanding*. Chicago: University of Chicago Press, 2007.

______. "The meaning of the body". In: W. F. OVERTON, U. MÜLLER E J. L. NEWMAN (Orgs.). *Developmental perspectives on embodiment and consciousness* (p. 19-43). Mahwah: Erlbaum, 2008.

KOSSLYB, S. M., PASCUAL-LEONE, A., FELICIAN, O., CAMPOSANO, S., KEENAN, J. P., THOMPSON, W. L. *et al*. "The role of area 17 in visual imagery: Convergent evidence from PET and rTMS". Science, 284, 1999, 167-170.

LEWIS, M. D. "The promise of dynamic systems approaches for an integrated account of human development". *Child Development*, 2000, 71, 36-43.

______. "Bridging emotion theory and neurobiology through dynamic systems modeling" (artigo alvo). *Behavioral and Brain Sciences*, 28, 2005, 169-245.

McGINN, C. "The problem of consciousness: Essays toward a resolution". Oxford: Cambridge: Blackwell, 1991.

______. "Can we ever understand consciousness?" *New York Review of Books*, jun. 1999, p. 44.

McKEOUGH, A. e GRIFFITH, S. "Adolescent narrative thought: Developmental and neurological evidence in support of a central social structure". In: M. FERRARI e L. VULETIC (Org.). *The developmental interplay of mind, brain and education: Essays in honor of Robbie Case*. Amsterdã: Springer, no prelo.

MÜLLER, U. e NEWMAN, J. L. "The body in action: Perspectives on embodiment and development". In: W. F. OVERTON, U. MÜLLER e J. L. NEWMAN (Org.). *Developmental perspectives on embodiment and consciousness* (p. 313-342). Mahwah: Erlbaum, 2008.

NAGEL, T. "What is it like to be a bat?" *Philosophical Review*, 83, 1974, 435-450.

OATLEY, K. "Narrative modes of consciousness and selfhood". In: P. D. ZELAZO, M. MOSCOVITCH e E. THOMPSON (Orgs.). *The Cambridge handbook of consciousness* (p. 375-402). Nova Iorque: Cambridge University Press, 2007.

PASCUAL-LEONE, J. "An essay on wisdom: Toward organismic processes that make it possible". In: R. J. STERNBERG (Org.). *Wisdom: Its nature, origins, and development* (p. 244-278). Nova Iorque: Cambridge University Press, 1990.

______. "Mental attention, consciousness, and the progressive emergence of wisdom". *Journal of Adult Development*, 7, 2000, 241-254.

PIAGET, J. *Recherche*. Lausanne: La Concorde, 1918.

______. "L'Immanence". In: J. PIAGET e J. DE LA HARPE (Orgs.). *Deux types d'attitudes religieuses: Immanence et Transcendance* (p. 7-40). Editions de l'association Chretienne d'Etudiants de Suisse Romande. Dépôt central: Labor à Genève, 1928.

______. *Immanentisme et foi religieuse*. Genebra: Librarie H. Robert, 1930.

______. "Le problème neurologique de l'intériorisation des actions en opérations reversible". *Archives de Psychologie*, 32, 1949, 241-258.

______. *Introduction à l'épistémologie génètique: Tome 1. La pensée mathématique*. Paris: Presses Universitaires de France, 1950a.

______. *Introduction à l'épistémologie génètique: Tome 2. La pensée physique*. Paris: Presses Universitaires de France, 1950b.

______. *Introduction à l'épistémologie génètique: Tome 3. La pensée biologique, la pensée psychologique et la pensée sociologique*. Paris: Presses Universitaires de France, 1950c.

______. "The problem of consciousness in child psychology: Developmental changes in awareness". In: H. A. ABRAMSON (Org.). *Problems of consciousness* (p. 136-177). Nova Iorque: Josiah Macy Jr. Foundation, 1954.

______. "Les explications psychologiques et le problème du parallélisme psychophysiologique". In: J. PIAGET, P. FRAISSE e M. REUCHLIN (Orgs.). *Traité de psychologie experimentale,* Vol. 1. *Histoire et méthode* (p. 131-170, 3. ed.). Paris: Presses Universitaires de France, 1970 (primeira edição publicada em 1963).

______. *Epistémologie des sciences de l'homme*. Paris: Gallimard, 1970b.

______. *Biology and knowledge*. Edimburgo: Edinburgh University Press, 1971 (texto original publicado em 1967).

______. "À quelle image de l'homme conduit la psychologie? Le professeur Piaget répond". *Etudes et Carrières: Revue d'information Professionnele Universitaire*, 6-7, 1971, 60-61.

______. *La prise de conscience*. Paris: Presses Universitaires de France, 1974. Traduzido [para o inglês] como: *The grasp of consciousness*. Cambridge: Harvard University Press, 1976.

______. *Réussir et comprendre*. Paris: Presses Universitaires de France, 1978. Traduzido [para o inglês] como: *Success and understanding*. Cambridge: Harvard University Press, 1974b.

PIAGET, J. *Intelligence and affectivity*. Palo Alto: Annual Reviews, Inc., 1981 (texto original publicado em 1954).

______. *Studies in reflecting abstraction*. Hove: Psychology Press, 2001 (texto original publicado em 1977).

______ e GARCIA, R. *Toward a logic of meaning*. Hillsdale: Erlbaum, 1991 (texto original publicado em 1987).

POPPER, K. R. *Knowledge and the body-mind problem: In defence of interaction*. Nova Iorque: Routledge, 1994.

ROY, J.-M., PETITOT, J., PACHOUD, B. e VARELA, F. "Beyond the gap: An introduction to naturalizing phenomenology". In: J. PETITOT, F. J. VARELA, B. PACHOUD e J.-M. ROY (Orgs.). *Naturalizing phenomenology: Issues in contemporary phenomenology and cognitive science* (p. 1-80). Stanford: Stanford University Press, 1999.

SEARLE, J. R. *Mind, language and society: Philosophy in the real world*. Nova Iorque: Basic Books, 1998.

______. *Mind: A brief introduction*. Nova Iorque: Oxford University Press, 2004.

SMITH, L. "Epistemological principles for developmental psychology in Frege and Piaget". *New Ideas in Psychology*, 17, 1999b, 83-117.

______. "Eight good questions for developmental epistemology and Psychology". *New Ideas in Psychology*, 17, 1999b, 137-147.

SPERRY, R. "Consciousness, personal identity and the divided brain". *Neuropsychologia*, 22, 1984, 661-673.

STAUDINGER, U. M., DÖRNER, J. e MICKLER, C. "Wisdom and personality". In: R. J. STERNBERG e J. JORDAN (Orgs.). *A handbook of wisdom: Psychological perspectives* (p. 191-219). Nova Iorque: Cambridge University Press, 2005.

TAYLOR, C. "What is involved in a genetic psychology?" In: C. Taylor (Org.). *Human agency and language* (p. 139-163). Nova Iorque: Cambridge University Press, 1985.

______. *Sources of the self: The making of modern identity*. New Haven: Yale University Press, 1989.

THOMPSON, E. *Mind in life: Biology, phenomenology, and the sciences of the mind*. Cambridge, Mass.: Belknap Press/Harvard University Press, 2007.

TUCKER, D. M. *Mind from body: Experience from neural structure*. Nova Iorque: Oxford University Press, 2007.

TYE, M. "Philosophical problems of consciousness". In: M. VELMANS e S. SCHNEIDER (Orgs.). *The Blackwell Companion to Consciousness* (p. 23-35). Oxford: Blackwell, 2007.

VARELA, F. J., THOMPSON, E. e ROSCH, E. *The embodied mind: Cognitive science and human experience*. Cambridge, Mass.: MIT Press, 1991.

VELMANS, M. e SCHNEIDER, S. (Orgs.). *The Blackwell Companion to Consciousness*. Oxford: Blackwell, 2007.

VONÈCHE, J. "Action as the solution to the mind-body problem in Piaget's Theory". In: W. F. OVERTON, U. MÜLLER e J. L. NEWMAN (Orgs.). *Developmental perspectives on embodiment and consciousness* (p. 69-98). Mahwah: Erlbaum, 2008.

______, GAO, H. H. e TODD, R. "The development of consciousness". In: P. D. ZELAZO, M. MOSCOVITCH e E. THOMPSON (Orgs.). *The Cambridge Handbook of Consciousness* (p. 405-432). Nova Iorque: Cambridge University Press, 2007.

______, MOSCOVITCH, M. e THOMPSON, E. (Orgs.). *The Cambridge Handbook of Consciousness*. Nova Iorque: Cambridge University Press, 2007.

14 Piaget e a afetividade

Bryan W. Sokol e Stuart I. Hammond

Não obstante as várias tentativas de ajustar a atual "visão recebida" da teoria de Piaget (por exemplo, Bearison e Zimiles, 1986; Carpendale e Lewis, 2004; Chapman, 1988; Gouin-Décarie, 1965; Lapsley, 1996; Xypas, 2001), a impressão geral de que Piaget na verdade não teria nada de substancial a oferecer no tocante ao desenvolvimento da vida afetiva das crianças permeia grande parte da psicologia contemporânea. Piaget, ao menos para a maior parte dos que o conhecem, é o "cognitivista frio", cujas afinidades com o racionalismo de Kant levaram-no a evitar tudo o que fosse afetivo ou emocional. Em grande medida como se tem com as contribuições de Piaget para a sociologia (Carpendale e Lewis, 2004; Piaget, 1965/1995), sua obra sobre afetividade e emoções é amplamente esquecida, em que pesem as várias tentativas de, em diversas de suas principais publicações,[1] registrar a importância da vida afetiva dos indivíduos.

Desfazer essa impressão, ou pelo menos versões ingênuas sobre ela, será um objetivo central deste capítulo. Ao fazê-lo, planejamos revisitar as conferências de Piaget na Sorbonne (1953-1954), publicadas no periódico *Bulletin de Psychologie* (Piaget, 1954) e mais tarde traduzidas como

---

1 *O juízo moral da criança* (Piaget, 1932/1994), por exemplo, baseia a moralidade em afeição recíproca (Capítulo 12, neste volume; Vidal, 1998), e várias passagens em *A formação do símbolo na criança. Imitação, jogo e sonho, imagem e representação* (Piaget, 1945/1971), *O nascimento da inteligência na criança* (Piaget, 1936/1970), *A psicologia da inteligência* (1947/1958) e *Seis estudos psicológicos* (Piaget, 1964/1967) prenunciam a importância da afetividade. (Aqui, excepcionalmente, os segundos anos inseridos nas referências – por exemplo, em "Piaget, 1936/1970" – remetem às edições brasileiras, e não às em língua inglesa, que constam no original, porque se está reproduzindo os títulos de obras de Piaget em português conforme foram traduzidas e disseminadas por editoras brasileiras. – N. do T.])

Intelligence and Affectivity (Piaget, 1954/1981), bem como suas conferências na Clínica Menninger, nos Estados Unidos (Piaget, 1962a, 1962b). Embora por certo seja verdade que os interesses epistemológicos de Piaget tenham ofuscado grande parte de sua obra sobre afetividade (Brown, 1996; Chapman, 1988, p. 377-379), no entanto ele proporciona toda uma variedade de ideias sobre o desenvolvimento, no que se refere à relação entre inteligência e afetividade, que trazem consigo repetição e rememoração. Quão bem essas ideias serão lembradas aqui dependerá de nosso êxito em negociar dois obstáculos que, no passado, interpuseram-se à via para se compreender o arcabouço teórico mais amplo de Piaget, no qual se encontra a afetividade.

Obstáculo 1: recuperando o Piaget que o seu tempo esqueceu (ou, antes de tudo, jamais compreendeu)

O primeiro desses obstáculos diz respeito à tendência geral entre psicólogos de considerar as contribuições históricas à área pelas lentes do presente (Danziger, 1997). Isso significa que a teoria de Piaget costuma ser vista pelas lentes conceituais contemporâneas que distorcem o modo como ele, e muitos outros que contribuíram para a área no início do século XX, abordaram fenômenos psicológicos. Psicólogos do desenvolvimento e da educação dos dias de hoje, por exemplo, criam uma cizânia entre questões cognitivas e afetivas, como QI e QE, ou inteligência emocional (Goleman, 1995), de um modo que teria parecido pouco usual a Piaget e seus contemporâneos. Embora a separação entre afeto e inteligência tivesse um *pedigree* filosófico consagrado pelo tempo (Cowan, 1978, p. 50), essa divisão é hoje tomada como fato consumado, raras vezes sendo examinada de maneira crítica, se é que chega a sê-lo (Brown e Kozak, 1998), muito menos com a espécie de rigor vista em muitas das análises de Piaget.

Piaget, como a história relata, foi muito influenciado pelos estudos sobre a inteligência de Binet (Sternberg, 1990) e, consequentemente, não abordou a inteligência como hoje com tanta frequência fazemos, ao modo de uma "faculdade" distinta ou de "uma classe isolada e nitidamente diferenciada de processos cognitivos" (Piaget, 1947/1950, p. 6). Em vez disso, Piaget assumiu uma abordagem muito mais geral da inteligência, tratando-a como uma ampla capacidade de ser adaptativa e flexível no comportamento do indivíduo. Conforme observou, "a inteligência [...] é em essência um sistema de operações de vivência e ação. É a forma mais altamente desenvolvida de adaptação mental [...]" (p. 7). A orientação-ação integrada a essa visão é tão radical hoje quanto o era à época, sendo a fonte provável de várias acusações equivocadas a apontar um "intelectualismo desenfreado" na teoria de Piaget, tanto no passado quanto no presente.[2]

Assim como na filosofia pragmatista de John Dewey, ela própria surgida durante o arco de vida de Piaget, afeto e inteligência foram entendidos como indissoluvelmente ligados à "unidade de atividade" (Dewey, 1896, p. 360). Onde o afeto é, de modo característico, apresentado como diametralmente oposto à inteligência, a abordagem de Piaget, em grande parte como a de Dewey, evitou a separação dualista entre ambos (Cowan, 1981). Por essa razão, Piaget afirmou que assim como é "impossível encontrar comportamento oriundo exclusivamente da afetividade", também é "impossível encontrar comportamento composto somente de elementos cognitivos" (Piaget, 1954/1981, p. 2). Isso significa que Piaget viu aspectos cognitivos e afetivos da inteligência de modo diferente de muitos outros, como aspectos complementares das atividades adaptativas dos indivíduos. Novamente, conforme sugeriu:

> O que o senso comum chama de "sentimentos" e "inteligência", considerando-os duas "faculdades" opostas, é simplesmente comportamento relacionado a pessoas e comportamento referente a ideias ou coisas; mas em cada uma dessas formas de comportamento surgem os mesmos aspetos afetivos e cognitivos de ação, aspectos que na verdade estão sempre associados e de modo algum representam faculdades independentes (Piaget, 1947/1950, p. 6).

2 Tal crítica é vista no comentário ao sujeito epistêmico de Piaget, este que, de autoria do filósofo Merleau-Ponty (2001 [1949-1952], p. 275), refere-o como "incorpóreo" ou "quase divino". Durante a gestão de Piaget na Sorbonne, onde ele sucedeu a Merleau-Ponty, Piaget esteve "bastante cônscio" (Piaget, 1965/1971, p. 143) dessas acusações (ver também Xypas, 2001, p. 13-26). Conforme observou um antigo comentador, a crítica do filósofo era, estritamente falando, falsa, embora houvesse outras razões para acusar Piaget de intelectualismo (Amado,1969, p. 78). Referiremos algumas dessas razões mais adiante.

Além de adotar uma visão abrangente da inteligência, Piaget, devemos lembrar, operava na esteira de uma tradição filosófica de construção de sistemas (Vidal, 1998) – por vezes estruturada como "perspectiva sociogenética" (Valsiner e Van der Veer, 2000) – que costumava abordar as atividades mentais de cognição, afeição e conação (vontade) a funcionar no contexto de uma rede mais ampla de relações. Os múltiplos níveis de análise na esfera dessa construção de sistema com frequência turvam as fronteiras não apenas entre várias funções psicológicas, mas também entre fenômenos individuais e sociais. Na verdade, as conferências de Piaget na Sorbonne – *Intelligence and Affectivity* (1954/1981) – podem ser lidas como uma espécie de tomada de posição em relação a sua instância desenvolvimental particular referente à cognição, afetividade e conação – isto é, a clássica "trilogia da mente" (Hilgard, 1980) – e a como cada função mental se adapta a um sistema mais amplo de normas e valores sociais. Com base nessas conferências, fica claro que Piaget compreendia a afetividade como sendo a base para o desenvolvimento de um conjunto ordenado de valores pessoais. Tais valores, ele alegava, quando comparados às estruturas de crescimento cognitivo, formavam uma "verdadeira lógica de sentimentos" (Piaget, 1954/1981, p. 13) que também vieram a compartilhar as mesmas "conservações e invariantes" (p. 60) que eram vistas como a emergir no desenvolvimento cognitivo infantil.

Além disso, no contexto da construção de sistemas de seu tempo, a obra de Piaget também se manteve intimamente ligada à de James Mark Baldwin (ver Cahan, 1984; Cairns, 1992; Müller e Runions, 2003), que, além de promover uma abordagem construtivista do conhecimento semelhante à de Piaget, encontrou conexões importantes entre cognição e afetividade. Baldwin chegou a ponto de relacionar questões psicológicas de afetividade a noções transcendentais de espírito, ou *pancalismo*, e o divino (Baldwin, 1906-1915/1974). O próprio interesse de Piaget pelo divino faz-se particularmente evidente em suas primeiras obras (por exemplo, Piaget, 1918; Piaget, 1923; ver também a discussão em Brown e Weiss, 1987; Chapman, 1988; Vidal, 1998) e em afirmações como "a identificação de Deus com a vida foi uma ideia que me emocionou quase às raias do êxtase, porque me permitiu, daquele momento em diante, ver na biologia a explicação de todas as coisas, mesmo as do espírito [...] " (Piaget, 1976; *apud* Brown e Weiss, 1987, p. 59). Não apenas tal espiritualismo é contrário à corrente materialista e às tendências reducionistas em psicologia, mas além disso bem poucas abordagens contemporâneas de fenômenos psicológicos levam a sério os sistemas de orientação em vigor à época de Piaget. Embora Piaget em seu tempo fosse uma figura de transição, sua obra reflete a fusão de vários interesses acadêmicos – psicologia, biologia, filosofia, teologia, sociologia e história, para citar apenas alguns – que hoje são comumente tratados como disciplinas distintas de pleno direito. De maneira global, esse é apenas o primeiro obstáculo a se interpor a um entendimento adequado da abordagem piagetiana da afetividade.

Obstáculo II: compreendendo a ambivalência de Piaget

Mesmo com a generosidade interpretativa que tal reorientação histórica pode proporcionar, para compreender as perspectivas de Piaget sobre a afetividade o obstáculo mais difícil – e talvez o mais interessante – é a sua própria ambivalência com relação ao tópico. Piaget aparentemente foi "a um só tempo apaixonado e ambivalente com respeito a valores durante todo o seu percurso" (Brown, 1996, p. 137), bem como "se revelou em conflito" (Dupont, 1994, p. xix) ao desenvolver suas ideias sobre como tais valores se relacionavam de modo mais amplo a questões de afetividade. O evidente conflito já estava a pleno vapor à época em que ele ministrou suas conferências na Sorbonne e na Clínica Menninger. Na verdade, era como se Piaget estivesse conferenciado na Sorbonne sob coação de seus alunos (Brown, 1996).

Então, contrariamente a suas concepções mais radicais acerca da unidade entre afetividade e inteligência com base na ação, Piaget por vezes tanto rejeitou quanto venerou a afetividade. Numa de suas conferências na Clínica Menninger, por exemplo, ele define um "papel incontestável" (1962a, p. 129) para a afetividade como estando no crescimento intelectual das pessoas, chegando a sugerir que "sem afeto não haveria interesse, nem necessidade, nem motivação; e consequentemente [...] não haveria inteligência" (1962a, p. 129). Ainda assim, outras vezes ele parece desprezar a afetividade. Por exemplo, embora observasse a sua falta de estrutura inerente, Piaget sugere que a afetividade "não tem interesse [para ele] como investigação científica por ela não ser um problema de conhecimento [...]" (Bringuier, 1980, p. 49). Além disso, ele admite que outros já tiveram êxito ao desenvolver linhas de pesquisa voltadas à vida afetiva dos indivíduos, observando que uma vez que "Freud se centrou nas emoções", ele em vez disso "escolhia a inteligência" (Gouin-Décarie, 1978, p. 183).

As nuanças da abordagem de Piaget incidiam em algum ponto entre os extremos da unidade radical e a negligência desinteressada. Com sucesso relativo, Piaget procura encontrar um equilíbrio em suas conferências da Sorbonne (1954/1981), sua mais acabada contribuição para compreender o tópico da afetividade. A esse respeito, ele simultaneamente reconhece que "estruturas afetivas são isomórficas a estruturas intelectuais" (p. 9), cuidando também para que "a comparação entre estados afetivos e atos de inteligência não seja levada longe demais" (p. 15).

A cautela de Piaget aqui, bem como a ambivalência relacionada ao tópico da afetividade, contribuiu para várias especulações em torno do seu próprio desenvolvimento emocional (Brown e Weiss, 1987). Houve quem chegasse a sugerir que decepções pessoais de Piaget envolvendo psicoterapia o teriam levado a rejeitar a visão psicanalítica das emoções, então dominante (Dupont, 1994).[3] Mas as procedências dessa linha de abordagem acadêmica não estão claras, sobretudo se se considerar alguns comentários bastante favoráveis de Piaget à psicoterapia (por exemplo, Piaget, 1920). O que está menos aberto à especulação – sendo a linha perseguida aqui – é como os interesses de Piaget pelo estruturalismo ou formalismo terminaram por levá-lo (para o bem ou para o mal) a ver a afetividade como a se situar fora de seus interesses em epistemologia. Tendo essa orientação estrutural como pano de fundo, as razões para a postura ambivalente de Piaget em relação ao estudo da afetividade parecem no mínimo triádicas. A primeira e mais central dessas exigências demanda que compreendamos Piaget como um "teórico da competência" (Overton, 1991).

3 Conforme observa Dupont (1994), Piaget "jamais conseguiu se libertar da noção de que estudar sentimentos e emoções era equivalente a fazer psicanálise" (p. xix).

De acordo com Overton (1991), "a *competência* se refere a uma idealização da organização, do padrão, do *design*, da forma ou estrutura do acontecimento ou sistema que está sendo explicado" (p. 19). No caso de Piaget, a competência em questão é simplesmente *conhecimento*, e suas várias formas idealizadas vêm culminar num "pensamento que é coerente, não contraditório e preciso (ou seja, o raciocínio lógico)" (Overton, 1991, p. 27). Tendo desse modo circunscrito seus interesses teóricos fundamentais, a abordagem da afetividade por Piaget inevitavelmente se faz limitada. As limitações estão claramente a operar com o modo como ele delineia as duas abordagens possíveis pelas quais afeto e inteligência se relacionam no nível estrutural. A primeira é a de que "a afetividade acelera ou desacelera o funcionamento intelectual sem modificar as estruturas da inteligência como tais" (Piaget, 1954/1981, p. 1). A segunda é a de que "a afetividade modifica as estruturas intelectuais, por essa razão sendo a fonte de novos conhecimentos ou novas operações cognitivas" (Piaget, 1954/1981, p. 1). Considerando a forma como Piaget define os aspectos formais do conhecimento, em particular os do conhecimento lógico-matemático, é de modo bastante previsível que ele escolhe defender a primeira abordagem, acrescentando que o afeto é, na melhor das hipóteses, "uma condição necessária à constituição da inteligência, porém [...] não uma condição suficiente" (Piaget, 1962a, p. 129).

Se as estruturas formais ou estruturais da afetividade tivessem sido mais prontamente identificadas por Piaget, sua relutância para com afeição e emoção teria sido bem outra. Isso vem suscitar a segunda razão potencial para a sua ambivalência. Embora Piaget fizesse diversas afirmações sugestivas sobre a estruturação da afetividade num sistema organizado de valores (Piaget, 1954/1981, p. 59), uma interpretação mais abrangente dessas ideias parece ter descarrilado em razão de sua complacência para com a tradição psicanalítica de seu tempo. Segundo a visão psicanalítica, pelo menos como Piaget parece tê-la compreendido, a vida mental funciona como uma espécie de sistema hidráulico pelo qual a afetividade proporciona a energia e a inteligência que o racional canaliza, proporcionando-lhe direção. Vez por outra, constata-se que tal energia estaria a transbordar e romper as estruturas racionais do indivíduo de funcionamento típico, sugerindo que a afetividade, pelo menos num arcabouço psicanalítico, faz as vezes de força desestabilizadora. Isso quer dizer que a afetividade e as emoções são associadas à desordem, não à ordem. Sendo assim, Piaget temia que uma abordagem centrada no conhecimento – ou seja, uma abordagem a permitir que a afetividade mudasse as estruturas intelectuais – poderia rapidamente conduzir a uma forma irrestrita de subjetivismo.[4] Piaget observa, por exemplo, que houve quem chegasse a dizer que "a avaliação da distância [...] deve-se ao *desejo* de alcançar objetos distantes, e não à distância [real] dos objetos" (Piaget, 1962a, p. 129, *itálicos acrescentados*). A fim de evitar afirmações solipsistas como essa, Piaget alegou que pelo menos "em formação de estrutura [...] a cognição, ela é autônoma" (Piaget, 1962a, p. 129). À afetividade, por sua vez, coube uma função motivadora, que, "feito gasolina [...] ativa o motor de um automóvel, mas não modifica a sua estrutura" (Piaget, 1962a, p. 5). O desfecho de tais alegações, ainda que não consistentemente mantido por Piaget, é o de que a sua abordagem da afetividade jamais saiu inteiramente do chão. Como observam Brown e Weiss (1987), tudo se passa como se Piaget e seus colaboradores "ficassem no limiar de uma síntese cognitivo-afetiva, mas, por carecer de um modelo explícito de como as estruturas e procedimentos se articulam, não pudessem cruzá-lo" (p. 68; ver também Nucci, 2001, p. 107-110, para aprofundamento da discussão).

A terceira e última razão para a ambivalência de Piaget com relação à afetividade gira em torno de uma tensão mais geral inerente à sua teoria, pela qual, havendo um trânsito entre questões epistemológicas e psicológicas, tenta-se em última instância unificá-las (ver Capítulo 3, neste volume). Voltando às afirmações de Overton (1991) sobre competência, essa tensão por vezes é estruturada como necessidade de relacionar competência e procedimentos, ou, como ele descreve:

4 Piaget nutria visão semelhante com relação à fenomenologia, que, ele imaginava, também chegou perigosamente perto do subjetivismo radical (Piaget, 1971). Tendo o intelecto a realizar a estruturação, Piaget sentiu que o conhecimento se atrelava com mais solidez à realidade.

> A competência [...] necessariamente conduz a procedimentos, e isso porque a explicação procedimental oferece explicação para o modo como a competência pode ser acessada, implementada e expressada [...] A explicação procedimental é oferecida para que se expliquem as atividades manifestas ou em tempo real que acessam e implementam a competência (p. 28).

Embora Piaget fosse bem versado nesse tipo de análise de níveis, chegar a um acordo quanto aos devaneios do crescimento psicológico individual não era uma prioridade-chave em seu sistema de pensamento. Além disso, seu vigor como teórico residia fundamentalmente no nível das explanações de competência (Chapman, 1988), este no qual a estabilidade e a ordem se encontravam mais claramente articuladas. Como consequência, as questões envolvendo afetividade, que pareciam naturalmente se adequar melhor ao nível procedimental em tempo real do funcionamento psicológico, tornaram-se cada vez mais tangenciais em seu programa de trabalho (Brown e Weiss, 1987).

Tabela 14.1. *Os seis estágios paralelos de inteligência e afetividade*

A. Inteligência sensório-motora	A. Sentimentos intraindividuais
1. Organização hereditária	1. Organizações hereditárias
2. Primeiros esquemas adquiridos	2. Primeiros sentimentos adquiridos
3. Inteligência sensório-motora	3. Comportamento intencional regulador de afetos
B. Inteligência verbal	**B. Sentimentos interpessoais**
4. Representações pré-operacionais	4. Afetos intuitivos
5. Operações concretas	5. Afetos normativos
6. Operações formais	6. Sentimentos idealistas

Fonte: adaptada de Piaget, 1954/1981, p. 14.

Para além dos obstáculos: a contribuição positiva de Piaget para o desenvolvimento afetivo

Dados esses vários obstáculos conceituais, algo talvez tanto mais notável é que Piaget realiza uma contribuição positiva para a compreensão do desenvolvimento da vida afetiva das crianças. Ele o faz apresentando uma série de estágios de crescimento afetivo que traçam um estreito paralelo com sua abordagem, via de regra mais conhecida, do desenvolvimento cognitivo (ver também Wadsworth, 1996; Xypas, 2001, para aprofundamento de discussão).

Piaget vê o desenvolvimento afetivo "correspondendo exatamente aos estágios do desenvolvimento das estruturas [cognitivas]" (Piaget, 1962a, p. 130). Contudo, tem-se aí algo de desvirtuador, a sugerir que o "afeto" possa evoluir isoladamente, enquanto Piaget "justamente negava que a afetividade pudesse criar novas estruturas" (Piaget, 1954/1981, p. 15). Talvez melhor seja dizer que o que é tradicionalmente pensado como estruturas intelectuais, como a concepção de espaço e a permanência de objetos, desenvolve-se junto ao que é tradicionalmente pensado como estruturas afetivas, como moralidade e personalidade.

Piaget observa seis estágios paralelos de desenvolvimento afetivo e intelectual (ver Tabela 14.1).[5] Os primeiros três são formas de inteligência sensório-motora e sentimentos *intra*individuais. Os últimos três estão relacionados à inteligência verbal e sentimentos *inter*pessoais. Assim como no desenvolvimento intelectual padrão, o padrão desenvolvimental do afeto é um padrão de *descentramentos* progressivos. As primeiras formas de afetividade estão concentradas na criança de até 2 anos; então, no nível de reflexão e consciência, elas são estendidas a objetos; e então a objetivos; e então a outras pessoas, à moralidade e à sociedade.[6]

O primeiro estágio, o da organização hereditária, revela pouca diferenciação entre o que é tipicamente chamado de afeto e inteligência. Na verdade,

5 Os estágios sensório-motores que Piaget descreve em *Intelligence et affectivité* fazem colapsar suas formulações anteriores dos estágios sensório-motores (por exemplo, Piaget e Inhelder, 1966/1969) em estágios 2 (II, III) e 3 (IV, V, VI); sobre a fluidez dos estágios, ver Smith (2002, p. 517-519).

6 Os contemporâneos de Piaget atacaram-no por ter assumido a posição de que a criança de até 2 anos era "centrada" (isto é, associal), em vez de fundamentalmente social. O que parece estar em questão é uma incompreensão da divisão por Piaget entre esquemas de ação e conhecimento reflexivo. Piaget reconheceria que as crianças desenvolvem relações emocionais com outros desde o nascimento (esquema de ação); contudo, ele adiaria o conhecimento reflexivo de pessoas *como pessoas* para uma idade posterior (por exemplo, Piaget, 1954/1981, p. 19, 26).

os termos *impulso*, como forma de interesse, e *instinto*, como forma de organização, são frequentemente usados como sinônimos (Piaget, 1954/1981, p. 17). A questão importante de Piaget é que, o que quer que exista de início – e ele é cético quanto à maior parte disso ser realmente não aprendido – é transformado por meio de desenvolvimento (Piaget, 1954/1981, p. 20). Em contraste com a teoria psicanalítica freudiana, na qual o afeto primordial jorra em cada situação, Piaget entende que os sentimentos são "construídos e reconstruídos em cada ocasião" (Piaget, 1954/1981, p. 51).

O segundo estágio visualiza a criança de até 2 anos a desenvolver sentimentos, como prazeres e dores, relacionados a reações circulares (Piaget, 1954/1981, p. 21). Com os behavioristas, Piaget reconhece que prazeres e dores exercem seu papel no aprendizado à medida que as atividades da criança passam a se distinguir com base em prazer e dor. Se puxar uma corda num móbile de berço é algo prazeroso, a criança vai fazê-lo com mais frequência. Contudo, Piaget salienta que tais prazeres e dores são eles próprios construídos. Se o papel da inteligência na construção de sentimentos é ignorado, "a crença de que a afetividade vem a ser a fonte de conhecimento é um pequeno passo [adiante]" (Piaget, 1954/1981, p. 2).

O terceiro estágio, que inclui os estágios sensório-motores IV-VI, enxerga o surgimento do que Piaget define como "os primórdios dos atos inteligentes" (Piaget, 1954/1981, p. 26), e a afetividade se torna similarmente complexa. É aqui que a criança começa a desenvolver uma hierarquia de valores. Para discutir como isso se dá, é importante distinguir afetividade sincrônica (momento pontual) e diacrônica (ao longo do tempo), embora Piaget admita que essas formas de avaliação sejam "difíceis de discernir num primeiro momento" (Piaget, 1954/1981, p. 32).

Um exemplo concreto é uma criança tentando alcançar um brinquedo num cobertor. Ela puxa o cobertor para aproximar o brinquedo. Avalia e deseja o cobertor, mas somente à medida que ele traz o brinquedo; em outras palavras, o brinquedo é mais valorizado do que o cobertor. A primeira forma de avaliação se dá quando a criança avalia o êxito de suas ações no momento em que são realizadas, com sentimentos de êxito, fracasso etc. Essa é uma forma de regulação, a ditar quando se deve parar a atividade mediante sentimentos de êxito ou de fracasso. A segunda forma de avaliação ocorre à medida que essas avaliações momentâneas são organizadas propriamente numa hierarquia de valores, "pouco a pouco num sistema que é mais amplo, mais estável e distinto em relação ao sistema de regulações energéticas" (Piaget, 1954/1981, p. 32). Esse sistema de valor mais amplo "determina as energias empregadas em ação" (Piaget, 1954/1981, p. 42).

Os modos síncronos e diacrônicos de afeto, regulação e avaliação "encontram sua junção no mecanismo de interesse" (Piaget, 1954/1981, p. 32). O interesse é a um só tempo síncrono, à medida que uma atividade particular é escolhida numa situação particular, e diacrônico, à medida que uma pessoa desenvolve seus interesses ao longo do tempo, envolvendo-se com eles. Piaget (1954/1981, p. 5) observa que suas ideias sobre o interesse se assemelham de perto às de Dewey (por exemplo, Dewey, 1896).

O quarto estágio visualiza o desenvolvimento de sentimentos interpessoais e os primórdios dos sentimentos normativos. No início, a criança encontra-se repleta de pensamentos espontâneos e ideias fantásticas; tem gostos e aversões espontâneos. Com a linguagem, ela pode recriar sentimentos experimentados. Sentimentos, assim como o ato de pensar, tornam-se *normativos* (embora sentimentos espontâneos, como as ideias, persistam) à medida que esquemas de ação são conservados (Piaget,1954/1981, p. 50). Piaget tem razão ao notar que "não é o sentimento que é conservado, mas um certo esquema de interação com outras pessoas" (Piaget, 1954/1981, p. 50). No início, esses sentimentos são apenas seminormativos. Eles sugerem o que "é necessário e justo e o que [...] é desejável ou preferível" (Piaget, 1954/1981, p. 55). Contudo, isso se manifesta inicialmente como um sentimento de *obrigação*, correspondendo a um raciocínio moral heterônomo (ver Capítulo 12, neste volume).

O quinto estágio enxerga esses estágios se tornando autônomos. Com tal autonomia, os sentimentos de *respeito* e *justiça*, que podem ser aplicados a todos os parceiros sociais, vêm à tona e desalojam sentimentos mais heteronômicos de obrigação associados a figuras de autoridade (Vidal, 1998, p. 591). A transição para "um sistema de valores relativamente fixos aos quais [os indivíduos] se sintam obrigados a aderir" (Piaget, 1954/1981, p. 65) é diferente de sentimentos anteriores de obrigação. Isso significa que sentimentos morais autônomos são afinados a operações lógico-matemáticas como "2 + 2 = 4": nenhuma autoridade externa provoca a resposta a essa equação; ela é verdadeira por necessidade. Seguindo tal raciocínio, Piaget observa que "a moralidade é [...] uma lógica de ação do mesmo modo que a lógica é uma moralidade de pensamento" (Piaget, 1954/1981, p. 13).

Um exemplo concreto de como esse sistema de valores funciona é apresentado na discussão da *vontade* por Piaget (ver em especial Piaget, 1962b). A vontade é classicamente definida como o que resolve um conflito entre uma resposta predominante e outra mais fraca mediante a elevação, e seleção, da mais fraca entre as duas; Piaget cita o exemplo, proposto por William James, de uma necessidade de sair para uma prazerosa caminhada e outra, concorrente, de continuar trabalhando (Piaget, 1962b, p. 140). Na terminologia de Piaget, o "ato da vontade corresponde à conservação de valores; consiste em subordinar uma dada situação a uma escala de valores permanente" (Piaget, 1954/1981, p. 65). A vontade se realiza mediante "um ato de descentramento" (Piaget, 1962b, p. 142). Piaget ilustra a vontade em funcionamento por meio da sua célebre tarefa da conservação do número, na qual duas fileiras de moedas são dispostas em distâncias iguais, e então uma das fileiras é espalhada de maneira mais ampla. Assim como o descentramento com objetos, podemos nos deixar enganar (ou ter vontade fraca) e escolher a resposta predominante de que há "mais" na fileira mais ampla. Evidentemente que o exemplo da moeda é fácil para um adulto resolver. Porém, dilemas morais que atormentam crianças (nos deveres de casa ou em jogos) podem (ou não podem) ser de resolução similarmente simples para adultos.

O sexto estágio visualiza o desenvolvimento da personalidade. A personalidade é marcada por "sentimentos idealistas" (Piaget, 1954/1981, p. 70) pelos quais adolescentes podem projetar suas ideias de como as coisas *deveriam ser* no funcionamento do mundo. De modo interessante, e contrário ao uso corrente, Piaget associa a personalidade "à subordinação do *self* ao ideal coletivo" (Piaget, 1954/1981, p. 71). Ele se refere à sua discussão sobre a ideia de pátria para o adolescente, discussão que veio a ser publicada nos *Sociological Studies* (Piaget, 1965/1995). Por meio do processo de descentramento, os adolescentes são capazes de olhar além dos aspectos de sua vida que são "acidentais", como ter nascido em determinado país, para aspectos mais formalistas e potencialmente universalizáveis, como o desejo de aprender sobre o mundo.

Obstáculos futuros: o que se tem pela frente?

Ainda que pouco desenvolvidos, muitos aspectos da teoria afetiva de Piaget são absolutamente essenciais para o seu sistema de pensamento mais amplo. Isso talvez seja de máxima verdade para a sua consideração da moralidade, que se baseia no respeito mútuo (ver Capítulo 12, neste volume), bem como em sua abordagem da educação (ver Capítulo 15, neste volume). Ainda assim, outro prolongamento importante da obra de Piaget se tem na proposição de seu terceiro estágio de desenvolvimento afetivo, no qual ele discute os aspectos sincrônico e diacrônico da avaliação. Aqui, Piaget sugere o papel do sistema de valores em selecionar atividades, processo que tem sido relacionado a uma atual teorização sobre "expectativas emocionais" (por exemplo, Krettenauer, Malti e Sokol, 2008). Seguindo essas linhas, Brown (1994) argumenta que "a finalidade da afetividade é selecionar percepções, ideias e ações [...] a seleção psicológica depende [...] de critérios de avaliação [...] [que] apareçam à consciência sob a forma de sentimentos" (p. 173). De uma série de maneiras, a concepção de sentimentos como juízos avaliativos assemelha-se a abordagens funcionalistas da emoção vigentes tanto em psicologia (por exemplo, Barrett, 1995) quanto em filosofia (por exemplo, Nussbaum, 2001; Solomon, 2003). De uma perspectiva funcionalista, "as emoções são muito mais do que sentimentos. Elas são padrões adaptativos de comportamento resultantes da relação avaliada de uma pessoa com eventos em andamento" (Mascolo e Fischer, 1995, p. 65). O ônus dessa perspectiva está no fato de as emoções serem ordenadas, controláveis e, à medida que envolvem avaliações cognitivas acuradas, racionais. Se tal abordagem tivesse estado disponível a Piaget enquanto ele desenvolvia suas próprias ideias sobre afetividade, sua ambivalência para com afeto e emoção poderia jamais ter vindo à superfície.

Não obstante essa especulação, para se ampliar a promessa das ideias de Piaget sobre o desenvolvimento afetivo, será crucial ir além das suposições estruturalistas de caráter mais limitante em que ele por vezes se baseia. Para tanto, alguns pesquisadores piagetianos sugeriram uma reinterpretação em grande escala de Piaget como o "principal teórico da ação em psicologia do desenvolvimento" (Boesch, 1984, p. 173; Brown, 1994, 1996; Sokol e Chandler, 2004; Youniss, 1981, 1987), em vez de tomá-lo como um exemplar do movimento "estrutural-desenvolvimental" (Chapman, 1988, p. 379). A *teoria da ação* postula um enquadramento transacional (Meacham, 1977) para explorar as atividades intrinsicamente relacionais de indivíduos e seus entornos em qualquer situação.

Nesse sentido, a afetividade teria a sua importância na seleção da atividade, na consciência da atividade e na avaliação de atividade bem-sucedida ou malograda. Ter essas funções de seleção e avaliação em seu devido lugar é algo essencial para desenvolver uma interpretação psicológica do "sujeito epistêmico" de Piaget (por exemplo, Bickhard, 1980; Ciompi, 1997, p. 162); na verdade, Piaget chegou perto dessa interpretação em seus escritos posteriores, como em *A tomada de consciência* (Brown, 1996, p. 152; Piaget, 1974/1976).

O montante de trabalho ainda a ser feito pode sugerir uma tentação de rejeitar a teoria piagetiana do afeto como sendo uma "excursão para fora do eixo principal da obra [de Piaget]" (Flavell, 1963, p. 81). Contudo, dois detalhes importantes vêm contrariar essa ideia. Em primeiro lugar, outras "excursões" piagetianas para moralidade, filosofia e sociologia são corretamente consideradas como esforços sérios e dignos de nota. O afeto poderia ser uma viagem de similar importância. A segunda razão seguiu a inovadora interpretação da obra de Piaget como um projeto vitalício de "reconciliação de ciência e valor" (Chapman, 1988, p. vii). Na verdade, a obra inicial de Piaget foi marcada pelo interesse em valores, em imanência, mesmo em democracia (Vidal, 1998). Em marcado contraste com a "visão retrospectiva [de Piaget] [...] valores, portanto sentimentos, foram o enfoque principal nos primeiros dias [dele]" (Brown e Weiss, 1987, p. 59). Embora certamente seja permitido a pensadores evoluir e descartar ideias e teorias, insistir na obra de Piaget sobre o afeto, argumentaríamos com Boesch (1984), traz a promessa de uma "magnificente visão da unidade integral do desenvolvimento psicológico" (p. 174).

Referências

AMADO, G. *L'affectivié de l'enfant*. Paris: PUF, 1969.

BALDWIN, J. M. *Thought and things: A study in the development and meaning of thought, or genetic logic* (4 volumes). Nova Iorque: Putnam, 1906-1915 (reimpresso por Arno Press, Nova Iorque, 1974).

BARRETT, K. C. "A functionalist approach to shame and guilt". In: J. P. TANGNEY e K. W. FISCHER" (Orgs.). *Self-conscious emotions: The psychology of shame, guilt, embarrassment, and pride* (p. 25-63). Nova Iorque: Guilford, 1995.

BEARISON, D. J. e ZIMILES, H. (Orgs.). *Thought and emotion: Developmental perspectives*. Hillsdale: Erlbaum, 1986.

BICKHARD, M. H. *Cognition, convention, and communication*. Nova Iorque: Praeger, 1980.

BOESCH, E. E. "The development of affective schemata". *Human Development*, 27, 1984, 173-183.

BRINGUIER, J. *Conversations with Jean Piaget*. Chicago: University of Chicago Press, 1980 (texto original publicado em 1977).

BROWN, T. A. "Affective dimensions of meaning". In: W. F. OVERTON e D. S. PALERMO (Orgs.). *The nature and ontogenesis of meaning* (p. 167-190). Hillsdale: Erlbaum, 1994.

______. "Values, knowledge, and Piaget". In: E. S. REED, E. TURIEL e T. BROWN (Orgs.). *Values and knowledge* (p. 137-170). Mahwah: Erlbaum, 1996.

______ e KOZAK, A. "Emotion and the possibility of psychologists entering into heaven". In: M. F. MASCOLO e S. GRIFFIN (Orgs.). *What develops in emotional development?* (p. 135-155). Nova Iorque: Plenum Press, 1998.

______ e WEISS, L. "Structures, procedures, heuristics, and affectivity". *Archives de Psychologie*, 55, 1987, 59-94.

CAHAN, E. D. "The genetic psychologies of James Mark Baldwin and Jean Piaget". *Developmental Psychology*, 20, 1984, 128-135.

CAIRNS, R. B. "The making of a developmental science: The contributions and intellectual heritage of James Mark Baldwin". *Developmental Psychology*, 28, 1992, 17-24.

CARPENDALE, J. I. M. e LEWIS, C. "Constructing an understanding of mind". *Behavioral and Brain Sciences*, 27, 2004, 79-151.

CHAPMAN, M. *Constructive evolution*. Nova Iorque: Cambridge University Press, 1988.

CIOMPI, L. "The concept of affect logic". *Psychiatry*, 60, 1997, 158-170.

COWAN, P. A. "Piaget with feeling". Nova Iorque: Holt, Rinehart & Winston, 1978.

______. Preface. In: J. PIAGET (Org.). *Intelligence and affectivity* (p. ix-xiv). Palo Alto: Annual Reviews, 1981.

DANZIGER, K. *Naming the mind: How psychology found its language*. Londres: Sage, 1997.

DEWEY, J. "The reflex arc concept in psychology". *Psychological Review*, 3, 1896, 357-370.

DUPONT, H. *Emotional development, theory and applications*. Westport: Praeger, 1994.

FLAVELL, J. H. *The developmental psychology of Jean Piaget*. Nova Iorque: D. Van Nostrand, 1963.

GOLEMAN, D. *Emotional intelligence*. Nova Iorque: Bantam Books, 1995.

GOUIN-DÉCARIE, T. *Intelligence and affectivity in early childhood*. Nova Iorque: International Universities Press, 1965.

______. "Affect development and cognition in a Piagetian context". In: M. LEWIS e L. A. ROSENBLUM (Orgs.). *The development of affect* (p. 183-204). Nova Iorque: Plenum Press, 1978.

HILGARD, E. R. "The trilogy of mind: Cognition, affection, and conation". *Journal of the History of the Behavioral Sciences*, 16, 1980, 107-117.

KRETTENAUER, T., MALTI, T. e SOKOL, B. W. "The development of moral emotion expectancies and the happy victimizer phenomenon: A critical review of theory and application". *European Journal of Developmental Science*, 2, 2008, 221-235.

LAPSELY, D. K. *Moral psychology*. Boulder: Westview Press, 1996.

MASCOLO, M. e FISCHER, K. W. "Developmental transformations of appraisals in pride, shame, and guilt". In: J. P. TANGNEY e K. W. FISCHER (Orgs.). *Self-conscious emotions: The psychology of shame, guilt, embarrassment, and pride* (p. 64-113). Nova Iorque: Guilford, 1995.

MEACHAM, J. "A transactional model of remembering". In: N. DATAN e H. W. REESE (Orgs.). *Life-span developmental psychology: Dialectical perspectives on experimental research* (p. 261-284). Nova Iorque: Academic, 1977.

MERLEAU-PONTY, M. *Psychologie et pédagogie de l'enfant: Cours de Sorbonne 1949-1952* [Psicologia e pedagogia da criança: Cursos da Sorbonne 1949-1952]. Paris: Verdier, 2001.

MÜLLER, U. e RUNIONS, K. "The origins of understanding self and other: James Mark Baldwin's theory". *Developmental Review*, 23, 2003, 29-54.

NUCCI, L. P. *Education in the moral domain*. Cambridge, Mass.: Cambridge University Press, 2001.

NUSSBAUM, M. C. *Upheavals of thought: The intelligence of emotions*. Cambridge, Mass.: Cambridge University Press, 2001.

OVERTON, W. F. "Competence, procedures, and hardware: Conceptual and empirical considerations". In: M. CHANDLER e M. CHAPMAN (Orgs.). *Criteria for competence: Controversies in the conceptualization and assessment of children's abilities* (p. 19-42). Hillsdale: Erlbaum, 1991.

PIAGET, J. *Recherche*. Lausanne: La Concorde, 1918.

______. "La psychanalyse dans ses rapports avec la psychologie de l'enfant" [A psicanálise em suas relações com a psicologia da criança]. *Bulletin Mensuel de la Société Alfred Binet*, 1-3, 1920, 18-34, 41-58.

______. "La psychologie et les valeurs religieuses" [A psicologia e os valores religiosos]. In: Association Chrétienne d'Etudiants de la Suisse Romande (Org.). *Saint Croix 1922* (p. 38-82). Lausanne: Imprimerie de la Concorde, 1923.

______. *The psychology of intelligence*. Londres: Routledge & Kegan Paul, 1950 (texto original publicado em 1947).

______. *The origins of intelligence in children*. Nova Iorque: International Universities Press, 1952 (texto original publicado em 1936).

______. "Les relations entre l'intelligence et l'affectivité dans le développement de l'enfant" [As relações entre inteligência e afetividade no desenvolvimento da criança]. *Bulletin de Psychologie*, 7, 1954, 143-150, 346-361, 522-535, 699-701.

______. *Play, dreams, and imitation in childhood*. Nova Iorque: Norton Library, 1962 (texto original publicado em 1945).

______. "The relation of affectivity to intelligence in the mental development of the child". *Bulletin of the Menninger Clinic*, 26, 1962a, 129-137.

______. "Will and action". *Bulletin of the Menninger Clinic*, 26, 1962b, 138-145.

______. *The moral judgment of the child*. Nova Iorque: The Free Press, 1965 (texto original publicado em 1932).

______. *Six psychological studies*. Nova Iorque: Random House, 1967 (texto original publicado em 1964).

______. *Insights and illusions of philosophy*. Nova Iorque: World Publishing Company, 1971 (texto original publicado em 1965).

PIAGET, J. Autobiographie. *Revue Européene des Sciences Sociales et Cahiers Vilfredo Pareto*, 36/39, 1976, 1-43.

______. *The grasp of consciousness*. Cambridge, Mass.: Harvard University Press, 1976 (texto original publicado em 1974).

______. *Intelligence and affectivity*. Palo Alto: Annual Reviews, 1981 (texto original publicado em 1954).

______. *Sociological studies*. Nova Iorque: Routledge, 1995 (texto original publicado em 1965).

______ e INHELDER, B. *The psychology of the child*. Nova Iorque: Basic Books, 1969 (texto original publicado em 1966).

SMITH, L. "Piaget's model". In: U. GOSWAMI (Org.). *Blackwell handbook of childhood cognitive development* (p. 515-537). Malden: Blackwell, 2002.

SOKOL, B. W. e CHANDLER, M. J. "A bridge too far: On the relations between moral and secular reasoning". In: J. I. M. CARPENDALE e U. MÜLLER (Orgs.). *Social interaction and the development of knowledge* (p. 155-174). Mahwah: Erlbaum, 2004.

SOLOMON, R. *Not passion's slave: Emotion and choice*. Oxford: Oxford University Press, 2003.

STERNBERG, R. J. *Metaphors of mind: Conceptions of the nature of intelligence*. Cambridge, Mass.: Cambridge University Press, 1990.

VALSINDER, J. e VAN DER VEER, R. *The social mind: Construction of the idea*. Cambridge, Mass.: Cambridge University Press, 2000.

VIDAL, F. "Immanence, affectivité et démocratie dans Le jugement moral chez l'enfant" [Imanência, afetividade e democracia no juízo moral da criança]. *Bulletin de Psychologie*, 51, 1998, 585-597.

WADSWORTH, B. J. *Piaget's theory of cognitive and affective development* (5. ed.). White Plains: Longman Publishers, 1996.

XYPAS, C. *Les stades du développement affectif selon Piaget* [Os estágios do desenvolvimento afetivo de acordo com Piaget]. Paris: L'Harmattan, 2001.

YOUNISS, J. "A revised interpretation of Piaget (1932)". In: I. E. SIGEL, D. M. BRODZINSKY e R. M. GOLINKOFF (Orgs.). *New directions in Piagetian theory and practice* (p. 191-201). Hillsdale: Erlbaum, 1981.

______. "Social construction and moral development: Update and expansion of an idea". In: W. M. KURTINES e J. L. GEWIRTZ (Orgs.). *Moral development through social interaction* (p. 131-148). Nova Iorque: Wiley, 1987.

15 A pedagogia de Piaget

Leslie Smith

> Educação, para a maior parte das pessoas, significa levar a criança a se assemelhar ao adulto típico de sua sociedade, enquanto, para mim, educação significa fazer criadores, ainda que não haja muitos deles, mesmo que as criações de um indivíduo sejam limitadas em comparação às de outros. (Piaget, 1977/1980, p. 132)[1]

Introdução

A educação é uma atividade complexa, e uma das partes que a compõe é a pedagogia, ou seja, o processo de educação em que o conhecimento ou as habilidades são compartilhadas por meio do ensino. O meu capítulo sobre a pedagogia de Piaget (PP) depara diretamente com um determinado problema.[2] A obra de Piaget é comumente interpretada como zona livre de pedagogia, com o ensino acrescentando pouco ou nada ao desenvolvimento da criança. Neste capítulo, pretendo três coisas. Em primeiro lugar, revisito a crítica educacional à obra de Piaget para mostrar que essa crítica é falha – tem-se boas evidências a mostrar que a PP funciona bem na prática. Então, apresento uma reanálise da PP a fim de mostrar que seus princípios fundamentais estão teoricamente vivos e passam bem. Por fim, a última seção contém uma revisão do meu argumento, com indicadores para direções futuras.

---

1 Os artigos de Piaget publicados em livros em inglês são identificados pela data de sua publicação original (geralmente em francês), onde * indica a minha tradução modificada.

2 A pedagogia tem recebido raras menções em pesquisa educacional na Inglaterra (Simon, 1980/1999), diferentemente do que se tem em ensino e conhecimento em teoria de currículo (Stenhouse, 1975).

A pedagogia de Piaget na prática

A obra de Piaget tem chamado atenção por seu potencial e suas promessas para a área da educação. A visão predominante, contudo, tem sido a de que ela não consegue entregar; ou seja, o resultado da crítica educacional via de regra tem sido negativo. Nesta seção, passo em revista essa crítica negativa e então enuncio um contra-argumento para mostrar que ela é falha.

Primeiramente, uma clarificação preliminar. A psicologia é uma ciência empírica com múltiplas divisões.[3] A educação é um estudo interdisciplinar que inclui todas as ciências humanas. Sendo assim, psicologia e educação são diferentes, havendo diversos meios pelos quais elas podem estar relacionadas (Smith, 2005):

(a) Independência: a psicologia e a educação cruzam-se uma ou duas vezes por acaso e daí não mais.
(b) Relevância: ideias psicológicas com significado global para a educação, seja nas mentes dos indivíduos ou como *Zeitgeist* no âmbito da cultura.
(c) Implicação: teorias psicológicas com consequências testáveis que poderiam impactar na educação.
(d) Aplicação: implicações efetivamente testadas em educação, que se revelaram eficazes na prática.
(e) Interdependência: implicações de mão dupla entre teorias psicológicas e educacionais, testadas na prática de maneira bem-sucedida.

Tomando a obra de Piaget, pode-se encontrar comprovações para cada um desses meios. Muitos comentários adotam (a) – na verdade, Piaget (1932/1932, p. 413-414) demonstrou plena consciência de que as conclusões na seara educacional não poderiam ser “ditadas” com base na sua psicologia. Sob (b), tem-se observado a relevância educacional para o compromisso diferenciado da PP com a educação centrada na criança (Donaldson, 1992). Relevância equivale a um aceno de promessa, mas

3 A American Psychological Association [Associação Psicológica Americana] (APA, 2008) atualmente categoriza 56 divisões.

promessas ainda terão de ser reparadas. Piaget repudiou alguns usos de sua obra, notadamente as reformas que levam à "matemática moderna ensinada por métodos arcaicos" (Piaget, 1966/1998, p. 235; Piaget, 1977/1980, p. 128). A comprovar (e), tem-se a atuação profissional de Piaget como diretor do International Bureau of Education (Escritório Internacional de Educação). Contudo, ele repetidas vezes (1932/1932, p. 414; 1951/1998, p. 269) observou a demasiada escassez de investigações empíricas que usassem métodos controlados desenvolvidos em ciência educacional. Assim sendo, minha intenção é manter-me afastada dessas três alternativas. Em vez disso, estarei centrada em (c) e (d).

A crítica educacional tem sido predominantemente negativa em ambas as frentes. Sob (c), as implicações da PP são vistas como problemáticas, e sob (d), a sua aplicação não funciona de modo algum.[4] A abranger uma e outra, tem-se a "questão americana" (Bruner, 1986), assim chamada porque as apresentações de Piaget nos Estados Unidos costumavam dar origem à pergunta: "é possível acelerar os estágios indefinidamente?".

A resposta de Piaget (1971, p. 7) era "sim". Conforme ele observou em outra passagem: "É evidente que algumas intervenções pedagógicas podem acelerar e concluir o desenvolvimento espontâneo" (Piaget, 1970/1983, p. 111). Mas além disso ele acrescentou qualificações. Uma delas foi sobre se há alguma vantagem, uma vez que a principal questão na educação não é "quão rápido" e sim "quão longe" (Piaget, 1971, p. 7). Outra qualificação foi a de que intervenções bem-sucedidas "não podem mudar a ordem das construções" (Piaget, 1970/1983, p. 111). Uma terceira foi a de que "cada vez que prematuramente se ensina a uma criança algo que ela poderia ter descoberto por si própria, essa criança é impedida de inventá-lo e, consequentemente, de compreendê-lo por completo" (Piaget, 1970/1983, p. 113).[5] A resposta de Piaget foi combinada com um experimento de pensamento envolvendo um garoto que, contando cascalhos,

> alinhava-os numa fileira, e os contava da esquerda para a direita, tendo chegado a dez. Então, só por diversão, contou-os da direita

4 De modo predominante, não universal (DeVries, 1987; Duckworth, 1996).

5 Ver seu título de livro (Piaget, 1948/1976).

para a esquerda [e] ficou espantado por ter chegado novamente a dez (Piaget, 1970, p. 16-17; ver 1970/1983, p. 119).

A questão de Piaget era a de que o garoto descobriu a regra matemática da comutatividade.[6] Uma vez que as regras são normas e as normas são complexas, a sua questão era a de que apreender uma norma é uma atividade complexa – mais a respeito disso na seção a seguir.

Na crítica educacional, a resposta da PP foi interpretada como sendo "não", com base em que o experimento de pensamento serve como um falso modelo, com a implicação de que todo aprendizado é uma autodescoberta em que professores são desnecessários. Assim, Hughes (1986, p. 17) interpretou a PP como uma perspectiva de que "em ampla medida, conceitos matemáticos não podem ser ensinados" e de que "a matemática não é essencialmente difícil, por ser algo que as crianças farão a maior parte do tempo" – por si próprias e sem um professor à mão. Está claro que é uma posição ridícula! Mas será verdadeira para a PP?

Outros parecem pensar assim. "A questão americana" equivale a uma ponte entre a psicologia e a educação. Por um lado, tem-se a teoria dos estágios de Piaget, dependente de dois componentes essenciais sobre sequências e mecanismos de desenvolvimento. Nessa crítica, ambos foram desafiados, uma vez que as sequências piagetianas marcadas por esses estágios são problemáticas, com cada estágio tendo uma estrutura correspondente "difícil de definir, de explicar e operacionalizar" (Case, 1985, p. 415); e o principal mecanismo piagetiano foi interpretado como similarmente problemático – "definido e explicado de maneira global, [e com isso] bastante difícil de operacionalizar" (p. 416). As evidências atestaram a presença de *décalages* [discrepâncias, defasagens] com baixas correlações intertarefas, das quais se alega serem incompatíveis com progressões à maneira de estágios (Case, 1992, 1999).[7] Por outro lado, tem-se a posição de Piaget com relação a

---

6 Em adição aritmética, a soma é independente da ordem. Atualmente, nosso conhecimento do desenvolvimento da comutatividade pelas crianças é "fragmentário" (Cowan, 2003). Sendo a comutatividade um princípio normativo, a questão de Piaget versou sobre como as normas são de fato adquiridas e legitimadas, sobretudo em matemática (Smith, 2009).

7 Chapman (1988) já havia argumentado que essa interpretação fusiona aspectos formais e funcionais da abordagem de Piaget.

ensino/aprendizagem. Ela foi interpretada como "centrada na criança" (Donaldson, 1992), uma vez que "as crianças são encorajadas a explorar sozinhas a variedade mais ampla possível de situações, bem como a refletir sobre os resultados de sua própria atividade" (Case, 1985, p. 408), e desse modo "quase se carece de uma teoria do ensino" (Ginsburg, 1981), já que o aprendizado é "independente e espontâneo" (Hughes, 1986, p. 17) – ou seja, é o "aprendizado da descoberta" da própria criança. Bryant (1984) tomava-o por anômalo: os professores são "considerados periféricos na melhor das hipóteses, e ineficazes na pior". Brainerd (2003, p. 283) sintetizou a evidência de estudos de treinamento, concluindo que quatro tipos de procedimentos "passivos" promovem bom aprendizado, enquanto métodos de descoberta não lhes foram considerados superiores. Nessa crítica, "a mística do aprendizado da descoberta é [baseada na] parte mais fraca da teoria (isto é, na equilibração)" (Sullivan, 1967, p. 34).

Essa crítica educacional com sua conclusão negativa está aberta ao desafio de que existe uma boa evidência a mostrar que a PP na prática opera bem. Essa evidência é parte do programa de pesquisa que, espraiando-se ao longo de três décadas, é de autoria de Michael Shayer e Philip Adey. Minha análise se dá em quatro partes, cobrindo evidências sobre avaliações e intervenções bem-sucedidas.

Avaliação diagnóstica

Usando uma amostragem nacional (n = 10.000) em 1975, Shayer e Adey (1981) avaliaram adolescentes usando tarefas piagetianas e interpretações de estágio piagetianas (operações concretas e formais). As descobertas apontaram que, aos 16 anos, cerca de 30% dos adolescentes estavam pensando no nível das operações formais. De modo crucial, a taxa de aprovação em exames públicos em Ciências ficava em torno de 30%. Esses achados implicam que estágios e realizações piagetianas nos exames nacionais encontram-se relacionados.

Avaliação referenciada por critério

A avaliação é referente à norma em psicometria, na qual pontuações são interpretadas em termos de desempenhos padronizados de outros indivíduos. Tem-se aí uma interpretação de normas descritiva – não prenhe de valores (ver item 4 na seção seguinte). A avaliação é referente a critérios quando pontuações são interpretadas em termos de algum critério externo. Usando as descobertas anteriores, como no parâmetro de 1975, as tarefas piagetianas referentes a critério têm sido usadas para documentar efeitos anti-Flynn, e entenda-se, desempenhos declinantes em coortes sucessivos.[8] As descobertas de uma amostragem nacional (*n* = 10.023) em 2003 revelou (Shayer, Ginsburg e Coe, 2007; Wylam e Shayer, 1980):

- o desaparecimento do diferencial menino-menina original de 0,5 SD;
- um decréscimo no desempenho dos meninos em 1,04 SD;
- um incremento no desempenho das meninas em 0,55 SD.

Essa é uma descoberta educacionalmente significativa, ainda uma vez baseada na teoria piagetiana dos estágios.

Avaliação formativa

O ensino pode fazer uma contribuição para melhor compreensão mediante avaliação formativa; ou seja, o *design* avaliativo é ele próprio educativo na promoção do aprendizado (Black e Wiliam, 1998; Shepard, 2000; Torrance e Pryor, 1998). Em *Thinking Science*, Adey, Shayer e Yates (1989) adaptaram tarefas piagetianas para a realização de um trabalho colaborativo em sala de aula combinado à reflexão individual. Sob a crítica negativa, tal se revelou um exercício vão. Em compensação, *Thinking Science* comprova a utilidade da PP em sala de aula.

Intervenções

Além disso, o *Thinking Science* foi posto para funcionar. O objetivo do primeiro estudo de intervenção foi aumentar para além de 30% o número de adolescentes que obtiveram boa avaliação em exames nacionais (Adey e Shayer, 1994). Num *design* quase experimental controlado por efeitos de escola, as tarefas em sala de aula foram usadas durante uma hora, a cada duas semanas, ao longo de dois anos escolares (11-13 anos). A execução em

8 Os efeitos de Flynn são a ascensão linear em pontuações de QI referenciadas à norma durante o século XX, o que exige que esses textos sejam recalibrados serialmente (Neisser, 1998).

ciências foi específica para cada matéria. A principal mensuração de resultado deu-se nos exames nacionais realizados aos 15-16 anos. A melhoria foi testada em três disciplinas nucleares – ciências, matemática, inglês –, nas quais cerca de 54% dos adolescentes das classes experimentais obtiveram avaliações consideradas "boas", isto é, superior em 30% à taxa de aprovação nas classes de controle. Assim, essa intervenção foi significativa, durável e transferível. De modo crucial, também, ela se fez replicável, conduzindo a um nível similar de melhorias numa segunda intervenção (Shayer e Adey, 2002). Além disso, esse programa de pesquisa foi generalizável tanto para crianças com idades de 5 a 7 anos (Adey, 2007; Shayer, 2008) quanto para *designs* internacionalmente comparáveis (Hautamäki, 2007). Em suma, essa evidência mostra que a PP funciona bem na prática.

Como conclusão, esta seção apresenta agora uma análise da crítica negativa da PP em educação. Ela se fez seguir por um contra-argumento a mostrar que avaliações e intervenções educacionais baseadas na PP funcionam na prática. Usando as cinco posições arroladas no início da segunda seção, isso significa que a PP se adequa a (d) – uma realização e tanto, já que a maior parte das teorias psicológicas se mantém em algum ponto entre (a) e (c). A questão-chave, então, não é mais se a PP funciona – ela funciona –, mas sim por que ela o faz. Isto será abordado na seção a seguir.

A pedagogia de Piaget: teoria e reanálise

A conclusão da última seção foi a de que a PP funciona na prática. A seção atual oferece uma reanálise da PP com referência específica a seus principais constructos na clarificação do escopo explanatório da PP.

A motivação para essa reanálise foi um desafio a compreender dez questões sobre a PP (Smith, 2004). Em razão de limitações de espaço, somente a primeira e a última – questões 1 e 10 – são reenunciadas aqui, com o intuito de se realçarem dois pontos.

Questão 1: a obra de Piaget sobre educação é bem compreendida?

Educacionalistas com interesse na PP incluíam Isaacs (1930, p. 78-79), que criticou a PP por sua superestimação dos fatores sociais em educação, e

Vygotsky (1994a, p. 351-352; 1994b, p. 365-366), por sua subestimação. Essas críticas são contrárias entre si, de modo que não podem ambas estar corretas. Na verdade, Piaget (1931 e 1962/2000, respectivamente) desafiou a ambas, apontando que um *tertium quid*, ou terceiro fator, a operar em interdependência também com sociedade e hereditariedade, foi a equilibração; e isso tem sido ignorado. Não apressemos o juízo!

Questão 10: para Piaget, a equilibração é o constructo central e uma via para lugar nenhum?

Os comentadores veem problemas importantes em seu uso (Bryant, 2001; Case, 1999; Ginsburg, 1981; Sullivan, 1967). Não obstante, a equilibração é o constructo central de Piaget, e é inteligível (Capítulos 3 e 6, neste volume). Qualquer juízo acerca da PP é inconclusivo sem uma análise mais detalhada desse constructo central. A crítica negativa da PP é inconclusiva porque sua análise é, na melhor das hipóteses, incompleta, e, na pior, de todo ausente.

Esse par de questões é o lembrete de que a PP é sutil e complexa – sutil, porque por muito tempo tem estado aberta a interpretações incompatíveis; complexa, porque o seu principal constructo é a equilibração, noção que desafia a interpretação direta. Assim, algo a mais tem de ser dito sobre a PP, com uma perspectiva que permita a clarificação de ambas a questões.

A reanálise é pretendida como uma contribuição para a clarificação da PP por meio de quatro princípios: (1) a educação é uma relação de intercâmbio carregada de valores; (2) inteligência e afetividade; (3) estratégias instrucionais e (4) o conhecer por meio das razões certas. Este quarteto indubitavelmente está incompleto. Mas serve para identificar princípios essenciais que possam servir à desmistificação do constructo central de Piaget, que é a equilibração.

(1) A educação é uma relação de trocas entre os valores de um aprendiz e os do educador

Na PP, a educação é definida como uma relação entre os valores cada vez mais individualistas e os valores sociais, intelectuais e morais, pelos quais o educador se faz responsável na iniciação daquele indivíduo (Piaget, 1935/1971, p. 137).

Notem-se aqui quatro coisas. A primeira: a educação é representada como uma relação entre dois termos – um aprendiz como pessoa em desenvolvimento (criança, adulto) e um educador (pai ou mãe, um de seus pares, tutor). São os valores do educador que emolduram a sua relação. A segunda: a definição se refere ao crescimento humano, isto é, ao desenvolvimento. Mas isso é ambíguo pela razão dada por Dewey (1966, p. 49): "Educação é desenvolvimento (embora) tudo dependa de *como* o desenvolvimento é concebido." Para Piaget, a principal questão é o uso que o aprendiz faz dos valores invocados pelo professor. Sob essa definição, a educação é uma relação em que valores são intercambiados. Terceira: cruciais para as trocas são os valores que o educador tenciona transmitir. O que é valorizado pode ser o que quer que seja, o que sem dúvida reflete a diversidade dos valores humanos. Fazendo uso dos exemplos de Piaget (1965/1995, p. 25), isso poderia ser, por exemplo, uma iniciação à Juventude Hitlerista ou uma introdução à matemática escolar. Se os valores são intelectuais, cabe ao educador identificar o conhecimento que seja importante – uma escolha carregada de valores.[9] Quarta: de um educador requer-se precisamente que "cada indivíduo seja levado a pensar e repensar o sistema de noções coletivas" (Piaget, 1950/1995, p. 76). Essa é uma admissão importante quanto à indispensabilidade do ensino.

Noções coletivas são noções publicamente disponíveis na cultura. "Pensá-las" é um primeiro e essencial passo para qualquer pessoa, sendo especificamente enunciado que cada indivíduo é "levado" a fazer assim; ou seja, do educador se exige que proporcione assistência ao aprendiz. Além disso, demanda-se também o "repensar", a questão de Piaget sendo a de que se trata de um assunto individual – para mim, trata-se de decidir, de maneira acertada ou equivocada, mesmo quando vocês estiverem me auxiliando. Esse é o individualismo de Piaget (1962/2000, p. 251-252), na melhor tradição "educação para a liberdade intelectual" (1945/1998, p. 162).

É desse modo que esse princípio compreende duas negações explícitas. Uma delas é a negação do desenvolvimento humano em termos do "cognoscente solitário". A outra é a negação da aprendizagem e o conhecer sem ensinamento. De um só golpe, isso mostra que

9 O "*design* inteligente" deve ou não ser incluído no currículo escolar de biologia?

o construtivismo piagetiano inclui um elemento essencialmente social (*pace* Vygotsky, 1994b, p. 352; ver Piaget, 1962/2000).

(2) O conhecer é sempre mediado pela afetividade que lhe é intrínseca

Com base em (1), a educação é prenhe de valores em virtude dos valores do educador. Mas o educador é uma pessoa, como também o é o aprendiz, que, por implicação, igualmente possui valores. Assim, uma questão que se mantém aberta aqui é a da interação entre os valores do aprendiz e os do educador. Por outro lado, isso significa que, embora o ato de conhecer seja uma questão cognitiva, ele tem sempre uma contraparte afetiva. Na obra de Piaget, os organismos vivos se adaptam a seu ambiente, e a esse respeito um aspecto intrínseco à adaptação é a organização, ou seja, adaptar-se ao mundo é organizar o mundo. A organização, por sua vez, inclui tanto a afetividade quanto a inteligência.

Tabela 15.1. *Adaptação e organização*

Funções biológicas	**Funções intelectuais**	**Categorias**
		Totalidade x Reciprocidade
Organização	Regulativa	
		Ideal (objetivo) x Valor (meios)
		Qualidade x Classe
Assimilação	Implicativa	
		Relação quantitativa x Número
Adaptação		
		Objeto x Espaço
Acomodação	Explicativa	
		Causalidade x Tempo

Fonte: adaptado de Piaget (1953, p. 9).

Esse princípio foi formulado de maneira austera no livro de Piaget (1936/1953) sobre a primeira infância (Tabela 15.1). A tabela parece obscura e irrelevante para a inteligência humana. Ainda assim, ela indica a interdependência entre "cognição fria" e "motivação quente" na abordagem de Piaget.[10] Sua elaboração posterior é elucidativa (Piaget, 1954/1981).

10 Para comentário, ver Brown, 1996; Brown e Weiss, 1987.

A afetividade inclui sentimentos, motivações, valores e o *self.* Os organismos têm gostos, interesses e seus respectivos opostos, e estes se organizam por meio das escolhas feitas em termos do que é bom ou ruim da minha perspectiva em oposição à sua (Piaget, 1954/1981, p. 31-34). Os valores proliferam para formar sistemas de valores. Esses sistemas podem ser frouxos ou exatos, implícitos ao que um agente faz ou ao modo como um intelectual atua, mas seja como for não há exigência alguma para que o agente tenha consciência deles (ver Capítulo 14, neste volume). De modo crucial, "objetos ou pessoas valorizadas proporcionam novos objetivos ao agente" (Piaget, 1954/1981, p. 43*), e o fazem tornando-se mais específicos e mais estáveis. Ao contrário do que se tem com a lógica da inteligência, esses sistemas jamais se tornam plenamente coerentes, segundo Piaget (1954/1981, p. 60). Isso porque o uso de um sistema de valores pode produzir resultados contrários – e efetivamente o faz –, ou no sentido da valorização da conservação, ou no dos paralogismos (Piaget, 1954/1981, p. 60).[11] Para Piaget, a função da afetividade é a regulação interna, mediante a ordenação de preferências tanto energéticas quanto no que se refere à economia das atividades de um agente, tendo-se como finalidade o ordenamento de relações meios/fins (Piaget, 1954/1981, p. 42). De modo geral, "a afetividade pode provocar acelerações e retardos" (Piaget, 1954/1981, p. 73). Ainda assim, a afetividade "não pode nem engendrar nem modificar estruturas" (Piaget, 1954/1981, p. 73) – entenda-se, estruturas cognitivas.

Em suma, as relações educacionais envolvem sempre sistemas de valores de um aprendiz e de um educador. Um valor é passível de ser causalmente imposto, podendo se seguir daí uma observância, mas a sua internalização e a sua aceitação autônoma é outra questão. "Meu tutor solicita que eu faça isso – mas não o farei" não é uma contradição. Isso não significa que os aprendizes "devam fazer tudo o que quiserem; (mas significa, isto sim) que devem querer fazer o que fazem (no que) devem agir, em vez de sofrer a ação" (Piaget, 1935/1971, p. 152).[12] A contribuição pela

11 Quero tirar nota alta no curso e também quero ter uma boa vida social. Esta noite – estudo ou diversão?

12 Isso remete diretamente a combinar problemas como (a) compromissos pretendidos e reais e (b) demandas de tarefa e habilidades daquele que conhece (Bennett, 1984).

afetividade é necessária na PP, mas não é suficiente sem algo mais a indicar a direção correta. Dois de tais indicadores vão se seguir aqui como (3) e (4).

(3) Conhecer é uma atividade espontânea que se beneficia da assistência pedagógica

Um indicador extrínseco é devido às estratégias dos educadores. Kant fez ver que a mente tem tanto capacidades receptivas quanto potencialidades espontâneas, ambas sendo operativas no conhecimento humano. Para Kant (1787/1933, B74, B93), o conhecimento tem sua origem nas capacidades sensoriais de receber representações e em capacidades intelectuais para conhecer objetos por meio delas. Assim, as capacidades intelectuais foram interpretadas como intrinsicamente espontâneas, e isso com relação a determinados conceitos usados para atribuir sentido a determinadas representações. Piaget tinha uma perspectiva equiparável a essa, e era pedagogicamente importante. "A memória, a obediência passiva, a imitação do adulto e os fatores receptivos em geral são todos tão naturais para a criança quanto a atividade espontânea" (Piaget, 1935/1971, p. 139). O jogo numa criança é um exemplo específico de espontaneidade (1954/1981, p. 19) ou, de modo mais geral, de qualquer ação humana livremente realizada. A questão é que, embora aprendizes façam espontaneamente certas coisas, nem por isso tais atividades serão propícias ao desenvolvimento intelectual, por exemplo, caso a memorização factual ou a conformidade com os pares sejam valorizadas como fins em si mesmas. Os aprendizes podem estar resultantes a aceitar controle; podem estar dispostos a confiar mais na receptividade do que no engajamento. É por isso que se faz necessária a assistência instrucional. Além disso, ela é tornada disponível na PP por meio de três estratégias instrucionais.

Avaliação formativa: a avaliação formativa foi identificada na seção anterior como o plano do educador para avaliar tarefas, tendo em vista tornar a aprendizagem possível, mais fácil ou melhor. Para Piaget (1945/1998, p. 163), "as crianças têm de ser ensinadas a pensar [...] Pensar é buscar por si mesmo, isto é, criticar livremente e demonstrar autonomamente". Anarquia e autonomia não são a mesma coisa, e o ensinamento tem uma contribuição a dar trocando a primeira, que é espontânea, pela última, que é um desenvolvimento humano. Em segundo lugar, "um professor cria um contexto de aprendizagem que evoca uma colaboração espontânea por parte do aprendiz" (Piaget, 1962/2000, p. 252). A diferença entre "aprendizagem criativa" e "criação de um contexto para a aprendizagem" é uma diferença importante, invocada por Piaget e comparável à posição de Vygotsky (1994b, p. 366). Ainda uma vez, para Piaget faz-se necessário um insumo pedagógico para o crescimento da autonomia. Em terceiro lugar, isso significa que o professor é menos uma pessoa "que dá 'aulas', e mais alguém que organiza situações que darão azo à curiosidade e à busca de soluções pelas crianças, e que vão amparar tal comportamento mediante arranjos apropriados" (Piaget, 1973, p. 85). É por isso que "o papel do *professor se torna central* como animador de discussões *em consequência de ter sido o instigador*, em cada criança, da tomada de posse daquele notável poder de construção intelectual que se manifesta em toda atividade genuína" (Piaget, 1949/1998, p. 191; *minha ênfase*). Uma qualificação que se tem aí é a de que a própria obra de Piaget não teria proporcionado evidência relevante. Isso é verdade, mas a sua pedagogia já é outra questão. Também houve quem fizesse uso de tarefas genebrinas exatamente desse modo, incluindo o *Thinking Science* (Adey, Shayer e Yates, 1989; ver a seção anterior). Além disso, novas tarefas têm sido usadas para propostas de avaliação formativa.[13]

Aprendizagem em grupo: a PP oficial e repetidamente incluía recomendações para a aprendizagem colaborativa; ou seja, o educador tem de – note-se essa obrigação – garantir que nenhum aprendiz trabalhe somente como conhecedor solitário. "A escola ativa necessariamente pressupõe colaboração no trabalho" (Piaget, 1930/1998, p. 45-46). É por isso que, para Piaget, existem três benefícios: "o trabalho em grupo é em princípio mais 'ativo' do que um trabalho puramente individual" (1935/1971, p. 158); "o grupo desenvolve a independência intelectual de seus membros" (p. 159); e "pupilos fracos e preguiçosos, longe de ser abandonados à própria sorte, são estimulados e obrigados pelo grupo"

13 Duckworth (1996, capítulo 10) perguntou a uma amostra de professores o que significava "leste", para examinar como eles davam conta das incompatibilidades advindas de "o leste fica ao longo da latitude para onde o sol nasce" e "o leste fica a 90 graus do norte na direção do nascer do sol".

(1945/1998, p. 166). Essa recomendação não é *ad hoc*, porque se segue dos princípios de que "o conhecimento humano é essencialmente coletivo, e a vida social se constitui num fator essencial à criação e crescimento do conhecimento tanto pré-científico quanto científico" (1950/1995, p. 30). Relacionado a isso, tem-se o experimento de pensamento divisado por Piaget (1932/1932, p. 348-349) e reafirmado da seguinte forma: "Imagine uma sociedade em que quase todos os indivíduos fossem contemporâneos, pouco tendo experimentado das restrições da família e da escola que afetaram gerações precedentes e na geração seguinte passaram a ser aplicados com rigor a quem quer que fosse" (1950/1995, p. 57) – como então seria o desenvolvimento humano? A análise de Piaget foi triádica (Smith, 2002b). Primeiro elemento: "o instrumento essencial de transmissão" estaria ausente – para o aprendiz, uma perda profunda do conhecimento e dos valores das gerações precedentes. Segundo elemento: essa perda não impediria o desenvolvimento, porque as crianças teriam interações sociais com seus contemporâneos – assim, seriam capazes de aprender colaborativamente com seus pares. Terceiro elemento: embora causalmente anômala, essa sociedade seria normativamente típica. As crianças – tanto individual quanto coletivamente – teriam suas próprias capacidades normativas, cujo uso é exigido para qualquer desenvolvimento, mas, entenda-se, o uso correto – isto será retomado em (4).[14]

Autogoverno: mais uma vez, essa recomendação foi repetidas vezes feita na PP. "O método do autogoverno consiste em atribuir aos pupilos uma participação na responsabilidade pela disciplina escolar" (Piaget, 1945/1998, p. 167).[15] O autogoverno é polimórfico, assumindo diferentes formas (1934/1998, p. 122), o que inclui:

- colaborações nacionais e internacionais (1951/1995, p. 262) à medida que "nada ensina tanto a humanidade sobre juízo e verdadeira modéstia quanto o contato diário com seus iguais exercendo a livre expressão e possuindo um espírito de camaradagem" (1934/1998, p. 136);

14 Vygotsky (1994a, p. 351) revisitou o experimento de pensamento de Piaget, extraindo, porém, a conclusão contrária de que o desenvolvimento do número seria não existente. É provável que Vygotsky tenha deixado de compreender o aspecto mais importante sobre a normatividade do desenvolvimento humano (Smith, 2002b, 2006b).

15 O texto francês de Piaget usou o termo inglês "*self-government*" [autogoverno].

- controle institucional como "a simples organização do trabalho em comum pelos próprios pupilos, responsabilidade pela disciplina coletiva, organizações extramuros (sociedades acadêmicas, clubes etc.)" (1951/1998, p. 273);
- o desenvolvimento pessoal como a "redescoberta por si mesmo" (1930/1998, p. 46) e como "um processo de educação social tendo em vista, a exemplo de todos os outros, ensinar os indivíduos a escapar de seu egocentrismo *para que* colaborem entre si e se submetam a regras compartilhadas" (1934/1998, p. 128);
- a autodisciplina como fundação do desenvolvimento pessoal: "Por isso, não é desperdício do tempo de uma criança deixá-la adquirir por si própria o hábito do trabalho e da disciplina interior" (1932/1932, p. 369).

Note-se que o autogoverno é inclusivo ao cobrir as relações sociais ("vou trabalhar aqui com qualquer outra pessoa na classe – ou apenas com minha melhor amiga?") e autodisciplina ("vou ler todos os textos essenciais para o curso – ou apenas a Wikipédia?"). Note-se também que a sua base é normativa. Os governos nacionais emitem leis, e leis são as normas para a regulamentação da coisa pública. O autogoverno é uma regulação semelhante quanto ao aspecto normativo. "Helen – você vai ministrar o seminário sobre *Hamlet.*" Neste caso, há coisas que Helen tem de fazer – suas ações são intencionais e, assim sendo, dirigidas por normas (Eckensberger, 2006) – para ela, atuar de maneira adequada, com base nos comandos de seu tutor, esses próprios comandos sendo normas (Smith, 2006a).

Em suma, esse princípio contribui para "encorpar" aspectos pelos quais o conhecimento é uma atividade espontânea que demanda as três formas de assistência instrucional.

(4) O conhecer é bem-sucedido somente se esperado pelas razões certas

Um indicador intrínseco é a formação de razões como um aspecto essencial do processo inferencial, este que Piaget (2004/2006, nota 1) esperava que fosse próprio à equilibração. As razões equivalem a "o que os sujeitos consideram como prova ou 'razão' pela qual eles tomam por verdade [que é] o 'porquê', portanto a 'razão' para algo ser de algum modo" (Piaget,

2004/2006, p. 7). Essa densa observação faz-se agora decomposta em quatro passos (para uma complementação, ver Capítulo 3, neste volume).

De valores a normas: Piaget (1932/1932, p. 354) reconheceu a diferença entre *le bien* e *le devoir*, entre bondade e dever. Eles diferem à medida que a afetividade – sentimentos, valores – assinala o que é bom, enquanto as normas são imperativos que dizem respeito a deveres. Piaget generalizou-o para todos os atos de conhecer – algo pode ser valorizado como bom, assim como qualquer coisa pode se tornar um imperativo. Isso não significa que a valorização seja a escolha certa, nem que o imperativo seja bom – as construções humanas são falíveis.[16] Seguindo Von Wright (1963, p. 176), "as normas são intrinsicamente direcionadas a valores", uma vez que a uma norma operativa é atribuído um valor no âmbito do sistema de valores daquela pessoa *hic et nunc*, sob essas circunstâncias particulares.

Variedades de normas: em psicologia, as normas são usadas em referenciamento de normas como o desempenho normal ou médio na demarcação do que as pessoas pensam ou fazem, tipicamente em oposição a atipicamente. Ocorre que isso não pode ser uma interpretação completa da normatividade. Em seu discurso na American Psychological Association (APA), Martin Luther King elogiou os psicólogos por seu enfoque nos desajustes – um enfoque descritivo, causal –, para então firmar o seguinte comprometimento normativo: "Tenho certeza de que todos *reconhecemos* que existem algumas coisas em nossa sociedade em relação às quais, se formos pessoas de boa vontade, temos sempre de estar mal ajustados" (King, 1968). Esse comprometimento é normativo, não causal. Além disso, existem normas não morais. A maior parte dos adultos americanos do século XXI acredita que a vida biológica se deve ao *design* inteligente, não à evolução (Harris, 2004). Esses adultos têm crenças normais – mais da metade da população adulta as sustenta. Mas isso faz com que sejam as crenças corretas a se sustentar? Uma resposta adequada a essa questão invoca uma norma, já que normas estabelecem o que é certo/errado. Nesse sentido normativamente carregado, há muitas variedades de normas, os seus seis tipos principais sendo regras, comandos,

16 Ver as conjunções pseudonecessárias (Piaget, 2004/2006, nota 12).

diretivas, costumes, princípios morais e ideais (Smith, 2006a). O "ter de" da normatividade tem uma força intrinsicamente vinculativa sobre ação ou pensamento, com isso diferenciando normatividade de causalidade.

Na PP, normas biológicas ou socioculturalmente disponíveis podem sempre ser construídas e reconstruídas – é isso que subjaz à alegação anterior sobre "ser levado a pensar e repensar". Consequentemente, as normas têm a sua origem nas ações humanas e são constituídas em seu uso serial ao longo do tempo. É um processo falível, com exemplos incluídos no Capítulo 3 (neste volume).

Normas são manifestadas em razões: as normas ocorrem em arcabouços com sua rede de relações com outras normas. Para Piaget, o desenvolvimento humano é a construção de arcabouços de ação mais ricos e melhores. As normas num arcabouço podem ser operativas sem ser conscientemente acessadas por seu usuário; podem também se tornar conscientemente realizadas, fazendo-se assim manifestas em ação ou pensamento [ver Capítulo 13, neste volume]. O caráter específico de um arcabouço é revelado de duas maneiras – as diversas ações do agente em qualquer contexto e as razões para elas.

Eis aqui um exemplo. Num estudo sobre o raciocínio infantil por indução matemática, dois recipientes têm conteúdos iguais, e a eles as crianças fazem adições seriais e iguais. Então, pede-se a elas que "acrescentem qualquer número que seja, qualquer número de que você goste, contanto que seja o mesmo número". Um garoto deu um sorriso maroto, dizendo:

> Você está acrescentando qualquer número de que goste, e na verdade é o mesmo número, porque você está acrescentando seu número favorito num e seu número favorito no outro (Smith, 2002a, p. 92).

A resposta dele estava correta, mas a sua razão era idiossincrática, prejudicada pela fusão – sem dúvida preparada pela questão do investigador – na qual "qualquer número" se tornava "número favorito". Compare isso com

> uma vez que você disse qualquer número nesse e o mesmo naquele, assim será o mesmo, não? (p. 92)

Há elegância e clareza de pensamento nesse raciocínio perfeito de uma menina de 7 anos.

Boas razões são necessidades: razões que se tornam necessárias são a estrada real para o conhecimento verdadeiro e compreendem três tipos: precondições, consequências implicadas e vínculos abrangentes (Piaget, 2004/2006, p. 8-9). Existe uma ressalva de que mesmo uma boa razão pode se revelar substituível por uma razão melhor; isto significa que ela é reformulada na sequência, pela mesma pessoa ou por outra. A capacidade de formular razões não é a integralidade da educação, evidentemente. Contudo, é um pré-requisito do "repensar" das noções coletivas que qualquer aprendiz tem sido levado a "pensar" em primeiro lugar.

A caracterização de um arcabouço é uma questão normativa. A identificação de qual arcabouço está em uso é uma questão empírica dizendo respeito a fatos normativos (Smith, 2006b, 2009). Complementar a isso é a identificação empírica de normas pseudo-racionais, disfarçadas de coisa real. Para Piaget (1975/1985, p. 38), existem "todos os intermediários entre essa evidência subjetiva e a necessidade lógica", ou seja, entre afetividade subjetiva e normas de necessidade.

Em suma, esse princípio tem duas consequências. Uma delas é para a epistemologia de Piaget: Um "método crítico" (Smith, 2002a, capítulo 5) deveria ser usado em estudos psicológicos para avaliar como as crianças compreendem as questões que têm de ser abordadas para se chegar a uma boa compreensão. A outra consequência é a de que, se o bom entendimento é um objetivo educacional, ele só pode ser atingido mediante aperfeiçoamentos nas razões do aprendiz (Smith, 2002a, capítulo 8).

Conclusão: direcionamentos futuros

Proponho duas conclusões acerca da PP. A primeira: a sua crítica negativa em educação é, em si, falha. Essa crítica ignora as aplicações da PP que repetidas vezes haviam dado mostras de funcionar bem na prática. A segunda: minha reanálise inclui quatro princípios que são inconfundíveis porque essenciais à equilibração, esta que é o constructo central de Piaget.

Além disso, suas implicações são testáveis. A terceira conclusão se põe a apontar novos caminhos.

Levando a epistemologia a sério

A epistemologia de Piaget tem sido percebida em textos sobre educação, mas sem ser vigorosamente elaborada com vistas a uma preocupação com a sua psicologia. Um modo de qualificar a diferença é operar o contraste do enfoque psicológico na causalidade de ensino/aprendizagem com um enfoque epistemológico na normatividade do ato de conhecer. Existe uma ampla pesquisa sobre o primeiro aspecto (Moshman, 2008), mas quase nenhuma sobre o segundo (Smith, 2002a, capítulo 8).

Levando os valores a sério no estudo empírico do ato de conhecer

Os valores são centrais – tanto os dos aprendizes quanto os dos educadores. A questão não é meramente a de serem investigáveis como aspecto independente da educação pessoal ou do desenvolvimento moral (Nucci, 2005). Na verdade, trata-se de uma exigência imposta por todas as interações intelectuais e instrucionais. A obra de Piaget proporciona diretrizes duplas, a incluir estudos empíricos (1951/1995) e formais (1941/1995).

Leve a sério normas e, portanto, também as razões certas

O compromisso normativo pode ser assumido sem razões para tal. No entanto, as razões estão sempre implicadas e servem para identificar exatamente o que qualquer compromisso vem a ser. Em contextos instrucionais, os educadores operam de modo padronizado e imperativo em suas instruções sobre o que deve ser feito, tecendo juízos com base em critérios de normatividade. Pedir a aprendizes que mostrem suas razões é uma prática padrão (Ginsburg, 1997; Mercer, 2008). O diagnóstico e a avaliação formativa direcionados às razões que se fazem necessárias aos aprendizes em contextos instrucionais são uma raridade. Não obstante, os princípios em estudos psicológicos estão ali para adaptação educacional (Smith, 2006b; ver também Capítulos 8, 10, 11 e 12, neste volume).

Leve a sério as intervenções pedagógicas

Essa implicação complementa o trio anterior. Os princípios pedagógicos da PP são caracteristicamente duradouros (Parrat-Dayan e Tryphon, 1998). Eles têm se mostrado apropriados, revelando um bom funcionamento (Adey, 2007; Shayer, 2008). Isso proporciona uma base sólida para levar as coisas mais longe.

Por fim, duas conclusões gerais são dignas de nota. Uma delas é sobre o construtivismo de Piaget. Seu princípio central é a estrita negação de que o conhecimento humano equivale a representações pré-fabricadas (Bickhard, 2006). Em vez disso, todo – note-se esse "todo" – entendimento humano equivale a uma contínua construção e reconstrução do conhecimento. É por isso que a educação é criativa – ver a impressionante citação de Piaget (1977/1980, p. 132) no início deste capítulo. A pedagogia de Piaget é sensível a aspectos cruciais desse processo criativo. A outra conclusão versa sobre teorias científicas e sua dupla funcionalidade, isto é, a compreensão do mundo e o seu uso no mundo. De modo geral, essas funções são interpretadas como lineares e unidirecionais – a compreensão precede o uso (Hilgard, 1970). Usando a obra de Pasteur como paradigma, Stokes (1997) propôs que algumas teorias científicas operam conjuntamente novos avanços, em compreensão e em uso. Ao que tudo indica, a obra de Piaget se ajusta a esse paradigma.

Referências

ADEY, P. "The case for a general factor in intelligence". In: M. J. ROBERTS (Org.). *Integrating the mind: Domain general versus domain specific processes in higher cognition* (p. 369-386). Hove: Psychology Press, 2007.

______ e SHAYER, M. *Really raising standards*. Londres: Routledge, 1994.

ADEY, P. e YATES, C. *Thinking science*. Londres: Macmillan, 1998.

AMERICAN PSYCHOLOGICAL ASSOCIATION (APA), 2008. Disponível em: http://www.apa.org/about/division.html.

BENNETT, N. *The quality of pupil learning experiences*. Londres: Erlbaum Associates Ltd., 1984.

BICKHARD, M. H. "Developmental normativity and normative development". In: L. SMITH e J. VONÈCHE (Orgs.) *Norms in human development* (p. 57-76). Cambridge: Cambridge University Press, 2006.

BLACK, P. e WILLIAM, D. "Assessment and classroom learning". *Assessment in Education*, 5, 1998, 7-74.

BRAINERD, C. "Jean Piaget, learning research and American education". In: B. ZIMERMANN e D. SCHUNK (Orgs.). *Educational psychology: A century of contributions* (p. 251-286). Mahwah: Erlbaum, 2003.

BROWN, T. "Values, knowledge, and Piaget". In: E. REED, E. TURIEL e T. BROWN (Orgs.). *Values and knowledge* (p. 137-170). Mahwah: Erlbaum, 1996.

______ e WEISS, L. "Structures, procedures, heuristics and affectivity". *Archives de Psychologie*, 55, 1987, 59-94.

BRUNER, J. *Actual minds, possible worlds*. Cambridge, Mass.: Harvard University Press, 1986.

BRYANT, P. "Piaget, teachers and psychologists". *Oxford Review of Education*, 10, 1984, 251-259.

______. "Learning in Geneva: The contribution of Bärbel Inhelder and her colleagues". In: A. TRYPHON e J. VONÈCHE (Orgs.). *Working with Piaget: Essays in honour of Bärbel Inhelder* (p. 129-140). Hove: Psychology Press, 2001.

CASE, R. *Intellectual development: Birth to adulthood*. Londres: Academic Press, 1985.

______. *The mind's staircase*. Hillsdale: Erlbaum, 1992.

______. "Conceptual development in the child and in the field: A personal view of the Piagetian legacy". In: E. SCHOLNIK, K. NELSON, S. GELMAN e P. MILLER (Orgs.). *Conceptual development: Piaget's legacy* (p. 23-52). Mahwah: Erlbaum, 1999.

CHAPMAN, M. *Constructive evolution*. Cambridge: Cambridge University Press, 1988.

COWAN, R. "Does it all add up?" In: A. BROODY e A. BOWKER (Orgs.). *The development of arithmetic concepts and skills* (p. 35-74). Mahwah: Erlbaum, 2003.

DeVRIES, R. *Programs of early education*. Londres: Longman, 1987.

DEWEY, J. *Democracy and education*. Nova Iorque: The Free Press, 1966.

DONALDSON, M. *Human minds*. Londres: Allen Lane Press, 1992.

ECKENSBERG, L. H. "Contextualizing moral judgment: Challenges of interrelating the normative (ought judgments) and the descriptive (knowledge of facts), the cognitive and the affective". In: L. SMITH e J. VONÈCHE (Orgs.). *Norms in human development* (p. 141-168). Cambridge: Cambridge University Press, 2006.

GINSBURG, H. "Piaget and education". In: I. SIGEL, D. BRODZINSKY e R. GOLINKOFF (Orgs.). *New directions in Piagetian theory and practice* (p. 315-330). Hillsdale: Erlbaum, 1981.

______. "Entering the child's mind". Cambridge: Cambridge University Press, 1997.

HARRIS, S. *The end of faith: Religion, terror, and the future of reason*. Londres: Free Press, 2004.

HAUTAMÄKI, J. "Same reason, different outcomes: Epidemiological considerations of epistemological (formal operational) reasoning in Finnish schools". Artigo apresentado no Annual Meetings, Sociedade Jean Piaget, Amsterdã.

HILGARD, E. "A perspective on the relationship between learning theory and educational practices". In: E. STONES (Org.). *Readings in educational psychology* (p. 54-78). Londres: Methuen, 1970.

HUGHES, M. *Children and number*. Oxford: Blackwell, 1986.

ISAACS, S. *Intellectual growth in young children*. Londres: George Routledge & Sons Ltd., 1930.

KANT, I. *Critique of pure reason* (2. ed.). Londres: Macmillan, 1933 (texto original publicado em 1787).

KING, M. L. "The role of the behavioural scientist in the Civil Rights movement". *American Psychologist*, 23, 1968, 180-186.

MERCER, N. "Talk and the development of reasoning and understanding". *Human Development*, 51, 2008, 90-100.

MOSHMAN, D. "Epistemic development and the perils of Pluto". In: M. F. SHAUGHNESSY, M. VEEMAN e C. KLEYN-KENNEDY (Orgs.). *Meta-Cognition: A recent review of research, theory and perspectives* (p. 161-174). Nova Iorque: Nova Science, 2008.

NEISSER, U. "The rising curve: Long-term gains in IQ and related measures". Washington: American Psychological Association, 1998.

NUCCI, L. *Conflict, contradiction, and contrarian elements in moral development and education*. Mahwah: Erlbaum, 2005.

PARRAT-DAYAN, S. e TRYPHON, A. Introduction. In: J. PIAGET. *De la pédagogie* (p. 7-24). Paris: Odile Jacob, 1998.

PIAGET, J. "Le développement intellectuel chez les jeunes enfants: Étude Critique". *Mind*, 40, 1931, 137-160.

PIAGET, J. *The moral judgment of the child*. Londres: Routledge & Kegan Paul, 1932 (texto original publicado em 1932).

______. *The origins of intelligence in the child*. Londres: Routledge & Kegan Paul, 1953 (texto original publicado em 1936).

______. *Genetic epistemology*. Nova Iorque: Columbia University Press, 1970.

______. "The new methods: Their psychological foundations". In: J. PIAGET. *Science of education and the psychology of the child* (p. 135-180). Londres: Longman, 1971 (texto original publicado em 1935).

______. "The theory of stages in cognitive development". In: D. GREEN, M. FORD e G. FLAMER (Orgs.). *Measurement and Piaget* (p. 1-11). Nova Iorque: McGraw-Hill, 1971.

______. "Comments on mathematical education". In: A. HOWSON (Org.). *Developments in mathematical education* (p. 79-87). Cambridge: Cambridge University Press, 1973.

______. *To understand is to invent: The future of education*. Londres: Penguin, 1976 (texto original publicado em 1948).

______. "Concerning creativity: Three methods". In: J.-C. BRINGUIER (Org.). *Conversations with Jean Piaget* (p. 126-132). Chicago: University of Chicago Press, 1980 (texto original publicado em 1977).

______. "Intelligence and affectivity". Palo Alto: Annual Review Monographs, 1981 (texto original publicado em 1954).

______. "Piaget's theory". In: P. MUSSEN (Org.). *Handbook of child psychology*, Vol. 1 (4. ed., p. 103-128). Nova Iorque: Wiley, 1983 (texto original publicado em 1970).

______. *The equilibration of cognitive structures*. Chicago: University of Chicago Press, 1985 (texto original publicado em 1975).

______. "Essay on the theory of qualitative value in static sociology". In: J. PIAGET. *Sociological studies* (p. 97-133). Londres: Routledge (texto original publicado em 1941).

______. "Explanations in sociology". In: J. PIAGET. *Sociological studies* (p. 30-96). Londres: Routledge, 1995 (texto original publicado em 1950).

______. "The development in the child of the idea of homeland and of foreign relationships". In: J. PIAGET. *Sociological studies* (p. 248-275). Londres: Routledge, 1995 (texto original publicado em 1951).

______. Preface. In: J. PIAGET. *Sociological studies* (p. 23-29). Londres: Routledge, 1995 (texto original publicado em 1965).

PIAGET, J. "Les procédés de l'éducation morale". In: J. PIAGET. *De la pédagogie* (p. 25-62). Paris: Odile Jacob, 1998 (texto original publicado em 1930).

______. "Remarques psychologiques sur le self-government". In: J. PIAGET. *De la pédagogie* (p. 121-138). Paris: Odile Jacob, 1998 (texto original publicado em 1934).

______. "L'éducation de la liberté". In: J. PIAGET. *De la pédagogie* (p. 161-168). Paris: Odile Jacob, 1998 (texto original publicado em 1945).

______. "Remarques psychologiques sur l'enseignement élémentaire des sciences naturelles". In: J. PIAGET. *De la pédagogie* (p. 177-192). Paris: Odile Jacob, 1998 (texto original publicado em 1949).

______. "Plan d'action de l'Unesco". In: J. PIAGET. *De la pédagogie* (p. 259-279). Paris: Odile Jacob, 1998 (texto original publicado em 1951).

______. "L'éducation artistique et la psychologie de l'enfant". In: J. PIAGET. *De la pédagogie* (p. 199-202). Paris: Odile Jacob, 1998 (texto original publicado em 1954).

______. "L'initiation aux mathématiques, les mathématiques modernes et la psychologie de l'enfant". In: J. PIAGET. *De la pédagogie* (p. 231-236). Paris: Odile Jacob, 1998 (texto original publicado em 1966).

______. "Commentary on Vygotsky". *New Ideas in Psychology*, 18, 241-259, 2000 (texto original publicado em 1962).

______. "Reason". *New Ideas in Psychology*, 24, 1-29, 2006 (texto original publicado em 2004).

SHAYER, M. "Intelligence for education: As described by Piaget and measured by psychometrics". *British Journal of Educational Psychology*, 78, 2008, 1-29.

______ e ADEY, P. *Towards a science of science teaching*. Londres: Heinemann, 1981.

______. *Learning intelligence*. Buckingham: Open University Press, 2002.

SHAYER, M., GINSBURG, D., COE, R. "Thirty years on – a large anti-Flynn effect? The Piagetian test Volume & Heaviness norms 1975-2003". *British Journal of Educational Psychology*, 77, 2007, 25-41.

SHEPARD, L. "The role of assessment in a learning culture". *Educational Researcher*, 29, 2000, 4-14.

SIMON, B. "Why no pedagogy in England?" In: J. LEACH e B. MOON (Orgs.). *Learners and pedagogy* (p. 15-39). Londres: Paul Chapman, 1999 (texto original publicado em 1980).

SMITH, L. *Reasoning by mathematical induction in children's arithmetic*. Oxford: Elsevier Pergamon Press, 2002a.

______. "Piaget's model". In: U. GOSWAMI (Org.). *Blackwell handbook of childhood cognitive development* (p. 515-537). Oxford: Blackwell, 2002b.

______. "Developmental and Education". In: J. CARPENDALE e U. MÜLLER (Orgs.). *Social interaction and the development of knowledge* (p. 175-194). Mahwah: Erlbaum, 2004.

______. "Education". In: B. HOPKINS (Org.). *The Cambridge encyclopedia of child development* (p. 487-490). Cambridge: Cambridge University Press, 2005.

______. "Norms in human development: Introduction". In: L. SMITH e J. VONÈCHE (Orgs.). *Norms in human development* (p. 1-31). Cambridge: Cambridge University Press, 2006a.

______. "Norms and normative facts in human development". In: L. SMITH e J. VONÈCHE (Orgs.). *Norms in human development* (p. 103-137). Cambridge: Cambridge University Press, 2006b.

______. "Wittgenstein's rule-following paradox: How to resolve it with lessons for psychology". *New Ideas in Psychology*, 27, 2009, 228-242.

STENHOUSE, L. *An introduction to curriculum research and development*. Londres: Heinemann, 1975.

STOKES, D. *Pasteur's quadrant*. Washington: Brookings Institution, 1997.

SULLIVAN, E. *Piaget and the school curriculum*. Toronto: Ontario Institute for Studies in Education, 1967.

TORRANCE, H. e PRYOR, J. *Investigating formative assessment*. Milton Keynes: Open University Press, 1998.

VON WRIGHT, G. H. *The varieties of goodness*. Londres: Routledge & Kegan Paul, 1963.

VYGOTSKY, L. "The problem of the environment". In: R. VAN DER VEER e J. VALSINER (Orgs.). *The Vygotsky reader* (p. 338-354). Oxford: Blackwell, 1994a.

______. "The development of academic concepts in school aged Children". In: R. VAN DER VEER e J. VALSINER (Orgs.). *The Vygotsky reader* (p. 355-370). Oxford: Blackwell, 1994b.

WYLAM, H. e SHAYER, M. *CSMS science reasoning tasks*. Windsor: NFER Publishing, 1980.

16 Piaget nos Estados Unidos, 1925-1971

Yeh Hsueh

No século XX, a recepção da obra de Jean Piaget por psicólogos dos Estados Unidos fez-se entrelaçada com uma série de eventos sociais e intelectuais que elevaram Piaget à condição de proeminência em ciências sociais. Este capítulo examina essa recepção de maneira cronológica, desde a sua primeira introdução, em 1925, até a era do "Piaget redescoberto", com término em 1971, quando ele se torna figura de proa em psicologia do desenvolvimento e educação. Dividirei esta revisão histórica em três períodos: o início da década de 1920 até 1939, 1940 a 1955 e 1956 a 1971. Seguindo Flavell (1963, p. 1), a expressão "obra de Piaget" deve dar conta de Piaget, de seus colaboradores e assistentes como um todo. Além disso, uma vez que as traduções dos livros de juventude de Piaget em psicologia tornaram-se disponíveis primeiramente na Inglaterra, e uma vez que a avaliação da obra de Piaget por psicólogos britânicos exerceu influência sobre psicólogos dos Estados Unidos, algumas das primeiras perspectivas de psicólogos britânicos serão incluídas. Embora o discurso sobre a obra de Piaget tenha sido um fenômeno internacional a transcender barreiras ideológicas e fronteiras culturais, o enfoque deste capítulo está na conexão entre a obra de Piaget e acontecimentos sociais e intelectuais nos Estados Unidos. Esse enfoque nos leva a considerar a teoria do *design* em instituição social em psicologia do desenvolvimento (White, 2003a), que será discutida na conclusão.

1925-1939

Esse primeiro período viu a economia dos Estados Unidos ascender e cair num grau sem precedentes. O Laura Spelman Rockefeller Memorial canalizou elevados recursos para o movimento de estudos, educação e pesquisa industrial sobre a criança. Ocorre que esses movimentos sociais deliberadamente promovidos definharam ou foram interrompidos na sequência da Grande Depressão. De modo semelhante, traduções e revisões da obra de Piaget, que se intensificaram na década de 1920, conheceram um rápido declínio após 1930. Durante esse período, os primeiros dois livros de Piaget sobre a linguagem e o pensamento infantil atraíram a máxima atenção. Contudo, era desconhecida da maior parte dos psicólogos a aplicação audaciosa do seu trabalho ocorrida em pesquisa industrial, o que resultou em seu primeiro título *honoris causa* pela Universidade Harvard. Enquanto isso, uma série de psicólogos de viés marcadamente empirista achava que a obra de Piaget não estaria à altura do que eles acreditavam que deveria ser a ciência objetiva, e a sua avaliação crítica da obra piagetiana definiu um tom que teria ecos mesmo décadas depois.

Primeiras introduções

Piaget recebeu sua primeira resenha americana no *Psychological Bulletin* (Diserens, 1921) no ano em que começou a trabalhar no Instituto Jean-Jacques Rousseau. Antes disso, quatro menções à sua obra tinham aparecido no *Psychological Bulletin* (Fernberger, 1922a, 1922b) e no *American Journal of Psychology*. Nesse último, E. G. Boring (1923, 1924), importante psicólogo e historiador experimental, fez duas breves menções a artigos que o próprio Piaget publicara no periódico. De modo semelhante, Bird T. Baldwin (1923, 1924) fez uma rápida menção à obra de Piaget numa análise voltada aos campos da psicologia educacional e do desenvolvimento mental.

Uma vívida caracterização introdutória da obra de Piaget veio de Édouard Claparède, fundador do Instituto Rousseau. Sobre o convite de Stanley Hall, Claparède (1925a) introduziu o Instituto Rousseau ao público americano, explicando que Piaget supervisionava estudantes que realizavam um trabalho de observação de crianças em escolas públicas de Genebra "com o método conhecido como de 'observação clínica'" (p. 94). Citando a obra de Piaget, ele afirmou que "Piaget havia nos proporcionado uma concepção inteiramente nova da mente da criança" (p. 101), oferecendo explicações para uma série de fatos até então inexplicados. No mesmo ano, Claparède (1925b) escreveu para o Laura Spelman

Rockefeller Memorial (LSRM), solicitando auxílio financeiro, em especial para ajudar Piaget a prosseguir com sua inovadora pesquisa no Instituto. Vendo o Instituto Rousseau como um carro-chefe dos movimentos de estudos sobre a criança na Europa, o Memorial concedeu um financiamento inicial de três anos ao Instituto (Hsueh, 2002b, 2004), numa ação filantrópica que prenunciava eventos futuros a envolver o legado de Piaget nos Estados Unidos. Pierre Bovet, diretor do Instituto Rousseau, que já em 1925 falara a educadores e intelectuais dos Estados Unidos durante a sua viagem de estudos financiada pelo LSRM, também escreveu sobre a obra de Piaget (Bovet, 1928) para o público de língua inglesa.

Os primeiros cinco livros de Piaget sobre o pensamento infantil foram publicados inicialmente em francês entre 1923 e 1932. Em Londres, Kegan Paul, Trench, Trübner & Co. trouxe esses cinco livros (Piaget, 1923/1926, 1924/1927, 1926/1929, 1927/1930, 1932) à atenção de educadores, filósofos, ativistas defensores da infância e psicólogos. Mas a maior parte dos leitores da época, incluindo psicólogos soviéticos como Luria e Vygotsky, leu sobretudo os primeiros dois (Van der Veer e Valsiner, 1991; Vygotsky, 1934/1986). Pelas resenhas, réplicas e críticas publicadas sobre a obra de Piaget nesse período, pode-se observar o caráter limitado dessa divulgação nos Estados Unidos (Hsueh, 2002a, 2004). Até 1935, raras vezes um resenhista ou comentador havia examinado os cinco livros como um todo.

O livro famoso

Uma pesquisa que conduzi analisando 18 periódicos e monografias de psicologia, 2 periódicos britânicos de psicologia e 1 periódico da Society for Research in Child Development [Sociedade de Pesquisa em Desenvolvimento Infantil] (SRCD), disponíveis nos Estados Unidos entre 1921 e 1941, revelou 68 artigos que faziam referência à obra de Piaget sob as formas de revisão meticulosa, menção de passagem e validações com métodos variados. Mas esses 68 títulos eram de apenas 12 dos 21 periódicos e monografias em psicologia. O restante não rendeu quaisquer artigos que mencionassem a obra de Piaget (por exemplo, o *Journal of Psychology*, o *Journal of General Psychology* e o *Journal of Experimental Psychology*).

Embora as 37 análises e observações desses 12 periódicos tenham coberto os cinco primeiros livros de Piaget em termos descritivos e avaliativos, a maior parte dos estudos e validações empíricas inspiradas por Piaget tendeu a atentar somente ao *The Language and Thought of the Child* [no Brasil, *A linguagem e o pensamento na criança*] (Piaget, 1923/1926). Sobressaem-se as publicações da SRCD nos anos 1930: doze artigos sobre desenvolvimento infantil, junto com três monografias explicitamente referidas à obra de Piaget. Mas 11 dessas publicações davam atenção sobretudo ou apenas a *The Language and Thought of the Child*. Na verdade, *The Language and Thought of the Child* (Piaget, 1923/1926) foi amplamente resenhado logo após a sua tradução para o inglês (por exemplo, Baldwin, 1930; Fernberger, 1927; Isaacs, 1929a; McCarthy, 1930; Mitchell, 1927; Thouless, 1927; White, 1927). Mais tarde, independentemente do fato de os primeiros cinco livros de Piaget estarem todos disponíveis em inglês em 1932, esses estudos empíricos pareceram favorecer os dois primeiros livros (Piaget, 1923/1926, 1924/1927) sobre questões da linguagem – fato que mais tarde levou Piaget (1952) a lamentar que seus primeiros livros fossem tão fortemente centrados na linguagem. Essa tendência das publicações da SRCD era provida de um contexto social e intelectual.

Em 1933, o nascimento da SRCD, antes conhecida como Committee on Child Development [Comitê sobre o Desenvolvimento Infantil] (CCD), fundado em 1924, foi um acontecimento importante ao final da chamada "década da criança" (Smuts, 1986), um movimento de estudos sobre a criança que foi enormemente facilitado pela LSRM e pelo Social Science Research Council [Conselho de Pesquisa em Ciências Sociais] (Cahan, 1991; Cameron e Hagen, 2005; Cross, 1994; Senn, 1975; Siegel e White, 1982). O CCD foi criado em parte para se juntar às forças de educação progressiva a fim de criar "a criança integral", e em parte para proporcionar perfeita evidência científica com o intuito de promover e corrigir práticas educacionais. Em outras palavras, a pesquisa básica e a pesquisa aplicada em desenvolvimento infantil eram dois objetivos paralelos que frequentemente se mostravam conflitantes (Cahan, 1991). A LSRM desempenhou um papel crucial no estabelecimento de centros de estudos da criança em universidades dos Estados Unidos, dedicados à pesquisa básica e aplicada com vistas a "obter aprimoramentos concretos nas condições de vida e contribuir de maneira realista para o bem-estar público", e em todos os esforços "a pesquisa científica ocupou um lugar importante" (LSRM, 1933, p. 10).

Nesse contexto, contam-se numerosos estudos empíricos em *Child Development* sobre as noções piagetianas de egocentrismo e formas verbais em relação às questões, críticas e aquisição de vocabulário das crianças, e isso não apenas em razão do efeito de primazia do primeiro livro de Piaget sobre psicologia infantil, mas também em razão do apelo social exercido pela compreensão das habilidades linguísticas e pelo aumento de vocabulário das crianças. As escassas habilidades linguísticas de soldados americanos, como ficou evidenciado por testes de inteligência, sugeriram que os baixos níveis de inteligência entre jovens recrutas na Primeira Guerra Mundial eram algo disseminado. A preocupação do CCD com essa alarmante descoberta (Cameron e Hagen, 2005) pode ser constatada nas publicações da primeira década do *Child Development*, com referência sobretudo ao *The Language and Thought of the Child* de Piaget (1923/1926). Na segunda metade do século XX, Piaget foi muitas vezes lembrado como o autor que construíra a sua fama com esse livro.

Avaliações críticas

As avaliações críticas durante esse período incidem aproximadamente em quatro áreas: psicologia acadêmica, psicologia infantil, educação e psicanálise. Psicólogos acadêmicos dos Estados Unidos já atentavam à obra de Piaget muito antes que outros o fizessem. Mas suas análises tendiam a, com naturalidade, mencionar a obra de Piaget sem a comentar. Conforme se observou acima, o *American Journal of Psychology* e o *Psychological Bulletin*, dois periódicos de longa data da APA, reuniram ao todo 18 análises e acompanharam o ritmo da produção contínua de pesquisas sobre Piaget. Dessas 18 análises (Baldwin, 1923, 1924, 1930; Boring, 1923, 1924; Chrisof, 1938; Diserens, 1921; Fernberger, 1922a, 1922b, 1924, 1927; Gould, 1928; Henmon, 1929, 1930; Murray, 1931; Peterson, 1929, 1932, 1935), 14 baseavam-se em textos franceses originais de

Piaget! Uma revisão atualizada sobre a psicologia infantil entre 1923 e 1928, publicada postumamente por B. T. Baldwin (1930) compreende três livros e três artigos de Piaget. É provável que nada seja mais revelador quanto à aceitação da obra de Piaget em psicologia infantil do que a inclusão de seu capítulo (Piaget, 1931, 1933) sobre filosofia para crianças nas primeiras duas edições de *A Handbook of Child Psychology*.

Com as publicações cada vez em maior número sobre a obra de Piaget, as análises se tornaram mais avaliativas e críticas. Psicólogos acadêmicos e alguns psicólogos da infância, em especial os que publicaram em *Child Development*, elogiaram a inovadora abordagem de Piaget ao estudo da linguagem das crianças e seus métodos de intensa base observacional. Contudo, eles se mostraram críticos e céticos aos métodos e descobertas de Piaget; alguns deles criticavam veementemente suas noções e descobertas como sendo não científicas, e isso porque Piaget não mediu previamente a inteligência das crianças (Peterson, 1932, 1935). Em sua análise do *La Causalité Physique Chez L'enfant* (Piaget, 1927), Joseph Peterson (1929), do Peabody College, delicadamente apresentou o que ele via como uma perspectiva científica, enfatizando a importância da "acurácia no controle de experimentos e em resultados objetivamente estabelecidos. Pesquisas acuradas sobre os processos de pensamento de crianças de diferentes idades e de adultos de diferentes graus de treinamento constituiriam contribuições valiosas para a psicologia e para o progresso da ciência em geral" (p. 482). Obviamente, Peterson não acreditava que a obra de Piaget revelasse essa objetividade ou acurácia.

Manifestando ceticismo quanto à noção de egocentrismo de Piaget, Victoria Hazlitt (1927, 1932), da Universidade de Londres, citou Cyril Burt dizendo que "não há evidência de qualquer processo de pensamento específico que não possa ser desempenhado por uma criança de 7 anos", e ela seguiu criticando a visão piagetiana da socialização desenvolvimental do pensamento das crianças, propondo que "a verdade parece ser a de que o egocentrismo da criança deve-se amplamente à sua falta de experiência" (1927, p. 360). Essa visão da primazia da experiência era semelhante à de Susan Isaacs (1930/1966), importante educacionalista e psicanalista infantil britânica, autora de uma série de textos sobre a obra de Piaget (Isaacs, 1929a, 1929b, 1931, 1934), que em 1927 saudou a visita do epistemólogo suíço à sua Cambridge Malting House School, uma escola experimental de enfermagem. Sobre a noção piagetiana dos conceitos infantis dos fenômenos naturais, Isaacs questionou: "Mas *como* pode a criança conhecer a verdadeira relação dos movimentos do sol e da terra e seu próprio corpo antes que se lhes tenham sido ensinados?" (Isaacs, 1930/1966, p. 93). Tanto Hazlitt quanto Isaacs mantiveram a concepção empirista de que o conhecimento do mundo pelas crianças seria moldado em tenra idade por adultos. De maneira inconfundível, críticas empiristas, não sem um tom behaviorista, puderam ser ouvidas de psicólogos tanto dos Estados Unidos quanto da Grã-Bretanha, que tinham a obra de Piaget por, na melhor das hipóteses, interessante, mas, já na pior das hipóteses, carente de um método cientificamente objetivo, para não falar nas dificuldades que seus escritos apresentavam para o leitor. No último quartel do século XX, quando Piaget foi "redescoberto", argumentos sobre ciência objetiva e princípios empiristas persistiam sob variadas formas.

Solicitações para mudar a sociedade

O ano de 1936 foi repleto de estimulantes acontecimentos em Genebra. O Instituto Rousseau e o Bureau Internacional de Educação, ambos voltados à obra de Piaget, foram transferidos para o Palais Wilson, junto ao Lago Genebra, uma edificação convertida em hotel e nomeada em homenagem ao presidente americano Woodrow Wilson. Esse movimento proporcionou o tão necessitado espaço aos persistentes e ambiciosos esforços de Piaget no sentido de promover uma compreensão internacional da educação pública (Hsueh, 2005b). Ele se mostrou um participante de alto nível do movimento Nova Educação na Europa (Abbiss, 1998; Brehony, 2004) e esteve presente na inauguração da Associação Montessori Internacional, na Dinamarca, em 1929 (AMI, 1999). Nesse ínterim, era publicado o primeiro de seus três livros sobre os dois primeiros anos, *O nascimento da inteligência na criança*; com Bärbel Inhelder, Piaget promoveu a noção de conservação no pensamento infantil, por ele apresentada no Tricentenário da Universidade Harvard na condição de orador principal, em substituição a Ivan Pavlov, este laureado com o Nobel. Na ocasião, Piaget também recebeu seu primeiro título *honoris causa*. Foi a sua segunda visita aos Estados Unidos, depois de ter participado do IX Congresso Internacional de Psicologia na Universidade Yale em 1929.

A razão pela qual a Universidade Harvard olhava para Piaget como um cientista de proa em âmbito mundial pode ser rastreada até 1927, quando um grupo de pesquisadores daquela universidade, nas áreas de pesquisa industrial, bioquímica, sociologia e antropologia, começou a ler a obra de Piaget. Esses pesquisadores chamavam-se a si próprios de "o grupo das relações humanas" e lutavam com problemas de gerenciamento industrial e de motivação dos trabalhadores. Elton Mayo e Lawrence J. Henderson, duas lideranças desse grupo, eram financiados pela LSRM, que também amparava o Instituto Rousseau, em Genebra. Eles acharam que a teoria e o método de Piaget seriam os mais adequados para dar conta dos problemas industriais. Mayo e seus colegas ajudaram a unidade Hawthorne da Western Electric Company, nas proximidades de Chicago, a entrevistar 20 mil trabalhadores usando o método de Piaget. Nesse programa de entrevistas, o entrevistador perscrutava as ideias e sentimentos dos trabalhadores sobre seu local de trabalho mediante relatos de sua vida profissional. Copiosas anotações foram realizadas para análise, com o intuito de melhorar o gerenciamento e a produtividade. Esse programa se tornou um marco na psicologia organizacional dos Estados Unidos, tendo assumido magnitude internacional (Gillespie, 1991; Hsueh, 2001, 2002b; Trahair, 1984).

Harvard deu a Piaget o seu primeiro título *honoris causa*, *não* em psicologia, mas em literatura, em reconhecimento por suas contribuições ao entendimento, por parte dos cientistas sociais, da aprendizagem social na sociedade em mutação (Hsueh, 2004). O Departamento de Psicologia de Harvard jamais considerou nomear Piaget. Seu nome e o de Lewis Terman foram propostos para o Comitê Executivo de Celebração do Tricentenário apenas quando se ficou sabendo que Ivan Pavlov, laureado com o Nobel, não mais poderia viajar. Após um mês de deliberação, o Comitê concluiu que "para restaurar o equilíbrio no Colóquio sobre

'Fatores a Determinar o Comportamento Humano', ocasionado pela muito provável ausência de Pavlov, o Comitê nomeou o Professor Jean Piaget" (Comitê Executivo, 1935).

O primeiro título honorário de Piaget em Harvard sintetizou os ideais intelectuais propugnados pela LSRM, por Henderson, Mayo e seus colegas. Mayo, que estava por trás do êxito do programa de entrevistas em Hawthorne[1] (Hsueh, 2002b; Trahair, 1984), viu o valor prático da obra de Piaget não somente na elevação do ânimo do trabalhador, mas também na criação de crianças socialmente responsáveis, no processo de educação parental, na orientação face à delinquência e numa série de tópicos sociais integrados aos movimentos progressistas da época (Mayo, 1927, 1928, 1930, 1931, 1934a, 1934b, 1936). Durante esse período, análises consistentemente positivas (Mitchell, 1927; Reed, 1930; Robinson, 1929; Smith, 1933) apareceram no periódico *Progressive Education*, que era o porta-voz da Progressive Education Association [Associação para a Educação Progressiva]. Foi de modo explícito que todas essas análises levaram a obra de Piaget para além de uma descrição factual, apresentando algumas implicações para a educação. Um dos autores ali publicados (Schoen, 1933) maravilhou-se com a mensagem que *O juízo moral da criança* pôde trazer para a vida das pessoas: "O livro deveria ser considerado, e com seriedade, por nossos guardiães morais, sejam eles pais, professores ou ministros" (p. 157).

À medida que muitos educadores progressivos começaram a privilegiar ideias freudianas que ganhavam terreno nos Estados Unidos dos anos 1930 (Cremin, 1961), nos círculos psicanalíticos muitos tinham Piaget por inspirador. William White (1927, 1929a, 1929b, 1931, 1933, 1941), editor do *Psychoanalytical Review*, que resenhou quatro de cinco livros de Piaget, além de ter analisado o seu discurso na Celebração do

---

1 O autor se refere aqui à "experiência de Hawthorne", realizada em 1927 pelo Conselho Nacional de Pesquisas dos Estados Unidos (National Research Council), numa unidade da *Western Electric Company*, situada justamente no bairro de Hawthorne, em Chicago. Sua finalidade era verificar a relação entre intensidade da iluminação e eficiência dos operários, a qual era mensurada com base em sua produção. O experimento foi conduzido por Elton Mayo, citado no presente texto, e colaboradores, tendo abarcado, de modo geral, o efeito das condições de trabalho sobre a produtividade. (N. do T.)

Tricentenário de Harvard, afirmou que "o livro [de Piaget], na opinião do resenhista, é da maior importância não apenas para aqueles que estão interessados na criança, mas para psiquiatras, psicanalistas e psicopatologistas de modo geral" (White, 1929b, p. 411). Num estudo sobre raciocínio e comunicações em esquizofrênicos, Cameron (1938) seguiu Piaget de perto para observar que "tem sido abundantemente mostrado que o desenvolvimento da forma lógica adulta é produto da necessidade e se desenvolve com o aumento da socialização da criança" (p. 11). No *Journal of Abnormal Psychology*, Stone (1929, 1930) chegou a ponto de dizer que "os escritos de Piaget não são apenas exemplos magníficos de ingenuidade e prudência metodológica; são revelações fundamentais sobre a natureza da mente infantil" (Stone, 1930, p. 94). Em suma, em psicanálise e campos relacionados, as pessoas descobriram em Piaget um acréscimo elucidativo à prática psicanalítica das décadas de 1920 e 1930, embora na de 1940 os freudianos que estavam no pelotão de frente das profissões assistenciais passaram a ignorar a obra de Piaget.

Estudos no final dos anos 1930

A partir de 1935, as análises da obra de Piaget em periódicos de psicologia dos Estados Unidos começaram a minguar. Apenas uma resenha um tanto negativa (Crisof, 1938) veio à luz, dando a *O nascimento da inteligência na criança* alguma atenção fugaz, sugerindo que a obra não seria boa o bastante para figurar como "uma psicologia perfeitamente descritiva" (p. 201). Nesse ínterim, umas poucas tentativas de replicação de inspiração piagetiana mediante abordagens quantitativas lançaram uma profunda desconfiança sobre as descobertas de Piaget. O estudo mais provocativo foi o de Deutsche (1937), que, intitulado *The Development of Children's Concept of Causal Relations*, fez ver que apenas quatro dos 17 tipos de pensamento causal de Piaget "são encontrados com frequência suficiente para garantir uma análise mais aprofundada" (p. 97). Outros pesquisadores, mais simpáticos a Piaget, mostraram interesse em aprofundar a sua obra em suas próprias áreas. A análise histórica de Wayne Dennis (1938) observava que os estudos sobre animismo infantil tinham desaparecido havia 20 anos, até o trabalho científico de Piaget trazê-lo de volta à vida. Lane e Kinder (1939) examinaram o relativismo, como "o parente de seu irmão em relação ao irmão de seu irmão" (ver Piaget, 1924/1927) entre o pensamento de "pessoas subnormais", empregando noções e métodos de Piaget. Uma publicação importante no *Journal of Genetic Psychology* foi a de Edith Meyer (1937), aluna de Piaget. Assim como Inhelder, em 1934, em Genebra, Meyer estava envolvida com uma pesquisa incipiente sobre as noções de relações espaciais em crianças. Contudo, o público dos Estados Unidos, apesar de cedo ter sido introduzido a uma nova linha de pesquisa de Genebra, só foi perceber a importância desta cerca de 20 anos depois, após a tradução do livro de Piaget e Inhelder (1948/1956) sobre o tema.

O curioso é que, durante esse período, alguns estudantes americanos concluíram seus estudos no Instituto Rousseau e retornaram aos Estados Unidos para se tornar membros de corpos docentes, como foi o caso de Harold Anderson (Rabin, 1991), de Eugene Lerner (1937, ver também 1941) e de Daniel Prescott (1930). Todos traziam consigo o espírito da pesquisa genebrina, mas seus esforços nessa direção não foram especialmente percebidos na literatura. Muito embora Edith Meyer (1940) publicasse outro estudo experimental sobre a concepção das relações espaciais por crianças em idade pré-escolar, sua obra posterior migrou para a psiquiatria infantil quando ela passou da Universidade Yale para o Hospital Infantil de Boston. No entanto, independentemente da declinante recepção, foi de modo confiante que James Mark Baldwin (1934) previu que uma das psicologias mais promissoras seria "o movimento dos estudos infantis centrado no Instituto J. J. Rousseau e na obra do grupo conduzido por Piaget" (p. 28).

Durante esse primeiro período da psicologia dos Estados Unidos, tem-se uma trajetória que vai de breves menções à obra de Piaget a análises críticas e daí à validação de tal obra. Psicólogos americanos debruçaram-se sobre a obra de Piaget em linguagem infantil, avaliando o seu método e suas descobertas com interesse e desaprovação. Essas reações refletiram uma tradição vivamente empirista, estabelecida com vigor na cultura de pesquisa dos Estados Unidos em resposta a necessidades da sociedade. A aplicação em larga escala da obra de Piaget à pesquisa industrial em

Hawthorne foi ignorada por psicólogos acadêmicos, mas filantropos e outros cientistas sociais, incluindo indivíduos de inclinação psicanalítica, valorizaram seu trabalho em razão de suas implicações sociais e práticas. Nos bastidores, a LSRM desempenhou um papel crucial, promovendo a obra de Piaget pela via de seu apoio ao Instituto Rousseau, à educação e à pesquisa industrial. Esses aspectos tornariam a aparecer sob várias formas ao longo das três décadas seguintes.

1940-1955

O interesse pela obra de Piaget foi interrompido durante a Segunda Guerra Mundial. Alguns anos após a guerra, porém, traduções e análises de suas constantes publicações foram retomadas. No início da década de 1950, à medida que Piaget emergia como psicólogo e cientista internacionalmente conhecido, instituições filantrópicas como a Fundação Rockefeller e a Fundação Ford passaram a reconhecer em sua obra uma liderança futura para as ciências sociais. A presença ampliada de Piaget e seus colegas na cena americana, juntamente com mais traduções de seus estudos em psicologia, ajudaram a reavivar a psicologia infantil dos Estados Unidos.

A escassez de traduções e análises

A Segunda Guerra Mundial lançou o mundo no caos. Muitos psicólogos americanos deixaram suas pesquisas em ponto morto para participar dos esforços de guerra. Os psicólogos europeus experimentaram interrupções mais devastadoras, porém Piaget foi uma exceção (Piaget, 1952; Terman, 1953). Durante a guerra, o próprio Piaget mostrou-se disposto a "deixar a ciência temporariamente de lado para combater a ditadura" (Rijsman, 2007, p. 119), mas sua produtividade em pesquisa manteve-se num ritmo constante (ver Bond e Tryphon, 2007, p. 8). Contudo, a tradução da sua obra para leitores de língua inglesa estancou completamente. Em 1951, Edith Meyer, observadora bem-posicionada tanto da psicologia europeia quanto da americana, escreveu uma resenha da tradução para o inglês do *Psychology of Intelligence* [*Psicologia da inteligência*, no Brasil], de Piaget (1947/1950), livro baseado em suas seis conferências proferidas no

College de France. Ela observou que essa tradução era "o primeiro livro de Piaget a aparecer em língua inglesa desde 1932" (Meyer, 1951, p. 606). Por quase 20 anos, essa escassez de traduções contrastou fortemente com os primeiros esforços consistentes em reconhecer e criticar Piaget.

Não obstante, houve algumas exceções. Entre elas, os trabalhos de R. W. Russell e Wayne Dennis, cujo persistente interesse pelo animismo rendeu a maior parte das publicações que faziam referência a Piaget nesse período (por exemplo, Dennis, 1942, 1943, 1947, 1953; Dennis e Mallinger, 1949; Dennis e Russell, 1940; Russell, 1940a, 1940b; Russell e Dennis, 1939, 1941; Russell, Dennis e Ash, 1940). Seus estudos psicoantropológicos (Dennis, 1943; Dennis e Russell, 1940) voltados à exploração do animismo entre crianças Zuni tornaram-se bem conhecidos por, entre outras coisas, proporcionar verificação antropológica à obra de Piaget, verificação esta que Margaret Mead intentara em 1927. Dennis (1951a, 1951b) costumava incluir Piaget como importante influência histórica e contemporânea. Como diz o ditado, porém, "uma andorinha não faz verão". Esse esforço um tanto solitário não chegou a despertar vivo interesse entre outros pesquisadores, exceto estudos esporádicos, um deles sobre jogos humanos (Britt e Janus, 1941) e outro sobre egocentrismo e abstração (Prothro, 1943). À medida que a guerra se alastrava, Piaget foi retirado do discurso que avaliara criticamente a sua obra.

Nos Estados Unidos, a guerra não foi a única razão pela qual as traduções e resenhas da obra de Piaget estancaram por duas décadas. Diversos acontecimentos eclipsaram os esforços de envolvimento com a pesquisa continuada de Piaget. No campo da psicologia, Hilgard (1987) acreditava que a edição revisada de *Behaviorism* (Watson, 1930) estaria "alcançando o grande público" (p. 90) na década de 1930. Embora o ímpeto do behaviorismo watsoniano tivesse arrefecido com a sua queda em desgraça entre os acadêmicos, seu behaviorismo sinalizou a ascensão de toda uma gama de neobehaviorismos, representados por Edwin Guthrie, Clark Hull, B. F. Skinner, Edward Tolman (Hothersall, 2004), e de uma teoria do aprendizado (Miller e Dollard, 1941). Com um *Zeitgeist* como esse, não surpreende que o método, as observações e interpretações de Piaget não raro fossem consideradas incompatíveis com a ciência "objetiva". Nesse ínterim, teorias freudianas começaram a permear a educação (Cremin, 1961). A terapia infantil e a psiquiatria infantil surgiram antes e depois da guerra (Landreth, 2002; Shaefer e Kaduson, 2007; Smith, 1983), prendendo a atenção de muitos psicólogos voltados à infância. Mesmo próceres behavioristas como Guthrie, Hull e Skinner manifestaram marcado interesse por psicanálise, hipnose e psicologia clínica (Hothersall, 2004).

O desinteresse por Piaget a partir de 1932 entres psicólogos dos Estados Unidos derivou também de algumas avaliações de sua obra, uma das quais entendia que ele não possuía teoria. Jerome Bruner (1983), aluno de doutorado em Harvard em 1938, aparentemente desconhecendo o *honoris causa* que Piaget ali recebera dois anos antes, recordou: "Jamais ocorreu a qualquer um de nós, alunos da graduação de Harvard, que [Piaget] tivesse qualquer ascendência sobre qualquer coisa à parte os fenômenos que ele próprio pesquisava" (p. 134); "eu o achava fascinante, mas não como *teórico*" (p. 133). Essa lembrança está em consonância com a resenha de Chisof (1938) para *The Origins of Intelligence in Children* [no Brasil, *O nascimento da inteligência nas crianças*]: "A abordagem cuidadosamente elaborada [de Piaget] não difere em essência das de autores anteriores, preocupados com especulações teleológicas sobre o desenvolvimento da vida intelectual" (p. 201). Essas críticas vieram se juntar a vozes de antes, que criticavam o método de Piaget como não rigoroso nem numérico, irreplicável e, ironicamente, como especulativo demais. O capítulo de Piaget (1931, 1933) intitulado "Filosofias das crianças" em *A Handbook of Child Psychology* foi retirado na terceira edição provavelmente por esse motivo, e isso porque, como observou o editor do volume, "o período especulativo em psicologia infantil é definitivamente coisa do passado" (Carmichael, 1946, p. v).

As duas décadas de escassez de traduções e resenhas relacionadas à pesquisa pioneira de Piaget pode assim ser atribuída a toda uma variedade de fatores, entre eles se destacando a pujança de várias formas de behaviorismos, que manifestavam um entusiasmo pela psicologia científica em tratar atividades mentais humanas como parte do mundo objetificado. Teorias e experimentos comportamentais ostentavam claras vertentes de empirismo, percebidas em críticas realizadas por psicólogos britânicos e americanos à teoria, método e interpretação de Piaget durante o período anterior. Poucos compreendiam de onde provinha Piaget e no que consistia o seu programa dc pesquisa. Em número ainda menor eram os que vinham em sua defesa, a exemplo de Meyer (1951), que comentou a avaliação, pelos psicólogos americanos, da obra de Piaget até aquele momento: "Tentativas de duplicar essas descobertas [de Piaget] com métodos simplificados e com uma abordagem quantitativa estão fadadas ao fracasso, como o estariam esforços similares sobre materiais obtidos com outros métodos de entrevista" (p. 608). Embora novas formas de behaviorismo prosperassem em muitos campos da psicologia, o outrora vigoroso campo da psicologia infantil afundou em fins da década de 1940.

A situação da psicologia infantil

A reação desanimada à obra de Piaget pode ser atribuída também à situação em que a própria psicologia infantil se encontrava. No final da década de 1940, ela dava poucos sinais de vitalidade. No volume inaugural do *Annual Review of Psychology*, Jones e Bailey (1950) deploravam a situação na área, descrevendo-a como "crescimento, desenvolvimento e declínio" (p. 1). No volume seguinte, Roger Barker (1951) observava que "a psicologia infantil... carece de vigor. Em qualquer índice disponível – número de publicações, número de artigos apresentados em congressos científicos, adesão a sociedades científicas e criação de institutos de pesquisa – a psicologia infantil revela pouca vitalidade" (p. 1). Alguma pesquisa promissora ficava concentrada nos poucos centros de estudos da infância, dirigidos por médicos, psicólogos clínicos e psicanalistas. Harry Beilin, conhecido psicólogo clínico experimental do Centro de Graduação da Universidade da Cidade de Nova Iorque, relembrou o seu período no Instituto para o Bem-Estar da Criança da Universidade de Minnesota com o seguinte comentário: "Entre 1953 e 1956, eu estava entre uma minoria na faculdade [psicologia infantil] que tinha inclinação experimental" (comunicação pessoal, 12 de junho de 1998). A desolação na psicologia infantil dos Estados Unidos e o esforço defasado em abordagem experimental impuseram um revés à viagem de estudos pelos Estados Unidos de Bärbel Inhelder.

Presença crescente nos Estados Unidos

Patrocinada pela Fundação Rockefeller, Inhelder, colaboradora mais próxima de Piaget, realizou uma viagem de estudos pelos Estados Unidos, iniciada em 1947 e implementada em 1954. Os funcionários da fundação seguiam de perto as atividades em Genebra já desde a década de 1920 e concediam-lhes generosos financiamentos. A viagem de Inhelder se deu em meio a uma série de acontecimentos que foram importantes para a ascensão de Piaget nos Estados Unidos – para nomear uns poucos: o pedido de financiamento por Piaget em 1952 para a criação de um centro de pesquisa interdisciplinar; seu primeiro *honoris causa* americano em *psicologia* pela Universidade de Chicago, logo após sua participação na Quarta Conferência Macy sobre problemas da consciência em 1953; sua visita de três meses ao Instituto de Estudos Avançados em Princeton, em 1954, após ter sido eleito presidente da União Internacional de Psicologia Científica, então com três anos (Langfeld, 1954); e por fim a fundação do Centro Internacional para Epistemologia Genética, em 1955, com apoio financeiro da Fundação Rockefeller e da Fundação Ford. O papel dessas fundações na promoção da teoria de Piaget e em pesquisa básica, em se tratando da expansão tardia da recepção da obra de Piaget, não pode ser superestimado. Foi de maneira notável que, juntos, esses acontecimentos incrementaram a presença de Piaget e seus colegas nos Estados Unidos e amplificaram a sua influência internacional. Em periódicos de psicologia, análises de suas pesquisas mais recentes também se intensificaram.

Posteriormente à tradução inglesa do *Psychology of Intelligence* [*Psicologia da inteligência*, no Brasil], o *The Child's Conception of Number* [*La genèse du nombre chez l'enfant*] (Piaget, 1941/1952) tornou-se disponível em inglês, atraindo bastante atenção (por exemplo, Churchill, 1958; Dodwell, 1957, 1960; Estes, 1956; Millichamp, 1954; Hunt, 1954). Enquanto isso, três livros de Piaget sobre os dois primeiros anos da criança receberam tradução (Piaget, 1936/1952, 1937/1954, 1945/1951), com resenhas rapidamente vindo a reboque (por exemplo, Magaret, 1952; Garner, 1953, 1955; Anderson, 1955). O curioso é que o último desses três livros, *Play, Dreams and Imitation in Childhood* [no Brasil, *A*

Formação do Símbolo na Criança. Imitação, jogo e sonho, imagem e representação], foi traduzido primeiramente em associação com a Sociedade Nova Educação na Europa. Trata-se de uma associação importante, tendo em vista a recepção de Piaget, previamente discutida (Abbiss, 1998; AMI, 1999; Brehony, 2004; Hsueh, 1997a, 1997b; Lauwerys, 1945). O livro recebeu diversas resenhas (Magaret, 1952; Sigel, 1953; Spoerl, 1955), e o reconhecimento de sua teoria se explicitou. Sobre o volume, um editor associado do *The Journal of Consulting Psychology* afirmou: "Ao lidar com o comportamento, que é frequentemente sutil e elusivo, Piaget, como de costume, faz-se observador cauteloso, registrador meticuloso e teorizador imaginativo" (Magaret, 1952, p. 414). Outro resenhista afirmou que "aqueles que se derem o tempo de conquistar maestria minuciosa sobre esse pequeno livro serão ricamente recompensados, pois obterão um novo entendimento de uma teoria que demandou de Piaget uma vida para formular" (Holtzman, 1951, p. 537). A percepção do trabalho recente de Piaget começava a entrar na consciência da psicologia americana.

Para resumir, de 1940 a 1955 o dinâmico espírito empirista dos neobehaviorismos, a popularidade da psicanálise e o impacto da Segunda Guerra Mundial contribuíram para a quase ausência de Piaget no discurso psicológico americano. Muitos psicólogos que leram Piaget não conseguiram reconhecer suas contribuições como teórico. O declínio significativo da psicologia infantil em fins da década de 1940 resultou do efeito convergente desses movimentos intelectuais e sociais. Contudo, a Fundação Rockefeller e outras instituições filantrópicas, por meio de suas redes acadêmicas, continuaram a promover o valor intelectual que a obra de Piaget representava em psicologia e educação, embora a sua epistemologia genética fosse menos discutida. A presença crescente de Piaget e Inhelder nos Estados Unidos pavimentou o caminho para os eventos importantes do período seguinte.

1956-1971

O limiar da revolução cognitiva em 1956 estabeleceu um paralelo com a reintrodução da obra de Piaget à comunidade psicológica dos Estados Unidos. Em 1957, Inhelder proclamou a psicólogos americanos que uma psicologia do desenvolvimento que integrasse psicologia geral e experimental estava no horizonte. Psicólogos, educadores e formuladores de políticas perceberam que a obra de Piaget podia ser explorada para satisfazer necessidades sociais e livrar a psicologia infantil da difícil situação em que se encontrava. Por volta de 1960, Piaget ainda era um nome pouco familiar ao público americano, porém, dois acontecimentos cruciais puseram-no na linha de frente do discurso nacional em psicologia e educação, conquistando, assim, a atenção do público. Essa recepção culminou no primeiro congresso da Sociedade Jean Piaget na Filadélfia em 1971.

A ascensão da psicologia do desenvolvimento

No início da década de 1950, Piaget provavelmente se encontrava numa posição um tanto desconfortável nos Estados Unidos, onde era o mais das vezes celebrado por seus primeiros "cinco famosos livros" publicados um quarto de século antes, embora na verdade tivesse ido além desses primeiros escritos. "A geração mais jovem [de psicólogos] nesse país aprendera a tomá-lo como um nome venerável, ainda que antiquado, e não como uma força viva em psicologia" (Meyer, 1951, p. 606). Mesmo uma década mais tarde, observou Flavell (1962), "é uma suposição justa a de que o psicólogo médio de hoje em dia esteja propenso a responder 'animismo' quando estimulado pelo nome 'Piaget'" (p. 14). De meados da década de 1950 em diante, porém, uma gama de necessidades sociais, políticas e intelectuais dos Estados Unidos trouxe a obra recente de Piaget para o seu lado do Atlântico. A arena intelectual mostrava-se particularmente vibrante contra o pano de fundo da política internacional do pós-guerra. Roger Brown (1970) recordava que "posteriormente, a simulação computadorizada, a psicolinguística, a reforma curricular [pós-Sputnik] e modelos matemáticos a tal ponto mudaram nossas noções da empreitada científica, que nos fizeram ver Piaget como um psicólogo bastante moderno... o grande psicólogo do desenvolvimento cognitivo" (p. x). A revolução cognitiva começou a ganhar impulso em 1956 (Baars, 1986; Gardner, 1985). Nesse contexto ascendeu Piaget, agora como psicólogo, teórico e cientista do qual se pensava deter entendimentos que se faziam urgentemente necessários sobre educação em ciência, que fazia as vezes de uma alavanca crítica para os Estados Unidos em política internacional.

No oitavo volume do *Annual Review of Psychology*, Inhelder (1957) anunciou que o novo campo da psicologia do desenvolvimento, rejuvenescido pela teoria genebrina e pela abordagem experimental, "tiraria a psicologia infantil de seu atual isolamento a fim de reintegrá-la à psicologia geral". Sheldon White (1992) observou que a psicologia infantil ressurgia com renovada vitalidade em 1959 sob o nome de psicologia do desenvolvimento. Além disso, ele salientou que o movimento pelos direitos civis e o programa Head Start[2] haviam preparado um berço social que impulsionaria a influência de Piaget a um rápido crescimento (comunicação pessoal, 2 de maio de 2000). De acordo com certas abordagens, a conferência interdisciplinar de 1960 que William Kessen (1962) organizou em Dedham, Massachusetts, reintroduziu Piaget na psicologia americana (Mandler, 2000). Inhelder mais uma vez ministraria ali uma palestra importante. Dois anos depois, ela viria a passar um semestre na Universidade Harvard, interagindo com, entre outros, lideranças em currículos científicos do Projeto de Estudos em Ciência Elementar, grupo composto de cientistas do MIT,[3] engenheiros e idealizadores de currículos que nada sabiam de Piaget (Duckworth, 1996; ESS, 1970). Como Inhelder previa, uma vez integradas à psicologia dominante, as ramificações da psicologia do desenvolvimento rapidamente extrapolaram o campo psicológico.

"A luz mais reluzente"

Na década de 1950, cada vez mais pesquisadores, entusiastas ou céticos, passaram a levar a sério teoria, método e interpretações de Piaget. O crescimento das publicações voltadas a pesquisas foi conduzido por um fluxo constante de traduções de escritos psicológicos de Piaget tanto nos Estados Unidos como na Inglaterra. Nathan Isaacs (1960/1972), marido da falecida Susan Isaacs, explicou a professores da pré-escola sobre Piaget:

2 O Head Start é um programa de educação infantil idealizado e implementado nos Estados Unidos para crianças em condições sociais menos favorecidas. Criado em 1965 e financiado pelo governo federal, até hoje é considerado o maior provedor educacional daquele país para crianças em idade pré-escolar vivendo em situação de pobreza. (N. do T.)

3 Trata-se do Instituto de Tecnologia de Massachusetts (Massachusetts Institute of Technology, MIT). (N. do T.)

"A sequência de livros traduzidos entre 1927 e 1932, embora fosse bastante estimulante, parecia suscitar uma série de dúvidas. No entanto, os volumes publicados em inglês durante a última década, e outros ainda não traduzidos, revelaram, sem dar margem à dúvida, em que medida o Professor Piaget pode nos ajudar a compreender o crescimento intelectual das crianças" (p. 15). Isaacs sugeriu que a obra de Piaget lançaria "a luz mais reluzente" (p. 65) sobre a formação do conceito de número pelas crianças e sobre o seu desenvolvimento mental como um todo. Ao mesmo tempo, iniciavam-se esforços análogos para popularizar a obra de Piaget nos Estados Unidos.

Em 1959, a Conferência de Woods Hole sobre educação e currículo científicos trouxe Inhelder para um debate com cientistas, pesquisadores, estudiosos e idealizadores de currículo dos Estados Unidos acerca da natureza do aprendizado e do ensino (Bruner, 1960). O livro didático de Hunt (1961) proporcionou a alunos de universidade uma bem-organizada introdução ao empreendimento de pesquisa e à teoria da inteligência de Piaget de 1923 a 1957, e isso com base em 50 livros e artigos de Piaget e seus colegas. A obra de Piaget foi saudada como complementar à já popular psicanálise (Cobliner, 1963). Esse entusiasmo em torno de sua obra antecipou dois acontecimentos notáveis: a publicação do livro de Flavell em 1963 e a publicação de anais de congresso intitulados *Piaget Rediscovered* [Piaget redescoberto]. Esses dois acontecimentos são amplamente reconhecidos como instrumentais para alçar Piaget à condição de figura imprescindível em psicologia do desenvolvimento e educação.

Dois acontecimentos importantes

O primeiro acontecimento importante foi a publicação do livro de Flavell (1963), *The Developmental Psychology of Jean Piaget* [A psicologia do desenvolvimento de Piaget]. O volume apresentou a primeira introdução abrangente à teoria e aos experimentos de Piaget, atualizando psicólogos e educadores dos Estados Unidos de maneira significativa. Também proporcionou um conjunto de críticas ponderadas à teoria, método e interpretações de Piaget. "O livro é uma discussão de alto nível sobre a obra de Piaget" (Peel, 1963, p. 107). Sumariza a maior parte dos mais importantes estudos que foram realizados após 1950 para validar os experimentos de Piaget, proporcionando comentários a críticas que antes eram lançadas à escrita imprecisa de Piaget, à replicação de dificuldades e à superinterpretação de dados (Flavell, 1963; ver também Smith, 1992, 1996, para mais avaliações críticas desse período em diante). Com base nessa abrangente introdução, Flavell apresentou novas ideias para pesquisas futuras em psicologia do desenvolvimento.

O segundo acontecimento importante deu-se em 1964, com a visita de Piaget como conselheiro para assuntos de currículo científico, o que se deu em parte por um convite da Secretaria de Educação dos Estados Unidos. O evento ficou conhecido como conferência Cornell-Berkeley sobre currículos, na qual Piaget ministrou duas palestras. Reconhecendo a natureza variada de seu público, Piaget (1964) concluiu sua primeira apresentação nessa conferência com uma observação construtivista: "[Minha teoria] é na verdade uma teoria de estímulo-reposta, se se quiser, mas primeiro você acrescenta operações, e depois acrescenta a equilibração" (p. 19). A conferência resultou num livro intitulado *Piaget Rediscovered* (Ripple e Rockcastle, 1964). A frase "Piaget redescoberto" "pegou" de imediato. Curiosamente, essa frase foi cunhada por Eleanor Duckworth, que foi aluna de Piaget no final dos anos 1950. De 1962 em diante, Duckworth passou a fazer parte do já referido projeto de Estudos em Ciência Elementar. Como psicóloga capacitada em Genebra, de início ela se sentiu em prejuízo ao tentar se candidatar ao trabalho de Piaget para desenvolver o currículo científico. Apenas após um longo período de lutas no campo curricular redescobriu as importantes conexões entre a teoria de Piaget e a educação em ciência elementar (Duckworth, 1964, 1996). E ainda assim, essa frase idiossincrática rapidamente se tornou mais uma expressão histórica do que uma reflexão pessoal. Mais tarde, a menção ao livro de Flavell provavelmente evocaria a frase "Piaget redescoberto" à mente dos psicólogos americanos.

A Sociedade Jean Piaget

Em fins da década de 1960, um levantamento da American Psychological Association [Associação Psicológica Americana] (APA), tendo solicitado a chefes de departamentos de psicologia dos Estados Unidos que classificassem os dez psicólogos mais influentes *de todos os tempos*, não encontrou Piaget na lista. Em vez disso, como observado por Brown (1970), o levantamento encontrou Piaget entre os dez psicólogos *contemporâneos* mais influentes (Sebkriiagen e Moore, 1969; ver também Wright, 1970). Em 1969, a APA concedeu a Piaget um prêmio pela contribuição científica destacada, tendo sido ele o primeiro europeu a receber essa distinção (APA, 1970). Mas a honraria mais duradoura veio com a iniciativa de um grupo de educadores da Filadélfia: a criação de uma Sociedade Jean Piaget em 1970. Piaget e Inhelder vieram para o primeiro congresso anual da sociedade, realizado no McGonigle Hall da Universidade Temple em 26 de março de 1971, uma quarta-feira (Annesley, 1971; Macomber, 1971). Eles se dirigiram a "cerca de 3 mil professores, estudantes e diversos trabalhadores e pensadores da educação" (Temple University, 1971, p. 19). Hoje, quase 40 anos depois, a Sociedade Jean Piaget (www.piaget.org) se mantém como único fórum internacional para que pessoas egressas de diversos campos do conhecimento possam se encontrar e discutir suas atividades intelectuais em honra a Jean Piaget.

Em suma, de meados da década de 1950 a 1971, Piaget ascendeu de modo consistente nos Estados Unidos, passando de psicólogo com livros "velhos" e "antiquados" a teórico e cientista contemporâneo em psicologia do desenvolvimento e educação. Sua obra foi vista como de grande relevância para muitos esforços intelectuais, sociais e políticos nos Estados Unidos. A declaração de Inhelder sobre o advento da psicologia do desenvolvimento como uma disciplina integrada assinalou uma nova era para a influência de Piaget. Em certo sentido, a introdução de Flavell consagrava Piaget na psicologia do desenvolvimento, mas isso de maneira tão psicologizante que o próprio Piaget (1963) caracterizou o livro como sendo "por demais exclusivamente psicológico e insuficientemente epistemológico" (p. viii). Não obstante, à medida que a sua notoriedade aumentava, filantropos, instituições sociais, educadores e entusiastas que realizam trabalho de base atentavam à sua obra com o intuito de encontrar potenciais soluções para problemas intelectuais, sociais e políticos da época.

Conclusão

Em décadas recentes, tem havido um crescente interesse acadêmico pelos contextos social, histórico e intelectual em que Piaget viveu (por exemplo, Bond e Tryphon, 2007; Chapman, 1988; Ducret, 1984; Hsueh, 1997a, 1998, 2002a, 2004, 2005a; Perret-Clermont e Barrelet, 2007; Parrat-Dayan, 1993a, 1993b; Vidal, 1987, 1989, 1994). Houve quem acreditasse que a carreira em pesquisa e a fama internacional de Piaget estivessem crucialmente relacionadas às mudanças sociais, econômicas e educacionais nos Estados Unidos. Este capítulo examinou o contexto histórico em que Piaget assomou a uma posição de proeminência em psicologia do desenvolvimento e para além dela.

A recepção irregular da obra de Piaget no período entre 1925 e 1971 refletiu o impacto das mudanças sociais, intelectuais e políticas na sociedade americana. Por toda a parte, filantropos desempenharam um papel crucial em facilitar a introdução, aplicação e promoção da obra de Piaget. Porém, três recepções intelectuais mantiveram-se estáveis em meio às mudanças ao longo do tempo: (1) o reconhecimento positivo de sua obra em educação e psicanálise; (2) as críticas reiteradas a Piaget como sendo meramente psicólogo do desenvolvimento cognitivo em vez de epistemólogo; e (3) a crítica explícita e persistente, de viés psicológico, segundo a qual a obra de Piaget não seria compatível com uma epistemologia empirista.

Como este capítulo descreve, desde a primeira introdução à obra de Piaget até a culminação de sua influência nos Estados Unidos, a recepção tem sido uma série de atos sociais coordenados em resposta a necessidades sociais. Essa perspectiva é compatível com a teoria do *design* institucional (Cahan e White, 1992; White, 2002, 2003a, 2003b; White e Phillips, 2000), que explica a história da psicologia do desenvolvimento por meio de seu contexto social, econômico e político. Ela demonstra que os movimentos de estudo da criança que nas décadas de 1920 e 1960 acolheram Piaget foram iniciativas sociais humanas. Essa teoria do *design* institucional postula que o que subjaz à psicologia do desenvolvimento é um leque de pensamentos humanos conscientes e deliberados que criam um padrão de atividade humana para servir a finalidades humanas com regras de *design* humano. Das primeiras introduções a Piaget nos anos 1920 à criação da Sociedade Jean Piaget em 1970, evento após evento fez-se preceder e suceder por uma série de atividades que deliberadamente intentava projetar instituições sociais e científicas para dentro e fora das universidades, com o intuito de facilitar o desenvolvimento social humano como parte integral de uma sociedade em mutação.

A história de 45 anos sugere que a recepção americana da obra de Piaget ao longo do tempo refletiu diversos pontos de vista que alteraram e filtraram nosso entendimento das contribuições de um cientista de primeira grandeza do século XX. Tentativas feitas por psicólogos de examinar a obra de Piaget como psicólogo de inflexão inventiva, e não como um epistemólogo investido da psicologia como meio, com não pouca frequência falharam em fazer frente à natureza interdisciplinar de sua obra e em compreender suas concepções sobre ciência e humanidade como um todo a ser estudado mediante uma epistemologia construtiva empírica. É provável que a crescente demanda por programas de pesquisa interdisciplinar no século XXI possa exortar cientistas do desenvolvimento a lançar os olhos de volta a Piaget, com vistas a inspirações para o futuro.

Referências

ABBISS, J. "The 'New Education Fellowship' in New Zealand: Its activity and influence in the 1930s and 1940s". *New Zealand Journal of Educational Studies*, 33 (1), 1998, 81-93.

AMERICAN PSYCHOLOGICAL ASSOCIATION (APA). "Distinguished scientific contribution awards (1969)". *American Psychologist*, 25, 1970, 65-79.

AMI. "70 years of AMI. Communications" (periódico oficial da Montessori Association International [Associação Internacional Montessori]), 4, 1999, 46-47.

ANDERSON, J. E. [Resenha do livro *The construction of reality in the Child*]. *Psychological Bulletin*, 52 (6), 1955, 526-528.

ANNESLEY, F. R. *Letter to Philadelphia teachers*. Jean Piaget Society. Cambridge, Mass.: Harvard University Press, maio 1971.

BAARS, B. *The cognitive revolution in psychology*. Nova Iorque: Guilford, 1986.

BALDWIN, B. T. "General review: Mental development of children". *The Psychological Bulletin*, 20, 1923, 665-683.

______. "Educational psychology". *The Psychological Bulletin*, 21, 1924, 203-224.

______. "Child psychology: A review of the literature, January 1, 1923 to March 31, 1928". *The Psychological Bulletin*, 25, 1931, 629-697.

BARKER, R. G. "Child psychology". *Annual Review of Psychology*, 2, 1951, 1-22.

BOND, T. G. e TRYPHON, A. *Piaget's legacy as reflected in the Handbook of Child Psychology* (ed. de 1998). Manuscrito online da Jean Piaget Society. Disponível em: http://www.piaget.org/news/docs/Bond-Tryphon-2007.pdf.

BORING, E. G. (ed.). J. Piaget, "Une forme verbale de la comparaison chez l'enfant: un cas de transition entre le jugement predicatif et le jugement de relation." *Archives de Psychologie. American Journal of Psychology*, 34, 1923, 141.

______. "Piaget et P. Rossello. Note sur les types de description d'images chez l'enfant". *Archives de Psychologie* (t. XVIII, n. 3-4, p. 209-210). *American Journal of Psychology*, 35, 1924, 299.

BOVET, P. "Jean-Jacques Rousseau Institute and its work". In: P. BOVET. *The child's religion: A study of the development of the religious sentiment* (p. 191-200). Nova Iorque: E. P. Dutton, 1928 (texto original publicado em 1923).

BREHONY, K. "A new education for a new era: The contributions of the conferences of the New Education Fellowship to the disciplinary field of education, 1921-1938". *Paedagogica Historica: International Journal of the History of Education*, 40 (5-6), 2004, 733-755.

BRITT, S. H. e JANUS, S. Q. "Toward a social psychology of human play". *The Journal of Social Psychology*, 13, 1941, 351-384.

BROWN, R. "Introduction. In Society for Research in Child Development". In: *Cognitive development in children: Five monographs of the Society for Research in Child Development* (p. viii-xii). Chicago: University of Chicago Press, 1970.

BRUNER, J. *The process of education*. Cambridge, Mass.: Harvard University Press, 1960.

______. *In search of mind: Essays in autobiography*. Nova Iorque: Harper & Row, 1983.

CAHAN, E. D. "Science, practice, and gender roles in early American child psychology". In: F. S. KESSEL e M. H. BORNSTEIN (Orgs.). *Contemporary constructions of the child: Essays in honor of William Kessen* (p. 225-249). Mahwah: Erlbaum, 1991.

CAHAN, E. D. e WHITE, S. H. "Proposals for a second psychology". *American Psychologist*, 47, 1992, 224-235.

CAMERON, N. "Reasoning, regression and communication in schizophrenics". *Psychological Monographs*, 50, 1938, 1-34.

CAMERON, C. E. e HAGEN, J. W. "Women in child development: Themes from the SRCD Oral History Project". *History of Psychology*, 8, 2005, 289-316.

CARMICHAEL, L. *A manual of child psychology*. Worcester: Clark University Press, 1946.

CHAPMAN, M. *Constructive evolution*. Cambridge: Cambridge University Press, 1988.

CHRISOF, C. [Resenha do livro *La naissance de l'intelligence chez l'enfant*]. *American Journal of Psychology*, 51, 1938, 200-201.

CHURCHILL, E. M. "The number concepts of the young child". *Researches and Studies, University of Leeds Institute of Education*, 17, 1958, 34-49.

CLAPARÈDE, E. "The psychology of the child at Geneva and the J. J. Rousseau Institute". *Pedagogical Seminary*, 32, 1925a, 92-104.

______. *Letter to Ruml* (Folder 340, Box 32, Series III, Laura Spelman Rockefeller Memorial Collection). Tarrytown: Rockefeller Archive Center, 1925.

COBLINER, W. G. "The Geneva school of genetic psychology and psychoanalysis: Parallels and counterparts". In: R. A. SPITZ (Org.). *The first year of life: A psychoanalytic study of normal and deviant development of object relations* (p. 301-356). Nova Iorque: International Universities Press, 1963.

CREMIN, L. A. *The transformation of the school: Progressivism in American Education 1876-1957*. Nova Iorque: Knopf, 1961.

CROSS, S. J. *Designs for living: Lawrence K. Frank and the progressive legacy in American social science*. Ann Arbor: UMI Dissertation Services, 1994.

DENNIS, W. "Historical notes on child animism". *The Psychological Review*, 45, 1938, 257-266.

______. "Piaget's questions applied to a child of known environment". *Journal of Genetic Psychology*, 60, 1942, 307-320.

______. "Animism and related tendencies in Hopi children". *The Journal of Abnormal and Social Psychology*, 38 (1), 1943, 21-36.

______. "Animistic thinking in the feebleminded". *Mental Health Bulletin*, 25, 1947, 16.

______. "Developmental theories". In: W. DENNIS, R. LEEPER, H. F. HARLOW, J. J. GIBSON, D. KRECH, D. M. RIOCH, W. S. McCULLOCH e H. FEIGLE (Orgs.). *Current trends in psychological theory* (p. 1-20). Pittsburgh: University of Pittsburgh Press, 1951a.

DENNIS, W. (Org.). *Readings in child psychology*. Nova Iorque: Prentice-Hall, 1951b.

______. "Animistic thinking among college and university students". *Scientific Monthly*, 76, 1953, 247-249.

______ e MALLINGER, B. "Animism and related tendencies in senescence". *Journal of Gerontology*, 4, 1949, 218-221.

______ e RUSSELL, R. W. "Piaget's questions applied to Zuni children". *Child Development*, 11, 1940, 181-187.

DEUTSCHE, J. M. *The development of children's concept of causal relations*. Mineápolis: University of Minnesota Press, 1937.

DISERENS, C. M. "Mental development in man: Piaget, J., *Essai sur quelques aspects du développment de la notion de partie chez l'enfant*". *Journal de Psychologie*, 18, 449-480. *The Psychological Bulletin*, 18, 1921, 562-563.

DODWELL, P. C. "The evolution of number concepts in the child". *Mathematics Teaching*, 5, 1957, 5-11.

______. "Children's understanding of number and related concepts". *Canadian Journal of Psychology/Revue Canadienne de Psychologie*, 4, 1960, 191-205.

DUCKWORTH, E. "Piaget rediscovered". In: R. E. RIPPLE e V. N. ROCKCASTLE (Orgs.). *Piaget rediscovered* (p. 1-5). Ítaca: Cornell University Press, 1964.

DUCKWORTH, E. *The having of wonderful ideas* (2. ed.). Nova Iorque: Teachers College Press, 1996.

DUCRET, J. *Jean Piaget: Savant et philosophe*. Genebra: Droz, 1984.

ELEMENTARY SCIENCE STUDY (ESS). *Elementary Science Study: A history*. Watertown: Education Services Incorporated, 1984.

ESTES, B. W. "Some mathematical and logical concepts in children". *Journal of Genetic Psychology*, 88, 1956, 219-222.

EXECUTIVE COMITTEE. *Meeting minute* (Folder *Executive Committee: Business*, Box 26, UAV 827.114). Cambridge, Mass.: Harvard University Archives, 26 nov. 1935.

FERNBERGER, S. W. "Mental development in man: Piaget, J., *Essai sur la Multiplication Logique et les Debuts de la Pensée Formelle chez l'Enfant*". *Journal de Psychologie*, 19, 222-261. *The Psychological Bulletin*, 20, 1922a, 159-160.

______. "Mental development in man: Piaget, J. e Rossellò, P., *Note sur les Types de Description d'Images chez l'Enfant*". *Journal de Psychologie*, 18, 208-234. *The Psychological Bulletin*, 20, 1922b, 268-269.

FERNBERGER, S. W. "Mental development in man: Piaget, J., *La pensée symbolique et le pensée de l'enfant*". *Journal de Psychologie*, 19, 222-261. *The Psychological Bulletin*, 21, 1924, 139.

______. "Special reviews: Jean Piaget, *The Language and Thought of the Child*". *Psychological Bulletin*, 24, 1927, 506.

FLAVELL, J. "Historical and bibliographical note". In: W. KESSEN e C. KUHLMANN (Orgs.). *Society for research in child development monograph*, 27(2). *Thought in the young child: Report of a conference on intellective development with particular to the work of Jean Piaget* (1962), p. 8-15.

______. *The developmental psychology of Jean Piaget*. Princeton: Van Nostrand, 1963.

GARDNER, H. *The mind's new science: A history of the cognitive revolution*. Nova Iorque: Basic Books, 1985.

______. [Resenha do livro *The origins of intelligence in children*]. *Journal of Consulting Psychology*, 17, 1953, 467.

______. [Resenha do livro *The construction of reality in the child*]. *Journal of Consulting Psychology*, 19, 1955, 77.

GILLESPIE, R. *Manufacturing knowledge: A history of Hawthorne experiments*. Nova Iorque: Cambridge University Press, 1991.

GOULD, M. C. "Book review: La représentation du monde chez l'enfant". *American Journal of Psychology*, 40, 1928, 658-659.

HAZLITT, V. "Children's thinking". *British Journal of Psychology*, 20, 1927, 354- 361.

______. [Resenha do livro *The child's conception of physical causality*]. *Pedagogical Seminary and the Journal of Genetic Psychology*, 40, 1932, 243-249.

HENMON, V. A. "Educational psychology". *The Psychological Bulletin*, 26, 1929, 445-456.

______. "Educational psychology". *The Psychological Bulletin*, 27, 1930, 417-430.

HILGARD, E. R. *Psychology in America: A historical survey*. San Diego: Harcourt Brace Jovanovich, 1987.

HOLTZMAN, W. H. [Resenha do livro *The psychology of intelligence*]. *Psychological Bulletin*, 48, 1951, 535-537.

HSUEH, Y. *Jean Piaget, spontaneous development and constructivist teaching*. Dissertação de doutorado não publicada. Cambridge, Mass.: Harvard University Press, 1997a.

______. *Jean Piaget and the Jean Jacques Rousseau Institute*. Apresentação da Reunião Anual da Jean Piaget Society, Santa Mônica, junho de 1997b.

HSUEH, Y. "Some notes on Bärbel Inhelder's 1954 study tour in the US". *Archives de Psychology*, 66, 1998, 239-254.

______. "Basing much of the reasoning upon the work of Jean Piaget: 1927-1936". *Archives de Psychologie*, 69, 2001, 39-62.

______. "The usefulness of misunderstanding". *The Constructivist*, 14 (1), 2002a, 12-18.

______. "The Hawthorne experiments and the introduction of Jean Piaget in American industrial psychology, 1929-1932". *History of Psychology*, 5, 2002b, 163-189.

______. "He sees the development of children's concepts upon a background of sociology" – O título *Doutor Honoris Causa* de Jean Piaget na Harvard University em 1936. *History of Psychology*, 7, 2004, 45-64.

______. "The lost and found experience: Piaget rediscovered". *The Constructivist*, 16 (1), ISSN 1091-4072. Disponível em: http://www.odu.edu/educ/act/journal/vol16no1/hsueh.pdf, 2005a.

______. *Jean Piaget: An unclaimed and forgotten educator*. Apresentação da Reunião Anual da Jean Piaget Society. Vancouver, junho de 2005b.

HUNT, J. M. *Intelligence and experience*. Nova Iorque: Ronald Press, 1961.

HUNT, W. A. [Resenha do livro *The child's conception of number*]. *Journal of Consulting Psychology*, 18, 1954, 76.

INHELDER, B. "Developmental psychology". *Annual Review of Psychology*, 8, 1957, 139-162.

ISAACS, N. *A brief introduction to Piaget*. Nova Iorque: Agathon Press, 1972 (texto original publicado em 1960).

ISAACS, S. [Resenha dos livros *The language and thought of the child, Judgment and reasoning in the child, The child's conception of the world*]. *Pedagogical Seminary and the Journal of Genetic Psychology*, 37, 1929a, 597-607.

______. [Resenha do livro *The child's conception of the world*]. *Mind: A Quarterly Review of Psychology and Philosophy*, 38, 1929b, 506-513.

______. [Resenha do livro *The child's conception of causality*]. *Mind: A Quarterly Review of Psychology and Philosophy*, 40, 1931, 89-93.

______. [Resenha do livro *The moral judgment of the child*]. *Mind: A Quarterly Review of Psychology and Philosophy*, 43, 1934, 85-99.

______. *Intellectual growth in young children*. Nova Iorque: Schocken, 1966 (texto original publicado em 1930).

JONES, H. e BAYLEY, N. "Child psychology". *Annual Review of Psychology*, 1, 1950, 1-8.

KESSEN, W. "'Stage' and 'structure' in the study of children. Thought in the young child: Report of a conference on intellective development with particular attention to the work of Jean Piaget". Monografias da *Society for Research in Child Development*, 27 (2), 1952, 65-86.

LANDRETH, G. L. *Play therapy: The art of relationship*. Nova Iorque: Psychology Press, 2002.

LANE, E. B. e KINDER, E. "Relativism in the thinking of subnormal subjects as measured by certain of Piaget's tests". *Pedagogical Seminary and the Journal of Genetic Psychology*, 54, 1939, 107-118.

LANGFELD, H. S. "International union of scientific psychology". *American Psychologist*, 19, 1954, 765.

LAUWERYS, J. A. *Letter to Piaget* (A1.79.973, Box 35). BIE Library, Office of International Education: UNESCO, 18 set. 1945.

LERNER, E. "New techniques for tracing cultural factors in children's personality organization". *Journal of Educational Sociology*, 10 (8), 1937, 479-486.

______. "Edouard Claparède: 1873-1940". *The American Journal of Psychology*, 54 (2), 1941, 296-299.

LSRM. *The Laura Spelman Rockefeller Memorial: Final report*. Nova Iorque: Rockefeller Foundation, 1933.

MACOMBER, L. *Letter to director of the physical plant of Temple University*. Jean Piaget Society Archives, Cambridge, Mass.: Harvard University Press, 22 de junho de 1971.

MAGARET, A. [Resenha do livro *Play, dreams and imitation in childhood*]. *Journal of Consulting Psychology*, 16, 1952, 413-414.

MANDLER, G. "Obituary: William Kessen (1925-1999)". *American Psychologist*, 55, 2000, 758-759.

MAYO, E. *The dynamics of family relations* (Carton 5, Folder 28, G54, Elton Mayo Papers, 1909-1960). Cambridge, Mass.: Harvard Business School Archives, 1927.

______. "Notes on *Maladjustment of the industrial worker* 1928/1929" (Carton 5, Folder 33, G54, Elton Mayo Papers, 1909-1960). Cambridge, Mass.: Harvard Business School Archives, 1928.

______. "The work of Jean Piaget". *Ohio State University Bulletin*, 35 (3), 1930, 140-146.

______. *To Seabury, F.* (Carton 5, Folder 130, G54, Elton Mayo Papers, 1909-1960). Cambridge, Mass.: Harvard Business School Archives, 25 nov. 1934a.

MAYO, E. *Training the child for responsibility to his world* (Carton 5, Folder 130, G54, Elton Mayo Papers, 1909-1960). Cambridge, Mass.: Harvard Business School Archives, 1934b.

______. *The effect of social change upon the developing child.* Anotações de aula na Woods School de Langhorne (Carton 5, Folder 33, G54, Elton Mayo Papers, 1909-1960). Cambridge, Mass.: Harvard Business School Archives, abr. 1936.

McCARTHY, D. A. *The language development of the preschool child.* Mineápolis: University of Minnesota Press, 1930.

MEYER, E. "The child's conception of spatial relationships". *Progressive Education*, 14, 1937, 199-207.

______. "Comprehension of spatial relations in preschool children". *Pedagogical Seminary and the Journal of Genetic Psychology*, 57, 1940, 119-151.

______. [Resenha do livro *Psychology of intelligence*]. *The Journal of Abnormal and Social Psychology*, 46 (4), 1951, 606-608.

MILLER, N. E. e DOLLARD, J. *Social learning and imitation.* New Haven: Yale University Press, 1941.

MILLICHAMP, D. A. [Resenha do livro *The child's conception of number*]. *Canadian Journal of Psychology/Revue Canadienne de Psychologie*, 8, 1954, 42-43.

MITCHELL, L. S. [Resenha do livro *Language and thought of the child*]. *Progressive Education*, 4, 1927, 136-139.

MURRAY, E. [Resenha do livro *The child's conception of the world*]. *American Journal of Psychology*, 43, 1931, 154-156.

PARRAT-DAYAN, S. "La réception de l'œuvre de Piaget dans le milieu pédagogique des années 1920-1930" [The reception of Piaget's work in the psychological context between 1920 and 1930]. *Revue Française de Pédagogie*, 104, 1993a, 73-83.

PEEL, E. A. "The developmental psychology of Jean Piaget by John H. Flavell". *British Journal of Educational Studies*, 12, 1963, 107.

PERRET-CLERMONT, A. N. e BARRELT, J. (Orgs.). *Jean Piaget and Neuchâtel: The learner and the scholar*. Nova Iorque: Psychology Press, 2007.

PETERSON, J. [Resenha do livro *La causalité physicque chez l'enfant*]. *American Journal of Psychology*, 41, 1929, 481-483.

______. [Resenha do livro *The child's conception of physical causality*]. *American Journal of Psychology*, 44, 1932, 612.

PETERSON, J. [Resenha do livro *Moral judgment of the child*]. *American Journal of Psychology*, 47, 1935, 523-525.

PIAGET, J. *The language and thought of the child*. Londres: Kegan Paul Trench Trubner, 1926 (texto original publicado em 1923).

______. *Judgment and reasoning in the child*. Londres: Kegan Paul Trench Trubner, 1927 (texto original publicado em 1924).

______. *The child's conception of the world*. Londres: Kegan Paul Trench Trubner, 1929 (texto original publicado em 1926).

______. *The child's conception of physical causality*. Traduzido por Marjorie Gabain. Totowa; Londres: Kegan Paul Trench Trubner, 1930 (texto original publicado em 1927).

______. "Children's philosophies". In: C. MURCHINSON (Org.). *A handbook of child psychology* (p. 377-391). Worcester: Clark University Press, 1931.

______. *The moral judgment of the child*. Londres: Kegan Paul Trench Trubner, 1932.

______. "Children's philosophies". In: C. MURCHINSON (Org.). *A handbook of child psychology*, 2. ed. (revisado) (p. 534-547). Worcester: Clark University Press, 1933.

______. *Psychology of intelligence*. Londres: Routledge and Kegan Paul, 1950 (texto original publicado em 1947).

______. *Play, dreams and imitation in childhood*. Nova Iorque: W.W. Norton, 1951 (texto original publicado em 1945).

______. "Jean Piaget". In: E. G. BORING, H. WERNER, H. S. LANGFELD e R. M. YERKES (Orgs.). *A history of psychology in autobiography*, 4. Worcester: Clark University Press, 1952.

______. *The child's conception of number*. Londres: Routledge and Kegan Paul, 1952 (texto original publicado em A. Szeminska, 1941).

______. *The origins of intelligence in children*. Nova Iorque: W.W. Norton, 1952 (texto original publicado em 1936).

______. *The construction of reality in the child*. Nova Iorque: Basic Books, 1954 (texto original publicado em 1937).

______. Foreword. In: J. FLAVELL. *The developmental psychology of Jean Piaget* (p. vii-ix). Princeton: Van Nostrand, 1963.

______. "Development and learning". In: R. E. RIPPLE e V. N. ROCKCASTLE (Orgs.). *Piaget rediscovered* (p. 7-19). Ítaca: Cornell University, 1964.

______ e INHELDER, B. *The child's conception of space*. Londres: Routledge and Kegan Paul, 1956 (texto original publicado em 1948).

PRESCOTT, D. A. "Education and international relations: A study of the social forces that determine the influence of education". *Harvard Studies in Education*, 14. Cambridge, Mass.: Harvard University Press, 1930.

PROTHRO, E. T. "Egocentricity and abstraction in children and in adult aments". *The American Journal of Psychology*, 56, 1943, 66-77.

RABIN, A. I. "Harold Homer Anderson (1897-1990)". *American Psychologist*, 46, 1991, 982.

REED, F. [Resenha do livro *The child's conception of physical causality*]. *Progressive Education*, 7, 1930, 424-426.

RIJSMAN, J. "An intellectual and technological panorama of Piaget's world". In: A. N. PERRET-CLERMONT e J. BARRELET (Org.). *Jean Piaget and Neuchâtel: The learner and the scholar* (p. 119-136). Nova Iorque: Psychology Press, 2007.

RIPPLE, R. E. e ROCKCASTLE, V. N. (Orgs.). *Piaget rediscovered*. Ítaca: Cornell University Press, 1964.

ROBINSON, V. P. [Resenhas dos livros *Judgment and reasoning in the child* e *The child's conception of the world*]. *Progressive Education*, 6, 1929, 374-376.

RUSSELL, R. W. "Studies in animism: II. The development of animism". *Journal of Genetic Psychology*, 56, 1940a, 353-366.

______. "Studies in animism: IV. An investigation of concepts allied to animism". *Journal of Genetic Psychology*, 57, 1940b, 83-91.

______ e DENNIS, W. "Studies in animism: I. A standardized procedure for the investigation of animism". *Journal of Genetic Psychology*, 55, 1939, 389-400.

______. "Note concerning the procedure employed in investigating child animism". *Journal of Genetic Psychology*, 58, 1941, 423-424.

______ e ASH, F. E. "Studies in animism. III. Animism in feebleminded subjects". *Journal of Genetic Psychology*, 57, 1940, 57-63.

SCHOEN, M. [Resenha do livro *The moral judgment of the child*]. *The Journal of Educational Psychology*, 24, 1933, 157-158.

SEBKRIIAGEN, L. W. e MOORE, M. H. "A note on ranking the important Psychologists". Trabalhos da 77ª Convenção Anual da American Psychological Association, 4 (Parte 2), 1969, 849-850.

SENN, M. J. E. "Insights on the child development movement in the United States". Monografias da *Society for Research in Child Development*, 40 (3-4), 1975, 1-107.

SHAEFER, C. E. e KADUSON, H. *Contemporary play therapy: Theory, research and practice*. Nova Iorque: Guilford, 2007.

SIEGEL, A. W. e WHITE, S. H. "The child study movement: Early growth and development of the symbolized child". *Advances in Child Behavior and Development*, 17, 1982, 233-285.

SIGEL, I. [Resenha do livro *Play, dreams and imitation in childhood*]. *Psychological Bulletin*, 50, 1953, 226-227.

SMITH, C. A. *The children's hospital of Boston: Built better than they knew*. Boston: Little, Brown, 1983.

SMITH, L. *Jean Piaget: Critical assessments* (4 Vols.). Londres: Routledge, 1992.

______. *Critical readings on Piaget*. Londres: Routledge, 1996.

SMITH, R. B. [Resenha do livro *The moral judgment of the child*]. *Progressive Education*, 10, 1933, 237-238.

SMUTS, A. B. "The National Research Council Committee on Child Development and the founding of the Society for Research in Child Development, 1925-1933". Monografias da *Society for Research in Child Development*, 50 (4), 1986, 108-125.

SPOERL, D. T. [Resenha do livro *Play, dreams and imitation in childhood*]. *The Journal of Abnormal and Social Psychology*, 50, 1955, 151-153.

STONE, C. L. [Resenha do livro *Judgment and reasoning in the child*]. *Journal of Abnormal Psychology and Social Psychology*, 24, 1929, 239-240.

______. [Resenha do livro *The child's conception of the world*]. *Journal of Abnormal Psychology and Social Psychology*, 25, 1930, 93-94.

TEMPLE UNIVERSITY. *Temple University alumni review*. Filadélfia: Temple University, verão de 1971.

TERMAN, L. M. [Resenha do livro *A history of psychology in autobiography*, 4]. *Psychological Bulletin*, 50(6), 1953, 477-481.

THOULESS, R. H. [Resenha do livro *The language and thought of the child*]. *British Journal of Psychology*, 17, 1927, 258-259.

TRAHAIR, R. *The humanist temper: The life and work of Elton Mayo*. New Brunswick: Transaction Books, 1984.

VAN DER VEER, R. e VALSINER, J. *Understanding Vygotsky: A quest for synthesis*. Oxford: Blackwell, 1991.

VIDAL, F. "Jean Piaget and psychoanalysis: A historical and biographical note (up to the 1930s)". In: S. BEM e H. RAPPARD (Orgs.). *Studies in the history of psychology and the social sciences*, 4 (p. 315-329). Leiden: Psychologisch Instituut van de Rijksuniversiteit Leiden, 1987.

VIDAL, F. *Jean Piaget and the liberal Protestant tradition. Psychology in Twentieth-Century Thought and Society*. Cambridge: Cambridge University Press, 1989.

______. *Piaget before Piaget*. Cambridge, Mass.: Harvard University Press, 1994.

VYGOTSKY, L. S. *Thought and language*. Cambridge, Mass.: MIT Press, 1986 (texto original publicado em 1934).

WATSON, J. B. *Behaviorism* (ed. rev.). Nova Iorque: W. W. Norton, 1930.

WHITE, S. H. "The rise of developmental psychology". *Contemporary Psychology*, 36, 1992, 469-473.

______. "Notes towards a philosophy of science for developmental psychology". In: W. HARTUP e R. WEINBERG (Orgs.). *Child psychology in retrospect and prospect: 32nd Minnesota Symposium on Child Psychology* (p. 207-226). Mahwah: Erlbaum, 2002.

______. "Developmental psychology in a world of designed institutions". In: W. KOOPS e M. ZUCKERMAN (Orgs.). *Beyond the century of the child* (p. 204-224). Filadélfia: University of Pennsylvania Press, 2003.

______. "The contemporary reconstruction of developmental psychology". In: T. C. DALTON e R. B. EVANS (Orgs.). *The life cycle of psychological ideas: Understanding prominence and the dynamics of intellectual change* (p. 281-297). Nova Iorque: Kluwer, 2003b.

______ e PHILLIPS, D. A. "Designing Head Start: Roles played by developmental psychologists". In: D. L. FEATHERMAN e M. VINOVSKIES (Orgs.). *Social science and policy making* (p. 83-118). Ann Arbor: University of Michigan Press, 2000.

______ e PILLEMER, D. B. (Orgs.). *Developmental psychology and social change*. Nova Iorque: Cambridge University Press, 2005.

WHITE, W. A. [Resenha do livro *The language and thought of the child*]. *Psychoanalytic Review*, 14, 1927, 359-360.

______. [Resenha do livro *The language and thought of the child, judgment and reasoning of the child*]. *Psychoanalytic Review*, 16, 1929b, 312-321.

______. [Resenha do livro *The child's conception of the world*]. *Psychoanalytic Review*, 16, 1929b, 411-421.

______. [Resenha do livro *The child's conception of physical causality*]. *Psychoanalytic Review*, 18, 1931, 85-89.

WHITE, W. A. [Resenha do livro *The moral judgment of the child*]. *Psychoanalytic Review*, 20, 1933, 215-220.

______. [Resenha do livro *Factors determining human behavior*]. Cambridge, Mass.: Harvard University Press, 1941.

WRIGHT, G. D. "A further note on ranking the important psychologists". *American Psychologist*, 25, 1970, 650-651.

17 A escadaria da mente revisitada

Thomas Kesselring

Este capítulo vai se debruçar sobre duas questões relacionadas, tendo ambas sido centrais ao pensamento de Piaget. A primeira delas diz respeito ao grau em que existem regularidades não triviais no desenvolvimento cognitivo e em que consistem essas regularidades. A segunda questão está relacionada ao desenvolvimento de conhecimento necessário. Vou mostrar brevemente que, ao abordar essas questões, Piaget toma um fio que pode ser rastreado em filósofos como Hegel e Kant, respectivamente. Ambas as questões estão entrelaçadas de maneira íntima com um dos aspectos mais importantes, mas também mais intensamente criticados da obra de Piaget – sua teoria dos estágios. Os estágios são importantes não apenas para a classificação de habilidades e estratégias de resolução de problemas: a teoria dos estágios é um instrumento que clarifica o desenvolvimento de diferentes aspectos da própria inteligência humana – pensamento lógico, imaginação, funcionamento simbólico, movimentos corporais etc. É impossível fazer referência à teoria dos estágios de Piaget sem discutir as variadas críticas que lhe são dirigidas. Essas críticas fizeram com que muitos psicólogos abandonassem a teoria de Piaget e trabalhassem com teorias modulares. Ainda assim, como será mostrado, as teorias modulares não explicam regularidades no desenvolvimento cognitivo, nem a gênese do conhecimento necessário. As objeções mais importantes à teoria piagetiana dos estágios são avaliadas antes que os principais aspectos de sua teoria sejam reconstruídos e os conceitos de nível, subestágio e transição de nível, explicados. Revelar-se-á que a teoria dos estágios de Piaget tem de ser modificada em alguns detalhes menores, porém importantes. Essas alterações podem lançar nova luz a regularidades de desenvolvimento e à gênese do conhecimento necessário.

A visão hegeliana

Em muitos de seus escritos, Piaget afirmou que, no desenvolvimento cognitivo, alguns dos principais processos ocorrem repetidas vezes (por exemplo, Inhelder e Piaget, 1955/1958, p. 342-343; Piaget, 1947/1976, p. 122). O filósofo alemão Habermas (1976, p. 12, 74, 82, 164, 232) suspeitava que Piaget propunha nada menos do que uma *lógica do desenvolvimento* e apontou diversas analogias entre a epistemologia genética de Piaget e a teoria do desenvolvimento conceitual de Hegel (Habermas, 1983/1990, p. 8).

Na verdade, Piaget e Hegel fizeram alegações semelhantes quanto ao desenvolvimento cognitivo e suas regularidades. Ambos distinguiram diferentes níveis de desenvolvimento e descreveram a sucessão destes de modo semelhante, explicando a origem do conteúdo cognitivo em nível *n* + 1 por um processo de reflexão sobre a(s) forma(s) cognitiva(s) do nível *n* (por exemplo, Hegel, 1816/1951, p. 481; Piaget, 1961/1966, p. 246-247, 1970/1972, p. 63-64, 1975/1985, p. 51, 1977/2001, p. 305-306). Por essa razão, ambos descreveram o desenvolvimento intelectual como um processo a um só tempo proativo (isto é, que leva a um progresso) e retroativo (isto é, conduzido por reflexão sobre estruturas previamente construídas). Além disso, ambos descreveram metaforicamente a transição de um nível para o seguinte como uma reversão da direção da consciência ou de perspectivas (e.g., Hegel, 1807/1977, p. 55; Piaget, 1936/1952, p. 155, 1950b, p. 78, 1967, p. 1257, 1975/1985, p. 72; ver Kesselring, 1981, p. 69-73, 164). E por fim, ambos fizeram referência ao desenvolvimento cognitivo como um processo cíclico: Piaget (por exemplo, 1954/1973, p. 172, 1968/1971, p. 34, 1977/2001, p. 306) usou a imagem de uma *espiral* para ilustrar esse processo; Hegel usou a imagem de um *círculo de círculos* (1816/1951, p. 484). Existem algumas diferenças profundas entre ambos os autores: de acordo com Hegel, o desenvolvimento intelectual passa por uma séria contradição ao final de cada nível, enquanto Piaget fala apenas em desequilíbrios, que ele atribui às fases iniciais de um nível, e não às finais. Não obstante, essas analogias estão longe de ser triviais e merecem uma explicação, especialmente à luz do seguinte comentário de

Piaget: "Penso [...] que há um claro paralelo entre dialética hegeliana e psicogênese, tendo-se aí uma pura convergência sem influência, uma vez que, infelizmente, eu ainda não li Hegel" (Jean Piaget, comunicação pessoal, 13 de dezembro de 1976, traduzida pelos editores). Neste artigo, sem mais referências à dialética hegeliana (ver Kesselring, 1981, 1984), eu reconstruo a teoria do desenvolvimento de Piaget de um modo que essas regularidades, ou ao menos algumas delas, se tornem inteligíveis.

A visão kantiana

Em sua *Crítica da razão pura*, Kant tentou responder à questão sobre como são possíveis a geometria e as ciências que têm como base as matemáticas e as ciências naturais, em especial a física (Kant, 1787/1933, B X). Kant sustentou que tanto a necessidade de conhecimento matemático quanto a de ciências naturais são não analíticas, mas *sintéticas* e *a priori* (isto é, não dadas pela experiência). Em vez disso, ele propôs que o conhecimento humano se basearia em juízos necessariamente verdadeiros. Kant não explicou a origem desses juízos, mas supôs que fossem atingidos fazendo-se abstração da atividade da alma, que, de acordo com leis eternas, estrutura suas experiências (Kant, 1770/1968, § 8, § 15, corolário).

Duzentos anos depois, Piaget reformulou essa questão de uma perspectiva mais psicológica. Não é coincidência que ele se refira a Kant como "o pai de todos nós" (Piaget, 1965/1971, p. 220). Diversos pesquisadores (por exemplo, Lourenço e Machado, 1996; Smith, 1993) consideram a questão sobre a origem da verdade necessária um dos problemas centrais da epistemologia piagetiana. Na verdade, as investigações de Piaget sobre permanência de objeto, conservação de quantidades e conhecimento operacional – conceitos que formam o alicerce da matemática e das ciências naturais – estão diretamente relacionadas à questão kantiana. Piaget dedicou grande parte de seu esforço científico à análise do surgimento do pensamento operacional e ao conhecimento necessário. Seria essa gênese necessária (Smith, 1993, p. 183)? Até que ponto a sua gênese é independente de fatos empíricos "de fatores de natureza e nutrição" (Smith,

1993, p. 174)? É possível que uma gênese contingente possa conduzir ao conhecimento necessário?

Este ensaio não tentará solucionar esses complexos problemas, mas a questão sobre as regularidades no desenvolvimento cognitivo lhes está entrelaçada. Até onde vão essas regularidades e como podem ser explicadas? Existem evidências de que a busca por regularidades de desenvolvimento tenha sido uma das principais razões que fizeram Piaget elaborar uma teoria dos estágios (por exemplo, Piaget, 1970/1972, p. 102). Dado que essa teoria foi alvo de sérias objeções, é preciso primeiramente analisar tais objeções.

Principais objeções ao conceito de estágio de Piaget

> "Tenta-se construir estágios, porque esse é um *instrumento indispensável* para a análise dos processos." (Piaget, 1956/1977, p. 817)

A psicologia genética se assemelha a uma paisagem com uma rica diversidade de relevos, e a epistemologia genética é o mapa dessa paisagem. Se esse mapa for preciso, ele nos permite recapitular todas as rotas possíveis de que uma criança pode se valer num desenvolvimento cognitivo, as que são recomendadas por educadores e as que não o são. Assim como num mapa um contorno indica uma altitude, na epistemologia genética um nível ou estágio indica um tipo de complexidade estrutural relacionado a uma habilidade cognitiva. Evidentemente, um conceito de estágio não é um mapa bidimensional, e sim multidimensional, uma de suas dimensões sendo o tempo. Piaget distinguiu diversos níveis ou estágios epistêmicos (eu uso esses termos de maneira intercambiável), cuja sequência é irreversível. A atividade específica a cada estágio não surge antes que a organização do estágio precedente tenha alcançado um certo equilíbrio. A escrita, por exemplo, pressupõe o uso da linguagem oral, cuja aquisição, por sua vez, pressupõe a habilidade da criança em reconhecer tanto objetos (significações) quanto sons (signos). Piaget costumava subdividir cada nível em diferentes subestágios, a sequência dos quais ele igualmente consideraria irreversível. Além disso, ele descreveu o desenvolvimento cognitivo em termos de estruturas. Cada esquema, cada operação tem seus aspectos estruturais. O sincronismo do desenvolvimento depende de quão intensamente a criança é estimulada pelo seu ambiente social (Piaget, 1962/1973). Por essa razão, a idade específica com que ela chega a certo nível difere de acordo com as condições sociais.

Existem pelo menos nove diferentes objeções à teoria dos estágios de Piaget. Vou mencioná-las brevemente aqui e discuti-las com mais detalhes numa seção subsequente.

1. A teoria dos estágios é "excessivamente monolítica [e] universal" (Case, 1992a, p. 10): suas proposições são de alcance excessivamente abrangente, além do que elas são excessivamente gerais. Isso não explica o desenvolvimento específico ao domínio e não dá conta das diferenças individuais e das influências culturais que se exercem sobre o desenvolvimento cognitivo (Case, 1992a, p. 10, 17; 1992b, p. 166).
2. A falta de correlações intertarefas: entre diferentes tarefas que avaliam habilidades características do mesmo estágio, como conservação, classificação e seriação, correlações significativas não foram encontradas (Pinard e Laurendeau, 1969). Além disso, crianças diferentes dominam essas tarefas numa ordem diferente, tendo sido mostrado que um treinamento especial poderia exercer "um impacto numa classe de tarefas sem afetar nenhuma outra classe que, pelo que se poderia supor, lhe estaria 'estruturalmente relacionada'" (Case, 1992b, p. 165).
3. *Décalages* horizontais e verticais: em muitos casos, quando se poderia esperar uma aquisição sincrônica de habilidades que, ao que tudo indica, seriam estruturalmente semelhantes, como a compreensão da conservação de número, de massa, peso e volume, constatou-se uma assincronia (Lourenço e Machado, 1996, p. 151). Piaget (1956/1977, p. 816) referia-se a esse fenômeno como *décalage horizontal* e o distinguia da *décalage vertical*, que se refere à reconstrução de uma estrutura em diferentes níveis de

desenvolvimento. A assincronia em tarefas que tinham por base uma estrutura lógica semelhante intrigou muitos psicólogos do desenvolvimento (por exemplo, Case, 1985, p. 27; Case, 1992a, p. 38). Ambos os tipos de observação – os mencionados em (2) e em (3) – comprometem a ideia de uma estrutura lógica que sustente diferentes tipos de habilidades cognitivas.

4. Falta de descontinuidade: o termo "estágio" sugere que as transições de estágio sejam descontínuas (Habermas, 1976, p. 67), a exemplo do que sugere a sequência *lagarta – casulo – borboleta*. Por essa razão, uma sequência de estágios só pode ser verificada se as habilidades cognitivas entre indivíduos pertencentes ao mesmo estágio forem mais semelhantes entre si do que as de indivíduos pertencentes a estágios diferentes (Brainerd, 1978; Goswami, 2001, p. 267).
5. Dependência de idade: Piaget frequentemente usava a idade como indicador de estágio. O desenvolvimento cognitivo é relacionado à idade, mas isso não implica que uma habilidade específica apareça "num momento específico" (Smith, 1993, p. 39; ver também Smith, 1991).
6. Até que ponto as estruturas cognitivas são reais? Como biólogo, Piaget (1941, p. 46) supunha que as estruturas cognitivas seriam reais. Parecia atribuir essas estruturas à mente da criança ou do adolescente. Contudo, tem sido proposto (Vonèche e Vidal, 1985, p. 125) que, quando tentamos entender como pensam as crianças e adolescentes, podemos recorrer a modos de formalizar essas estruturas que sejam diferentes dos escolhidos por Piaget (1949/1972). Na verdade, em trabalhos posteriores o próprio Piaget (Piaget e Garcia, 1987/1991; Piaget, Henriques e Ascher, 1992) fez uso de modos diferentes de formalizar essas estruturas.
7. Causalidade estrutural: Piaget admitia que as estruturas têm o poder de exercer uma influência causal (Inhelder e Piaget, 1955/1958, p. 263-264). Essa expressão é problemática por três razões. Em primeiro lugar, não há meio de visualizar como um sistema operacional concreto – por exemplo, a lógica de

conjuntos ou classes – pode "se mover" e "se transformar", por sua própria "causalidade", num sistema operacional formal – por exemplo, uma lógica de proposições. Em segundo lugar, esta expressão contradiz o pressuposto básico de que a fonte última do desenvolvimento cognitivo seja a *atividade* do sujeito e nada além disso. Em terceiro lugar, o pensamento operacional é básico para o raciocínio humano, mas é uma razão, e não uma causa.

8. Paradoxo: não está claro como as estruturas cognitivas podem ser a um só tempo estáveis e rígidas, e, por essa razão, na condição de sistemas operacionais, como podem tornar possível algum tipo de conhecimento necessário (Smith, 1993, p. 146) e não obstante continuar a se desenvolver. Essa é a antiga questão sobre como a *gênese* (que envolve tempo) e a *validade* cognitiva ou mesmo a *necessidade* (que são atemporais) podem ser reconciliadas (Lask, 1911).
9. A teoria dos estágios é incoerente: Piaget descreveu níveis e estágios (e suas relações) de muitos modos diferentes (Smith, 2002; Vuyk, 1981, p. 191).

A impressão geral é a de que essas objeções à teoria dos estágios de Piaget são devastadoras.

A teoria modular e suas deficiências

Desde a década de 1980, em parte em resposta aos problemas encontrados pela teoria dos estágios de Piaget, tornou-se popular, se não predominante, a perspectiva de que "o desenvolvimento cognitivo é específico a domínio ou mesmo modular" (Goswami, 2001, p. 265). Essa perspectiva se baseia numa série de pressupostos (Case, 1992a, p. 45):

1. O desenvolvimento cognitivo já não é forçado a entrar numa camisa de força. Em domínios diferentes, o conhecimento se desenvolve de modos diferentes. Processos de aprendizado modulares são tidos por independentes da idade.
2. Competências específicas desenvolvem-se em diferentes módulos, não havendo relações particulares entre elas (Fodor, 1992; Goswami, 2001, p. 265).

3. Muitas teorias modulares se baseiam em sofisticados esquematismos estímulo-resposta, em processamento de informações e em programas biologicamente determinados.
4. Não há diferença entre aprendizagem e desenvolvimento. O desenvolvimento *é* um aprendizado cumulativo (Case, 1992a, p. 8).

Contudo, também o paradigma modular incorre em problemas (Case, 1992a, p. 9). A maior parte deles se encontra em direta oposição aos problemas encontrados pela teoria de Piaget. As teorias modulares excluem a possibilidade de correlações intertarefas e a ocorrência de *décalages* verticais, embora no desenvolvimento cognitivo se tenha ambos. Além disso, é falsa a premissa de que as crianças são capazes de aprender qualquer coisa em qualquer tempo. As descobertas advindas de estudos de treinamento são, na melhor das hipóteses, inconclusivas (Field, 1987), e crianças com menos de 5 anos fracassam em tarefas de conservação mesmo após intenso treinamento (Halford, 1989). As teorias modulares não explicam esses fatos.

De uma perspectiva epistemológica, uma pessoa é um ser uniforme que interpreta as diferentes porções de seu conhecimento consciente de um modo coerente (ou ao menos ela tenta fazê-lo). De que modo teorias modulares explicam essa busca de coerência? E de que modo explicam o conhecimento necessário, que dificilmente pode ser específico de um domínio (Smith, 1993, p. 5)?

Aparentemente, também o paradigma modular tem suas insuficiências, e essas não parecem ser menos prejudiciais do que as alegadas desvantagens da teoria piagetiana. O que se pode concluir desse estado de coisas? Case (1992a, p. 48) sugeriu que existe uma "progressão dialética" e que teorias neopiagetianas representam uma síntese entre teorias do desenvolvimento universais e atomistas (ver Capítulo 18, neste volume). Contudo, nesse caso o uso do dispositivo genuinamente piagetiano de reconciliar duas teorias em oposição por um *tertium quid*[1] não funciona, uma vez que Case não considerou que o atomismo exclui uma visão universal que, por sua vez, exclui o atomismo. O que necessitamos é de um

1 Diz-se de uma terceira coisa, desconhecida ou indefinida, que de algum modo se relaciona com duas outras coisas, estas sendo já conhecidas ou definidas. (N. do T.)

paradigma que, por um lado, seja suficientemente forte para combater o conhecimento necessário e, por outro, seja suficientemente móvel e flexível para acomodar conhecimento específico a domínio. Teoria como essa dificilmente pode ser atomista. Do que necessitamos é uma teoria *orgânica* – uma teoria que considere a mente humana como órgão uniforme, porém diferenciado e flexível. Os órgãos são flexíveis e capazes de se adaptar a diferentes situações e domínios. Por fim, eles estão abertos a desenvolvimento, justamente algo a que os "sistemas estáveis" não estão (Case, 1992a, p. 5). Ocorre que os órgãos são muito mais complexos do que tais sistemas, razão pela qual é muito mais difícil compreendê-los.

A teoria dos estágios de Piaget pode ser consertada?

Se ficar demonstrado que a teoria dos estágios de Piaget tem de ser abandonada, o que então restaria de sua teoria a não ser ruínas – e, evidentemente, a obra biológica de juventude de Piaget sobre moluscos em lagos suíços (ver, por exemplo, Piaget, 1914, 1929)?

Por essa razão, no que segue abordarei as diferentes críticas que têm sido dirigidas à teoria dos estágios de Piaget. Em primeiro lugar, vou lidar com as críticas que estiveram calcadas em equívocos simples (1) a (5). Na sequência, vou comentar sobre as diferentes versões da teoria dos estágios de Piaget (9). Por fim, abordarei as objeções mais sérias (6) a (8), passando a sugerir revisões à teoria de Piaget que deem conta dessas objeções.

Mal-entendidos da teoria dos estágios de Piaget

Muitos leitores de Piaget parecem associar estágios a escadas (Kärn, 1978), pisos e edifícios. Case deu a um de seus livros (1992a) o metafórico título de *The Mind's Staircase* [A escadaria da mente]. Esse título pode ser lido de três maneiras diferentes: (a) existe uma escadaria na mente; (b) a mente vive numa escadaria; (c) a mente é o criador (ou arquiteto) da escadaria, mas nem a escadaria existe na mente nem a mente vive numa escadaria. Se compreendida em um dos dois primeiros modos, a expressão parece irônica. Contudo, a metáfora da escadaria perde o seu significado irônico quando a lemos desse terceiro modo. As objeções (1) a (4) fazem sentido somente quando atribuímos os sentidos (a) ou (b) à expressão. Alguém que tiver se desenvolvido até o estágio *n* pode ser visto morando no piso *n*, o seu desenvolvimento adicional sendo um ato de constituição de novos pisos. Mas essa interpretação corre o risco de produzir sérios equívocos. Sendo estáveis e rígidos, edifícios não se movem de um lugar para o outro. Quanto mais alto o piso em que vivem seus ocupantes, mais panorâmica é a sua vista; porém, como é evidente, a visão de ninguém consegue transcender o seu próprio horizonte. Quem quer que queira expandir a sua visão tem de deixar o edifício e ir a um novo território. Ainda assim, uma vez isso tendo sido feito, ele pode preferir construir outro edifício numa nova localização, em vez de retornar ao antigo.

Falando em termos não metafóricos: se conseguimos mostrar que a teoria de Piaget é flexível e orgânica em vez de um composto de "sistemas estáveis" (Case, 1992a, p. 5), a objeção de que o desenvolvimento específico a um domínio é negligenciado pode ser refutada. Outros equívocos relacionados à metáfora do edifício podem ser igualmente eliminados: a ideia de que passar de um estágio ao seguinte é um processo repentino e descontínuo, ou então a premissa de que todas as crianças sobem de um piso ao outro com a mesma idade – como se se movessem simultaneamente de uma classe para a seguinte. Mesmo se concedermos que escalar estágios seja algo controlado por processos biológicos, não se segue daí que estágios tenham estritos limites de idade. Dizer que não é possível ensinar uma criança coisa alguma em idade nenhuma não significa que o desenvolvimento siga um cronograma exato. Em outras palavras: a idade "é, na melhor das hipóteses, um indicador, não um critério de estágio de desenvolvimento" (Lourenço e Machado, 1996, p. 147; ver Smith, 1993, p. 110).

A objeção do *décalage* (3) diz respeito a um aspecto mais específico da teoria de Piaget. O fato de que algumas habilidades estruturalmente semelhantes são adquiridas em diferentes momentos pode ter diferentes razões: ou o cenário empírico das tarefas inclui diferentes graus de dificuldade (Bringuier, 1977/1980, p. 59) ou as tarefas são de estrutura semelhante apenas em aparência, mas não de fato. Ou então elas são estruturalmente semelhantes, mas relacionadas a diferentes planos cognitivos (*décalage* vertical). Piaget descobriu muitos casos de *décalage* vertical, e isso pode ter sido uma das principais motivações para a busca de novos critérios de estágio.

Não há dúvida de que a insistência de Piaget em afirmar que processos de desenvolvimento perpassam sequências de estágios fazem a sua doutrina parecer dogmática. Além disso, algumas das explicações do próprio Piaget são desvirtuadoras, quando não enigmáticas. Nesse sentido, as críticas de (6) a (8) têm de ser levadas a sério. Completamente indefensável é a ideia de que estruturas exercem alguma forma de influência causal (7). A questão sobre a localização "real" das estruturas cognitivas (6) e de como sistemas que permitem o conhecimento necessário podem evoluir (8) torna-se crucial com relação aos tratados de Piaget sobre a formalização de estruturas operacionais (1949, 1972). Retornarei a essas questões mais adiante. Mas em primeiro lugar vou considerar a objeção de que a teoria de Piaget é inconsistente quanto ao número de estágios (9).

O que é mais promissor na teoria dos estágios de Piaget?

Rita Vuyk (1981, p. 191) afirmou que, "é um tanto confuso o fato de que o sistema piagetiano de numerar níveis ou estágios de aquisição se mostre diferente de um livro para o outro". Há, basicamente, dois tipos de inconsistências que precisam ser esclarecidas.

1. "Em muitos livros recentes, o nível I corresponde a fracasso, o nível II a êxito relativo e o nível III a êxito completo" (Vuyk, 1981, p. 191). Esse é o caso, por exemplo, da pesquisa de Piaget sobre o desenvolvimento de conceitos de conservação física (Piaget e Inhelder, 1941/1974). Em outras obras, o conceito de nível se refere a diferentes tipos de atividades cognitivas que surgem sucessivamente (inteligência sensório-motora, função simbólica e representação, pensamento operacional). Como resultado dos usos inconsistentes do conceito de nível, os níveis piagetianos não raro têm sido compreendidos como associados a uma hierarquia de valor. Níveis mais altos indicam pensamento correto, enquanto níveis mais baixos indicam deficiências cognitivas. Contudo, usado da segunda maneira (isto é, com

referência a habilidades que surgem sucessivamente), o conceito de nível não está relacionado a fracasso total ou êxito total.

2. Mesmo quando restrito ao segundo sentido, o conceito piagetiano de nível não é usado de modo consistente. "Em algumas publicações, Piaget distingue três estágios, em outras, cinco, mas em geral existem quatro estágios com subestágios" (Vuyk, 1981, p. 192).

Passemos a abordar essas inconsistências uma por vez. Quanto à primeira delas, é verdade que um tipo *n* de atividade cognitiva (isto é, o pensamento operacional), que surge mais tarde do que outro tipo *n-1* de atividade cognitiva (isto é, função simbólica), pressupõe a elaboração desse último – pelo menos até que um equilíbrio específico seja alcançado. Por essa razão, o tipo *n* aparece mais tarde que o tipo *n-1*, mas isso não tem nenhuma implicação de valor, já que em cada transição de nível o estilo cognitivo e a correspondente visão de mundo do sujeito também se modificam. Piaget frequentemente se referia a isso como "relatividade genética" (1936/1952, p. 380, 1950a, p. 51): nossa visão de mundo e sistema(s) de valores são sempre internos. Consequentemente, não há visão externa a estágios e nenhum sistema de valor absolutamente válido (Piaget, 1967, p. 1269). Por isso, seria equivocado associar a teoria dos estágios de Piaget a uma hierarquia de valores, muito embora Piaget nem sempre fosse coerente quanto a esse ponto e, na condição de cientista, costumasse compartilhar uma visão altamente otimista do progresso científico (Piaget, 1950c, p. 312-313; ver também Wetzel, 1984).

A segunda inconsistência é menos intrigante do que a primeira, e, no entanto, merece alguns comentários. A decisão entre uma teoria de três ou de quatro níveis (a versão de cinco níveis não desempenha um papel importante na teoria piagetiana, mas existe uma versão de seis estágios[2] em Piaget, 1954/1981) tem consequências para o modo como lidamos com as diferenças entre *décalages* horizontais e verticais. Além disso, a compreensão da natureza mesma das operações concretas depende de como decidimos essa questão.

2 Esta versão em seis estágios é compatível com a versão em quatro estágios, mas os três subestágios no primeiro estágio ou nível contam como se fossem cada qual o seu próprio estágio.

Nos anos entre 1923 e 1929, Piaget configurou o desenvolvimento cognitivo como um processo em três estágios principais (1923/1955, 1924/1976). O primeiro estágio ele chamou de um período de autismo (Piaget, 1928/1995, p. 199-200), noção que adotou com base em Freud (por exemplo, Piaget, 1924/1976, p. 158). Esse estágio deveria durar até o final do terceiro ano de vida (1924/1976, p. 246, 1927/1960, p. 302). Nesse período, o pensamento da criança é adualista e não direcionado. O segundo período ele chamou de egocêntrico (a criança não é capaz de distinguir claramente entre a sua perspectiva e a de outra pessoa), período este que deveria durar dos 3 anos aos 7 anos (Piaget, 1927/1960, p. 303). Por fim, o terceiro período é caracterizado por raciocínio dedutivo e reciprocidade social (Piaget, 1924/1976, p. 251-253, 1928/1995, p. 207-208). Essa primeira versão de uma sequência em três estágios é vulnerável a críticas de que estaria comprometida com uma noção de progresso num sentido avaliativo. Contudo, Piaget viria a abandonar essa teoria de estágios o mais tardar até 1936 (ver Kesselring, 1981, p. 164).

De 1936 em diante, Piaget propôs um conceito de estágio diferente. Em razão da meticulosa observação do desenvolvimento de seus próprios filhos durante os primeiros 2 anos de vida, ele substituiu a ideia de um período autista pela ideia de um período de desenvolvimento sensório-motor (que duraria até cerca de um ano e meio; ver Capítulo 9, neste volume). Além disso, observou algumas semelhanças entre a ordem com que algumas das primeiras habilidades cognitivas se desenvolvem durante os primeiros 18 meses e aquela em que algumas capacidades "de nível mais elevado" se desenvolvem em períodos posteriores (Piaget, 1937/1954, p. 364-380, 1945/1962, p. 237-273, 1947/1976, p. 122-123). Se antes de 1930 ele descreveu o desenvolvimento cognitivo integralmente como um processo de *descentramento,* de 1936 em diante discerniu processos de descentramento no desenvolvimento sensório-motor de processos em inteligência pré-operacional. Na década de 1950, Piaget identificou um processo de descentramento também no nível das operações formais (Inhelder e Piaget, 1955/1958, p. 343-346).

Porém, esse último tipo de teoria dos estágios existe em duas versões. Em alguns livros e artigos, Piaget distinguiu três níveis principais (Inhelder e Piaget, 1955/1958, p. 342-343, 1970, 1975/1985). Smith (1993, p. 40) adere a essa versão. Em outras publicações, Piaget (por exemplo, 1970/1972) distinguiu quatro estágios. Muitos intérpretes preferem essa última taxonomia (por exemplo, Case, 1985; Goswami, 2001; Kesselring, 1999; Vuyk, 1981). Em outras obras ainda (por exemplo, Piaget e Inhelder, 1966/1969, p. 93-96), Piaget apresenta um misto das duas versões.

À parte simplesmente o número de níveis, as duas versões diferem em termos da importância dada por Piaget aos processos de descentramento. Na versão em três níveis, Inhelder e Piaget interpretaram os pensamentos pré-operacional e operacional concreto como duas partes de um processo de descentramento (1955/1958, p. 343). Na versão em quatro níveis, por contraste, as operações concretas por si sós marcam um nível, o que sugere o término do processo de descentramento pré-operacional (Goswami, 2001). No que segue, passarei a analisar mais detidamente as implicações das versões de três e quatro níveis.

Rumo a uma interpretação orgânica da teoria piagetiana dos estágios: uma nova proposta

Nesta seção, mostrarei que a teoria dos estágios de Piaget pode ser considerada de um modo diferente, caso se consiga responder às objeções (6) a (8) e transformar a doutrina dos estágios numa teoria maleável acerca de uma mente humana que apresente um funcionamento flexível. Aproveitando meus escritos (Kesselring, 1981, 1984, 1990, 1993, 1999), proponho o que chamo de interpretação orgânica da teoria de Piaget. Se não atribuímos aos níveis sistemas integralmente estruturais, e sim "esquemas de construção", as razões para a maior parte das objeções desaparecem. Como devo mostrar, o que se desenvolve ao longo de níveis e estágios não são estruturas ou sistemas estruturais construídos por uma criança ou adolescente, mas sim diagramas (padrões, esquemas) de acordo com os quais as estruturas são construídas. No que segue, passarei a elaborar essa tese. A elaboração equivale a uma reformulação de algumas partes da teoria de Piaget, e eu ilustro essas modificações em função de abstração reflexionante e equilibração, tomada de consciência e descentramento. Reformular a teoria de Piaget dessa maneira deveria tornar inteligível o motivo de estruturas cognitivas poderem funcionar de modo diferente em diferentes domínios, por mais que pertençam ao mesmo nível, em vez de representarem diferentes entidades modulares não relacionadas.

A linha espiral suspensa

O desenvolvimento cognitivo foi repetidamente ilustrado por Piaget com uma linha espiral ou pirâmide (1970/1972, p. 67), que é suspensa em seu topo e cresce de cima para baixo. O topo é apenas um ponto, mas na via descendente a linha espiral se alarga – como uma concha de caracol. Essa metáfora pode ser interpretada como segue: embora a linha espiral ou pirâmide aumente em altura – o crescimento é *proativo* ou *construtivo* (Piaget, 1962/2000, p. 244, 1967, p. 1263, 1967/1971, p. 320/321, 1980, p. 10, 216), o processo que produz altura é orientado para trás – é *retroativo* ou *reflexivo* (1950a, p. 76, 1950c, p. 314, 319, 1974/1980, p. 90). Essa descrição (que, aliás, corresponde exatamente ao modo como Hegel descreve o desenvolvimento intelectual, ver Hegel, 1816/1951, p. 477-481) sugere que o processo a subjazer ao desenvolvimento cognitivo é reflexivo. A esse duplo processo, Piaget atribui a construção que, necessária, é ao mesmo tempo "sempre aberta a novas melhorias" (1967, p. 1249, *tradução minha*).

Abstração reflexionante. Faz sentido considerar a abstração reflexionante, e não a equilibração, como sendo a força motriz do desenvolvimento – ainda uma vez, fazendo analogia a Hegel (Kesselring, 1981). A equilibração explica somente como dadas estruturas são equilibradas e se tornam coerentes, mas não o modo como as próprias estruturas são construídas. Os problemas que surgem se tomarmos a equilibração como o processo de construção de estruturas foram analisados, mas não resolvidos por Smith (1993, p. 146).

Diagrama. A espiral suspensa ou pirâmide não tem caráter de escadaria ou de edifício, mas de um *padrão* ou *diagrama* em lento crescimento. Esse padrão pode ser visto como um instrumento para tornar o conhecimento possível – no mesmo sentido em que Kant propunha que as ciências empíricas dependem de algumas capacidades mentais – *intuição* e *categorias* –, cujo funcionamento é *a priori* (Kant, 1787/1933,

B XVI). Existem outras metáforas adequadas para descrever a natureza e a "fundamentação racional" da espiral: a de um *selo*, que é impresso nos objetos de conhecimento; de *óculos* pelos quais percebemos com mais clareza como nosso ambiente se parece. De modo mais preciso, porém, um *diagrama* é um *programa* para criar ou construir alguma coisa – comparável ao programa seguido pelas abelhas quando constroem favos de mel. Ainda assim, esse diagrama não é nem estático nem imóvel, mas aberto a desenvolvimento. O mais perto que Piaget (1967/1971, p. 201-213) chegou dessa perspectiva foi em sua discussão sobre regulações que controlam o funcionamento de processos orgânicos e evoluem para padrões de comportamento sensório-motor. Ele próprio não usa o termo *diagrama* [*blueprint*]; em vez disso, usa o termo *esquema* [*scheme*], mas um esquema é um padrão que regula um comportamento ou ação, não um plano de construção.

Um padrão ou diagrama é autorregulado e regula processos de construção cognitiva.[3] Um diagrama não assimila coisa alguma, nem se acomoda a coisa alguma. Tampouco faz sentido dizer, por exemplo, que uma dada operação lógica ou matemática assimile objetos ou se acomode a eles. A assimilação ocorre quando o sujeito aprende a fazer alguma coisa, como, tomando um exemplo das matemáticas, extrair uma raiz quadrada. Esse aprendizado implica a construção de um arcabouço estrutural específico e o treinamento das operações a ele relacionadas. A uma habilidade operacional corresponde o que para a inteligência sensório-motora vem a ser um esquema; mas uma habilidade operacional é algo muito mais complexo. Inclui diversas funções: um programa de construção para um arcabouço estrutural, um *know-how* operacional relacionado a esse arcabouço e à capacidade de diferenciar entre situações e reconhecer qual operação se adequa a uma dada situação. Essas funções não necessariamente surgem ao mesmo tempo.

O diagrama não é em si um objeto estruturado, assim como o diagrama da abelha para construir favos de mel não é em si um favo de mel. Em outras palavras, o diagrama não tem as propriedades estruturais de seus

3 Piaget (1983/1987, p. 142) comparou os princípios organizacionais de um organismo aos da cognição: os órgãos integrados a um organismo correspondem às estruturas integradas ao sujeito cognitivo.

produtos. Uma colmeia é formada quando abelhas produzem favos de mel – um após o outro. Todos os favos de mel são formados pelo mesmo diagrama. O mesmo acontece quando um arcabouço estrutural é construído. Mas enquanto colmeias são construídas sempre de acordo com o mesmo padrão, o conhecimento humano é produzido de acordo com padrões em evolução. Isso traz duas implicações teoricamente importantes:

1. Os seres humanos são capazes de construir estruturas cognitivas de complexidade gradualmente crescente; em outras palavras, o próprio tipo de construção modifica-se ao longo do tempo. Se a criança de até 2 anos tem diferentes esquemas à sua disposição, o adolescente tem a seu dispor muitos planos de construção diferentes. Faz sentido supor que chega a haver diagramas para a construção de diagramas (de um tipo inferior, e tais diagramas, por sua vez, são programas para a construção de esquemas mais elementares).
2. O que se desenvolve é o diagrama, e não as estruturas, cuja construção ele regula. Por toda uma gama de razões, aí se tem um ponto importante. *Em primeiro lugar*, seria estranho dizer que um sistema operacional (isto é, a lógica de classes) passa por um desenvolvimento mais profundo e se torna outro sistema operacional (por exemplo, a lógica proposicional). *Em segundo lugar*, até certo ponto, o desenvolvimento do diagrama não implica a construção completa de um sistema estrutural, como não implica, assim sendo, a capacidade do sujeito de executar todas as operações relacionadas a tal sistema. É por isso que fazer-se capaz de lidar com a lógica proposicional não significa necessariamente se fazer capaz de realizar *todas* as operações relacionadas a ela. Alguns aspectos da lógica proposicional são semelhantes aos da lógica de classe, razão pela qual podem ser aprendidos antes de outros, com os quais o indivíduo não está familiarizado (Lourenço e Machado, 1996, p. 157). Em *terceiro lugar*, o diagrama em si não tem estrutura hierárquica, mesmo que seja um programa para a construção de estruturas hierárquicas (por exemplo, a habilidade operacional

concreta de inclusão em classe).[4] Existe uma razão simples para isso: estruturas construídas de acordo com o diagrama devem-se a atividades (de um certo tipo), e é a *iteração* dessas atividades que cria estruturas hierárquicas. O platonismo se torna compatível com o construtivismo tão logo operamos distinções sistemáticas entre diagrama e sistemas estruturais. O dilema descrito por Campbell e Bickhard (1986, p. 4, 52) e Smith (1993, p. 148) desaparece – por esse dilema, um sistema que permite o conhecimento necessário é rígido, razão pela qual não pode evoluir, e um sistema que muda não pode permitir o conhecimento necessário. Em *quarto lugar*, a questão sobre se as estruturas lógicas e algébricas que Piaget tentou formalizar realmente existem na mente da criança ou do adolescente não mais se põe. O que atribuímos à mente da criança são alguns diagramas (isto é, programas de construção); os sistemas estruturais, contudo, são criações da atividade cognitiva de seres humanos e pertencem ao que Popper chamou de mundo 3 (ou seja, não pertencem nem ao mundo material nem ao mundo subjetivo; Popper, 1979). O truísmo de que a validade de um sistema cognitivo não pode ser explicada por sua gênese, e de que a sua gênese não pode ser explicada com base em sua validade (Lask, 1911), já não deveria preocupar a epistemologia genética. Em *quinto lugar*, é evidente que o diagrama tampouco é uma operação cognitiva. Operações lógicas e matemáticas (por exemplo, 7 + 7 = 14) estão vinculadas a sistemas cognitivos (isto é, um sistema de agrupamentos ou de grupos), mas esses sistemas não "existem" como arcabouço pré-estabelecido na mente de um indivíduo. Em *sexto*, torna-se igualmente evidente o motivo pelo qual a equilibração não pode ser a força motriz por trás da construção do sistema. A equilibração não é nem um poder de construção nem um arquiteto que supervisiona uma construção. A equilibração é apenas o processo pelo qual um sistema estrutural se ajustou e se regulou. O sistema em si é construído por meio de abstração reflexionante.

4 Piaget infelizmente confundiu esses aspectos (ver, por exemplo, 1967, p. 1249).

Existe uma evidência de que o próprio Piaget não teria feito uma distinção cuidadosa entre o plano dos diagramas e o de estruturas construídas de acordo com um diagrama (Piaget, 1983/1987, p. 141-142, é uma rara exceção). Por vezes, Piaget (1949/1972) usou o conceito de estrutura(s) não apenas quando descreveu e analisou capacidades cognitivas (por exemplo, o comportamento de solução de problemas de crianças e adolescentes), mas também quando definiu níveis e estágios. Ocorre que estruturas são construídas por uma atividade regulada por um diagrama, enquanto níveis são fases subsequentes no desenvolvimento do diagrama. Além disso, estruturas não estão estritamente vinculadas a períodos ou níveis de desenvolvimento, e isso porque uma estrutura anterior (por exemplo, a inteligência sensório-motora) não perde a sua importância em períodos de desenvolvimentos posteriores.[5]

Mesmo diagrama, diferentes tipos de estruturas

As capacidades cognitivas dos seres humanos em última instância formam uma unidade. Essa unidade cobre diferentes padrões, que regulam diferentes funções cognitivas. Porém, não faz sentido supor que haja um número indefinido de diagramas coexistindo de maneira atomística sem relação entre si. Para explicar como o conhecimento necessário pode ser construído, mais conveniente é pensar num número reduzido de diagramas que, ademais, se relacionam entre si.

Um diagrama específico a um nível particular permite a geração de padrões estruturais de mais de um tipo, o que pode ser aplicado a diferentes tarefas específicas desse nível. Se interpretamos desse modo os mecanismos cognitivos, com mais facilidade compreendemos por que com tanta frequência acontece de uma criança ser capaz de resolver uma tarefa, mas não uma tarefa de estrutura semelhante à da primeira. Também fica claro por que estruturas construídas num domínio específico podem se tornar produtivas mais tarde, num domínio diferente. Os padrões estruturais constituem a base para tarefas particulares. Embora

5 Se Piaget tivesse descrito níveis e estágios apenas em relação a digramas (esquemas), ele teria poupado a sua teoria de muita confusão.

padrões estruturais, a emanar do mesmo diagrama, sejam de certo modo semelhantes, não há razão para supor que uma criança os ative todos ao mesmo tempo. A ordem com que tarefas aparentemente semelhantes são resolvidas pode diferir de uma criança para a outra. Apresentarei dois exemplos que ilustram as semelhanças e diferenças entre padrões estruturais dependentes do mesmo diagrama.

Invariância sensório-motora. A permanência do objeto é um esquema de que Piaget se valeu para descrever o conceito de invariância que a criança adquire na transição da inteligência sensório-motora para a pré-operacional (ver Capítulo 9, neste volume). Proponho que não há apenas um esquema de invariância, mas toda uma família de esquemas vinculados por uma espécie de semelhança de família.

1. A permanência do objeto em sentido estrito implica que a criança saiba que diferentes imagens sensoriais correspondem a um objeto material e que um objeto existe independentemente de ser de fato representado por alguma imagem sensorial.
2. A permanência se relaciona igualmente a pessoas ("pessoas também se tornam objetificadas e especializadas", Piaget, 1954/1981, p. 40). O autorreconhecimento especular (por exemplo, Bertenthal e Fischer, 1981; Brooks-Gunn e Lewis, 1984; Hoffman, 2000, p. 69, 71) parece ser uma consequência da aquisição do conceito de permanência das pessoas.

O esquema de permanência tem sua importância também na aquisição da linguagem, já que uma criança deve compreender intuitivamente que uma palavra e seu significado se mantêm os mesmos em diferentes situações.

Pensamento operacional concreto. Piaget tomou reversibilidade e compensação como sendo dois dos principais critérios para o pensamento operacional concreto, tendo demonstrado a importância desses critérios para tarefas que demandam a conservação de quantidades. Ainda uma vez, tem-se toda uma família de exemplos para reversibilidade e compensação. Representariam estas o mesmo esquema ou esquemas diferentes? Os exemplos a seguir mostram que, para distinguir reversibilidade e compensação operacionais em relação ao tipo de invariância encontrado na inteligência sensório-motora e precocemente pré-operacional, um critério adicional pode ser útil: a receptividade à iteração. A iteração permite a descoberta de regularidades e, com isso, é um aspecto essencial da necessidade operacional.

1. A classificação é uma atividade operacional pela qual uma criança coordena duas relações – uma vertical (subsunção) e uma horizontal (relação entre elementos subsumidos); em si mesma, uma relação é construída por uma operação, e esse processo construtivo pode ser reiterado; Flippy é um cachorro; um cachorro é um mamífero; um mamífero é vertebrado etc.
2. Relações semânticas são análogas às de classificação, mas a sua ordem é invertida: o termo *cachorro* implica o termo *mamífero*, que, por sua vez, implica o termo *vertebrado* etc. A cada passo a informação decresce e a extensão de classe aumenta. Mais uma vez, o processo construtivo pode ser iterado.
3. A correspondência de um para um envolve a coordenação de duas relações: a seriação (um após o outro) e a correspondência. A operação pela qual a ordem é estabelecida é receptiva à iteração.
4. Para a compreensão de números naturais, é importante considerar a inclusão de classe entre números subsequentes. Esse aspecto é mais importante do que a mera coordenação entre seriação e correspondência de um para um (Smith, 1993, p. 153). A inclusão de classe é ela própria coordenada à seriação, e ambas permitem iteração *ad libitum*. Mais uma vez, a receptividade à iteração é um critério crucial para o pensamento operacional concreto.

Como o desenvolvimento é explicado?

O fato de que um diagrama tem por efeito o conjunto de diagramas em que o desenvolvimento se manifesta muda com o tempo: novos padrões se desenvolvem e padrões mais velhos são desativados. Por isso, não há descontinuidade, mesmo quando se tem uma transição de um nível para o seguinte. Nesta seção, adentrarei alguns dos processos que desempenham um papel central no desenvolvimento de um diagrama.

Tomada de consciência. Piaget (1974/1976, ver Capítulo 13, neste volume) descreveu o tornar-se consciente como um processo que se inicia na periferia da ação e progride na direção de seu centro regulatório. Enquanto o sujeito não é consciente de si mesmo, ele não é capaz de diferenciar com clareza entre si mesmo e seus ambientes (entre o eu e o mundo externo). Piaget (1962/2000) chamou essa atitude cognitiva de *egocentrismo*. É frequente o egocentrismo marcar a atitude no início de um nível de desenvolvimento. Enquanto o sujeito não se faz plenamente consciente de si mesmo e de sua perspectiva, ele está cego à diferença entre o que é subjetivo e o que é objetivo. Outra consequência desse adualismo é o que Piaget chama de *realismo* (1926/1960, p. 126) ou *fenomenismo* (isto é, a redução de sua própria perspectiva e atividade cognitiva aos efeitos de fenômenos externos; 1950b, p. 78). O processo de superação desse adualismo e, mais tarde, de coordenação de diferentes perspectivas é chamado de *descentramento*.

Quando o adualismo é superado, o sujeito se torna consciente de distinções e – atreladas a estas – de relações. Essas relações num primeiro momento se mantêm não coordenadas e mais tarde tornam-se coordenadas entre si. Esse processo de diferenciação e coordenação subjaz ao desenvolvimento de um diagrama e forma as estruturas, que são construídas de acordo com isso (e desse modo influenciam a visão de mundo do sujeito). Para sermos capazes de compreender o nível de desenvolvimento específico do diagrama, temos de verificar em qual plano cognitivo ocorrem os processos de diferenciação e coordenação. Esse plano é essencial para a determinação de um nível.

Abstração reflexionante. A força motriz do desenvolvimento é a abstração reflexionante. A abstração reflexionante não é o mesmo processo da tomada de consciência, mas existem algumas semelhanças: também a abstração reflexionante se inicia na periferia de uma ação e avança para o seu centro regulatório. Contudo, os resultados da abstração reflexionante são diferentes dos da tomada de consciência. A abstração reflexionante focaliza principalmente alguns *aspectos* da atividade cognitiva e das *relações* entre diferentes (aspectos das) atividades cognitivas. A abstração reflexionante não conduz a uma consciência clara – nem do objeto, nem do sujeito –, e sim a uma elaboração mais aprofundada do padrão regulatório subjacente à ação cognitiva, com isso promovendo o seu desenvolvimento posterior. Por outro lado, a abstração reflexionante não conduz ao descentramento, e isso porque este é causado por um crescente despertar da consciência.

Níveis de construção e transições de nível. Os quatro estágios cognitivos referidos por Piaget são: (I) inteligência sensório-motora, (II) pensamento pré-operacional, (III) operações concretas e (IV) operações formais. Em muitas de suas obras, Piaget subdividiu cada nível em dois subestágios e uma fase de transição (exceto no nível sensório-motor, no qual ele propôs seis subestágios). Faz sentido adotar essa divisão e distinguir em cada nível dois subestágios e uma fase de transição (Kesselring, 1993).

Forma e conteúdo. Piaget proporcionou uma descrição detalhada de como diferentes tipos de atividade cognitiva são construídos de nível para nível. Nesse contexto, ele costumava aplicar os conceitos de *forma* e *conteúdo*, argumentando que eles estariam relacionados de tal modo que as formas pertencentes ao nível n tornam-se o conteúdo de nível $n + 1$. Para citar Piaget:

> As estruturas sensório-motoras são formas em relação aos movimentos simples que elas coordenam, mas conteúdo em relação a ações interiorizadas e conceitualizadas do nível subsequente; as operações "concretas" são formas em relação a essas últimas ações, mas conteúdo em relação a operações já formais [...]; e estas, ainda uma vez, são apenas conteúdo em relação às operações que a elas se aplicam em níveis posteriores (1970/1972, p. 67-68).

Esse enunciado é decisivo para a compreensão de como Piaget conceitualizou a sucessão de níveis. Não existem estruturas cognitivas essenciais que tenham sido extraídas por abstração empírica do mundo exterior. Em outras palavras, o programa de construção do sujeito (isto é, o diagrama) integra exclusivamente esquemas ou padrões de suas próprias atividades cognitivas do nível precedente. Em outras palavras, padrões ou programas de construção comportamentais, que se desenvolveram em níveis anteriores, são integrados a padrões de níveis subsequentes. Ainda uma vez, porém, isso não significa que as estruturas de inclusão de classe (nível III) sejam integradas à lógica proposicional (que Piaget atribuía ao nível IV), e isso porque as noções de forma e conteúdo se referem à formação de um diagrama. Quando as formas de nível *n* se tornam o conteúdo de nível *n + 1*, elas são transformadas, com isso perdendo sua condição de formas.

Transições de nível

Como critério para transições de nível, pode-se pensar primeiramente em (a) *reversibilidade lógica* e *compensação* para inteligência operacional (Piaget, 1957, 1975/1985, p. 94-108) e *reversibilidade empírica* para inteligência sensório-motora (Piaget, 1937/1954, p. 79-86) e (b) esquemas ou conceitos de *invariância* e *conservação* (objeto permanente, invariância de massa, proporcionalidade etc.; Piaget e Inhelder, 1941/1974). Mas existem alguns critérios adicionais que muitas vezes têm sido negligenciados pela literatura piagetiana: (c) ao descrever o desenvolvimento como um processo de descentramento, Piaget frequentemente caracterizou a transição de nível como *conversão* ou como reversão de consciência – em estrita analogia a Hegel, que em sua dialética descreveu as transições de nível exatamente da mesma forma (Kesselring, 1981). Piaget não raro se refere a essa reversão como uma *revolução copernicana* (1962/2000, p. 243, 1962/1973, p. 16, p. 13, 1970/1972, p. 21; Piaget e Inhelder, 1966/1969, p. 13): o sujeito olha de volta para o seu próprio ponto de vista cognitivo (anterior) e a si mesmo considera objeto de reflexão, assim como na teoria copernicana a Terra se tornou objeto de reflexão astronômica. Nas palavras de Piaget, o sujeito tem de "se tornar apenas um elemento no universo que ele constrói" (Piaget e Inhelder, 1941/1974, p. 62).[6] Essa autorreflexão indica ter sido alcançado um plano de reflexão novo e superior – que sempre marca um novo plano cognitivo; e este é um quarto critério (d) para transições de

6 No prefácio de sua *Crítica da razão pura*, é da mesma maneira que Kant (1787/1933, B XVI) se refere à revolução copernicana. Ele observa que, para explicar a possibilidade de conhecimento científico acerca de objetos (físicos), temos de refletir sobre funções cognitivas que são centrais (*intuição e categorias*). De acordo com Piaget, contudo, a inversão do foco atencional da mente não acontece apenas uma vez, e sim diversas vezes – a saber, a cada transição de nível.

nível. Assim, a introdução de um novo nível cognitivo conduz à construção de novos tipos de entidades e, com isso, a uma mudança profunda na visão de mundo do sujeito.[7] A esse respeito, uma transição de nível se assemelha a uma mudança de paradigma no sentido de Thomas Kuhn (1970). Piaget usou um critério de menção (d) no contexto de uma explicação de transições do nível I ao nível II e do nível III ao nível IV, porém não os invocou ao explicar a transição do nível II ao nível III (essa, aliás, pode ter sido uma das razões pelas quais ele se mostrou inseguro sobre se o pensamento operacional concreto por si só marca um nível).

Transição I-II. Na transição do nível I para o nível II, é o plano da representação ou imaginação que torna possíveis a função simbólica, a aquisição de linguagem e o pensamento pré-operacional. No nível I, a criança de até 2 anos adquiriu o esquema de uma imagem sensorial: essa criança se mantém atenta a uma imagem sensorial somente à medida que permanece em contato sensorial direto com tal imagem; quando perde contato, comporta-se como se a imagem não tivesse substrato permanente. No nível II, a criança de até 2 anos tem à disposição o esquema do objeto permanente. A objetos permanentes ela se refere de um modo completamente diferente de como faz às imagens sensoriais. Um objeto é idêntico a si mesmo, não importando se está presente ou ausente ou se é visto pelo lado da frente ou de trás.

Transição III-IV. Piaget (Inhelder e Piaget, 1955/1958, p. 251-255) descreve algumas novidades cognitivas que surgem na transição do nível III para o nível IV (ver Capítulo 11, neste volume). O pensar torna-se hipotético e dedutivo. Isso significa que a realidade recebe o estatuto de apenas um mundo entre muitos outros possíveis. O adolescente começa a refletir sobre a sua própria posição na sociedade, sua vida futura etc. Essas novidades cognitivas devem-se ao surgimento de um novo plano cognitivo: o adolescente adquire a capacidade de refletir sobre o seu pensamento operacional e assim começa a exercitar *operações de segunda ordem* (operações sobre operações). Com isso, começa a construir novos tipos de

7 A reconstrução da teoria dos estágios de Piaget por Case (1992) é, em diversos aspectos, semelhante à que foi proposta neste capítulo. Contudo, uma vez que Case não considera os critérios (c) e (d), ele chega a resultados completamente diferentes.

objetos cognitivos, como a lógica combinatorial, as probabilidades, a necessidade lógica, a proporcionalidade, a função (no sentido matemático) e números transfinitos.

(a) • • • • • ◦ ◦
(b) • • • • •

Figura 17.1. Inclusão de classe: comparação de classe superordenada (a) com subclasse mais ampla (b).

É evidente que também essa mudança cognitiva transforma a ontologia do sujeito.

A transição II-III

Mas o que acontece na transição do nível II para o nível III? Discuto essa questão mais detidamente porque a análise do próprio Piaget me parece incompleta. Passemos a alguns exemplos.

A *inclusão de classe* envolve a compreensão de que uma subclasse se encontra incluída em sua classe superordenada. A inclusão de classe é avaliada mostrando-se a uma criança em idade pré-escolar, por exemplo, sete bolinhas de gude de madeira, cinco delas pretas e duas brancas. Quando a criança em idade pré-escolar é questionada quanto a haver mais bolas de gude de madeira ou mais pretas, ela costuma responder "mais pretas" (Piaget, 1941/1952, p. 161-184). À primeira vista, isso pode surpreender, já que tal tarefa parece simples. Contudo, crianças fracassam ao comparar a classe inteira com a maior de suas duas subclasses mutuamente excludentes. Mesmo se repetirmos a questão de maneira correta, a maioria das crianças não se mostrará capaz de dar a resposta correta. Que tipo de dificuldade temos aí? Se as cinco bolas de gude pretas são separadas do todo, mantêm-se tão somente as duas brancas. Por essa razão, a criança apenas compara as duas subclasses e não considera o todo. Piaget atribuiu esse comportamento a uma falta de reversibilidade. A criança não consegue antecipar a recomposição do todo.

Mas essa não pode ser toda a história. A fim de resolver o problema de inclusão de classe, a criança tem de (a) inserir todas as bolas de gude, as pretas e as brancas, numa única classe (superordenada) e (b) considerar a subclasse das cinco bolas de gude pretas de modo independente, como se, por si próprias, constituíssem uma classe menor. É impossível executar fisicamente essas duas operações de modo simultâneo porque, conforme se mostrou na Figura 17.1, a subclasse de bolas de gude pretas ou é reunida à subclasse de bolas de gude brancas ou dela mantida separada.

Seguindo essa análise, a dificuldade inerente à inclusão de classe não consiste em configurar a subclasse maior à parte do conjunto da classe (crianças pré-operacionais são capazes até mesmo de representar um conjunto de objetos ausentes), mas em comparar duas classes diferentes – a subclasse de bolas de gude pretas e a classe superordenada de todas as bolas de gude. Isso é difícil porque somente uma dessas classes está materialmente presente, enquanto a outra tem de ser imaginada como estando presente. A resolução do problema de inclusão de classe demanda um *ato representacional de segunda ordem*.

Um conjunto ou classe é algo imaterial que podemos apenas imaginar: um conjunto é "cada coleção C de alguns objetos distintos dados em nossa *representação ou pensamento*" (Cantor, 1895/1932, p. 282, *tradução e ênfase do autor*). A ideia de iteração, que é essencial para o conceito de número natural, encontra-se atrelada ao conceito de inclusão de classe – um processo operacional que depende da capacidade de executar atos representacionais de segunda ordem. O próprio Piaget (1940/1967, p. 63) menciona a representação de segunda ordem, mas somente no contexto do pensamento operacional formal.

Inversão entre esquerda e direita, quando uma pessoa realiza um giro de 180 graus. Aqui duas relações (aquelas entre esquerda e direita e entre posições demasiadamente opostas) precisam ser coordenadas (Piaget, 1924/1976, p. 98-101). A iteração é possível, e com a segunda rotação a posição original é reestabelecida. Uma criança de 4 a 5 anos, sentada diante de outra pessoa, pode ser perfeitamente capaz de imaginar como é sentar no lugar daquela pessoa, mas ainda não é capaz de coordenar esquerda e direita num sistema de relações espaciais a envolver duas pessoas, uma sentada em oposição à outra. Para superar essa dificuldade, a criança tem de imaginar a situação inteira por uma perspectiva externa. Mais uma vez, a coordenação demanda um ato representacional de segunda ordem.

A conservação de quantidade ou massa. Na análise da conservação de massa (Piaget e Inhelder, 1941/1974), enfatizou-se o uso pelas crianças da reversibilidade, da compensação e de argumentos de identidade: a transformação bola-linguiça pode ser revertida, a linguiça é mais fina, porém mais longa, e durante o processo de transformação nada foi retirado nem acrescentado à massa de argila. Mas esses argumentos são insuficientes para proporcionar a conservação de massa. Quando uma bola de argila é transformada numa salsicha, a soma de comprimento e espessura (média) não se mantém constante. Por que, então, a criança é convencida de que a massa se conservou? Em vez de simplesmente comparar comprimento e espessura da bola e da salsicha, ela tem de imaginar diversas fases da transformação (sua iteração) e comparar as diferenças de comprimento e espessura nessas diferentes fases. Aqui ainda uma vez se demanda um ato representacional de segunda ordem. É evidente que a criança não tem o conceito de uma função matemática à sua disposição, mas a conservação de massa é o seu precursor operacional concreto.

A discussão desses exemplos pode bastar para demonstrar que um ato representacional de segunda ordem é necessário para a realização de operações concretas. O novo nível de representação permite à criança comparar não apenas coisas com coisas e então relações com relações (como as crianças pré-operacionais fazem), mas também diferenças (quantitativas, por exemplo) entre relações com diferenças entre outras relações. Mas a criança operacional concreta pode revelar essa nova habilidade apenas se a sua imaginação for amparada por material concreto ou por desenhos. É por isso que Piaget chamou essas operações de *concretas*. Ao usar essas operações, as crianças constroem conceitos que representam novos tipos de entidades – conjuntos, classes, números (números *naturais*), diferenças quantitativas. Essas entidades são todas construídas na imaginação. As operações recém-adquiridas podem ser iteradas, e com o seu auxílio as crianças pela primeira vez se tornam capazes de construir sistemas operacionais hierárquicos.

A transição do nível II para o nível III é, ainda uma vez, acompanhada por uma mudança abrangente na ontologia da criança. Ela descobre novas propriedades, como a propriedade de algo ser lógico ou ilógico, explicável ou inexplicável. E a partir daí o mundo é visto como dotado da propriedade de ser calculável – aberto a tratamento matemático (e lógico). Assim, ao que tudo indica, a inteligência pré-operacional e operacional concreta é própria de diferentes níveis. A perspectiva em três estágios proposta por Smith (1993, p. 40) revela-se indefensável.

Não há razão para acreditar que uma criança que tenha alcançado um novo nível num domínio cognitivo chegue a ele também em outros domínios. Que um diagrama possibilite a uma criança construir um tipo especial de padrão estrutural, isso não implica que todas as estruturas possíveis do mesmo padrão tenham de surgir simultaneamente. Em outras palavras, a teoria não faz quaisquer reivindicações relacionadas a quando, onde e como a criança usa esse tipo de padrão estrutural em outros domínios cognitivos.

A criança é consciente de uma transição de nível?

Embora transições de nível sejam processos de um tipo especial, elas não ocorrem de maneira descontínua, como alguns críticos de Piaget alegaram (ver discussão anterior). Para usar uma analogia, as transições de nível são semelhantes a cruzar um limite florestal. Normalmente, diferentes zonas climáticas que um alpinista atravessa ao escalar uma montanha elevada não são separadas por uma fronteira bem definida. Não obstante, o conceito de zonas climáticas faz sentido. Assumir que a transição de um nível para o seguinte é marcada por um passo rápido e descontínuo ou mesmo por um grande salto (por exemplo, Brainerd, 1978, p. 210) é algo tão estranho quanto sustentar que ao cruzar o limite florestal um alpinista se comporta de maneira especial, podendo saltar sobre ele, apressar-se ou sofrer uma crise.

A noção de transição de nível não cria obrigação alguma de imputar à criança uma consciência dessa transição (a maior parte dos passageiros num avião cruzando a linha do equador não presta atenção a esse fato). A criança só pode se tornar consciente de que o seu modo de se comportar mudou quando lembra com clareza de como ela costumava pensar antes. Essa consciência, contudo, não acompanha todas as mudanças no modo de pensar, e nem todas as mudanças desse tipo estão relacionadas a uma transição de nível.

Uma questão final diz respeito à superação do egocentrismo e ao surgimento de uma autoconsciência. Piaget descreveu a transição do nível

I ao nível II, bem como a transição do nível III ao nível IV, como períodos em que um processo de descentramento termina num nível e dá lugar, no nível seguinte, a uma forma nova e mais complexa de egocentrismo (por exemplo, Inhelder e Piaget, p. 343-344). Em ambas essas transições, tem-se um enriquecimento significativo da autoconsciência: a criança de até 2 anos (transição do nível I para o nível II) que se reconhece no espelho atingiu um novo entendimento de sua própria corporificação (Piaget, 1937/1954, p. 208, 1954/1981, p. 40; ver Capítulo 9, neste volume). Um adolescente (transição do nível III para o nível IV), após passar por um subestágio de forte egocentrismo, começa a refletir sobre a sua própria posição na sociedade e em como ele é percebido por seus pares (Inhelder e Piaget, 1955/1958, p. 346-347).

Mas o que acontece na transição do nível II para o nível III? Piaget aparentemente não observou nenhum comportamento indicativo de um egocentrismo inicial no começo do nível operacional concreto. Ao que parece, acontece o oposto: o pensamento da criança se torna lógico e social (Piaget, 1923/1955, 1924/1976), e a criança que joga um jogo envolvendo regras aprende a prestar atenção às regras porque agora ela é capaz de se pôr na posição de outra pessoa (Piaget, 1932/1965, p. 84-100). Pela mesma razão, ela adquire a atitude de mútuo respeito e compreende a *Regra de Ouro*: não faça aos outros o que não quer que os outros lhe façam (Piaget, 1932/1965, p. 395-406). Assim, parece não haver centralização ou egocentrismo claros no início do nível III.

Entretanto, se olharmos mais de perto e formos além dos escritos de Piaget, facilmente descobrimos um tipo especial de centralização, típica do nível III: no domínio cognitivo predomina uma centralização em *coisas dadas* (números "naturais", em vez de números negativos e/ou racionais; estados de coisas *reais* em vez de *possíveis*). E no domínio social e ético, o pensamento da criança se mantém centrado no pequeno grupo de pessoas que vive com ela. Inicialmente, esse grupo é representado por sua família e, mais tarde, por um grupo de amigos ou pares com quem a criança gosta de brincar, cooperar e trocar ideias (Lickona, 1983, capítulo 9). Durante esse período, a criança compreende uma norma moral como uma regra baseada em expectativas mútuas dos membros de tal grupo.

Contudo, essa atitude mental revela uma forma extrema de centralização no domínio social. Com facilidade podemos imaginar um grupo mafioso cujos membros mutuamente se respeitam e realizam uma cooperação bem-sucedida, mas cometem crimes contra pessoas que não pertencem ao grupo. Tal comportamento costuma ser tido por amoral. Na teoria de Kohlberg (1981, 1984), a diferença entre uma moralidade de grupo e uma moralidade relacionada à sociedade como um todo é manifesta em sua distinção entre os níveis III e IV. A reflexão sobre os direitos humanos tem lugar apenas no nível pós-convencional (isto é, depois do nível IV). A fim de estabelecer critérios para uma norma moral aplicável à sociedade mais ampla, uma referência a *direitos humanos* pode ser providencial.

Conclusão

Para abordar a questão de Hegel, propus que uma versão revisada da teoria dos estágios de Piaget apreende regularidades de desenvolvimento e processos recorrentes.[8] Essas regularidades ocorrem, entre outros motivos, em razão da construção de diferentes planos cognitivos. Essa construção via de regra leva a uma inversão cognitiva (isto é, a uma revolução copernicana) que produz uma transformação profunda e duradoura no modo como as crianças pensam e em sua visão de mundo.

Com relação à questão de Kant sobre a origem do conhecimento necessário, este capítulo chega a duas conclusões. Em primeiro lugar, a necessidade de conhecimento está atrelada a sistemas operacionais. Neste capítulo, eu me propus a interpretar esses sistemas não como estruturas cognitivas relacionadas a estágios, e sim como resultado de um processo de construção guiado por um diagrama, ele próprio a envolver e regular a criação de sistemas estruturais diferentes e específicos de domínios (representação, função simbólica, operações lógicas e matemáticas). Propriedades como reversibilidade, compensação e critérios de identidade são próprias a tais sistemas. O sujeito se torna consciente delas por meio da abstração reflexionante. Todos os sistemas operacionais são, por um lado, construídos, e, por outro, pertencentes ao mundo (Popper, 1979).

8 Outros exemplos para ilustrar as regularidades de desenvolvimento podem ser encontrados em Kesselring (1981, 1984, 1990, 1993, 1999).

Em segundo lugar, o próprio caráter necessário desses sistemas não é nem construído nem meramente subjetivo. O plano de construção (diagrama) se desenvolve de acordo com regularidades normativas que resultam da abstração reflexionante do sujeito sobre sua ação e de esquemas coordenativos. Com relação a isso – mas somente com relação a isso – a direção do desenvolvimento cognitivo parece necessária.[9]

Referências

BERTENTHAL, B. I. e FISCHER, K. W. "Development of self-recognition in the Infant". *Developmental Psychology*, 14, 1981, 44-50.

BRAINERD, C. J. "The stage question in cognitive developmental theory". *Behavioral and Brain Sciences*, 2, 1978, 173-182.

BRINGUIER, J.-C. *Conversations with Jean Piaget*. Chicago: University of Chicago Press, 1980 (texto original publicado em 1977).

BROOKS-GUNN, J. e LEWIS, M. "The development of early visual self-recognition". *Developmental Review*, 4, 1984, 215-239.

CANTOR, G. *Gesammelte Abhandlungen mathematischen und philosophischen Inhalts*. Berlim: Springer, 1932 (texto original publicado em 1895).

CASE, R. *Intellectual development: Birth to adulthood*. Nova Iorque: Academic Press, 1985.

______. *The mind's staircase: Exploring the conceptual underpinnings of children's thought and knowledge*. Mahwah: Erlbaum, 1992a.

______. "Neo-piagetian theories of child development". In: R. J. STERNBERG e C. BERG (Orgs.). *Intellectual development* (p. 161-196). Nova Iorque: Cambridge University Press, 1992b.

FIELD, D. "A review of preschool conservation training: An analysis of Analyses". *Developmental Review*, 7, 1987, 210-251.

FODOR, J. A. "A theory of the child's theory of mind". *Cognition*, 44, 1992, 283-296.

GOSWAMI, U. "No stages please – we're British". *British Journal of Psychology*, 92, 2001, 257-277.

HABERMAS, J. *Zur Rekonstruktion des Historischen Materialismus*. Frankfurt: Suhrkamp, 1976.

9 Agradeço imensamente a Ulrich Müller pelas valiosas sugestões e comentários a versões anteriores deste capítulo.

HABERMAS, J. *Moral consciousness and communicative action*. Cambridge, Mass.: MIT Press, 1990 (texto original publicado em 1983).

HALFORD, G. S. "Reflections on 25 years of Piagetian cognitive development psychology, 1963-1988". *Human Development*, 32, 1989, 325-337.

HEGEL, G. W. F. *Science of logic*. Nova Iorque: Macmillan, 1951 (texto original publicado em 1816).

______. *Phenomenology of spirit*. Oxford: Oxford University Press, 1977 (texto original publicado em 1807).

HOFFMAN, M. I. *Empathy and moral development: Implications of caring and justice*. Cambridge, Mass.: Cambridge University Press, 2000.

INHELDER, B. e PIAGET, J. *The growth of logical thinking from childhood to adolescence*. Nova Iorque: Norton, 1958 (texto original publicado em 1955).

KANT, I. *Critique of pure reason* (2. ed.). Londres: Macmillan, 1933 (texto original publicado em 1787).

______. "On the form and principles of the sensible and intelligible world". In: I. KANT (Org.). *Selected precritical writings and correspondence with Beck* (p. 45-92). Nova Iorque: Barnes & Noble (texto original publicado em 1770).

KÄRN, M. "Vorsicht Stufe! Ein Kommentar zur Stufentheorie der moralischen Entwicklung". In: G. PORTELE (Org.) *Sozialisation und Moral. Neue Ansätze zur moralischen Entwicklung und Erziehung* (p. 81-100). Weinheim: Beltz, 1978.

KESSELRING, T. *Entwicklung und Widerspruch*. Frankfurt: Suhrkamp, 1981.

______. *Die Produktivität der Antinomie*. Frankfurt: Suhrkamp, 1984.

______. "Os quatro níveis de conhecimento em Jean Piaget". *Educação e Realidade*, 15, 1900, 3-21.

______. "Egocentrism and equilibration". In: D. MAURICE e J. MONTANGERO (Orgs.). *Equilibrium and equilibration* (p. 63-78). Genebra: Fondation Archives Jean Piaget, 1993.

______. *Jean Piaget* (2. ed.). Munique: Beck, 1999.

KOHLBERG, L. *The philosophy of moral development: Moral stages and the idea of justice*. São Francisco: Harper & Row, 1981.

______. *The psychology of moral development: The nature and validity of moral stages*. São Francisco: Harper & Row, 1984.

KUHN, T. S. *The structure of scientific revolutions* (2. ed.). Chicago: University of Chicago Press, 1970.

LASK, E. *Die Logik der Philosophie und die Kategorienlehre*. Tübingen: Mohr, 1911.

LICKONA, T. *Raising good children*. Nova Iorque: Bantam, 1983.

LOURENÇO, O. e MACHADO, A. "In defense of Piaget's theory: A reply to 10 common criticisms". *Psychological Review*, 103, 1996, 143-164.

PIAGET, J. "L'espèce mendelienne a-t-elle une valeur absolue?" *Zoologischer Anzeiger*, 44, 1914, 328-331.

______. "L'adaptation de la limnaea stagnalis aux milieux lacustres de la Suisse romande". *Revue Suisse de Zoologie*, 36, 1929, 263-531.

______. "Esprit et réalité". *Jahrbuch der Schweizerischen Gesellschaft*, 1, 1941, 40-47.

______. *Introduction à l'épistémologie génétique*, Vol. 1*: La pensée mathématique*. Paris: Presses Universitaires de France, 1950a.

______. *Introduction à l'épistémologie génétique,* Vol. 2*: La pensée physique*. Paris: Presses Universitaires de France, 1950b.

______. *Introduction à l'épistémologie génétique,* Vol. 3*: La pensée biologique, la pensée psychologique et la pensée sociologique*. Paris: Presses Universitaires de France, 1950c.

______. *The origins of intelligence in children*. Nova Iorque: International Universities Press, 1952 (texto original publicado em 1936).

______. *The child's conception of number*. Londres: Routledge and Kegan Paul, 1952 (texto original publicado com A. Szeminska em 1941).

______. *The construction of reality in the child*. Nova Iorque: Basic Books, 1954 (texto original publicado em 1937).

______. *The language and thought of the child*. Nova Iorque: Meridian, 1955 (texto original publicado em 1923).

______. "Logique et équilibre dans les comportements du sujet". In: L. APOSTEL, B. MANDELBROT e J. PIAGET (Orgs.). *Études d'épistémologie génétique II: Logique et équilibre* (p. 27-117). Paris: Presses Universitaires de France, 1957.

______. *The child's conception of the world*. Totowa: Littlefield, Adams & Co., 1960 (texto original publicado em 1926).

______. *The child's conception of causality*. Totowa: Littlefield, Adams & Co., 1960 (texto original publicado em 1927).

______. *Play, dreams and imitation in childhood*. Nova Iorque: W.W. Norton & Co., 1962 (texto original publicado em 1945).

______. *The moral judgment of the child*. Nova Iorque: The Free Press, 1965 (texto original publicado em 1932).

______. Part II. In: E. BETH e J. PIAGET (Orgs.). *Mathematical epistemology and psychology* (p. 131-304). Dordrecht: Reidel, 1966 (texto original publicado em 1961).

PIAGET, J. "The mental development of the child". In: J. PIAGET (Org.). *Six psychological studies* (p. 3-73). Nova Iorque: Random House, 1967 (texto original publicado em 1940).

______. *Logique et connaissance scientifiques*. Paris: Encyclopédie de la Pléiade, 1967.

______. "Piaget's theory". In: P. H. MUSSEN (Org.). *Carmichael's manual of child psychology*, Vol. 1 (3. ed., p. 703-730). Nova Iorque: Wiley, 1970.

______. *Insights and illusions of philosophy*. Nova Iorque: World Publishing Company, 1971 (texto original publicado em 1965).

______. *Biology and knowledge*. Chicago: University of Chicago Press, 1971 (texto original publicado em 1967).

______. *Structuralism*. Londres: Routledge & Kegan Paul, 1971 (texto original publicado em 1968).

______. *Essai de logique opératoire*. Paris: Dunod, 1972 (2. ed., *Traité de logique*, 1949).

______. *The principles of genetic epistemology*. Nova Iorque: Basic Books, 1972 (texto original publicado em 1970).

______. "Life and thought". In: J. PIAGET. *The child and reality* (p. 163-172). Nova Iorque: Grossman Publishers, 1973 (texto original publicado em 1954).

______. "Time and the intellectual development of the child". In: J. PIAGET. *The child and reality* (p. 1-30). Nova Iorque: Grossman Publishers, 1973 (texto original publicado em 1962).

______. *Judgment and reasoning in the child*. Totowa: Littlefield, Adams, 1976 (texto original publicado em 1924).

______. *The psychology of intelligence*. Totowa: Littlefield, Adams, & Co., 1976 (texto original publicado em 1947).

______. *The grasp of consciousness*. Cambridge, Mass.: Harvard University Press, 1976 (texto original publicado em 1974).

______. "The stages of intellectual development in childhood and adolescence". In: H. E. GRUBER e J. J. VONÈCHE (Orgs.). *The essential Piaget* (p. 814-819). Nova Iorque: Basic Books, 1977 (texto original publicado em 1956).

______. *Adaptation and intelligence: Organic selection and phenocopy*. Chicago: University of Chicago Press, 1980 (texto original publicado em 1974).

______. *Les formes élémentaires de la dialectique*. Paris: Gallimard, 1980.

______. *Intelligence and affectivity*. Palo Alto: Annual Reviews, 1981 (texto original publicado em 1954).

______. *The equilibration of cognitive structures*. Chicago: University of Chicago Press, 1985 (texto original publicado em 1975).

PIAGET, J. *Possibility and necessity: The role of necessity in cognitive development*. Mineápolis: University of Minnesota Press, 1987 (texto original publicado em 1983).

______. "Genetic logic and sociology". In: J. PIAGET. *Sociological studies* (p. 184-214). Londres: Routledge, 1995 (texto original publicado em 1928).

______. "Commentary on Vygotsky". *New Ideas in Psychology*, 18, 2000, 241-259 (texto original publicado em 1962).

______. *Studies in reflecting abstraction*. Hove: Taylor & Francis, 2001 (texto original publicado em 1977).

______ e GARCIA, R. *Toward a logic of meanings*. Hillsdale: Erlbaum, 1991 (texto original publicado em 1987).

______; HENRIQUES, G. e ASCHER, E. *Morphisms and categories: Comparing and transforming*. Hillsdale: Erlbaum, 1992.

______ e INHELDER, B. *The psychology of the child*. Nova Iorque: Basic Books, 1969 (texto original publicado em 1966).

______. *The child's construction of quantities*. Londres: Routledge & Kegan Paul, 1974 (texto original publicado em 1941).

PINARD, A. e LAURENDEAU, M. "'Stage' in Piaget's cognitive-developmental theory: Exegesis of a concept". In: D. ELKIND e J. H. FLAVELL (Orgs.). *Studies in cognitive development* (p. 121-170). Nova Iorque: Oxford University Press, 1969.

POPPER, K. *Objective knowledge* (2. ed.). Oxford: Oxford University Press, 1979.

SMITH, L. "Age, ability, and intellectual development in Piagetian theory". In: M. CHANDLER e M. CHAPMAN (Orgs.). *Criteria for competence* (p. 69-91). Hillsdale: Erlbaum, 1991.

______. *Necessary knowledge: Piagetian perspectives on constructivism*. Hillsdale: Erlbaum, 1993.

______. "Piaget's model". In: U. GOSWAMI (Org.). *Blackwell handbook of childhood cognitive development* (p. 515-537). Oxford: Blackwell, 2002.

VONÈCHE, J. e VIDAL, F. "Jean Piaget and the child psychologist in Jean Piaget". *Synthese*, 65, 1985, 121-138.

VUYK, R. *Overview and critique of Piaget's genetic epistemology 1965-1980*, Vol. 1. Londres: Academic Press, 1981.

WETZEL, F. G. "Elemente des Rationalismus in der Erkenntnistheorie Jean Piagets". In: G. STEINER (Org.). *Kindlers Psychologie des 20. Jahrhunderts*, Vol. 1 (p. 41-63). Zurique: Kindler, 1984.

18 Desenvolvimento dinâmico: uma abordagem neopiagetiana

L. Todd Rose e Kurt W. Fischer

As questões que Piaget levantou, e seus conceitos e comentários visando dar conta delas, moldaram virtualmente toda pesquisa e teoria em desenvolvimento cognitivo ao longo dos últimos 50 anos. Mesmo aqueles que rejeitaram as conclusões de Piaget moldaram seu trabalho valendo-se de questões do próprio Piaget. Algumas abordagens foram erigidas diretamente com base em sua obra, enquanto outras procuraram se opor a ela. O foco deste capítulo volta-se fundamentalmente ao primeiro caso – à pesquisa e teoria construídas de forma direta com base em Piaget, a fim de abordar questões novas, revisadas e expandidas.

A questão fundamental suscitada pela obra neopiagetiana é a variabilidade: os modos dinâmicos pelos quais as ações das pessoas diferem e mudam. Em todas as idades e em todas as culturas, as ações das pessoas variam acerbamente ao longo de contextos, tarefas e estados emocionais. Por exemplo, em sala de aula, Cristina, aluna do quinto ano, consegue ler e explicar um parágrafo sobre como o olho funciona, mas não consegue dar a mesma explicação em casa, sozinha. Seth, um calouro do ensino médio, consegue resolver um problema de matemática sobre o custo de livros didáticos quando o faz com a ajuda da mãe, mas em sala de aula, no dia seguinte, é incapaz de resolver o mesmo problema. Por outro lado, para um problema semelhante sobre o custo de um jeans novo, ele o resolve com facilidade em qualquer situação. Esse tipo de variação pode ser frustrante, mas é normal, e acontece todos os dias com todas as pessoas. As modernas pesquisa e teoria neopiagetianas abarcam essa variabilidade, usando-a para criar explicações melhores sobre a complexidade e diversidade do conhecimento e ação humanos.

Neste capítulo, vamos propor que o moderno arcabouço neopiagetiano proporciona uma solução para o persistente problema da variabilidade, analisando as dinâmicas de organização de ação e pensamento. Explicações clássicas de desenvolvimento e aprendizagem, não raro, analisam ação e pensamento em termos de formas estáticas, em detrimento de estruturas dinamicamente variáveis. Elas explicam as descrições de Cristina sobre como o olho funciona em termos de sua compreensão lógica dos mecanismos do olho, mas não explicam como a compreensão parece desaparecer fora da sala de aula. Elas explicam a habilidade matemática variável de Seth ao calcular os custos de livros e jeans em termos de seu conhecimento de equações com variáveis algébricas, mas não explicam como essa habilidade difere segundo objetos e contextos.

Ao analisar diretamente essa variabilidade no conhecimento e na ação das pessoas, a moderna abordagem neopiagetiana explica a estabilidade e variabilidade do que as pessoas conhecem. Com um enfoque na dinâmica de variação e estabilidade, a pesquisa e teoria neopiagetianas construíram explicações eloquentes para a riqueza de desenvolvimento e aprendizagem, ajudando a reconciliar tensões persistentes na área, relacionadas a estágios, espectro desenvolvimental e variação em idade de aquisição. Os neopiagetianos construíram um poderoso conjunto de conceitos, métodos e ferramentas para fundamentar pesquisa e teoria em ciência do desenvolvimento para os próximos anos. Uma ferramenta recente, mas importante do estruturalismo dinâmico neopiagetiano, é a modelagem matemática, que abriu uma nova janela para o estudo dos fenômenos do desenvolvimento.

A teoria neopiagetiana: estrutura psicológica dinâmica

O amplo objetivo da perspectiva neopiagetiana é explicar universais em desenvolvimento e epistemologia que tão elegantemente foram descritos por Piaget e dar conta da abrangente variabilidade que sustenta todo desenvolvimento e aprendizagem. O foco deste capítulo é o postulado neopiagetiano fundamental da estrutura psicológica como *organização dinâmica*. Em primeiro lugar, explicamos esse argumento e o contrastamos com o pressuposto da forma estática integrada às teorias tradicionais de crescimento e mudança.

Em ciência desenvolvimental e cognitiva, as concepções de estrutura estáticas têm sido a regra, não a exceção – uma propriedade estática da mente a existir separadamente do comportamento que ela organiza (Chomsky, 1957, 1965; Fodor, 1983). Em seções subsequentes, mostramos como uma perspectiva dinâmica é essencial para explicar a variabilidade.

Se a busca de estruturas universais nos ensinou alguma coisa, tal coisa é a seguinte: estruturas (conhecimento, ação, emoção) são a um só tempo organizadas e variáveis, mudando contínua e sistematicamente em função de múltiplas características da pessoa e do contexto. A ação nos esportes ilustra esse princípio à perfeição. Mesmo o ato relativamente simples de lançar uma bola, por exemplo, não é uma ação específica que acontece todas as vezes de maneira idêntica. O contexto faz a diferença! Num jogo de baseball, o lançador lança a bola de modo diferente, a depender de uma série de fatores que atuam conjuntamente: temperatura, ruído da multidão, fadiga, ter ou não um corredor na base e luminosidade (para citar apenas alguns poucos fatores). Compreender o desempenho do lançador, incluindo a sua variabilidade natural, depende de analisar como tais fatores se exercem no contexto imediato – e isto inclui a pessoa lançar a bola, como é evidente. Esse tipo de processo dinâmico caracteriza todas as ações e todo o conhecimento (Rose e Fischer, no prelo).

Nas explicações estruturais clássicas, a estrutura tem sido confundida com a forma. Piaget (1968/1970) enunciou claramente que a *estrutura* se refere ao sistema de relações pelas quais entidades complexas, como atividades psicológicas e organismos biológicos, são organizadas. No corpo humano, por exemplo, o sistema nervoso, o sistema esquelético e o sistema cardiovascular trabalham todos em conjunto por meio de constantes atividades de interconexão, pelas quais cada sistema se adapta dinamicamente a outros sistemas e ao funcionamento do corpo como um todo. Na estrutura de um conjunto corpóreo, padrões podem ser detectados – por exemplo, o modo como, quando uma pessoa passa por estresse, o sistema nervoso cria mudanças no sistema cardiovascular.

Piaget reconheceu a natureza dinâmica da estrutura psicológica, acreditando que a atividade é a base da aprendizagem e do desenvolvimento, mas a metáfora nuclear para a teoria dos estágios (lógica universal a definir as trajetórias de desenvolvimento de cada pessoa) é profundamente estática. Uma vez que a teoria dos estágios equaciona estrutura (a organização dinâmica da atividade mental) e forma estática (lógica formal), isso não proporciona uma caracterização plena dos mecanismos complexos que sustentam a variabilidade e a mudança no desenvolvimento psicológico (Fischer e Bidell, 2006). Se Piaget tivesse a oportunidade de elaborar suas considerações sobre cognição e desenvolvimento no século XXI, suspeitamos que ele enfatizaria as dinâmicas de conhecimento e crescimento.

O problema dos conceitos clássicos de estrutura é que eles tratam a estrutura como forma – uma abstração que existe por direito próprio –, em vez de fazê-lo como organização dinâmica que emerge dos componentes que se organizam conjuntamente. Considere-se uma laranja – uma peça de fruta que tem a sua própria estrutura de células e tecidos a se auto-organizar numa forma esférica. A laranja tem uma estrutura *dinâmica*, que se inicia com uma história desenvolvimental de crescimento a partir de uma árvore, passa pela manutenção do equilíbrio como peça de fruta estável, e por fim se decompõe (isso se não vier a ser comida ou servir a outra finalidade). Em contraste com a laranja em si mesma, o conceito de esfera é uma forma abstrata que descreve uma característica da estrutura dinâmica – sua forma –, aplicável a muitas situações. O filósofo grego Platão (1941) sugeriu que essas formas abstratas e idealizadas efetivamente existem numa arena para além do mundo físico. A uniformidade do conceito de esfera formal o torna útil para a caracterização de muitos objetos, como bolas, pêssegos, bolas de gude e planetas.

Os conceitos clássicos de estrutura fazem uso de uma descrição abstrata para caracterizar a realidade como se fosse estática, tal qual o conceito de esfera. Esse tipo de falácia não se encontra limitado à ciência: as pessoas comumente usam categorias dessa maneira idealizada, na expectativa de que objetos, acontecimentos e pessoas se ajustem a conceitos abstratos, em vez de mostrar a variação dinâmica natural que é central a tudo o que vive. Nas interações sociais, por exemplo, as pessoas podem esperar que outras se ajustem ao estereótipo de uma categoria, como esposa, cientista, pessoa extrovertida ou membro de uma minoria étnica (Greenwald *et al.*,

2002; Rosch e Lloyd, 1978). Do mesmo modo, cientistas cujo enfoque esteja voltado exclusivamente à forma da esfera serão surpreendidos pelas diferenças entre bolas de baseball, bolas de basquete, laranjas e pêssegos. A forma esférica da laranja especifica uma propriedade abstrata que se aplica a diferentes objetos, e não uma forma ideal que especifica a natureza dos objetos. Do mesmo modo, pesquisadores que enfatizem o papel das formas inatas no conhecimento do número focalizarão a capacidade de crianças de até 2 anos para discriminar matrizes com um, dois ou três traços (Dehaene, 1997; Spelke, 2005), e com isso se surpreenderão ao descobrir que uma criança de 3 anos não compreende a natureza dos números um, dois e três como conjuntos ordenados. A criança tem de construir a linha numérica para compreender como os números funcionam na matemática. A falácia de forma se aplica amplamente ao comportamento humano, desde estereótipos à explicação nativista do número.

O movimento neopiagetiano foi criado por estudiosos que trabalham para preservar muitos dos pressupostos epistemológicos nucleares de Piaget (isto é, o conhecimento construtivo, o desenvolvimento hierárquico, relações estruturais entre níveis de conhecimento), ao mesmo tempo que vão além do conceito mais problemático de Piaget – a afirmação das estruturas universais de forma lógica. Esses estudiosos substituíram o modelo lógico da mente por uma concepção da estrutura psicológica mais dinâmica, específica de domínio, dependente de tarefa e culturalmente integrada. Durante os anos 1980, diversos estudiosos propuseram abordagens de desenvolvimento que estabeleciam uma fundação conceitual para a moderna pesquisa neopiagetiana (por exemplo, Biggs e Collis, 1982; Case, 1985; Fischer, 1980; Halford, 1982; Pascual-Leone, 1987; Shayer, Demetriou e Pervez, 1988). Nos últimos 25 anos, o arcabouço neopiagetiano expandiu-se para todas as áreas da ciência do desenvolvimento. Isso evidencia a sua ubíqua influência, como evidencia, assim sendo, que não é possível fazer justiça a tudo o quanto se possa ter por teoria e pesquisa neopiagetianas num único capítulo. Em vez de fazer uma crônica da evolução das ideias neopiagetianas ou de catalogar diferenças teóricas, focalizaremos as questões-chave da variabilidade e da estabilidade.

Para explicar conjuntamente a variabilidade e a estabilidade, a abordagem neopiagetiana substitui as concepções estáticas tradicionais de estrutura por concepções dinâmicas. As estruturas psicológicas não existem fora da atividade – como o conceito de uma esfera –, mas em vez disso surgem de sistemas de ação integrados ao que as pessoas fazem diariamente. Por meio da análise dinâmica da estrutura psicológica, estudiosos neopiagetianos têm sido capazes de identificar e explicar padrões específicos de variabilidade desenvolvimental e têm reconciliado questões de longo prazo que, na área em questão, estão relacionadas a estágio e sincronia, espectro desenvolvimental e variação na idade de aquisição do conhecimento.

Estágio e sincronia: indo além da crise de variabilidade

Piaget (1970/1983) postulou uma série de estágios de desenvolvimento cognitivo, que ele caracterizou como estruturas lógicas específicas que moldaram a mente, incluindo operações concretas na infância e operações formais na adolescência. Uma crítica eficiente à sua teoria dos estágios tem sido a avassaladora evidência de assincronia no desenvolvimento infantil (Fischer, 1980). Piaget previu que, à medida que uma nova lógica emergisse na mente, ela catalisaria essa mente como um todo num novo tipo de inteligência. Contudo, foi de modo consistente que a pesquisa descobriu desnivelamentos em vez de transformação monolítica, e isso mesmo com tarefas logicamente equivalentes. Por exemplo, a conservação do número com itens como pedras ou bonecas é adquirida geralmente em torno de 5 ou 6 anos; contudo, a conservação de uma quantidade de líquido como água ou suco de laranja será adquirida apenas aos 7 ou 8 anos (Piaget e Inhelder, 1968/1973). As habilidades para diferentes tipos de conservação desenvolvem-se ao longo de percursos separados. Esse desnivelamento é difícil de reconciliar com estágios universais: se a mente é governada por estruturas lógicas subjacentes, por que tais estruturas se manifestam numa idade em alguns contextos, e apenas mais tardiamente em outros?

Piaget reconheceu essa variabilidade (Piaget, 1972) – que ele chamou de "*décalage*" – e distinguiu duas formas específicas: chamou a variabilidade em idade de uma dada forma lógica de "*décalage* horizontal", e aos paralelos transversais a estágios (formas logicamente distintas que compartilham algumas características importantes) ele chamou de "*décalage* vertical" (Piaget, 1941). Contudo, embora essas categorias de *décalage* possam ser um ponto de partida para o estudo das variações, elas *não* configuram uma explicação em si e por si mesmas. Definir formas de variabilidade não é o mesmo que explicá-las. A explicação demanda especificar os processos pelos quais as estruturas de estágio lógico interagem com influências ambientais ou "resistências", para fazer um tipo de tarefa se desenvolver mais tarde do que outra. E, algo igualmente importante, as explicações precisam lidar com as abrangentes diferenças entre indivíduos segundo seus percursos de desenvolvimento, *timing* e habilidades relacionadas a tarefas, contexto, apoio social e experiência. Em suma, embora a teoria dos estágios ofereça uma compreensão importante da forma geral do desenvolvimento cognitivo, ela não explica os muitos tipos de variação (Fischer e Bidell, 2006).

As limitações dos pressupostos de Piaget quanto à lógica uniforme por trás dos estágios foram veementemente expostas quando, nas décadas de 1960 e 1970, um amplo corpo de pesquisas começou a se acumular, revelando uma notável variabilidade em cada aspecto do desenvolvimento cognitivo estudado. À medida que estudos de replicação continuaram a proliferar na década de 1980 e que pesquisadores continuaram a introduzir novas mudanças nas tarefas e procedimentos de Piaget, desvios da estabilidade previstos pela teoria dos estágios provaram ser a norma, não a exceção. Embora as evidências não solapassem o construtivismo na teoria de Piaget, elas tornaram indefensável o postulado de que formas universais de lógica mental criariam estágios de desenvolvimento. À medida que as evidências em favor da variabilidade se tornavam esmagadoras, assim como se tornava flagrante o fracasso da estrutura universal, a área da ciência do desenvolvimento foi lançada numa crise explanatória, a que chamamos de Crise de Variabilidade (Fischer e Bidell, 2006).

Um resultado da pesquisa extensiva a revelar desnivelamentos foi um abandono do conceito de estágio, com muitos cientistas e educadores afirmando que não haveria estágios, e sim apenas sequências de aprendizado em domínio limitados, como uma sequência para o domínio da conservação do número e outra, separada, para a conservação de líquidos. Contudo, tomando como princípio as explicações dinâmicas de variabilidade e calcados numa visão da estrutura como organização, pesquisadores neopiagetianos têm sido capazes de aclarar o duradouro debate sobre estágios. Os argumentos empregados via de regra são abertamente simples: "As crianças desenvolvem-se em nítidos estágios, conforme descritos por Piaget", argumento que é contraposto por "Não, não é verdade. O desenvolvimento é desnivelado, e não existem estágios". Mas esses argumentos estiveram centrados no pressuposto de formas de estrutura estáticas. Quando a variação é sistematicamente integrada a avaliações e analisada diretamente, tanto as características gerais dos processos de desenvolvimento quanto a natureza da mudança à maneira de estágios são reveladas como dois lados da mesma moeda. Em outras palavras, a abordagem neopiagetiana faz com que o diálogo passe a determinar as *circunstâncias* sob as quais o desenvolvimento revela propriedades à maneira de estágios e sob as quais ele revela contínuas mudanças.

Uma característica importante dos sistemas dinâmicos é a de que eles comumente revelam mudanças abruptas, que têm sido chamadas "reorganizações", "propriedades emergentes" ou "catástrofes" (Abraham e Shaw, 1992; Van der Maas e Molenaar, 1992). A ação humana e o conhecimento surgem de sistemas dinâmicos, e modelos dinâmicos de funcionamento cerebral, desenvolvimento cognitivo e aprendizagem, todos apresentam momentos de mudança rápida e descontínua (Fischer e Rose, 1996; Van der Maas, Verschure e Molenaar, 1990). Em outras palavras, a análise neopiagetiana do crescimento dinâmico e das variações demonstra que desenvolvimento e aprendizagem regularmente acusam saltos e reorganizações de ação e pensamento à maneira de estágios. Vale ressaltar, essas descontinuidades aparecem o mais das vezes quando as pessoas executam alguma tarefa no nível mais elevado de habilidade, em seu *nível ótimo*. Isso significa que, para o nível ótimo, as pessoas executam a mais complexa habilidade de que são capazes para uma tarefa específica, e que métodos chamados "de alto apoio" têm sido concebidos para avaliar desempenho de nível ótimo.

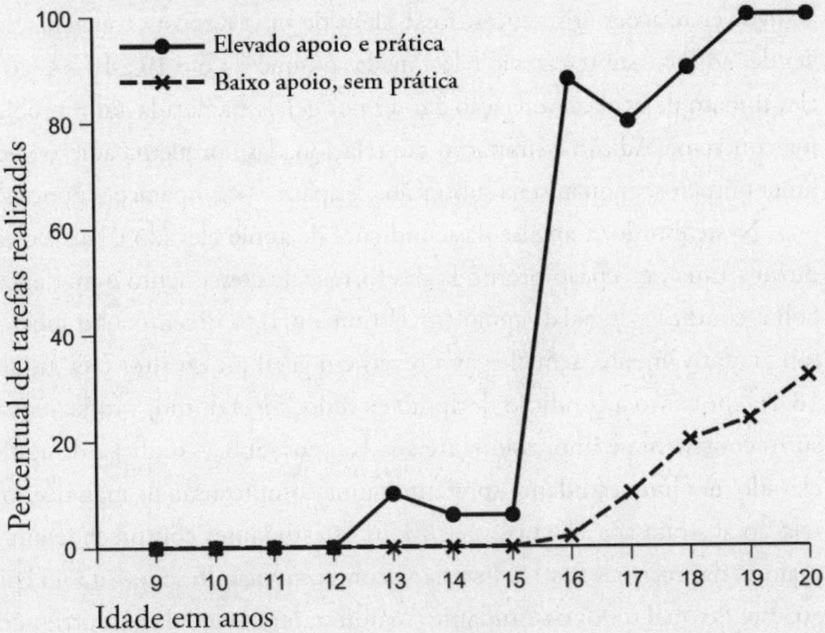

Figura 18.1. Desenvolvimento de mapeamentos de operações aritméticas.

Um exemplo de um salto rápido e dramático em desempenho vem de um estudo sobre o desenvolvimento da compreensão de operações aritméticas (adição, subtração, multiplicação e divisão) em indivíduos de 9 a 20 anos (Fischer e Kenny, 1986). Estudantes realizaram tarefas matemáticas sob duas condições – baixo apoio, pelo qual eles simplesmente realizavam as tarefas, e alto apoio, pelo qual ideias-chave, necessárias para as tarefas, estiveram condicionadas à criação de desempenho de nível ótimo. Os problemas demandavam a explicação de operações aritméticas e das relações entre elas. Na condição de baixo apoio, o pesquisador pedia ao estudante que explicasse as operações e suas relações. Na condição de elevado apoio, o pesquisador proporcionava respostas prototípicas para cada problema. A fim de oferecer tempo de prática adequado e garantir desempenho de nível ótimo, as condições foram repetidas duas semanas depois. Para tarefas mostradas na Figura 18.1, o desempenho correto demandava que os estudantes dessem uma resposta realmente abstrata que, a envolver relações aritméticas, fosse além de uma resposta concreta. Em vez de "adição e subtração são relacionadas porque 4 + 6 = 10 e 10 – 4 = 6", eles tinham de explicar a relação em termos gerais e aplicá-la a um problema concreto: "Adição e subtração são relacionadas porque na adição você junta números, enquanto na subtração, os aparta – são operações opostas".

Neste estudo, a análise das condições de apoio elevado e baixo conduziu a uma percepção profunda das formas de crescimento e mudança. Sob a condição de baixo apoio (nível funcional), o desempenho melhorou gradativamente, sem chegar a níveis em geral muito altos (ver Figura 18.1), enquanto a condição de apoio elevado (nível ótimo) produziu um surto consistente e impressionante aos 16 anos. Sob a condição de apoio elevado, nenhum estudante apresentou uma compreensão de mais de uma relação abstrata aos 15 anos, mas todos os estudantes compreenderam a maioria das relações aos 16. Isso não aconteceu quando se teve apoio baixo, este no qual todos os estudantes manifestaram reduzida compreensão.

Surtos similarmente poderosos manifestaram-se em múltiplos domínios e faixas etárias em diversas culturas, incluindo aí o juízo reflexivo (Kitchener, Lynch, Fischer, e Wood, 1993), raciocínio moral (Dawson, 2000), autocompreensão (Fischer e Kennedy, 1997) e vocabulário (Ruhland e Van Geert, 1998). Ao longo de tarefas familiares, o desempenho de nível ótimo apresentou um surto em níveis mais elevados e pontos específicos da construção do conhecimento. O mais relevante aí é que as idades modais desses surtos correspondem tipicamente às que Piaget postulou para os seus quatro estágios principais (e também para os adicionais), com as idades, porém, podendo variar entre indivíduos, culturas e domínios. O que se mantém constante é o ponto na sequência de aprendizagem em que o surto ocorre.

Essas descontinuidades formam uma escala comum para o desenvolvimento que parece ser universal, isto uma vez que a variabilidade dinâmica no desempenho é levada em conta. A Tabela 18.1 apresenta essa escala como uma sequência de dez níveis, para todos eles havendo numerosas evidências obtidas por meio de pesquisa. Uma descrição completa dessas descontinuidades foi apresentada em outro texto (Fischer e Bidell, 2006). Note-se que a análise da variabilidade em curvas de crescimento levou a uma ressignificação da questão dos estágios e a uma solução do debate sobre eles. A análise dos estágios de Piaget revelou-se parcialmente correta, mas o modo mesmo dessa correção evidencia-se somente no âmbito de um arcabouço neopiagetiano.

Apoio social e espectro desenvolvimental

A análise da variabilidade vai muito além da identificação de quando ocorrem mudanças ao modo de estágios e de quando elas não ocorrem. Isso constitui a fundação dos processos de análise de aprendizado e desenvolvimento de modo geral. As pesquisas têm deixado claro que as pessoas jamais funcionam num nível de desenvolvimento único, em vez disso variando os níveis de suas ações ao longo de um amplo espectro, a depender de contexto, estágio corporal, objetivos e outros fatores. Os seres humanos adaptam seu nível de habilidade às necessidades da situação em vez de se aferrarem a um determinado nível.

Tabela 18.1. *Escala desenvolvimental de níveis de habilidades*

Camadas	Níveis	Idade de surgimento do nível ótimo
	Ab4. Princípios	23-25 anos
Abstrações	Ab3. Sistemas	18-20 anos
	Ab2. Mapeamentos	14-16 anos
	Rp4/Ab1. Abstrações simples	10-12 anos
Representações	Rp3. Sistemas	6-7 anos
	Rp2. Mapeamentos	3½-4½ anos
	Sm4/Rp1. Representações simples	2 anos
Ações	Sm3. Sistemas	11-13 meses
	Sm2. Mapeamentos	7-8 meses
	Sm1. Ações Simples	3-4 meses

Esse espectro de variação é por vezes chamado "espectro desenvolvimental" (Fischer e Bidell, 2006), outras vezes "zona de desenvolvimento proximal", em apropriação da denominação de Lev Vygotsky (1978). Essa variação é frequentemente impulsionada por outras pessoas, como pais, professores e irmãos, bem como por ferramentas culturais, como livros e computadores. As pessoas aprendem modos de agir e pensar de sua cultura, e o apoio de outras pessoas e ferramentas culturais ajuda-as a se tornar membros versados em sua própria cultura.

Dois tipos principais de variação no espectro desenvolvimental iluminam o modo como ocorrem a aprendizagem, o desenvolvimento e a aculturação. Em primeiro lugar, as pessoas (em especial as crianças) geralmente realizam atividades com outras que são mais versadas, com isso participando da atividade num nível de complexidade que elas são incapazes de sustentar sozinhas (Rogoff, 2003). Uma criança de três anos constrói uma pirâmide com base num quebra-cabeça de blocos encaixados, com sua mãe a facilitar o processo. Sem a ajuda da mãe, ela falharia miseravelmente em seus esforços de construir a pirâmide. Mas com a mãe lhe dando, de maneira discreta, sugestões e suportes (o mais das vezes sutis), a criança passa 40 minutos trabalhando com os blocos e consegue construir a pirâmide inteira (Wood e Middleton, 1975). De modo semelhante, uma adolescente de 14 anos precisa escrever um ensaio de 500 palavras sobre aquecimento global, e seu pai debate com ela sobre qual poderia ser seu argumento, que exemplos ela poderia usar e como ela pode iniciar o argumento. Ele confere suporte à sua escrita do ensaio, embora ela efetivamente escreva quase tudo por conta própria. Por meio desses tipos de apoio, pessoas mais versadas envolvem-se intimamente com aprendizes para ajudar a guiá-los na construção de habilidades e conhecimento (Fischer e Rose, 2001).

O segundo tipo de variação no espectro desenvolvimental está voltado às novas tarefas ou situações. Quando as pessoas encontram algo novo que não compreendem, a estratégia mais profícua para lidar com isso parece ser descer a um nível de habilidade mais baixo – atuar como uma criança – e explorar a nova situação a fim de compreender seus componentes. Por exemplo, em um dos estudos, alunos de graduação encontraram robôs de Lego antes que esses aparelhos tivessem sido comercializados, quando acabaram de ter sido inventados no Laboratório de Mídia do MIT (Fischer e Granott, 1995; Granott, Fischer, e Parziale, 2002). Os estudantes exploraram esses objetos novos e móveis por meio de ações sensório-motoras – a atuar de diversas maneiras como atuaria uma criança pequena, paulatinamente construindo conhecimento sobre como os robôs funcionavam. De modo semelhante, ao aprender uma nova língua, as pessoas parecem aprender de modo mais eficaz quando brincam com os sons e com a gramática, com isso aprendendo os elementos mais básicos – algo semelhante ao modo com que bebês e criancinhas balbuciam e brincam com sons vocais e palavras.

Domínios, sequências e construção do conhecimento

A partir dos anos 1970, procurando abordar a Crise de Variabilidade, muitos pesquisadores abandonaram por completo as explicações por estágios, optando por um arcabouço que enfatizava a natureza do conhecimento específica a domínios. Eles viraram atomistas, elaborando uma abordagem modular do psiquismo, a postular que o comportamento poderia ser dividido em domínios nucleares, eles próprios construídos com base em estruturas psicológicas (Fodor, 1983; Gardner, 1983). Esse pressuposto de domínio tem sido influente em ciência do desenvolvimento e ajudado a fazer a sua esfera de atuação avançar para além das concepções de estágios universais monolíticos. Contudo, muitos modelos de domínio se mantêm calcados numa concepção estática de estrutura, buscando uma estrutura lógica para cada domínio – por exemplo, abordando o raciocínio espacial e o pensamento musical como cada qual encapsulado em si mesmo e fundamentalmente separado do outro. As habilidades não funcionam desse modo. A ação e o conhecimento baseiam-se numa atuação sobre o mundo, na qual não há demarcações nítidas entre domínios de ação, a não ser que culturas as criem. Bebês realizam toda sorte de ações com, digamos, um chocalho. Eles o pegam, mordiscam-no, olham para ele, sacodem-no, escutam-no, cheiram-no, golpeiam-no, lançam-no e tentam conectar os resultados de todas essas atividades. As culturas, por outro lado, muitas vezes estabelecem fortes demarcações entre áreas ou disciplinas socialmente definidas, como arquitetura, performance musical e história (Gardner, 1999).

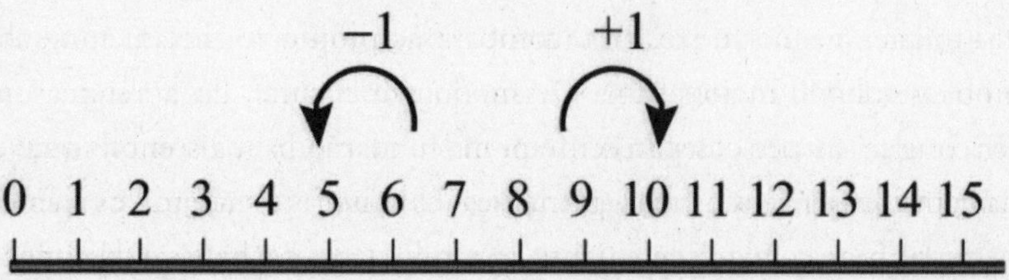

A metáfora de uma linha numérica se constitui na fundação da estrutura conceitual central para o número. Nesta versão simples, acrescentar 1 faz o número se tornar mais alto e o move para a direita; subtrair 1 torna-o mais baixo e o move para a esquerda.

Figura 18.2. Linha numérica, fundação para uma estrutura conceitual central.

Uma ampla investigação sobre domínios tem mostrado que muitos domínios possíveis não existem efetivamente como entidades cognitivas distintas. Elas não se agrupam como habilidades intimamente relacionadas. Os educadores, por exemplo, com frequência indicam o pensamento crítico como um domínio importante, e por certo que as habilidades de pensamento crítico desempenham um importante papel na educação. Ocorre que descrever um tipo de habilidade não o torna um domínio real. Para o pensamento crítico, as habilidades não são coerentes como domínio (Willingham, 2007). Pensar criticamente sobre política internacional, por exemplo, não parece envolver as mesmas habilidades que pensar criticamente sobre a física da energia.

A pesquisa neopiagetiana, contudo, começou a desvendar como o conhecimento é construído em alguns domínios que não são coerentes entre si, incluindo o desenvolvimento da matemática e da literatura. Vamos nos concentrar no desenvolvimento da aritmética nos primeiros anos, pelo qual pesquisadores e educadores têm descoberto sequências de aprendizagem para a construção de conhecimento matemático e mostrado de que modo os educadores podem sistematicamente facilitar a aprendizagem baseada no movimento por meio dessas sequências.

Case, Griffin e seus colegas identificaram-se com o que caracterizam como *estrutura conceitual central* para o número na primeira infância, estrutura esta que apresenta uma potente generalização ao longo de tarefas (Case *et al.*, 1996; Griffin e Case, 1997). As crianças manifestam dois tipos de conhecimento numérico simples, um para enumeração (um ou dois ou três) e outro para magnitude relativa (comparação proporcionada de conjuntos de objetos, como muitos botões *versus* poucos botões). Esses sistemas numéricos elementares constituem-se numa fundação para a compreensão da aritmética, mas não são em si suficientes. As crianças precisam de experiências específicas com números para construir uma base de conhecimento complexo com vistas à compreensão dos números e da aritmética.

A estrutura conceitual central que elas têm de construir é uma linha numérica elementar (Figura 18.2), com números a variar ao longo da linha, aumentando uma unidade por vez numa direção (dois para três, ou seis para sete) e decrescendo na outra direção. A linha numérica representa uma mudança fundamental (para além dos dois sistemas infantis) na estrutura que as crianças têm disponíveis para abordar problemas quantitativos, devendo construi-la com uma experiência numérica ao longo de muitos meses. Quando elas conseguem desenvolver a habilidade para a linha numérica, tal conhecimento facilita o raciocínio ao longo de um amplo espectro de tarefas que diferem enormemente, exceto por sua atenção ao número, como se tem na resolução de problemas aritméticos na escola e no dizer das horas dadas pelo relógio.

Muitas crianças crescem em ambientes que fomentam o aprendizado da linha numérica – ambiente este que pode ser sua família ou pré-escola –, e com isso gradualmente constroem a linha numérica entre os 2 e 4 anos. Em um estudo, pesquisadores usaram tarefas simples para avaliar a compreensão dos números pelas crianças, pedindo a elas que escolhessem determinado número de objetos, por exemplo, "três dinossauros" ou "um dinossauro" (Le Corre, Van de Walle, Brannon e Carey, 2006). As crianças construíam a linha numérica com um dígito por vez. Em primeiro lugar, compreendiam o *um* como um número (um e somente um dinossauro), mas tratavam outros números a significar "muitos" dinossauros. Poucos meses depois, acrescentavam *dois* como número, com três e quatro a significar "muitos". Alguns meses depois, acrescentavam *três* como número e depois ainda *quatro*, até que finalmente, nas idades de 3,5 a 4 anos, entendiam que um, dois, três e quatro reuniam-se todos para formar uma linha numérica, o número de objetos podendo ser determinado por contagem. Esse é o início do arcabouço da linha numérica, e esta se torna a fundação da aritmética e das matemáticas.

Case, Griffin e outros colegas idealizaram um currículo para o ensino da linha numérica a crianças pequenas, concentrando-se em jogos que envolvessem a linha numérica. Há séculos que tais jogos têm sido populares entre as crianças, como é o caso do *Chutes and Ladders* (chamado *Cobras e Escadas* em sua forma clássica). Nesses jogos, as crianças movem objetos ao longo de uma linha numérica, para frente e para trás, sendo essa atividade parte crucial do aprendizado rápido e eficiente de uma linha numérica. Algo bastante notável, apenas dez semanas de treino produziram melhorias substanciais em tarefas numéricas que foram ensinadas – assim como em tarefas numéricas externas ao currículo (como o ato de contar numa festa de aniversário e na compreensão de escalas musicais). Em compensação, o treinamento não melhorou o desempenho em tarefas não numéricas, como em narrativas sociais. O poder inerente a se construir uma linha numérica é evidente tanto no tamanho dos efeitos (explica quase 50% da variação de desempenho ao longo do tempo – efeito enorme, muito maior do que se tem para a maioria dos currículos) quanto no fato de que o currículo tem sido bem-sucedido com crianças de comunidades desassistidas e em muitos países (Case *et al.*, 1996).

Assim sendo, por que Case e Griffin foram bem-sucedidos na busca de uma estrutura onde outros haviam fracassado? Em primeiro lugar, seu conceito de estrutura estende-se para além das noções estáticas de forma abstrata e para além da lógica: as crianças lidam com objetos em atividades organizadas num arcabouço de conceitos, como a linha numérica. Em jogos, elas brincam com relações semânticas entre esses conceitos, relações que estão todas relacionadas a suas atividades cotidianas. Em segundo lugar, Case e Griffin valeram-se do que as crianças efetivamente fazem ao contar e lidar com números e realizaram tarefas calcadas no que as crianças já sabiam sobre o número. Por fim, uma vantagem importante pode ser a de que a linha numérica é construída em linguagem cotidiana, como uma metáfora básica para número, e isto significa que as crianças já possuem elementos-chave do conceito que aprenderam de modo implícito por meio de sua linguagem.

Olhando para trás: variação etária e precocidade na criança de até 2 anos

Uma crítica importante levantada contra a teoria de Piaget foi a de que ela superestimava a competência de crianças de até 2 anos e, em geral, de crianças menores (Carey e Gelman, 1991; Spelke, Breinlinger, Macomber e Jacobson, 1992). Em resposta a essa crítica, o movimento neonativista emergiu como uma alternativa teórica à teoria piagetiana dos estágios, tendo surgido na década de 1970 para caracterizar muitas habilidades dos primórdios do desenvolvimento que, antes desconhecidas, eram inerentes a domínios como linguagem, número, espaço e conceito de objeto. Pesquisadores que adotaram essa visão de desenvolvimento trabalharam incansavelmente para mostrar que as tarefas piagetianas podem mascarar as reais habilidades das crianças (por exemplo, Halford, 1989). Para os neonativistas, o objetivo é encontrar conhecimento "essencial": despir o máximo possível os fatores que limitam o desempenho, para com isso chegar à competência subjacente. No curso das últimas décadas, pesquisadores simplificaram as questões, as instruções, os critérios de pontuação e detalhes procedimentais em tarefas de avaliação, e nesse processo desenvolveram novas versões das tarefas de Piaget.

Tome-se, por exemplo, a ideia de permanência de objeto, noção de que objetos continuam a existir para além do que uma criança pode perceber. Piaget fez uso de uma bem-sucedida recuperação de um objeto escondido como medida da permanência de objeto, tendo descoberto que a noção surgia nas crianças por volta dos 8 meses (Piaget, 1937/1954). Em contraste com isso, outros empregaram a reação de surpresa como critério (em vez da busca ativa de objetos escondidos), tendo concluído que as crianças detêm essa competência já a partir de 3 a 4 meses (Spelke *et al.*, 1992). Alguns pesquisadores usaram esse corpo de evidências para argumentar contra as principais proposições de Piaget quanto ao desenvolvimento do conhecimento (Baillargeon, 1987).

Obviamente que tais discrepâncias suscitam a questão: como explicar a origem desse conhecimento precoce? Os nativistas argumentam que o conhecimento é inato, que manifesta módulos de competências congênitas geneticamente determinadas. As limitações sensório-motoras, dizem eles, impedem as crianças de demonstrar o que elas conhecem na maior parte dos paradigmas experimentais. Esse argumento da precocidade tem sido usado ao se propor a determinação inata de um amplo espectro de conceitos para além da permanência dos objetos, a incluir espaço, número, linguagem e teoria da mente (Carey e Spelke, 1994; Saxe, Carey e Kanwisher, 2004; Spelke *et al.*, 1992).

Essa posição fracassa porque seu argumento se baseia na estrutura como *forma*: o primeiro vislumbre de comportamento infantil relacionado a um domínio como permanência de objeto é tomado como estando a mostrar uma competência geral – o conhecimento da permanência dos objetos. Ainda assim, as crianças de até 2 anos carecem de quase todos os aspectos do conhecimento da permanência do objeto. O primeiro vislumbre é apenas um pequeno começo.

A perspectiva dinâmica neopiagetiana propõe uma explicação vigorosa e abrangente: o conhecimento varia de uma tarefa para a outra com base em sua complexidade, familiaridade e outros fatores, e no âmbito de um domínio as crianças desenvolvem habilidades numa sequência de aprendizado, num ordenamento de tarefas ao longo de um itinerário de desenvolvimento. Foi de modo seletivo que a pesquisa nativista se concentrou numa variação descendente numa idade de limiar para conceitos como o de permanência de objeto, ignorando a complementar e amplamente observada variação ascendente de idade para outras tarefas e condições (Pinard, 1981). Para que uma teoria do desenvolvimento seja útil, ela não pode simplesmente desativar a mudança explanatória – a explicação se faz necessária! As sequências neopiagetianas de aprendizagem descrevem como a permanência do objeto envolve muitas habilidades ao longo de quadrantes numa rede de desenvolvimento, o que se inicia com as habilidades das crianças menores, desveladas pelos neonativistas, e avança em direção a um conhecimento complexo e diverso e a uma ação no mesmo domínio. Conforme mostrado na Figura 18.3, o desenvolvimento começa com o conhecimento básico de objetos, de espaço e número, e, gradualmente ao longo do tempo, as crianças constroem um conhecimento mais complexo ao longo de múltiplos quadrantes para cada domínio. Com o número, por exemplo, elas constroem uma linha numérica à medida que o seu desenvolvimento prossegue, em especial quando recebem experiência e instrução para facilitar a sua compreensão.

Felizmente, frequentes vezes a pesquisa ajuda a resolver debates teóricos como esses entre o nativismo e Piaget: a sequência de aprendizado para a compreensão do número, acima descrita, veio da junção entre as pesquisas nativista e neopiagetiana. A abordagem nativista previa que a compreensão da linha numérica se desenvolveria espontaneamente em crianças pequenas, como as de 2 anos. Contudo, quando pesquisadores nativistas testaram o modo como as crianças compreendem números, suas descobertas já coincidiam com a pesquisa neopiagetiana de Case e Griffin: durante os anos da pré-escola, as crianças constroem a linha numérica de maneira gradual, um dígito por vez (Le Corre *et al.*, 2006). A sequência de aprendizagem para o conhecimento do número se inicia com as capacidades das crianças de até 2 anos para enumeração simples e magnitude relativa, mas demanda vários anos para se desenvolver, avançando pela construção da linha numérica em direção a uma compreensão complexa das matemáticas.

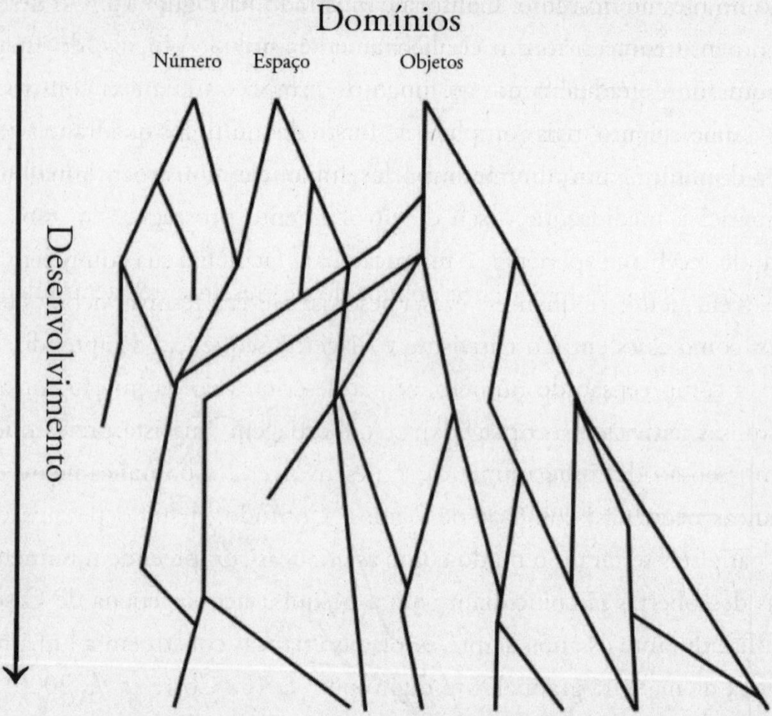

Figura 18.3. Rede desenvolvimental para domínios piagetianos do conhecimento.

Olhando adiante: desenvolvimento de modelagem

Os conceitos do estruturalismo dinâmico neopiagetiano influenciaram pesquisa e teoria sobre desenvolvimento. Ocorre que conceitos não são suficientes. Para ir além de argumentos infinitos (e via de regra improdutivos) sobre metáforas vagas, como o da existência dos estágios, os conceitos teóricos têm de estar baseados em modelos explícitos capazes de apreender as dinâmicas de crescimento e mudança. Por sorte, tais ferramentas estão agora disponíveis, graças aos notáveis avanços em teoria e modelagem de sistemas dinâmicos nos últimos 50 anos (Abraham e Shaw, 1992). Essas ferramentas matemáticas proporcionam métodos potentes para especificar processos de desenvolvimento e aprendizagem, possibilitando um novo tipo de psicologia teórica empírica (Van Geert, 1996), no qual qualquer teoria rigorosamente definida possa ser disposta em termos matemáticos e analisada para que se perceba os tipos de crescimento e outros padrões que ela efetivamente produz. A capacidade que os pesquisadores têm de fazer experimentos diretos com teorias em modelos faz a área avançar rumo a maiores sofisticação e precisão. Nesta seção, oferecemos um vislumbre dos modelos dinâmicos que estão sendo usados

Figura 18.4a. Padrão atrator de modelo de crescimento hierárquico.

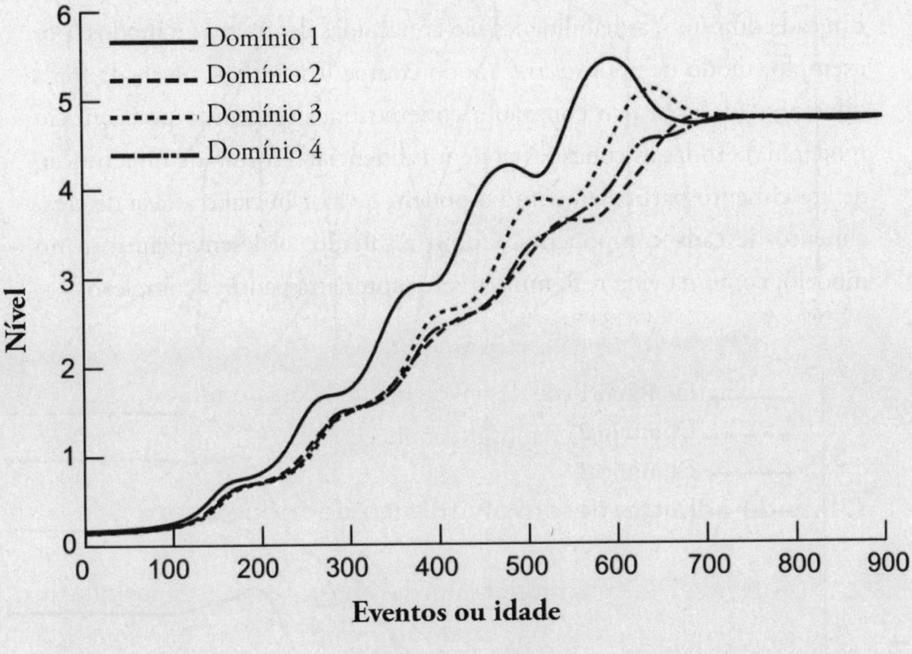

na atual pesquisa sobre desenvolvimento (Fischer e Bidell, 2006; Thelen e Smith, 2006; Van Geert, 2000) e discutimos meios com que os modelos podem ajudar a área da ciência do desenvolvimento a progredir no futuro.

Neste momento inicial da pesquisa com modelos, já está claro que os processos de desenvolvimento apresentam considerável variabilidade, bem como previsíveis pontos de estabilidade. Por exemplo, no crescimento hierárquico uma estrutura (ou habilidade) mais complexa surge da coordenação e diferenciação de estruturas mais simples, o que é um tema comum na maior parte dos modelos piagetianos e neopiagetianos. A Figura 18.4a apresenta um modelo para quatro diferentes quadrantes (domínios), cada qual crescendo como uma série de cinco habilidades hierarquicamente organizadas, e nesse modelo habilidades subsequentes são construídas com base em habilidades anteriores em cada um dos quadrantes (Fischer e Bidell, 2006). Toda habilidade é representada por uma função de crescimento (com base numa equação de crescimento universal, que é logística). Em cada domínio, as habilidades encontram-se hierarquicamente associadas, de tal modo que habilidades subsequentes não podem se iniciar até que habilidades anteriores alcancem um nível específico (assim como o ficar de pé é um pré-requisito fundamental para o caminhar). Em cada domínio, as habilidades são conectadas de diferentes modos (por exemplo, modo de apoio *versus* modo competitivo) e em níveis de força diferentes (de uma não conexão à conexão fraca, passando por conexão moderada). Todas as conexões podem influenciar a forma de uma função de crescimento particular, como o podem o valor inicial e a taxa de crescimento de cada componente. Como resultado, o desenvolvimento no modelo, como na vida real, muitas vezes apresenta padrões complexos.

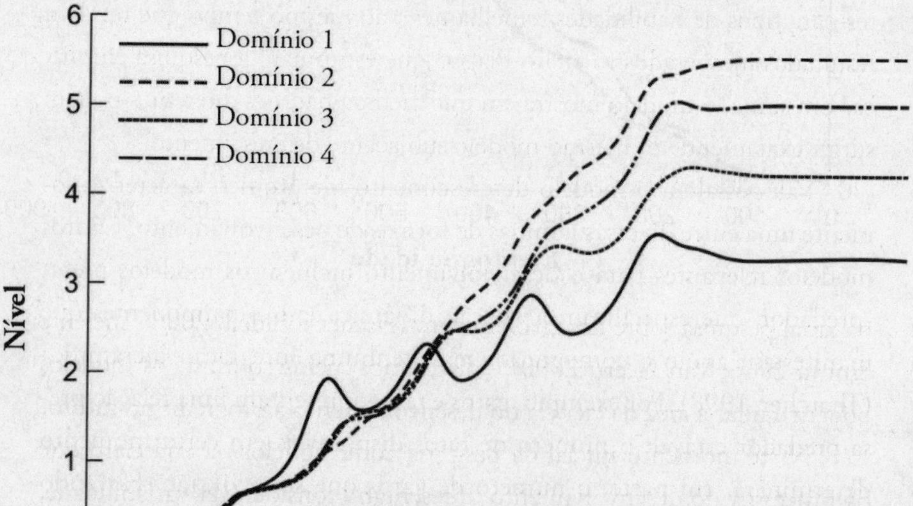

Figura 18.4b. Padrão de disseminação de desenvolvimento hierárquico: efeito Piaget.

Na Figura 18.4a, cada quadrante apresenta características claras de estágio, incluindo um movimento em direção a um valor comum, que é chamado de "padrão atrator" em dinâmica. As dinâmicas de crescimento criam esse padrão atrator, que produz mudanças como as de estágio em diversos domínios (quadrantes), conforme fica evidente no gráfico. E, o que é mais interessante, pequenas mudanças em um valor presente no modelo podem alterar profundamente os padrões de crescimento – dando origem, por exemplo, às trajetórias disseminadas no gráfico da Figura 18.4b. Esse padrão de crescimento é chamado "efeito Piaget", porque ilustra o argumento de Piaget contra esforços não naturais de acelerar o desenvolvimento inicial, como quando se treina crianças para realizar tarefas complexas do mesmo modo que treinadores de circo ensinam ursos a andar de bicicleta (por exemplo, Piaget, 1936/1952, 1975/1985). São perturbações do desenvolvimento normal que podem produzir a inesperada consequência de perturbar padrões naturais de desenvolvimento. Esse modelo ilustra o modo como a modelagem dinâmica pode reconciliar o que parecem ser aspectos disparatados de crescimento (trajetórias diferentes para tipos de habilidades semelhantes), ao mesmo tempo que revelam resultados inesperados (o efeito Piaget) que estimulam a pesquisa empírica. Em suma, o modelo mostra em que medida padrões diferentes podem surgir exatamente do mesmo modelo subjacente de crescimento!

Vale ressaltar, o modelo de crescimento hierárquico caracteriza somente uma entre diversas famílias de formas de desenvolvimento. Outros modelos relevantes para o desenvolvimento incluem os modelos presa-predador, que especificam a relação dinâmica entre componentes que manifestam apoio e competição, mas nenhuma integração hierárquica (Thatcher, 1998). Por exemplo, gatos e ratos apresentam uma relação presa-predador estável: o número de ratos disponíveis em certo momento determinará, em parte, o número de gatos que sobreviverão. Havendo muitos ratos, mais gatos sobreviverão numa dada estação. Contudo, gatos demais, por sua vez, podem levar a um menor número de ratos na estação seguinte, o que por sua vez restringe o número de gatos que sobreviverão nessa estação. Segundo pesquisas, semelhantes relações presa-predador existem para processos cognitivos e neurológicos, como o desenvolvimento de conexões entre regiões corticais (Fischer e Rose, 1996).

Os processos de desenvolvimento são altamente não lineares, heterogêneos e dependentes de uma ampla gama de fatores. Por essa razão, modelos dinâmicos ajustam-se bem ao estudo do desenvolvimento cognitivo, reunindo muitos fatores interacionais para especificar padrões de desenvolvimento e aprendizagem de maneira rigorosa e precisa. Em suma, a modelagem dinâmica oferece ferramentas para que melhor se compreenda o desenvolvimento e a aprendizagem em sua plena complexidade, integrando influências a envolver pessoa, contexto e cultura.

Conclusão: a estabilidade cresce com base na dinâmica da variação

Das grandes teorias do desenvolvimento monolítico estável às teorias atomísticas com enfoque em mudanças específicas a domínios, a obra neopiagetiana sobre desenvolvimento criou um modelo equilibrado sob a forma de um estruturalismo dinâmico. Está cristalinamente claro que estabilidade e variabilidade são traços característicos do desenvolvimento, e não questões separadas. Captar a riqueza e a complexidade do desenvolvimento é algo que demanda modelos capazes de analisar uma e outra simultaneamente. O estruturalismo dinâmico desloca a compreensão da estrutura, situando-a para além da forma estática, em direção à organização dinâmica, o que não depende de representações inatas pré-especificadas, e sim, em vez disso, de contínuas interações, em tempo real, entre pessoa, contexto e cultura. Quando o desenvolvimento é visto através das lentes do estruturalismo dinâmico, muitas controvérsias clássicas – por exemplo, se os estágios existem – são reveladas como interferências de concepções equivocadas. A organização do comportamento claramente se desenvolve de modo sistemático, tal como o descrito por Piaget, e também varia de um momento a outro. Esses fatos fazem-se contrários somente para conceitos abertamente simples de estágio e variação.

Nós, seres humanos, construímos o conhecimento por meio de nossos próprios corpos únicos e distintas relações socioculturais, com isso produzindo padrões de comportamento altamente variáveis. Se essa variabilidade é ignorada ou marginalizada, isso serve apenas como ruído a disfarçar a natureza de processos de desenvolvimento, e com frequência ela induzirá pesquisadores e educadores ao erro. Contudo, se a inteira gama de métodos, ferramentas e conceitos é usada para estudar as propriedades complexas e dinâmicas do comportamento, os padrões de variabilidade podem então ser revelados e iluminar a natureza e o desenvolvimento do conhecimento e da ação.

Referências

ABRAHAM, R. H. e SHAW, C. D. *Dynamics: The geometry of behavior* (2. ed.). Nova Iorque: Addison-Wesley, 1992.

BAILLARGEON, R. "Object permanence in 31/2- and 41/2-month-old infants". *Developmental Psychology*, 23, 1987, 655-664.

BIGGS, J. e COLLIS, K. *Evaluating the quality of learning: The SOLO taxonomy (structure of the observed learning outcome)*. Nova Iorque: Academic Press, 1982.

CAREY, S. e GELMAN, R. (Orgs.). *The epigenesis of mind: Essays on biology and knowledge*. Hillsdale: Erlbaum, 1991.

______ e SPELKE, E. "Domain-specific knowledge and conceptual Change". In: L. A. HIRSCHFELD e S. A. GELMAN (Orgs.). *Mapping the mind: Domain specificity in cognition and culture* (p. 169-200). Cambridge: Cambridge University Press, 1994.

CASE, R. *Intellectual development: Birth to adulthood*. Nova Iorque: Academic Press, 1985.

______, OKAMOTO, Y., GRIFFIN, S., McKEOUGH, A., BLEIKER, C., HENDERSON, B. *et al.* "The role of central conceptual structures in the development of children's thought". Monografias da *Society for Research in Child Development*, 61, 1996 (5-6, série n. 246).

CHOMSKY, N. *Syntactic structures*. Haia: Mouton, 1957.

______. *Aspects of the theory of syntax*. Cambridge, Mass.: MIT Press, 1965.

DAWSON, T. L. "Moral reasoning and evaluation reasoning about the good life". *Journal of Applied Measurement*, 1, 2000, 372-397.

DEHAENE, S. *The number sense: How the mind creates mathematics*. Nova Iorque: Oxford, 1997.

FISCHER, K. W. "A theory of cognitive development: The control and construction of hierarchies of skills". *Psychological Review*, 87, 1980, 477-531.

FISCHER, K. W. e BIDELL, T. R. "Dynamic development of action and thought". In: W. DAMON e R. M. LERNER (Orgs.). *Theoretical models of human development. Handbook of child psychology* (6. ed., vol. 1, p. 313-399). Nova Iorque: Wiley, 2006.

______ e GRANOTT, N. "Beyond one-dimensional change: Parallel, concurrent, socially distributed processes in learning and development". *Human Development*, 38, 1995, 302-314.

______ e KENNEDY, B. "Tools for analyzing the many shapes of development: The case of self-in-relationships in Korea". In: E. AMSEL e K. A. RENNINGER (Orgs.). *Change and development: Issues of theory, method, and application* (p. 117-152). Mahwah: Erlbaum, 1997.

______ e KENNY, S. L. "The environmental conditions for discontinuities in the development of abstractions". In: R. MINES e K. KITCHENER (Orgs.). *Adult cognitive development: Methods and models* (p. 57-75). Nova Iorque: Praeger, 1986.

______ e ROSE, L. T. "Webs of skill: How students learn". *Educational Leadership*, 59, 2001, 6-12.

______ e ROSE, S. P. "Dynamic growth cycles of brain and cognitive development". In: R. THATCHER, G. R. LYON, J. RUMSEY e N. KRASNEGOR (Orgs.). *Developmental neuroimaging: Mapping the development of brain and behavior* (p. 263-279). Nova Iorque: Academic Press, 1996.

FODOR, J. *The modularity of mind: An essay on faculty psychology*. Cambridge, Mass.: MIT Press, 1983.

GARDNER, H. *Frames of mind: The theory of multiple intelligences*. Nova Iorque: Basic Books, 1983.

______. *The disciplined mind*. Nova Iorque: Simon & Schuster, 1999.

GRANNOT, N., FISCHER, K. W. e PARZIALE, J. "Bridging to the unknown: A transition mechanism in learning and problem-solving". In: N. GRANOTT e J. PARZIALE (Orgs.). *Microdevelopment: Transition processes in development and learning* (p. 131-156). Cambridge: Cambridge University Press, 2002.

GREENWALD, A. G., BANAJI, M. R., RUDMAN, L., FARNHAM, S., NOSEK, B. A., e MELLOTT, D. "A unified theory of implicit attitudes, stereotypes, self-esteem, and self-concept". *Psychological Review*, 109, 2002, 3-25.

GRIFFIN, S. e CASE, R. "Rethinking the primary school math curriculum". *Issues in Education: Contributions from Educational Psychology*, 3, 1997, 1-49.

HALFORD, G. S. *The development of thought*. Hillsdale: Erlbaum, 1982.

HALFORD, G. S. "Reflections on 25 years of Piagetian cognitive developmental psychology, 1963-1988". *Human Development*, 32, 1989, 325-357.

KITCHENER, K. S., LYNCH, C. L., FISCHER, K. W. e WOOD, P. K. "Developmental range of reflective judgment: The effect of contextual support and practice on developmental stage". *Developmental Psychology*, 29, 1993, 893-906.

LE CORRE, M., VAN DE WALLE, G., BRANNON, E. M. e CAREY, S. "Revisiting the competence/performance debate in the acquisition of counting as a representation of the positive integers". *Cognitive Psychology*, 52, 2006, 130-169.

PASCUAL-LEONE, J. "Organismic processes for neo-Piagetian theories: A dialectical causal account of cognitive development". *International Journal of Psychology*, 22, 1987, 531-570.

PIAGET, J. "Le mécanisme du développement mental et les lois du groupement des opérations". *Archives de Psychologie*, 28, 1941, 215-285.

______. *The origins of intelligence in children*. Nova Iorque: International Universities Press, 1952 (texto original publicado em 1936).

______. *The construction of reality in the child*. Nova Iorque: Basic Books, 1954 (texto original publicado em 1937).

______. *Structuralism*. Nova Iorque: Basic Books, 1970 (texto original publicado em 1968).

______. "Intellectual evolution from adolescence to adulthood". *Human Development*, 15, 1972, 1-12.

______. "Piaget's theory". In: W. KESSEN (Org.). *History, theory, and methods* (vol. 1, p. 103-126). Nova Iorque: Wiley, 1983 (texto original publicado em 1970).

______. *The equilibration of cognitive structures: The central problem of cognitive development*. Chicago: University of Chicago Press, 1985 (texto original publicado em 1975).

______ e INHELDER, B. *Memory and intelligence*. Nova Iorque: Basic Books, 1973 (texto original publicado em 1968).

PINARD, A. *The concept of conservation*. Chicago: University of Chicago Press, 1981.

PLATO. *The republic*. Londres: Oxford University Press, 1941.

ROGOFF, B. *The cultural nature of human development*. Oxford: Oxford University Press, 2003.

ROSCH, E. e LLOYD, B. *Cognition and categorization*. Hillsdale: Erlbaum, 1978.

ROSE, L. T. e FISCHER, K. W. "Dynamic systems theory". In: R. SHWEDER, T. BIDELL, A. DAILEY, S. DIXON, P. J. MILLER e J. MODELL (Orgs.). *Chicago companion to the child*. Chicago: University of Chicago Press, no prelo.

RUHLAND, R. e VAN GEERT, P. "Jumping into syntax: Transitions in the development of closed class words". *British Journal of Developmental Psychology*, 16, 1998, 65-95.

SAXE, R., CAREY, S. e KANWISHER, N. "Understanding other minds: Linking developmental psychology and functional neuroimaging". *Annual Review of Psychology*, 55, 2004, 87-124.

SHAYER, M., DEMETRIOU, A. e PERVEZ, M. "The structure and scaling of concrete operational thought: Three studies in four countries". *Genetic, Social, and General Psychology Monographs*, 114, 1988, 308-375.

SPELKE, E. S. "Big answers from little people". *Scientific American*, 16 (3), 2005, 38-43.

______, BREINLINGER, K., MACOMBER, J. e JACOBSON, K. "Origins of knowledge". *Psychological Review*, 99, 1992, 605-632.

THATCHER, R. W. "A predator-prey model of human cerebral development". In: K. NEWELL e P. MOLENAAR (Orgs.). *Applications of nonlinear dynamics to developmental process modeling* (p. 87-128). Mahwah: Erlbaum, 1998.

THELEN, E. e SMITH, L. B. "Dynamic systems theories". In: W. DAMON e R. M. LERNER (Orgs.). *Theoretical models of human development. Handbook of child psychology* (vol. 1, 6. ed., p. 258-312). Nova Iorque: Wiley, 2006.

VAN DER MAAS, H. e MOLENAAR, P. "A catastrophe-theoretical approach to cognitive development". *Psychological Review*, 99, 1992, 395-417.

______ e VERSCHURE, P. F. M. J. "A note on chaotic behavior in simple neural networks". *Neural Networks*, 3, 1990, 119-122.

VAN GEERT, P. "The dynamics of Father Brown: Essay review of book *A dynamic systems approach to the development of action and thought* by E. Thelen and B. Smith". *Human Development*, 39, 1996, 57-66.

______. "The dynamics of general developmental mechanisms: From Piaget and Vygotsky to dynamic systems models". *Current Directions in Psychological Science*, 9, 2000, 64-68.

VYGOTSKY, L. *Mind in society: The development of higher psychological processes*. Cambridge, Mass.: Harvard University Press, 1978.

WILLINGHAM, D. T. "Critical thinking: Why is it so hard to teach?" *American Educator*, 31, 2007, 8-19.

WOOD, D. e MIDDLETON, D. "A study of assisted problem-solving". *British Journal of Psychology*, 66, 1975, 181-191.

Índice remissivo

D

L

M

N

U

V

W

Z

Esta obra foi composta em sistema CTcP
Capa: Supremo 250 g – Miolo: Pólen Natural 70 g
Impressão e acabamento
Gráfica Santuário